国家级一流本科课程配套教材

中国税制
（第三版）

ZHONGGUO SHUIZHI

主　编　朱为群

中国教育出版传媒集团

高等教育出版社·北京

内容简介

本书是国家级一流本科课程配套教材。本书根据最新公布或修订的相关税法及财税政策编写,反映了财税改革的最新精神。

本书按照税制的知识体系分设税收学基础、消费税制、所得税制和财产税制 4 篇共 23 章,各章设有"学习目标"和"练习题",提供大量归纳相关知识点的表格,并以二维码的形式链接了重要知识点讲解视频、思维导图、拓展阅读,可以帮助读者掌握要点。

本书适合作为高等学校财经类专业"中国税制"及相关课程的教学用书,也可用作其他专业"税法"课程的参考书。

图书在版编目(CIP)数据

中国税制/朱为群主编.—3 版.—北京:高等教育出版社,2024.4

ISBN 978 - 7 - 04 - 061945 - 4

Ⅰ.①中… Ⅱ.①朱… Ⅲ.①税收制度-中国-高等学校-教材 Ⅳ.①F812.422

中国国家版本馆 CIP 数据核字(2024)第 052014 号

| 策划编辑 | 熊柏根 | 责任编辑 | 熊柏根 | 封面设计 | 张文豪 | 责任印制 | 高忠富 |

出版发行	高等教育出版社	网　　址	http://www.hep.edu.cn
社　　址	北京市西城区德外大街 4 号		http://www.hep.com.cn
邮政编码	100120	网上订购	http://www.hepmall.com.cn
印　　刷	上海叶大印务发展有限公司		http://www.hepmall.com
开　　本	787 mm×1092 mm　1/16		http://www.hepmall.cn
印　　张	24.75	版　　次	2016 年 7 月第 1 版
字　　数	634 千字		2024 年 4 月第 3 版
购书热线	010 - 58581118	印　　次	2024 年 4 月第 1 次印刷
咨询电话	400 - 810 - 0598	定　　价	54.00 元

本书如有缺页、倒页、脱页等质量问题,请到所购图书销售部门联系调换

第三版前言

　　时隔三年多,《中国税制》第三版即将问世。这三年,我们经历了新冠肺炎疫情的严重打击和全面考验,政府采取了诸多应对新冠肺炎疫情冲击的税收政策,特别是针对小微企业采取了有力度有温度的优惠政策。这三年,税收立法的进程继续推进,《城市维护建设税法》《契税法》和《印花税法》得以通过和实施。2022年10月,党的二十大召开,开启了全面建设社会主义现代化国家、全面推进中华民族伟大复兴的新征程。本教材的修订正是基于这样的时代背景。

　　本教材第三版的修订主要体现在以下五个方面:一是对税收学基础理论部分作了文字表述方面的修改,以进一步提升学术表述的严谨性;二是重点修订了资源税、城市维护建设税、契税和印花税的主要内容,以及时更新教学内容和适应相关税收法律的实施;三是增加了各章的"学习目标",以帮助学生了解每章主要知识点的学习目标和相应难易度;四是增加了新形态资源,包括二维码链接视频、思维导图和拓展阅读,通过更加直观的方式帮助学生理解所学知识;五是补充了各章的练习题,除了前两版的思考题外,增加了单选题、多选题和计算题,并提供了参考答案和解析,以帮助学生提高所学知识的运用能力。本教材在叙述税制内容时,详细注明了现行有效的税收法律、法规和税收规范性文件的名称和文件编号,以帮助教师和学生了解税制规定的来源或出处,深化对相关内容的学习和理解。

　　全书由主编朱为群(上海财经大学)统稿。具体分工如下:朱为群负责第一章理解税收、第二章 税制原则、第三章 税制类型、第四章 税制要素、第六章 增值税制度、第七章 消费税制度、第十章 城市维护建设税制度及附加费制度、第十九章耕地占用税制度和第二十章 城镇土地使用税制度;张胜民(河南大学)负责第五章 中国税制的发展;缑长艳(上海商学院)负责第八章 资源税制度、第九章 土地增值税制度和第二十二章 车船税制度;任晓辉(上海财经大学)负责第十一章 印花税制度、第十三章 车辆购置税制度和第十五章 烟叶税制度；钟昌元（上海海关学院）负责第十二章 关税制度和第二十三章 船舶吨税制度；许建标（上海市浦东新区行政学院）负责第十四章 契税制度和第二十一章 房产税制度；于佳曦（上海立信会计金融学院）负责第十六章 环境保护税制度；徐曙娜（上海财经大学）负责第十七章 企业所得税制度；徐静（中山大学）负责第十八章 个人所得税制度。

感谢本书第一版和第二版的读者、审稿人和编辑所提出的意见。希望本书能对读者学习中国税收制度有所助益。期待读者的批评和指正。

朱为群

2024 年 2 月

第二版前言

自本书 2016 年出版以来,我国税收法治建设步伐明显加快。截至 2020 年 8 月,《环境保护税法》《车辆购置税法》《耕地占用税法》《船舶吨税法》《烟叶税法》《资源税法》《城市维护建设税法》和《契税法》,以及修订的《车船税法》和《个人所得税法》陆续公布实施或即将实施。中国税制迎来自 1994 年以后规模最大的一次变化。随着《增值税法》《消费税法》《关税法》《印花税法》和《房地产税法》的陆续公布,未来几年中国税收制度的变化还会不断增强。这种史无前例的税制变革,明显提升了国家法治建设水平,但也对教师和学生形成了巨大的挑战和压力,并显著增加了教材的编写难度。

本书第二版的修订,是在百年一遇的 2020 年新冠肺炎疫情暴发期间完成的。这次疫情目前已在全球造成了数十万人生命的丧失,这是令人痛心的大灾难。作为幸运者,虽然我的行动自由受到了相当程度的限制,但也有了难得的充足时间来完成本书的改版工作。事实上,本书的修订工作在 2018 年和 2019 年就已经开始。2018 年夏,本书在保持第一版不变的基础上增加了新开征的环境保护税的内容,并对增值税制度中的税率调整等重要内容作了补充和修订。2019 年春,本书初稿的大部分作者已经提交了修订稿,但是由于主编的时间和精力有限而未能完成全部书稿的修订。

与第一版相比,本书第二版在内容和形式上有以下变化:第一,新设了环境保护税制度一章,从而使全书从原来的 22 章增加为 23 章。第二,在税收学基础部分,对税收概念、特征和性质等内容进行了补充和修订;在税制部分,对每个税种的概述按照概念、制度演变、征收目的和收入归属的统一叙述框架重新做了修订,特别增加了各个税种 2018 至 2019 年的收入数据及其相关分析数据,增强学生对各个税种的总体了解。第三,按照修订后的个人所得税法,对个人所得税制度进行了全面修订;按照最新公布的《耕地占用税法》和《资源税法》,全面修订了耕地占用税制度和资源税制度;对增值税制度和企业所得税制度等主要税制也做了较大的修订和补充;第四,还对全书的例题及其解析进行了更新和补充。第五,在形式上,增设了本章重点、难点和思考题以及主编原创的知识点归纳总结表格,以突出教材的特点,同时也补充了"视野拓展"的材料,以帮助读者对复杂性知识的理解。

近年我国相关法规政策更新较为频繁,为更好地服务教学,本书出版后出现的相关法规政策更新对本书内容的影响会在左侧二维码进行说明。

除第十二章关税制度由钟昌元(上海海关学院)负责修订,第十六章环境保护税制度、第八章资源税制度和第二十章耕地占用税制度由朱为群负责增补或重新修订外,本书第二版其余各章的修订分工与第一版相同。朱为群对全书进行了统一修订和统稿。

本书第六章增值税制度的修订得到了常州税务局任晓江女士的帮助,第十七章个人所得税制度的修订得到了苏州工业园区税务局程平先生的指导,使用本书第一版的一些学生指出了教材中存在的错误,一并表示感谢。

历史和现实一再证明,这个世界上只有三件事是不可避免的:死亡、交税和病毒大流行。好好学习税制虽然不能让我们避免死亡和感染病毒,但能让我们做一个明白、干净和具有社会责任与担当的现代纳税人。

朱为群

2020 年 8 月

第一版前言

　　"中国税制"是 20 世纪 80 年代初我上大学时学的第一门专业课。当时用的是老师自编的油印教材,所学的知识现在大都已经遗忘。但是,从此打下了税收学的一点基础。后来,自己当了老师,用过一些教材,从中受益很多。近年来,我国税制发生了很大变化,特别是 2016 年 5 月 1 日起全面推行"营改增",作为我国收入规模最大税种的增值税制度发生了重大变化,营业税也随之退出历史舞台。在这样的大背景下,本书的面世也算是应运而生。

　　本书由税收学基础、消费税制、所得税制和财产税制四篇构成。在税收学基础部分,从税收的概念、特征和本质,到税收影响和征税目的;从税制原则、类型和要素,到我国税制的发展历程,试图为学生勾画出中国税制的大轮廓并为他们今后的深入学习打下坚实的基础;在税制部分,按照学术界通行的税制分类,将不同税种纳入消费税制、所得税制和财产税制三大税制体系。当然,具体税种的税制体系归类未必完全合理,但至少可以避免分类逻辑的混乱。本书的一个特点是,无论具体税种的制度内容繁杂或简单,每个税种都独立成章。这就使每一个税种都可以按照大体相同的分析框架来整合相关知识。这个框架由税制概述、纳税人或扣缴义务人、课税基础、税收负担、税额计算和征收管理 6 个部分所组成,成为具体税制的统一叙述体系。这是一个问题导向的叙述框架,税制概述简要介绍每一个税制的概念、特征、开征目的和历史演变,其余部分回答由谁纳税或由谁代缴税、按什么标准纳税、纳多少税、怎么算税以及什么时候纳税、到哪里纳税、怎么纳税等问题。当然,税收所涉及的问题,远不止这些。税收制度,充满了细节,而细节中往往就藏着魔鬼。学习税制的过程,就是寻找并且驱除魔鬼的过程,智慧、耐心和勤奋是必不可少的驱魔工具。

　　学习"中国税制",不仅需要具备经济学、法学、管理学以及政治学等理论知识,还需要了解各行各业的特点,熟悉不同的生产、经营和管理模式,更需要会计学、财务管理、金融学等专门知识的长期积累。一旦进入了税收学的门,就会发现这是一个大千世界。人们不仅可以学习和运用相关知识,还可以养成踏实求知识、全面看问题、谨慎下结论的好习惯。

此书于两年前启动,曾经作为上海财经大学本科重点课程建设项目得到了经费资助,特此表示感谢。参加本书初稿编写的主要是上海财经大学税收系的教师,也有部分在其他高校任教的我校税收学博士。全书共 22 章,具体分工如下:朱为群(上海财经大学)负责第 1 章理解税收、第 2 章税收制度的基本原则、第 3 章税收制度的基本类型和第 4 章税收制度的基本要素、第 6 章增值税制度、第 7 章消费税制度、第 10 章城市维护建设税制度及附加费制度、第 12 章关税制度、第 18 章耕地占用税制度和第 19 章城镇土地使用税制度;张胜民(河南大学)负责第 5 章中国税制发展的初稿;緱长艳(上海商学院)负责第 8 章资源税制度和第 16 章企业所得税制度的初稿;杨海燕(上海财经大学)负责第 9 章土地增值税制度的初稿;任晓辉(上海财经大学)负责第 11 章印花税制度、第 13 章车辆购置税制度和第 15 章烟叶税制度的初稿;徐静(上海财经大学)负责第 17 章个人所得税制度的初稿;许建标(上海浦东新区行政学院)负责第 14 章契税制度和第 20 章房产税制度的初稿;温娇秀(上海财经大学)负责第 21 章车船税制度和第 22 章船舶吨税制度的初稿。朱为群负责全书的框架设计、初稿修订、统稿、校稿和定稿。部分税法最新变化情况详见相关章节的脚注和二维码的内容。

本书的出版得到了高等教育出版社的大力支持。本书经由出版社组织多位财税专家审核,南京财经大学张秀莲教授和上海海关学院钟昌元副教授分别为第 6 章增值税制和第 12 章关税制度进行了友情审阅。多位审阅人剔除了书稿中的瑕疵和错误,补充了相关内容,使书稿质量得以提升。作者在此深表谢意。希望本书能不负众望,成为令教师和学生较为满意的教材。本书难免会存在不足之处甚至谬误,希望使用本书的师生和其他读者批评指正。

朱为群

2016 年 6 月

目 录

第一篇　税收学基础

第一章　理解税收 ··· 003

学习目标 / 003

第一节　税收的概念、特征和本质 / 003

第二节　税收的影响 / 006

第三节　政府征税的正当性 / 007

练习题 / 011

第二章　税制原则 ··· 012

学习目标 / 012

第一节　前人的研究 / 012

第二节　税收制度的效率原则 / 015

第三节　税收制度的公平原则 / 016

第四节　税收制度的简单透明原则 / 020

练习题 / 024

第三章　税制类型 ··· 025

学习目标 / 025

第一节　基于征税目的的税制分类 / 025

第二节　基于征税问题的税制分类 / 027

第三节　基于税基的税制分类 / 028

第四节　其他税制分类 / 033

练习题 / 036

第四章　税制要素 ··· 037

学习目标 / 037

第一节　纳税人 / 037

第二节　税收基础 / 038

第三节　税收负担 / 040

第四节　税收时间 / 046

练习题 / 048

第五章　中国税制的发展 ·· 049

学习目标 / 049

第一节　计划经济体制下的税制简化 / 049

第二节　有计划的商品经济体制下的税制重建 / 051

第三节　市场经济体制构建下的全面税制改革 / 052

第四节　市场经济体制完善下的税制改革 / 053

第五节　全面深化改革下的税制改革 / 055

练习题 / 058

第二篇　消费课税制度

第六章　增值税制度 ·· 061

学习目标 / 061

第一节　增值税概述 / 061

第二节　增值税的纳税人和扣缴义务人 / 065

第三节　增值税的征税范围 / 067

第四节　增值税的税收负担 / 079

第五节　增值税的税额计算 / 085

第六节　出口退免增值税及其计算 / 110

第七节　增值税的征收管理 / 119

练习题 / 122

第七章　消费税制度 ·· 124

学习目标 / 124

第一节　消费税概述 / 124

第二节　消费税的纳税人和税基 / 127

第三节　消费税的税率和计税依据 / 133

第四节　消费税的税额计算 / 139

第五节　消费税的征收管理 / 150

练习题 / 151

第八章　资源税制度 ·· 153

学习目标 / 153

第一节　资源税概述 / 153

第二节　资源税的纳税人和税基 / 155

第三节　资源税的税收负担 / 156

第四节　资源税的税额计算 / 159

第五节　资源税的征收管理 / 161

练习题 / 162

第九章　土地增值税制度 ┈┈┈┈┈┈┈┈┈┈┈┈┈┈┈┈┈┈ 163

学习目标 / 163

第一节　土地增值税概述 / 163

第二节　土地增值税的纳税人和征税对象 / 165

第三节　土地增值税的税收负担 / 168

第四节　土地增值税的税额计算 / 170

第五节　土地增值税的征收管理 / 175

练习题 / 178

第十章　城市维护建设税制度及附加费制度 ┈┈┈┈┈┈┈ 180

学习目标 / 180

第一节　城市维护建设税概述 / 180

第二节　城市维护建设税的制度要素 / 182

第三节　教育费附加 / 183

第四节　地方教育附加和其他地方附加费 / 184

练习题 / 185

第十一章　印花税制度 ┈┈┈┈┈┈┈┈┈┈┈┈┈┈┈┈┈┈┈ 186

学习目标 / 186

第一节　印花税概述 / 186

第二节　印花税的纳税人和税基 / 188

第三节　印花税的税收负担 / 191

第四节　印花税的税额计算 / 194

第五节　印花税的征收管理 / 195

练习题 / 197

第十二章　关税制度 ┈┈┈┈┈┈┈┈┈┈┈┈┈┈┈┈┈┈┈┈┈ 199

学习目标 / 199

第一节　关税概述 / 199

第二节　关税的纳税人和税基 / 202

第三节　关税的税收负担 / 203

第四节　关税的税额计算 / 207

第五节　进境物品进口税和关税的征缴 / 216

练习题 / 220

第十三章　车辆购置税制度 ‥‥‥‥‥‥‥‥‥‥‥‥‥‥‥ 221

学习目标 / 221

第一节　车辆购置税概述 / 221

第二节　车辆购置税的纳税人和税基 / 222

第三节　车辆购置税的税收负担 / 223

第四节　车辆购置税的税额计算 / 224

第五节　车辆购置税的征收管理 / 226

练习题 / 227

第十四章　契税制度 ‥‥‥‥‥‥‥‥‥‥‥‥‥‥‥‥‥‥ 228

学习目标 / 228

第一节　契税概述 / 228

第二节　契税的纳税人 / 229

第三节　契税的税基 / 230

第四节　契税的税收负担 / 231

第五节　契税的税额计算 / 235

第六节　契税的征收管理 / 237

练习题 / 238

第十五章　烟叶税制度 ‥‥‥‥‥‥‥‥‥‥‥‥‥‥‥‥‥ 239

学习目标 / 239

第一节　烟叶税概述 / 239

第二节　烟叶税的制度要素 / 241

练习题 / 242

第十六章　环境保护税制度 ‥‥‥‥‥‥‥‥‥‥‥‥‥‥‥ 243

学习目标 / 243

第一节　环境保护税概述 / 243

第二节　环境保护税的纳税人和征税对象 / 245

第三节　环境保护税的计税依据 / 247

第四节　环境保护税的减免和税额计算 / 249

第五节　环境保护税的征收管理 / 254

练习题 / 256

第三篇　所得课税制度

第十七章　企业所得税制度 ‥‥‥‥‥‥‥‥‥‥‥‥‥‥‥ 259

学习目标 / 259

第一节　企业所得税概述 / 259

第二节　企业所得税的纳税人 / 262

第三节　企业所得税的应纳税所得额 / 264

第四节　企业所得税的税收负担 / 277

第五节　企业所得税的税额计算 / 286

第六节　企业所得税的征收管理 / 288

练习题 / 294

第十八章　个人所得税制度 ………………………………… 296

学习目标 / 296

第一节　个人所得税概述 / 296

第二节　个人所得税的纳税人和税基 / 298

第三节　个人"四项所得"的税额计算 / 308

第四节　个人"五项所得"的税额计算 / 321

第五节　个人所得税的特殊计税规则 / 328

第六节　个人所得税的征收管理 / 331

练习题 / 336

第四篇　财产课税制度

第十九章　耕地占用税制度 ………………………………… 339

学习目标 / 339

第一节　耕地占用税概述 / 339

第二节　耕地占用税的纳税人和征税对象 / 340

第三节　耕地占用税的税收负担 / 342

第四节　耕地占用税的税额计算和征收管理 / 345

练习题 / 347

第二十章　城镇土地使用税制度 …………………………… 348

学习目标 / 348

第一节　城镇土地使用税概述 / 348

第二节　城镇土地使用税的纳税人和税基 / 349

第三节　城镇土地使用税的税收负担 / 350

第四节　城镇土地使用税的税额计算和征收管理 / 352

练习题 / 353

第二十一章　房产税制度 …………………………………… 354

学习目标 / 354

第一节　房产税概述 / 354

第二节　房产税的纳税人和税基 / 355

第三节　房产税的税收负担 / 357

第四节　房产税的税额计算 / 359

第五节　房产税的征收管理 / 361

练习题 / 362

第二十二章　车船税制度 ················· 363

学习目标 / 363

第一节　车船税概述 / 363

第二节　车船税的纳税人和征税范围 / 365

第三节　车船税的税收负担 / 366

第四节　车船税的税额计算 / 368

第五节　车船税的征收管理 / 370

练习题 / 371

第二十三章　船舶吨税制度 ················· 373

学习目标 / 373

第一节　船舶吨税概述 / 373

第二节　船舶吨税的纳税人和征税范围 / 374

第三节　船舶吨税的税收负担 / 375

第四节　船舶吨税的税额计算 / 376

第五节　船舶吨税的征收管理 / 377

练习题 / 378

参考文献 ················· 380

第一篇

税收学基础

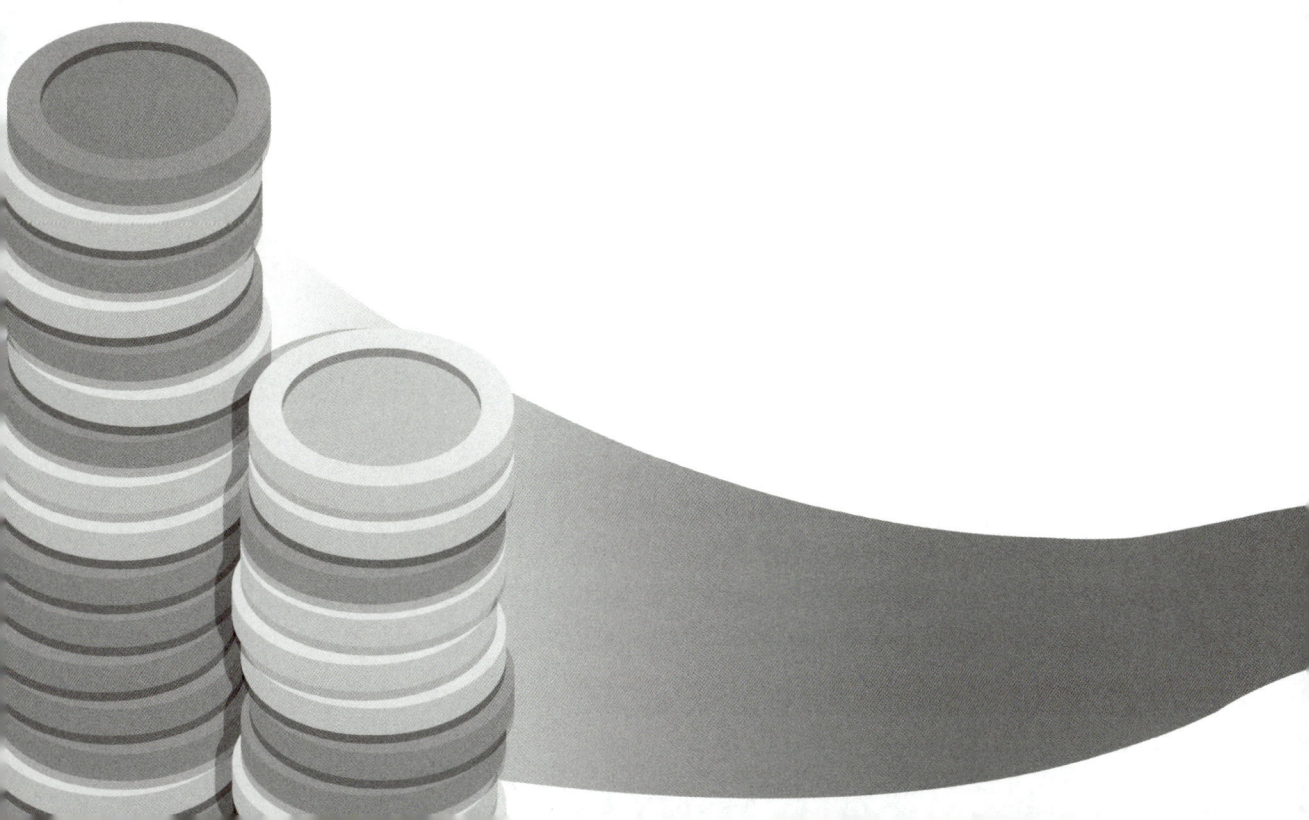

第一章 理解税收

学习目标

序号	知识点	学习目标	学习难度
1	税收与非税收入的区别	重点掌握	☆☆
2	政府征税的经济影响	一般掌握	☆☆
3	税收与公共产品	重点掌握	☆☆☆
4	税收与收入再分配	重点掌握	☆☆
5	税收与政策调控	重点掌握	☆☆
6	税收的程序正当性	了解	☆

要掌握税收制度,就需要懂得税收方面的基础知识。如果缺乏这种知识,就很难准确地理解税收法规的政策含义,从而无法根据纳税人的实际情况判断税收法规对其经济活动和日常生活所产生的影响。本书首先引领读者耐心思考以下三个基本的税收问题:

(1) 什么是税收?

(2) 税收会产生什么影响?

(3) 政府征税的正当性体现在哪里?

第一节 税收的概念、特征和本质

一、税收的概念

税收是一个古老的范畴,其历史非常悠久。一般认为,税收是同国家的出现相联系的,也就是说,税收是在国家产生之后才出现的。但也有学者认为,在原始社会中,虽然没有国家,但已经存在税收了。我们暂时不去探究税收产生的历史,我们关心的问题是究竟如何从本质上来把握税收的概念。

在我国流行的相关教科书中,税收的概念或定义有多种不同的表述方式①。本书列举以下三种定义:

---

① 读者如有兴趣,可以去比较不同税收教科书对税收所下的定义。虽然大同小异,但还是可以看出不少区别的。

一是:"税收是国家凭借政治权力,按照预定标准,无偿地集中一部分社会产品形成的特定分配关系。"[1]这个定义强调了以下几点:第一,国家征税的依据是政治权力;第二,税收是按照预先制定的标准收取的,这意味着税额不是随意确定的;第三,税收是一种资源配置手段,涉及社会产品的分配问题。

二是:"税收是国家为了实现其职能、满足社会公共需要,按照法律规定,参与国民收入再分配的一种形式。"[2]这个定义强调了以下几层含义:第一,国家征税的目的是实现其职能和满足社会的公共需要;第二,国家的征税依据是法律规定;第三,税收的本质是对国民收入的再分配。

三是:"税收是政府依据其行政权力强制地、无偿地取得收入的方式。"[3]它强调了以下三点:第一,税收的征收主体是政府,而不是一般所谓的国家。由于一个国家的政府不仅包括整体上的中央政府或者联邦政府,还包括各个层级的地方政府,因此税收就不仅仅是代表国家利益的中央政府或联邦政府取得收入的一种方式,还是代表不同地方利益的各级政府取得收入的方式。第二,政府征税所依据的是具体的行政权力而不是抽象的政治权力。第三,税收是政府以强制、无偿的方式取得的。该定义不仅直截了当,浅显易懂,而且说明了税收与其他政府收入的根本区别。

二、税收的两种定义方法

从上述对税收定义的介绍中,我们发现,之所以不同的教科书对税收这么一个最基本的问题有着不同的理解和表述,主要原因在于存在着两种不同的定义方法:一种是从应然的角度基于价值判断来定义税收,也就是从好税收的角度来定义;另一种是从实然的角度基于事实判断对税收下定义,不涉及价值判断。在上述的引例中,只有第三种定义采用了实然的角度,其他都是从应然的角度定义税收。正是由于从应然角度的定义是以价值判断为基础的,因此也就有了不同的看法。

如果从实然的角度定义,税收就是政府强制无偿地向个人或者团体取得财、物或人力的一种方式。在这个定义中,只强调了强制性和无偿性两个特征。之所以没有特别强调固定性,是因为固定性或者说确定性本身也是一个价值标准。现实和历史表明,有好的税收,也有坏的税收;有确定的税收,也有不确定的税收;有合法的税收,也有非法的税收;有显性的税收,也有隐性的税收;有文明的税收,也有野蛮的税收。

如果从应然的角度定义,税收是政府为了提供公共产品而凭借政治权力,依照法律规定而强制无偿取得收入的一种方式。在这个定义中,好的税收必须以提供公共产品为目的,凭借民众授予的政治权力,按照国家立法机关制定的法律而强制无偿征收。

在前面几种对税收的定义中,都有"税收是政府财政收入的一种形式"的界定。税收的特征必须与其他财政收入形式相比较才能发现。把握税收区别于其他财政收入形式的特征,对于观察和理解政府的经济行为很有帮助。

三、税收的特征和本质

政府的财政收入除了税收以外,还有非税收入。与税收收入通常依据政府所提供的普遍性的公共服务不同,非税收入依照其获取依据的不同,可以分为四类:①公共收费收入,是指国

---

[1]　王诚尧.国家税收(第二次修订本).北京:中国财政经济出版社,1988,p.9.
[2]　许建国,李大明,庞凤喜.国家税收(修订本).北京:中国财政经济出版社,1994,p.6.
[3]　蒋洪,等.财政学教程.上海:上海三联书店,1996,p.11.

家机关、事业单位、代行政府职能的社会团体及其他组织根据法律、行政法规、地方性法规等有关规定向部分公民或单位提供特殊公共服务而取得的收入,主要包括行政收费、司法收费、事业收费;②公共产权收入,是指政府基于拥有或控制公共资产资源的所有权而取得的收入,包括出让公共资源的使用权或经营权、出售公共资产的所有权、使用权或经营权取得的收益,以及经营国有资本而取得的投资收益;③公共信托收入,是指政府凭借公共信誉受托管理的各类社会保险基金或者其他公共基金收入以及以政府名义接受的各类捐赠收入;④公共处罚收入,是指政府基于公共权威,利用公共行政权力或司法权力而对违反法律法规的单位和个人强制取得的收入,包括罚款收入、罚金收入、滞纳金收入,没收违法所得以及由没收非法财物或其他权益资产而形成的收入。

教科书对税收与其他财政收入的区别,没有完全一致的表述。现仍以前面提到的税收三个定义所涉及的三本教科书所作的归纳为例,通过比较予以说明。王诚尧主编的《国家税收》所作的归纳是:税收作为财政收入的一种方式,有其固有的形式特征。这些形式特征是强制性、无偿性、固定性。许建国等主编的《国家税收》所作的归纳是:与其他财政收入形式相比较,税收具有非直接偿还性、强制性与规范性三个基本特征。蒋洪等著的《财政学教程》对税收特征所作的归纳是:税收的基本特点是具有强制性和无偿性,以及税收的主要目的是取得收入。

讲解视频

税收的概念
与特征

从以上对税收概念的表述中可以发现一个共同之处,即都肯定税收具有强制性,而且这种强制都必须通过法律的形式来体现。这就是说,公民或组织缴纳税收是由法律规定的义务,不管纳税人是否愿意,都必须依法纳税,否则,就要受到法律的制裁。不同之处在于对"无偿性"的理解上。许建国等主编的《国家税收》强调了税收的"非直接偿还性",认为税收是整体有偿,而不是个别有偿,税收有偿是非直接意义上的,不存在一一对应的直接偿还关系。

但是,如果强调税收的整体有偿性,就无法将税收与公共产权收入、公债收入等其他财政收入形式相区别,因为这些收入在整体上也是有偿的。

虽然学术界对于税收的强制性和无偿性这两个形式特征的看法是基本一致的,然而,基于现代国家治理的法治原则,公共收费收入、公共产权收入和公共处罚收入等非税收入也都应该依法取得,从而也具有强制性特征,而公共处罚收入的无偿性更是不言自明的。因此,"强制性"和"无偿性"就不能作为区分税收和非税收入的独特标志。至于固定性和规范性,也不是税收所固有的特征,因为所有非税收入都有相应的规范和标准,从而也具有固定性特征。如此看来,用"强制性、无偿性和固定性"作为区分税收收入和非税收入的独特标准,缺乏充分的理论说服力。

税收与非税收入的根本性区别,主要表现在征收目的上。一般来说,当政府为所有公众提供某些普惠性的公共服务,就会采取收税的方式;当政府为特定人群提供某项针对性的公共服务时,就会采取公共收费的方式;而当政府为了限制或者禁止某种行为的发生时,就会通过实施处罚而获得公共处罚收入。因此,税收是政府为了向全体公众提供公共服务而取得财政收入的形式。从负担税收的公众来说,税收就是公众为了获得政府提供的公共产品而支付的代价。正如19世纪美国大法官霍尔姆斯所说:"税收是我们为文明社会付出的代价。"

本质上,税收和非税收入都体现了公与私的资源占用格局,从而改变经济利益关系。政府增加税收就意味着资源将更多地掌握在政府手里,相应地,私人可以控制与支配的资源就会减少;反之,政府减少税收、收费或罚款,就意味着政府将放弃一部分资源,私人将拥有更多可以支配的资源。

税收的这种本质使人们看到,税收不仅是政府取得收入的方式,还涉及个人、企业的实际利益。人们自然应该关心这样两个问题:

(1) 政府收税对个人或企业会产生什么影响?

(2) 政府收税除了提供公共服务之外是否还有其他正当目的?

第二节 税 收 的 影 响

如果政府税务官员向某个人或者某个企业征收了一笔税款,这个纳税人会受到怎样的影响?

这是我们讨论税收的影响时可以思考的一个最简单的问题。总的来说,纳税人因征税而受到的影响可能是多方面的。从一个地区或者国家看,税收的影响更是复杂难辨。为了深入地分析和了解税收的影响,可从经济和非经济两个方面来分别考察。

一、税收的经济影响

税收的经济影响可以从微观和宏观两个层面来观察。从宏观层面看,税收可能会对国民经济的居民消费与产业投资、劳动就业、物价水平和国际贸易收支等产生数量上或大或小、水平上或高或低、时间上或长期或短期等影响。

从微观层面考察,征税的一个最直接的影响是,纳税人因此而减少了一笔可支配收入,而这笔收入如果不纳税,就可能会被纳税人用于消费或投资。这种影响,税收理论上把它称为征税引起的收入效应(income effect),意思是纳税人的收入受到了影响。

一般来说,纳税人的收入受到税收影响的程度,即收入效应的程度,可以根据所缴纳的税款的多少来衡量。由于相同数额的税款,对不同的纳税人来说,可能具有不同的收入效应,因此,当需要比较不同纳税人的收入效应时,就可以用纳税人缴纳的税款占其收入的比例来衡量。这个比例可以表示纳税人税收负担的高低并可以用于进行比较和分析。

征税除了会使纳税人减少可支配的收入以外,还可能产生另外一种经济上的影响。例如,一个喜欢喝茶的人,在政府征收茶税后可能会减少喝茶的次数,或者转而喝其他的替代饮品。也就是说,政府征收茶税,不仅减少了纳税人可以支配的收入,而且还改变了纳税人的经济行为,使纳税人用一种经济行为去替代另一种经济行为。由于这种经济行为的改变纯粹是由于征税而引起的,因此,在税收理论中,这种经济影响被称为税收的替代效应(substitution effect),意思是征税使纳税人的经济行为发生了变化。

税收的替代效应将使纳税人承受除缴纳税款以外的其他负担,这种负担在经济学理论上称为税收的超额负担(excess burden of taxation)或者称税收的扭曲成本(distortionary cost)或福利损失(deadweight loss of taxation)。它的含义是,纳税人因纳税而被迫改变了经济行为选择,从而导致其福利受到损失。假定一个人在征税前,能够自由地做他喜欢做的事情,他因此能够享受到最佳的经济福利。但政府征税会改变他的经济选择,从而使他只能用较少的时间甚至无法去做他喜欢做的事情,而"被迫"将时间和精力更多地用于他并非最喜欢做的事情上,这种替代效应就使他产生了经济福利损失。税收的超额负担还表现为纳税遵从成本(tax compliance cost),即纳税人为了缴纳税收而不得不付出许多时间、精力和金钱来对付税务事宜,如自行办理纳税申报,按照税法或税务机关的要求提供相关的信息和资料,或者聘请专门的税务咨询或代理人员料理其纳税事宜,甚至纳税人因不了解税法规定而可能受到处罚等。所有这些成本都是纳税人缴纳税款之外的负担,因而不能用所缴纳税款的多少来衡量。

有时候,一笔数额极小的税款,也可能给纳税人带来极大的麻烦,从而使他承担很高的超额负担。可以想象,如果纳税人不需要缴纳税收,他就可以免去纳税方面的所有麻烦,从而可以把宝贵的时间和精力用于他认为有价值的其他方面。

税收的这种超额负担通常是隐含的,而且很难用数据来衡量。虽然纳税人能够感受到这种超额负担,但是它往往会被政策制定者或者立法者所忽视。所以,税收理论家认为,税收超额负担这个概念必须深入人心,因为它提醒那些税收制度的设计者要充分考虑到征税所造成的超额负担,努力将这种负担减少到最低限度。

二、税收的非经济影响

征税除了会对纳税人产生经济方面的影响外,还会对纳税人产生其他方面的影响。

征税会对纳税人的精神或心理产生一定的影响。通常来说,纳税不是一件令人愉快的事情,在即将面临或应付纳税事宜时,纳税人总会感到某种压力。特别是当纳税人所从事的经济活动没有依法纳税时,纳税人就会产生担心、害怕等不良情绪。在受到不公正的税收待遇时,纳税人往往会产生愤愤不平之感,甚至会产生强烈的对抗情绪。税收对纳税人精神或心理的影响是可以观察到的。对于税收心理学的学术研究,需要将行为经济学和心理学结合起来。

征税还会对技术产生影响。一方面,税收管理需要相应的技术或方法,需要相应的设施或物质手段。例如,税收管理需要根据纳税人的发票来确定其所从事的经济活动的类型和数量或金额,并以此来确定是否应该缴纳税收、缴纳什么税收和缴纳多少税额。为了防止纳税人利用发票来偷逃税收,税务机关就必须采用先进的防伪技术手段来设计和印制发票。另一方面,技术的发展反过来会影响税收制度的设计和税收管理。例如,电子商务的发展,使得税收制度和税收管理面临了巨大的挑战。为了应对电子商务的这些挑战,就会迫使税务机关开发和应用先进的技术手段。因此,税收管理上的新要求会刺激技术的开发和应用。

税收对政治的影响是非常深刻的。从历史和现实看,许多政治问题是由税收所引发的。在历史上,许多农民起义或革命运动都是由于人民无法忍受政府的苛捐杂税而揭竿而起。从当今中国的情况来看,社会公众对税收制度或政策经常存在不同意见和看法,有时也会成为非常现实的政治问题。

总之,税收的影响是广泛而深刻的,不仅涉及具体的纳税人的切身利益,而且事关国家经济、政治等重大问题。所以,税收绝不是征多少或缴多少这样一个简单的纯数字问题。

第三节　政府征税的正当性

一、政府征税必须具有正当性

尽管政府可以凭借所拥有的政治权力向个人或者组织强制征收税收,但征税毕竟需要正当性来支持,否则单凭强权是不能长久维持的。特别是进入现代文明时代,税收的正当性几乎等同于政府的正当性。征税的正当性包含征税目的正当性和征税程序正当性两个方面。

(一)征税目的的正当性

政府的征税目的必须从政府收税以后干什么来加以分析和考察。如果政府收税后所干的事情是正当的,那么征税就是必要的。否则,征税就没有必要。税收的必要性或目的性问题是税收学必须回答的一个最基本的问题。

经济学家在进行经济分析时,既可以从微观来考察经济中的个体及其相对结构,也可以从总体上来考察经济活动。资源配置和收入分配是微观经济学研究的主题。资源配置涉及的问题是:在给定的资源条件下,生产什么、生产多少和怎么生产? 收入分配所涉及的问题是:为谁生产? 或者说是:谁得益、谁受损? 资源配置和收入分配是经济的两个结构性问题,即微观经济问题,而经济稳定则是一个总量问题,即宏观经济问题。

现代市场经济理论认为,在资源配置方面,市场不能充分有效地提供公共产品;在收入分配方面,市场会出现贫富差距过大的问题;而在宏观经济方面,不加控制的市场将会出现通货膨胀和经济萧条。市场在这些方面的缺陷,使人们认识到政府应该利用掌握的工具来对市场加以控制和调节。简单地说,市场缺陷的存在是政府活动的前提,而政府活动既然是必要和正当的,那么政府通过征税而取得收入就是正当的。

(二) 征税程序的正当性

税收的正当性不仅在于其目的的正当性,还在于其是否具有程序上的正当性。税收程序正当性的实质就是公众具有税收的同意权。只有公众同意的税收,才是正当的,也才具有本质意义的合法性。税收程序的正当性要求在公众讨论、公众决策和公众监督三个方面建立相应程序。

按照现代国家治理的基本要求,政府征税必须遵守法定原则。税收法律应该经立法机关制定和颁布后,才能由政府行政机关执行。税收法定原则与罪刑法定原则共同构成现代国家公民财产权保护和人身权保护的两大基石。

二、政府征税的目的之一:提供公共产品(取之于民而用之于民)

如果放任市场自由配置资源,就会出现许多人们需要的公共产品无法被生产出来,因此需要政府力量和其他公益性组织力量的介入。

(一) 公共产品和私人产品

生活中所需的日用消费品大多数属于私人产品(private goods),如面包、服装、车辆和住房等。某些消费品对于不同的消费者同时存在排斥性和竞争性。如给定数量的面包、车辆、服装和住房,一个人享用了就排斥了另一个人占用它们,这就是所谓排斥性;一部分人多占多用多得了,另一部分人就要少占少用少得,存在消费数量上的此长彼消关系,这就是所谓竞争性。因此,私人产品就是那些在消费过程中具有竞争性和排斥性的产品。需要说明的是,这里所谓的"产品"不一定是有形的动产或不动产,也包括无形的服务。

公共产品(public goods)是人们所需要的另一类消费品,它有好几种中译名,如公共品、公共财、公共财货、公用品、公益品、共用品等。其理论含义是:公共产品给消费者带来的利益具有非竞争性和非排斥性的特征。所谓非竞争性(non-rival),是指对某项公共产品而言,某个人的消费并不影响他人对该项公共产品的消费,也就是说,甲增加消费并不会减少乙的消费,同样,乙增加消费也并不减少甲的消费。例如,大海中的灯塔对于过往的船只就是一个在消费上具有非竞争性的公共产品。这是因为,在宽阔的海洋中,绝不会因为多一艘船只而影响其他船只从灯塔中受益。这就是说,众多的消费者对于灯塔这种消费品,是无需争夺的,这就是所谓的非竞争性。公共产品的另一个特征是非排斥性(non-exclusive)。相对于非竞争性来说,非排斥性是比较容易理解的。其含义是:一个人对公共产品的消费并不会排斥另一个人的消费,也就是说,公共产品并不是某个人专用的,而是人人都可以享受到的。例如,像大海灯塔那样的消费品,其建造者或管理者无法将某些船只排除在外,因而,不让它们获得灯塔的好处是不可能的。再如,消除空气污染所带来的好处是任何人都可以享受到的,要让人们享受不到清新空气所带来的消费利益几乎是不可能的。同样,政府提供的国防服务,能让人民免受外敌侵略而获得人身和财产的安全保障,也是人人可以共享的公共服务。只要仔细观察,就可以发现生活中有许多公共产品。

公共产品是一个相对概念,其含义随着空间范围的变化而变化。例如,某国的国防对于该国的居民来说,是一种公共产品,但是对于全世界的居民来说,它是专为某特定国家人民服务的,因此,并不能算作是公共产品。再如,一个城市中的道路、一个生活小区里的公用设施,对于生活其中的人们来说,就是一种公共产品,但对于其他城市或小区的人来说就不是公共产品,因为它们只服务于特定区域的人。一间教室里的设施,对于听课的学生和授课的老师来说是公共产品,而对于不使用这些设施的人来说就不是公共产品。因此,是否属于公共产品,要根据理论上抽象出来的非竞争性和非排斥性特征,结合具体情况作具体分析。

(二)公共产品主要由政府来提供

既然公共产品是人们所需要的,那么它们是否可以通过人与人之间的自由交换来提供呢?先来看一看私人产品如何通过市场的自由交换来提供。通过市场交换的产品,总是那些具有竞争性和排斥性的私人产品,这是因为,竞争性和排斥性使得产品可以卖给出价最高的消费者。如果一种产品在消费者中间没有竞争性和排斥性,就没有任何交易的必要。例如,如果清新的空气是随处可得的,那么不同的人就不会为得到它而去争夺,因此,在这种情况下,空气并不会作为交易的对象。事实上,这种情况下的空气就是一种公共产品。如果清新的空气是大自然的恩赐,人们似乎就没有必要去作出什么努力,只需要尽情享受就是了,但是,如果不注意环境保护,那么这种公共产品的数量和质量就会受到严重的侵害,人们就不得不为此而付出沉重的代价。因此,某些公共产品没有必要由市场来提供并不意味着大自然会自发地提供。

假如公共产品完全由市场来提供,那么必将会出现免费搭车者(free rider)。这些试图不付费而获得好处的消费者的存在,会使其他消费者也跟着这样做,而试图从中获利的生产者或销售者想要制止这种情况是不可能的,因为他们既无法排斥消费者的消费,也无法确认消费者从中获得多少好处。最终,生产者将无利可图,这种产品就不会被生产出来,人们对公共产品的需要也就无法得到满足。在现实中,也存在私人提供公共品的情况。一些怀有强烈公共精神的私人,会从事一定程度的慈善事业,如开办学校、修建道路、捐建公园博物馆等公共设施。但是,由于公共品的私人提供缺乏广泛而持久的利益激励,因此,寄望于公共产品完全由市场来提供,实际上是不可能的,至少是非常不充分的。

显然,公共产品尽管是人人都需要的,但是要让每一个人自觉自愿地为此而付出代价,几乎是不可能的,也就是说,依靠自由交易的市场机制是不能完全提供公共产品的。要使人们对公共产品的需求得到满足,就需要由政府和其他非营利组织来提供。政府在资源配置方面的主要作用,就是提供市场不能充分提供的公共产品。从这个意义上说,税收就可以看作是政府为了弥补提供公共产品的成本而筹集必需的资金。

三、政府征税的目的之二:提供最低社会保障(取之于富而用之于贫)

政府征税的理由还可以从收入分配的角度来理解。在市场经济中,收入是按各人在交易中的贡献来分配的。提供资本的人获取利息、股息、红利或利润;提供劳动和各种服务的人获取工资、薪金或其他形式的劳动报酬;而提供土地的人则获取地租。无论是资本、劳动或是土地,都是用来增加产出的资源。按照在市场经济中提供资源的数量和质量来分配收入,一般被认为是公平的。但每个人所拥有的资源并不是完全相同的,因此,人们之间存在收入差别是非常自然的。应该看到,收入差别的存在无论是对个人还是对社会都有一定好处,因为它有助于促使人们为获得更高的收入而不断努力,人的智慧与潜能就会因此而被激发出来,整个社会也会因个人才能的发挥而从中受益。

然而,如果严格奉行按贡献分配的原则,其结果必然是收入分配差距逐渐扩大,以至于一些人连基本的生活条件都不具备,生活水平极其低下。生活在极端贫困中的人,其创造和发展潜力可能就没有机会得以发挥,可能使一些天才式的人物丧失了成才所必要的条件和适当的机遇。因此,使每一个人都能过上不断改善的生活,是古往今来政治家们的理想。

显然,不能听任市场自发地形成过于悬殊的收入差别,有必要通过各种方式来为处于生活困境中的穷人提供必要的补助。除了私人之间基于自发、自愿的原则而进行各种慈善性捐助活动以外,还要依赖政府采取必要的行动。对于那些身处绝境的人,社会应该提供最起码的帮助,让他们渡过难关,过上有尊严的生活,这就是通常所谓的最低社会保障。政府可以通过转移支付(transfer payment),对老人、残疾人、失去工作的人和遭受各种灾难而生活负担沉重的人提供资助。但政府的资助,必须要有相应的资金来源。而税收往往充当筹集这种资金的重要角色。因此,为最低社会保障提供必要的资金,就成了征税的另一个具有正当性的重要目的。

需要特别说明的是,政府介入收入分配必须受到一定的限制,以免随意武断地调节而破坏社会的正当秩序,伤害人们的劳动和投资积极性。对于人们合法取得的收入,不能随意调节,特别是不能把调节当成目的,把缩小收入差距等同于公平收入分配。假定社会有最高收入者、中高收入者、中低收入者和最低收入者四类社会成员,并且他们的收入都是正当合法的。一个正当的收入调节目的应该是保障最低收入群体的基本生活。对于超过最低生活水平而达到小康水平或者富裕的人们,不应该接受公共补助,除非有其他特殊正当理由;也不应该被强制无偿地征收,除非为了筹集社会保障资金和提供公共产品。因此,随意缩小人们的收入差距缺乏正当性支持。

四、政府征税的目的之三:实现特定政策目标

除了上述两种征税的目的被看作是正当的以外,为了实现特定政策目标而征税也往往被认为具有正当性,虽然总是会有不同的意见。具有上述两种征税目的的税收,其主要功能是筹集财政资金,而实现特定政策目标的税收政策具有筹资功能外,还有调控功能。政府的调控主要分为宏观调控和微观调控,即总量调控和结构调控,税收也可以发挥宏观(总量)调控功能和微观(结构)调控功能。

(一)税收的宏观(总量)调控

市场经济发展的历史表明,经济活动在整体上会不时地出现通货膨胀和经济萧条的周期性波动。通货膨胀表现为价格上升,货币贬值,经济泡沫增多;经济萧条表现为失业率上升,产品积压,工厂开工不足。无论是通货膨胀,还是经济萧条,都给人们的生活带来了巨大的压力。

要控制这种经济活动的剧烈波动,就需要依靠政府力量的介入。政府通常可以采取货币政策和财政政策来影响宏观经济的总产量、总就业量和总价格水平。货币政策主要通过调节货币供应量和利率水平来实施,财政政策主要通过税收和公共支出来体现。公共支出的增加或减少可以刺激社会总需求发生相应变化;而增税和减税同样可以调节社会总需求;减税和减支,还可以起到扩大社会总供给的作用。这就是说,从稳定宏观经济的角度看,不仅公共支出需要由税收来提供资金来源,而且税收本身也是政府可以利用的重要政策工具。

(二)税收的微观(结构)调控

从微观(结构)的角度看,政府几乎有着各式各样的税收调控"理由"。例如,为了促进某个

产业的发展或者产业结构转型给予税收优惠;再如,为了限制某些产品或者项目的投资和消费,开征某种特别税收,我国在 20 世纪 90 年代开征过的固定资产投资方向调节税和 2018 年起实施的环境保护税,都是这种类型的税收。这些基于微观调控的税收政策,在现实世界中比比皆是且纷繁复杂,是导致税制复杂的主要根源。如何设计科学合理的调控类税收,是政府和公众面临的一个重大挑战。从制度设计的角度看,应该对这种政策调控类税收给予必要的限制,以防止打着调控旗号而实质在于筹资的名不符实的行为,从而保证这种税收的正当性。

拓展阅读

为何废止《中华人民共和国固定资产投资方向调节税暂行条例》?

　　总之,在现代的市场经济中,政府征税的现象之所以如此普遍,是有着深刻的经济根源的。税收既可以作为政府提供公共产品的筹资工具,又可以充当促进资源有效配置、调节收入分配、稳定宏观经济的政策工具。在市场经济条件下,税收的地位显得特别重要。

练 习 题

一、选择题(含单项选择题和多项选择题,请用手机扫描下方二维码作答)

二、简答题

1. 政府向公众或企事业单位征收的税收和罚款有什么异同点?
2. 为什么要把税收对纳税人的经济影响划分为收入效应和替代效应?
3. 政府征税除了提供公共服务之外,还有其他正当目的吗?

第二章 税制原则

学习目标

序号	知识点	学习目标	学习难度
1	亚当·斯密和瓦格纳的税收原则	重点掌握	☆☆
2	实现税制有效的途径	一般掌握	☆☆
3	经济效率的含义	了解	☆☆☆
4	实现税制公平的途径	重点掌握	☆☆☆
5	纳税能力的衡量标准	了解	☆☆
6	简化税制、税制透明的途径	一般掌握	☆

  本章要关注的问题是:如果政府征税是正当的,那么什么样的税收制度是令人满意的? 也就是说,应该如何来评价和判断某种税收制度的优劣? 为此,必须提出若干基本的衡量标准或判断准则。

讲解视频

税制原则

  税收制度的好坏,是一个价值判断问题。对于价值判断问题,难免仁者见仁、智者见智,很难完全统一。自有税收起,这样的问题必定被许多人思考过。有记载的、学术上的讨论和成系统的研究,至少可以追溯到 17 世纪。现代经济学家在前人的基础上又进行了深入研究,但所思考的方面和得到的结论大同小异,基本上围绕效率和公平两大方面来立论。

第一节 前人的研究

  什么样的税收是好的? 应该遵从什么样的原则来制定税收制度? 不同学科领域古今中外的思想家曾经思考过这样的问题。在经济学领域,比较有代表性的理论原则是 18 世纪英国经济学家亚当·斯密提出的税收四原则和 19 世纪德国经济学家瓦格纳提出的税收四原则。

一、亚当·斯密的税收四原则

  亚当·斯密的巨著《国富论》的出版标志着古典政治经济学体系的建立。虽然在重商主义流行的 17 世纪中叶至 18 世纪中叶,就出现诸如配第、诺思、休谟、布阿吉尔贝尔和魁奈等一批不同程度地摆脱了重商主义观念束缚,而主张自由放任的经济研究者,但直到 1776 年斯密的《国富论》出版,才最终实现了经济思想史上的第一次革命。一个完备的古典政治经济学体系从此创立,经济学作为一门独立的学科开始形成。亚当·斯密在《国富论》中提出了平等、确定、便利和最少征收费的税收四原则理论。

（一）平等原则

亚当·斯密所说的平等,包括以下含义:

（1）主张所有公民应平等纳税,贵族特权阶层不应免税,也不应按身份定税以及富者轻税、平民重税的不公平情况。在这里,税收的平等原则意味着所有人的普遍纳税。

（2）税收应均衡地分担到地租、利润和工资上。仅由其中一种收入负担的税收是不公平的。在这里,税收的平等原则意味着课税基础的全面性。

（3）税收不应干预社会财富的分配,应按照自然形成的社会财富分配情况,实行比例税率征税。每一个有收入的人,都应当按比例向国家纳税。在这里,税收的平等原则意味着税率水平的一视同仁。事实上,斯密赞同单一比例税率而不是累进税率。

总之,亚当·斯密提出的税收平等原则是指所有人都要按同样的比例对所有类型的收入缴纳税收。

（二）确定原则

确定原则是指税收制度要使纳税人确切地了解所应该缴纳的税收,无论征收制度,还是征收缴纳的方式都应该让纳税人知道。斯密认为,公民应缴纳的税收,必须是明确规定的,不得随意变更。如纳税日期、纳税方法、缴纳数额等,都应当让所有的纳税人及其他人清楚明白,否则纳税人难免会受税吏权力的任意左右。税收制度的设计如果偏离了确定原则,会导致征税人的随意专断征税,加重税收负担以及恐吓、勒索等行为。斯密强调,相对于税收不公平,税收不确定对人民的危害更严重。

在现代社会中,税收确定原则上升为税收法定原则。按照税收法定原则,税收制度的创立和更改,必须通过相应的立法程序,由民意代表机构来确定,从而有利于从根本上制约税收执行机构及其人员利用征税制度和方式损害纳税人的正当权益的行为。

（三）便利原则

亚当·斯密认为,征税时间、地点、方法与形式都应该给纳税人最大的方便。应该在纳税人收入丰裕的时期征税;征收地点,应该设立在交通便利的场所;征收方法,应力求简便易行;征收形式,应该尽量采取货币征收,以避免因运输实物增加纳税人的负担等。总之,便利原则要求税收设计者要从方便纳税人纳税的角度,确定什么时候缴税、在哪里缴税和用什么方法缴税等。

（四）最小征收费原则

亚当·斯密认为,国家在征税时要尽量节约征收费用,应该使纳税人付出的尽可能等于国家所收入的。针对当时英国税收制度致使征收费用过高的弊端,亚当·斯密作了进一步的分析:一是税吏过多,不仅耗去相当部分税收作为税吏的薪俸,而且还在征税以外,苛索人民,增加负担;二是税收妨碍人民的勤劳和产业的经营,减少或破坏了可供纳税的基金;三是不适当的税收可能成为逃税的诱因,严惩逃税,引起的倾家荡产会违反一般的正义原则;四是税吏的频繁访问和检查,虽然不会给纳税人带来金钱上的损失,但会给纳税人带来不必要的烦忧。

最小征收费原则要求税收制度的设计者从减轻征收成本和缴纳成本的角度来确定对谁征收、按什么标准征收以及按什么方式缴税等基本问题。

二、瓦格纳的税收四原则

瓦格纳是20世纪德国社会政策学派的主要代表人物。这个学派积极宣扬德国总理俾斯麦通过武力统一德意志帝国的政策,在经济政策方面,他们主张政府干预。在这样的思想指导

2

下,瓦格纳虽然吸收了亚当·斯密的税收思想,但所提出的税收原则更加强调政府的作用,更多地从保护政府利益的角度判断税收制度的好坏。瓦格纳的税收原则围绕财政收入、国民经济、社会公平和税务行政四个方面展开。

(一) 财政收入原则

在瓦格纳看来,要保证政府对于经济的调控,就必须有充足的财政收入,因此他把满足财政支出所需作为税收的首要原则。按照财政收入原则,税收制度要确保能够征收到充足的收入,并且要有弹性。财政收入原则可以细分为收入充足原则和收入弹性原则。

收入充足原则,是指税收收入要能够满足经常性财政支出的需要。如果所选择的税收制度不能为政府带来预想中的收入,那么这种税收制度是不可能得以推行的。只有那些税源充沛、收入可靠的税种,才会被政府选中。例如,对商品流转额征税之所以被广泛和持久推行,就是因为这种税收的税源广阔,确实可靠,同时又采用间接课征的方法向销售方课税,征收阻力相对较小。再如,印花税虽然税率极低,通常只有万分之几,但由于课税对象是各类经济凭证,税源广布,因而成为一个普遍采用的税种。

收入有弹性原则,是指税收收入能随财政需要的变化而有伸缩。通常,随着政府职能的扩大,政府介入经济活动的广度和深度在总体上会呈现出逐年增加的趋势,相应地,作为政府支出主要来源的税收收入也必须逐年增长。瓦格纳认为,增加税收收入的方式方法当然很多,但按其性质基本上可分为两种:一是自然增加的方法,二是人为增加的方法。自然增加的方法,就是通过振兴产业、提高消费水平来增加经济活动中的总需求和总供给,从而使税源扩充和增大。人为增加的方法,就是通过创设新税、改良旧税、提高税率等税制变革方法来增加税收收入。

(二) 国民经济原则

瓦格纳认为,国家征税时应该考虑对国民经济的影响,应尽可能有利于资本的形成,培养税源,促进国民经济的发展。他认为应从税源选择与税种选择两个方面来体现这个原则。

在税源选择方面,瓦格纳认为,为了发展国民经济,就应该选择有利于保护税源的税种。一般来说,税源有所得、消费、财产三种。他认为,选择所得作为税源最好,若以财产作为税源,则将损害税本;而对于消费是否是好的税源,他则不置可否。他认为,不能以所得作为唯一的税源,如果出于国家的经济、财政或社会的政策需要,也可以适当地选择某些资本或财产作为税源。

在税种选择方面,瓦格纳认为,应主要考虑税收的最终负担问题,因为这关系到国民收入的分配和税收负担是否公平。他认为,税法预先规定税收的负担者,事实上是不可能的,因为在经济交易中将发生税负转嫁的情况。所以,必须充分考虑到税收转嫁的变化规律,最好选择难以转嫁或转嫁方向明确的税种。但也不排除在必要时,也可适当地采用对转嫁方向不明确的税种,以实现税负的公平。至于转嫁方向不明确的税种,如何能保证税负公平的实现,瓦格纳并没有进一步论述。

(三) 社会公平原则

社会公平原则是指税收负担分配于纳税人时,应遵循普遍和平等的原则。瓦格纳认为,社会上的人都必须纳税,都必须承担纳税义务,任何人都不能因为身份不同、地位特殊而例外,即普遍征税原则。瓦格纳认为,税负平等就是税收的负担应力求公平合理。所谓税负平等,并非指每个人应缴纳一样多的税,而是应该按照各人能力的大小来缴税。他主张实行累进税制,这样就可以使收入多的多缴税,收入少的少缴税,同时对处于最低收入以下的免税,这样才符合社会正义,即社会公平原则。

(四)税务行政原则

在税务行政或管理方面,瓦格纳整合了亚当·斯密的确定原则、便利原则和最少征收费原则,即好的税收制度不仅要使征税数额要确实,而且要便利纳税人,并且征收费要最少。

三、两种税收四原则的比较

从经济思想看,亚当·斯密是自由放任思想的代表人物。他认为,经济在不受国家干预的情况下能够得到最大限度的发展。因为通过自由竞争,市场这只"看不见的手"能够协调整个经济的运行,从而达到资源的有效配置,进而提高人们的生活水平。他主张,政府应当只扮演"守夜者"的角色,即只需负责维护治安和市场秩序就可以了,根本不必要通过财政支出的方式对生产和消费进行支持,也不必要通过增税或减税的方式来鼓励什么和限制什么。斯密的税收平等原则实际上是消极的,或者说是中性的税收原则,其含义是税收制度对于每一个有收入的纳税人,应该一视同仁,不能有差别。其思想实质就是,税收要保证市场机制作用的充分发挥,不能干扰和扭曲人们的自由选择。其他三条原则实际上属于税务行政方面的原则,其思想实质就是政府征税不仅要避免产生庞大的征收费用,还要尽量给予纳税人最大的便利。亚当·斯密的税收原则理论,在今天仍然具有重要的指导意义。

瓦格纳则强调了税收的调控功能。他竭力鼓吹通过政府推行某些社会政策,以此来干预经济和调节收入分配。他认为,政府"不仅仅是一个单纯的守夜者,而且还是一个圣诞老人,它可以为穷人带来福利"[①]。税收"不仅要满足国家支出的需要,以实现其财政目的;而且还要纠正社会财富分配的不平等,以达到社会公正的社会政策目的"[②]。尽管在他的经济原则中,实际上仍然体现的是一种自由放任的消极思想,但是他把社会公平原则提到一个非常高的位置予以强调。他认为,财政收入原则虽然是最基本的,但是有时候,社会公平原则要凌驾于财政收入原则之上。实际上,瓦格纳强调了税收应该是被政府用来实现某种社会政策的工具。也就是说,能够实现某种社会政策目标的税收就是好的税收。

概括而言,斯密认为,不干扰经济自由发展和最大限度给予纳税人方便的税收,就是好的;而瓦格纳认为,能够满足财政需要、促进经济发展和实现社会目标的税收,才是好的。在斯密那里,判断税收制度好坏的标准是有限的;而在瓦格纳那里,判断税收制度是否理想的标准是多元的,甚至可以说是全面的。但是,由于不同的目标之间在本质上是冲突的,因此,必须只有在它们之间达到某种平衡时,税收制度才是比较理想的。而事实上,没有一种税收制度是十全十美的。企图通过某一种税收制度来实现众多的非财政目标,结果往往并不尽如人意。

第二节 税收制度的效率原则

现代主流经济学在亚当·斯密和瓦格纳的税收原则理论的基础上,从效率和公平两个方面进行了更为深入的探讨,形成了税收效率原则和税收公平原则理论。本节讨论税收效率原则。

一、经济效率的含义

通常,效率是指不浪费或者指把现有的资源使用得最好。效率还可以用来表示单位时间

①②　葛惟熹.中国税收理论与政策.上海:上海财经大学出版社,1999,p.255.

2

里完成的工作量。效率越高,表明单位时间内完成的工作量越多。这个定义,是从个体的角度来阐述的,不妨称为个体经济效率。

然而,与通常所谓的个体经济效率不同,经济学家在使用经济效率这个术语时,通常是从社会整体上来阐述的。整体经济效率的含义是,如果一项措施能够使得一部分人的经济福利水平得到提高,但不会因此而导致另一部分人的经济福利下降,那么,这项措施从社会整体的角度来看,就有助于经济效率的提高。这就是说,当社会还存在改进或提高经济效率的余地时,整个社会的资源配置就不是处于最理想的状态。只有当社会处于这样一种状态时,即没有一种措施能够使一部分人的经济福利提高而同时又不使另一部分人的经济福利下降时,整个社会的资源配置才是最优的。在理论上,这个标准就是著名的帕累托准则(Pareto criterion)①。

实际上,经济效率是用来表明资源配置状态的一个理论标准或者一种理想状态,它包含三层含义:第一,经济效率是指在资源的数量和质量给定的条件下社会的总产出最大,换言之,经济效率是指在社会总产出给定条件下,资源的耗费最小;第二,资源的配置能够满足社会的整体需要,没有供应和需求的过剩或不足;第三,资源的配置能够满足每一个社会成员的特殊需要。显然,要达到这样的一种最优资源配置状态是不可能的,但这为人们提供了资源配置的终极目标,可以作为衡量现实世界中资源配置状态的一把尺子或者一面镜子。

二、实现税制有效率的途径

在实现税制的有效性方面,存在着两种截然不同的思想。一种思想是,税收制度不能干扰市场经济的自由运行,应该采取一视同仁的中性原则(neutral principle)。另一种思想是,税收制度应该体现不同情况不同处理的区别对待原则(principle of differential treatment),以便能够使政府利用税收制度来调控经济。前一种思想被称为消极的税收思想(passive thoughts of taxation),后一种思想被称为积极的税收思想(active thoughts of taxation)。

体现前一种思想的税收,被称为中性税收(neutral tax);体现后一种思想的税收,被称为矫正性税收(corrective tax)。尽管中性税收和矫正性税收是两种完全不同的税收形式,看似矛盾和冲突,但它们都是着眼于资源配置这个问题,都以提高经济效率为目标,可以结合不同的政策目标在不同的场合有选择地采用。在市场经济运行得比较好的时候,可以让中性税收大显身手,尽量减少税收制度对于市场经济活动的扭曲;而在市场经济运行得不太好的时候,可以让矫正性税收发挥应有的作用。这样,税收制度就能最大限度地促进整体经济效率水平的提高,使得资源得以充分有效地利用。因此,要使中性税收和矫正性税收提高经济效率,关键在于选择适当的运用环境,以及相互之间的合理搭配和有机组合。

第三节　税收制度的公平原则

一、公平的含义

与效率一样,公平也是一种价值评判标准。然而,人们对公平的看法却不像效率那样容易取得比较一致的意见,这是因为人们对公平的含义有着不同的理解。关于公平的含义,大致可

---

① 阿尔弗雷多·帕累托(1848—1923)是 20 世纪意大利著名的经济学家和社会学家。他在经济学方面的贡献主要表现为他所撰写的两本著作:《政治经济学讲义》(1897),《政治经济学教程》(1906),以及收录在《数理科学百科全书》(1911)中的一篇名为《数理经济学》的论文。

以有三种理解：一是起点公平（baseline equity），二是规则公平（rule equity），三是结果公平（consequence equity）。①

如果把公平看作是一种事先约定的规则，那么，凡是符合这种规则的行为及其产生的结果，都应该被看作是公平的。在主张规则公平的人看来，个人收入的分配主要取决于每个人根据自身掌握的生产要素的数量和质量对生产所做出的贡献大小。生产要素主要有资本和劳动两种。一个人如果拥有资本，那么他按资本要素取得的收入，是公平和正当的。同样，一个拥有劳动要素的人按所提供劳动的数量和质量取得的收入，也是公平和正当的。资本在数量和形式上有着各种差别，劳动在形式、数量和质量上也有着重要的差异，这些差异都被主张规则公平的人认定为是合理和正当的。虽然规则公平承认个人在体力、智力、容貌、偏好等禀赋方面的差异，也承认和保护个人对生产要素的所有权，但是，在现实世界中，由于每个人拥有的生产要素各不相同，因此，按对生产的贡献大小分配收入必然会导致在收入分配结果上的差异，这种差异往往是非常巨大的。

在现实生活中，有的人出生在富裕的家庭，过着优渥的生活，不仅能接受良好的教育，而且有可能在将来继承巨额遗产；相反，有的人出生在贫困家庭，许多人别说是接受良好的教育了，可能连基本的生活条件也不具备；即使是那些受到了良好教育的穷学生，当他们进入社会时也有可能处于一无所有、赤手空拳的境地。起点公平理论认为，所谓公平，不仅应该是规则的公平，还要使人们在起点上也大致公平，否则，如果人们在起点上存在重大的差别，那么，即使规则是公平的，实际上的收入分配也是不公平的。起点公平是对规则公平的修正或补充，但由于人与人之间在许多方面不可能完全相同，因此，起点公平的应用范围非常有限。退一步说，即使能够实现起点公平和规则公平，各人收入份额上的差异仍然会存在。这种差异主要源于个人禀赋、努力程度、机遇上和选择上的差异等。因此，起点公平和规则公平一样，承认结果上的差别。

当人们发现现实存在着巨大的收入分配差异时，往往会产生强烈的不公平感。特别是对于一无所有的赤贫者来说，他人的富有，会使他的精神受到刺激。即使富人的财富是在正当的规则下通过自身的努力和贡献而取得的，也仍然会感受到强烈的不公平。一些人因为受到比他富有的人的财富或生活方式的刺激，觉得应该和其他人一样富有，不惜采取偷盗、抢夺等掠夺性方式占有他人的财富。那些在规则公平下得益的人，出于其同情心或其他动机也会觉得有必要对太穷的人予以某种程度的资助，以改善他们的收入状况。因此，某种社会形式的收入再分配对于社会的安定和人权的保障是必需的。事实上，古今中外都或多或少存在某种最低限度的公共救济制度，但实践功效差异很大。这种济贫制度，是对规则公平的修正，实际上就是社会保障制度。这是公平的税收制度所必须面对的问题。

二、实现税收公平的两项原则

追求公平的税制，始终被看作是一个重要的社会政策目标，因此，现实的税收制度必须体现公平目标的要求。尽管人们对公平有着不同的理解，但每个人都同意税制应该是公平的。为了进一步探讨税收公平的含义，经济学家对于把税收公平分解为横向公平（horizontal equity）和纵向公平（vertical equity）的看法几乎没有分歧。税收横向公平要求对境遇相同的人征收相同的税收；纵向公平要求对境遇不同的人征收不同的税收。对于如何定义和计量所谓的境遇有多种不同的解释，纵向公平所要求的"不同"也无法统一意见，因此，关于税制公平

2

① 蒋洪，等.财政学教程.上海：上海三联书店，1996，p.67.

这个一般性的问题,尚无完全一致的意见。虽然税收公平仍然存在理论争议,但在现实中,实施税收公平可以遵循两条基本原则:一条是量益原则,另一条是量能原则。

（一）量益原则

量益原则(the benefit principle),也称为受益原则或利益原则,要求纳税人应根据其从政府提供的公共服务中所获得的利益大小来缴纳或负担相应的税收。政府提供的公共服务在范围上是有差别的,大体分为两大类:一类是特殊人群享受到的公共服务,如机场的基础设施和航空服务主要是为搭乘飞机的人提供的,再如某个地方性的公园主要是为当地民众提供服务的;另一类是所有民众普遍受益的公共服务或如国防服务和国家行政管理。相应地,税负分配的量益原则,有三层基本含义:

（1）对于未从政府公共服务中得益的人,不应负担税收。政府为特殊人群提供公共服务所需弥补的成本由非受益人群来承担是不公平的,因而通过向全体人民普遍征税来弥补为特殊人群提供服务所耗费的成本,也是不公平的。

（2）对于从政府公共服务中得益且相同的人,应该缴纳相同的税收。

（3）对于从政府公共服务中得益不均的人,应缴纳不同的税收。

量益原则的特点是将纳税人缴纳的税收与政府的公共支出相联系,它不仅提供了合理分担税收负担的方法,而且有助于确定合理的政府规模,从理论上看较为理想。在实践中运用此项原则时,要根据政府提供的公共服务的范围来确定相应的受益群体,从而使公共服务的支出受益者与成本承担者建立起逻辑上的对应关系,这是保证财税制度公正合理的基本前提。如果一项应该由某项特定群体承担的公共支出项目由政府免费提供,就意味着其他非受益的群体为其买单,这就违反了税收公平的量益原则。中国有一句著名的税收宣传标语:"税收取之于民,用之于民",它试图告诉人们税收的"取"和"用"具有对应关系,这可以看作是税收量益原则的通俗表述。当然,相信这句话而主动纳税的人是罕见的。因为税收毕竟是无偿的,取走之后,并不会返还给纳税人。

（二）量能原则

与量益原则不同的是,量能原则(the principle of ability to pay),也称为支付能力原则,要求税收负担的分配与纳税人的纳税能力高低挂钩,与政府支出没有特定的联系。换句话说,量能负担原则是单纯从税收负担分配的角度来考虑税收问题的,与政府使用税收的用途毫无联系。按量能原则纳税意味着,横向公平要求具有相同纳税能力的人应当缴纳相同的税收,纵向公平要求具有不同纳税能力的人缴纳不同的税收,即纳税能力较强的人缴纳较多的税收,纳税能力较弱的人缴纳较少的税收,无纳税能力的人则免缴税收。

尽管在事实上,按照纳税能力缴纳税收的原则已被人们广为接受,但是,经济学家对于按量能原则纳税仍然存在着许多争论,主要集中在三个方面:①如何定义纳税能力,即纳税能力是一种主观上的标准,还是客观标准?②如果纳税能力用客观标准表示,应选择哪一种标准?③如何计量选定的纳税能力标准?

如果纳税能力用主观标准来定义,那么纳税能力就等同于经济福利,即一个人所获得的效用水平。由于效用水平基于人们的主观评价,是因人而异的,因而无法判断人与人之间的纳税能力是否相同,以及如有不同时究竟有多大的不同等问题。如果纳税能力用客观标准来定义,则这种标准必须是可观察和可计量的。一般来说,可选的客观标准主要有三种:一是收入,二是消费,三是财富。但对其中哪一种标准更符合公平的含义却没有一致的看法。

收入通常被认为是测度纳税能力的最好尺度。因为收入最能决定一个人在特定时期内的消费或增添其财富的能力。收入多者表示其纳税能力强,反之则弱。美国芝加哥大学的著名经济学家亨利·西蒙斯曾指出,所有税收,不论其名义基础如何,都应当是落在个人收入上。但问题在于,收入一般是以货币来计算的,而许多纳税人可能取得货币以外的实物收入,对实物收入不纳税显然不公平;此外,纳税人的收入也有多种来源,既包括勤劳收入,也包括不劳而获的意外收入或其他收入。对不同来源的收入不加区分,统统视作一般收入来征税,亦有失公平。因此,收入并不是衡量纳税人相对经济地位足够精确的指标。

消费支出可作为测度纳税人纳税能力的又一尺度。消费充分反映着一个人的支付能力。一般而言,消费多者,其纳税能力必强;消费少者,其纳税能力必弱。而且,个人消费支出也可通过纳税人的总收入情况来估算,进而可根据消费支出设计税率。英国剑桥大学的尼库拉·卡尔多曾指出,理想的税基应当是消费支出而不是收入。衡量一个人实际上从经济中抽出多少资源用作个人使用的最好尺度就是消费。如果一个人对其消费能力予以控制,即将一部分收入用作储蓄,则应在税收上予以鼓励,用作储蓄的部分可不计入税基。因为储蓄可以转化为投资,从而提高总的生产能力。如果一个人的消费额度超过其收入额度(如赊购或动用其过去的储蓄),他就应该按其消费额度多缴税。因为消费会减少资本储备,不利于总的生产能力的扩大。这实际上是主张用加重课税的办法限制消费,而用减免税收的办法鼓励储蓄。然而,与按收入征税相比,按消费支出纳税会延迟国家税收及时入库,而且蕴藏在政府或企业等经济实体的公共开支中的私人消费是难以课税的;这就导致同样消费水平的人,承担的税负不同,从而是不公平的。

财产也可以被认为是衡量纳税人纳税能力的合适尺度。财产代表着纳税人的一种独立支付能力。一方面,纳税人可以利用财产赚取收入,仅仅拥有财产本身也可使其获得某种满足,另一方面,纳税人通过遗产继承或受赠等而增加的财产拥有量,会给其带来好处,增加其纳税能力。但按纳税人拥有的财产来衡量其纳税能力,也有一些缺陷:一是数额相等的财产并不一定会给纳税人带来相等的收益;二是有财产的纳税人中,负债者与无债者情况不同,财产中的不动产与动产情况也不同;三是财产情形多样,实际上难以查核,估值颇难。

综合来说,三种衡量纳税人纳税能力的尺度,无论哪一种都难免带有片面性。没有一个客观标准可以被人们普遍接受而不引起争议。绝对准确且公正的测度纳税能力的尺度,实际上是难以找到的。现实可行的办法只能是,以一种尺度为主,同时兼顾其他两种尺度。

三、实现税收公平的挑战与希望

虽然税收公平有两项理论原则,但要实现税收公平这一目标却充满了困难和挑战。马斯格雷夫教授在《美国财政理论与实践》一书中对此有精辟的论述:

"没有一种方法能容易地加以解释或付诸实施。要实行'量益原则',必须知道每个纳税者从支出方面得到的受益。而要应用纳税能力原则的方法,就必须知道如何确切地衡量这个能力。这些都是很困难的,没有一种方法能在实际领域里获胜。而且也没有一种方法能实现税收政策的全部职能。比如说,量益原则能很理想地分配税收,以支付公共劳务的成本,但它不能处置财政转移支付所需的那部分税收,也无法实现再分配的目的。因为它一开始就假定分配处在'合适'的状态上。这是一个严重的缺陷。因为实际上用于公共劳务提供资金的税收和用于收入再分配的税收是不可能分开的。量能原则较好地解决了再分配问题,但无法确定对公共劳务的供应。尽管有这些缺陷,但设计公平的税收结构方面,两原则都有其重要性。虽然其重要性是有限度的,但这种公平结构能为绝大多数人所接受,并能进行有选择的调整。"①

虽然马斯格雷夫认为上述两种税收公平原则"能为绝大多数人所接受",并相信政府"能进行有选择的调整",但是,很多经济学家相信,政府利用税收手段谋取公平目标的能力是有限的,对于收入再分配的调节作用也是有限的。在理论上,无论是主观标准,还是客观标准,没有一个能够令所有人都满意,而在实践中,将税收的公平目标付诸实施,必将遇到许多无法克服的困难。无论采取哪一种征税制度,政府实现税收公平目标的努力都不会产生皆大欢喜的结果。而事实是,政府追求税收公平目标的意图,往往会被某些特殊利益集团利用来为其谋取税收优惠,从而使结果事与愿违。

理论和现实表明,政府实现税收公平的能力和效果是令人怀疑的。但这并不意味着不需要强调税收的公平原则,而是要表明这样一个观点:即某些在表面上企图实现公平纳税的政策措施,在事实上不一定能产生矫正收入分配的公平效果。进一步说,不同税类或者相同的税类在不同的场合下,其潜在的效率与公平的相对优势可能是不同的。如果某些税收具有较强的效率优势,就不必强求其公平性;相反,如果某种税收具有较强的公平优势,就不必过于强调其效率代价。同所有事物一样,没有一种税收能做到十全十美,关键在于知其利弊,扬长避短。事实上,任何一种旨在缩小结果公平的税收制度或规则,都会产生效率损失。所以,如果不考虑效率损失,而是单纯考虑公平问题,那么结果公平是最理想的,但是,一旦将公平与效率联系在一起的时候,就不得不面临两个标准的权衡。

要从根本上解决税收的不确定和不公平问题,就需要多方面的努力。首先,税收制度的设计要符合公平原则,既要秉持"平等待人"的基本理念,也要考虑"特殊利益"的现实诉求,最大限度地协调不同纳税人对于公共产品成本的分担水平,从而使其具有"公正性"。其次,要想让税收制度有现实效力,就需要经过适当的公共决策程序,保障公众的知情权、表达权和同意权,使之具有"合法性"。再次,合法形成的税收制度要稳定可靠。如果税制和政策朝令夕改、变化莫测,不仅会影响公众对税制的熟悉度和遵从度,也会损害公众对政府的信任度,更容易增加公众的不安全感,从而成为引发社会不稳定的重要因素。最后,在税制的具体实施过程中,要最大限度地消除各种人为因素的干扰,以保证税款征收对象、日期、地点、数额和方式上的"确定性"。

第四节　税收制度的简单透明原则

虽然主流经济学已将简单透明原则纳入效率原则和公平原则中,但这一原则不仅在亚当·斯密和瓦格纳等前人的税收原则中都特别作为一项单独的原则来强调,而且是体现和保证税收效率原则和公平原则充分发挥作用的现实要求。简单透明原则可以理解为效率原则和公平原则的具体体现和要求。

一、税制简单透明的好处

税制简单透明的好处是多方面的,无论是对于政府还是对于纳税人,或者是从社会整体看,都是利大于弊。

（一）简单透明的税制有利于税法和税收政策意图的贯彻

税收制度总是要通过相应的法律条款来体现,当税法条款复杂难懂时,容易出现理解和掌

---

① 理查·A.马斯格雷夫,皮吉·B.马斯格雷夫.美国财政理论与实践.邓子基,邓力平,译.北京:中国财政经济出版社,1987,p.190.

握方面的差异和不足。其导致的结果,不是难以避免触犯税法并招致惩处,就是引起强烈的抵触情绪而使税法的推行遇到阻力,从而使税收制度无法体现立法者的初衷,甚至可能出现与立法意图背道而驰的情况。一个试图使每一个人都满意的税制,必定是复杂的,因为这样的税法必须考虑到每一个人的具体情况,但是这样的税法即使能够制定出来,也无法实施,等于一纸空文。退一步说,如果能够实施,其实际效果也必定大打折扣,难符初衷。总之,简单透明的税制便于征纳双方的理解与执行,从而能使税法和税收政策得以有效推行。

(二)简单透明的税制有利于节省征纳税双方的时间和精力

征税和纳税都是需要付出时间和精力的。复杂难懂的税制,不仅不利其推行从而无法体现政府征税的政策意图,而且还将使征纳双方牵涉过多的时间与精力,占用过多的稀缺资源。这是因为,为了应对复杂的税制,征税方可能会增加人员,或者如果不能增加人员就可能降低征税效率;为了应对复杂的税制,企业纳税人也可能增加雇员,或者如果不能增加雇员就不得不花费更多的时间与精力去了解与熟悉税法,以免错用税法而招致惩处。此外,复杂难懂的税法,还容易增加征纳双方适用税法的差错率,容易诱发征纳双方的税务纠纷,从而导致更多的时间与精力牵涉进税务事宜之中。显然,征纳双方用于处理与应付税务事宜的时间越少,用于增加社会财富的时间和精力就会越多。因此,简单透明的税制有利于社会整体经济效率的提高,从而有利于提高人们的生活水平。

(三)简单透明的税制有利于防范税务腐败和减少权力寻租行为

一方面,税制繁杂是税务腐败的重要诱因。复杂难懂的税制,往往伴随着众多细微的差别,特别是过多过滥的税收优惠规定赋予了征税人员审核、确认、检查等权力,在缺乏有效监督的情况下,这种权力很容易被征税人员滥用谋私,从而产生腐败问题。简单透明的税制,使税务人员利用权力谋取私利的可能性降低,从而有利于防范税务腐败行为的发生。另一方面,存在大量税收优惠的复杂税制,也常常被纳税人利用。为了获得税收方面的好处,纳税人会提供虚假的信息来骗取税收优惠。我国在一段时期内曾出现过的"假合资企业""假福利企业""假校办企业",都与税收制度对这些企业的减免优惠政策有密切的联系。确切地说,税收优惠为它们的登台提供了物质利益上的刺激。

(四)简单透明的税制有利于保护纳税人的正当权益

复杂的税制必然要求纳税人提供过于详细的信息,税务机关的核实工作极易侵害纳税人的正当权利,妨碍人们的自由。例如,为了核实申报的个人所得税信息是否真实,税务机关可能会采取各种方式调查居民的收入、财产等具体情况,甚至会采取扣押、查封、没收个人钱财物等强力措施来保证税款的征收。这些措施如果运用不当,极易侵害个人正当权益,引起纳税人的强烈不满。再如,个人活动往往带有一定的私密性,个人会担心这些秘密暴露给税务机关后会泄露出去,从而对其个人生活产生不利的影响。因此,税收征收可能会侵害人民的隐私权。这种情况,即使在美国,也被认为是十分严重的。布什政府期间的税务署委员弗雷德·戈德伯格曾经撰文指出:"税务署已经变成我们民主社会中最具侵扰性、压迫性和非民主机构的象征。"[1]

二、税制简单透明的挑战与应对

税收的区别对待措施,源于政府试图通过税收政策来实现其特定的鼓励或限制措施。大多数经济学家认为,现实中税收制度的复杂性,主要来自政府利用税收制度谋求课税公平和促进经济发展的善良愿望或政策意图。这就必须在税收制度中考虑纳税人的特殊或具体情况,

2

---

[1] 迈克尔·J.博斯金.美国税制改革前沿.北京:经济科学出版社,1997, p.182.

例如,他们所处的地区、所从事经济活动的性质和方式及其支付能力等。在某些特殊问题上具有相同利益的人们,就可能结成特殊利益集团(special interest),这是对政治决策施加影响的一种压力集团(pressure group)。众多压力集团的存在,可能迫使政府增加有利于它们的税收优惠条款,或者反对已有税收优惠条款的取消。

因此,税收制度实际上是由一个社会的政治、经济、技术、文化等多方面复杂的因素所促成的。我们既不能对日益复杂的税制麻木不仁,也不能仅仅停留在抱怨的层面上,而应该以积极的态度来面对它。我们应该设法分清,哪些复杂性是不可避免的,哪些复杂性是能够而且应当避免的。只有这样,我们才能知道,在什么方面应该有所为,在什么方面应该有所不为。

三、简化税制的途径

税收制度的简化牵涉到很多方面,它不仅是立法者所需要关注的问题,也是税收管理者应该重视的问题。就税收制度本身所涉及的问题的性质来看,主要有两大类问题:一类是政策问题(policy problem),另一类是技术问题(technology problem)。因此,税制的简化,不仅要从立法层次上来考虑,还要从执法或司法等管理层次上来考虑;不仅要考虑与政策有关的问题,还要考虑与技术有关的问题。

(一)减并和规范税种

税种过多,不仅容易给人造成税负沉重的错觉,而且容易出现税种设置重叠、税制体系混乱、计税依据或税率错用等问题。虽然无法设想只用一种税来完成税收制度所承担的职责,但是税种的数目应该控制在适当的范围之内,以避免税收制度不必要的复杂。税种的规范最好是从税基的规范入手。从理论上看,有收入、消费和财富三种税基。现代国家的税收制度都是建立在这三种税基之上的综合性或混合性税制。如果对每一类税基都只设置一种税,那么就只有三种税。然而,很少有国家的税种局限于三种,这是因为政府通常总是要利用有差别的税种来体现不同的政策意图。例如,我国为了控制固定资产投资规模的膨胀和体现国家的产业政策(投资方向),曾经专门开征了固定资产投资方向调节税;为了限制大吃大喝的高消费行为,专门开征了筵席税。从简化税制的原则或目标出发,应该为税种的设置规定适当的课征领域或税基,尽量避免和减少不同税种在同一领域或同一税基上的重叠设置。

(二)减少税收差别待遇

除了税种过多过滥以外,造成税制复杂的另一个重要原因,就是税收差别待遇过多。要避免没有任何的税收差别待遇,显然不切实际。但是,考虑到区别对待可能导致税制复杂化,并进而产生一系列不利的影响,就必须防止税收差别待遇的扩大化,使之被限制在一个可接受和容忍的范围之内。我们应该关注的是,哪些差别对待是无法或难以避免的,哪些是可以和能够避免的。这就要区分两种不同性质的税收差别待遇。

税收的差别待遇主要有两种基本目标:一种是奖励,另一种是照顾。对某项经济活动予以奖励,其目的是希望这样的活动能够得到更大的发展;而对某项经济活动给予照顾,其目的是让那些因遭受自然灾害等不可抗力而处境困难的纳税人不至于因纳税而无法生存下去。简单地说,奖励着眼于发展,照顾则局限于维持生存。但是,鼓励的目标可能会缺乏约束。除了那些严重危害人类健康和安全的产品或项目(如毒品)外,几乎每一种产品或项目,都可以举出许多理由来支持它。由此看来,鼓励性的税收优惠应该有所节制,不能太多太滥;而照顾性的税收优惠必须能够证明纳税人的处境确实困难而需要提供税收减免的法律援助。

(三)简化行政规章和管理规章

这里所说的行政规章,不仅包括国家财政税务主管部门、地方政府及其财政税务主管部门制度的一般行政性规范、法令或规定,如一般性规定、指示、通告、规定、意见等,而且也包括所有由税务机关制定的有关执行规范和标准,如咨询答复、税务计征方法、税务争议解决办法等。

所有这些税收规范给人们的印象是大量的、不同的、不断变化的、复杂的,甚至是难以理解或容易产生争议的。大多数纳税人对于这些税收规范采取不理不顾的态度,有的认识模糊,有的则十分厌烦,有的可能会小心翼翼。在他们眼里,整个税收制度似乎总是有新的规定在不断地产生,因而在基本的税收问题上并不是确定的,导致纳税人的利益缺乏保障。然而,税务机关总是有充足的理由来解释它所制定的各种税收规范。

如何改变这种状况,是令各国政府头痛的问题。一种做法是,要求税务机关无论制定怎样的税收规范或标准,都应正式地变为一般性的行政规范性法令,并依照正式的程序颁布实施。另一种做法是,把所有税收规范有机地系统化,并编成手册,以便税务机关工作人员和纳税人方便快捷地查阅。

(四) 规范法规条文

首先,应把法规条文用一定的逻辑标准,予以条理化和系统化,以最简便、最易理解的方式表述,以便征纳双方、司法机关和税务专业服务者准确理解、解释和运用。例如,可以将税法条文依次纳入卷、编、篇、章、节、条、款这样一个层次分明、结构合理的立法表述框架之内,使之在内容和形式上合理化和系统化。一个比较通用的简化方法是,按照规范化的法典范本编纂国家税收法典(national taxation code)。美国税收专家杰姆·罗斯博士指出[1],20 世纪 70 年代以后,许多国家,尤其是拉丁美洲国家,根据 1968 年由美洲国家组织和国际开发银行税务署联合制定的《拉丁美洲税收法典范本》陆续颁布了大多数税种的税收法典。编纂税收法典已成为一种趋势。这项工作大大推动了税制的简化和税收法治建设。这种工作,看似有些烦琐,但对于税法的理解和掌握非常重要。

此外,应恰当地使用法律、专业和技术术语,使它们的内涵与意义清晰与确定,以免这些术语被误解或曲解,具体要求包括:①要避免使用模棱两可、晦涩难懂的文字;②要避免过多地涉及和引入其他法律;③要避免对已有条款的重复表述;④还要使文字表达体现简洁、明快的语言风格,避免文字的冗长和语言表述结构的复杂。

(五) 简化纳税信息资料

一般来说,税法的复杂必定要求纳税人提供庞大和复杂的纳税信息,但是有时候纳税信息的庞杂并非来源于税收法规本身,而是由税务机关需要获得尽可能多的纳税人信息的愿望所决定的。这种愿望通常体现在纳税申报表等各种表格中。例如,增值税纳税申报表、企业所得税纳税申报表等都要求纳税人提供几十项与纳税有关的信息。填列这些表格将耗用纳税人或者他们的代理人许多时间。表格的复杂化,是导致纳税人厌烦、不报送纳税申报表并进而逃税的一个重要原因。

因此,应该有一些基本的方法来制止要求过多提供纳税人信息的倾向。例如,规定税务机关不得要求纳税人准备那些税务机关已经得到,或者从其他途径可以得到的数据资料;不得要求纳税人提供税务机关不能按时加工处理的、缺乏实际用途和具体使用目的的信息资料;不得对不同类型的纳税人要求同样的信息资料。

四、税制透明的途径

(一) 税法规定公开

税法规定公开,不仅是依法征税的必要前提之一,也是纳税人正当权利的要求。如果税法

---

[1] 杰姆·罗斯.税收立法的简化.国外税收研究,北京:中国财政经济出版社,1995, p.11.

不公开,纳税人就不了解什么时候要缴税,就难以了解其所负担的纳税义务,因而就会出现被动逃税的情况,如果因此而受到处罚,就会激起纳税人的怨恨,容易导致严重的对抗,使纳税人丧失对税收制度最起码的信任。而且,一旦税法规定被锁定为少数人的特权,就可能被这些人利用来获取垄断收益,或者诱导权钱交易的发生。因此,税法规定的公开非常必要。

要使税法公开,需要采取适当的措施。在报纸、电台、电视台、期刊和网站等媒体上宣传最新的税法规定,基层税务部门为纳税人准备通俗易懂的纳税指南,税务部门除了免费提供税法规定外,还要提供税法解释和税收政策解读,及时、准确地回答纳税人通过电话、电子邮件、网站互动留言或书面、口头提出的税务问题。

(二) 纳税程序公开

如同税法规定应该公开那样,纳税程序方面的规定也应该公之于众。纳税程序方面的规定,除了由税收程序法或税收征管法规定以外,还有许多是由税务行政命令发布和执行的。而税收程序法或税收征管法大都是原则性或概括性的条款,具体的实施办法包含有许多细节,这些细节对于处理日常税务事宜非常关键。因此,税务行政管理机关应该主动、及时、准确地将纳税程序方面的规定,公之于众。

(三) 税务处理结果公开

税务处理结果,对税务机关和当事人不仅意味着事情终于有了结论,而且还可能对其他纳税人具有借鉴和参考价值,以便从中发现税法规定如何具体应用于实际税务事宜。那些可能遇到或已经遇到相同和类似税务事宜的纳税人或其他税务当事人,就有了参照的案例。对于税务行政机关或司法机关来说,相同或类似税务事宜的处理,也同样有参照样本。此外,将违法行为所作出的税务处理结果公开,还会产生威慑作用,对于抑制潜在的税收违法行为有积极作用。

练 习 题

一、选择题(含单项选择题和多项选择题,请用手机扫描下方二维码作答)

二、简答题

1. 如何理解亚当·斯密的平等纳税和确定纳税原则?它对于我国的税制建设有什么指导意义?

2. 如何理解瓦格纳的财政收入原则和国民经济原则?它对于我国的税制建设有什么指导意义?

3. 如何理解亚当·斯密的税收四原则与瓦格纳的税收四原则的区别与联系?

4. 如何运用中性税收和矫正性税收以提高经济效率?

第三章 税制类型

学 习 目 标

序号	知识点	学习目标	学习难度
1	公共产品筹资税制、基本保障税制与特别调控税制	重点掌握	☆☆☆
2	实体税制和程序税制	重点掌握	☆☆
3	消费税制的基本结构	重点掌握	☆☆☆
4	所得税制的基本结构	一般掌握	☆☆☆
5	财产税制的基本结构	一般掌握	☆☆
6	其他税制分类	一般掌握	☆

税收作为政府的筹资工具有着多种多样的具体形式。例如,我国古代的贡、助、彻、租、庸、调、捐、厘金等,以及 6 世纪欧洲基督教的什一税、16 世纪英国的胡子税、18 世纪德国的麻雀税和 21 世纪俄罗斯的无子女税等。税制分类可以展示税制结构的细节,让人们更清楚地了解税负分配的基础和标准、主体和客体、方式和程度、来源和归宿等,乃至税收的征收目的和收入归属,有助于人们判断税制的优劣或善恶并作为改革的基础和方向。本章主要从征税的目的、征税的基本问题和征税的基础三个角度来考察税收制度的基本类型,同时附带介绍税制的其他分类。

讲解视频

税制分类

第一节 基于征税目的的税制分类

征税目的是税制设计的起点。从理论上说,征税无非出于两种目的:一是筹资;二是调控。相应地,税制可以分筹资税制和调控税制两大类。由于筹资目的又可细分为为公共产品筹资和为基本保障筹资两种情况,因此,税制可分为公共产品筹资税制、基本保障税制和特别调控税制三大类。

一、公共产品筹资税制

理论上,公共产品是指具有非排斥性和非竞争性的产品或者服务。由于公共产品无法由私人部门通过市场提供,就只能由公共部门提供。公共部门为提供公共产品所需要的资金必须通过征税、收费或者发行公债来满足。由于公共产品的受益范围有大有小,因此,相应的筹资手段也有区别。

3

按照公共产品受益范围的大小，在一国范围内可以将公共产品划分为两类：一是由特定群体消费的公共产品，这种公共产品可以直接向个人或者家庭提供，具有明确的针对性和一定范围内的可鉴别性。例如，由政府部门向个人提供的婚姻合法登记服务。又如，政府经营的电力、自来水、燃气或者通信服务，其受益对象就是个人或者家庭，而且非常明确。一个黄梅戏剧院就是为喜欢黄梅戏的特定人群服务的公共产品；一个机场就是为搭乘飞机出行的特定群体服务的公共产品；一个地方公园主要服务于当地民众，对于其他地方的民众来说就不是公共产品。这类公共产品可以称为特定群体受益型公共产品。二是由全国所有人消费的公共产品，这类公共产品的受益对象无法进行具体划分，属于所有人都受益的公共产品，因此可以称为全国普遍受益型公共产品。

在对两类公共产品做出区分之后，其相应的筹资方式也存在区别。对于群体受益型公共产品，可以进一步细分为区域性受益公共产品和非区域性受益公共产品两类。对于区域性受益公共产品，在区域自治并有立法权的情况下，可以通过征收地方税的方式来解决筹资问题；对于非区域性受益的公共产品，可以通过直接收费或专项基金来筹集资金。由于受益对象的可鉴别性，可以通过直接向受益者收费的方式来取得一定的资金，以弥补相应的成本。这不仅在技术上具有可行性，而且从公平的角度看也是合理的。如果不采用收费而是免费提供，事实上就是向所有人征税来弥补成本，这就相当于让非受益的其他人为这些受益者买单了。以结婚登记为例，如果政府免费提供婚姻登记服务，就需要用所有人都缴纳的税收来弥补成本，这实际上就是让不结婚的人为结婚的人支付代价。只有那些全国普遍受益的公共产品，由于无法采取收费和专项基金的筹资方法，就只能向全体受益者征税来筹集资金。

因此，从公共产品受益范围大小的角度考察，地方税、收费、专项基金就是用来弥补特定群体受益型公共产品成本的筹资方式，全国性税收就是弥补普遍受益型公共产品的筹资方式。无论采用何种公共产品筹资的方式，只要遵循成本与受益匹配的原则，就合乎"取之于民而用之于民"的财政逻辑，不仅符合效率原则的要求，也合乎公平原则的理念。

二、基本保障税制

基本保障税制是为那些处于生活绝境的社会成员提供最基本的生活保障筹集资金的方式。在平等待人的公平规则下，人们之间的收入将会出现差距甚至巨大的差距，这就需要对这种差距作出某些调整。调节收入差距的目标，不是随意缩小人们之间收入的差距，否则就是对平等待人原则的否定，而应该是有针对性或者指向性的。理论上，基本保障主要应该解决两类问题：一是为那些不能靠自己能力维持基本生活的社会成员提供最低水平的帮助，实际上就是最低生活保障；二是为那些生命或者健康处于严重威胁状态的社会成员提供必要的紧急援助。在这种基本保障制度安排下，保障在涉及的范围上不是普遍性而是针对性的，在性质上不是福利性而是救济性的，这两个特征不仅限定了基本保障目的税的合理规模，也决定了这种税的合理性或者正当性。与公共产品筹资税制主要解决资源配置问题不同，基本保障税制在本质上是"取自于富而用之于贫"，主要是解决收入再分配问题。

至于基本保障税制的收入来源，可以由一般税收收入来提供，也可以开征专项税收。例如，可以将个人所得税作为基本保障的收入来源。因为个人所得税是对有收入的人征税的，这就排除了那些没有收入或者收入很低的人成为个人所得税的纳税人，从而保证了有收入有能力的人来承受基本保障支出的负担，符合公平负担税收的能力原则。基本保障支出可以在国家层面通过国家财政来承担，也可以由中央政府和地方政府来分担。这不仅取决于基本保障支出的总规模，也取决于中央和地方政府的职责分工。

三、特别调控税制

特别调控税制,是为了实现某种特定的宏观或者微观政策目标而采取的方式。征收特别调控税,是希望对某些特定行为或者特定对象征收某种特别的税收来加以限制,起到"寓禁于征"的功效。从理论上看,既然这类税收的主要目的不是筹集资金而是达到某种特定目的,就需要符合以下特征:第一,为了保证这类税收的特别目的具有正当性,就必须要使其特殊目的具有可检验性,以便公众判断其是否达到目的或者在多大程度上达到目的;第二,这种税收应该具有一个合理的征收期限,以便公众在期限行将终止前通过适当方式予以评估是应该取消或者继续征收;第三,税收收入的使用应该与征收目的保持一致,这就要求特别调控税制应该专款专用;第四,特别调控税制必须在法律上明确表述其立法宗旨,使特别目的具有法律效力,同时也使其成为公众评判的法律依据。之所以要对特别调控税制施加上述约束,主要是为了防止这类税收成为政府变相筹集财政收入的工具,从而通过规范政府的财政行为来保障纳税人的正当权益不受侵犯。

第二节 基于征税问题的税制分类

从所规范的基本问题看,税收制度可以分为实体税制和程序税制两大类。

一、实体税制

实体税制(substance tax system)也称实质税制或实在税制,是指有关政府对谁征税、按什么征税以及征多少税这三个基本问题的税收制度,是有关纳税人、征税范围和计税依据、税率和减免税等问题的规范。实体税制的核心问题就是纳税义务或应纳税款的确定。凡是直接涉及纳税义务的税制规范,就属于实体税制的范畴。在现实中,这些问题都是通过单行税法或者条例来予以规范的,如我国现行的企业所得税法、个人所得税法,以及增值税暂行条例、消费税暂行条例等都属于实体税制。

二、程序税制

程序税制(procedure tax system)是有关政府如何征税或纳税人如何缴税方面的税收规范,它是在实体税制既定的前提下用于实施实体税制的一系列程序性办法。如我国现行的税收征收管理法、发票管理办法和税务行政复议规则等。程序税制不会改变实体税制的具体内容,但会影响纳税义务的确定和实现方式。例如,个人所得税法规定,个人从其所任职或者受雇的单位取得的与任职和受雇相关的各种收入都属于工资薪金所得的范围,应按照规定的税率和计税方法纳税。至于个人应通过自行申报还是支付单位扣缴的方式履行纳税义务,则属于程序税制所要规范的内容。当然,程序税制和实体税制也不是截然可分的。例如,关于纳税时间问题,就既与纳税义务的确定有关,也与纳税程序有关。以个人所得税为例,工资薪金所得是按月、按年或者按次计算征收,就直接与应纳税额的确定有关,属于实体税制规范的内容。至于何时缴纳或者分几次缴纳,因为并不改变应纳税额的大小,则属于程序税制所规范的内容。

三、实体税制和程序税制的关系

实体税制是一国税制的基本部分。我国现有的实体税制包含 18 个税种,是政府所掌握的 18 个筹资和调控工具。它们决定着纳税人实际负担的数额和相互之间的份额,也决定着政府收入的规模和结构。历次税制改革,基本上就是围绕着实体税制,即税种的开征、停征或者纳

3

税人和征税范围、计税依据和税率等主要制度规范内容的调整而展开。因此,可以说,一个国家的税制改革基本上就是实体税制的变革。此外,实体税制还对整个国家或者地区的经济、社会乃至政治产生重大而深远的影响。在国际税收关系中,实体税制不仅决定着跨国纳税人的税负水平,也影响着国与国之间的税收利益分配。

程序税制是为实体税制服务的。从纳税人的角度看,程序税制要解决的主要问题是,按照实体税制规定应缴纳的税收,在何时、何地、以何种方式缴纳?从征税人的角度看,程序税制主要解决的问题是,由谁、在何时、何地、通过何种方式落实或者执行既定的实体税制或税收政策?所有这些问题的解决,都是服务于税款从纳税人手中到政府国库的最终落实。无论从征税人或纳税人哪一方来看,程序税制都建立在实体税制基础之上。如果失去了实体税制,程序税制就成了无源之水、无本之木了。

然而,程序税制具有重要的独立价值。虽然在逻辑链条上,程序税制居于实体税制之后,但是程序税制并非机械地服从于实体税制,而具有独特的重要价值,成为国家治理和税收管理中非常重要的方面。实体税制若没有程序税制的配合,就会变成一纸空文。为了解决现实中的税额确定问题,程序税制所规范的内容会在实体税制的基础上扩展和延伸。程序税制不仅会扩展到与税额确定相关的信息采集、分类或者整合等技术问题,也会扩展到征税机关和纳税人在税额确定程序方面的权利与义务,还会扩展到纳税人或者征税人在未能履行实体税制规定的义务时应承担的法律责任,甚至会扩展到除了纳税人和征税人之外的第三方所需要承担的相应法律义务。因此,程序税制具有其独特的功能定位和现实意义,不仅事关国家税收政策是否能有效落实、财政收入是否能够得到充分保障,也事关广大纳税人权利与义务是否能够得到充分体现。在中华人民共和国成立后的相当长的一段时间内,税收征收程序方面的统一法律一直缺失,直到 1992 年才有了第一部税收征管法。这表明,程序税制在我国曾经受到极大的忽视。这种状况现在已经有了很大的改观,但与税收法治建设比较健全的国家相比,还有很大的差距。今后,在税制改革中应该特别强调程序税制方面的完善。

第三节 基于税基的税制分类

一、基于税基的税制分类及其逻辑与价值

基于税基(tax base)的不同,税制分为所得税制、消费税制与财产税制三大类。这是一种最普遍、最常用的税制分类。对于这种分类,其通俗的解读是,所得税制对"赚取的钱"(所得)征收,消费税制对"花掉的钱"(消费)征收,财产税制对"没有花掉的钱"(财产)征收。用经济学的术语可以这样解读:所得税制对取得的净收益征收;由于人们缴纳完所得税之后的净收益要么用于消费,要么用于储蓄或投资,因此,消费税制就是对货物与劳务的消费征收,财产税制就是对储蓄或投资的征收。也就是说,当所得税后的净收益用于消费时,就纳入了消费税制的课征范围;当所得税后净收益用于储蓄或投资形成财产时,就纳入了财产税制的课征范围。税制在整体上就好比一张天罗地网,覆盖了人们的全部经济活动。想要彻底逃避税收负担,几乎不可能。

用这种分类方法来考察税制,具有很强的穿透力和分析价值。在我国流行的税制分类中,有一类叫行为税制,包括耕地占用税、城镇土地使用税、印花税等。行为税制的概念是缺乏逻辑和现实基础的,因而是不科学的,因为所有的税制都是跟某种行为相联系的,除了历史上曾经出现过的人头税外,现实世界中并不存在跟行为无关的税制。如果有人说,行为税制是指特

定行为税,那么,货物和劳务税制、所得税制等其他税制就应该属于一般行为税制才符合逻辑。事实上,即使像增值税制、企业所得税制和个人所得税制那些征税范围比较宽广的税制,也很难说就是一般行为税制,更不要说像资源税制、消费税制、环境保护税制这些征税范围比较狭窄的税制也理应归入特定行为税制。如此一来,所有税制就都可以归入行为税制,从而行为税制就不具有分类的意义了。税制可以从不同角度按照不同标准进行分类,但若将不同标准混合在一起进行分类,就会混乱无序。正如不能把人划分为男人、女人和老人那样,税制也不能分为消费税制、所得税制、财产税制、资源税制和行为税制,因为消费税制、所得税制和财产税制具有同一个分类标准,而资源税制和行为税制则有另外的分类标准。因此,无论是在税收统计还是在税制分析评价时,保持税制分类在逻辑上的一致性都具有很重要的意义。

二、消费税制的基本结构

(一)直接消费税制和间接消费税制

在理论上,消费税制就是对个人的消费支出所征收的税制,可以分为直接消费税制和间接消费税制。前者是指由消费者个人作为纳税人的税制,后者是以消费品或者服务的提供者为纳税人的税制。直接消费税制又可以分为对个人的个别消费支出征收的特别直接消费税制和对个人一定时期的总消费支出征收的综合直接消费税制。由于个人的消费支出存在识别和计量上的困难,在历史和现实中,除了少数对个别消费支出征收的特别直接消费税制,消费税制大都以间接消费税制的形式出现,还没有综合性的直接消费税制。

特别直接消费税制就是直接向购买者课征的消费税制。英国经济学家约翰·穆勒是最早将税收分为直接税和间接税的学者。他指出:"消费税大都是间接税,但有些也是直接税。当不是对物品的生产者或销售者课税,而是直接对消费者课税时,情况就是这样。以房屋税为例,如果像通常所做的那样,课征于房屋的居住者,便是直接消费税;如果课征于修建者或所有者,便是间接税。窗税是直接消费税。"[①]按照这个定义,我国现行的车辆购置税、契税和对进口消费品征收的关税就属于由购买者缴纳的直接消费税。实际上,这种特别的直接消费税,就是对购买特殊货物或劳务的消费者所征收,属于买方税(taxation on buyers)或者购买税(purchase tax)。在学术文献中,直接消费税制通常是指以个人一定时期的综合消费支出为征税对象的税制。这种综合个人消费支出税制,曾经在20世纪五六十年代的印度和锡兰(现在的斯里兰卡)试行过,但以失败告终。

间接消费税制是消费税制的主体,具有多种形式。间接消费税,也称为卖方税(taxation on sellers)或者销售税(sales tax),是指以货物和劳务的销售(提供)者为纳税人的税收。消费税一般以间接消费税为主体,这是因为间接消费税以货物销售者或者劳务提供者为纳税人。从管理角度看,销售者或提供者在数目上总是少于消费者,而且大都是有固定组织的工厂、公司或商店,而消费者不仅数目相对庞大,而且比较分散,因此,以消费者或购买者为纳税人不利于税款的征收。现实中,间接消费税通常被称为货物和劳务税(goods and service tax)。

间接消费税也称为交易税(transaction tax)或商品税(commodity tax)。根据货物和劳务税所涉及的交易领域划分,可以分为国内贸易税和对外贸易税。国内贸易税(domestic trade tax),也称国内货物税或者国内商品税,是指以国内货物和劳务的交易额为课税对象的税制,

---

① 约翰·斯图亚特·穆勒.政治经济学原理及其在社会哲学上的若干应用(下卷).北京:商务印书馆,1991,p.397.

一般以在一国境内发生的交易额确认是否纳税的依据。对外贸易税(international trade tax)，也称为进口货物税或者进口商品税，是指以对外贸易额为课税对象的税制，通常以进口贸易额为课税对象，也可以出口贸易额为课税对象。关税是一种典型的、比较普遍采用的对外贸易税。

在我国，习惯上把对货物和劳务的交易所征收的税制称为流转税制，这是一个形象化的称呼，与学术文献中的周转税制(turn over tax)并不相同。周转税制是货物和劳务在全部交易环节按照交易总额所征收的一种税制，由于这种税制具有"道道课征"的特点，造成了严重的重复征税，因此现在已经不常使用了。自从2008年我国国家税务总局实施内设机构调整，将原有的流转税司更名为货物和劳务税司后，货物和劳务税逐渐取代了流转税的称呼。

(二) 一般消费税制和特别消费税制

一般消费税制(general consumption tax)是以所有货物和劳务的消费为征税对象的税制，它有零售税制和增值税制两种形式。零售税制(retail sales tax)是以所有货物和劳务的最终消费为征税对象的税制，由于它只在零售环节征收，属于单一环节全额销售税。增值税制(value added tax)是以所有货物和劳务的增值额为计税依据的税制，并在所有交易环节征收，称为多环节增值额交易税制。虽然从特定纳税人的角度看，增值税制是以纳税人的增值额为征税对象，与所得税制极为相似，但从整体看，货物和劳务在所有交易环节的增值额之和就是最终销售额(即消费额)，因此，增值税制在本质上属于一般消费税制的范畴①。

特别消费税制(specific consumption tax)是以某些特别货物或劳务的消费为征税对象的税制。首先，它通常选择某些特殊消费品，如烟草制品、酒精制品、小汽车、珠宝玉石等，因此也称为选择性消费税(selective consumption tax)。其次，它通常只选择某一特定的课税环节，这些课税环节通常是货物或劳务流转的起始环节或最终消费环节，例如，我国现行的消费税制所选择的课税环节有货物的进口环节、自产自销和自产自用环节、委托加工环节和零售环节。最后，同一货物或者劳务通常只在一个环节征税，以避免同一种税收对相同货物或劳务重复征收。例如，生产企业在销售时已缴纳消费税的化妆品，在后续的批发和零售等销售环节就不再缴纳消费税了。同样，在进口环节已缴纳消费税的化妆品，以后在国内批发或零售时也不必再缴纳消费税了。当然，也有例外。例如，我国现行的卷烟消费税，不仅要在生产和进口环节征收，而且还要在批发环节征收。但这种重复征税较为罕见。

(三) 价内税制和价外税制

当要为一个产品或者一项服务定价而缺乏同类产品或者服务的市场参考价格时，其计税依据就需要考虑组成价格的要素，运用公式计算出来。这种出于计算税收的目的而确定的价格，就称为组成计税价格。虽然价格主要由成本和利润构成，但由于产品或者服务的交易要承担税收，因此在定价时可以包含税收，也可以不包含税收。也就是说，组成计税价格可以含税，也可以不含税，从而就形成了价内税制和价外税制两种不同的税制形式。

价内税制(price inclusive tax)是以含税的组成价格为计税依据的税收。当应税商品的销售额是按照"价格＝成本＋利润＋税金"的公式来确定时，这种税收就是价内税，因为其计税价格包含了税金。价外税制(price exclusive tax)就是以不含税的计税价格为计税依据的税收。当应税商品的销售额是按照"价格＝成本＋利润"的公式来确定时，这种税收就是价外税，因为其计税价格不包含税金。

---

① 参见本书第六章增值税制度第一节相关内容。

一种税制是价内税制还是价外税制,既不由纳税人随意决定,也不取决于征税机关,而应由税法事先规定。显然,由于价内税制不仅比价外税制具有更大的税基,而且消费者很难直接感知价格中包含的税收信息,所以,价内税制比价外税制更容易保证税收收入的取得。然而,采用价外税,可以方便地在发票上将价格和税款分列,便于购买者感知税款的实际负担,有助于消费者增强税收意识和税款征收的透明度,因此税款在价款外单列的做法在国外很普遍,我们应该借鉴他们的经验加以采用。我国实行的货物和劳务税中,增值税、关税、车辆购置税是价外税制,消费税、资源税、城市维护建设税、印花税、契税、烟叶税和土地增值税等都属于价内税制。长期以来,我国的增值税虽然采用价外税形式,但在最终消费环节(零售环节)一直采用价税合并的方式。自 2016 年 5 月 1 日全面实施营改增后,最终消费环节的增值税普通发票上实现了价税分列。

三、所得税制的基本结构

所得税制是指以纳税人在一定时期取得的净所得为课税对象的一类税制。所谓净所得,是指纳税人取得的应税毛收入减去法定扣除金额后的余额,也称为应纳税所得额(taxable income)。

拓展阅读

关于将消费发票价格与税金分开显示的建议

(一) 法人所得税制和个人所得税制

根据纳税人的不同,所得税可以分为法人所得税制和个人所得税制两大类。

法人所得税制(legal person income tax)是对法人在一定时期内取得的净收益征收的税制。法人按其性质分为营利性法人和非营利性法人。营利性法人主要是从事生产经营活动的企业。企业有独资企业、合伙企业和公司三种基本组织形式。独资企业和合伙企业的所有者是自然人,对独资企业和合伙企业征收所得税,实际上就是对个人取得的投资所得征税,因此,如果同时征收个人所得税,对独资企业和合伙企业的投资者就可能形成重复征税。为了解决这个问题,可以对这些投资者不征个人所得税而只征企业所得税,也可以只征个人所得税而不征企业所得税。我国目前就采用这种方法。在后一种方法下,法人所得税或企业所得税实际上就是公司所得税。此外,非法人组织以独立的经济实体从事生产经营活动并取得所得的,也是法人所得税的纳税人。

个人所得税制(personal income tax)是以个人在一定时期内取得的净收益为征税对象的税制。从纳税人看,个人有居民个人和非居民个人之分。一国政府有权对居民个人行使居民管辖权,对其来源于本国境内、境外的全球所得征税;而对非居民个人只能行使地域管辖权,征税权仅局限于其来源于本国境内的所得,无权对其来源于本国境外的所得征税。因此,居民个人和非居民个人承担着不同的纳税义务,前者承担全面纳税义务,后者承担有限纳税义务。

(二) 综合所得税制和分类所得税制

综合所得税制(comprehensive income tax)是以纳税人取得的全部所得的总和为征税对象的所得税制,属于一般所得税(general income tax)。法人所得税或公司所得税一般采用综合所得税制,而个人所得税制既可以采用综合制,也可以采用分类制,或者将综合制和分类制相结合。

分类所得税制(classified income tax)是指按照各种不同性质的所得分别计征的所得税制,长期以来,我国的个人所得税制一直采用分类所得税制,但自 2019 年起实行了综合与分类相结合的制度。由于个人取得的所得大体上有劳动所得和资本所得两种。相应地,个人所得税有劳动所得税(labor income tax)和资本所得税(capital income tax)之分。

3

劳动所得可分为独立劳动所得和非独立劳动所得。所谓独立劳动所得（independent labor income），是指个人以非雇佣的独立劳动者身份从事各种劳动或劳务而取得的报酬，如教师在校外兼课取得的讲课费收入，演员"走穴"取得的出场费，作家撰写文章、发表作品取得的稿酬收入等，都属于独立劳动所得。所谓非独立劳动所得（dependent labor income），也称工薪所得，是指个人因受雇或任职而取得的劳动报酬，如工资、薪金、奖金、补贴、津贴等。以工资薪金为计税依据的所得税，称为工薪税（payroll tax），通常由雇员和雇主分别缴纳。

资本所得分为资本持有所得和资本转让所得。所谓资本持有所得（capital holding income），是指个人因占有股权或者债权资本而取得的利润、股息、分红或者利息；所谓资本转让所得（capital transfer income），是指个人因转让各种形式的资本所有权而获得的增值部分。以资本持有所得为计税依据的所得税，称为利润所得税（profit tax）、股息红利所得税（dividend tax）或者利息所得税（interest income tax）；以资本转让所得为计税依据的所得税，称为资本利得税（capital gain tax）。利润所得税与资本利得税有时难以区分，因为利润也可以视为资本的增值。但在实践中，这两种税又是可以区分的。例如，对于持有股票而分得的股息或红利的课税，可视为对利润的课税；而对于因抛售股票而实现的升值部分的课征，就属于资本利得税了。

（三）比例所得税制和累进所得税制

从税率形式看，所得税可以分为比例所得税（proportional income tax）和累进所得税（progressive income tax）。

一般来说，企业所得税制采用比例税率而不采用累进税率。综合个人所得税制一般采用累进税率，而分类所得税既可以采用累进税率，也可以采用比例税率，但以比例税率为主。企业所得税制不采用累进税率的原因在于，采用累进税率可能抑制企业的成长，打击企业追求利润、创造财富的积极性①。

综合个人所得税制采用累进税率的原因在于，累进税率可以体现"所得多的，多征；所得少的，少征；无所得的，不征"这一体现纵向税收公平的量能原则。

四、财产税制的基本结构

消费税制和所得税制的计算依据是某个时段的价值或数量因而具有流量特征，可以称为"流量税制"，而财产税制的计税依据是某个时点上的财产价值或者数量，因而具有存量特征，可以称为"存量税制"。

（一）一般财产税制和特殊财产税制

一般财产税制（general property tax）是指以纳税人持有的所有应税财产的净额为计税依据的一种税制。它基本上有以下四个特点：

第一，征收范围广，除少数免税的财产外，均应纳税。列作一般财产税征税制的财产通常有：①不动产，包括土地、房屋等建筑物及土地改良物；②个人拥有的存款、发放的贷款、购买的公司债券、股票股权等；③金银、珠宝玉石、古董等贵重物品。列作一般财产税免税的财产通常有：①个人及家庭日常使用的家具、日用器具、食品等生活必需品；②个人及家庭投保的生命保险金；③农业用地、农作物及其他农用资产；④个人从事职业的用品；⑤从事科学研究的资产；⑥非营业用的收藏品、收集品；⑦个人获得的抚恤金、救济金；⑧专利权、著作权、商标、商誉等无形资产。

---

① 杨君昌.企业税制优化论.上海：上海人民出版社，1994，pp.122～128.

第二，一般财产税制通常以居民个人、非居民个人和在本国拥有财产或财产收益权的外国法人公司为纳税义务人，很少涉及本国公司法人。这是因为，对本国公司法人的财产课税，实际上就是对用于经济增长的资本的征税，会阻碍生产力的发展。一般财产税对居民个人、非居民个人和负有纳税义务的外国法人公司规定了不同的纳税义务。一般来说，居民个人应以其境内外的全部应税财产承担全面纳税义务，而非居民个人和负有纳税义务的外国法人公司则只需以其境内的应税财产承担部分纳税义务。

第三，一般财产税制以应税财产总额减去负债，以及税法规定的扣除额后的净财产额为计税依据。

第四，一般财产税制可以采用比例税率，但通常采用超额累进税率。不管哪种税率形式，其税率水平都比较低，而且累进级距都很小，累进幅度也不大。有些国家还采用附加税率的形式。

特殊财产税制（special property tax），又称选择性财产税制（selective property tax），是指对纳税人拥有或支配的某些特定财产分别课征的税收。特别财产税的课税对象通常是房地产，有时也涉及个人或公司持有的股本或其他财产。特别财产税由于课税对象、征税方法和计税依据的不同，包含以下几种形式：①土地税，指以土地价值或者数量为征税对象的税收，有地亩税和地价税两种；②房屋税，指以房产的价值为计税依据的税收；③车船税，是指以车船的价值为计税依据的税收。车船作为大宗的特别财产形态，常被作为财产税的征税对象。在我国，车船税采用从量计征的方式，定额税率的高低除了受不同类型车辆或者船舶价值大小的影响外，对于车辆而言还受排放量大小的影响，这是因为立法者希望通过对大排放量的车辆征收高额税收限制消费从而体现保护环境的作用。当然，车船税制对于抑制污染尾气排放的实际效果如何，还需要进行实证分析，不能一概而论。

（二）连续性财产税制和一次性财产税制

按照课税权行使的持续性，财产税制还可分为连续性财产税制和一次性财产税制。

连续性财产税制（continuous property tax）是指每年课征的，作为经常性财政收入的税制，也称常年财产税制。如我国现行征收的房产税就属于常年征收的财产税制。

一次性财产税制（once-off property tax）是指对一定的应税财产只征一次的税制，如我国现行的耕地占用税制就是一次性财产税制。

第四节　其他税制分类

税收制度还可以从其他角度来划分。不同的分类有助于人们从不同角度来理解税制。

一、国内税制与外国税制

按照课税权行使的地域范围，税制可以划分为国内税制和外国税制。一国的税收制度是由主权国家自行决定的，是该国各种政治力量综合较量的结果。但在开放经济中，一国的税制不可能不受外国的影响。随着国际政治、经济、技术、文化等各方面交流的拓展和加深，一国在制定本国税制时，必须考虑到国际环境的变化。同时，国际交往的增加，还会出现跨国纳税人及相关的跨国所得、跨国财产、跨国消费等情况，从而引发国际税收问题。

此外，随着国际经济一体化步伐的加快，各国税制有趋同的倾向。税收制度本身有其一定的科学性，大都是人们理性选择的必然结果。例如，增值税是 20 世纪 50 年代的产物，但现在已被大多数国家所采用。在欧盟内部，各国需要遵守共同的增值税规范。这就使欧盟增值税

3

法成为了一种规范和协调欧盟成员国的统一税法。

二、直接税制和间接税制

对直接税和间接税有不同的理解。一种是以法定纳税人为划分依据，直接以个人为纳税人缴纳的税收叫直接税，以单位为纳税人缴纳的税收为间接税；另一种是以实际税负是否转嫁为划分依据，能转嫁的是间接税，不能转嫁的是直接税。当货物和劳务税制采用卖方税形式时，法律上的纳税人与经济上的负税人并不一致，因为这类税制存在复杂的税负转嫁问题。卖方既可以通过提高售价的方法将所缴纳的税收转嫁给购买方，也可以通过压低进价的方式将所缴纳的税收转嫁给向其提供货物或劳务的销售方，还可以通过压低工人工资的方法转嫁给劳动者。当货物和劳务税制采用买方税形式时，表面上看法律上的纳税人就是实际上的负担者，似乎不存在税负的转嫁。但是，如果在市场供求关系中，买方比卖方更有价格谈判优势时，这种税也可能会转嫁给卖方承担。通常，人们把所得税制和财产税制看作直接税制，但是，无论是个人所得税制还是企业所得税制，都有可能转嫁给他人。税负转嫁问题是税收理论中具有挑战性的课题，至今还没有得到圆满的解决。因此，按照税负是否转嫁来划分税制，现实意义并不大。

三、中央税制、地方税制和共享税制

从税收课征权主体看，税制可以分为中央税制、地方税制和共享税制。

中央税制是由中央政府制定税法，由中央政府所属的征收机关负责征收，税款由中央政府支配的税制。中央税也称国税或联邦税。例如，我国现在的关税、消费税和车辆购置税，就属于中央税。

严格意义上的地方税制是地方政府制定税法，由地方政府所属的征收机关负责征收，税款由地方政府支配的税制。目前，我国的地方税由中央政府制定税法，由国家税务总局统一征收，收入归地方政府。例如，我国的城镇土地使用税、耕地占用税、契税等，就属于地方税。

共享税制是中央政府制定税法，由中央政府所属的征收机关负责征收，税款由中央政府与地方政府分享的税制。例如，自1994年至2016年4月，我国国内增值税收入的75%归中央政府，25%归地方政府；2016年5月1日以后实行中央和地方"五五分成"的办法。

区分中央税制、地方税制和共享税制的标准主要有三条：一是税法的制定权，二是税款的征收权，三是税款的支配权。严格地说，只有同时符合这三条标准的税制，才应该明确地归入中央税制或地方税制的范畴。由于我国地方政府没有税收立法权，因此，我国并没有严格意义上的地方税。我国现在的地方税，其立法权和征收权都集中在中央，只不过税款使用权在地方政府。

四、经常税制与临时税制

按课税权的行使有无持续性为标准，税制可分为经常税制和临时税制。

经常税制是为应付经常开支而需要按时持续课征的税收制度，临时税制则是应对临时发生的开支需要而开征的税收制度。历史上，许多临时税制最终演变为经常税制。如美国宪法曾经明确规定不得课征个人所得税，但由于应对第一次世界大战的支出需要，而临时开征此税。个人所得税制已成为美国税制体系中最主要的税制。事实上，现在各国的税制基本上都是经常税制。当然，即使是经常税制，也常常会进行修正或改革。

五、从价税制和从量税制

从计税单位来看，税制可以有从价税制和从量税制之分。

从价税（ad valorem tax）是以交易价格或者金额为计税依据的税收。从价税既可以在货物劳务税制中运用，也可以被所得税和财产税所采纳。事实上，大部分税收都采用从价计征的方式。我国现行 18 个税种中，除了环境保护税、城镇土地使用税、耕地占用税、车船税和船舶吨税这 5 种税制采用从量计征外，其他都采用从价计征或者从价和从量并用的方式。这里所谓的"价格"，一般都是实际交易价格，也有按照税法规定原则或者方法调整的专门用来计算税收的价格，即组成计税价格。

从量税（specific tax）是从价税的对称，就是以货物的重量、数量、体积、面积、长度等实物数量为计税依据的税收。同样，从量税也是既可以在货物劳务税制中运用，也可以被所得税和财产税所采纳。至于什么情况下采用从价税、从量税或者两者的结合，则取决于多种因素的综合考虑①。

-💡- 【拓展阅读】 税收分类背后的财政与经济涵意②

一般来说，税收作为政府的筹资工具有着多种多样的具体形式。

对名目繁多的税收进行分类，有利于识别不同税收的性质和特征，因为不同的税收分类有着不同的涵意。从征税的主体划分，一般分为国家税（中央税）和地方税两大类，这可以让人们了解税款归属于哪一级政府或者公共组织。这两类税收的结构反映出纳税人对国家整体利益和地方局部利益的成本分担水平和比例。从税收的客体划分，有单位税（间接税）和个人税（直接税）之分，这便于人们了解税收负担由个人直接承担的程度，反映出个人的税收痛感程度以及与政府关系的密切程度。按征税的基础划分，通常分为消费税、所得税和财产税三大类，这不仅表明了税收的最终来源，还能看出不同贫富阶层的人承担税负的大致比例。例如，一个以消费税为主的税收制度，其税负主要由中低收入者承担；按税率的方式划分，有定额税、比例税和累进税之分，这体现了税负分配的数量方式，也反映出税负分配与纳税能力的匹配性，因为在累进税制下，纳税能力强者缴纳更多的税收。

税收的分类必须遵循同一个逻辑。如果运用不同标准进行分类，就会产生混乱无序。无论在税收统计还是税制分析评价时，保持税收分类在逻辑上的一致性具有很重要的意义。正如不能把人划分为男人、女人和老人那样，税收也不能分为消费税、所得税、财产税、资源税和行为税，因为消费税、所得税和财产税具有同一个分类逻辑，而资源税和行为税则有另外的分类逻辑，不能把不同逻辑的分类混同一体。

此外，按目的分类的税收对于构建公正合理的财政体系具有重要意义。税收按征税目的分类有两种方法：一种是两分法，可以将所有税收分为普通税收和专项税收两大类，前者是无特定目的的一般税，后者是有特殊目的和指定用途的专款专用税；另一种是三分法，将税收分为公共产品筹资税制、基本保障税制和特定政策税制三大类，前者主要用于政府提供不同类型的公共产品，中者主要用于为公众提供最基本的社会福利和救济，后者服务于政府的特殊政策目的。例如，为了控制吸烟而开征的烟草税、为了控制污染而开征的环境保护税和为了抑制高档消费而开征的奢侈品消费税等，都属于特定政策税制。按征税目的的税收分类明确了不同税收的功能定位，有利于厘清税收和支出的逻辑关系，以便构建收支相连的财政体系。

因此，税收分类绝非纯学术的智力训练，而具有现实的财政与经济含义。税收分类可以展示税收结构的细节，让人们更清楚地了解税负分配的基础和标准、主体和客体、方式和程度、来源和归宿等，乃至税收的征收目的和收入归属，有助于人们判断税制的优劣或善恶，并可以作为改革的基础和方向。

———————————

① 关于这个问题，本书第四章税收制度的基本要素中关于税率的讨论有所涉及。
② 朱为群.税收分类背后的财政与经济涵意.中国财经报,2015-03-31.

3

练 习 题

一、选择题(含单项选择题和多项选择题,请用手机扫描下方二维码作答)

二、简答题

1. 为什么说为公共产品筹资税制不仅符合效率原则的要求,也合乎公平的理念?

2. 为什么说按照税负是否转嫁来划分税制的现实意义并不大?

3. 直接消费税制和间接消费税制的区别是什么? 为什么消费税制一般以间接消费税制为主体?

4. 为什么我国并没有严格意义上的地方税制?

5. 存量税制和流量税制的划分有什么特别的意义?

第四章 税制要素

学习目标

序号	知识点	学习目标	学习难度
1	三种纳税人的概念	理解	☆☆
2	不同层次税基的概念及其逻辑关系	重点掌握	☆☆
3	税率的三种形式及其特点	重点掌握	☆☆
4	税率和税基的关系	一般掌握	☆☆
4	税收优惠的特征及类型	重点掌握	☆☆☆
5	税收时间的类型及其逻辑关系	理解	☆☆

本章所指的税制要素主要是指实体税制的要素。由于实体税制主要围绕对谁征税、对什么征税和征多少税三个基本问题进行规范,因此,纳税人、税基和税收负担就成为实体税制的基本要素。由于纳税义务的实现需要满足相关时间条件的规定,如确定纳税义务发生和截止的时间、确定税款计算的间隔时间、履行纳税义务的完成时间等,都会直接影响应纳税款的数额,因此虽然一般并不被视为实体税制要素,但本书将税收时间作为第四个税制要素。至于税收缴纳地点和税收征收部门虽然也会在实体税制中加以规定,但主要涉及应纳税额确定之后的税款归属问题,对纳税人的应纳税额并不产生直接影响,因此不纳入税制要素的分析框架。

第一节 纳 税 人

纳税人(taxpayer)是规范纳税主体的税制要素。一般来说,纳税人既是法律要求履行纳税义务的纳税人,也是现实中实际履行纳税义务的纳税人和在经济上最终承担税收负担的纳税人,是不可分割的整体。但在有些情况下,需要区分直接纳税人、间接纳税人和实际纳税人三个不同的概念。

一、直接纳税人

所谓直接纳税人,是指税收法律法规规定的直接承担纳税义务的单位或个人。也就是说,直接纳税人是由税收法律法规规定的,因此谁是纳税人,谁不是纳税人,不是由哪一个人或哪一个单位确定的,除非法律法规明确规定,即使税务机关和税务人员也无权决定纳税人的资格

4

或身份。在我国,税收法律法规包括全国人民代表大会及其常委会制定并正式发布的税收法律和国务院制定并发布的税收行政法规。

二、间接纳税人

所谓间接纳税人,是指税收法律法规规定代替直接纳税人履行纳税义务的单位和个人。间接纳税人也是法定而非任何单位和个人随意决定的,包括代扣代缴人和代收代缴人。税收的代缴义务以直接纳税人和间接纳税人的实际交易为基础。代扣代缴人作为交易付款方,可以在向直接纳税人支付款项时预先扣除其应纳税额,将其税后余额支付给直接纳税人,并将税款缴纳给税务机关。代收代缴人作为交易收款方,可以在向直接纳税人收取交易款项时另行收取税款,并代为缴纳给税务机关。

虽然法律上规定了负有纳税义务的直接纳税人,但有时候还需要在法律上说明确纳税义务的间接承担人。这是因为,有些直接负有纳税义务的单位或个人由于缴纳不方便或征收成本过大,或者容易偷逃税款,而由税法规定与该纳税人直接相关的单位或个人代扣代缴或代收代缴。例如,一个外国人将其所拥有的一项专利转让给在中国境内的一家企业时,按照我国现行税法的规定,该外国人就是直接纳税人。但是如果要求这个外国人向中国税务机关缴纳税收,可能会遇到很多障碍,甚至是不可行的。常见的解决办法就是通过法律规定,由支付这笔专利费的企业或个人代为扣缴相应税款。

三、实际纳税人

直接纳税人和间接纳税人只是法律上而不一定是经济上承担纳税义务的组织或个人。换言之,法律上承担纳税义务,并不一定表明实际上或经济上承担纳税义务。为了把法律上的纳税义务和经济上的纳税负担相区别,人们通常把经济上承担纳税义务的组织或个人称为负税人(tax bearing person),也就是实际纳税人。例如,当一家商店向顾客销售货物时,按照我国现行增值税暂行条例的规定,需要向税务机关申报缴纳增值税。这家商店就是增值税的纳税人,但是这并不表明这家商店实际上承担增值税。如果商店能够把缴纳的增值税以提高价格的方式转嫁给顾客时,实际承担税收负担的就是顾客而不是商店,因为商店只是为税务机关代收了顾客包含在价款中的税款而已。当然,商店并不一定能够将这笔税款转嫁给顾客,因为如果货物价格太高,顾客就可能不买。因此,销售货物的商店可能是一个实际的税款负担者,也可能不是,或者不完全是。因此,当听到有人说,某某企业缴纳了多少税款时,不要以为是这个企业实际上负担这么多的税款。缴纳多少税款是一回事,负担多少税款是另一回事。

当然,究竟是由谁实际承担了某种税的负担,在现实中很难判断。除了人头税,在市场经济中,税收总是以经济交易为基础,因此就或多或少地存在税负转嫁的现象。即使是个人所得税,也存在税负转嫁的可能。

第二节　税　收　基　础

税收基础(tax base)是规范征税客体的税制要素,简称税基。税基是区分税种的基本标志,或者说是区分不同类型实体税制的主要依据。税基是一个含义很宽的词语,但不同的人在使用时,其含义往往也是不同的,这就限制了思想的有效交流。因此,明确和清晰地理解税基的含义,在学习税收知识时具有重要意义。税基有三个层次的含义:一是理论税基,二是法律税基,三是计算税基①。

一、理论税基

理论税基,是指潜在的或可能的税基。理论税基主要有三大类:一是收入,二是消费,三是财产。通俗地说,收入表示挣了多少钱,消费表示用了多少钱,财产表示剩余多少钱。这些都可以作为征税的基础或者依据。正如前面所叙,这三类税基不仅代表了三种不同的纳税能力,也是划分税制类型的主要依据。

税源是一个与税基类似但不同的概念,经常在我国税务机关管理中使用,也出现在我国一些的税收实务著作中。从语义上说,税源就是税收的来源,看起来很简单,但仔细琢磨"来源"一词就会有很多不同的理解。税源可以指税收来自的经济实体或个人、经济行业或部门、交易行为或者地区,从而使其外延无边无际而无法聚焦,因而从学术研究的角度并不是一个严谨的概念。因此,需要对税源概念的使用持谨慎态度。

二、法律税基

法律税基,是指由税法明确规定的征税对象及其征收范围,是法定化的税基。从理论税基到法律税基,是政府决策和选择的结果。政府在确定法律税基时,不仅要考虑是否能够取得足够的财政收入,而且要考虑是否有助于经济效率的提高和社会公平的改善,还要考虑到是否切实可行。因此,法律税基实际上反映了政府的基本政策意图和对现实征管情况的考虑,是多种因素综合考虑和不同目标权衡的结果。

法律税基必须通过在税法中对征收范围的具体界定来体现。这是因为法律规定的征税对象要付诸实施,必须明确具体的适用范围。例如,我国现行消费税暂行条例规定的征税对象是15类消费品,但并非所有经营这些消费品的单位和个人都被纳入征税范围,一般只是对消费品的生产者、进口者和委托加工者征收,所以,消费品的批发销售者和零售者一般是无需缴纳消费税的。再如,我国资源税的征税范围不仅限定于在中国境内开采的自然资源,而且只限定于原油、天然气、金属矿产品和非金属矿产品、盐和水资源等,并未将所有自然资源都纳入征税范围。

为了使征收对象更加明确和具体,以便区别不同情况进行不同的税收处理,在有些税收制度中要划分税目(tax item)。税目是法律税基的具体界定和分类细目,它可以采用"正面清单"的方法在税法中一一列举出来,也可以采用"负面清单"的反列举方法来加以规定。

三、计算税基

计算税基,是指在计算税款时的具体依据,即计税依据,是量化了的税基。在税率既定的情况下,计税依据的大小,直接决定了税款的多少和税收负担的高低。因此,它是征纳双方直接面对的具体和实在的征税对象。在确定计算税基时,要明确计税单位(tax unit),即要确定计税依据的实物量(如数量、重量、体积、面积、长度)或价值量。在数字化时代,计算税基可以用数字来表示,以数字为计量单位的税收,就是数字税。从全球化的角度看,计算税基的确定,不仅是政策选择问题,也是操作性很强的技术问题,更是国际政治问题。

下面举例来依次说明税基的不同含义。首先,如果政府试图对人们取得的收入征税,那么收入就是理论税基。其次,政府要对人们的收入征税,就必须在税法中明确规定应纳税的收入范围,即规定哪些收入要纳税,哪些收入可以不纳税,从而明确征税对象及其范围,即法律税

---

① 刘小兵.中国税收实体法研究.上海:上海财经大学出版社,1999,p.70.

基。再次,如果政府想对不同的收入实行不同的税收政策,就需要在已经明确的征税范围内对征税对象划分不同的项目,即税目。最后,政府对某一类收入征税时,可以规定相应的扣除标准和计税单位,这就明确了计税依据,即计算税基。总之,从理论税基到法律税基再到计算税基,是税基不断明确、不断具体和不断细化的过程。

第三节 税 收 负 担

税收负担(tax burden)是明确税收征收数额的税制要素。在征税对象相同的情况下,纳税人的税收负担是由税率和在此基础上进行的税负调整措施所决定的。税率的高低,只能大体上表明税收负担的一般水平或名义水平,不能说明税收负担的真实水平或实际水平。因此,观察和分析纳税人的税收负担,必须把税率和税负调整措施结合起来。

一、税率

税率(tax rate)是应纳税额与征税对象之间的比例,是决定纳税人税收负担高低的关键因素。在征税对象既定的情况下,税率高低直接决定了纳税人应纳税款的大小。

税率有定量(额)税率、比例税率和累进税率三种主要形式,此外还有零税率和负税率。

(一) 定量(额)税率

在采用实物征税制度的情况下,定额税率表示相应的实物量,其实就是定量税率。例如,在农业税采取缴纳公粮的方式下,规定每家每户缴纳粮食的具体数量就是定额税率的一种方式。定额税率就是用绝对金额来表示的税率,如每“吨”多少元,每“辆”多少元,每“平方米”多少元等。我国目前对生产厂家销售的啤酒和黄酒就是采用定额税率来征收消费税的。

采用定额税率主要有两个原因:一是按实物量征税可以保证税收收入的稳定性,这是因为如果按金额计税就要受到价格波动的影响,特别是在价格上涨过快的通货膨胀期间或在价格下跌过猛的通货紧缩时期,定额税率可以避免价格明显波动的影响,不仅能保持税收负担的相对稳定,而且对保证国家财政收入有重要的积极作用;二是定额税率计算方便,有利于征收管理。

定额税率的采用是有限制条件的。适用于定额税率的征税对象,不仅要求其价格波动的幅度必须非常小,而且要求计量标准化。如果计量标准不统一、不规范、不准确,定额税率就会被滥用。例如,如果按照每包来定税额,那么就必须对“包”这个计量标准予以明确和规范,否则会影响包装物的大小。

(二) 比例税率

比例税率(proportional tax rate)有单一比例税率和差别比例税率之分。单一比例税率(single proportional tax rate)是对所有的征税对象适用相同比例的税率。不论什么情况下(纳税能力强或弱,受益程度大或小)的纳税人,不论征税对象的多少,均适用无差别的单一比例税率。差别比例税率(differential proportional tax rate)对不同的纳税人或不同的征税对象高低实行不同的税率档次。差别比例税率有多种设计方法,有按不同产品设计的差别税率,有按不同地区设计的差别税率,有按不同行业设计的差别税率,也有按照规定的上下变动幅度设计的浮动差别税率。

(三) 累进税率

累进税率(progressive tax rate)是随着计算税基的大小而相应提高的税率,即随计税税基数额的增大而相应提高的税率。具体来说,就是先把计算税基从小到大划分出若干个级次,然后从低到高对每一级次的计算税基规定相应的税率,就是累进税率。由于累进的范围可以是

"全部计算税基"或者是"超过部分的计算税基",累进的依据可以是绝对金额、相对比例或者倍数,相应地就形成了三类六种基本的累进税率形式。累进税率的六种基本形式如表 4-1 所示。

表 4-1　　　　　　　　　　　　　　　　　累进税率的六种基本形式

累进依据(累进范围)	金　　额	比　　率	倍　　数
全　　部	全额累进税率	全率累进税率	全倍累进税率
超过部分	超额累进税率	超率累进税率	超倍累进税率

1. 累进的依据

(1) 按"金额"累进,是指以计算税基的金额为划分级次的依据。我国现行个人所得税中对居民个人取得的综合所得以及对个人取得的经营所得,就是按照金额大小划分累进的级次,使用不同的超额累进税率。

(2) 按"倍数"累进,是指以计算税基占某种计税基础的倍数为划分级次的依据。如 1987年我国曾实行的个人收入调节税,规定对个人取得的综合收入(包括工资薪金收入、承包转包收入、劳务报酬收入、财产租赁收入)采用超倍累进税率。也就是将个人一个月内取得的综合收入按全国统一规定的不同类别的工资区,划分为四个档次,每一个档次确定一个计税基数,并以这个计税基数为一倍,未超过基数三倍的部分不征税;从超过三倍的部分起,按不同的倍数采用不同的累进税率计税。

(3) 按"比率"累进,是指以计算税基占某种计税基础的比例为划分级次的依据。如我国现行的土地增值税采用的就是超率累进税率。它是以纳税人转让国有土地使用权及地上建筑物或附着物所取得的增值额占按规定计算出的扣除项目金额的比例为依据划分四个档次,比例未超过 50% 的部分,按 30% 的税率征税;比例超过 50% 至 100% 的部分,按 40% 的税率征税;比例超过 100% 至 200% 的部分,按 50% 的税率征税;比例超过 200% 的部分,按 60% 征税。

2. 累进的范围

在明确累进依据的前提下,累进的范围有全累进和超累进两种。全累进是指计算税基全部适用从低到高的相应档次的税率,而超累进是对计算税基超过规定金额的部分适用从低到高的相应档次的税率。

全额累进税率和超额累进税率的区别如表 4-2 所示。

表 4-2　　　　　　　　　　　　　　　　全额累进税率和超额累进税率的区别

全额累进税率			超额累进税率		
级次	应纳税所得额	税率	级次	应纳税所得额	税率
1	不超过 500 元	5%	1	不超过 500 元的部分	5%
2	超过 500 元至 2 000 元	10%	2	超过 500 元至 2 000 元的部分	10%
3	超过 2 000 元至 5 000 元	20%	3	超过 2 000 元至 5 000 元的部分	20%
4	超过 5 000 元至 20 000 元	30%	4	超过 5 000 元至 20 000 元的部分	30%
5	超过 20 000 元	40%	5	超过 20 000 元的部分	40%

假定张明有收入 20 000 元,按全额累进税率计算的应纳税额 = 20 000 × 30% = 6 000(元);按超额累进税率计算的应纳税额 = 500 × 5% + (2 000 − 500) × 10% + (5 000 − 2 000) × 20% + (20 000 − 5 000) × 30% = 25 + 150 + 600 + 4 500 = 5 275(元)。

显然,按超额累进税率计算的应纳税额要小于按全额累进税率计算的应纳税额,这是因为在超额累进税率下,全部计税依据 20 000 元中只有 15 000 元是按照 30% 的税率计税的,其余 5 000 元分别按照 5%、10% 和 20% 计税,而在全额累进税率下,20 000 元全部按 30% 的税率计税。

　　表面上看,全额累进税率计算简便,但是为什么在实务中很少采用呢? 为了说明问题,可拿一个收入为 20 001 元的李梅与收入为 20 000 元的张明作比较,看看他们在全额累进税率和超额累进税率下应纳税额的差别有多大。李梅按全额累进税率计算的应纳税额 $= 20\,001 \times 40\% = 8\,004$(元),按超额累进税率计算的应纳税额 $= 500 \times 5\% + (2\,000 - 500) \times 10\% + (5\,000 - 2\,000) \times 20\% + (20\,000 - 5\,000) \times 30\% + 1 \times 40\% = 25 + 150 + 600 + 4\,500 + 0.4 = 5\,275.4$(元)。

　　张明和李梅在全额累进税率和超额累进税率的税负比较如表 4-3 所示。

表 4-3　　　　　　　　张明和李梅在全额累进税率和超额累进税率的税负比较　　　　　　(单位:元)

采取形式	张明的税负	李梅的税负	两者差额
全额累进税率	6 000	8 004	2 004
超额累进税率	5 275	5 275.4	0.4

　　我们发现,虽然张明和李梅的收入只相差 1 元,但在全额累进税率下,两者的税负却相差 2 004 元之巨。这看起来是极不合理的,因此全额累进税率比较罕见,也就不奇怪了。在新中国历史上,为了体现当时的政策意图或政治目的,曾经对个体工商户采用过 21 级全额累进税率,这几乎就是一种惩罚性税制了。

　　尽管全额累进税率在现实中几乎是不可接受的,但它仍然具有实用的价值。因为可以利用它计算简便的优点来克服超额累进税率计算复杂的缺点。我们可以用给定数额的征税对象分别用相同级次、相同级距和相同税率的全额累进税率和超额累进税率计算出两者应纳税额的差额,这个差额在同一个级次是固定的,被称为速算扣除数。续前例,20 000 元收入按全额和超额两个不同税率计算的应纳税额的差额 $= 6\,000 - 5\,275 = 725$(元)。这个差额就是第四级次的速算扣除数。第五级的速算扣除数可以用任意一个超过 2 000 元的数字并采用同样的方法来计算。例如,30 000 元的收入按全额累进税率计算的税额 $= 30\,000 \times 40\% = 12\,000$(元),按超额累进税率计算的应纳税额 $= 500 \times 5\% + (2\,000 - 500) \times 10\% + (5\,000 - 2\,000) \times 20\% + (20\,000 - 5\,000) \times 30\% + (30\,000 - 20\,000) \times 40\% = 25 + 150 + 600 + 4\,500 + 4\,000 = 9\,275$(元),第五级的速算扣除数 $= 12\,000 - 9\,275 = 2\,725$(元)。因此,速算扣除数就是某个计税依据按照全额累进税率计算的税额和按照超额累进税率计算的税额的差额。速算扣除数确定以后,在采用超额累进税率时,就不必分段计算,而可以直接用下式来计算:

$$
\begin{array}{l} \text{按超额累进税率} \\ \text{计算的应纳税额} \end{array} = \begin{array}{l} \text{征税对象的} \\ \text{全部数额} \end{array} \times \begin{array}{l} \text{相应级次} \\ \text{的税率} \end{array} - \begin{array}{l} \text{相应级次的} \\ \text{速算扣除数} \end{array}
$$

　　运用上述公式,可以验证李梅在超额累进税率下的税额 $= 20\,001 \times 40\% - 2\,725 = 5\,275.5$(元)。

　　3. 税率的形式与计税单位的关系

　　现实中,定额税率主要适用于从量税,比例税率和累进税率主要适用于从价税。但是,这并不是说定额税率只能用于从量税,比例税率和累进税率只能用于从价税。例如,税法可以规定按照所销售量每千克缴纳固定比例的税收,也可以按照从小到大的顺序对不同的销售量设计相对应的从低到高的累进税率。因此,比例税率和定额税率也可以适用于从量税。相应地,定额税率也可以应用于从价税。如日本的证券交易印花税法规定,应税凭证所记载的金额在500万元以下的,定额缴纳印花税200元;所载金额超过500万元但不足1000万元的,定额缴纳印花税1000元。总之,税率形式与计税单位之间没有必然的逻辑联系,不应把定额税率与从量税、比例税率和累进税率与从价税的关系绝对化。

二、税收优惠

在税收制度中,征税对象和税率只是决定税收负担的基本因素,除此之外,还可以对不同纳税人的税收负担进行调整,以满足税收政策的不同要求。在名义税率既定的基础上,税收负担既可以提高,也可以降低。附加和加成是提高税收负担的主要方式,而减税和免税优惠则是降低税收负担的基本途径。

(一)税收优惠的概念与特征

税收优惠(tax preference)是一国政府为了实现某种特定的社会、经济或政治目标而在税收法律法规中规定给予纳税人免除或减轻负担的特殊照顾和鼓励。虽然从更广泛的意义上说,税收优惠还包括在税收执法和司法中给予当事人的某些照顾,以便减轻其经济上的或精力、时间、心理等方面的负担。但通常只把税收法律法规中明确规定的免除或减轻负担的规定视为税收优惠。

从政府或社会的角度看,实施税收优惠等同于先将纳税人应缴纳的税收征收后再对其返还,这相当于是一种财政补贴,实际上是一种隐性或间接的政府支出。学术界将政府因实施税收优惠而放弃的税收收入称为“税收支出(tax expenditure)”或“税式支出”。

历史和现实表明,过多过滥的税收优惠,不仅使政府税收收入的征收面临着巨大的压力,还使人们对税制的公平性产生怀疑,动摇了人们对税收制度公正合理性的信念。同时,税收优惠还提供了强大的利益驱动力,促使人们把精力、时间和金钱用于获取税收的好处。人们为获取这种利益而作的努力是非生产性的,是对现有财富的瓜分或再分配,它本身并不会导致财富的增加和经济的增长。此外,税收优惠的存在,也为税务官员牟取非法利益提供了便利,是导致税收腐败的温床。

虽然税收支出这种间接支出早已客观存在,但是,关于它的宏观效应和微观效应,以及它在整个国家财税管理制度中的作用等问题,长期以来并未受到足够的关注。

正是在这种背景下,前哈佛大学教授斯坦利·萨里在担任美国财政主管税收政策的助理部长时,便首先提出了税收支出这一概念。1968年,税收支出被正式纳入美国联邦预算管理体系中。自1975年起,美国联邦政府的所有预算法案,都要求必须附有税收支出的特别分析。与此同时,税收支出这一概念也引起了国际财税学界的普遍关注。1976年和1977年,国际财政学会和国际税收协会这两个重要的国际税收学术组织均将税收支出列为年会讨论的主要议题。1984年,来自经济合作与发展组织六个国家的财政税收学者第一次完成了“经合发组织税收支出”的比较研究。近年来,在我国税收理论研究和政策讨论与制定中,也开始逐步引进了税收支出这一概念。财政专家希望通过税收支出这一概念的讨论和推广,帮助人们认识税收优惠的性质和作用,并为评价和控制税收优惠的效应提供有用的分析工具。

(二)鼓励性税收优惠和救济性税收优惠

从性质上看,税收优惠可分为鼓励性税收优惠和救济性税收优惠两种。鼓励性税收优惠是政府对某项活动予以支持或奖励的措施。例如,为了鼓励高新技术的研究开发和应用,对符

4

合条件的高新技术企业实行较低的企业所得税税率或者在计算所得税时给予特别的扣除措施等。救济性税收优惠是针对纳税人面临重大意外事故而陷入困境导致纳税能力下降时给予的税收宽免措施。例如,对于遭受重大自然灾害的纳税人给予一定期限和幅度的减免税优惠以帮助其从灾难中走出来。

（三）税基式优惠、税率式优惠和税额式优惠

从表现形式上看,税收优惠可分为税基式优惠、税率式优惠和税额式优惠三种基本类型。

1. 税基式优惠

税基式优惠,是指通过直接缩小法律税基或计算税基的方法来实现免除或降低税收负担的目的。除了规定免税或减税项目外,常见的方式主要有起征点、免征额、项目扣除和跨期结转等。

（1）起征点,是指计算税基达到征税的起点。例如,王刚的计税收入为 5 000 元,周丽的计税收入为 700 元。当税法规定税率为 10% 且起征点为 800 元时,王刚应纳税 500 元;周丽因为收入没有达到起征点,就不用纳税,从而享受到了税收优惠。

（2）免征额,是指全部计算税基中可以扣除的规定标准金额,只就超过该规定标准金额的部分计税的一种税收优惠方式。承上例,当税法规定税率为 10% 且免征额为 800 元时,王刚可以从全部计税收入 5 000 元中扣除 800 元,按差额 4 200 元纳税 420 元,比按等额标准的起征点规定少纳税 80 元;而周丽因收入低于免征额,仍然不用纳税（表4-4）。从这个例子可以看出,采用免征额可以使所有纳税人都享受到不同程度的税收优惠。等额标准的起征点或者免征额,对于超过标准的人纳税金额不同,而对于低于标准的人并无实质性差别。正因为如此,在我国的媒体报道中经常会出现把免征额混同为起征点的现象。

表 4-4　　　　　　　　　　　　10%税率下起征点和免征额比较　　　　　　　　　　（单位:元）

纳税人	应纳税额（起征点标准 800）	应纳税额（免征额标准 800）
王刚（收入 5 000）	500	420
周丽（收入 700）	0	0

（3）项目扣除,是指在全部计算税基中针对某些特殊项目允许扣除一定数额的税收优惠方式。例如,在个人所得税法中,允许纳税人将其通过政府机构或者非营利性组织向教育等慈善事业的捐赠支出从其应纳税所得额中扣除一定的数额。

（4）跨期结转,是指某些支出未能从本纳税期间的应税收入中扣完的部分,可以延续到下一个纳税期间（下年）继续扣除。例如,某企业 2018 年度的亏损 300 万元,2019 年度的所得为 200 万元,按照企业所得税法规定,企业当年度的发生亏损可以从以后不超过 5 个纳税年度的所得中扣除,则 2018 年的亏损可以从 2019 年度的所得中扣除 200 万元,未扣除完的 100 万元亏损,可以继续从 2020 年及以后年度的所得中扣除。

2. 税率式优惠

税率式优惠,是指对某些情形制定低于正常水平的税率。例如,企业所得税的标准税率为 25%,如果税法规定某种特殊情况可以减按 15% 的税率征收,这就是税率式优惠。这种方法的特点是不改变税基,而是通过降低应纳税额与税基的比率来减轻纳税义务,因此在实施中比较简便和有效。但由于税率的确定和变更一般须通过比较严格的立法程序,故难以作为经常性的灵活手段加以施行。因此,低税率优惠一般适用于需要给予长期鼓励或照顾的情形。

3. 税额式优惠

税额式优惠，是指在税基和税率都保持不变的情况下直接免除降低应纳税额的优惠方式。税额式优惠的主要方式有规定退税、税额抵免、税收抵免等。

（1）退税（tax refund）是指政府将纳税人已经缴纳或实际承担的税款向其退还的一种措施。现实中，退税主要有两种原因造成：一种是征纳过程中由于计算上的技术差错，或是因适用税法的差错而多缴税款的退回。这种退税不能视作税收优惠措施，因为它只是维持了原有的税负，而并没有减轻税负。另一种是政府出于某种特定的政策目的而对纳税人已纳税款或所承担税款予以退回。如果说减税、免税等税收优惠形式侧重于对于纳税人行为的事前引导、控制或调节，那么，退税则着眼于对纳税人行为的事后调节。政府之所以选择退税这种优惠形式，是因为政府事先并不能确定纳税人的行为一定符合其政策意图。只有在事后经过政府的确认之后，才能给予鼓励或照顾。从管理学家的观点看，这种优惠形式具有便于管理和控制的优点，但可能存在时滞问题。在我国的税收实践中，退税优惠主要运用于对出口产品的支持和对外商将从外商投资企业取得的税后利润在中国继续投资的行为，即出口退税和再投资退税。

（2）税额折扣（tax discount）是指按规定的减征比例对应纳税额打一个折扣，纳税人只需承担应纳税额扣除折扣额后的差额部分的税负。这种方法的特点是保持正常税制结构的稳定，既不改变税基，也不改变税率，而是直接免除部分应纳税额，从而能较好地体现税收政策的灵活性，当然，这种优惠方式如果被滥用，也容易丧失税制运行的效率与公平。

（3）税收抵免（tax credit）是指将已纳税额直接冲抵应纳税额的一种优惠措施，也称为税额扣除或者税后扣除。税收抵免主要是为了消除重复征税，而将已经缴纳的税收冲抵同一种税或其他税种的应纳税额。例如，税法准予个人以其已经缴纳的房产税冲抵应纳的个人所得税；或者准予个人以其已经缴纳的地方个人所得税冲抵国家或联邦个人所得税；或者准予在计算其本国应纳税额时可以扣除其已经缴纳的境外税款。严格来说，为了消除重复征税的税收抵免，还不是真正的税收优惠。为了实现某种政策目标而准予纳税人按规定直接冲减应纳税额的做法，才是真正的税收激励性措施。例如，我国现行企业所得税法规定，对于企业购置用于环境保护、节能节水、安全生产等专用设备的，可以按其投资额的10%实行税额抵免。按照这个规定，企业购置上述规定范围专业设备如果发生100万元，则在计算其应纳企业所得税时可以扣除10万元的税款。

三、税收附加和税收加成

税收附加和税收加成，都是在基本税制保持不变的情况下所采取的增加税收负担的措施。附加和加成通常体现政府限制某种活动的政策意图，实际上就是变相提高税率，很容易招致纳税人的反对，因此并不多见。

（一）税收附加

税收附加，是指在应纳税额或实际缴纳税额的基础上额外征收，相应的税收称为附加税（super tax or surtax）。与附加税对应的税收，称为正税（positive tax）。例如，正税的应纳税额为1 000元，附加征收率为10%，就表示在1 000元之外还要缴纳100元的附加税。

附加税常见于地方附加。地方政府在国家税法的基础上按照正税应纳税额的一定比例征收。征收地方附加税的好处是地方政府无需单独立法，从而避免了制定税收法律方面的许多麻烦，而且也无需设立独立的征收机关，因为附加税是随同正税一同征收的，这使得附加税的征收非常方便。但是，附加税也有缺点。因为地方政府能够征收多少附加税，主要取决于正税

4

税款的多少和附加率的高低。正税税款的多少,是地方政府难以施加影响的,而附加率通常也是由中央政府事先确定的,不太容易及时调整。因此,尽管附加税征收简便,但地方政府往往缺乏决定税款金额的影响力,除非地方政府拥有确定或者选择附加率的自主权。

(二) 税收加成

税收加成是提高税负的另一种方式。由于一成为 10％,加征一成就相当于在按基本税率征收应纳税额后,再按应纳税额征收 10％ 的税款,加成后应纳税额是加成前应纳税额的110％。加成征收,实际上是附加征收的一种特殊形式。

第四节　税　收　时　间

除了纳税人、税基和税率这三个税制要素外,税收时间也是构成实体税制不可或缺的要素。实体税制所要规范的时间是指直接影响税额大小的时间,包括税收间隔时间、税收发生时间和税收截止时间。纳税申报时间不直接影响税额,虽然有时会在实体税制中规定,但本质上属于程序税制应该规范的范围。

一、税收间隔时间

税收间隔时间,是指税法规定的前后两次计算税款的间隔时间,即计税期限,类似于会计分期的概念,规定了税款征收或缴纳的时间频度。税收间隔时间有期间和次数两种情况,相应有分期计税和分次计税两种方法。分期计税的期间通常是一个月或一年,也有按天数确定的。纳税间隔时间之所以会影响税额大小,是因为间隔时间越长税基越大,即使适用固定税率或比例税率,税额也会相应增大;而在适用累进税率的情况下,税额增加的幅度会更大。

不同的税制,由于课税对象不同,税收间隔时间也有所不同。就消费税制而言,既可以按次征税,也可以按期课税,这主要取决于课税对象是否具有稳定性。如果纳税人取得的销售收入或支付的金额具有稳定性或连续性,则按期课税比较合理,但是如果税额很大,期限过长就会造成纳税人现金支付的困难,在这种情况下也可以按日征税。显然,当纳税人的课税对象只是一次性的或偶然性的,按次征税就很自然。就所得税制而言,同样既可以按次也可以按期征税。如果纳税人是按期取得所得的,就应按期征税,通常是按月、季或年征税。由于企业利润是按年计算的,因此,企业所得税通常是按年计征的。

个人所得如果实行综合征收,一般也是按年计征的。对于纳税人按次取得的所得,也可以按次征税。就财产税制而言,由于其税基属于存量而具有时点特征,纳税间隔时间可以确定任何一个时点,但通常是年末最后一日。

二、税收发生时间

我国实体税制中表述的"纳税义务发生时间",就是税收发生时间。事实上,由于税收发生时间不仅规定了纳税人履行纳税义务的发生时间,也规范了征收人行使征税权力的时间。因此,税收发生时间是指税收法律法规规定的应承担纳税义务和可行使征税权力的起始时间。不同税种或不同类型的税收制度对税收发生时间有不同的处理方法。

(一) 消费税制的税收发生时间

因为消费税既有卖方税制,也有买方税制,两种税制的税收发生时间并不相同。

就卖方税制而言,至少有三种选择可以作为税收发生时间:一是收取交易价款的时点,二是发出货物或提供劳务的时点,三是签订合同的时点。选择不同的时点,对于征纳双方具有不同的意义。如果选择价款收取时点,还需要明确价款收取的具体条件,比如是发票开具时间还是价款到账时间。如果选择发出货物或提供劳务的时点,就需要进一步明确交易实现的具体条件以及如何鉴别的办法,从而增加纳税遵从和税收管理的成本。如果选择签订合同的时点,不仅征纳成本相对较低,而且政府可以及时获得税款,但纳税人会出现现金支付困难。因为纳税人还没有收到价款,只能用其他的现金来支付税款;如果没有足够的现金,就会出现通过借款融资的方法来垫付税款的问题;如果无法获得融资,就只能被迫延期支付税款,从而引发相关法律风险。

从总体上看,上述三种税收发生时间的选择各有利弊。根据我国现行规定,消费类税制的纳税义务发生时间通常按发票开具日和货款的结算方式的不同来分别确定。

至于买方税制的税收发生时间,也有三种选择:一是购入货物或接受劳务的时点,二是支付价款的时点,三是办理交易确认的法定手续的时点。一般以第三种方式为主,因为买方必须办理法定手续,便于征收机关根据法定手续确认纳税义务的产生。例如,进口关税通常以办理货物报关进口的时点为税收发生时间。也有以交易双方签订合同的时点为税收发生时间的。例如,我国现行契税法就规定,纳税人应在签订房地产转让合同的当日,承担纳税义务。

(二)所得税制的税收发生时间

所得税制的税收发生时间有三种选择:一是纳税人应当取得所得的时点,二是支付单位支付所得的时点,三是税法规定的时点。一般地,纳税人应当取得所得的时点通常就是支付单位支付所得的时点,但是应收和实付之间存在时间差,在企业所得税中,应纳税收入的确认,是遵循权责发生制原则,以应当收到货款的时点为税收发生时间。但在个人所得税中,有时为了便于课税,一般将支付所得的时点看作是纳税人产生纳税义务的时点,这种情况在分类所得税制中表现得特别明显。

(三)财产税的税收发生时间

财产税通常定期征收,类似于个人综合所得税,其纳税义务通常是税法规定的某个时期的终点,如月末、年末。

三、税收截止时间

税收截止时间,是纳税义务和征税权力终止的法定时点。如果说税收发生时间是税收间隔时间的法定起点,那么税收截止时间就是税收间隔时间的终止时点。通常情况下,税收截止时间就是税收间隔期结束的最后一日,因此在税制中往往不需要特别规定。但是在房地产税的相关税制中,若相关产权的法律关系在规定的税收间隔期满前终止时,就会特别明确税收截止时间。《财政部 国家税务总局关于房产税 城镇土地使用税有关问题的通知》(财税〔2008〕152号)第三条"关于房产税、城镇土地使用税纳税义务截止时间的问题"规定,纳税人因房产、土地的实物或权利状态发生变化而依法终止房产税、城镇土地使用税纳税义务的,其应纳税款的计算应截止到房产、土地的实物或权利状态发生变化的当月末。

之所以对房地产权利终止的税收截止时间给予特殊考虑,主要是因为房地产法定权利关系的改变意味着其受益主体发生了改变,相应的纳税义务也需要从原权利主体转变为新权利主体,从而划清同一税基在不同权利主体之间纳税义务的边界。因此,对房地产税制的税收截止时间作出特殊规定,其目的和实质就是划分同一房地产在规定的纳税间隔期内遇到产权法律关系变动时纳税义务的各自边界。

4

练 习 题

一、选择题(含单项选择题和多项选择题,请用手机扫描下方二维码作答)

二、简答题

1. 为什么要把纳税人区分为直接纳税人、间接纳税人和实际纳税人?

2. 为什么全额累进税率在现实中比较罕见?

3. 为什么要把税基划分为理论税基、法律税基和计算税基三个层次,各自有什么特点?

4. 税收优惠有哪些基本形式?

5. 税收支出这个概念有什么现实意义?

6. 为什么说税收时间直接决定应税额的大小?

7. 为什么要对税收截止时间作出特别的法律规定?

第五章 中国税制的发展

学 习 目 标

序号	知识点	学习目标	学习难度
1	我国税制发展演变的基本脉络	了解	☆
2	我国税收法治建设的进程	一般掌握	☆☆
3	1994年我国税制改革内容	重点掌握	☆☆
4	1994年以来我国增值税改革进程	重点掌握	☆☆☆
5	我国税制改革发展的方向	一般掌握	☆☆☆

中华人民共和国成立以来,我国的税收制度顺应经济体制的变化,主要经历了五个发展时期:第一个时期是从1949年到1978年,建立了新的税收制度并不断简化税制;第二个时期是从1979年到1993年,为适应发展有计划的商品经济的要求,我国开始对国营企业征收所得税,实施国营企业"利改税"及工商税制的全面改革;第三个时期是从1994年到2003年,为适应建立社会主义市场经济体制的要求,我国对税制进行全面改革;第四个时期是从2003年至2012年,为适应完善社会主义市场经济体制的要求,我国税制进行了分步的改革和完善,税制不断趋向规范化;第五个时期从2013年至今,在党中央全面深化改革的部署下,我国税制改革力度加大,税制结构日益完善,税收立法级次不断提升。

讲解视频

税制发展

第一节 计划经济体制下的税制简化

一、统一全国税制

中华人民共和国中央人民政府成立后,统一了全国的税政,建立了中华人民共和国的新税制。

1950年《全国税政实施要则》规定了14种全国税收:货物税、工商业税(含营业税和所得税)、盐税、印花税、交易税、关税、特种消费行为税、薪给报酬所得税、存款利息所得税、遗产税、房产税、地产税、使用牌照税和屠宰税,其他税收如农业税、牧业税和契税等由省、自治区、直辖市自行拟定,船舶吨税由财政部和海关总署拟定征收办法。

国家在实际执行中对税种进行了调整,房产税和地产税合并为城市房地产税,特种消费行为税改为文化娱乐税,使用牌照税改为车船使用牌照税,薪给报酬所得税和遗产税未开征。到

5

改革开放前,我国税制经历了 1953 年、1958 年和 1973 年三次较大的简化改革。

二、1953 年的税制改革

经过三年的经济恢复时期,国家的经济状况发生了巨大的变化,公有制经济在工商业中所占的比重大幅度上升,而私营工商业所占的比重则逐步缩小。与此相对应,当时的税制对国营和合作经济纳税的照顾性规定,导致公有制企业比私营企业优惠较多,而私营企业也想尽办法减少中间流通环节少交营业税,这些都导致了经济日益繁荣,而税收却相对下降。

为保证税收收入和简化征纳手续,1953 年国家对税制进行了修正,主要内容是简化税制,试行商品流通税。将卷烟、烟叶、酒等国营工业能够大量生产、国营和合作商业在批发环节上能够控制的 22 种商品的货物税、批发营业税、零售营业税及附加、印花税合并为单一的商品流通税,在批发和收购环节一次征收。缴纳商品流通税的商品行销全国不需要再缴纳其他税收,未试行商品流通税的商品仍需要在生产和流通各环节征收货物税、工商营业税及其附加、印花税。

税制改革后,税种没有减少,但征收办法由“多税种、多次征”改为“多种税、一次征”,同时改变了营业税的征收环节,由批发前移到生产环节。这一改革在一定程度上有利于扭转当时经济日益繁荣、税收相对下降的局面,保证了财政收入。

三、1958 年的税制改革

20 世纪 50 年代中期,我国的社会主义改造基本完成,公有制经济逐步成为国民经济的主体;加上当时苏联经济、财政理论界比较流行的“非税论”及受苏联税制的某些影响,税收在国民经济中的地位和作用逐步被淡化。1957 年,财政部党组向中共中央报送的《关于改革工商税收制度的报告》指出,在社会主义改造取得决定性的胜利以后,工商税收在社会主义改造方面的作用已经退居次要的地位,有必要对税种过多、手续过于复杂的税制进行改革。

在“基本保持原税负,适当简化税制”的原则下,1958 年我国进行了 1949 年后第二次大规模的税制改革。其主要内容是简化工商税制:减少税收种类,将货物税、商品流通税、营业税和印花税合并为工商统一税,所得税从工商业税中独立出来建立了工商所得税;简化纳税环节,对工农业产品基本上实行生产或采购环节征一次税、商业零售环节征一次税的两次课征制度,批发环节的营业税取消。

该时期还进行了其他税制改革,如 1959 年停止征收存款利息所得税,1962 年开征集市交易税(针对农村集市贸易征收),1966 年停止征收文化娱乐税。

第二次税制改革后,我国共有 13 种税:工商统一税、牲畜交易税、集市交易税、盐税、契税、关税、工商所得税、城市房地产税、车船使用牌照税、船舶吨税、农业税、牧业税和屠宰税。

四、1973 年的税制改革

1966 年开始,税收被说成是统治阶级剥削劳动人民的工具,本来已经很简单的税收制度被批判为“烦琐哲学”。在此环境下,1973 年进一步对当时极为简单的税制又进行了简化。主要内容是,将工商统一税及其附加、城市房地产税、车船使用牌照税、盐税和屠宰税合并为工商税。工商税按照不同的行业和产品设计不同的税率,税目从过去的 108 个减少到 44 个,税率从过去的 141 个减少到 82 个,多数企业可以简化到只用 1 个税率征税。

经过 1973 年的税制改革后,我国仍然是 13 种税:工商税、工商统一税、牲畜交易税、集市交易税、契税、关税、工商所得税、城市房地产税、车船使用牌照税、船舶吨税、屠宰税、农业税和牧业税。其中,对国营企业只征收工商税,对集体企业只征收工商税和工商所得税,保留下来的工商统一税只对外商征收,城市房地产税、车船使用牌照税和屠宰税只对个人和外侨等征收,集市交易税、牲畜交易税和契税处于停征阶段。

第二节　有计划的商品经济体制下的税制重建

1978 年,中共十一届三中全会作出了把党和国家的工作重点转移到社会主义现代化建设上来和实行改革开放的战略决策。1984 年 10 月召开的中共十二届三中全会作出的《中共中央关于经济体制改革的决定》指出:"要突破把计划经济同商品经济对立起来的传统观念,明确认识社会主义计划经济必须自觉依据和运用价值规律,是在公有制基础上的有计划的商品经济。"伴随着中国改革开放政策的实施,以及经济体制从计划经济到有计划商品经济的转变,原有的对公有制经济征收的单一化税制已无法适应多种经济成分、多种经营方式、多种流通渠道、多种分配方式并存的经济状况,税收制度迫切需要改革。为适应改革开放和有计划的商品经济发展的要求,20 世纪 80 年代我国先后对涉外税制和国营企业的税制进行了改革。

一、建立并逐渐完善涉外税制

为了配合贯彻国家的对外开放政策,首先需要解决对外征税的问题。1980 年全国人民代表大会通过了《中华人民共和国中外合资经营企业所得税法》和《中华人民共和国个人所得税法》,1981 年又通过了《中华人民共和国外国企业所得税法》。同时,对中外合资企业、外国企业和外国人继续征收工商统一税、城市房地产税和车船使用牌照税。1991 年将中外合资经营企业所得税法和外国企业所得税法合并为外商投资企业和外国企业所得税法,实现了外资企业所得税法的统一。这样,包含所得税、商品税和财产税的涉外税制体系初步形成。

二、全面改革工商税制

为推进城市经济体制改革,增强企业活力,打破企业吃国家"大锅饭"的制度,重新确立国家与企业之间的税利分配关系,1983 年国务院决定在全国试行国营企业"利改税",将国营企业向国家上缴利润的制度改为缴纳企业所得税的制度。1984 年 10 月起在全国开始实施国营企业"利改税"的第二步改革以及全面工商税收制度改革。改革的首要任务就是解决国家与企业之间的分配关系。其主要内容如下:

第一,改革单一的工商税收制度,将工商税按照性质分为产品税、增值税、营业税和盐税,开征资源税、房产税、土地使用税、耕地占用税、车船使用税和城市维护建设税,恢复征收印花税。

第二,对国营企业实施"利改税"并全面推开所得税。对国营企业征收所得税,国营企业缴纳所得税以后的利润再征收调节税,同时为控制消费基金的增长,国营企业还要缴纳奖金税和工资调节税;为平衡不同所有制企业之间的税负,开征了集体企业所得税、个体工商业户所得税和私营企业所得税,开征了集体企业奖金税和事业单位奖金税;为调节中国公民的个人收入差距,对中国公民开征了个人收入调节税。

第三,针对特定问题开征了一些针对性的税种。如烧油特别税(1982 年开征)、建筑税(1983 年开征,1991 年改为固定资产投资方向调节税)、筵席税(1988 年开征)和特别消费税(1988 年开征)。

三、基本形成复合税制体系

到 1993 年,我国共有 37 种税:产品税、增值税、营业税、盐税、烧油特别税、特别消费税、工商统一税、契税、资源税、印花税、城市维护建设税、筵席税、牲畜交易税、集市交易税、关税、国

5

营企业所得税、国营企业调节税、集体企业所得税、私营企业所得税、外商投资企业和外国企业所得税、个人所得税、城乡个体工商业户所得税、个人收入调节税、国营企业奖金税、集体企业奖金税、事业单位奖金税、国营企业工资调节税、房产税、城市房地产税、城镇土地使用税、耕地占用税、车船使用税、车船使用牌照税、固定资产投资方向调节税、屠宰税、农业税和牧业税。船舶吨税 1986 年划入交通部管理,2001 年重新纳入财政预算。

经过 20 世纪 80 年代的税制改革,我国重新建立了多种税、多环节征收的复合税制体系,初步建成了一套内外有别的,以货物和劳务税、所得税为主体,财产税和其他税相配合的税制体系,有效促进了"对外开放,对内搞活"政策的实施。

不过,这套税制在实际执行过程中也存在着问题。国营企业"利改税"时设定的所得税税率过高,国营企业税负过重,在实际运行中被全面的承包制所取代,有税之名,无税之实。1987年对国有企业实行承包经营责任制,对地方财政实行财政包干制,强制征税成为协商办税。承包制一方面导致企业负担不公,违背市场经济的公平竞争规则,另一方面也导致了财政收入占GDP 的比重逐年下降,导致中央财政收入占全部财政收入的比重逐年下降,从而导致社会财力和财权分散,政府财政收入拮据,财政赤字不断增加。

第三节　市场经济体制构建下的全面税制改革

1992 年 10 月,中共十四大确定经济体制改革的目标是建立社会主义市场经济体制,使市场在国家宏观调控下对资源配置起基础性作用。1993 年 11 月,中共十四届三中全会审议通过了《中共中央关于建立社会主义市场经济体制若干问题的决定》,决定中提到当前要积极推进财税体制改革。改革重点有二:一是要把现行地方财政包干制改为在合理划分中央与地方事权基础上的分税制;二是要按照统一税法、公平税负、简化税制和合理分权的原则,改革和完善税收制度。通过这两方面的改革,以达到理顺分配关系、保障财政收入、建立符合社会主义市场经济要求的税制体系目标。由此,我国于 1994 年启动了中华人民共和国成立以来规模最大、范围最广、内容最深刻、力度最强的税制改革和分税制改革。

一、全面实施税制改革

(一) 全面改革货物和劳务税制,实现了内外统一

借鉴国际上增值税改革的经验,扩大了增值税的征收范围,取消了产品税,开征了消费税,形成了以增值税为主体,并实行增值税与消费税、营业税相配套的税制格局。取消对外的工商统一税,将内外有别的两套税制改为内外统一的货物和劳务税制。

(二) 整合企业所得税制,实现了内资企业所得税的统一

原有企业所得税按照经济成分分别设置税种,多种企业所得税并存,税负不公,不利于企业之间的联合和竞争。这次改革将过去对国营企业、集体企业和私营企业分别征收的多种所得税合并为统一的企业所得税;取消了各种奖金税和调节税,对内资企业统一征收一种企业所得税。

(三) 改革个人所得税制,实现了个人所得税制的统一

将过去对外国人征收的个人所得税、对中国人征收的个人收入调节税和个体工商业户所得税合并为统一的个人所得税。

(四) 大幅度调整其他税制

扩大了资源税的征收范围,盐税并入资源税,开征了土地增值税,取消了烧油特别税、集市交易税、牲畜交易税等若干税种,并将屠宰税、筵席税的管理权下放到省级地方政府,新设了遗产税、证券交易税(这两种税后来没有开征)。

二、实施财政管理体制的分税制改革

分税制改革旨在理顺中央和地方之间的财政关系，调动中央和地方两个方面的积极性，主要是将原来的地方财政包干体制改为实行分税制，即在中央与地方事权划分的基础上将税种划分为中央税、地方税和中央与地方共享税，并建立起中央税收体系和地方税收体系，分设中央、地方两套税务机构分别征管。

三、基本形成适应社会主义市场经济体制的新税制

1994 年税制改革通过统一税法、简并税种，初步实现了税制的简化和规范化，分税制的改革较好地处理了中央与地方之间的分配关系，提高了中央财政收入占全国财政收入的比重，加强了中央政府的宏观调控能力，初步形成了适合社会主义市场经济体制的税制。

改革后，中国的税制一共设立 25 种税：增值税、消费税、营业税、关税、土地增值税、契税、资源税、印花税、证券交易税、城市维护建设税、筵席税、企业所得税、外商投资企业和外国企业所得税、个人所得税、房产税、城市房地产税、遗产税、城镇土地使用税、耕地占用税、车船使用税、车船使用牌照税、固定资产投资方向调节税、屠宰税、农业税和牧业税。

第四节　市场经济体制完善下的税制改革

2003 年 10 月，中共十六届三中全会通过了《中共中央关于完善社会主义市场经济体制若干问题的决定》，提出要按照"简税制、宽税基、低税率、严征管"的原则，分步实施税收制度改革，建立更加公平、科学、法制化的税收体系，为我国经济发展创造更加良好的税收环境。

一、取消或废止一些过时的税制

（一）取消农业税

2006 年取消了农业税、牧业税和屠宰税，同时对过去征收农业特产农业税的烟叶产品改征烟叶税。农业税的取消，使我国初步形成了城乡统一的税制格局。

（二）废止一些已经停征的税种

2008 年 1 月在《国务院关于废止部分行政法规的决定》中宣布《中华人民共和国筵席税暂行条例》失效；2012 年 11 月在《国务院关于修改和废止部分行政法规的决定》中宣布，自 2013 年 1 月 1 日起，废止《中华人民共和国固定资产投资方向调节税暂行条例》。

二、改革所得税制度

（一）全面统一内外资企业所得税制度

1994 年虽实现了内资企业所得税的统一，但内外资企业仍适用不同的所得税法，不利于企业的公平竞争，不符合完善市场经济体制的要求。2008 年，我国取消了对外征收的外商投资企业和外国企业所得税，与内资企业一并征收企业所得税，最终实现了内外资两套企业所得税法的统一。自此，企业所得税统一的目标得以实现。

（二）局部调整个人所得税制度

为更有效地发挥个人所得税的收入再分配作用，对个人所得税的费用扣除额进行了多次调整。2006 年 1 月 1 日，个人所得税中的工资、薪金所得的费用扣除额由 1994 年规定的每月 800 元提升至每月 1 600 元；2008 年 3 月 1 日起，又提升到每月 2 000 元；2011 年 9 月 1 日起，又从每月 2 000 元提高到每月 3 500 元，减少工资、薪金所得适用税率的级数并将最低适用税率从 5% 降低到 3%，同时调整个体工商户生产、经营所得的适用税率，降低此类所得的税负。

5

三、完善消费课税制度方面的改革

（一）增值税的转型和扩围改革

自 2004 年 7 月 1 起,我国在东北地区的装备制造业等八大行业实行生产型增值税向消费型增值税转型改革试点,允许企业新购进机器设备所含的增值税进项税额在企业增值税税额中扣除。自 2007 年 7 月 1 起,中部 6 省 26 个老工业城市的八大行业也纳入了增值税转型改革试点范围。2008 年,国务院对增值税暂行条例进行修订,增值税从"生产型"向"消费型"转变。

自 2012 年起在上海市选择部分行业试点增值税"扩围",即营业税改征增值税("营改增")。2012 年 7 月 25 日,国务院决定自当年 8 月至年底将增值税"扩围"试点范围分批扩大到北京、天津、江苏、浙江、安徽、福建、湖北、广东、厦门和深圳等 10 个省、自治区、直辖市和计划单列市。

（二）消费税的改革

2006 年 4 月 1 日起,对消费税的税目和税率进行了 1994 年以来最大规模的调整,新增了高尔夫球及球具、高档手表、游艇、木制一次性筷子、实木地板等税目,取消了"护肤护发品"税目,强化了消费税鼓励资源节约、促进环境保护、合理引导消费和间接调节收入分配的功能。2007 年对进境物品进口税的税率及税目也做了相应调整。

2008 年 11 月 10 日,国务院公布修订以后的《中华人民共和国消费税暂行条例》,自 2009 年 1 月 1 日起施行配合成品油税费改革调整消费税。

（三）资源税改革

2005 年,调整了部分应税品目和资源税税额标准,调高了河南、山东、福建、云南等 15 个省(区、市)煤炭资源税税额标准。2010 年率先在新疆将原油、天然气资源税实行从价征收。2011 年 9 月 30 日,国务院公布修改以后的《中华人民共和国资源税暂行条例》,自当年 11 月 1 日起施行,同时取消对中外合作开采海洋和陆上石油资源征收的矿区使用费,从此实现了资源税的内外统一。

（四）城市维护建设税调整

2010 年 12 月 1 日,城市维护建设税的征税范围扩大到外商投资企业、外国企业和外国人,城市维护建设税实现了内外统一。

（五）证券交易印花税税率调整

2007 年 5 月 30 日起,证券交易印花税税率从 1‰ 提高到 3‰,2008 年 4 月 23 日又从 3‰ 降低到 1‰,同年 9 月 19 日起,证券交易印花税由双边征收改为单边征收。

四、实现统一的财产税制

（一）车船税和房产税实现内外统一征收

2007 年开始对内外分别征收的车船使用税和车船使用牌照税合并统一征收车船税。2011 年,车船税通过全国人民代表大会立法。2009 年,对内外分别征收的房产税和城市房地产税合并统一征收房产税。

（二）耕地占用税和城镇土地使用税实现内外统一征收

2007 年修改了城镇土地使用税暂行条例,将外资企业纳入城镇土地使用税征税范围,并将税额标准提高了 2 倍。2008 年修改了耕地占用税暂行条例,将外资企业纳入耕地占用税征税范围,并将税额标准提高了 4 倍。至此,将对内征收的城镇土地使用税和耕地占用税扩大到外资,实现了税制的内外统一。

第五节 全面深化改革下的税制改革

2013 年 11 月,党的十八届三中全会审议通过《中共中央关于全面深化改革若干重大问题的决定》,决定提出深化税制改革的重点内容包括:全面推进增值税改革乃至将增值税推广到全部服务业,把不动产纳入增值税抵扣范围,建立规范的消费型增值税制度;推进消费税改革,调整征收范围、环节和税率,进一步发挥消费税的调节功能;加快房产税立法和改革步伐,提高保有环节的税收;推进资源税从价计征改革,推动环境保护费改税,进一步发挥税收促进资源节约和环境保护的作用;加快完善个人所得税征管配套措施,逐步建立健全综合与分类相结合的个人所得税制度。

这一时期的税制改革重点在于对现有税种的进一步规范和完善,以达到其应有的功能和作用,整体税种数目和类型并没有大的调整和变动。

一、分步实施增值税改革

在 2012 年增值税扩围的基础上,2014 年在全国范围开展营改增"3+7"①试点;2016 年5 月 1 日起,将建筑业、房地产业、金融业、生活服务业一次性纳入试点范围,实现了增值税对货物和服务的全覆盖,自此营业税退出历史舞台。

2017 年 7 月 1 日起,简并增值税税率结构,由四档变为三档,取消 13％的增值税税率。2018 年 5 月 1 日起,降低增值税税率并统一小规模纳税人标准,税率由原有的 17％降为 16％,原有的 11％降为 10％。2019 年 4 月 1 日起进一步下调增值税税率,税率由原有的 16％下降为 13％,原有的 10％下降为 9％,6％税率保持不变。

二、持续推进消费税改革

(一) 取消部分税目,调整了化妆品的征收

2014 年 12 月 1 日起,取消气缸容量 250 毫升(不含)以下的小排量摩托车消费税。气缸容量 250 毫升和 250 毫升(不含)以上的摩托车继续分别按 3％和 10％的税率征收消费税。取消汽车轮胎税目,取消车用含铅汽油消费税,取消酒精消费税。

自 2016 年 10 月 1 日起,普通化妆品不再征收消费税,对高档化妆品消费税税率从 30％降至 15％。所谓高档美容、修饰类化妆品和高档护肤类化妆品,是指生产(进口)环节销售(完税)不含增值税的价格在 10 元(人民币,下同)/毫升(克)或 15 元/片(张)以上的美容、修饰类化妆品和护肤类化妆品。

(二) 增加新的税目,开征电池涂料消费税

自 2015 年 2 月 1 日起对电池、涂料征收消费税。适用税率均为 4％。

(三) 提高卷烟消费税税率

自 2015 年 5 月 10 日起,将卷烟批发环节从价税税率由 5％提高至 11％,并按 0.005 元/支加征从量税。

(四) 加大高档消费品税负,加征超豪华小汽车消费税

自 2016 年 12 月 1 日起,对超豪华小汽车,在生产(进口)环节按现行税率征收消费税基础上,在零售环节加征消费税,税率为 10％。所谓超豪华小汽车,为每辆零售价格 130 万元(不

5

---

① "3+7"试点中的"3"指的是交通运输业、邮政业和电信业,"7"指的是 7 项部分现代服务业。

含增值税)及以上的乘用车和中轻型商用客车。

三、逐步深化资源税改革

2014年12月1日起,煤炭资源税从价计征改革全面推开。2015年对稀土、钨、钼资源税实行从价计征改革。2016年5月9日,财政部、国家税务总局发布《关于全面推进资源税改革的通知》,决定自2016年7月1日起资源税全面实施从价计征改革,同时联合水利部发布文件决定在河北省开展水资源税改革试点。自2017年12月1日起,在总结河北省水资源税改革试点经验的基础上,财政部、国家税务总局和水利部联合在北京等9个省市实施扩大水资源税改革试点。2019年8月26日,十三届全国人大常委会第十二次会议表决通过了《资源税法》,并定于2020年9月1日起实施,与暂行条例相比,资源税法扩大了征收范围,调整了税目税率和税收优惠规定,简并了征收期限。

四、开征环境保护税

2016年12月25日,十二届全国人大常委会第二十五次会议通过了《中华人民共和国环境保护税法》(以下简称《环境保护税法》),自2018年1月1日起实施。

五、大力推动个人所得税改革

2018年8月31日,十三届全国人大常委会第五次会议表决通过了关于修改个人所得税法的决定,决定自2019年1月1日起施行。

(一)分类征收向综合与分类相结合征收迈进

新个人所得税法将工资薪金所得、劳务报酬所得、稿酬所得和特许权使用费所得四项劳动性所得归并为"综合所得",适用统一的超额累进税率;其他各项所得仍采用分类征税方式。综合所得采用按年计税。

(二)优化税率结构

优化调整综合所得的税率结构,扩大3%、10%、20%三档低税率的级距,缩小25%税率的级距。

(三)提高基本费用扣除标准,增加专项附加扣除

将综合所得基本费用扣除标准提高至每年6万元(每月5 000元),增加了子女教育、继续教育、大病医疗、住房贷款利息或者住房租金、赡养老人支出等六项专项附加扣除的规定。

另外,自2022年1月1日起,增加3岁以下婴幼儿照护个人所得税专项附加扣除。

六、稳步推进税收法治建设

2013年11月,党的十八届三中全会决定提出了要落实税收法定原则。2016年12月25日,十二届全国人大常委会第二十五次会议表决通过《环境保护税法》,自2018年1月1日施行;2017年12月27日,十二届全国人大常委会第三十一次会议表决通过《烟叶税法》《船舶吨税法》,自2018年7月1日起施行;2018年12月29日,十三届全国人大常委会第七次会议表决通过《耕地占用税法》《车辆购置税法》,自2019年9月1日起施行。2019年8月26日,十三届全国人大常委会第十二次会议表决通过了《资源税法》,将于2020年9月1日起实施。2020年8月11日,十三届全国人大常委会第二十一次会议表决通过了《城市维护建设税法》和《契税法》,将于2021年9月1日起施行。2021年6月10日,十三届全国人大常委会第二十九次会议通过《印花税法》,自2022年7月1日起施行。至此,我国已有12个税种完成立法程序,还有增值税、消费税、关税、土地增值税、房产税和城镇土地使用税共计6个税种尚未完成立法程序。我国已完成立法程序的税种如表5-1所示。

表 5-1
我国已完成立法程序的税种

序号	税 种	初次通过	初次实施	最新修订	最新实施	收入归属
1	个人所得税	1980-09-10	1981-01-01	2018-08-31	2019-01-01	共享税
2	企业所得税	2007-03-16	2008-01-01	2018-12-29	2018-12-29	共享税
3	车船税	2011-02-25	2012-01-01	2019-04-23	2019-04-23	地方税
4	环境保护税	2016-12-25	2018-01-01	2018-10-26	2018-10-26	地方税
5	烟叶税	2017-12-27	2018-07-01	—	—	地方税
6	船舶吨税	2017-12-27	2018-07-01	—	—	中央税
7	耕地占用税	2018-12-29	2019-09-01	—	—	地方税
8	车辆购置税	2018-12-29	2019-09-01	—	—	中央税
9	资源税	2019-08-26	2020-09-01	—	—	共享税
10	城市维护建设税	2020-08-11	2021-09-01	—	—	共享税
11	契税	2020-08-11	2021-09-01	—	—	地方税
12	印花税	2021-06-11	2022-07-01	—	—	共享税

七、形成基本税制格局

我国现行税制体系共设有 18 种税收,主要由货物和劳务税(消费税)类、所得税类和财产税类构成。

(一)货物和劳务税(消费税)类

货物和劳务税(消费税)类包括增值税、营业税、消费税、城市维护建设税、资源税、印花税、契税、土地增值税、车辆购置税、烟叶税和关税 11 种税,主要是对货物或服务的交易额(全额或增值额)在生产或交易环节征收的税收,其税基在本质上属于消费,因此也称为消费税。其中,营业税于 2016 年被增值税所合并,2018 年开征的环境保护税也属于货物和劳务税(消费税)性质。

(二)所得税类

所得税类包括企业所得税和个人所得税 2 种税,主要是对企业和个人的收益或所得征收。

(三)财产税类

财产税类包括房产税、车船税、船舶吨税、城镇土地使用税和耕地占用税 5 种税,主要是针对企业和个人拥有或使用财产所征收的税收。

中国历次税制改革前后的税种对比表如表 5-2 所示。

表 5-2
中国历次税制改革前后的税种对比表

时间		货物和劳务税(消费税)类	所得税类	财产税类
改革开放前	1950 年	货物税、工商业税(营业税)、盐税、特种消费行为税、交易税、印花税、关税、契税	工商业税(所得税)、薪给报酬所得税、存款利息所得税	遗产税、房产税、地产税、使用牌照税、船舶吨税
	1953 年	商品流通税、货物税、工商业税(营业税)、盐税、文化娱乐税、牲畜交易税、印花税、关税、契税	工商业税(所得税)、利息所得税	城市房地产税、车船使用牌照税、船舶吨税
	1958 年	工商统一税、盐税、牲畜交易税、集市交易税、关税、契税	工商所得税利息所得税	城市房地产税、车船使用牌照税、船舶吨税
	1973 年	工商税、工商统一税、牲畜交易税、集市交易税、关税、契税	工商所得税	城市房地产税、车船使用牌照税、船舶吨税

5

时间	货物和劳务税(消费税)类	所得税类	财产税类
1980年至1991年	产品税、增值税、盐税、营业税、资源税、筵席税、特别消费税、烧油特别税、城市维护建设税、工商统一税、牲畜交易税、集市交易税、印花税、关税、契税	国营企业所得税、国营企业调节税、国营企业奖金税、国营企业工资调节税、集体企业所得税、集体企业奖金税、事业单位奖金税、城乡个体工商业户所得税、私营企业所得税、外商投资企业和外国企业所得税、个人所得税、个人收入调节税	城市房地产税、车船使用牌照税、房产税、车船使用税、耕地占用税、城镇土地使用税
1994年	增值税、消费税、营业税、土地增值税、资源税、证券交易税、筵席税、城市维护建设税、印花税、关税、契税	企业所得税、外商投资企业和外国企业所得税、个人所得税	房产税、城市房地产税、城镇土地使用税、耕地占用税、车船使用税、车船使用牌照税
2012年	增值税、消费税、营业税、土地增值税、资源税、城市维护建设税、印花税、关税、契税、车辆购置税、烟叶税	企业所得税、个人所得税	房产税、城镇土地使用税、耕地占用税、车船税、船舶吨税
2016年	增值税、消费税、土地增值税、资源税、城市维护建设税、印花税、关税、契税、车辆购置税、烟叶税	企业所得税、个人所得税	房产税、城镇土地使用税、耕地占用税、车船税、船舶吨税
2018年到现在	增值税、消费税、土地增值税、资源税、城市维护建设税、印花税、关税、契税、车辆购置税、环境保护税、烟叶税	企业所得税、个人所得税	房产税、城镇土地使用税、耕地占用税、车船税、船舶吨税

练　习　题

一、选择题(含单项选择题和多项选择题,请用手机扫描下方二维码作答)

二、简答题

1. 我国税制改革和发展是否有内在的必然逻辑?

2. 如何评价我国历次税制改革?

3. 税收法定原则对税制建设有什么意义?

第二篇

消费课税制度

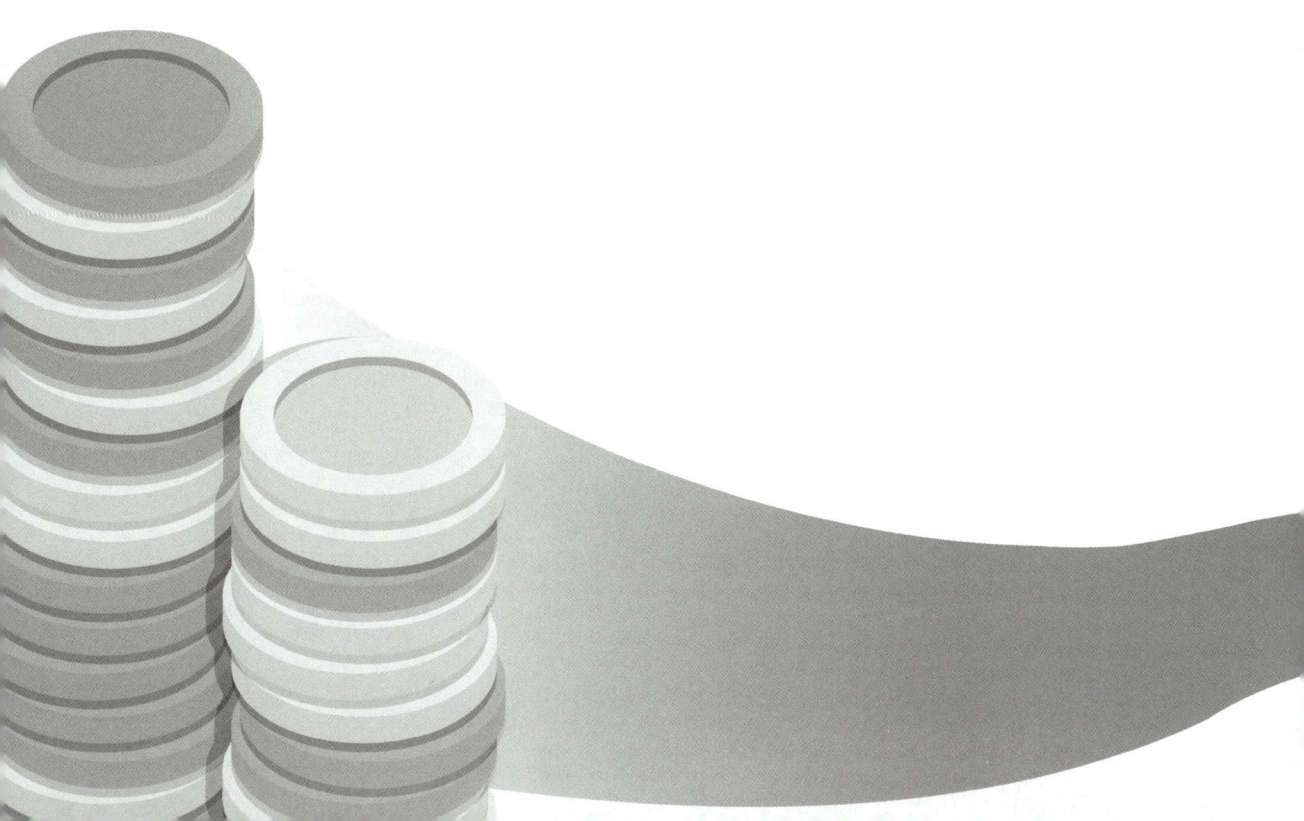

第六章 增值税制度

思维导图

增值税制度

学 习 目 标

序号	知识点	学习目标	学习难度
1	增值税的概念和特点	重点掌握	☆☆☆
2	增值税的纳税人、征税对象和税率	重点掌握	☆☆
3	增值税的减免优惠	一般掌握	☆☆☆
4	增值税的税额计算	重点掌握	☆☆☆
5	增值税的出口退免税及其计算	一般掌握	☆☆
6	增值税的征收管理	一般掌握	☆☆

第一节 增 值 税 概 述

一、增值税的概念

增值税是消费税制的一种形式。增值税虽然主要由商品或服务的提供者缴纳,但其最终负担者是消费者。从购买者角度看,增值税就是对其支付的购买价的课税,购买者在支付了价款后另外再支付的一笔税款;从生产者的角度看,增值税就是对特定的生产经营环节的产品或服务的增加值的课税,生产者将此税款从购买者手中收过来后再缴纳给税务机关。

然而,人们对增值税性质却存在误解,以为增值税是由企业负担的。特别是在我国,这种误解长期存在。这种误解既来自现实,也来自理论。从我国现实看,由于长期以来增值税征税范围有限和税收抵扣限制较多,导致企业实际负担了增值税。从理论上看,对增值税性质的误解主要来自微观经济学的局部分析结论。在微观经济学关于税负归宿的局部均衡分析中,完全竞争市场的税负由生产者和消费者共同负担,分担的比重取决于各自的议价能力。这种局部分析的结论会令人误以为增值税是企业和消费者共同承担的。但从整体上看,增值税不是在单一环节对某个企业征收,而是对从生产到最终消费的所有价值链条上每一个环节的企业都征税,并且每个企业都可以就已支付的增值税获得税收抵免,而最终消费者却不能获得税收抵免,因此基于长期和整体的一般均衡分析,增值税最终由消费者承担,从而具有消费税的性质。

另一种对增值税性质的误解来自对增值额的解读。

虽然从会计核算的角度看,增值额可以理解为生产经营者的销售收入减除外购的商品或服务价值后的余额,看起来有点像所得税。但从整体来看,所有经营环节的增值额之和,就是这个商品的最终销售额。从这个意义上说,增值税就相当于在零售环节按商品的最终销售额征收的零售税,因此其实质是消费税。例示可参考表6-1。

在经济理论上,理想的增值税实行全面课征、单一比例税率和税款抵免方法,对同一商品而言,无论流转环节有多有少,只要增值额相同,税负就相等,所以不会影响商品的生产结构、组织结构和品种结构,这就是增值税的中性作用。由于增值税不干扰资源的自由配置,因此,有利于市场机制作用的充分发挥,可以促进整体经济效率的提高。

然而,实际的增值税计算并非以增值额的计算为依据,而是先按销售收入和税率计算应收取的税额(销项税额),然后减去购买商品或服务时所支付的税额(进项税额),以两者的差额作为应纳税额。这就是税款抵免。

表6-1以一个例子说明增值额和零售额、增值税和零售税的关系。假定增值税和零售税的税率均为10%,各交易环节的销售额为50万元、80万元、120万元和140万元,原料生产环节无外购项目,则该环节的销售额就是增值额。其余环节的增值额为本环节销售额减去购进成本(上一环节的销售额)后的余额。增值税(A)是按照增值额计算的增值税应纳税额;增值税(B)是按照税额抵免法(销项税额-进项税额)计算的增值税应纳税额。

表 6-1   增值税原理例示   (单位:万元)

交易环节	原材料生产	产成品生产	商品批发	商品零售	合计
不含税销售额(假定)	50	80	120	140	390
价外销售税	5(=50×10%)	8(=80×10%)	12(=120×10%)	14(=140×10%)	39
含税销售额	55	88	132	154	429
价内销售税	5.5	8.8	13.2	15.4	42.9
增值额	50	30	40	20	140
增值税(A)	5(=50×10%)	3(=30×10%)	4(=40×10%)	2(=20×10%)	14
增值税(B)	5(=50×10%-0)	3(=80×10%-50×10%)	4(=120×10%-80×10%)	2(=140×10%-120×10%)	14

从表6-1中可以发现,第一,A和B两种计算增值税的方法在理论上是等价的。第二,按照多环节分别计算的增值税税额合计数与只在最终零售环节征收的增值税税额是等价的,由此可以说明,在采用单一税率的前提下,理论上多环节征收的增值税等价于单一环节征收的零售税。第三,不同的计税规则税额不同,按税额大小依次排序为:价内销售税(42.9万元)、价外销售税(39万元)和增值税(14万元)。第四,无论价外销售税还是价内销售税,只要是多环节征收,就会重复征收,交易环节越多,重复征税问题就越严重。相对传统的销售税而言,增值税消除了重复征税,能促进专业分工,从而提高资源配置效率。

二、增值税的类型

在实践中,各国实行的增值税都是以法定增值额为课税对象的。法定增值额和理论增值额往往不一致,其主要区别在于对购入固定资产的价值是否扣除以及如何扣除的处理上。相应地,增值税分为生产型增值税、收入型增值税和消费型增值税三种类型。

(一)生产型增值税

生产型增值税以纳税人的销售收入减去用于生产、经营的外购商品或服务价值后的余额作为法定增值额,但对购入的固定资产及其折旧均不予扣除。从整个社会来说,这个法定增值额相当于国内生产总值,所以称为生产型增值税。由于生产型增值税的税基中包含了外购固定资产的价值,对这部分价值存在重复征税,所以生产型增值税是一种不彻底的消费税,对固定资产投资具有抑制作用。

(二)收入型增值税

收入型增值税以纳税人的销售收入减去外购商品与服务的价值和对于购入固定资产的折旧部分价值的余额为法定增值额。就整个社会来说,这个法定增值额相当于国民收入,所以称为收入型增值税。收入型增值税也是一种不彻底的消费税,因为它还没有以最终消费为税基,仍然存在对投资的抑制作用。

(三)消费型增值税

消费型增值税的法定增值额是以纳税人的销售收入减去外购商品与服务的价值和用于生产经营的固定资产价值后的余额。由于这种类型增值税的课税对象不包括投资部分,仅限于消费部分,故称为消费型增值税。这是一种完全以消费为基础的彻底的消费税。

目前,世界上大部分国家采用消费型增值税。我国在 2009 年以前因为购入的固定资产价值所含的增值税不允许扣除,属于生产型增值税;2009 年以后购入固定资产所含的增值税可以扣除,就属于消费型增值税了。

三、增值税的特点

(一)比例税率

实行增值税制度的国家,普遍实行比例税率,以贯彻征收简便易行的原则。由于增值额对不同行业和不同企业、不同产品来说性质相同,因此,原则上对增值额应采用单一比例税率。但为了贯彻某些经济社会政策,也会对某些行业或产品实行不同的税率,有相当部分引入增值税的国家就采用差别税率制度,一般都规定基本税率和优惠税率(或称低税率);极个别国家还有高于基本税率的特别税率。

(二)宽广税基

从课税对象上看,增值税可以涉及所有合法生产经营的商品和劳务;从纳税环节看,增值税可以在所有生产经营环节分别征收;从纳税人看,增值税可以对生产经营单位或个人征收,因此,增值税具有宽广的税基。正是因为增值税的税基极其广泛,因此增值税就成为一种主要的一般消费税,区别于征税范围受到限制的特别消费税。

从增值税筹集财政收入的基本功能看,由于其税基宽广,只要经济增长,税源就有充分保障;而且单一税率下偷逃税的激励受到抑制,从而可以在实行低税率水平下获得较为充裕的财政收入。正是由于增值税在组织政府财政收入上的有效性,使其在短短的几十年内成为许多国家纷纷引入的重要税制。

(三)抵免税款

与其他销售税或者消费税不同,增值税在计算时采用凭发票的税款抵免制度。这种方法不仅消除了重复征税,而且由于具有交叉核对功能从而有利于税务检查、对偷逃税款的防范和打击。这是增值税与传统的以全部流转额为计税依据的税种的一个重要区别。

四、增值税的制度演变

(一)国外增值税的产生和发展

增值税最早发源于丹麦。早在 1917 年,美国学者亚当斯(T.Adams)就已经提出了具有现

6

代增值税雏形的想法。1921 年,德国学者西蒙士(C.F.V.Siemens)正式提出了增值税的名称。1954 年,法国在生产阶段对原来的按营业额全额课征改为按全额计算后允许扣除购进项目已缴纳的税款,即按增值额征税,开创了增值税实施之先河。法国成功推行增值税后,对欧洲和世界各国都产生了重大影响。在随后的十几年里,欧共体成员国相继实行了增值税,紧接着,欧洲其他一些国家以及非洲和拉丁美洲的一些国家为改善自己在国际贸易中的竞争条件也实行了增值税。亚洲国家自 20 世纪 70 年代后期开始推行增值税。到 2015 年,世界上已有 160 多个国家和地区实行了增值税。

从增值税在国际上的广泛应用可以看出,作为一个国际性税种,它是为适应商品经济的高度发展应运而生的。增值税在半个多世纪能得到如此众多国家的广泛认可和推行,这在世界税制发展史上十分罕见,被称为 20 世纪人类在财税领域一个最重要的改革和成就。

(二)我国增值税的产生和发展

我国于 1979 年引进并试点实行增值税。在全国试点的基础上,1984 年 10 月对原工商税进行了改革,将其划分为产品税、增值税和营业税。国务院颁发了《中华人民共和国增值税条例(草案)》,财政部颁发了《中华人民共和国增值税条例(草案)实施细则》,至此,正式在我国建立了增值税制度。1984 年建立的增值税是根据我国当时的经济发展情况建立起来的具有中国特色的增值税,而不是国际上大部分实行增值税国家实施的真正意义上的增值税。1987 年财政部颁发了《关于完善增值税征税办法的若干规定》,使增值税向着统一和简化的方向迈进了一大步。

在 1994 年税制改革时,增值税作为工商税制改革的重点之一,在税制改革上迈出了重大的步伐。在征税范围上,从工业环节扩大到包括批发和零售在内的全部商业环节;在税率设计上,除了少数货物实行 13% 的低税率和对出口商品实行零税率以外,其余都按照 17% 的税率征税。从此,增值税成为我国第一大税种,其收入在全部税收收入中所占比重约 30%。作为应对国际金融危机的政策措施之一,我国从 2009 年 1 月 1 日起实行消费型增值税。这意味着,从此时起,纳税人购入的固定资产中所包含的增值税可以全额扣除,从而消除了对固定资产投资的税收障碍,有利于促进经济的增长。

自 2012 年 1 月 1 日起,上海首先在交通运输业和部分现代服务业实行"营改增"试点改革。随后,"营改增"试点地区扩大至北京等 10 个省、自治区、直辖市。紧接着,"营改增"试点在全国推开。自 2013 年 8 月 1 日起,将交通运输业和部分现代服务业"营改增"试点在全国范围内推开,适当扩大部分现代服务业范围,将广播影视作品的制作、播映、发行等纳入试点。从 2014 年 6 月 1 日起,将电信业纳入"营改增"试点范围。

从 2016 年 5 月 1 日起,在全国范围内全面推开"营改增"试点。建筑业、房地产业、金融业、生活服务业等全部营业税纳税人,纳入试点范围,由缴纳营业税改为缴纳增值税。

2017 年 4 月 19 日,国务院常务会议决定,增值税税率由四档减至 17%、11% 和 6% 三档,取消 13% 这一档税率;将农产品、天然气等增值税税率从 13% 降至 11%。

2017 年 10 月 30 日,国务院第一百九十一次常务会议通过了《国务院关于废止〈中华人民共和国营业税暂行条例〉和修改〈中华人民共和国增值税暂行条例〉的决定》。

2018 年 3 月 28 日国务院常务会议决定,2018 年 5 月 1 日起,将制造业等行业增值税税率从 17% 降至 16%,将交通运输、建筑、基础电信服务等行业及农产品等货物的增值税税率从 11% 降至 10%;将工业企业和商业企业小规模纳税人的年销售额标准由 50 万元和 80 万元上调至 500 万元,统一了小规模纳税人的认定标准。

2019年3月5日,时任国务院总理李克强在《政府工作报告》中明确提出要深化增值税改革,将制造业等行业现行16%的税率降至13%,将交通运输业、建筑业等行业现行10%的税率降至9%,确保主要行业税负明显降低;保持6%一档的税率不变,但通过采取对生产、生活性服务业增加税收抵扣等配套措施,确保所有行业税负只减不增,继续向推进税率三档并两档、税制简化方向迈进。2019年3月20日,国务院常务会议决定采取进一步扩大进项税抵扣范围、实行进项税额加计扣除和延续部分减免优惠政策等措施,确保所有行业税负只减不增。同日,《财政部 税务总局 海关总署关于深化增值税改革有关政策的公告》(财政部 税务总局 海关总署公告2019年第39号),进一步明确并汇总了从2019年4月1日起实施的增值税新政策。

五、我国增值税的收入归属

我国增值税是中央和地方共享税。除了由海关代征的进口增值税收入归中央政府外,国内增值税收入部分中央政府和地方政府各分享50%。

2020年,全国税收收入154 310亿元,其中增值税收入70 705亿元,占全国税收收入的比重为45.82%。增值税中,国内增值税收收入56 791亿元,占全国税收收入的比重为36.8%;进口货物增值税税收收入13 914亿元,占全国税收收入的比重为9.02%。

2021年,全国税收收入172 731亿元,其中增值税收入80 119亿元,占全国税收收入的比重为46.38%,同比增长13.3%。增值税中,国内增值税收收入63 519亿元,同比增长11.85%,占全国税收收入的比重为36.77%;进口货物增值税收入16 600亿元,同比增长19.3%,占全国税收收入的比重为9.61%。

2022年,全国税收收入166 614亿元,其中增值税收入67 681亿元,占全国税收收入的比重为40.62%,同比下降15.5%。增值税中,国内增值税收入48 717亿元,同比下降23.3%,占全国税收收入的比重为29.24%;进口货物增值税收入18 964亿元,同比增长14.24%,占全国税收收入的比重为11.38%。

第二节　增值税的纳税人和扣缴义务人

一、销售行为纳税人和进口行为纳税人

增值税的纳税人,可以从其涉及的经济行为来把握。我国现行增值税涉及境内销售和进口两种行为。在中国境内从事这两种行为的单位和个人,都是增值税的纳税人。对这两种行为加以区分是非常必要的,因为它们应纳税额的计算方法不同,由税务机关和海关分别负责征收管理。

(一)从事境内销售行为的纳税人

境内销售行为,包括在中华人民共和国境内销售货物、劳务、服务、无形资产、不动产的行为。

1. 货物的含义

货物,是指有形动产,包括电力、热气、气体在内。

2. 劳务的含义

劳务,是指增值税暂行条例规定的加工和修理修配劳务的行为。加工是指受托对委托方提供的原料和主要材料进行特殊处理而形成产品的活动。修理修配是指受托对损伤或丧失功能的货物进行修复而使其恢复原状和功能的活动。

6

3. 服务的含义

服务,是指交通运输服务、邮政服务、电信服务、建筑服务、金融服务、现代服务和生活服务。

4. 无形资产的含义

无形资产,是指不具实物形态,但能带来经济利益的资产,包括技术、商标、著作权、商誉、自然资源使用权和其他权益性无形资产。

5. 不动产的含义

不动产,是指不能移动或者移动后会引起性质、形状改变的财产,包括建筑物和构筑物等。

(二) 从事货物进口的纳税人

进口货物,是指将货物从我国境外移送到我国境内的行为。凡进入我国国境或关境的货物(除免税的以外),进口者在向海关申报进口时,必须向海关缴纳增值税。设立在中国境内的海关是纳税人进口货物应纳增值税的代征机关。

二、单位纳税人和个人纳税人

从组织形式看,增值税的纳税人有单位和个人之分。

缴纳增值税的"单位",与是否独立核算无关,即既包括独立核算的单位,也包括不独立核算的单位,具体包括各类企业单位(国有企业、集体企业、私营企业、股份制企业、外商投资企业和外国企业、其他企业)和行政单位、事业单位、军事单位、社会团体及其他单位。

缴纳增值税的"个人",包括个体工商户和其他个人。

三、一般纳税人和小规模纳税人

按照增值税纳税人的生产经营规模及会计核算健全程度,根据《增值税暂行条例》规定,增值税的纳税人分为一般纳税人和小规模纳税人。

(一) 增值税纳税人的划分标准

小规模纳税人和一般纳税人的划分标准主要是以年销售额表示的生产经营规模的大小。年销售额的标准有过多次变化。2018年5月1日前,原增值税纳税人和试点增值税纳税人适用不同的年销售额标准;2018年以后,增值税一般纳税人和小规模纳税人划分的年销售额标准统一为500万元。即,小规模纳税人一般是指从事应税销售行为且年应税销售额不超过500万元的纳税人;一般纳税人一般是指从事应税销售行为且年应税销售额超过500万元的纳税人。

(二) 年销售额的含义

根据2018年2月1日起施行的《增值税一般纳税人登记管理办法》(国家税务总局令第43号),年应税销售额,是指纳税人在连续不超过12个月或四个季度的经营期内累计应征增值税销售额,包括纳税申报销售额、稽查查补销售额、纳税评估调整销售额。销售服务、无形资产或者不动产(以下简称"应税行为")有扣除项目的纳税人,其应税行为年应税销售额按未扣除之前的销售额计算。纳税人偶然发生的销售无形资产、转让不动产的销售额,不计入应税行为年应税销售额。

(三) 小规模纳税人和一般纳税人的登记

年应税销售额未超过规定标准的纳税人,会计核算健全,能够提供准确税务资料的,可以向主管税务机关办理一般纳税人登记。所谓会计核算健全,是指能够按照国家统一的会计制度规定设置账簿,根据合法、有效凭证进行核算。

年应税销售额超过规定标准的其他个人,以及按照政策规定选择按照小规模纳税人纳税的纳税人,不办理一般纳税人登记。

需要注意的是,2018 年 5 月 1 日后,按年销售额 50 万元和 80 万元标准认定为一般纳税人且现有年销售额达不到 500 万元的工业企业、商业企业,在 2018 年 12 月 31 日前可以转回小规模纳税人。

四、采用特殊经营管理方式的纳税人

(一)承包、承租、挂靠经营方式的纳税人

《增值税暂行条例》规定,单位租赁或者承包给其他单位或者个人经营的,以承租人或者承包人为纳税人。但是,《营业税改征增值税试点实施办法》规定,单位以承包、承租、挂靠方式经营的,承包人、承租人、挂靠人(以下称承包人)以发包人、出租人、被挂靠人(以下称发包人)名义对外经营并由发包人承担相关法律责任的,以该发包人为纳税人。否则,以承包人为纳税人。由此可见,对于货物和加工修理修配劳务的出租或承包行为,以实际经营者为增值税纳税人;对于服务、无形资产和不动产承包、承租、挂靠经营行为,以法定经营者为增值税纳税人。

承包经营是将企业发包给其他单位或个人,承包人以发包人或以自己的名义从事经营,发包人的发包收益与承包经营成果直接相关的业务形式。承租经营是将企业租赁给其他单位或个人经营,承租人向出租人交付租金,出租人的出租收益与租金直接相关而与承包经营成果不直接相关的业务形式。承租经营是指对企业的承租,承租的对象是企业而不是单项财产,企业租赁的特点是在取得财产的同时,还取得了被出租企业的某些生产经营权。

挂靠经营是指单位或个人利用其他合法经营主体对外从事经营活动的方式。寻求挂靠的单位或个人就是挂靠方,被挂靠的单位就是被挂靠方。在挂靠经营中,被挂靠方提供资质、技术、管理等方面的服务并定期向挂靠方收取一定的管理费用。在出租车和建筑施工行业中,挂靠经营比较常见。

(二)合并纳税人

《营业税改征增值税试点实施办法》规定,两个或者两个以上的纳税人,经财政部和国家税务总局批准可以视为一个纳税人合并纳税。具体办法由财政部和国家税务总局另行制定。

五、扣缴义务人

增值税的扣缴义务人主要针对纳税人是境外单位或个人的情形,其目的是方便税收管理和税款征收。《增值税暂行条例》对增值税扣缴义务人作出了规定。

《增值税暂行条例》规定,中华人民共和国境外的单位和个人,在境内销售应税劳务而在境内未设有经营机构的,其应纳税款以其代理人为增值税扣缴义务人;在境内没有代理人的,以购买方为增值税扣缴义务人。由此可见,对于货物和加工修理修配劳务销售行为,有代理人和购买人两种选择;而对于劳务、无形资产和不动产销售行为,代理人提供代理服务属于纳税义务人而不能作为扣缴义务人,只有购买人才是扣缴义务人。

第三节 增值税的征税范围

一、征税范围的具体规定

(一)销售服务

1. 交通运输服务

交通运输服务,是指使用运输工具将货物或者旅客送达目的地,使其空间位置得到转移的

业务活动,包括陆路运输服务、水路运输服务、航空运输服务和管道运输服务。

(1)陆路运输服务。陆路运输服务,是指通过陆路(地上或者地下)运送货物或者旅客的运输业务活动,包括铁路运输服务和其他陆路运输服务。铁路运输服务,是指通过铁路运送货物或者旅客的运输业务活动。其他陆路运输服务,是指铁路运输以外的陆路运输业务活动,包括公路运输、缆车运输、索道运输、地铁运输、城市轻轨运输等。出租车公司向使用本公司自有出租车的出租车司机收取的管理费用,按照陆路运输服务缴纳增值税。

(2)水路运输服务。水路运输服务,是指通过江、河、湖、川等天然、人工水道或者海洋航道运送货物或者旅客的运输业务活动。水路运输的程租、期租业务,属于水路运输服务。程租业务,是指运输企业为租船人完成某一特定航次的运输任务并收取租赁费的业务。期租业务,是指运输企业将配备有操作人员的船舶承租给他人使用一定期限,承租期内听候承租方调遣,不论是否经营,均按天向承租方收取租赁费,发生的固定费用均由船东负担的业务。

(3)航空运输服务。航空运输服务,是指通过空中航线运送货物或者旅客的运输业务活动。航空运输的湿租业务,属于航空运输服务。湿租业务,是指航空运输企业将配备有机组人员的飞机承租给他人使用一定期限,承租期内听候承租方调遣,不论是否经营,均按一定标准向承租方收取租赁费,发生的固定费用均由承租方承担的业务。航天运输服务,按照航空运输服务缴纳增值税。航天运输服务,是指利用火箭等载体将卫星、空间探测器等空间飞行器发射到空间轨道的业务活动。

(4)管道运输服务。管道运输服务,是指通过管道设施输送气体、液体、固体物质的运输业务活动。无运输工具承运业务,按照交通运输服务缴纳增值税。无运输工具承运业务,是指经营者以承运人身份与托运人签订运输服务合同,收取运费并承担承运人责任,然后委托实际承运人完成运输服务的经营活动。

2. 邮政服务

邮政服务,是指中国邮政集团有限公司及其所属邮政企业提供邮件寄递、邮政汇兑和机要通信等邮政基本服务的业务活动,包括邮政普遍服务、邮政特殊服务和其他邮政服务。

(1)邮政普遍服务。邮政普遍服务,是指函件、包裹等邮件寄递,以及邮票发行、报刊发行和邮政汇兑等业务活动。函件,是指信函、印刷品、邮资封片卡、无名址函件和邮政小包等。包裹,是指按照封装上的名址递送给特定个人或者单位的独立封装的物品,其重量不超过 50 千克,任何一边的尺寸不超过 150 厘米,长、宽、高合计不超过 300 厘米。

(2)邮政特殊服务。邮政特殊服务,是指义务兵平常信函、机要通信、盲人读物和革命烈士遗物的寄递等业务活动。

(3)其他邮政服务。其他邮政服务,是指邮册等邮品销售、邮政代理等业务活动。

3. 电信服务

电信服务,是指利用有线、无线的电磁系统或者光电系统等各种通信网络资源,提供语音通话服务,传送、发射、接收或者应用图像、短信等电子数据和信息的业务活动,包括基础电信服务和增值电信服务。

(1)基础电信服务。基础电信服务,是指利用固网、移动网、卫星、互联网,提供语音通话服务的业务活动,以及出租或者出售带宽、波长等网络元素的业务活动。

(2)增值电信服务。增值电信服务,是指利用固网、移动网、卫星、互联网、有线电视网络,提供短信和彩信服务、电子数据和信息的传输及应用服务、互联网接入服务等业务活动。卫星电视信号落地转接服务,按照增值电信服务缴纳增值税。

4. 建筑服务

建筑服务,是指各类建筑物、构筑物及其附属设施的建造、修缮、装饰,线路、管道、设备、设施等的安装以及其他工程作业的业务活动,包括工程服务、安装服务、修缮服务、装饰服务和其他建筑服务。

(1) 工程服务。工程服务,是指新建、改建各种建筑物、构筑物的工程作业,包括与建筑物相连的各种设备或者支柱、操作平台的安装或者装设工程作业,以及各种窑炉和金属结构工程作业。

(2) 安装服务。安装服务,是指生产设备、动力设备、起重设备、运输设备、传动设备、医疗实验设备以及其他各种设备、设施的装配、安置工程作业,包括与被安装设备相连的工作台、梯子、栏杆的装设工程作业,以及被安装设备的绝缘、防腐、保温、油漆等工程作业。固定电话、有线电视、宽带、水、电、燃气、暖气等经营者向用户收取的安装费、初装费、开户费、扩容费以及类似收费,按照安装服务缴纳增值税。

(3) 修缮服务。修缮服务,是指对建筑物、构筑物进行修补、加固、养护、改善,使之恢复原来的使用价值或者延长其使用期限的工程作业。

(4) 装饰服务。装饰服务,是指对建筑物、构筑物进行修饰装修,使之美观或者具有特定用途的工程作业。

(5) 其他建筑服务。其他建筑服务,是指上列工程作业之外的各种工程作业服务,如钻井(打井)、拆除建筑物或者构筑物、平整土地、园林绿化、疏浚(不包括航道疏浚)、建筑物平移、搭脚手架、爆破、矿山穿孔、表面附着物(包括岩层、土层、沙层等)剥离和清理等工程作业。

5. 金融服务

金融服务,是指经营金融保险的业务活动,包括贷款服务、直接收费金融服务、保险服务和金融商品转让。

(1) 贷款服务。贷款,是指将资金贷与他人使用而取得利息收入的业务活动。各种占用、拆借资金取得的收入,包括金融商品持有期间(含到期)利息(保本收益、报酬、资金占用费、补偿金等)收入、信用卡透支利息收入、买入返售金融商品利息收入、融资融券收取的利息收入,以及融资性售后回租、押汇、罚息、票据贴现、转贷等业务取得的利息及利息性质的收入,按照贷款服务缴纳增值税。融资性售后回租,是指承租方以融资为目的,将资产出售给从事融资性售后回租业务的企业后,从事融资性售后回租业务的企业将该资产出租给承租方的业务活动。以货币资金投资收取的固定利润或者保底利润,按照贷款服务缴纳增值税。

(2) 直接收费金融服务。直接收费金融服务,是指为货币资金融通及其他金融业务提供相关服务并且收取费用的业务活动,包括提供货币兑换、账户管理、电子银行、信用卡、信用证、财务担保、资产管理、信托管理、基金管理、金融交易场所(平台)管理、资金结算、资金清算、金融支付等服务。

(3) 保险服务。保险服务,是指投保人根据合同约定,向保险人支付保险费,保险人对于合同约定的可能发生的事故因其发生所造成的财产损失承担赔偿保险金责任,或者当被保险人死亡、伤残、疾病或者达到合同约定的年龄、期限等条件时承担给付保险金责任的商业保险行为。保险服务包括人身保险服务和财产保险服务。人身保险服务,是指以人的寿命和身体为保险标的的保险业务活动。财产保险服务,是指以财产及其有关利益为保险标的的保险业务活动。

（4）金融商品转让。金融商品转让，是指转让外汇、有价证券、非货物期货和其他金融商品所有权的业务活动。其他金融商品转让包括基金、信托、理财产品等各类资产管理产品和各种金融衍生品的转让。

6. 现代服务

现代服务，是指围绕制造业、文化产业、现代物流产业等提供技术性、知识性服务的业务活动，包括研发和技术服务、信息技术服务、文化创意服务、物流辅助服务、租赁服务、鉴证咨询服务、广播影视服务、商务辅助服务和其他现代服务。

（1）研发和技术服务。研发和技术服务，包括研发服务、合同能源管理服务、工程勘察勘探服务、专业技术服务。

① 研发服务，也称技术开发服务，是指对新技术、新产品、新工艺或者新材料及其系统进行研究与试验开发的业务活动。

② 合同能源管理服务，是指节能服务公司与用能单位以契约形式约定节能目标，节能服务公司提供必要的服务，用能单位以节能效果支付节能服务公司投入及其合理报酬的业务活动。

③ 工程勘察勘探服务，是指在采矿、工程施工前后，对地形、地质构造、地下资源蕴藏情况进行实地调查的业务活动。

④ 专业技术服务，是指气象服务、地震服务、海洋服务、测绘服务、城市规划、环境与生态监测服务等专项技术服务。

（2）信息技术服务。信息技术服务，是指利用计算机、通信网络等技术对信息进行生产、收集、处理、加工、存储、运输、检索和利用，并提供信息服务的业务活动，包括软件服务、电路设计及测试服务、信息系统服务、业务流程管理服务和信息系统增值服务。

① 软件服务，是指提供软件开发服务、软件维护服务、软件测试服务的业务活动。

② 电路设计及测试服务，是指提供集成电路和电子电路产品设计、测试及相关技术支持服务的业务活动。

③ 信息系统服务，是指提供信息系统集成、网络管理、网站内容维护、桌面管理与维护、信息系统应用、基础信息技术管理平台整合、信息技术基础设施管理、数据中心、托管中心、信息安全服务、在线杀毒、虚拟主机等业务活动。其包括网站对非自有的网络游戏提供的网络运营服务。

④ 业务流程管理服务，是指依托信息技术提供的人力资源管理、财务经济管理、审计管理、税务管理、物流信息管理、经营信息管理和呼叫中心等服务的活动。

⑤ 信息系统增值服务，是指利用信息系统资源为用户附加提供的信息技术服务。其包括数据处理、分析和整合、数据库管理、数据备份、数据存储、容灾服务、电子商务平台等。

（3）文化创意服务。文化创意服务，包括设计服务、知识产权服务、广告服务和会议展览服务。

① 设计服务，是指把计划、规划、设想通过文字、语言、图画、声音、视觉等形式传递出来的业务活动，包括工业设计、内部管理设计、业务运作设计、供应链设计、造型设计、服装设计、环境设计、平面设计、包装设计、动漫设计、网游设计、展示设计、网站设计、机械设计、工程设计、广告设计、创意策划、文印晒图等。

② 知识产权服务，是指处理知识产权事务的业务活动。其包括对专利、商标、著作权、软件、集成电路布图设计的登记、鉴定、评估、认证、检索服务。

③ 广告服务，是指利用图书、报纸、杂志、广播、电视、电影、幻灯、路牌、招贴、橱窗、霓虹灯、灯箱、互联网等各种形式为客户的商品、经营服务项目、文体节目或者通告、声明等委托事项进行宣传和提供相关服务的业务活动。其包括广告代理和广告的发布、播映、宣传、展示等。

④ 会议展览服务，是指为商品流通、促销、展示、经贸洽谈、民间交流、企业沟通、国际往来等举办或者组织安排的各类展览和会议的业务活动。

（4）物流辅助服务。物流辅助服务，包括航空服务、港口码头服务、货运客运场站服务、打捞救助服务、装卸搬运服务、仓储服务和收派服务。

① 航空服务，包括航空地面服务和通用航空服务。航空地面服务，是指航空公司、飞机场、民航管理局、航站等向在境内航行或者在境内机场停留的境内外飞机或者其他飞行器提供的导航等劳务性地面服务的业务活动。其包括旅客安全检查服务、停机坪管理服务、机场候机厅管理服务、飞机清洗消毒服务、空中飞行管理服务、飞机起降服务、飞行通信服务、地面信号服务、飞机安全服务、飞机跑道管理服务、空中交通管理服务等。通用航空服务，是指为专业工作提供飞行服务的业务活动，包括航空摄影、航空培训、航空测量、航空勘探、航空护林、航空吊挂播撒、航空降雨、航空气象探测、航空海洋监测、航空科学实验等。

② 港口码头服务，是指港务船舶调度服务、船舶通信服务、航道管理服务、航道疏浚服务、灯塔管理服务、航标管理服务、船舶引航服务、理货服务、系解缆服务、停泊和移泊服务、海上船舶溢油清除服务、水上交通管理服务、船只专业清洗消毒检测服务和防止船只漏油服务等为船只提供服务的业务活动。港口设施经营人收取的港口设施保安费按照港口码头服务缴纳增值税。

③ 货运客运场站服务，是指货运客运场站提供货物配载服务、运输组织服务、中转换乘服务、车辆调度服务、票务服务、货物打包整理、铁路线路使用服务、加挂铁路客车服务、铁路行包专列发送服务、铁路到达和中转服务、铁路车辆编解服务、车辆挂运服务、铁路接触网服务、铁路机车牵引服务等业务活动。

④ 打捞救助服务，是指提供船舶人员救助、船舶财产救助、水上救助和沉船沉物打捞服务的业务活动。

⑤ 装卸搬运服务，是指使用装卸搬运工具或者人力、畜力将货物在运输工具之间、装卸现场之间或者运输工具与装卸现场之间进行装卸和搬运的业务活动。

⑥ 仓储服务，是指利用仓库、货场或者其他场所代客储放、保管货物的业务活动。

⑦ 收派服务，是指接受寄件人委托，在承诺的时限内完成函件和包裹的收件、分拣、派送服务的业务活动。收件服务，是指从寄件人收取函件和包裹，并运送到服务提供方同城的集散中心的业务活动。分拣服务，是指服务提供方在其集散中心对函件和包裹进行归类、分发的业务活动。派送服务，是指服务提供方从其集散中心将函件和包裹送达同城的收件人的业务活动。

（5）租赁服务。租赁服务，包括融资租赁服务和经营租赁服务。

① 融资租赁服务，是指具有融资性质和所有权转移特点的租赁活动。出租人根据承租人所要求的规格、型号、性能等条件购入有形动产或者不动产租赁给承租人，合同期内租赁物所有权属于出租人，承租人只拥有使用权，合同期满付清租金后，承租人有权按照残值购入租赁物，以拥有其所有权。不论出租人是否将租赁物销售给承租人，均属于融资租赁。按照标的物的不同，融资租赁服务可分为有形动产融资租赁服务和不动产融资租赁服务。融资性售后回租不按照本税目缴纳增值税。

6

② 经营租赁服务,是指在约定时间内将有形动产或者不动产转让他人使用且租赁物所有权不变更的业务活动。按照标的物的不同,经营租赁服务可分为有形动产经营租赁服务和不动产经营租赁服务。将建筑物、构筑物等不动产或者飞机、车辆等有形动产的广告位出租给其他单位或者个人用于发布广告,按照经营租赁服务缴纳增值税。车辆停放服务、道路通行服务(包括过路费、过桥费、过闸费等)等按照不动产经营租赁服务缴纳增值税。水路运输的光租业务、航空运输的干租业务,属于经营租赁。光租业务,是指运输企业将船舶在约定的时间内出租给他人使用,不配备操作人员,不承担运输过程中发生的各项费用,只收取固定租赁费的业务活动。干租业务,是指航空运输企业将飞机在约定的时间内出租给他人使用,不配备机组人员,不承担运输过程中发生的各项费用,只收取固定租赁费的业务活动。

(6) 鉴证咨询服务。鉴证咨询服务,包括认证服务、鉴证服务和咨询服务。

① 认证服务,是指具有专业资质的单位利用检测、检验、计量等技术,证明产品、服务、管理体系符合相关技术规范、相关技术规范的强制性要求或者标准的业务活动。

② 鉴证服务,是指具有专业资质的单位受托对相关事项进行鉴证,发表具有证明力的意见的业务活动。包括会计鉴证、税务鉴证、法律鉴证、职业技能鉴定、工程造价鉴证、工程监理、资产评估、环境评估、房地产土地评估、建筑图纸审核、医疗事故鉴定等。

③ 咨询服务,是指提供信息、建议、策划、顾问等服务的活动。咨询服务包括金融、软件、技术、财务、税收、法律、内部管理、业务运作、流程管理、健康等方面的咨询。翻译服务和市场调查服务按照咨询服务缴纳增值税。

(7) 广播影视服务。广播影视服务,包括广播影视节目(作品)制作服务、发行服务和播映(含放映,下同)服务。

① 广播影视节目(作品)制作服务,是指进行专题(特别节目)、专栏、综艺、体育、动画片、广播剧、电视剧、电影等广播影视节目和作品制作的服务。其具体包括与广播影视节目和作品相关的策划、采编、拍摄、录音、音视频文字图片素材制作、场景布置、后期的剪辑、翻译(编译)、字幕制作、片头、片尾、片花制作、特效制作、影片修复、编目和确权等业务活动。

② 广播影视节目(作品)发行服务,是指以分账、买断、委托等方式,向影院、电台、电视台、网站等单位和个人发行广播影视节目(作品)以及转让体育赛事等活动的报道及播映权的业务活动。

③ 广播影视节目(作品)播映服务,是指在影院、剧院、录像厅及其他场所播映广播影视节目(作品),以及通过电台、电视台、卫星通信、互联网、有线电视等无线或者有线装置播映广播影视节目(作品)的业务活动。

(8) 商务辅助服务。商务辅助服务,包括企业管理服务、经纪代理服务、人力资源服务、安全保护服务。

① 企业管理服务,是指提供总部管理、投资与资产管理、市场管理、物业管理、日常综合管理等服务的业务活动。

② 经纪代理服务,是指各类经纪、中介、代理服务。包括金融代理、知识产权代理、货物运输代理、代理报关、法律代理、房地产中介、职业中介、婚姻中介、代理记账、拍卖等。货物运输代理服务,是指接受货物收货人、发货人、船舶所有人、船舶承租人或者船舶经营人的委托,以委托人的名义,为委托人办理货物运输、装卸、仓储和船舶进出港口、引航、靠泊等相关手续的业务活动。代理报关服务,是指接受进出口货物的收、发货人委托,代为办理报关手续的业务活动。

③ 人力资源服务,是指提供公共就业、劳务派遣、人才委托招聘、劳动力外包等服务的业务活动。

④ 安全保护服务,是指提供保护人身安全和财产安全,维护社会治安等的业务活动。其包括场所住宅保安、特种保安、安全系统监控以及其他安保服务。

(9) 其他现代服务。其他现代服务,是指除研发和技术服务、信息技术服务、文化创意服务、物流辅助服务、租赁服务、鉴证咨询服务、广播影视服务和商务辅助服务以外的现代服务。

7. 生活服务

生活服务,是指为满足城乡居民日常生活需求提供的各类服务活动,包括文化体育服务、教育医疗服务、旅游娱乐服务、餐饮住宿服务、居民日常服务和其他生活服务。

(1) 文化体育服务。文化体育服务,包括文化服务和体育服务。

① 文化服务,是指为满足社会公众文化生活需求提供的各种服务,包括文艺创作、文艺表演、文化比赛,图书馆的图书和资料借阅,档案馆的档案管理,文物及非物质遗产保护,组织举办宗教活动、科技活动、文化活动,提供游览场所。

② 体育服务,是指组织举办体育比赛、体育表演、体育活动,以及提供体育训练、体育指导、体育管理的业务活动。

(2) 教育医疗服务。教育医疗服务,包括教育服务和医疗服务。

① 教育服务,是指提供学历教育服务、非学历教育服务、教育辅助服务的业务活动。学历教育服务,是指根据教育行政管理部门确定或者认可的招生和教学计划组织教学,并颁发相应学历证书的业务活动,包括初等教育、初级中等教育、高级中等教育、高等教育等。非学历教育服务,包括学前教育、各类培训、演讲、讲座、报告会等。教育辅助服务,包括教育测评、考试、招生等服务。

② 医疗服务,是指提供医学检查、诊断、治疗、康复、预防、保健、接生、计划生育、防疫服务等方面的服务,以及与这些服务有关的提供药品、医用材料器具、救护车、病房住宿和伙食的业务。

(3) 旅游娱乐服务。旅游娱乐服务,包括旅游服务和娱乐服务。

① 旅游服务,是指根据旅游者的要求,组织安排交通、游览、住宿、餐饮、购物、文娱、商务等服务的业务活动。

② 娱乐服务,是指为娱乐活动同时提供场所和服务的业务,具体包括:歌厅、舞厅、夜总会、酒吧、台球、高尔夫球、保龄球、游艺(包括射击、狩猎、跑马、游戏机、蹦极、卡丁车、热气球、动力伞、射箭、飞镖)。

(4) 餐饮住宿服务。餐饮住宿服务,包括餐饮服务和住宿服务。

① 餐饮服务,是指通过同时提供饮食和饮食场所的方式为消费者提供饮食消费服务的业务活动。

② 住宿服务,是指提供住宿场所及配套服务等的活动,包括宾馆、旅馆、旅社、度假村和其他经营性住宿场所提供的住宿服务。

(5) 居民日常服务。居民日常服务,是指主要为满足居民个人及其家庭日常生活需求提供的服务,包括市容市政管理、家政、婚庆、养老、殡葬、照料和护理、救助救济、美容美发、按摩、桑拿、氧吧、足疗、沐浴、洗染、摄影扩印等服务。

(6) 其他生活服务。其他生活服务,是指除文化体育服务、教育医疗服务、旅游娱乐服务、餐饮住宿服务和居民日常服务之外的生活服务。

6

(二)销售无形资产

销售无形资产,是指转让无形资产所有权或者使用权的业务活动。无形资产,是指不具实物形态,但能带来经济利益的资产,包括技术、商标、著作权、商誉、自然资源使用权和其他权益性无形资产。

技术,包括专利技术和非专利技术。

自然资源使用权,包括土地使用权、海域使用权、探矿权、采矿权、取水权和其他自然资源使用权。

其他权益性无形资产,包括基础设施资产经营权、公共事业特许权、配额、经营权(包括特许经营权、连锁经营权、其他经营权)、经销权、分销权、代理权、会员权、席位权、网络游戏虚拟道具、域名、名称权、肖像权、冠名权、转会费等。

(三)销售不动产

销售不动产,是指转让不动产所有权的业务活动。不动产,是指不能移动或者移动后会引起性质、形状改变的财产,包括建筑物、构筑物等。建筑物,包括住宅、商业营业用房、办公楼等可供居住、工作或者进行其他活动的建造物。构筑物,包括道路、桥梁、隧道、水坝等建造物。

转让建筑物有限产权或者永久使用权的,转让在建的建筑物或者构筑物所有权的,以及在转让建筑物或者构筑物时一并转让其所占土地的使用权的,按照销售不动产缴纳增值税。

二、应税销售行为的确定

(一)应税销售行为的含义和范围

应税销售行为,是指以取得货币、货物或者其他经济利益等有偿方式提供货物、劳务、服务、有偿转让无形资产或者不动产,但属于下列非经营活动的情形除外:

1. 政府性基金或行政事业性收费行为

行政单位发生的同时满足以下条件的政府性基金或者行政事业性收费行为,不属于应税销售行为:

(1)由国务院或者财政部批准设立的政府性基金,由国务院或者省级人民政府及其财政、价格主管部门批准设立的行政事业性收费。

(2)收取时开具省级以上(含省级)财政部门监(印)制的财政票据。

(3)所收款项全额上缴财政。

2. 雇主与雇员的内部劳务或服务

单位或者个体工商户聘用的员工为本单位或者雇主提供取得工资的劳务或服务,以及单位或者个体工商户为聘用的员工提供劳务或服务,不属于应税销售行为。

3. 财政部和国家税务总局规定的其他情形

如题。

(二)境内应税行为的含义和范围

根据《营业税改征增值税试点实施办法》,对于如何判定应税行为是否在境内,有一般规则和特殊规则之分。

1. 一般规则

下列情形属于在境内销售服务或者无形资产:

(1)服务(租赁不动产除外)或者无形资产(自然资源使用权除外)的销售方或者购买方在境内。一般来说,对于服务和无形资产,只要其销售方或者购买方在境内,就可以被认定为在中国境内销售服务或者无形资产,从而应当缴纳增值税。若销售方与购买方均在境外的,则不属于境内应税行为。服务和无形资产境内应税行为的确定如表 6-2 所示。

表 6-2
服务和无形资产境内应税行为的确定

销售方	购买方在境内	购买方在境外
销售方在境内	√	√
销售方在境外	√	—

(2) 所销售或者租赁的不动产在境内。由于不动产的地理位置固定不变,因此无论是销售不动产还是租赁不动产,都以不动产的所在地是否在境内作为判断增值税纳税义务的依据。

(3) 所销售自然资源使用权的自然资源在境内。由于自然资源的地域空间也是固定不变的,因此,销售自然资源使用权的行为是否发生在境内,就以自然资源是否在境内为判断依据。

(4) 财政部和国家税务总局规定的其他情形。

上述(2)和(3)的内容,可以归纳为表 6-3 的内容。

表 6-3
不动产或自然资源境内应税行为的确定

销售方	所在地在境内		所在地在境外	
	购买方在境内	购买方在境外	购买方在境内	购买方在境外
销售方在境内	√	√	×	×
销售方在境外	√	√	×	—

2. 特殊规则

针对境外单位或个人,下列情形不属于在境内销售服务或者无形资产:

(1) 境外单位或者个人向境内单位或者个人销售完全在境外发生的服务。按照前面的一般规则,境外单位或者个人向境内单位或者个人销售的服务,因购买方在中国境内,因此,属于中国境内销售服务;但是,由于其服务的发生地不在中国境内,因此,该种情形不属于在中国境内销售服务。

(2) 境外单位或者个人向境内单位或者个人销售完全在境外使用的无形资产。按照前面的一般规则,境外单位或者个人向境内单位或者个人销售无形资产的行为,因购买方在中国境内,因此,属于中国境内销售无形资产;但是,由于其无形资产的实际使用地不在中国境内,因此,该种情形不属于在中国境内销售有形动产。

(3) 境外单位或者个人向境内单位或者个人出租完全在境外使用的有形动产。按照前面的一般规则,境外单位或者个人向境内单位或者个人出租有形动产的行为,因购买方在中国境内,因此,属于中国境内销售无形资产;但是,由于其有形动产的实际使用地不在中国境内,因此,该种情形不属于在中国境内销售有形动产租赁服务。

(4) 财政部和国家税务总局规定的其他情形。

三、增值税的特殊征税行为

增值税的特殊征税行为,包括视同销售行为、混合销售行为和兼营行为。

(一) 视同销售行为

视同销售行为,是那种原本不属于销售但税法将其看作是销售的行为,包括视同销售货物以及视同销售服务、无形资产或不动产两类行为,由《增值税暂行条例实施细则》和《营业税改

6

征增值税试点实施办法》分别规定。

1. 视同销售货物

货物销售，一般是指货物所有权已经发生转移并已取得经济补偿的经济活动。但在有些情况下，货物并没有对外销售或者所有权并没有发生转移，或者货物所有权虽然转移但并未获得经济报偿，并不符合货物销售的一般含义。

对于这些不符合销售一般含义的行为，为什么税法要把它们看作是销售行为，纳入增值税的征税范围呢？这是因为，如果不这样处理，纳税人就会利用这些行为来逃避税收。试想，如果不对纳税人捐赠给他人的货物征收增值税，纳税人就可以通过"你送给我可以免税，我送给你也可以免税"这种相互的赠送来逃避税收。《增值税暂行条例实施细则》规定的视同销售行为包括以下几种：

（1）异地货物内部调拨。在一般情况下，总分支机构间的货物调拨只是货物的内部调拨，没有发生货物所有权的转移，不应看作销售，也不应征收增值税。但是，如果总机构和分支机构不在同一县（市），而将货物从一个机构移送到另一个机构并用于销售的内部调拨，应视同销售征收增值税。这里所称的"用于销售"，是指接受货物的机构发生以下情形之一的经营行为：①向购货方开具发票；②向购货方收取货款。接受货物的机构的货物移送行为有上述两种情形之一的，应当向所在地税务机关缴纳增值税；未发生上述两种情形的，则应由总机构统一缴纳增值税。如果接受货物的机构只就部分货物向购买方开具发票或收取货款，则应当区别不同情况计算并分别向总机构所在地或分支机构所在地缴纳税款。

（2）货物代销。货物代销包括两种情况：一是委托代销，即纳税人将货物交付他人代销的行为；二是受托代销，即纳税人代他人销售货物的行为。无论是哪种代销行为，都应视同销售，缴纳增值税。为什么要把它们看作是销售行为呢？这是因为，如果不把这两种行为看作是货物销售，货物的买卖双方就会把正常的购销行为伪装成委托代销和受托代销行为，从而逃避应纳的增值税。

（3）货物的外部使用。所谓货物的外部使用包括：①将货物提供给其他单位或个体工商户的对外投资行为；②将货物作为礼物赠送给他人的对外捐赠行为；③将货物作为股利分配给股东或投资者的对外分配行为。这里所谓的货物不仅包括纳税人自产、委托加工收回的产品，也包括纳税人接受捐赠、接受投资或购买的货物。只要货物对外使用，无论货物如何取得，除了正常销售外，都应视同销售，征收增值税。

（4）产品用于本企业集体福利和个人消费。这里所谓的产品，是指纳税人自产或委托加工收回的货物，其特点是新生产出来的，其本身并未缴纳过增值税。当纳税人将自产或委托加工收回的货物不再用于生产经营而用于集体福利和个人消费时，由于集体福利和个人消费属于最终消费，因此就应视同销售并征收增值税；否则，就没有机会再征税了。但是，如果该产品在本企业用于连续生产或经营（包括用于生产车间和管理部门），属于增值税应税范围之内的经营性内部使用，就无需纳税。这是因为，这种内部使用并不构成交易行为，而且只要最终产品、服务、无形资产或不动产实现销售并纳税，这些用于内部经营的中间产品的价值就自然承担了税负。总之，只要属于新生产出来的产品，无论是自产的产品还是委托他人生产后回收的产品，除了用于集体福利和个人消费属于视同销售需要缴纳增值税以外，均不应缴纳增值税。需要特别说明的是，如果纳税人将从外部取得的货物作为内部使用时，与增值税的视同销售无关。这是因为从外部取得的货物已经由转出方缴纳了增值税，当这些外来的货物在纳税人内部使用时，主要涉及其进项税额是否可以抵扣的问题，而与视同销售无关。

以上(2)和(3)的内容,可以归纳如表 6-4 所示。

表 6-4 视同货物销售行为的判定

货物种类	内部使用			外部使用
	应税行为	免税行为、简易征税行为	集体福利和个人消费	对外捐赠、对外分配、对外投资
自产的货物	×	×	视同销售	视同销售
委托加工收回的货物	×	×	视同销售	视同销售
购买的货物	可抵扣进项税额	不可抵扣进项税额	不可抵扣进项税额	视同销售
其他方式取得的货物	可抵扣进项税额	不可抵扣进项税额	不可抵扣进项税额	视同销售

2. 视同销售服务、无形资产或者不动产

根据《营业税改征增值税试点实施办法》的规定,下列情形,视同销售服务、无形资产或者不动产:①单位或者个体工商户向其他单位或者个人无偿提供服务,但用于公益事业或者以社会公众为对象的除外。②单位或个人向其他单位或者个人无偿转让无形资产或者不动产,但用于公益事业或者以社会公众为对象的除外。③财政部和国家税务总局规定的其他情形。

(二)混合销售行为

1. 混合销售的概念

根据《增值税暂行条例实施细则》的规定,一项销售行为如果既涉及货物又涉及非应税劳务,为混合销售行为。根据《营业税改征增值税试点实施办法》的规定,一项销售行为如果既涉及服务又涉及货物,为混合销售。例如,一家装饰材料商店,在销售一批装饰材料的同时,还向同一顾客提供安装服务,这项行为就是混合销售行为。再如,某建筑安装公司对客户采取包工包料方式提供装修服务,则该项业务因为同时涉及征收增值税的材料销售和装修服务,因此就属于混合销售行为。

虽然上述两个规定对于混合销售行为的表述有所不同,但由于"非应税劳务"在全面"营改增"后全部变成了应税服务,因此,这个概念的含义并没有实质性改变。当然,"营改增"前的混合销售涉及增值税和营业税两个不同税种,而"营改增"后的混合销售所涉及的是增值税内部货物和服务两类不同的税目。至于一项行为同时涉及货物、无形资产或者不动产的行为,虽然在概念上也属于混合销售,但是不属于《营业税改征增值税试点实施办法》所定义的混合销售,而应比照兼营业务进行税务处理。例如,销售不动产时赠送家电就不属于《营业税改征增值税试点实施办法》所定义的混合销售,不能一并按 9% 缴纳增值税,而应分开核算,分别按 9% 和 13% 两个不同税率计算增值税。

2. 混合销售的税务处理

混合销售行为的税务处理有一般规则和特殊规则之分。

就一般规则来说,根据《增值税暂行条例实施细则》的规定,从事货物的生产、批发或零售的企业、企业性单位及个体工商户(包括以从事货物的生产、批发或零售为主并兼营非增值税应税劳务的企业、企业性单位及个体工商户)的混合销售行为,视同销售货物,应当征收增值税;其他单位和个人的混合销售行为,视为销售非应税劳务,不征收增值税。上述所谓"以从事货物的生产、批发或零售为主并兼营非增值税应税劳务",是指纳税人年货物销售额与非应税

6

劳务营业额的合计数中,年货物销售额超过 50%,非应税劳务营业额不到 50%。上述所谓"非应税劳务"是指属于应征营业税的各种劳务。

《营业税改征增值税试点实施办法》规定,从事货物的生产、批发或者零售的单位和个体工商户的混合销售行为,按照销售货物缴纳增值税;其他单位和个体工商户的混合销售行为,按照销售服务缴纳增值税。所谓从事货物的生产、批发或者零售的单位和个体工商户,包括以从事货物的生产、批发或者零售为主,并兼营销售服务的单位和个体工商户在内。

从上述两个规定可以看出,混合销售行为的一般规则采用"主营业务原则",不对此项业务进行区分,而是根据纳税人的主营业务是销售货物还是服务来确定征收范围。具体来说,"营改增"前的混合销售行为按照主营业务确定缴纳增值税或者营业税,"营改增"后的混合销售行为按照主营业务确定不同税目和税率缴纳增值税。

混合销售行为的特殊规则,适用于电信业和国家税务总局规定的其他情形。按照《营业税改征增值税试点有关事项的规定》,试点纳税人销售电信服务时,附带赠送用户识别卡、电信终端等货物或者电信服务的,应将其取得的全部价款和价外费用进行分别核算,按各自适用的税率计算缴纳增值税。这就是说,对于上述电信业的混合销售行为,并不按"主营业务原则"来处理,而是按"分别核算原则"来确定不同税目和税率。

《国家税务总局进一步明确营改增有关征管问题的公告》(国家税务总局公告 2017 年第 11 号)规定,纳税人销售活动板房、机器设备、钢结构件等自产货物同时提供建筑、安装服务,不属于《营业税改征增值税试点实施办法》第四十条规定的混合销售,应分别核算货物和建筑服务的销售额,分别适用不同的税率或者征收率。

(三)兼营行为

一般来说,兼营行为是指纳税人从事不同类型的经营业务。由于增值税制既涉及应税行为和免税行为,还会对不同的应税行为及其征税对象适用不同的税率或者征收率,这就必须明确兼营行为的增值税处理规则。从理论上说,增值税涉及的兼营行为,应该实行分别核算,根据不同情况确定征或免,以及按照相应的税率计征税额;否则,应按照"从高计征"的原则确定征税。具体来说,增值税的兼营有以下几种情形:

(1)兼营应税行为和免税行为。例如,一家医药生产企业既生产普通橡胶产品,又生产避孕套,前者是应税产品,后者是免税产品。企业必须对这两种销售行为进行分别核算,否则不能享受免税优惠。

(2)兼营适用税率的应税行为和适用征收率的应税行为。例如,某房地产开发公司(一般纳税人)销售 2016 年 4 月 30 日前自建的不动产,可以选择适用按 5% 的征收率;销售 2016 年 5 月 1 日后自建的不动产,适用 11% 的税率(2018 年 5 月 1 日起,降为 10%)。

(3)兼营不同税率的应税行为。例如,某食品商店既销售普通食品(适用 16% 的税率,2019 年 4 月 1 日起降为 13%),又销售大米(适用 11% 的税率,2019 年 4 月 1 日起降为 9%),还提供餐饮服务(适用 6% 的税率)。

(4)兼营不同征收率的应税行为。例如,某小规模纳税人既销售自建的不动产(适用 5% 的征收率),又提供安装或装修等服务(适用 3% 的征收率)。

《营业税改征增值税试点实施办法》规定,纳税人兼营免税、减税项目的,应当分别核算免税、减税项目的销售额;未分别核算的,不得免税、减税。纳税人兼营销售货物、劳务、服务、无形资产或者不动产,适用不同税率或者征收率的,应当分别核算适用不同税率或者征收率的销售额;未分别核算的,从高适用税率。

四、增值税的不征税行为

按照《营业税改征增值税试点有关事项的规定》,下列情形不征收增值税:

(1)根据国家指令无偿提供的铁路航空运输服务。这是指根据国家指令无偿提供的铁路运输服务、航空运输服务,属于《营业税改征增值税试点实施办法》第十四条规定的用于公益事业的服务。

(2)存款利息收入行为。这是指取得存款利息收入的行为。

(3)保险赔偿收入行为。这是指被保险人获得的保险赔付款行为。

(4)住宅专项维修基金代收行为。这是指房地产主管部门或者其指定机构、公积金管理中心、开发企业以及物业管理单位代收的住宅专项维修资金。

(5)资产重组的不动产交易行为。这是指在资产重组过程中,通过合并、分立、出售、置换等方式,将全部或者部分实物资产以及与其相关联的债权、负债和劳动力一并转让给其他单位和个人,其中涉及的不动产、土地使用权转让行为。

(6)各党派、共青团、工会、妇联、中科协、青联、台联、侨联收取党费、团费、会费,以及政府间国际组织收取会费的行为。

(7)根据《国家税务总局关于取消增值税扣税凭证认证确认期限等增值税征管问题的公告》(国家税务总局公告2019年第45号)第七条的规定:自2020年1月1日起,纳税人取得的财政补贴收入,与其销售货物、劳务、服务、无形资产、不动产的收入或者数量直接挂钩的,应按规定计算缴纳增值税。纳税人取得的其他情形的财政补贴收入,不属于增值税应税收入,不征收增值税。

第四节 增值税的税收负担

一、增值税的税率

(一)基本税率13%

我国的基本税率主要适用于货物的销售和进口、加工修理修配劳务的销售和有形动产的租赁服务。长期以来,我国增值税的基本税率一直为17%。但2018年和2019年连续两次降低了增值税的基本税率水平,从17%降为16%,再降为13%。

自2019年4月1日起,增值税一般纳税人销售货物、加工修理修配劳务、有形动产或者进口货物,除按规定适用9%税率货物以外,适用13%的基本税率。根据《国家税务总局关于明确二手车经销等若干增值税征管问题的公告》(国家税务总局公告2020年第9号),纳税人受托对垃圾、污泥、污水、废气等废弃物进行专业化处理,即运用填埋、焚烧、净化、制肥等方式,对废弃物进行减量化、资源化和无害化处理处置后产生货物,且货物归属委托方的,受托方属于提供"加工劳务",其收取的处理费用适用13%的增值税税率。

(二)低税率9%

纳税人销售和进口下列货物,自2019年4月1日起适用9%的税率:

(1)粮食等农产品、食用植物油、食用盐。农产品是指种植业、养殖业、林业、水产业生产的各种植物、动物的初级产品。

(2)自来水、暖气、冷气、热水、煤气、石油液化气、天然气、沼气、二甲醚、居民用煤炭制品。

(3)图书、报纸、杂志。国内印刷企业承印的经新闻出版主管部门批准印刷且采用国际标准书号编序的境外图书,属于《增值税暂行条例》第二条规定的"图书",适用9%的增值税税率。

6

（4）饲料、化肥、农药、农机、农膜。饲料是指用于动物饲养的产品或其加工品，农机是指用于农业生产（包括林业、牧业、副业、渔业）的各种机器和机械化与半机械化农具，以及小农具。农机零配件不属于适用9%增值税税率的货物，适用13%增值税税率。

（5）国务院规定的其他货物。

纳税人销售下列服务、无形资产、不动产适用9%的税率：

（1）运输服务、邮政服务、基础电信、建筑服务。

（2）不动产租赁服务、销售不动产、转让土地使用权。

（三）低税率6%

纳税人销售除了适用9%的低税率之外的其他服务，适用6%的低税率。具体包括以下情形：

（1）销售增值电信服务、金融服务、现代服务（包括研发和技术服务、信息技术服务、文化创意服务、物流辅助服务、鉴证咨询服务）、生活服务。

（2）转让无形资产（转让土地使用权除外）。

（3）提供废弃物专业化处理服务

根据《国家税务总局关于明确二手车经销等若干增值税征管问题的公告》（国家税务总局公告2020年第9号），纳税人受托对垃圾、污泥、污水、废气等废弃物进行专业化处理，即运用填埋、焚烧、净化、制肥等方式，对废弃物进行减量化、资源化和无害化处理处置，下列行为适用6%税率：①采取填埋、焚烧等方式进行专业化处理后未产生货物的，受托方属于提供《销售服务、无形资产、不动产注释》（财税〔2016〕36号文件印发）"现代服务"中的"专业技术服务"，其收取的处理费用适用6%的增值税税率。②专业化处理后产生货物，且货物归属受托方的，受托方属于提供"专业技术服务"，其收取的处理费用适用6%的增值税税率。受托方将产生的货物用于销售时，适用货物的增值税税率。

（4）转让补充耕地指标。根据《国家税务总局关于明确中外合作办学等若干增值税征管问题的公告》（国家税务总局公告2018年第42号），纳税人通过省级土地行政主管部门设立的交易平台转让补充耕地指标，按照"销售无形资产"缴纳增值税，税率为6%。补充耕地指标，是指根据《中华人民共和国土地管理法》及国务院土地行政主管部门《耕地占补平衡考核办法》的有关要求，经省级土地行政主管部门确认，用于耕地占补平衡的指标。

（四）零税率

《增值税暂行条例》第二条规定，纳税人出口货物，税率为零，但是，国务院另有规定的除外。所谓国务院另有规定，是指对原油、援外出口物资、国家禁止出口的货物（包括天然牛黄、麝香、铜及铜基合金、白金等）和糖的出口，不适用零税率，仍按规定税率征收增值税。

根据营改增相关规定，境内单位和个人发生的跨境应税行为，税率为零。按照《跨境应税行为适用增值税零税率和免税政策的规定》，境内的单位和个人销售的下列服务和无形资产，适用增值税零税率：

（1）国际运输服务。国际运输服务是指：①在境内载运旅客或者货物出境，②在境外载运旅客或者货物入境，③在境外载运旅客或者货物。具体政策规定如下：①按照国家有关规定应取得相关资质的国际运输服务项目，纳税人取得相关资质的，适用增值税零税率政策，未取得的，适用增值税免税政策。②境内的单位或个人提供程租服务，如果租赁的交通工具用于国际运输服务和港澳台运输服务，由出租方按规定申请适用增值税零税率。③境内的单位或个人提供期租、湿租服务，如果租赁的交通工具用于国际运输服务和港澳台运输服务，由出租方按规定申请适用增值税零税率。④境内单位和个人以无运输工具承运方式提供的国际运输服务，由境内实际承运人适用增值税零税率；无运输工具承运业务的经营者适用增值税免税政策。

（2）航天运输服务。

（3）向境外单位提供的完全在境外消费的下列服务。具体包括：①研发服务，②合同能源管理服务，③设计服务，④广播影视节目（作品）的制作和发行服务，⑤软件服务，⑥电路设计及测试服务，⑦信息系统服务，⑧业务流程管理服务，⑨离岸服务外包业务和转让技术。离岸服务外包业务，包括信息技术外包服务（ITO）、技术性业务流程外包服务（BPO）、技术性知识流程外包服务（KPO），其所涉及的具体业务活动，按照《销售服务、无形资产、不动产注释》相对应的业务活动执行。

（4）财政部和国家税务总局规定的其他服务。境内单位和个人发生的与香港、澳门、台湾有关的应税行为，除另有规定外，参照上述规定执行。

增值税税率表（自 2019 年 4 月 1 日起）如表 6-5 所示。

表 6-5　　　　　　　　　　　　增值税税率表（自 2019 年 4 月 1 日起）

税 率		适 用 范 围
基本税率	13%	销售或进口适用低税率或零税率以外的货物、提供加工、修理修配劳务
		销售有形动产租赁服务
低税率	9%	销售或进口粮食等农产品、食用植物油和食用盐
		销售或进口自来水、暖气、冷气、热水、煤气、石油液化气、天然气、沼气和居民煤炭用品、二甲醚
		销售或进口图书、报纸和杂志、音像制品和电子出版物
		销售或进口饲料、化肥、农药、农机和农膜
		销售交通运输服务、邮政服务、基础电信服务、建筑服务、不动产租赁服务
		销售不动产、转让土地使用权
	6%	销售增值电信服务、金融服务、现代服务（租赁服务除外）、生活服务
		销售无形资产（土地使用权除外）
零税率		销售出口货物、境内单位和个人提供跨境应税服务或无形资产

二、增值税的征收率

征收率不是税率，而是为了简化纳税人销售行为计算增值税所采用的计税比例，主要适用于小规模纳税人，特殊情况下也适用于一般纳税人。实行简易计税方法的对象都有一个共同特点，就是都含有进项税额，但无法按实际情况予以抵扣。

（一）小规模纳税人适用的征收率

根据现行增值税条例规定，从 2009 年 1 月 1 日起，小规模纳税人适用的征收率一律为 3%。《营业税改征增值税试点实施办法》规定的"营改增"试点小规模纳税人的征收率有 3% 和 5% 两种。小规模纳税人销售或出租不动产，除了依照规定可以免征的以外，适用 5% 的征收率。其中个人出租住房，按 5% 的征收率减按 1.5% 计算应纳税额。

（二）一般纳税人适用的征收率

根据《财政部 国家税务总局关于简并增值税征收率政策的通知》（财税〔2014〕57 号）规定，

6

为进一步规范税制、公平税负,经国务院批准,决定简并和统一增值税征收率,将 6％ 和 4％ 的增值税征收率统一调整为 3％,自 2014 年 7 月 1 日起执行。

1. 生产企业一般纳税人销售自产货物适用的征收率

一般纳税人销售下列自产货物,可选择按照简易办法依照 3％ 的征收率计算缴纳增值税,但选择简易办法计算缴纳增值税后,36 个月内不得变更:

(1) 县级及县级以下小型水力发电单位生产的电力。小型水力发电单位,是指各类投资主体建设的装机容量为 5 万千瓦以下(含 5 万千瓦)的小型水力发电单位。

(2) 建筑用和生产建筑材料所用的砂、土、石料。

(3) 以自己采掘的砂、土、石料或其他矿物连续生产的砖、瓦、石灰(不含黏土实心砖、瓦)。

(4) 用微生物、微生物代谢产物、动物毒素、人或动物的血液或组织制成的生物制品。

(5) 自来水。

(6) 货物混凝土(仅限于以水泥为原料生产的水泥混凝土)。

2. 寄售业和典当业一般纳税人适用的征收率

寄售商店代销的寄售物品(包括居民个人寄售的物品在内)或者典当业销售的死当物品,依照 3％ 的征收率计算缴纳增值税。

3. 非学历教育服务业一般纳税人适用的征收率

一般纳税人提供非学历教育服务,可以选择适用简易计税方法按照 3％ 征收率计算应纳税额。

(三) 纳税人销售旧货的行为

根据《财政部 国家税务总局关于部分货物适用增值税低税率和简易办法征收增值税政策的通知》(财税〔2009〕9 号)和《财政部 国家税务总局关于简并增值税征收率政策的通知》(财税〔2014〕57 号)的规定,纳税人销售旧货和自己使用过的物品的行为,实行简易征税办法,适用征收率征税,具体规定如下:

1. 销售旧货的征收率

纳税人销售旧货,不论是否属于增值税一般纳税人或小规模纳税人,均按简易办法依照 3％ 的征收率减按 2％ 征收增值税。所谓旧货,是指进入二次流通的具有部分使用价值的货物(含旧汽车、旧摩托车和旧游艇),但不包括自己使用过的物品。

2. 销售二手车的增值税处理

根据《国家税务总局关于二手车经营业务有关增值税问题的公告》(国家税务总局公告 2012 年第 23 号)的规定,自 2012 年 7 月 1 日起,二手车销售业务应区分两种情况确定增值税的纳税义务:

(1) 办理过户手续的二手车销售业务。经批准允许从事二手车经销业务的纳税人按照《机动车登记规定》的有关规定,收购二手车时将其办理过户登记到自己名下,销售时再将该二手车过户登记到买家名下的行为,属于《增值税暂行条例》规定的销售货物的行为,应按照现行规定征收增值税。自 2020 年 5 月 1 日至 2023 年 12 月 31 日,从事二手车经销的纳税人销售其收购的二手车,由原按照简易办法依 3％ 征收率减按 2％ 征收增值税,改为减按 0.5％ 征收增值税。

(2) 受托代理销售二手车业务。除上述行为以外,纳税人受托代理销售二手车,凡同时具备以下三项条件的,不征收增值税;不同时具备以下条件的,视同销售征收增值税:①受托方不向委托方预付货款;②委托方将二手车销售统一发票直接开具给购买方;③受托方按购买方实际支付的价款和增值税税额(如系代理进口销售货物,则为海关代征的增值税税额)与委托方结算货款,并另外收取手续费。

(四)纳税人销售已自用货物的征收率

1. 原增值税纳税人销售自己使用货物的征收率

根据《财政部 国家税务总局关于部分货物适用增值税低税率和简易办法征收增值税政策的通知》(财税〔2009〕9 号)和《国家税务总局关于一般纳税人销售自己使用过的固定资产增值税有关问题的公告》(国家税务总局公告 2012 年第 1 号),纳税人销售自己使用过的物品,应区分一般纳税人和小规模纳税人分别进行税务处理:

(1) 一般纳税人销售自己使用过的物品分两种情况:第一,属于增值税条例规定不得抵扣且未抵扣进项税额的固定资产,例如,"纳税人购进或者自制固定资产时为小规模纳税人,认定为一般纳税人后销售该固定资产"和"增值税一般纳税人发生按简易办法征收增值税应税行为,销售其按照规定不得抵扣且未抵扣进项税额的固定资产",由于这些固定资产属于含税货物,为缓解重复征税,按简易办法依 3% 的征收率减按 2% 征收增值税;第二,属于已抵扣进项税额的不含税固定资产和除固定资产以外的物品(无论含税与否),应当按照适用税率征收增值税。

(2) 小规模纳税人销售自己使用过的货物也分两种情况:第一,属于固定资产的,减按 2% 征收率征收增值税;第二,属于除固定资产以外的物品,应按 3% 征收率征收增值税。

(3) 除个体工商户之外的其他个人销售自己使用过的物品,免征增值税。

销售已自用物品的增值税处理如表 6-6 所示。

表 6-6 销售已自用物品的增值税处理

销售行为		税率或征收率	
		一般纳税人	小规模纳税人
销售固定资产	含　税	3% 减按 2%	3% 减按 2%
	不含税	适用税率	
销售非固定资产物品		适用税率	3%

2. 增值税试点一般纳税人销售自己使用过的固定资产

增值税试点一般纳税人销售自己使用过的、纳入"营改增"试点之日后取得的固定资产,按照适用税率征收增值税;销售自己使用过的、纳入"营改增"试点之日前取得的固定资产,按照 3% 征收率减按 2% 征收增值税。使用过的固定资产,是指纳税人根据财务会计制度已经计提折旧的固定资产。

3. 增值税试点一般纳税人提供建筑服务适用的征收率和预征率

按照《营业税改征增值税试点有关事项的规定》,试点增值税一般纳税人提供建筑服务适用的征收率和预征率按以下规定处理:

(1) 一般纳税人以清包工方式提供的建筑服务,可以选择适用简易计税方法计税。所谓以清包工方式提供建筑服务,是指施工方不采购建筑工程所需的材料或只采购辅助材料,并收取人工费、管理费或者其他费用的建筑服务。

(2) 一般纳税人为甲供工程提供的建筑服务,可以选择适用简易计税方法计税。所谓甲供工程,是指全部或部分设备、材料、动力由工程发包方自行采购的建筑工程。

6

（3）一般纳税人为建筑工程老项目提供的建筑服务，可以选择适用简易计税方法计税。所谓建筑工程老项目，包括两种情况：一是《建筑工程施工许可证》注明的合同开工日期在2016年4月30日前的建筑工程项目；二是未取得《建筑工程施工许可证》，建筑工程承包合同注明的开工日期在2016年4月30日前的建筑工程项目。

（4）一般纳税人跨县（市）提供建筑服务，适用一般计税方法计税的，应以取得的全部价款和价外费用为销售额计算应纳税额。纳税人应以取得的全部价款和价外费用扣除支付的分包款后的余额，按照2%的预征率在建筑服务发生地预缴税款后，向机构所在地主管税务机关进行纳税申报。

（5）一般纳税人跨县（市）提供建筑服务，选择适用简易计税方法计税的，应以取得的全部价款和价外费用扣除支付的分包款后的余额为销售额，按照3%的征收率计算应纳税额。纳税人应按照上述计税方法在建筑服务发生地预缴税款后，向机构所在地主管税务机关进行纳税申报。

4. 增值税试点一般纳税人销售不动产的征收率和预征率

按照《营业税改征增值税试点有关事项的规定》，增值税试点一般纳税人销售不动产适用的征收率和预征率按以下规定处理：

（1）一般纳税人销售其2016年4月30日前取得（不含自建）的不动产，可以选择适用简易计税方法，以取得的全部价款和价外费用减去该项不动产购置原价或者取得不动产时的作价后的余额为销售额，按照5%的征收率计算应纳税额。纳税人应按照上述计税方法在不动产所在地预缴税款后，向机构所在地主管税务机关进行纳税申报。

（2）一般纳税人销售其2016年4月30日前自建的不动产，可以选择适用简易计税方法，以取得的全部价款和价外费用为销售额，按照5%的征收率计算应纳税额。纳税人应按照上述计税方法在不动产所在地预缴税款后，向机构所在地主管税务机关进行纳税申报。

（3）一般纳税人销售其2016年5月1日后取得（不含自建）的不动产，应适用一般计税方法，以取得的全部价款和价外费用为销售额计算应纳税额。纳税人应以取得的全部价款和价外费用减去该项不动产购置原价或者取得不动产时的作价后的余额，按照5%的预征率在不动产所在地预缴税款后，向机构所在地主管税务机关进行纳税申报。

（4）一般纳税人销售其2016年5月1日后自建的不动产，应适用一般计税方法，以取得的全部价款和价外费用为销售额计算应纳税额。纳税人应以取得的全部价款和价外费用，按照5%的预征率在不动产所在地预缴税款后，向机构所在地主管税务机关进行纳税申报。

（5）房地产开发企业中的一般纳税人，销售自行开发的房地产老项目，可以选择适用简易计税方法按照5%的征收率计税。

（6）房地产开发企业采取预收款方式销售所开发的房地产项目，在收到预收款时按照3%的预征率预缴增值税。

5. 增值税试点一般纳税人不动产经营租赁服务的征收率和预征率

按照《营业税改征增值税试点有关事项的规定》，增值税试点一般纳税人提供不动产租赁服务适用的征收率和预征率按以下规定处理：

（1）一般纳税人出租其2016年4月30日前取得的不动产，可以选择适用简易计税方法，按照5%的征收率计算应纳税额。纳税人出租其2016年4月30日前取得的与机构所在地不在同一县（市）的不动产，应按照上述计税方法在不动产所在地预缴税款后，向机构所在地主管税务机关进行纳税申报。

（2）公路经营企业中的一般纳税人收取"营改增"试点前开工的高速公路的车辆通行费，可以选择适用简易计税方法，减按 3％的征收率计算应纳税额。所谓试点前开工的高速公路，是指相关施工许可证明上注明的合同开工日期在 2016 年 4 月 30 日前的高速公路。

（3）一般纳税人出租其 2016 年 5 月 1 日后取得的、与机构所在地不在同一县（市）的不动产，应按照 3％的预征率在不动产所在地预缴税款后，向机构所在地主管税务机关进行纳税申报。

6. 增值税试点一般纳税人销售或出租不动产老项目适用的预征率

按照《营业税改征增值税试点有关事项的规定》，增值税试点一般纳税人销售或者出租不动产老项目适用的征收率和预征率按以下规定处理：

（1）一般纳税人销售其 2016 年 4 月 30 日前取得的不动产（不含自建），适用一般计税方法计税的，应以取得的全部价款和价外费用减去该项不动产购置原价或者取得不动产时的作价后的余额，按照 5％的预征率在不动产所在地预缴税款后，向机构所在地主管税务机关进行纳税申报。

（2）房地产开发企业中的一般纳税人销售房地产老项目，以及一般纳税人出租其 2016 年 4 月 30 日前取得的不动产，适用一般计税方法计税的，应以取得的全部价款和价外费用，按照 3％的预征率在不动产所在地预缴税款后，向机构所在地主管税务机关进行纳税申报。

（3）一般纳税人销售其 2016 年 4 月 30 日前自建的不动产，适用一般计税方法计税的，应以取得的全部价款和价外费用，按照 5％的预征率在不动产所在地预缴税款后，向机构所在地主管税务机关进行纳税申报。增值税的征收率如表 6-7 所示。

表 6-7   增值税的征收率

纳税人	应税行为	征收率	备　　注
小规模纳税人	销售货物	3％	
	销售旧货	3％	减按 2％
	销售已自用固定资产	3％	减按 2％
	销售或出租不动产	5％	
	个人出租住房	5％	减按 1.5％
一般纳税人	销售自产特殊货物	3％	36 个月不变
	代销寄售货物	3％	寄售业和典当业
	销售旧货	3％	减按 2％
	销售已自用固定资产（含税）	3％	减按 2％
	特殊建筑服务	3％	清包工项目、甲供工程项目、"营改增"前项目
	销售不动产	5％	"营改增"前自建或取得的不动产
	不动产经营租赁服务	5％	"营改增"前取得
	高速公路车辆通行费	3％	"营改增"前开工的高速公路

第五节　增值税的税额计算

根据应税业务的不同，增值税应纳税额的计算主要有三种类型：一是国内销售业务应纳税额的计算；二是进口业务应纳税额的计算；三是出口业务应退税额的计算。由于出口退税业务比较复杂，内容较多，本书单独设节介绍，本节主要介绍国内销售业务和进口业务应纳增值税

讲解视频

增值税的
税额计算

税额的计算方法。

一、国内销售业务应纳增值税税额的计算方法

国内销售业务的税额计算方法,可以分为一般计税方法、简易计税方法和税额扣缴计算方法三种。无论采用哪种计算方法,都需要确定应税销售额。在采用一般计税方法时,还需要确定进项税额。

(一)一般计税方法

一般计税方法下,增值税的应纳税额是指当期销项税额抵扣当期进项税额后的余额。从交易双方看,销售方的销项税额,就是支付方的进项税额。

1. 销项税额

销项税额是指纳税人销售货物、加工修理修配劳务、服务、无形资产或者不动产时按照销售额和增值税税率计算的向购买方或接受方收取的增值税税额。销项税额的计算公式为:

$$销项税额 = 销售额 \times 税率$$

计算增值税的销售额不包括增值税税额,因此,纳税人如采用销售额和销项税额合并定价方法的,应按照下列公式计算销售额:

$$销售额 = 含税销售额 \div (1 + 税率)$$

2. 进项税额

进项税额是指纳税人购进货物(包括国内购进和国外进口)、加工修理修配劳务、服务、无形资产或者不动产所支付或者负担的增值税税额。

3. 计算公式

一般计税方法下当期应纳增值税的计算公式为:

$$当期应纳增值税税额 = 当期销项税额 - 当期进项税额$$

这里的"当期"指的是增值税的计算期间,如一个月,所以,当期销项税额和当期进项税额就是指当期(月)的合计金额。如果当期销项税额小于当期进项税额,即不足抵扣时,其不足部分可以结转下期继续抵扣,也可以按有关规定实行退税。

(二)简易计税方法

简易计税方法适用于小规模纳税人,也可以适用于一般纳税人。

1. 一般纳税人对简易计税方法的选择

一般纳税人发生财政部和国家税务总局规定的特定应税行为,可以选择适用简易计税方法计税,但一经选择,36个月内不得变更。

一般纳税人发生下列应税行为,可以选择适用简易计税方法计税:①公共交通运输服务。公共交通运输服务,包括轮客渡、公交客运、地铁、城市轻轨、出租车、长途客运、班车。班车,是指按固定路线、固定时间运营并在固定站点停靠的运送旅客的陆路运输服务。②动漫产品的相关服务。动漫企业和自主开发、生产动漫产品的认定标准和认定程序,按照《文化部 财政部 国家税务总局关于印发〈动漫企业认定管理办法(试行)〉的通知》(文市发〔2008〕51号)的规定执行。③电影放映服务。④仓储服务。⑤装卸搬运服务。⑥收派服务。⑦文化体育服务。⑧建筑服务,即一般纳税人以清包工方式、为甲供工程或者为建筑工程老项目提供的建筑服务。清包工是指客户自行购买所有材料,由建筑服务公司进行施工的一种工程承包方式。甲供工程是指全部或部分设备、材料、动力由工程发包方自行采购的建筑工程。⑨有形动产或不

动产租赁服务。一般纳税人以纳入营改增试点之日前取得的有形动产为标的物提供的经营租赁服务，在纳入营改增试点之日前签订的尚未执行完毕的有形动产租赁合同，或者出租其2016年4月30日前取得的不动产。⑩不动产销售。一般纳税人销售其2016年4月30日前取得或自建的不动产。

一般纳税人采用简易计税方法的情形如表6-8所示。

表6-8 一般纳税人采用简易计税方法的情形

具体事项	适用范围	征收率
公共交通运输服务	包括轮客渡、公交客运、地铁、城市轻轨、出租车、长途客运、班车	3%
动漫产品的相关服务	动漫企业认定管理办法（试行）	3%
电影放映服务		3%
仓储服务		3%
装卸搬运服务		3%
收派服务		3%
文化体育服务		3%
建筑服务	以清包工方式、为甲供工程或者为建筑工程老项目提供的建筑服务	3%
有形动产租赁服务	营改增前发生的有形动产租赁服务	3%
不动产租赁服务	营改增前取得的不动产	5%
不动产销售	营改增取得或自建的不动产	5%

2. 小规模纳税人采用简易计税方法的特殊情形

（1）提供建筑服务。试点纳税人中的小规模纳税人跨县（市）提供建筑服务，应以取得的全部价款和价外费用扣除支付的分包款后的余额为销售额，按照3%的征收率计算应纳税额。纳税人应按照上述计税方法在建筑服务发生地预缴税款后，向机构所在地主管税务机关进行纳税申报。

（2）销售不动产。小规模纳税人销售不动产的增值税税额计算和缴纳，按以下规定处理：

① 销售非自建不动产差额计税。小规模纳税人销售其取得的不动产（不含个体工商户销售购买的住房和其他个人销售不动产），应以取得的全部价款和价外费用减去该项不动产购置原价或者取得不动产时的作价后的余额为销售额，按照5%的征收率计算应纳税额。纳税人应按照上述计税方法在不动产所在地预缴税款后，向机构所在地主管税务机关进行纳税申报。

② 销售自建不动产全额计税。小规模纳税人销售其自建的不动产，应以取得的全部价款和价外费用为销售额，按照5%的征收率计算应纳税额。纳税人应按照上述计税方法在不动产所在地预缴税款后，向机构所在地主管税务机关进行纳税申报。

③ 销售自行开发房地产全额计税。房地产开发企业中的小规模纳税人，销售自行开发的房地产项目，按照5%的征收率计税。

④ 个体工商户销售购买的住房全额计税，纳税人应按照《营业税改征增值税试点过渡政策的规定》第五条的规定征收或免征增值税。确定征收增值税的，纳税人应按照上述计税方法在不动产所在地预缴税款后，向机构所在地主管税务机关进行纳税申报。

6

⑤ 其他个人销售取得的不动产差额计税。纳税人应以取得的全部价款和价外费用减去该项不动产购置原价或者取得不动产时的作价后的余额为销售额,按照 5% 的征收率计算应纳税额。上述不动产,不包括个人销售的自建不动产或者购买的住房。

(3) 出租不动产。小规模纳税人出租其取得的不动产(不含个人出租住房),应按照 5% 的征收率计算应纳税额。纳税人出租与机构所在地不在同一县(市)的不动产,应按照上述计税方法在不动产所在地预缴税款后,向机构所在地主管税务机关进行纳税申报。其他个人出租其取得的不动产(不含住房),应按照 5% 的征收率计算应纳税额。

小规模纳税人采用简易计税方法的情形如表 6-9 所示。

表 6-9 小规模纳税人采用简易计税方法的情形

应税事项	适用范围	税务处理
提供建筑服务	纳税人跨县(市)提供建筑服务	差额计税,3%
销售不动产	销售非自建不动产	差额计税,5%
	销售自建不动产	全额计税,5%
	销售自行开发房地产	全额计税,5%
	个体工商户销售购买的住房	全额计税,5%
	其他个人销售取得的不动产	差额计税,5%
出租不动产	不含个人出租住房	全额计税,5%
	个人出租住房	全额计税,5%减按 1.5%

3. 简易计税方法的计算

简易计税方法的应纳税额,是指按照销售额和增值税征收率计算的增值税税额,不得抵扣进项税额。

简易计税方法的增值税应纳税额计算公式为:

$$应纳税额 = 销售额 \times 征收率$$

简易计税方法的销售额不包括其应纳税额,纳税人采用销售额和应纳税额合并定价方法的,按照下列公式计算销售额:

$$销售额 = 含税销售额 \div (1 + 征收率)$$

纳税人提供的适用简易计税方法计税的应税服务,因服务中止或者折让而退还给接受方的销售额,应当从当期销售额中扣减。扣减当期销售额后仍有余额造成多缴的税款,可以从以后的应纳税额中扣减。

【例题 6-1】 某会计制度健全的大型百货商店是增值税的一般纳税人,于 2022 年 8 月购进一批货物,含税进价为 135 万元,取得的增值税专用发票已通过增值税防伪税控系统认证。当月将其中一部分货物分别销售给某宾馆和某个体零售户(小规模纳税人),取得含税销售收入 525 万元和 125 万元。个体零售户当月再将购入的货物销售给消费者,取得含税销售收入 131 万元。假定该货物适用的增值税税率为 13%。试分别计算百货商店和个体零售户当月应缴纳的增值税。

解析：

百货商店是一般纳税人，应采用一般计税法，其应纳增值税税额＝（525＋125）÷（1＋13％）×13％－135÷（1＋13％）×13％＝74.778 8－15.530 9＝59.247 9（万元）。

个体户属于小规模纳税人，应采用简易计税法，其应纳增值税税额＝131÷（1＋3％）×3％＝3.815 5（万元）。

（三）应扣税额的计算

境外单位或者个人在境内发生应税行为，在境内未设有经营机构的，扣缴义务人按照下列公式计算应扣缴税额：

$$应扣缴税额＝购买方支付的价款÷（1＋增值税税率）×增值税税率$$

（四）应税销售额的确定

从上述计税方法及公式可以看出，无论是一般纳税人还是小规模纳税人，在计算应纳税款时，都要确定应税销售额。

增值税的应税销售额，是指纳税人发生应税行为取得的全部价款和价外费用，财政部和国家税务总局另有规定的除外。

价外费用，是指纳税人因发生销售行为而在价格外收取的各种性质的收费，包括但不限于手续费、补贴、基金、集资费、返还利润、奖励费、违约金（延期付款利息）、包装费、包装物租金、储备费、优质费、运输装卸费、代收款项、代垫款项及其他各种性质的价外费用，但不包括收取的增值税税额。价外费用，无论其会计制度如何核算，均应并入销售额计算应纳税额。价外费用作为应税销售额时，视为含税收入，需按规定换算为不含税收入计算应纳税额。

1. 不作为应税销售额的价外收费

纳税人收取的下列项目，均属于代收代缴或者代垫的款项，不是纳税人的实际经营收入，因此，不包括在价外收费内，不征收增值税：

（1）代收代缴的消费税，即受托加工应征消费税的消费品所代收代缴的消费税。

（2）代收代缴的政府性基金或者行政事业性收费，须同时符合以下条件：①由国务院或者财政部批准设立的政府性基金，由国务院或者省级政府及其财政、价格主管部门批准设立的行政事业性收费；②收取时开具省级以上财政部门印制的财政票据；③所收款项全额上缴财政。

（3）代收代缴的保险费、车购税和车牌费，即销售货物的同时代办保险等而向购买方收取的保险费，以及向购买方收取的代购买方缴纳的车辆购置税、车辆牌照费。

（4）代收的机场建设费和代售代收的机票款，即航空运输企业代收的机场建设费和代售其他航空运输企业客票而代收转付的价款。

（5）收取的代垫运费，即纳税人收取的为购买方代垫且同时符合以下条件的运费：①承运部门的运输费用发票开具给购买方；②纳税人将该项发票转交给购货方。只要不符合其中一个条件，就不能认为是代垫性质而应属于价外收入。如果承运部门的运输费用发票开具给作为销货方的纳税人，就说明此运费属于纳税人负担，应作为进项税额处理。

运费的增值税处理比较如表 6-10 所示。

6

表 6-10 运费的增值税处理比较

项　　目	销方送货	第三方运输	购方提货
购货方负担	销货方发生混合销售,收取的运费计入销货方销售额	销货方代垫的运费,收取时不计入销售额	无
销货方负担	无	销货方支付的运费,计入进项税额	无

2. 打折销售方式下的销售额

在实际的商品销售过程中,存在四种打折销售的方式,不同方式的打折动因和性质不同,相应地,其税务处理原则和规定也不同。

(1)折扣销售。这是指为鼓励购买者多买而给予的价格优惠,会计上称商业折扣。增值税条例规定,纳税人采取折扣方式销售货物,如果销售额和折扣额在同一张发票上分别注明的,可按折扣后的销售额征收增值税;如果将折扣额另开发票,不论其在财务上如何处理,均不得从销售额中减除折扣额。根据《国家税务总局关于折扣额抵减增值税应税销售额问题的通知》(国税函〔2010〕56号)规定,纳税人采取折扣方式销售货物,销售额和折扣额在同一张发票上分别注明是指销售额和折扣额在同一张发票上的“金额”栏分别注明的,可按折扣后的销售额征收增值税。未在同一张发票“金额”栏注明折扣额,而仅在发票的“备注”栏注明折扣额的,折扣额不得从销售额中减除。

《营业税改征增值税试点实施办法》规定,纳税人发生应税行为(即销售服务、无形资产或者不动产),将价款和折扣额在同一张发票上分别注明的,以折扣后的价款为销售额;未在同一张发票上分别注明的,以价款为销售额,不得扣减折扣额。纳税人发生应税行为,开具增值税专用发票后,发生开票有误或者销售折让、中止、退回等情形的,应当按照国家税务总局的规定开具红字增值税专用发票;未按照规定开具红字增值税专用发票的,不得按照该办法第三十二条和第三十六条的规定扣减销项税额或者销售额。

(2)实物折扣销售。这是指为鼓励购买者多买而给予的数量优惠。例如,“买三送一”,实际上销售四个计量单位,但只收取“三”个单位的销售额,这种实物折扣,其实与价格折扣销售没有本质区别。增值税的有关规定并未对此作出特别处理,实务中一般按照实际取得的收入作为计算依据。

(3)销货退回或折让销售。这是指所售货物因品种、规格或质量问题而被动地放弃应收款项的行为。小规模纳税人因销售货物退回或者折让退还给购买方的销售额,应从发生销售货物退回或者折让当期的销售额中扣减。《营业税改征增值税试点实施办法》规定,纳税人适用简易计税方法计税的,因销售折让、中止或者退回而退还给购买方的销售额,应当从当期销售额中扣减。扣减当期销售额后仍有余额造成多缴的税款,可以从以后的应纳税额中扣减。

(4)销售折扣。这是指为鼓励购买方早日付款而按付款日的先后所给予的价格优惠,会计上又称为现金折扣。对于这种价格优惠,税法不予承认,不得从销售额中扣除。关于折扣销售和销售折扣,可以这样理解:折扣销售是先提出折扣,再进行销售,而销售折扣则是销售行为结束之后再提出折扣,与销售本身无关,因此税法不予认可。根据最新收入准则,销售商品的现金折扣按最佳估计数计算。

打折销售的增值税处理如表6-11所示。

表 6-11　　　　　　　　　　　　　打折销售的增值税处理

打折方式	打折动因	税务处理
折扣销售 （商业折扣）	鼓励多买：价格优惠	销售额和折扣额在同一张发票上分别注明的，可承认扣减销售额；否则，不得扣减
实物折扣销售	鼓励多买：数量优惠	按取得的销售额计算
销货退回或 折让销售	因品种、规格或质量问题而放弃应收款项	可扣减销售额
销售折扣 （现金折扣）	鼓励早付款：价格优惠	不得扣减销售额，根据最新收入准则，按最佳估计数计算

3. 三种特殊营销方式下的销售额

对于以旧换新、还本销售、以货易货这三种特殊的营销方式下如何确定销售额的问题，根据《国家税务总局关于印发〈增值税若干具体问题的规定〉的通知》（国税发〔1993〕154 号）不予以特别优惠，而按照正常销售价格确定计税依据。

（1）以旧换新方式下的销售额。以旧换新销售是指纳税人在销售过程中折价收回同类旧货物并以折价款冲减所售新货物价款的一种营销方式。税法上，纳税人采取以旧换新方式销售货物（金银首饰除外）的应按新货物的同期销售价格确定销售额不准扣减旧货物回收价格。

（2）还本销售方式下的销售额。还本销售是指销货方将货物出售之后按约定的时间一次或分次将所收的全部销货款部分或全部退还给购买方，所退还的货款即为还本支出。这实际上是一种以提供货物换取全部资金但不支付利息的融资方法。纳税人采取还本销售方式销售货物，不得从销售额中扣除还本支出。

（3）以货易货方式下的销售额。以货易货是指购销双方不以货币而以同等价款的货物为结算依据的销售方式。在实际经营活动中，常被作为结算往来债务的一种方式，因而往往会使纳税人产生不应纳税的误解或被用来逃避纳税义务。税法规定，以货易货双方都应作正常的购销处理，以各自发出的货物核算销售额并计算应纳或应扣的增值税税额。需要说明的是，对于换入的货物，只有能够取得增值税专用发票的，才可以抵扣其进项税额。

4. 包装物押金收入

纳税人为实现货物销售而出租出借包装物所收取的押金，是一种价外收费。纳税人收取押金的目的不是获得来自包装物本身的经营收入，而是促使购货方及早归还包装物以便周转使用，因此，原则上不应并入销售额征税，但必须防止这项原则被滥用。根据《国家税务总局关于取消包装物押金逾期期限审批后有关问题的通知》（国税函〔2004〕827 号）规定，纳税人为销售货物而出租出借包装物收取的押金，单独记账的，不并入销售额征税。

纳税人为销售货物而出借包装物收取的押金，如果超过合同约定期限或者合同没有约定期限而超过 1 年的，无论是否退还，均应并入销售额，按包装货物的适用税率征收增值税。但是，对销售除啤酒、黄酒外的其他酒类产品而收取的包装物押金，从 1995 年 6 月 1 日起，无论是否返还以及会计上如何核算，均应并入当期销售额征税。对销售啤酒、黄酒所收取的押金，按上述一般押金的规定处理：单独记账的，不并入销售额征税。

5. 直销企业的销售额

根据《国家税务总局关于直销企业增值税销售额确定有关问题的公告》（国家税务总局公告 2013 年第 5 号），自 2013 年 3 月 1 日起，直销企业的销售额区分两种情况进行税务处理：一

6

是直销企业先将货物销售给直销员,直销员再将货物销售给消费者的,直销企业的销售额为其向直销员收取的全部价款和价外费用;直销员将货物销售给消费者时,应按照现行规定缴纳增值税。二是直销企业通过直销员向消费者销售货物,直接向消费者收取货款,直销企业的销售额为其向消费者收取的全部价款和价外费用。

6. 贷款服务的销售额

根据《国家税务总局关于营改增试点若干征管问题的公告》(国家税务总局公告 2016 年第 53 号)规定,银行提供贷款服务按期计收利息的,结息日当日计收的全部利息收入,均应计入结息日所属期的销售额,按照现行规定计算缴纳增值税。

根据《关于明确金融 房地产开发 教育辅助服务等增值税政策的通知》(财税〔2016〕140 号)规定,自结息日起 90 天内发生的应收未收利息按现行规定缴纳增值税,自结息日起 90 天后发生的应收未收利息暂不缴纳增值税,待实际收到利息时按规定缴纳增值税。

7. 直接收费金融服务的销售额

直接收费金融服务以提供直接收费金融服务而收取的手续费、佣金、酬金、管理费、服务费、经手费、开户费、过户费、结算费、转托管费等各类费用为销售额。

8. 银行卡跨机构资金清算服务的销售额

根据《国家税务总局关于进一步明确营改增有关征管问题的公告》(国家税务总局公告 2017 年第 11 号),发卡机构、清算机构和收单机构提供银行卡跨机构资金清算服务,按照以下规定执行:①发卡机构以其向收单机构收取的发卡行服务费为销售额,并按照此销售额向清算机构开具增值税发票。②清算机构以其向发卡机构、收单机构收取的网络服务费为销售额,并按照发卡机构支付的网络服务费向发卡机构开具增值税发票,按照收单机构支付的网络服务费向收单机构开具增值税发票。清算机构从发卡机构取得的增值税发票上记载的发卡行服务费,一并计入清算机构的销售额,并由清算机构按照此销售额向收单机构开具增值税发票。③收单机构以其向商户收取的收单服务费为销售额,并按照此销售额向商户开具增值税发票。

9. 以人民币以外货币结算的销售额

销售额一般应以人民币计算。纳税人以人民币以外的货币结算销售额的,应当折合成人民币计算。人民币折合率可以选择销售额发生的当天或当月 1 日的人民币汇率中间价。纳税人应在事先确定采用何种折合率,确定后 12 个月内不得变更。

10. 需要税务核定的销售额

需要税务机关核定销售额的情形及其税务处理,《增值税暂行条例》及其实施细则和《营业税改征增值税试点实施办法》都有类似但不完全相同的规定。前者主要涉及货物销售和加工、修理修配劳务;后者涉及服务、无形资产和不动产销售。在实务处理中,应区分这两种情况分别处理。

(1)《增值税暂行条例》及其实施细则的规定。

纳税人销售货物或应税劳务的价格明显偏低并没有正当理由的,或者发生视同销售行为而无销售额的,主管税务机关有权按下列顺序确定其销售额:

① 按纳税人最近时期同类货物的平均销售价格确定。

② 按其他纳税人最近时期同类货物的平均销售价格确定。

③ 按组成计税价格确定。组成计税价格的公式为:

$$组成计税价格＝成本×(1＋成本利润率)$$

属于应征消费税的货物,其组成计税价格中应加计消费税税额。公式中的成本是指:销售自产货物的,为实际生产成本;销售外购货物的,为实际采购成本。根据《国家税务总局关于印发〈增值税若干具体问题的规定〉的通知》(国税发〔1993〕154号),公式中的成本利润率统一规定为10%,但属于应从价定率征收消费税的货物,由国家税务总局另行规定。

【例题6-2】 某企业生产工作服,2022年9月发生以下业务:销售给A客户1 000件,单价1 500元;销售给B客户2 000件,单价1 400元;销售给C客户500件,单价500元;100件用于与D客户换取生活资料。当月还生产一种新产品500件,生产成本每件2 000元,全部用于发放职工福利和赠送客户,要求确定企业当月的销项税额。

解析:

(1) 当月正常销售额=1 000×1 500+2 000×1 400=1 500 000+2 800 000=4 300 000(元)=430(万元)。

(2) 销售给C客户价格明显偏低需核定销售额,与D客户换取生活资料应视同销售,按照当月同类货物平均价格计算销售额=(500+100)×(1 000×1 500+2 000×1 400)÷(1 000+2 000)=860 000(元)=86(万元)。

(3) 新产品无同类产品参照价销售应按组成计税价格确定销售额=500×2 000×(1+10%)=1 100 000(元)=110(万元)。

(4) 当月销项税额=(430+86+110)×13%=626×13%=81.38(万元)。

(2)《营业税改征增值税试点实施办法》的规定。

按照《营业税改征增值税试点实施办法》的规定,纳税人发生应税行为价格明显偏低或者偏高且不具有合理商业目的的,或者发生视同销售行为而无销售额的,主管税务机关有权按照下列顺序确定销售额:

① 按照纳税人最近时期销售同类服务、无形资产或者不动产的平均价格确定。

② 按照其他纳税人最近时期销售同类服务、无形资产或者不动产的平均价格确定。

③ 按照组成计税价格确定。组成计税价格的公式为:

$$组成计税价格=成本×(1+成本利润率)$$

成本利润率由国家税务总局确定。不具有合理商业目的,是指以谋取税收利益为主要目的,通过人为安排,减少、免除、推迟缴纳增值税税款,或者增加退还增值税税款。

增值税销售额的特别处理如表6-12所示。

表6-12   增值税销售额的特别处理

特别情形	具体内容	税务处理
代收代缴代垫价外收费	代收代缴的消费税	扣　除
	代收代缴的政府性基金或者行政事业性收费	有条件扣除
	代收代缴的保险费、车购税和车牌费	扣　除
	代收代缴的机场建设费和代售代收的机票款	扣　除
	代垫代收的运费	有条件扣除

6

特别情形	具体内容	税务处理
打折销售额	折扣销售(商业折扣)	有条件扣除
	实物折扣销售	全额计税
	销售退回或折让销售	有条件扣除
	销售折扣(现金折扣)	全额计税
特殊经营	以旧换新、还本销售、以货易货	全额计税
包装物出租出借	超过一年的押金收入	全额计税
	酒类包装物押金收入(啤酒黄酒除外)	全额计税
直销业务	先将货物销售给直销员,直销员再将货物销售给消费者的;或者直销企业通过直销员向消费者销售货物	全额计税
金融服务	贷款服务、直接收费金融服务、跨机构资金清算服务	全额计税
税务核定的销售额	销售货物或者应税劳务的价格明显偏低并且没有正当理由的,或者发生视同销售行为而无销售额的	同类货物参照价或组成计税价
	发生应税行为价格明显偏低或者偏高且不具有合理商业目的的,或者发生视同销售行为而无销售额的	同类对象参照价或组成计税价

(五) 以扣除凭证为依据按余额计算的销售额

按照《营业税改征增值税试点有关事项的规定》,下列情形下的销售额需要根据合规的扣除凭证为依据,从取得的全部价款和价外收入中扣除相应的项目后,按余额确定销售额。

1. 金融商品转让业务

金融商品转让,按照卖出价扣除买入价后的余额为销售额。转让金融商品出现的正负差,按盈亏相抵后的余额为销售额。若相抵后出现负差,可结转下一纳税期与下期转让金融商品销售额相抵,但年末时仍出现负差的,不得转入下一个会计年度。金融商品的买入价,可以选择按照加权平均法或者移动加权平均法进行核算,选择后 36 个月内不得变更。金融商品转让,不得开具增值税专用发票。

2. 经纪代理服务

经纪代理服务,以取得的全部价款和价外费用,扣除向委托方收取并代为支付的政府性基金或者行政事业性收费后的余额为销售额。向委托方收取的政府性基金或者行政事业性收费,不得开具增值税专用发票。

3. 融资租赁业务

融资租赁,是指出租人根据承租人对租赁物品及其出卖人的选择,向出卖人购买租赁物,提供给承租人使用,承租人支付租金的业务。例如,A 公司看中某个大型设备,但由于资金不足无法支付货款,由 B 公司出资购买该设备并出租给 A 公司,收取租金。B 公司所从事的就是融资租赁业务。纳税人从事融资租赁业务,一般应按其取得的全部收入和价外费用计算增值税。但经中国人民银行、国家金融监督管理总局或者商务部批准从事融资租赁业务的试点纳税人(包括经上述部门备案从事融资租赁业务的试点纳税人)提供融资租赁的服务,以取得的全部价款和价外费用,扣除支付的借款利息(包括外汇借款和人民币借款利息)、发行债券利息和车辆购置税后的余额为销售额。

4.融资性售后回租业务

融资性售后回租业务,是指货物的所有权人首先与租赁公司签订买卖合同,将货物卖给租赁公司并取得现金收入,租赁公司取得该货物的所有权;然后,该货物的原所有权人作为承租人与该租赁公司签订回租合同,将该货物租回,并支付租金给租赁公司;最后,承租人(货物原所有人)按回租合同支付完全部租金,并付清货物的残值以后,重新取得货物的所有权。一般情况下,从事融资性售后回租业务的租赁公司,应按其取得的租金收入全额计算增值税。但有下列特殊情况:

(1)经人民银行、国家金融监督管理总局或者商务部批准从事融资租赁业务的试点纳税人,提供融资租赁服务,以取得的全部价款和价外费用,扣除支付的借款利息(包括外汇借款和人民币借款利息)、发行债券利息和车辆购置税后的余额为销售额。

(2)经人民银行、国家金融监督管理总局或者商务部批准从事融资租赁业务的纳税人根据2016年4月30日前签订的有形动产融资性售后回租合同,在合同到期前提供的有形动产融资性售后回租服务,可继续按照有形动产融资租赁服务缴纳增值税。并选择以下方法之一计算销售额:

① 以向承租方收取的全部价款和价外费用,扣除向承租方收取的价款本金,以及对外支付的借款利息(包括外汇借款和人民币借款利息)、发行债券利息后的余额为销售额。纳税人提供有形动产融资性售后回租服务,计算当期销售额时可以扣除的价款本金,为书面合同约定的当期应当收取的本金。无书面合同或者书面合同没有约定的,为当期实际收取的本金。试点纳税人提供有形动产融资性售后回租服务,向承租方收取的有形动产价款本金,不得开具增值税专用发票,可以开具普通发票。

② 以向承租方收取的全部价款和价外费用,扣除支付的借款利息(包括外汇借款和人民币借款利息)、发行债券利息后的余额为销售额。

5.客运站场服务

一般纳税人提供客运场站服务,以其取得的全部价款和价外费用,扣除支付给承运方运费后的余额为销售额。

6.旅游服务

纳税人提供旅游服务,可以选择以取得的全部价款和价外费用,扣除向旅游服务购买方收取并支付给其他单位或者个人的住宿费、餐饮费、交通费、签证费、门票费和支付给其他接团旅游企业的旅游费用后的余额为销售额。选择上述办法计算销售额的试点纳税人,向旅游服务购买方收取并支付的上述费用,不得开具增值税专用发票,可以开具普通发票。

7.建筑服务

纳税人提供建筑服务适用简易计税方法的,以取得的全部价款和价外费用扣除支付的分包款后的余额为销售额。

8.房地产销售

房地产开发企业中的一般纳税人销售其开发的房地产项目(选择简易计税方法的房地产老项目除外),以取得的全部价款和价外费用,扣除受让土地时向政府部门支付的土地价款后的余额为销售额。房地产老项目,是指《建筑工程施工许可证》注明的合同开工日期在2016年4月30日前的房地产项目。

向政府部门支付的土地价款,包括土地受让人向政府部门支付的征地和拆迁补偿费用、土地前期开发费用和土地出让收益等。

9. 银行业金融机构、金融资产管理公司处置抵债不动产的销售额

根据《财政部 税务总局关于银行业金融机构、金融资产管理公司不良债权以物抵债有关税收政策的公告》(财政部 税务总局公告2022年第31号)的规定,自2022年8月1日至2023年7月31日,银行业金融机构、金融资产管理公司中的增值税一般纳税人处置抵债不动产,可选择以取得的全部价款和价外费用扣除取得该抵债不动产时的作价为销售额,适用9%税率计算缴纳增值税。

按照上述规定从全部价款和价外费用中扣除抵债不动产的作价,应当取得人民法院、仲裁机构生效的法律文书。选择上述办法计算销售额的银行业金融机构、金融资产管理公司处置抵债不动产时,抵债不动产作价的部分不得向购买方开具增值税专用发票。所称银行业金融机构,是指在中华人民共和国境内设立的商业银行、农村合作银行、农村信用社、村镇银行、农村资金互助社以及政策性银行。所称抵债不动产、抵债资产,是指经人民法院判决裁定或仲裁机构仲裁的抵债不动产、抵债资产。其中,金融资产管理公司的抵债不动产、抵债资产,限于其承接银行业金融机构不良债权涉及的抵债不动产、抵债资产。

10. 航空运输企业及其代理企业的销售额

航空运输企业的销售额,不包括代收的机场建设费和代售其他航空运输企业客票而代收转付的价款。

根据《财政部 税务总局关于租入固定资产进项税额抵扣等增值税政策的通知》(财税〔2017〕90号)第三条,自2018年1月1日起,航空运输销售代理企业提供境外航段机票代理服务,以取得的全部价款和价外费用,扣除向客户收取并支付给其他单位或者个人的境外航段机票结算款和相关费用后的余额为销售额。

根据《国家税务总局关于明确中外合作办学等若干增值税征管问题的公告》(国家税务总局公告2018年第42号),自2018年7月25日起,航空运输销售代理企业提供境内机票代理服务,以取得的全部价款和价外费用,扣除向客户收取并支付给航空运输企业或其他航空运输销售代理企业的境内机票净结算款和相关费用后的余额为销售额。

11. 按余额计税的合法有效凭证

在前述10项按余额确定销售额的业务中,纳税人按照规定从全部价款和价外费用中扣除的价款,应当取得符合法律、行政法规和国家税务总局规定的有效凭证。否则,不得扣除。上述合法有效凭证是指:

(1)支付给境内单位或者个人的款项,以发票为合法有效凭证。

(2)支付给境外单位或者个人的款项,以该单位或者个人的签收单据为合法有效凭证,税务机关对签收单据有疑义的,可以要求其提供境外公证机构的确认证明。

(3)缴纳的税款,以完税凭证为合法有效凭证。

(4)扣除的政府性基金、行政事业性收费或者向政府支付的土地价款,以省级以上(含省级)财政部门监(印)制的财政票据为合法有效凭证。

(5)国家税务总局规定的其他凭证。

纳税人取得的上述凭证属于增值税扣税凭证的,其进项税额不得从销项税额中抵扣。

实行差额计税的增值税事项如表6-13所示。

表 6-13　　　　　　　　　实行差额计税的增值税事项

应税行为	具体事项	税务处理
销售服务	金融商品转让业务	按盈亏相抵后的余额为销售额。年内可结转负差
	经纪代理服务	可扣除向委托方收取并代为支付的政府性基金或者行政事业性收费
	融资租赁业务	可扣除支付的借款利息(包括外汇借款和人民币借款利息)、发行债券利息和车购税
	融资性售后回租业务(经人民银行、国家金融监督管理总局或商务部批准)	可扣除对外支付的借款利息(包括外汇借款和人民币借款利息)、发行债券利息
	客运站场服务	可扣除支付给承运方运费
	建筑服务	可扣除支付的分包款
	航空运输销售代理服务	可扣除境外航段机票结算款和相关费用,或境内机票净结算款和相关费用
销售不动产	房地产开发企业中的一般纳税人销售其开发的房地产	可扣除受让土地时向政府部门支付的土地价款
	银行业金融机构、金融资产管理公司处置抵债不动产	以取得的全部价款和价外费用扣除取得该抵债不动产时的作价为销售额

(六) 一般纳税人进项税额的确定

以上详细说明了应税销售额的含义及其税务处理规定。至此,对于小规模纳税人来说,其销售业务应纳税额的计算任务基本完成,只需将确定的应税销售额与规定的征收率相乘即可。但对于一般纳税人来说,应纳税额的计算任务还只完成了一半,还需要进一步确定可以从当前销项税额中予以抵扣的进项税额。

1. 进项税额准予抵扣的凭证条件

准予从销项税额中抵扣的进项税额,必须至少同时符合两个条件:一是凭证条件;二是时间条件。

(1)凭证条件。纳税人购进货物、加工修理修配劳务、服务、无形资产或者不动产而向销售方支付或负担的进项税额,必须凭合法的扣税凭证才能抵扣。所谓增值税扣税凭证,包括增值税专用发票(含机动车销售统一发票)、海关进口增值税专用缴款书、农产品收购发票或农产品销售发票以及解缴税款的完税凭证。

其中,从购货方取得的专用发票、从海关取得的进口增值税专用缴款书和从境外单位或者个人购进服务、无形资产或者不动产而自税务机关或者扣缴义务人取得的解缴税款的完税凭证上注明的增值税税额。因为这三种凭证都已注明了应抵扣的进项税额,所以无需纳税人计算。从购货方取得的专用发票,包括一般纳税人从属于购买方的小规模纳税人取得的、由购买方主管税务机关代开的增值税专用发票。纳税人凭完税凭证抵扣进项税额的,应当具备书面合同、付款证明和境外单位的对账单或者发票;资料不全的,其进项税额不得从销项税额中抵扣。

(2)时间条件。根据《国家税务总局关于取消增值税扣税凭证认证确认期限等增值税征管问题的公告》(国家税务总局公告 2019 年第 45 号),增值税一般纳税人取得 2017 年 1 月 1 日及以后开具的增值税专用发票、海关进口增值税专用缴款书、机动车销售统一发票、收费公路通行费增值税电子普通发票,取消认证确认、稽核比对、申报抵扣的期限。纳税人在进行增值

6

税纳税申报时,应当通过本省(自治区、直辖市和计划单列市)增值税发票综合服务平台对上述扣税凭证信息进行用途确认。增值税一般纳税人取得 2016 年 12 月 31 日及以前开具的增值税专用发票、海关进口增值税专用缴款书、机动车销售统一发票,超过认证确认、稽核比对、申报抵扣期限,但符合规定条件的,仍可按照规定,继续抵扣进项税额。

2. 特殊情形的进项税额计算

对于购进农产品、不动产和不动产在建工程服务,以及国内旅客运输服务,在计算进项税额时,需要进行特别处理。

(1) 农产品的进项税额。一般纳税人购进农产品,除取得增值税专用发票或者海关进口增值税专用缴款书外,按照农产品收购发票或者销售发票上注明的农产品买价和扣除率(9%)计算进项税额。计算公式为:

$$准予抵扣进项税额 = 买价 \times 扣除率(9\%)$$

所谓买价,包括纳税人购进农产品在农产品收购发票或者销售发票上注明的价款和按规定缴纳的烟叶税。

对烟叶税纳税人按规定缴纳的烟叶税,准予并入烟叶的买价计算增值税的进项税额,并在计算缴纳增值税时予以抵扣,即购进烟叶准予抵扣的增值税进项税额,按照收购烟叶实际支付的价款和烟叶税之和乘以法定扣除率计算。收购烟叶实际支付的价款包括纳税人支付给烟叶销售者的烟叶收购价款和价外补贴,价外补贴统一按烟叶收购价款的 10% 计算。相关计算公式如下:

$$价外补贴 = 收购烟叶实际支付的价款 \times 10\%$$

$$收购烟叶实际支付的价款总额 = 收购烟叶实际支付的价款 + 价外补贴$$

$$烟叶税应纳税额 = 收购烟叶实际支付的价款总额 \times 税率(20\%)$$

$$\begin{aligned}收购烟叶准予抵扣的进项税额 &= (收购烟叶实际支付的价款总额 + 烟叶税应纳税额) \times 扣除率(9\%) \\ &= 收购烟叶实际支付的价款 \times (1 + 10\%) \times (1 + 20\%) \times 扣除率(9\%)\end{aligned}$$

(2) 不动产及不动产在建工程的进项税额。按照《营业税改征增值税试点有关事项的规定》,适用一般计税方法的试点纳税人,2016 年 5 月 1 日后取得并在会计制度上按固定资产核算的不动产或者 2016 年 5 月 1 日后取得的不动产在建工程,其进项税额应自取得之日起分 2 年从销项税额中抵扣,第一年抵扣比例为 60%,第二年抵扣比例为 40%。所谓取得不动产,包括以直接购买、接受捐赠、接受投资入股、自建以及抵债等各种形式取得不动产,不包括房地产开发企业自行开发的房地产项目。融资租入的不动产以及在施工现场修建的临时建筑物、构筑物,其进项税额不适用上述分 2 年抵扣的规定。

自 2019 年 4 月 1 日起,纳税人取得不动产或者不动产在建工程的进项税额不再分 2 年抵扣。此前按照上述规定尚未抵扣完毕的待抵扣进项税额,可自 2019 年 4 月税款所属期起从销项税额中抵扣。

(3) 国内旅客运输服务的进项税额。自 2019 年 4 月 1 日起,纳税人购进国内旅客运输服务,其进项税额允许从销项税额中抵扣。

纳税人未取得增值税专用发票的,暂按照以下规定确定进项税额:

① 取得增值税电子普通发票的,为发票上注明的税额;

② 取得注明旅客身份信息的航空运输电子客票行程单的,按照下列公式计算进项税额:

航空旅客运输进项税额＝(票价＋燃油附加费)÷(1＋9%)×9%

③ 取得注明旅客身份信息的铁路车票的,按照下列公式计算的进项税额:

铁路旅客运输进项税额＝票面金额÷(1＋9%)×9%

④ 取得注明旅客身份信息的公路、水路等其他客票的,按照下列公式计算进项税额:

公路、水路等其他旅客运输进项税额＝票面金额÷(1＋3%)×3%

(4) 收费公路通行费的进项税额。根据《财政部 国家税务总局关于租入固定资产进项税额抵扣等增值税政策的通知》(财税〔2017〕90号)第七条规定,自2018年1月1日起,纳税人支付的道路、桥、闸通行费,按照以下规定抵扣进项税额:①纳税人支付的道路通行费,按照收费公路通行费增值税电子普通发票上注明的增值税额抵扣进项税额。②纳税人支付的桥、闸通行费,暂凭取得的通行费发票上注明的收费金额按照下列公式计算可抵扣的进项税额:

桥、闸通行费可抵扣进项税额＝桥、闸通行费发票上注明的金额÷(1＋5%)×5%

上面所称的通行费,是指有关单位依法或者依规设立并收取的过路、过桥和过闸费用。

增值税进项税额抵扣的条件及三种特殊情形如表6-14所示。

表6-14　　　　　　　　　　　　增值税进项税额抵扣的条件及三种特殊情形

购进事项	扣除凭证	税务处理
购进货物、服务、劳务、不动产或无形资产	增值税专用发票	注明的增值税税额
	机动车销售统一发票	注明的增值税税额
	进口增值税专用缴款书	注明的增值税税额
	完税凭证	注明的增值税税额
购进农产品	收购发票或普通销售发票	农产品买价×扣除率
不动产及其在建工程	增值税专用发票	分两年扣除(2016.5.1—2019.3.31)
		一次扣除(2019.4.1后)
国内旅客运输服务	取得增值税电子普通发票	注明的增值税税额
	航空运输电子客票行程单	(票价＋燃油附加费)÷(1＋9%)×9%
	铁路车票	票面金额÷(1＋9%)×9%
	其他客票	票面金额÷(1＋3%)×3%

3. 不得抵扣的进项税额

一般纳税人不得从当期销项税额中抵扣的进项税额包括:

(1) 不合格抵扣凭证注明的进项税额。一般纳税人取得的增值税扣税凭证不符合法律、行政法规或者国务院税务主管部门有关规定的,其进项税额不得从销项税额中抵扣。例如,未取得符合规定的增值税扣税凭证,或者超过规定的抵扣时间期限。增值税一般纳税人取得的增值税专用发票、机动车销售统一发票以及海关缴款书和税款扣缴完税凭证,未在规定期限内办理认证、申报抵扣或者申请稽核比对的,不得计算抵扣上述凭证注明的进项税额。

(2) 用于增值税简易计税项目、免征增值税项目、最终消费的进项税额。一般纳税人用于简

6

易计税项目、免征增值税项目、集体福利或者个人消费的购进货物、加工修理修配劳务、服务、无形资产或者不动产,其所含进项税额即使取得合规的抵扣凭证,也不得从当期销项税额中抵扣。其中涉及的固定资产、无形资产、不动产,仅指专用于上述项目的固定资产、无形资产(不包括其他权益性无形资产)、不动产。但是发生兼用于上述不允许抵扣项目情况的,该进项税额准予全部抵扣。纳税人购进其他权益性无形资产无论是专用于简易计税方法计税项目、免征增值税项目、集体福利或者个人消费,还是兼用于上述不允许抵扣项目,均可以抵扣进项税额。此外,纳税人的交际应酬消费属于个人消费,其进项税额不得抵扣。固定资产是指使用期限超过12个月的机器、机械、运输工具以及其他与生产经营有关的设备、工具、器具等有形动产。

(3) 发生非正常损失的货物、不动产及其相关劳务或服务的进项税额。下列项目所支付或负担的进项税额不得抵扣:①非正常损失的购进货物,以及相关加工修理修配劳务和交通运输服务;②非正常损失的在产品、产成品所耗用的购进货物(不包括固定资产)、加工修理修配劳务和交通运输服务;③非正常损失的不动产,以及该不动产所耗用的购进货物、设计服务和建筑服务;④非正常损失的在建工程所耗用的购进货物、设计服务和建筑服务。纳税人新建、改建、扩建、修缮、装饰不动产,均属于不动产在建工程。所称的非正常损失,是指因管理不善造成货物被盗、丢失、霉烂变质,以及因违反法律法规造成货物或者不动产被依法没收、销毁、拆除的情形。由于自然灾害等不可抗力导致的损失,属于正常损失。发生正常损失的货物、不动产及其相关服务的进项税额准予抵扣。这里所提到的货物,是指构成不动产实体的材料和设备,包括建筑装饰材料和给排水、采暖、卫生、通风、照明、通信、煤气、消防、中央空调、电梯、电气、智能化楼宇设备及配套设施。

(4) 生活消费服务的进项税额。这是指纳税人购进餐饮服务、居民日常服务和娱乐服务所支付或负担的进项税额。这些生活服务往往与个人消费紧密相关,因此难以划分生产经营用和生活消费用,事实上属于混合性质的支出。

(5) 贷款服务的进项税额。纳税人接受贷款服务及其向贷款方支付的与该笔贷款直接相关的投融资顾问费、手续费、咨询费等费用,其进项税额不得从销项税额中抵扣。

(6) 现金赔付保险服务的进项税额。提供保险服务的纳税人以现金赔付方式承担机动车辆保险责任的,将应付给被保险人的赔偿金直接支付给车辆修理劳务提供方,不属于保险公司购进车辆修理劳务,其进项税额不得从保险公司销项税额中抵扣。纳税人提供的其他财产保险服务,比照上述规定执行。

(7) 特殊不得抵扣的情形。有下列情形之一的,应当按照销售额和增值税税率计算应纳税额,不得抵扣进项税额的,也不得使用增值税专用发票:①一般纳税人会计核算不健全,或者不能够提供准确税务资料的;②应当办理一般纳税人资格登记而未登记的。

(8) 财政部和国家税务总局规定的其他情形。

增值税进项税额不得抵扣的情形如表 6-15 所示。

表 6-15 增值税进项税额不得抵扣的情形

涉税事项	范　　围
不合格抵扣凭证	如虚假、虚开、过时等
用于增值税简易计税项目	如公交服务、动漫服务等
用于免征增值税项目	如自产自销农产品、境外服务、货物出口服务等
用于最终消费	集体福利、个人消费

涉税事项	范　围
非正常损失的货物及相关劳务、服务	含相关加工修理修配劳务和交通运输服务
非正常损失的不动产及其在建工程及相关服务	含所耗用的购进货物、设计服务和建筑服务
生活消费服务	餐饮服务、居民日常服务和娱乐服务
贷款服务	投融资顾问费、手续费、咨询费等直接相关费用
现金赔付保险服务	赔偿金直接支付给车辆修理劳务提供方的,不得抵扣保险公司销项税额

【例题6-3】　某水果加工厂某月外购水果10 000千克,取得的增值税专用发票上注明的价款和增值税税额分别是10 000元和1 300元,每千克价税合1.3元。在运输途中因管理不善腐烂1 000千克。水果运回后,发放职工福利200千克,用于厂办招待所800千克。其余全部加工成果酱400千克(20千克水果加工成1千克果酱)。其中350千克用于销售,单价20元;50千克因管理不善被盗。要求确定当月该厂允许抵扣的进项税额。

解析:

由于购进的水果每千克支付的增值税税额＝1 300÷10 000＝0.13(元),因此:

(1) 腐烂的水果和被盗的果酱属于非正常损失,不得抵扣的进项税额＝1 000×0.13+50×20×0.13＝260(元)。

(2) 用于发放职工福利和厂办招待所的水果,不得抵扣的进项税额＝200×0.13+800×0.13＝130(元)。

(3) 允许抵扣的进项税额＝1 300-260-130＝910(元)。

4.进项税额的税务调整

进项税额的税务调整包括:

(1) 当期不足抵扣进项税额的结转调整。一般纳税人当期销项税额小于当期进项税额不足抵扣时,其不足部分可以结转下期继续抵扣。

(2) 销货退回或折让进项税额的调整。一般纳税人因销售货物退回或者折让而退还给购买方的增值税税额,应从发生销售货物退回或者折让当期的销项税额中扣减;因购进货物退出或者折让而收回的增值税税额,应从发生购进货物退出或者折让当期的进项税额中扣减。《营业税改征增值税试点实施办法》规定,纳税人销售劳务、不动产或无形资产适用一般计税方法的,因销售折让、中止或者退回而退还给购买方的增值税税额,应当从当期的销项税额中扣减;因销售折让、中止或者退回而收回的增值税税额,应当从当期的进项税额中扣减。

(3) 无法准确划分进项税额的计算。适用一般计税方法的纳税人兼营简易计税方法计税项目、免征增值税项目而无法划分不得抵扣的进项税额,按照下列公式计算不得抵扣的进项税额:

$$不得抵扣的进项税额＝\frac{当期无法划分的全部进项税额}{当期全部销售额}×\left(\begin{array}{c}当期简易计税方法\\计税项目销售额\end{array}+\begin{array}{c}免征增值税\\项目销售额\end{array}\right)$$

6

主管税务机关可以按照上述公式,依据年度数据对不得抵扣的进项税额进行清算,计算公式如下:

当期准予抵扣的进项税额 = 当期无法划分的全部进项税额 - 不得抵扣的进项税额

【例题 6-4】 某橡胶生产企业 2022 年 7 月购进 300 万元的原材料用于医用手套和避孕套的生产,但无法准确划分具体使用金额。该月企业生产医用手套的销售额为 250 万元,用于生产避孕套的销售额为 150 万元。企业当月生产用电、水等其他方面的增值税进项税额为 600 万元,已取得合规的增值税抵扣凭证。要求:计算确定该企业 7 月份可以抵扣的进项税额。

解析:

当月不得抵扣的进项税额 = $(300 \times 13\%) \times [150 \div (150 + 250)] = 14.625$(万元)。

当月准予抵扣的进项税额 = $600 - 14.625 = 585.375$(万元)。

(4)已抵扣进项税额的跨期调整。所谓已抵扣进项税额的跨期调整,是指以前纳税期已经抵扣的进项税额,当期发现不符合抵扣的规定而需要作出调整的情况,这里分两种情况:第一,对于已抵扣进项税额的购进货物(不含固定资产)、劳务、服务,用于集体福利或个人消费,发生非正常损失或者属于发生非正常损失的在产品、产成品所耗用,或者用于不得抵扣进项税额的部分生活服务的,应将该项进项税额从当期发生的进项税额中扣减;无法准确确定该项进项税额的,按当期该货物或应税劳务的实际购进成本计算应扣减的进项税额。第二,对于已抵扣进项税额的固定资产、无形资产或者不动产,发生按照《营业税改征增值税试点实施办法》规定不得抵扣进项税额情形的,按照下列公式计算不得抵扣的进项税额:

不得抵扣的进项税额 = 固定资产、无形资产或者不动产净值 × 适用税率

其中,固定资产、无形资产或者不动产净值,是指纳税人根据财务会计制度计提折旧或摊销后的余额。

(5)不得抵扣其未抵扣进项税额的跨期调整。按照《营业税改征增值税试点实施办法》规定不得抵扣且未抵扣进项税额的固定资产、无形资产、不动产,发生用途改变,用于允许抵扣进项税额的应税项目,可在用途改变的次月按照下列公式计算可以抵扣的进项税额:

可以抵扣的进项税额 = 固定资产、无形资产、不动产净值 / (1 + 适用税率) × 适用税率

(6)商业企业平销返利的进项税额调整。根据《国家税务总局关于商业企业向货物供应方收取的部分费用征收流转税问题的通知》(国税发〔2004〕136 号)规定,自 2004 年 7 月 1 日起,对商业企业向供货方收取的与商品销售量、销售额挂钩(如以一定比例、金额、数量计算)的各种返还收入,均应按照平销返利行为的有关规定冲减当期增值税进项税额,不征收营业税。实行"营改增"以后,对商业企业向供货方收取的与商品销售量、销售额无必然联系,且商业企业向供货方提供一定劳务的收入,如进场费、广告促销费、上架费、展示费、管理费等,属于增值税征税范围的,也应按照平销返利的有关规定冲减当期增值税进项税额。

应冲减进项税金的计算公式为:

$$当期应冲减进项税金 = \frac{当期取得的返还资金}{1 + 所购货物适用增值税税率} \times 所购货物适用增值税税率$$

增值税进项税额调整的情形如表 6-16 所示。

表 6-16　　　　　　　　　　　　　增值税进项税额调整的情形

涉税事项	范　　围	税务处理
当期不足抵扣的进项税额		结转下期进项税额继续抵扣
销售折让、中止或者退回的进项税额	退还给购买方的	从当期销项税额中扣减
	自购买方收回的	从当期进项税额中扣减
无法准确划分的进项税额	不得抵扣的	当期无法划分的全部进项税额×(当期简易计税方法计税项目销售额＋免征增值税项目销售额)÷当期全部销售额
	准予抵扣的	当期无法划分的全部进项税额－不得抵扣的进项税额
发生用途改变的已抵扣进项税额	货物(不含固定资产)、劳务、服务	从当期进项税额中扣减
	固定资产、无形资产或者不动产	按(固定资产、无形资产或者不动产净值)×适用税率,从当期进项税额计算扣减
发生用途改变的不得抵扣其未抵扣的进项税额	固定资产、无形资产、不动产	按(固定资产、无形资产、不动产净值)÷(1＋适用税率)×适用税率,从当期销项税额中扣减
商业企业平销返利的进项税额	货物	按[当期取得的返还资金÷(1＋增值税税率)]×增值税税率,从当期进项税额中扣减

【例题 6-5】　某啤酒厂为增值税一般纳税人,2022 年 7 月 1 日至 31 日内发生下列业务:

(1) 从某粮食经营部门(一般纳税人)购进大麦一批,价值 100 万元(不含税)。

(2) 购进其他用于应税项目的原料,价值 10 万元(不含税)。

(3) 购进生产设备一台,价值 20 万元(不含税)。

(4) 向一般纳税人销售啤酒 3 000 吨,每吨单价 3 200 元(不含税),货款已收。

(5) 向个体户销售啤酒 300 吨,每吨单价 3 500 元(开具普通发票)。

(6) 向某展览会赞助啤酒 1 吨,价值 3 200 元(不含税)。

(7) 分给本厂职工啤酒 10 吨,价值 32 000 元(不含税)。

(8) 上期未抵扣的进项税额为 8 000 元。

上述购进业务均已取得合规的增值税抵扣凭证并通过认证。

要求:根据上述资料,计算该厂当月应纳增值税税额。

解析:

第(1)至第(3)项购进业务可以抵扣的进项税额 $= 100 \times 9\% + 10 \times 13\% + 20 \times 13\% = 9 + 1.3 + 2.6 = 12.9$(万元)。

第(4)至(7)项销售业务应计算的销项税额 $= 3\,000 \times 0.32 \times 13\% + 0.35/1.13 \times 300 \times 13\% + 0.32 \times 13\% + 0.32 \times 10 \times 13\% = 124.8 + 12.079\,6 + 0.041\,6 + 0.416 = 137.337\,2$(万元)。

应纳增值税税额 $= 137.337\,2 - 12.9 - 0.8 = 123.637\,2$(万元)。

二、增值税的减免优惠

(一)《增值税暂行条例》及其实施细则规定的免税项目

增值税暂行条例规定的免税项目适用于原增值税纳税人,共有 7 项,按照不同的经营方

6

式,分为三种情况:

1. 销售的免税货物

(1) 农业生产者销售的自产农业产品。农业生产者,包括从事农业生产的单位(如农场、林场、牧场、水产养殖单位等)和个人。根据《财政部 国家税务总局关于印发〈农业产品征税范围注释〉的通知》(财税字〔1995〕52号)规定,自产农业产品,是指直接从事植物的种植、收割和动物的饲养、捕捞的单位和《农业产品征税范围注释》所列的自产农业产品。农业生产者外购的农业产品,以及将外购农业产品用于生产、加工后销售的,仍然属于《农业产品征税范围注释》所列的农业产品,不属于免税范围,应当按照规定税率征收增值税。农业生产者用自产的茶青再经筛分、风选、拣剔、碎块、干燥、匀堆等工序精制而成的精制茶,不得按照农业生产者销售的自产农业产品免税的规定执行,应当按照规定的税率征税。

(2) 个人销售的自己使用过的物品。这是指除个体工商户以外的其他个人所销售的自己使用过的物品。

(3) 个人销售的未达到规定的起征点的货物。《增值税暂行条例》规定,纳税人销售额未达到国务院财政、税务主管部门规定的增值税起征点的,免征增值税;达到起征点的,依照条例规定全额计算缴纳增值税。根据《关于修改〈中华人民共和国增值税暂行条例实施细则〉和〈中华人民共和国营业税暂行条例实施细则〉的决定》,自2011年11月1日起调整增值税的起征点如下:销售货物的,为月销售额5 000~20 000元;销售应税劳务的,为月销售额5 000~20 000元;按次纳税的,为每次(日)销售额300~500元。这里所说的销售额,是指不包括应纳增值税税额的销售额。《营业税改征增值税试点实施办法》规定增值税起征点幅度如下:按期纳税的,为月应税销售额5 000~20 000元(含本数)。按次纳税的,为每次(日)销售额300~500元(含本数)。增值税起征点不适用于登记为一般纳税人的个体工商户。省、自治区、直辖市财政厅(局)和税务局应在规定的幅度内,根据实际情况确定本地区适用起征点,并报财政部、国家税务总局备案。

2. 进口的免税货物

《增值税暂行条例》规定,下列进口货物,免征增值税:

(1) 直接用于科学研究、科学试验和教学的进口仪器、设备。

(2) 外国政府、国际组织无偿援助的进口物资和设备。

(3) 由残疾人组织直接进口供残疾人专用的物品。

3. 销售或进口的免税货物

《增值税暂行条例》规定,纳税人销售或进口避孕药品和用具、古旧图书,免征增值税。《增值税暂行条例实施细则》规定,古旧图书,是指向社会收购的古书和旧书。

(二)《营业税改征增值税试点实施办法》规定的免税项目

根据《跨境应税行为适用增值税零税率和免税政策的规定》,境内的单位和个人销售的下列服务和无形资产免征增值税,但财政部和国家税务总局规定适用零税率的除外。

1. 发生在境外的应税服务

境内单位和个人销售的下列服务发生在境外的,免征增值税:

(1) 工程项目在境外的建筑服务。

(2) 工程项目在境外的工程监理服务。

(3) 工程、矿产资源在境外的工程勘察勘探服务。

(4) 会议展览地点在境外的会议展览服务。

（5）存储地点在境外的仓储服务。

（6）标的物在境外使用的有形动产租赁服务。

（7）在境外提供的广播影视节目（作品）的播映服务。

（8）在境外提供的文化体育服务、教育医疗服务、旅游服务。

（9）为出口货物提供的邮政服务、收派服务、保险服务。

（10）特殊国际运输服务。

2. 向境外单位销售且完全在境外消费的服务

服务完全在境外消费是指服务的实际接受方在境外，且与境内的货物和不动产无关。服务包括电信服务、知识产权服务、物流辅助服务（仓储服务、收派服务除外）、鉴证咨询服务、专业技术服务、商务辅助服务，以及广告投放地在境外的广告服务。

3. 向境外单位销售且完全在境外消费的无形资产

下列情形不属于向境外单位销售的完全在境外消费的无形资产：

（1）无形资产未完全在境外使用。

（2）所转让的自然资源使用权与境内自然资源相关。

（3）所转让的基础设施资产经营权、公共事业特许权与境内货物或不动产相关。

（4）向境外单位转让在境内销售货物、应税劳务、服务、无形资产或不动产的配额、经营权、经销权、分销权、代理权。

增值税免税优惠（条例、细则和"营改增"实施办法）如表 6-17 所示。

表 6-17　　　　　　　　　增值税免税优惠（条例、细则和"营改增"实施办法）

行为类型	具体行为	备　　注
销售货物	农业生产者销售的自产农业产品	
	个人销售的自己使用过的物品	除个体工商户以外的其他个人
	个人销售的未达到起征点的货物	
	避孕药品和用具、古旧图书	
进口货物	避孕药品和用具、古旧图书	
	进口仪器、设备	直接用于科学研究、科学试验和教学
	进口物资和设备	外国政府、国际组织无偿援助
	残疾人专用物品	残疾人组织直接进口
提供劳务	发生在境外的应税服务	建筑、工程监理、工程勘察勘探、会展、仓储、货物租赁、播映、文化体育、教育医疗、旅游、国际和港澳台运输、直接收费金融
	向境外单位销售且完全在境外消费的服务	电信、知识产权、物流辅助（仓储、收派服务除外）、鉴证咨询、专业技术、商务辅助以及广告服务
	为出口货物提供的服务	邮政服务、收派服务和保险服务
转让无形资产	向境外单位销售且完全在境外消费的无形资产	无形资产完全在境外使用，且与境内的货物和不动产无关

（三）"营改增"试点过渡优惠政策

为了配合"营改增"试点的顺利推开，《营业税改征增值税试点过渡政策的规定》将原来营

6

业税的优惠规定采取了"基本平移"的做法。由于该项规定的内容很多,为了简化起见,按照"普遍稳定"原则,将适用范围较广、时间较长的优惠规定纳入教材,同时将具有特定优惠期限和适用范围过于具体的优惠规定排除在外,并从以下五个方面进行简单的归纳整理:

1. 一般服务业适用的优惠政策

这里所谓的一般服务业,是指除了金融保险业、不动产租赁以外的服务业。下列服务项目或者收入免征增值税:

(1) 托儿所、幼儿园提供的保育和教育服务。

(2) 养老机构提供的养老服务。

(3) 残疾人福利机构提供的育养服务。

(4) 婚姻介绍服务。

(5) 殡葬服务。

(6) 残疾人员本人为社会提供的服务。

(7) 医疗机构提供的医疗服务。

(8) 从事学历教育的学校提供的教育服务。

(9) 政府举办的从事学历教育的高等、中等和初等学校(不含下属单位),举办进修班、培训班取得的全部归该学校所有的收入。

(10) 政府举办的职业学校设立的主要为在校学生提供实习场所、并由学校出资自办、由学校负责经营管理、经营收入归学校所有的企业,从事《销售服务、无形资产、不动产注释》中"现代服务"(不含融资租赁服务、广告服务和其他现代服务)、"生活服务"(不含文化体育服务、其他生活服务和桑拿、氧吧)业务活动取得的收入。

(11) 学生勤工俭学提供的服务。

(12) 农业机耕、排灌、病虫害防治、植物保护、农牧保险以及相关技术培训业务,家禽、牲畜、水生动物的配种和疾病防治。

(13) 纪念馆、博物馆、文化馆、文物保护单位管理机构、美术馆、展览馆、书画院、图书馆在自己的场所提供文化体育服务取得的第一道门票收入。

(14) 寺院、宫观、清真寺和教堂举办文化、宗教活动的门票收入。

(15) 行政单位之外的其他单位收取的符合《营业税改征增值税试点实施办法》规定条件的政府性基金和行政事业性收费。

(16) 纳税人提供的直接或者间接国际货物运输代理服务。

(17) 国家商品储备管理单位及其直属企业承担商品储备任务,从中央或者地方财政取得的利息补贴收入和价差补贴收入。

(18) 家政服务企业由员工制家政服务员提供家政服务取得的收入。

(19) 福利彩票、体育彩票的发行收入。

(20) 军队空余房产租赁收入。

(21) 随军家属、军队转业干部就业。

(22) 青藏铁路运输公司提供的铁路运输服务收入。

(23) 中国邮政集团公司及其所属邮政企业提供的邮政普遍服务和邮政特殊服务。

(24) 同时符合下列条件的合同能源管理服务:①节能服务公司实施合同能源管理项目相关技术,应当符合国家市场监督管理总局和国家标准化管理委员会发布的《合同能源管理技术通则》(GB/T 24915—2020)规定的技术要求。②节能服务公司与用能企业签订节能效益分享型合同,其合同格式和内容,符合《中华人民共和国民法典》和《合同能源管理技术通则》(GB/T 24915—2020)等规定。

2. 金融保险业适用的优惠政策

(1) 从事特殊贷款业务取得的利息收入。免税的特殊贷款具体包括:①国家助学贷款;②国债、地方政府债;③人民银行对金融机构的贷款;④住房公积金管理中心用住房公积金在指定的委托银行发放的个人住房贷款;⑤外汇管理部门在从事国家外汇储备经营过程中,委托金融机构发放的外汇贷款;⑥统借统还业务中,企业集团或企业集团中的核心企业以及集团所属财务公司按不高于支付给金融机构的借款利率水平或者支付的债券票面利率水平,向企业集团或者集团内下属单位收取的利息。

(2) 从事特殊保险业务。首先,保险公司开办的一年期以上人身保险产品取得的保费收入,免征增值税。其次,对注册在上海、天津的保险企业从事的国际航运保险业务,对注册在深圳市的保险企业向注册在前海深港现代服务业合作区的企业提供的国际航运保险业,免征增值税。再次,关于再保险业务,境内保险公司向境外保险公司提供的完全在境外消费的再保险服务,免征增值税。营改增试点纳税人提供再保险服务(境内保险公司向境外保险公司提供的再保险服务除外),实行与原保险服务一致的增值税政策。再保险合同对应多个原保险合同的,所有原保险合同均适用免征增值税政策时,该再保险合同适用免征增值税政策。否则,该再保险合同应按规定缴纳增值税。原保险服务,是指保险分出方与投保人之间直接签订保险合同而建立保险关系的业务活动。

(3) 从事特殊金融商品转让业务取得的收入。免税的特殊金融商品转让业务包括:①合格境外投资者(QFII)委托境内公司在我国从事证券买卖业务;②香港市场投资者(包括单位和个人)通过沪港通买卖上海证券交易所上市 A 股;③对中国香港市场投资者(包括单位和个人)通过基金互认买卖内地基金份额;④证券投资基金(封闭式证券投资基金、开放式证券投资基金)管理人运用基金买卖股票、债券;⑤个人从事金融商品转让业务。

(4) 从事金融同业往来业务取得的利息收入。其包括:①金融机构与人民银行所发生的资金往来业务。包括人民银行对一般金融机构贷款,以及人民银行对商业银行的再贴现等。②银行联行往来业务。是指同一银行系统内部不同行、处之间所发生的资金账务往来业务。③金融机构间的资金往来业务。是指经人民银行批准,进入全国银行间同业拆借市场的金融机构之间通过全国统一的同业拆借网络进行的短期(一年以下含一年)无担保资金融通行为。④金融机构之间开展的转贴现业务。

(5) 特殊债券利息收入。自 2018 年 11 月 7 日至 2025 年 12 月 3 日止,对境外机构投资境内债券市场取得的债券利息收入,暂免征收增值税。

3. 无形资产或不动产适用的免税优惠政策

(1) 纳税人提供技术转让、技术开发与之相关的技术咨询、技术服务。

(2) 纳税人受托开发软件产品,著作权属于受托方的,征收增值税;著作权属于委托方或属于双方共同拥有的,不征收增值税。对经过国家版权局注册登记,纳税人在销售时一并转让著作权、所有权的,不征收增值税。

(3) 土地所有者出让土地使用权。

(4) 将土地使用权转让给农业生产者用于农业生产。

(5) 土地使用者将土地使用权归还给土地所有者。

(6) 县级以上地方人民政府或自然资源行政主管部门出让、转让或收回自然资源使用权

6

（不含土地使用权）。

（7）企业、行政事业单位为了配合国家住房制度改革按房改成本价、标准价出售住房取得的收入。

（8）个人转让著作权。

（9）个人销售自建自用住房。

（10）涉及家庭财产分割的个人无偿转让不动产、土地使用权。

（11）个人出售北上广深地区住房适用的优惠政策。个人将购买不足2年的住房对外销售的，按照5％的征收率全额缴纳增值税；个人将购买2年以上（含2年）的非普通住房对外销售的，以销售收入减去购买住房价款后的差额按照5％的征收率缴纳增值税；个人将购买2年以上（含2年）的普通住房对外销售的，免征增值税。上述政策仅适用于北京市、上海市、广州市和深圳市。

（12）个人出售其他地区住房适用的优惠政策。个人将购买不足2年的住房对外销售的，按照5％的征收率全额缴纳增值税；个人将购买2年以上（含2年）的住房对外销售的，免征增值税。上述政策适用于北京市、上海市、广州市和深圳市之外的地区。

个人销售住房的增值税优惠政策如表6-18所示。

表6-18　　　　　　　　　　　　　　个人销售住房的增值税优惠政策

地　　区	销售普通住房		销售非普通住房	
	不足2年	满2年	不足2年	满2年
"北上广深"	5％全额计税	免　税	5％全额计税	5％差额计税
其他地区	5％全额计税	免　税	5％全额计税	免　税

4. 增值税"即征即退"优惠政策

"即征即退"是由税务机关在按照税法规定征税之后再以一定的方式退还给纳税人的一种优惠方式。以下几种情形实行"即征即退"的优惠政策：

（1）一般纳税人销售其自行开发生产的软件产品，按13％税率征收增值税后，对其增值税实际税负超过3％的部分实行即征即退政策。增值税一般纳税人将进口软件产品进行本地化改造后对外销售，其销售的软件产品可享受前款规定的增值税即征即退政策。

（2）一般纳税人提供管道运输服务，对其增值税实际税负超过3％的部分实行增值税"即征即退"政策。

（3）经人民银行、国家金融监督管理总局或者商务部批准从事融资租赁业务的试点纳税人中的一般纳税人，提供有形动产融资租赁服务和有形动产融资性售后回租服务，对其增值税实际税负超过3％的部分实行增值税"即征即退"政策。

上述所谓增值税实际税负，是指纳税人当期提供应税服务实际缴纳的增值税税额占纳税人当期提供应税服务取得的全部价款和价外费用的比例。例如，某纳税人当期销售额为100万元，适用增值税税率为13％，进项税额为8万元，则实际应纳增值税税额＝100×13％－8＝5（万元），增值税实际税负＝5÷100＝5％，退税额＝100×（5％－3％）＝2（万元）。

（4）对飞机维修劳务增值税实际税负超过6％的部分实行由税务机关即征即退的政策。

（5）安置残疾人就业增值税即征即退。

（6）一般纳税人销售自产的资源综合利用产品和提供资源综合利用劳务，可享受增值税即征即退政策。

（7）纳税人销售自产的新型墙体材料，既不属于国家发展和改革委员会《产业结构调整指导目录》中的禁止类、限制类项目，也不属于生态环境部《环境保护综合名录》中的"高污染、高环境风险"产品或者重污染工艺的，增值税即征即退50%。

（8）纳税人销售自产的利用风力生产的电力产品，增值税即征即退50%。

（9）黄金交易会员单位通过黄金交易所销售标准黄金（持有黄金交易所开具的《黄金交易结算凭证》），发生实物交割的，由税务机关按照实际成交价格代开增值税专用发票，给予增值税即征即退。

（10）上海期货交易所会员和客户通过上海期货交易所销售标准黄金（持上海期货交易所开具的《黄金结算专用发票》），发生实物交割并已出库的，由税务机关按照实际交割价格代开增值税专用发票，单独核算的，给予增值税即征即退。

（11）国内铂金生产企业自产自销的铂金，以及对中博世金科贸有限责任公司通过上海黄金交易所销售的进口铂金，给予增值税即征即退。

（四）增值税减免优惠的管理

增值税条例对减免优惠的确定实行严格控制，控制权集中在国务院，任何地区、部门均不得规定增值税的减免优惠项目。

纳税人兼营免税项目的，应当单独核算免税项目的销售额；未单独核算销售额的，不得免税。纳税人销售货物或者应税劳务适用免税规定的，可以放弃免税，依照增值税暂行条例的规定缴纳增值税。放弃免税后，36个月内不得再申请免税。

境内的单位和个人销售适用增值税零税率的服务或无形资产的，可以放弃适用增值税零税率，选择免税或按规定缴纳增值税。放弃适用增值税零税率后，36个月内不得再申请适用增值税零税率。

三、进口货物增值税的税额计算方法

无论是一般纳税人还是小规模纳税人，进口货物应缴纳的增值税，均应按规定的组成计税价格和适用税率计算。

进口货物的组成计税价格，为进口货物所支付的全部金额。在不考虑缴纳消费税的情况下，进口货物所支付的全部金额包括价款、关税和增值税。因增值税的计税依据是不含税的金额，因此，进口货物所缴纳的增值税未包括在组成计税价格中。进口货物所支付的价款是指由海关根据货物的到岸价格为基础确定的关税完税价格。不缴纳消费税的进口货物的组成计税价格的公式为：

$$组成计税价格 = 关税完税价格 + 关税$$
$$应纳增值税 = (关税完税价格 + 关税) \times 增值税税率$$

【例题6-6】 某企业2022年6月进口设备的关税完税价格为500万元，进口原材料的关税完税价格为400万元，均已验收入库，假定关税税率均为5%。当月销售货物一批，取得销售收入2900万元。企业期初进项税额余额为15万元。企业已通过相关进项税额的认证。要求：计算企业当月应纳增值税税额。

解析：

先计算进口环节应纳的关税和增值税：

(1) 进口设备的关税＝500×5％＝25(万元)。

(2) 进口原材料的关税＝400×5％＝20(万元)。

(3) 进口设备应纳增值税＝(500＋25)×13％＝68.25(万元)。

(4) 进口原材料应纳增值税＝(400＋20)×13％＝54.6(万元)。

再计算销售货物应纳的增值税＝2 900×13％－68.25－54.6－15＝239.15(万元)。

第六节　出口退免增值税及其计算

讲解视频

出口退免
增值税

出口货物和劳务实行退税政策,是增值税制度中的一个特别安排。这种税制安排主要是为了解决国际贸易中有关国家税收管辖权的行使边界问题。进口货物由进口国征收,出口货物由出口国退税,是解决国际货物和劳务贸易边界调整的通行规则,被世界贸易组织(WTO)所采纳。我国自1994年实行增值税出口退税制度以来,出口退税和免税的范围及其计算方法和征收管理等有过多次调整。《财政部 国家税务总局关于出口货物劳务增值税和消费税政策的通知》(财税〔2012〕39号),对出口货物劳务退免税的范围、退税率、计算依据、计算方法以及征管缴纳等方面的政策规定进行了重新归纳梳理。

一、出口退免征税的范围

(一) 出口货物劳务增值税退税的范围

这里所谓的增值税退税,是指在出口货物劳务免征出口销售的增值税的基础上退还已经包含的增值税(进项税额)。下列出口货物劳务实行增值税退税政策:

1. 出口企业出口货物

出口企业,是指依法办理工商登记、税务登记、对外贸易经营者备案登记,自营或委托出口货物的单位或个体工商户,以及依法办理工商登记、税务登记但未办理对外贸易经营者备案登记,委托出口货物的生产企业。

出口货物,是指向海关报关后实际离境并销售给境外单位或个人的货物,分为自营出口货物和委托出口货物两类。

生产企业,是指具有生产能力(包括加工修理修配能力)的单位或个体工商户。

对于2014年及以后年度企业出口给外商的新造集装箱,交付到境内指定堆场,并取得出口货物报关单(出口退税专用),同时符合其他出口退(免)税规定的,准予按照现行规定办理出口退(免)税。

自2017年1月1日起,生产企业销售自产的海洋工程结构物,或者融资租赁企业及其设立的项目子公司、金融租赁公司及其设立的项目子公司购买并以融资租赁方式出租的国内生产企业生产的海洋工程结构物,应按规定缴纳增值税,不再适用增值税出口退税政策,但购买方或者承租方为按实物征收增值税的中外合作油(气)田开采企业的除外。

2. 出口企业或其他单位视同出口货物

视同出口的货物包括:

(1) 出口企业对外援助、对外承包、境外投资的出口货物。

(2) 出口企业进入特殊区域并销售给特殊区域内单位或境外单位、个人的货物。

(3) 免税品经营企业销售的货物。除国家规定不允许经营和限制出口的货物、卷烟和超出免税品经营企业《企业法人营业执照》规定经营范围的货物外,免税品经营企业销售的规定货物准予退税。

（4）出口企业或其他单位销售的其他特殊货物。

3. 出口企业对外提供加工修理修配劳务

对外提供加工修理修配劳务，是指对进境后复出口货物或从事国际运输的运输工具进行的加工修理修配。

4. 生产企业出口视同自产货物

生产企业出口的视同自己生产的货物，免征增值税。相应的进项税额抵减应纳增值税税额（不包括适用增值税即征即退、先征后退政策的应纳增值税额）；未抵减完的部分予以退还。视同自产货物必须满足以下条件：

（1）持续经营以来从未发生骗取出口退税、虚开增值税专用发票或农产品收购发票、接受虚开增值税专用发票（善意取得虚开增值税专用发票除外）行为且同时符合下列条件的生产企业出口的外购货物，可视同自产货物适用增值税退（免）税政策：①已取得增值税一般纳税人资格。②已持续经营 2 年及 2 年以上。③纳税信用等级 A 级。④上一年度销售额 5 亿元以上。⑤外购出口的货物与本企业自产货物同类型或具有相关性。

（2）持续经营以来从未发生骗取出口退税、虚开增值税专用发票或农产品收购发票、接受虚开增值税专用发票（善意取得虚开增值税专用发票除外）行为但不能同时符合文件规定的条件的生产企业，出口的外购货物符合下列条件之一的，可视同自产货物申报适用增值税退（免）税政策。

（3）同时符合下列条件的外购货物：①与本企业生产的货物名称、性能相同。②使用本企业注册商标或境外单位或个人提供给本企业使用的商标。③出口给进口本企业自产货物的境外单位或个人。

（4）与本企业所生产的货物属于配套出口，且出口给进口本企业自产货物的境外单位或个人的外购货物，符合下列条件之一的：①用于维修本企业出口的自产货物的工具、零部件、配件。②不经过本企业加工或组装，出口后能直接与本企业自产货物组合成成套设备的货物。

（5）集团公司总部所在地的地级以上国家税务局认定的集团公司，其控股的生产企业之间收购的自产货物以及集团公司与其控股的生产企业之间收购的自产货物。

（6）同时符合下列条件的委托加工货物：①与本企业生产的货物名称、性能相同，或者是用本企业生产的货物再委托深加工的货物。②出口给进口本企业自产货物的境外单位或个人。③委托方与受托方必须签订委托加工协议，且主要原材料必须由委托方提供，受托方不垫付资金，只收取加工费，开具加工费（含代垫的辅助材料）的增值税专用发票。

（7）用于本企业中标项目下的机电产品。

（8）用于对外承包工程项目下的货物。

（9）用于境外投资的货物。

（10）用于对外援助的货物。

（11）生产自产货物的外购设备和原材料（农产品除外）。

5. 对融资租赁出口货物试行退税政策

根据《财政部 海关总署 国家税务总局关于在全国开展融资租赁货物出口退税政策试点的通知》（财税〔2014〕62 号），自 2014 年 10 月 1 日起，对融资租赁出口货物实行退税政策。

（1）对融资租赁企业、金融租赁公司及其设立的项目子公司，以融资租赁方式租赁给境外承租人且租赁期限在 5 年（含）以上，并向海关报关后实际离境的货物，试行增值税、消费税出口退税政策。融资租赁出口货物的范围，包括飞机、飞机发动机、铁道机车、铁道客车车厢、船舶及其他货物，具体应符合《增值税暂行条例实施细则》第二十一条"固定资产"的相关规定。上述融资租赁企业，仅包括金融租赁公司、经商务部批准设立的外商投资融资租赁公司、经商务部和国家税务总局共同批准开展融资租赁业务试点的内资融资租赁企业、经商务部授权的省级商务主管部门和国家经济技术开发区批准的融资租赁公司。上述金融租赁公司，仅包括经中国银行保险监督管理委员会（现为国家金融监督管理总局）批准设立的金融租赁公司。

（2）对融资租赁海洋工程结构物试行退税政策。对融资租赁出租方购买的，并以融资租赁方式租赁给境内列名海上石油天然气开采企业且租赁期限在 5 年（含）以上的国内生产企业生产的海洋工程结构物，视同出口，试行增值税、消费税出口退税政策。海洋工程结构物范围、退税率以及海上石油天然气开采企业的具体范围按照《财政部 国家税务总局关于出口货物劳务增值税和消费税政策的通知》（财税〔2012〕39 号）有关规定执行。

（3）上述融资租赁出口货物和融资租赁海洋工程结构物不包括在海关监管年限内的进口减免税货物。

（二）出口货物劳务免征增值税的范围

增值税免税，是指对出口货物劳务的销售免税，但不能抵扣其已包含的增值税进项税额。下列出口货物劳务实行增值税免税政策：

1. 特殊纳税人出口的免税货物

特殊纳税人出口的免税货物包括：

（1）增值税小规模纳税人出口的货物。

（2）非出口企业委托出口的货物。

（3）非列名生产企业出口的非视同自产货物软件产品。

（4）特殊区域内的企业出口的特殊区域内的货物。

（5）外贸企业出口的取得普通发票、废旧物资收购凭证、农产品收购发票、政府非税收入票据的货物。

（6）以人民币现金作为结算方式的边境地区出口企业从所在省（自治区）的边境口岸出口到接壤国家的一般贸易和边境小额贸易出口货物。

2. 出口的特殊免税货物

纳税人出口的特殊免税货物包括：

（1）避孕药品和用具。

（2）古旧图书。

（3）含黄金、铂金成分的货物，钻石及其饰品。

（4）国家计划内出口的卷烟。

（5）已使用过的设备。

（6）农业生产者自产农产品。

（7）油画、花生果仁、黑大豆等财政部和国家税务总局规定的出口免税的货物。

（8）来料加工复出口的货物。

（9）以旅游购物贸易方式报关出口的货物。

3. 出口企业或其他单位视同出口的货物或劳务

视同出口的货物或劳务包括:

(1) 国家批准设立的免税店销售的免税货物。

(2) 特殊区域内的企业为境外的单位或个人提供加工修理修配劳务。

(3) 同一特殊区域、不同特殊区域内的企业之间销售特殊区域内的货物。

4. 不符合申报规定的出口货物或劳务

这里所谓不符合申报规定的出口货物或劳务,是指出口企业或其他单位未按规定申报或未补齐增值税退(免)税凭证的出口货物劳务,具体包括:

(1) 未在国家税务总局规定的期限内申报增值税退(免)税的出口货物劳务。

(2) 未在规定期限内申报开具《代理出口货物证明》的出口货物劳务。

(3) 已申报增值税退(免)税,却未在国家税务总局规定的期限内向税务机关补齐增值税退(免)税凭证的出口货物劳务。

对于适用增值税免税政策的出口货物劳务,出口企业或其他单位可以依照现行增值税有关规定放弃免税,并依照规定缴纳增值税。

(三) 出口货物劳务征收增值税的范围

出口货物劳务增值税征税,是指出口销售时不免税但可以抵扣所包含的增值税进项税额。下列出口货物劳务,不适用增值税退(免)税和免税政策,按下列规定及视同内销货物征税的其他规定征收增值税。

1. 被取消出口退免税资格的货物

出口企业出口或视同出口被取消出口退免税资格的货物应征收增值税,具体包括:

(1) 出口企业出口或视同出口的被财政部和国家税务总局根据国务院决定明确取消的出口退(免)税的货物应依法征税,但不包括来料加工复出口货物、中标机电产品、列名原材料、输入特殊区域的水电气、海洋工程结构物。

(2) 出口企业或其他单位因骗取出口退税被税务机关停止办理增值税退(免)税期间出口的货物。

(3) 出口企业或其他单位提供虚假备案单证的货物。

(4) 出口企业或其他单位增值税退(免)税凭证有伪造或内容不实的货物。

(5) 出口企业或其他单位销售给特殊区域内的生活消费用品和交通运输工具。

(6) 出口企业或其他单位未在国家税务总局规定期限内申报免税核销以及经主管税务机关审核不予免税核销的出口卷烟。

2. 其他特殊出口货物或劳务

出口企业或其他单位具有以下情形之一的出口货物或劳务应征收增值税,具体包括:

(1) 将空白的出口货物报关单、出口收汇核销单等退(免)税凭证交由除签有委托合同的货代公司、报关行,或由境外进口方指定的货代公司(提供合同约定或者其他相关证明)以外的其他单位或个人使用的。

(2) 以自营名义出口,其出口业务实质上是由本企业及其投资的企业以外的单位或个人借该出口企业名义操作完成的。

(3) 以自营名义出口,其出口的同一批货物既签订购货合同,又签订代理出口合同(或协议)的。

(4) 出口货物在海关验放后,自己或委托货代承运人对该笔货物的海运提单或其他运输

6

单据等上的品名、规格等进行修改,造成出口货物报关单与海运提单或其他运输单据有关内容不符的。

（5）以自营名义出口,但不承担出口货物的质量、收款或退税风险之一的,即出口货物发生质量问题不承担购买方的索赔责任(合同中有约定质量责任承担者除外);不承担未按期收款导致不能核销的责任(合同中有约定收款责任承担者除外);不承担因申报出口退(免)税的资料、单证等出现问题造成不退税责任的。

（6）未实质参与出口经营活动、接受并从事由中间人介绍的其他出口业务,但仍以自营名义出口的。

增值税的出口退免征税如表 6-19 所示。

表 6-19　　　　　　　　　　　　　增值税的出口退免征税

类　　型	含　　义	具体事项
出口退税	出口销售免税,进项税额退回	出口生产企业自营或委托出口货物
		出口企业或其他单位视同出口货物
		出口企业对外提供加工修理修配劳务
出口免税	出口销售免税,进项税额不退	特殊纳税人出口的免税货物
		免税出口货物
		视同出口免税的货物或劳务
		不符合申报规定的出口货物或劳务
出口征税	出口销售征税,进项税额抵扣	被取消出口退免税资格的货物
		其他特殊出口货物或劳务

二、出口退税率

（一）我国出口货物退税率的演变概况

自 1994 年以来,增值税的出口货物退税率经历了三次较大的调整。

第一次是在 1995 年。当时,出口退税工作中存在出口退税规模增长过猛、退税增长大大超过征税和出口额的增长、出口骗税严重等问题,致使大量财政收入流失,有些守法经营的出口企业应退税款不能及时到位,因此,国务院决定自 1995 年 7 月 1 日起,对出口货物根据实际税负情况适当调低出口退税率,并加强出口退税管理。

第二次是在 2004 年。2003 年年底,《财政部 国家税务总局关于调整出口货物退税率的通知》(财税〔2003〕222 号),对部分出口货物的退税率进行了调整。本着"适度、稳妥、可行"的原则,区别不同产品调整退税率:对国家鼓励出口产品不降或少降;对一般性出口产品适当降低;对国家限制出口产品和一些资源性产品多降或取消退税。同时,加大中央财政对出口退税的支持力度等。

第三次是在 2008 年以后。从 2008 年 8 月以来,我国多次上调出口退税率,调整频率之高、覆盖范围之广可谓罕见,部分商品出口退税率达到征多少退多少的程度。在应对国际金融危机期间,上调出口退税率,产品的出口总体跌幅相对较小,政策收到成效,帮助不少出口企业渡过了难关。

2020 年 3 月 17 日,《财政部 国家税务总局关于提高部分产品出口退税率的公告》(财政部国家税务总局公告 2020 年第 15 号),明确将瓷制卫生器具等 1 084 项产品出口退税率提高至 13%;将植物生长调节剂等 380 项产品出口退税率提高至 9%。

(二) 退税率的规定

由于增值税对出口货物实行零税率,因此,一般情况下,退税率就是适用税率。也就是说,除财政部和国家税务总局根据国务院决定而明确的增值税出口退税率外,出口货物的退税率为其适用税率。国家税务总局根据上述规定将退税率通过出口货物劳务退税率文库予以发布,供征纳双方执行。退税率有调整的,除另有规定外,其执行时间以货物(包括被加工修理修配的货物)出口货物报关单(出口退税专用)上注明的出口日期为准。

目前,我国增值税的出口退税率有 13%、10% 和 9%。但有如下特殊规定:

(1) 外贸企业购进按简易办法征税的出口货物,其退税率为按简易办法实际执行的征收率;

(2) 从小规模纳税人购进的出口货物,其退税率为小规模纳税人征收率;

(3) 出口企业委托加工修理修配货物,其退税率为出口货物的退税率;

(4) 中标机电产品、出口企业向海关报关进入特殊企业销售给特殊区域内生产企业生产耗用的列名原材料、输入特殊区域的水电气,其退税率为适用税率。

适用不同退税率的货物、劳务及跨境应税行为,应分开报关、核算并申报退(免)税;未分开报关、核算或划分不清的,从低适用退税率。

三、出口退税的计算依据

出口货物劳务增值税退(免)税的计税依据,按出口货物劳务的出口发票(外销发票)、其他普通发票或购进出口货物劳务的增值税专用发票、海关进口增值税专用缴款书确定。

(一) 生产企业出口货物劳务增值税退(免)税的计税依据

(1) 除进料加工复出口货物外,生产企业出口货物劳务增值税退(免)税的计税依据,为出口货物劳务的实际离岸价(FOB)。实际离岸价应以出口发票上的离岸价为准,但如果出口发票不能反映实际离岸价,主管税务机关有权予以核定。

(2) 生产企业进料加工复出口货物增值税退(免)税的计税依据,按出口货物的离岸价(FOB)扣除出口货物所含的海关保税进口料件的金额后确定。海关保税进口料件,是指海关以进料加工贸易方式监管的出口企业从境外和特殊区域等进口的料件,包括出口企业从境外单位或个人购买并从海关保税仓库提取且办理海关进料加工手续的料件,以及保税区外的出口企业从保税区内的企业购进并办理海关进料加工手续的进口料件。

(3) 生产企业国内购进无进项税额且不计提进项税额的免税原材料加工后出口的货物,其计税依据按出口货物的离岸价(FOB)扣除出口货物所含的国内购进免税原材料的金额后确定。

(二) 外贸企业出口货物增值税退(免)税的计算依据

(1) 除委托加工修理修配货物外,外贸企业增值税退(免)税的计税依据,为购进出口货物的增值税专用发票注明的金额或海关进口增值税专用缴款书注明的完税价格。

(2) 外贸企业出口委托加工修理修配货物增值税退(免)税的计税依据,为加工修理修配费用增值税专用发票注明的金额。外贸企业应将加工修理修配使用的原材料(进料加工海关保税进口料件除外)作价销售给受托加工修理修配的生产企业,受托加工修理修配的生产企业应将原材料成本并入加工修理修配费用开具发票。

增值税出口退税的计税依据,如表 6-20 所示。

表 6-20　　　　　　　　　　　　增值税出口退税的计税依据

出口企业	出口货物范围	计税依据
生产企业	一般自产出口货物	实际离岸价(FOB)
	进料加工复出口货物	离岸价(FOB)－海关保税进口料件金额
	国内购进无进项税额且不计提进项税额的免税原材料加工后出口的货物	离岸价(FOB)－国内购进免税原材料金额
外贸企业	境内外购进的货物	增值税专用发票注明的金额或海关进口增值税专用缴款书注明的完税价格
	委托加工修理修配货物	增值税专用发票注明的金额

四、出口退税额的计算方法

1995 年 7 月 1 日前,按原《出口货物退(免)税管理办法》的规定,对不同的出口货物分别实行免抵退法和先征后退法。免抵退法,适用于生产企业出口的货物或劳务,因其计算包含了剔税、抵税和退税三个依次进行的步骤,也被称为先剔再抵后退法。先征后退法,主要针对外贸企业,其计算思路是用进项税额计算应退税额,也被称为以进定退法。

(一)先剔再抵后退法

1. 当期应剔税额的计算

当期应剔税额,就是当期不得免征和抵扣税额。之所以要计算当期应剔税额,是因为有些出口货物的退税率低于适用税率。这个差额部分是不允许退税的,因此就应从当期全部进项税额中剔除,转入出口货物成本中。如果出口货物的退税率等于其适用税率,则当期应剔税额为零。

当期应剔税额的计算公式如下:

$$\text{当期应剔税额}\left(\begin{array}{c}\text{当期不得免征}\\\text{和抵扣税额}\end{array}\right) = \begin{array}{c}\text{当期出口}\\\text{货物离岸价}\end{array} \times \begin{array}{c}\text{人民币外汇}\\\text{折合率}\end{array} \times \left(\begin{array}{c}\text{出口货物}\\\text{适用税率}\end{array} - \begin{array}{c}\text{出口货物}\\\text{退税率}\end{array}\right) - \begin{array}{c}\text{当期不得免}\\\text{征和抵扣税}\\\text{额抵减额}\end{array}$$

其中:

$$\begin{array}{c}\text{当期不得免征和}\\\text{抵扣税额抵减额}\end{array} = \begin{array}{c}\text{当期免税购进}\\\text{原材料价格}\end{array} \times \left(\begin{array}{c}\text{出口货物}\\\text{适用税率}\end{array} - \begin{array}{c}\text{出口货物}\\\text{退税率}\end{array}\right)$$

2. 当期应纳税额的计算

剔除了因退税率低于征税率的部分进项税额后,就得到允许退税的进项税额,但这部分进项税额先要抵扣由国内销售而产生的当期销项税额,如果全部得以抵扣,则不仅不能获得退税,而且还可能要缴纳增值税。这是因为相对于内销来说,外销的份额或比例比较小,因而进项税额全部用于抵扣内销的销项税额了。因此,只有在当期应纳税额未抵扣完而成为负数的情况下,才有可能退税。这个为负数的应纳税额,就是期末留抵税额。

当期应纳税额计算公式为:

当期应纳税额＝当期销项税额－(当期进项税额－当期应剔税额)

3. 当期免抵退税额的计算

然而,在当期应纳税额为负数的情况下,未抵扣完的进项税额也不一定能全部退还。这是因为增值税的退税是按期(季度)执行的,当期的退税额还要受到当期出口外销金额的限制,因此需要计算当期的退税限额,即当期免抵退税额。

当期免抵退税额计算公式为：

$$当期免抵退税额 = 当期出口货物离岸价 \times 外汇人民币折合率 \times 出口货物退税率 - 当期免抵退税额抵减额$$

其中：

$$当期免抵退税额抵减额 = 当期免税购进原材料价格 \times 出口货物退税率$$

当期免抵退税额，实际上就是政府给予出口货物的最大限度的税收优惠。在出口退税额的计算中，这个数额限定了当期退税额的最高数额。因此，就需要将当期期末留抵税额（也就是当期未抵扣完的进项税额）与当期免抵退税额这个最高限额比较，并按照孰低原则来最终确定当期应退税额。当期免抵退税额超过当期应退税额的部分，就是免抵税额。当期期末留抵税额为当期增值税纳税申报表中的"期末留抵税额"。

4. 当期应退税额和免抵税额的计算

如果当期期末留抵税额≤当期免抵退税额，则：

$$当期应退税额 = 当期期末留抵税额$$

$$当期免抵税额 = 当期免抵退税额 - 当期应退税额$$

如果当期期末留抵税额＞当期免抵退税额，则：

$$当期应退税额 = 当期免抵退税额$$

$$当期免抵税额 = 0$$

5. 当期免税购进原材料价格的确定

当期免税购进原材料价格包括当期国内购进的无进项税额且不计提进项税额的免税原材料的价格和当期进料加工保税进口料件的价格，其中，当期进料加工保税进口料件的价格为组成计税价格。当期免税购进原材料价格计算公式如下：

$$当期免税购进原材料价格 = 当期免税国内购进原材料价格 + 当期进料加工保税进口料件的组成计税价格$$

$$当期进料加工保税进口料件的组成计税价格 = 当期进口料件到岸价格 + 海关实征关税 + 海关实征消费税$$

生产企业出口退税额的计算（退税当期）如表 6-21 所示。

表 6-21　　　　　　　　　　　生产企业出口退税额的计算（退税当期）

计算步骤	代号	计算公式	备　注
1. 进料加工保税进口料件的组成计税价格	A	A＝进口料件到岸价格＋关税＋进口消费税	无免税购进原料时，A、B、C 均为 0
2. 免税购进原材料价格	B	B＝免税国内购进原材料价格＋A	
3. 不得免征和抵扣税额抵减额	C	C＝免税购进原料价格×（税率－退税率）	
4. 不得免征和抵扣税额	D	D＝出口销售额×（税率－退税率）－C	剔除税额
5. 应纳税额	E	E＝内销销项税额－（进项税额－D）	抵后余额负数＝期末留抵税额

6

计算步骤	代号	计算公式	备　注
6. 免抵退税额抵减额	G	G＝免税购进原料价格×退税率	无免税购进原料时,G＝0
7. 免抵退税额	H	H＝出口销售额×退税率－G	退免税限额
8.1 应退税额	X1	X1＝期末留抵税额(E)	E<H
8.2 免抵税额	Y1	Y1＝免抵退税额(H)－应退税额(X1)	
9.1 应退税额	X2	X2＝免抵退税额(H)	E>H
9.2 免抵税额	Y2	Y2＝0	
9.3 留抵税额	Y3	Y3＝E－H,结转下期抵扣	

【例题 6-7】 2022 年 8 月 A 生产企业(增值税一般纳税人)进口货物,海关审定的关税完税价格为 500 万元,关税税率为 10％,海关代征了进口环节的增值税,取得海关进口增值税专用缴款书。从国内市场购进原材料支付的价款为 800 万元,取得增值税专用发票上注明的增值税为 128 万元。外销货物的出口离岸价为 1 000 万元人民币;内销货物的不含税销售额为 1 200 万元。上期留抵税额 50 万元。

要求:计算当期应缴纳或应退的增值税税额及免抵税额(假定上述货物内销时均适用 16％的增值税税率,出口退税率为 11％)。

解析:

(1) 当期应剔税额＝1 000×(16％－11％)＝50(万元)。

(2) 进口环节海关代征增值税＝500×(1＋10％)×16％＝88(万元),国内采购环节的进项税额为 128 万元,上期留抵税额 50 万元,因此,当期允许抵扣的进项税额合计＝88－50＋128＋50＝216(万元)。

(3) 当期应纳税额＝1 200×16％－216＝－24(万元)。

(4) 计算出口货物免抵退税的限额:

由于当期免抵退税额＝1 000×11％＝110(万元),大于期末留抵税额 24 万元,因此,当期应退税额＝24(万元),当期免抵税额＝110－24＝86(万元)。

(二) 以进定退法

不具有生产能力的出口企业(以下称外贸企业)或其他单位出口货物劳务,免征增值税,相应的进项税额予以退还。这种方法的基本思路是直接以购进货物的进项金额依照规定的退税率计算应退还的税额。其计算公式为:

$$应退税额＝购进货物的进项金额×退税率$$

(1) 外贸企业出口委托加工修理修配货物以外的货物:

$$增值税应退税额＝增值税退(免)税计税依据×出口货物退税率$$

(2) 外贸企业出口委托加工修理修配货物:

$$出口委托加工修理修配货物的增值税应退税额＝委托加工修理修配的增值税退(免)税计税依据×出口货物退税率$$

（三）小规模纳税人出口货物

小规模纳税人出口货物应退税额的计算公式为：

$$应退税额＝出口货物离岸价÷（1＋征收率）×征收率$$

第七节　增值税的征收管理

一、纳税间隔期和纳税申报期

为了保证应缴税款的及时入库，必须规定税款的缴纳间隔时限。增值税的纳税间隔期一般根据不同的应税业务和应纳税额的数额大小等因素，由主管税务机关具体确定。

（一）销售业务的纳税间隔期和纳税申报期

1. 销售业务的纳税间隔期

根据增值税条例和实施细则的规定，纳税人销售货物或应税劳务应缴增值税的纳税间隔期，有两种情况：

（1）按期纳税，即分别按 1 日、3 日、5 日、10 日、15 日、1 个月或 1 个季度纳税。纳税人的具体纳税期限，由主管税务机关根据纳税人应纳税额的大小分别核定。以 1 个季度为纳税期限的规定适用于小规模纳税人、银行、财务公司、信托投资公司、信用社以及财政部和国家税务总局规定的其他纳税人。金融企业发放贷款后，自结息日起 90 天内发生的应收未收利息按现行规定缴纳增值税，自结息日起 90 天后发生的应收未收利息暂不缴纳增值税，待实际收到利息时按规定缴纳增值税。上述所谓金融企业，是指银行（包括国有、集体、股份制、合资、外资银行以及其他所有制形式的银行）、城市信用社、农村信用社、信托投资公司、财务公司。

（2）不能按固定期限纳税的，可以按次纳税。

2. 销售业务的纳税申报期

纳税人的纳税申报期应根据纳税间隔期的长短分别确定：

（1）纳税人以 1 个月或者 1 个季度为一期纳税的，应自期满之日起 15 日内申报纳税。

（2）以 1 日、3 日、5 日、10 日、15 日为一期纳税的，应自期满之日起 5 日内预缴税款，于次月 1 日起 15 日内申报纳税并结清上月应纳税款。

3. 进口业务的纳税间隔期和纳税申报期

进口货物应纳的增值税，应当在进口货物办理报关手续时按次纳税；纳税申报期为自海关填发税款缴纳证的次日起 15 日内，纳税人必须在此期限内缴纳税款。

4. 出口业务退税间隔期的确定

纳税人出口适用零税率的货物，向海关办理报关出口手续后，凭出口报关单等有关凭证，按月向税务机关申报办该项出口货物的退税。

增值税的纳税间隔期和纳税申报期如表 6-22 所示。

表 6-22　　　　　　　　　　　增值税的纳税间隔期和纳税申报期

业务类型	纳税间隔期	纳税申报期
销售业务	1 日、3 日、5 日、10 日、15 日	期满之日起 5 日内预缴税款，次月前 15 日内申报纳税并结清上月税款
	1 个月或 1 个季度	期满之日起 15 日内申报纳税
	按次	

6

业务类型	纳税间隔期	纳税申报期
进口业务	按次	自海关填发税款缴纳证之日起 15 日
出口业务	1 个月	

二、纳税义务时间和扣缴义务发生时间

(一) 销售业务的纳税义务发生时间

增值税纳税人发生应税销售行为时,纳税义务发生时间是根据不同的结算方式来确定的。其基本原则是,纳税义务发生时间为发生应税销售行为并收讫销售款项或者取得索取销售款项凭据的当天;先开具发票的,为开具发票的当天。收讫销售款项指纳税人销售服务、无形资产、不动产过程中或者完成后收到款项。取得索取销售款项凭据的当天指书面合同确定的付款日期;未签订书面合同或者书面合同未确定付款日期的,为服务、无形资产转让完成的当天或者不动产权属变更的当天。

1. 销售货物的纳税义务发生时间

按货款结算方式的不同,具体分为:

(1) 采取直接收款方式销售货物的,不论货物是否发出,其纳税义务发生时间均为收到销售款项或取得索取销售款项凭据的当天。

(2) 采取托收承付和委托银行收款方式销售货物的,其纳税义务发生时间为发出货物并办妥托收手续的当天。

(3) 采取赊销和分期收款方式销售货物的,其纳税义务发生时间为按合同约定的收款日期的当天;无书面合同的,为货物发出的当天。

(4) 采取预收货款方式销售货物的,其纳税义务发生时间为货物发出的当天,但生产销售生产工期超过 12 个月的大型机械设备、船舶、飞机等货物,为收到预收款或者书面合同约定的收款日期的当天。

(5) 委托其他纳税人代销货物的,其纳税义务发生时间为收到代销单位代销清单的当天;但在收到代销清单前已收到全部或部分货款的,其纳税义务发生时间为收到全部或部分货款的当天;对于发出代销商品超过 180 天仍未收到代销清单及货款的,视同销售实现,一律征收增值税,其纳税义务发生时间为发出代销商品满 180 天的当天。

(6) 发生视同销售货物行为的,除将货物交付他人代销和销售代销货物外,其纳税义务发生时间均为货物移送的当天。

2. 销售劳务、服务、无形资产或不动产的纳税义务发生时间

(1) 销售加工、修理修配劳务的,其纳税义务发生时间为提供劳务同时收讫销售款项或取得索取销售款项凭据的当天。

(2) 纳税人发生视同销售服务、无形资产或者不动产的,其纳税义务发生时间为服务、无形资产转让完成的当天或者不动产权属变更的当天。

(3) 纳税人提供建筑服务、租赁服务采取预收款方式的,其纳税义务发生时间为收到预收款的当天。

(4) 纳税人从事金融商品转让的,为金融商品所有权转移的当天。

销售业务增值税的纳税义务发生时间如表 6-23 所示。

表 6-23　　　　　　　　　　　　销售业务增值税的纳税义务发生时间

业务	具体行为		纳税义务发生时间
销售货物	直接收款方式		收讫销售款项或取得索取销售款项凭据的当天
	托收承付和委托银行收款方式		发货日
	赊销和分期收款方式		合同约定的收款日期的当天；无书面合同的，为发货日
	预收货款方式	一般货物	发货日
		超过 12 个月的大型机械设备、船舶、飞机等货物	收到预收款收或者书面合同约定的收款日期的当天
	委托其他纳税人代销	收到代销清单	代销清单收到日
		收到代销清单前已收到全部或部分货款	收讫部分或全部货款的当天
		发出代销商品超过 180 天仍未收到代销清单及货款	发出代销商品满 180 天的当天
	其他视同销售货物行为		货物移送的当天
其他销售业务	提供建筑服务、租赁服务预收货款方式		收到预收款
	销售加工、修理修配劳务		收讫销售款项或取得索取销售款项凭据的当天
	金融商品转让		金融商品所有权转移的当天
	视同销售服务、无形资产或者不动产		完成当天或者不动产权属变更当天

（二）进口业务的纳税义务发生时间

纳税人进口货物的纳税义务发生时间，为进口报关的当天。

（三）扣缴义务发生时间

增值税扣缴义务发生时间为纳税人增值税纳税义务发生的当天。

三、纳税地点

增值税的纳税地点，既关系到是否方便税收征纳，也涉及地区之间的税收利益关系。因此，必须对此作出科学、合理和明确的规定。

（一）销售行为的纳税地点

纳税人销售货物、劳务或者服务的纳税地点，根据纳税人是否为固定业户或其他个人以及销售业务的发生地点来确定。

1. 固定业户的纳税地点

固定业户应当向其机构所在地的主管税务机关申报纳税。总机构和分支机构不在同一县（市）的，应当分别向各自所在地的主管税务机关申报纳税；经国务院财政、税务主管部门或者其授权的财政、税务机关批准，可以由总机构汇总向总机构所在地的主管税务机关申报纳税。属于固定业户的试点纳税人，总分支机构不在同一县（市），但在同一省（自治区、直辖市、计划单列市）范围内的，经省（自治区、直辖市、计划单列市）财政厅（局）和国家税务局批准，可以由总机构汇总向总机构所在地的主管税务机关申报缴纳增值税。

2. 固定业户外出经营的纳税地点

固定业户到外县（市）销售货物、劳务或者服务，应当向其机构所在地的主管税务机关报告外出经营事项，并向其机构所在地的主管税务机关申报纳税；未报告的，应当向销售地或者服

6

务、劳务行为发生地的主管税务机关申报纳税;未向销售地或者服务、劳务行为发生地的主管税务机关申报纳税的,由其机构所在地的主管税务机关补征税款。

3. 非固定业户的纳税地点

非固定业户销售货物、服务或者劳务,应当向销售地或者服务、劳务行为发生地的主管税务机关申报纳税;未向销售地或者服务、劳务行为发生地的主管税务机关申报纳税的,由其机构所在地或者居住地的主管税务机关补征税款。

4. 建筑服务、不动产租赁或转让业务以及自然资源使用权转让业务的纳税地点

除个体工商户以外的其他个人提供建筑服务,销售或者租赁不动产,转让自然资源使用权,应向建筑服务发生地、不动产所在地、自然资源所在地主管税务机关申报纳税。

5. 跨省提供建筑服务或销售、出租不动产业务的纳税地点

一般纳税人跨省(自治区、直辖市或者计划单列市)提供建筑服务或者销售、出租取得的与机构所在地不在同一省(自治区、直辖市或者计划单列市)的不动产,在机构所在地申报纳税时,计算的应纳税额小于已预缴税额,且差额较大的,由国家税务总局通知建筑服务发生地或者不动产所在地省级税务机关,在一定时期内暂停预缴增值税。

(二)进口货物的纳税地点

进口货物应纳的增值税,应当由纳税人或其代理人连同关税向报关地(不是纳税人生产经营所在地或居住所在地)海关申报纳税。

(三)扣缴义务人的纳税地点

扣缴义务人应当向其机构所在地或者居住地的主管税务机关申报缴纳其扣缴的税款。

四、征收机关

增值税的征收机关为国家税务机关和海关。具体来说,凡在中国境内销售货物、劳务、服务或无形资产的纳税人,由主管国家税务机关负责征收管理。

海关负责代征进口货物应纳的增值税。凡在中国境内口岸进口货物的纳税人,一律向报关进口的海关申报纳税。个人携带或者邮寄进境自用物品的增值税,连同关税,一并由海关计征,具体办法由国务院关税税则委员会会同有关部门制定。

练 习 题

一、选择题(含单项选择题和多项选择题,请用手机扫描下方二维码作答)

二、计算题

1. 某电脑城为增值税一般纳税人,2022 年 1 月销售电脑 280 台,每台零售价格为 7 020 元,上月出售的同型号电脑因质量问题被顾客退回 2 台,当月该型号电脑每台零售价格为

6 786 元, 尚未取得税务机关的《开具红字增值税专用发票通知单》, 电脑城已将这两台电脑退给厂家, 取得厂家依法开具的红字增值税专用发票上注明销售额 11 000 元, 增值税税额 1 430 元; 本月购进电脑取得防伪税控系统增值税专用发票上注明的增值税税额为 35 000 元, 本月申请并通过了认证。要求计算该电脑城本月上述业务应纳增值税税额。

2. 某外贸进出口公司进口一批小轿车, 到岸价格为折合人民币 1 000 万元, 含境外负担的税金 13 500 美元, 当月的外汇中间价为 1 美元＝6.8 元人民币, 缴纳进口关税税额为 900 万元, 则该公司应纳进口增值税为多少万元?(小汽车的消费税税率为 9%)

三、简答题

1. 我国的增值税制度是如何从生产型转变为消费型的?

2. 我国实行"营改增"的背景和初衷是什么?

3. 增值税的不征税行为和免税行为有什么性质上的区别?

4. 我国现行增值税制度中存在哪些重复征税问题?

5. 现代增值税制度与传统增值税制度的区别何在?

6. 为什么现实中的增值税制度表现出很高程度的复杂性?

第七章　消费税制度

思维导图

消费税制度

学 习 目 标

序号	知识点	学习目标	学习难度
1	消费税的征收目的	一般掌握	☆
2	消费税的纳税人	重点掌握	☆☆
3	消费税的计税依据	重点掌握	☆☆☆
4	消费税的税率	了解	☆☆☆
5	消费税的计算公式	重点掌握	☆☆☆
6	消费税的征收管理	了解	☆☆

第一节　消费税概述

一、消费税的概念

消费税是以消费品或消费行为的消费额为课税对象的一种税的统称,在实际运用中有一般消费税和特别消费税之分。一般消费税是指以所有或大部分消费品或消费行为为课税对象而征收的一类税,如增值税就是一种一般消费税。特别消费税是指对特定消费品或消费行为征收的一类税,如烟税、酒税、盐税、货物税、关税等。特别消费税属于选择性商品劳务税,由各国政府根据不同的政策目的而选择相应的商品或劳务作为征税对象。

各国征收消费税的项目数量差异很大,有的达 100 多种,有的只有几种甚至一种,而且名称各异,花样百出,如烟草税、酒税和其他饮料税、盐税、茶税、石油税、汽油税等,还有赌具税、彩票税、狩猎税、狗税等各种针对独特消费品或消费行为的税种。无论是一般消费税还是特别消费税,消费税的基本特征之一是税负由最终消费者承担,因为消费税税额通常内含于消费品的价格之中或作为消费品价格的附加,由购买者或消费者在支付消费价款时"缴纳"。

我国的消费税,准确地说,应该称为特别消费税,以 15 种特别消费品为征税对象,但并不对消费品的购买者直接征税,而是由消费品的生产者或经营者向征税机关缴纳,即以生产或经营者为法律上的纳税人。我国的消费税是在增值税的基础之上另外征收的一种特别消费税。凡是被纳入消费税征税范围的消费品,还需要缴纳增值税。例如,对于高档化妆品的生产者来说,其销售高档化妆品取得的收入既要缴纳增值税,同时也要缴纳消费税;对于高档化妆品的进口者来说,其进口的高档化妆品既要缴纳关税、增值税,同时也要缴纳消费税。

二、特别消费税的征收目的

特别消费税是世界各国普遍实行的税种,在各国税收收入总额中占有一定的比重,特别是发展中国家大都以商品劳务税为主体,特别消费税占有相当大的比重。各国开征特别消费税的目的无外乎增加财政收入、促进资源配置和调节收入分配三个方面。历史上的消费税可能更多是出于增加财政收入的考虑,而现代的消费税,其开征目的除了增加国库收入以外,更重要的是发挥其独特的灵活调节功能,以弥补市场机制的缺陷。

(一)限制不健康消费

消费税可以对社会认为应该加以限制的消费品或消费行为征收高额的税收,体现"寓禁于征"的精神,如对烟、烈性酒、焚化品等不良消费品征收高额消费税,起到限制其消费的目的,从而有利于有限资源的优化配置。本质上,这类消费税的目的是保护人类的健康。从这个意义上说,对这些有害人身健康的消费品所征收的税,可以称为健康保护税。

(二)改善环境质量

消费税还可以对产生外部成本的行为征税,使外部成本转换化为内部成本,如对产生环境污染的生产经营者,通过征收环境污染税不仅可以为整治环境污染筹集资金,而且可以促使纳税人采取各种措施,包括减少产量、调整生产经营项目、开发和应用新的治污技术和方法,促进社会经济整体状况的改善,增加全体人民的福利。从本质上说,这类消费税的目的是保护生态环境。从这个意义上说,对这些有害生态环境的消费品所征收的税,可以称为生态环境保护税。

(三)促进收入公平分配

除了有害人体健康和生态环境的消费品以外,对奢侈品征收特别消费税也是较为常见的做法。我国现在对高档化妆品、高尔夫球及球具、超豪华小汽车和游艇等奢侈消费品征收消费税。本质上,这类消费税的目的是通过对奢侈品课征特别的税收来促进收入分配。从这个意义上说,对这些奢侈消费品所征收的税,可以称为奢侈品消费调节税。

三、我国消费税的制度演变

(一)1994年前的消费税

消费税不仅在国外沿用已久,而且在我国也具有久远的历史。《周礼》中就有"山泽之赋"和"关市之赋"的记载,这可能就是消费税最古老的形态。以后的各朝各代都有类似的赋税形式,名目繁多。保留时间最长的消费税有盐税、茶税、酒税等。

我国现行的消费税是在1950年货物税和特种消费行为税的基础上逐步形成的。1950年1月,当时的政务院公布了《货物税暂行条例》,对所选择的部分货物,在产品制造环节和进口环节实行从价定率和一次课征的办法。此外,曾开征了特种消费行为税,对列入娱乐、筵席、冷食、旅馆四个科目的消费行为征税。考虑到筵席、冷食、旅馆三种有关食住方面的消费行为,其消费额在一般日常生活水平限度以内者,不算特种消费,不应负税,因而规定了起征点;至于娱乐方面的消费,则不是一般日常生活的绝对需要,所以不规定起征点。

1984年的税制改革形成了产品税、增值税、营业税和盐税几个税种共存的相互分割状态,严格来说,这些税种都带有个别消费税的烙印。1988年为了抑制社会上存在的不合理的消费现象,国务院公布了《筵席税暂行条例》,但实际只有部分省份实施,并未全面开征。1989年2月,为了缓解彩色电视机和小轿车的供求矛盾,开征了彩色电视机特别消费税和小轿车特别消费税。

7

（二）1994 年至 2009 年前的消费税

1994 年的税制改革,按照建立社会主义市场经济体制的要求,在取消了原有的产品税、盐税以及调整了增值税、营业税的基础上,建立了独立的消费税税种,在商品生产经营领域形成了以增值税普遍征收和消费税特殊调节的税制格局,实现了一般消费税和个别消费税的合理配置。1993 年 12 月 13 日,《中华人民共和国消费税暂行条例》以国务院令第 135 号发布,自 1994 年 1 月 1 日起,对烟、酒及酒精、化妆品、护肤护发品、贵重首饰及珠宝玉石、鞭炮焰火、摩托车、汽车轮胎、汽油、柴油、小汽车 11 类消费品征收消费税。

2006 年 3 月 20 日,《财政部 国家税务总局关于调整和完善消费税政策的通知》(财税〔2006〕33 号)对消费税的税目进行了调整,自 2006 年 4 月 1 日起实施。该文件新增了高尔夫球及球具、高档手表、游艇、木制一次性筷子、实木地板 5 个税目;同时取消了汽油、柴油税目,增列成品油税目,汽油、柴油改为成品油税目下的子目(税率不变),在成品油税目下新增了石脑油、溶剂油、润滑油、燃料油、航空煤油 5 个子目,共计 7 个子税目。此外,还取消了护肤护发品税目,将原属于护肤护发品征税范围的高档护肤类化妆品列入化妆品税目,同时取消小汽车税目下的小轿车、越野车、小客车子目,在小汽车税目下分设乘用车、中轻型商用客车子目。该文件还对调整后税目的适用税率进行了相应规定和调整。至此,消费税的征税范围从原来的 11 大类扩大到 14 大类。

（三）2009 年以后的消费税

2008 年 11 月 5 日,国务院第三十四次常务会议修订通过的《中华人民共和国消费税暂行条例》,自 2009 年 1 月 1 日起施行。修订后的条例规定对 14 大类消费品征收消费税。

2009 年 5 月 26 日,为了适当增加财政收入,《财政部 国家税务总局关于调整烟产品消费税政策的通知》(财税〔2009〕84 号)规定,自 2009 年 5 月 1 日起,提高卷烟和雪茄烟的消费税比例税率,同时对卷烟批发加征 5% 的消费税。2015 年 5 月 7 日,《财政部 国家税务总局关于调整卷烟消费税的通知》(财税〔2015〕60 号)规定,将卷烟批发环节从价税率由 5% 提高至 11%,并按 0.005 元/支加征从量税。

2014 年 11 月 25 日,《财政部 国家税务总局关于调整消费税政策的通知》(财税〔2014〕93 号)规定,取消气缸容量 250 毫升(不含)以下的小排量摩托车、汽车轮胎、车用含铅汽油和酒精的消费税。汽油税目不再划分二级子目,统一按照无铅汽油税率征收消费税。取消酒精消费税后,"酒及酒精"品目相应改为"酒",并继续按现行消费税政策执行。

2015 年 1 月,《财政部 国家税务总局关于对电池 涂料征收消费税的通知》(财税〔2015〕16 号)和《海关总署关于电池、涂料征收进口环节消费税的公告》规定,对在生产、委托加工和进口环节交易的电池、涂料征收消费税。至此,共有 15 大类消费品被纳入消费税的征税范围。

2016 年 9 月 30 日,《财政部 国家税务总局关于调整化妆品消费税政策的通知》(财税〔2016〕103 号)规定,自 2016 年 10 月 1 日起,取消对普通美容、修饰类化妆品征收消费税,将"化妆品"税目名称更名为"高档化妆品"。征收范围包括高档美容、修饰类化妆品,高档护肤类化妆品和成套化妆品,税率调整为 15%。

2016 年 11 月 30 日,《财政部 国家税务总局关于对超豪华小汽车加征消费税有关事项的通知》(财税〔2016〕129 号)规定,自 2016 年 12 月 1 日起,对超豪华小汽车加征消费税。"小汽车"税目下增设"超豪华小汽车"子目。征收范围为每辆零售价格 130 万元(不含增值税)及以上的乘用车和中轻型商用客车。对超豪华小汽车,在生产(进口)环节按现行税率征收消费税基础上,在零售环节加征消费税,税率为 10%。

四、我国消费税的收入归属

我国消费税属于中央税,其收入全部归中央政府。

2020 年,全国税收收入 154 310 亿元,其中消费税收入合计 12 648 亿元,同比下降 4.5％,占全国税收收入的比重为 8.2％。消费税中,国内消费税收入 12 028 亿元,同比下降 4.3％,占全国税收收入的比重为 7.8％;进口货物消费税收入 620 亿元,同比下降 10％,占全国税收收入的比重为 0.4％。

2021 年,全国税收收入 172 731 亿元,其中消费税收入合计 14 601 亿元,同比增长 15.4％,占全国税收收入的比重为 8.5％。消费税中,国内消费税收入 13 881 亿元,同比增长 15.4％,占全国税收收入的比重为 8％;进口货物消费税收入 720 亿元,同比增长 16％,占全国税收收入的比重为 0.4％。

2022 年,全国税收收入 166 614 亿元,其中消费税收入合计 17 729 亿元,同比增长 21.4％,占全国税收收入的比重为 10.6％。消费税中,国内消费税收入 16 699 亿元,同比增长 20.3％,占全国税收收入的比重为 10％;进口货物消费税收入 1 030 亿元,同比增长 43.1％,占全国税收收入的比重为 0.6％。

第二节 消费税的纳税人和税基

一、消费税的纳税人

要掌握消费税的纳税义务人,必须了解应缴纳消费税的基本经济业务。只有明确了在什么情况下或什么经济业务应该缴纳消费税,才能掌握消费税的纳税义务人。《消费税暂行条例》规定,在我国国境内生产、委托加工或进口应税消费品的单位和个人,为消费税的纳税人。但实际上,某些特殊消费品的批发销售或零售者,也是消费税的纳税人。

按照消费税征收环节和征收管理机关的不同,消费税的纳税人可以划分为国内生产经营纳税人和进口纳税人两大类。

(一)国内生产经营环节的纳税人

在国内生产经营环节的消费税纳税人包括以下五类:

1. 应税消费品自产自销者

在中国境内从事应税消费品的生产并销售业务的单位或个人,为消费税的纳税人。《国家税务总局关于消费税有关问题的公告》(国家税务总局公告 2012 年第 47 号)规定,自 2013 年 1 月 1 日起,工业企业以外的单位和个人将外购的消费税非应税产品以消费税应税产品对外销售,或者将外购的消费税低税率应税产品以高税率应税产品对外销售的行为,视为应税消费品的生产行为,按规定征收消费税。

2. 应税消费品自产自用者

在中国境内从事应税消费品的生产并使用自产的应税消费品的,除连续生产外,以生产单位或个人为消费税的纳税人。

3. 应税消费品委托加工者

在中国境内从事委托加工业务(委托他人生产)应税消费品业务的,以委托单位或个人为消费税的纳税人。委托加工是指委托方提供原料和主要材料,受托方只收取加工费和代垫部分辅助材料的交易模式。若由受托方提供原材料和主要材料的行为,一律不得视为委托加工,

7

讲解视频

消费税的
纳税人

而应作为自产应税消费品的行为。

4. 卷烟批发销售者

自2009年5月1日起,在中国境内从事卷烟批发销售的单位和个人,就其销售的所有牌号规格的卷烟缴纳消费税。

5. 特殊应税消费品的零售者

自1995年1月1日起,凡从事金银首饰生产经营业务的,以及自2002年1月1日起钻石及其饰品生产经营业务的,以零售单位或个人为纳税人。生产、进口和批发上述消费品的,不征收消费税。自2016年12月1日起,将超豪华小汽车销售给消费者的单位和个人,为超豪华小汽车零售环节纳税人。

(二)进口环节的纳税人

在中国境内从境外进口应税消费品的,进口报关单位或个人为消费税的纳税人。

消费税的纳税人如表7-1所示。

表7-1   消费税的纳税人

纳税环节	纳税人	消费品范围
国内经营	自产自销者	应税消费品
	自产自用者	应税消费品
	委托加工者	应税消费品
	批发销售者	卷烟
	零售者	金银首饰、钻石及其饰品、超豪华小汽车
进口	进口报关者	应税消费品

二、消费税的征收范围

我国现行消费税选择部分消费产品为课征对象,且不涉及纯服务性消费的行为,可将我国现行消费税的应税消费品分为有害人类健康的消费品、有害生态环境的消费品和奢侈消费品三大类。

(一)有害人类健康的消费品

征收消费税的有害人类健康的消费品,包括烟和酒2个品目。

(二)有害生态环境的消费品

征收消费税的有害生态环境的消费品,包括鞭炮焰火、电池、涂料、实木地板、木制一次性筷子、成品油、小汽车和摩托车8个品目。

(三)奢侈消费品

奢侈消费品,是指某些非生活必需品,包括贵重首饰及珠宝玉石、游艇、高尔夫球及球具、高档手表和高档化妆品5个品目。

三、消费税的税目解释

根据《消费税暂行条例》和其他相关规定,自2015年开始,消费税的征税对象包括15个大类的应税消费品。

(一)烟

凡是以烟叶为原料加工生产的产品,不论使用何种辅料,均属于本税目的征收范围。本税目下设甲类卷烟、乙类卷烟、雪茄烟和烟丝 4 个子目。

1. 卷烟

卷烟是指将各种烟叶切成烟丝,按照配方要求均匀混合,加入糖、酒、香料等辅料,用白色盘纸、棕色盘纸、涂布纸或烟草薄片经机器或手工卷制的普通卷烟和雪茄型卷烟。

(1)甲类卷烟。甲类卷烟是指每标准条(200 支,下同)调拨价格(不含增值税)在 70 元(含 70 元)以上的卷烟。

(2)乙类卷烟。乙类卷烟是指每标准条(200 支,下同)调拨价格(不含增值税)低于 70 元的卷烟。

2. 雪茄烟

雪茄烟是指以晾晒烟为原料或者以晾晒烟和烤烟为原料,用烟叶或卷烟纸、烟草薄片作为烟支内包皮,再用烟叶作为烟支外包皮,经机器或手工卷制而成的烟草制品。按内包皮所用材料的不同可分为全叶卷雪茄烟和半叶卷雪茄烟。雪茄烟的征收范围包括各种规格、型号的雪茄烟。

3. 烟丝

烟丝是指将烟叶切成丝状、粒状、片状、末状或其他形状,再加入辅料,经过发酵、储存,不经卷制即可供销售吸用的烟草制品。

烟丝的征收范围包括以烟叶为原料加工生产的不经卷制的散装烟,如斗烟、莫合烟、烟末、水烟、黄红烟丝等。

(二)酒

酒是指酒精度在 1 度以上的各种酒类饮料。酒类产品包括白酒、黄酒、啤酒和其他酒 4 个子目。

1. 白酒

白酒是指以含有淀粉或糖成分的原料,经过糖化、发酵后采用蒸馏方法酿制的酒,主要包括粮食白酒和薯类白酒。

粮食白酒是指以高粱、玉米、大米、糯米、大麦、小麦、小米、青稞等各种粮食为原料,经过糖化、发酵后,采用蒸馏方法酿制的白酒。

薯类白酒是指以白薯(红薯、地瓜)、木薯、马铃薯(土豆)、芋头、山药等各种干鲜薯类为原料,经过糖化、发酵后,采用蒸馏方法酿制的白酒。

2. 黄酒

黄酒是指以糯米、粳米、籼米、大米、黄米、玉米、小麦、薯类等为原料,经加温、糖化、发酵、压榨酿制的酒。由于工艺、配料和含糖量的不同,黄酒分为干黄酒、半干黄酒、半甜黄酒、甜黄酒四类。

黄酒的征收范围包括各种原料酿制的黄酒和酒度超过 12 度(含 12 度)的土甜酒。

3. 啤酒

啤酒是指以大麦或其他粮食为原料,加入啤酒花,经糖化、发酵、过滤酿制的含有二氧化碳的酒。啤酒按照杀菌方法的不同,可分为熟啤酒和生啤酒或鲜啤酒。啤酒的征收范围包括各种包装和散装的啤酒。无醇啤酒比照啤酒征税。

4. 其他酒

其他酒是指除粮食白酒、薯类白酒、黄酒、啤酒以外,酒度在 1 度以上的各种酒。其征收范围包括糠麸白酒、其他原料白酒、土甜酒、复制酒、果木酒、汽酒、药酒等。

7

（三）高档化妆品

化妆品是日常生活中用于修饰美化人体表面的用品。高档化妆品消费税的征收范围包括高档美容、修饰类化妆品，高档护肤类化妆品和成套化妆品。高档美容、修饰类化妆品和高档护肤类化妆品是指生产环节不含增值税的销售价格或进口环节的完税价格（不含增值税）在10元/毫升（克）或15元/片（张）及以上的美容、修饰类化妆品和护肤类化妆品。

（四）贵重首饰及珠宝玉石

本税目征收范围包括各种金银珠宝首饰和经采掘、打磨、加工的各种珠宝玉石。凡以金、银、白金、宝石、珍珠、钻石、翡翠、珊瑚、玛瑙等高贵稀有物质以及其他金属、人造宝石等制作的各种纯金银首饰及镶嵌首饰（含人造金银、合成金银首饰等），均为本税目征收范围。

（五）鞭炮、焰火

鞭炮，又称爆竹，是指用多层纸密裹火药并接以药引线而制成的一种爆炸品。焰火是指烟火剂，一般系包扎品，内装药剂，点燃后烟火喷射，呈各种颜色，有的还变幻成各种景象。焰火分平地小焰火和空中大焰火两类。

本税目征收范围包括各种鞭炮、焰火。体育上用的发令纸、鞭炮药引线，不按本税目征收。

（六）成品油

本税目包括汽油、柴油、石脑油、溶剂油、航空煤油、润滑油、燃料油7个子目。

1. 汽油

汽油是指用原油或其他原料加工生产的辛烷值不小于66的可用作汽油发动机燃料的各种轻质油。含铅汽油是指铅含量每升超过0.013克的汽油。汽油分为车用汽油和航空汽油。

以汽油、汽油组分调和生产的甲醇汽油、乙醇汽油也属于本税目征收范围。

2. 柴油

柴油是指用原油或其他原料加工生产的倾点或凝点在－50至30的可用作柴油发动机燃料的各种轻质油和以柴油组分为主、经调和精制可用作柴油发动机燃料的非标油。

以柴油、柴油组分调和生产的生物柴油也属于本税目征收范围。

3. 石脑油

石脑油又叫化工轻油，是以原油或其他原料加工生产的用于化工原料的轻质油。石脑油的征收范围包括除汽油、柴油、航空煤油、溶剂油以外的各种轻质油。非标汽油、重整生成油、拔头油、戊烷原料油、轻裂解料（减压柴油VGO和常压柴油AGO）、重裂解料、加氢裂化尾油、芳烃抽余油均属轻质油，属于石脑油征收范围。

4. 溶剂油

溶剂油是用原油或其他原料加工生产的用于涂料、油漆、食用油、印刷油墨、皮革、农药、橡胶、化妆品生产和机械清洗、胶粘行业的轻质油。

橡胶填充油、溶剂油原料，属于溶剂油征收范围。

5. 航空煤油

航空煤油也叫喷气燃料，是用原油或其他原料加工生产的用作喷气发动机和喷气推进系统燃料的各种轻质油。

6. 润滑油

润滑油是用原油或其他原料加工生产的用于内燃机、机械加工过程的润滑产品。润滑油分为矿物性润滑油、植物性润滑油、动物性润滑油和化工原料合成润滑油。润滑油的征收范围包括矿物性润滑油、矿物性润滑油基础油、植物性润滑油、动物性润滑油和化工原料合成润滑油。以植物性、动物性和矿物性基础油(或矿物性润滑油)混合掺配而成的"混合性"润滑油,不论矿物性基础油(或矿物性润滑油)所占比例高低,均属润滑油的范围。

7. 燃料油

燃料油也称重油、渣油,是用原油或其他原料加工生产,主要用作电厂发电、锅炉用燃料、加热炉燃料、冶金和其他工业炉燃料。蜡油、船用重油、常压重油、减压重油、180CTS 燃料油、7 号燃料油、糠醛油、工业燃料、4—6 号燃料油等油品的主要用途是作为燃料燃烧,属于燃料油征收范围。

(七)摩托车

本税目征收范围包括轻便摩托车和摩托车两种。对最大设计车速不超过 50 千米/小时,发动机气缸总工作容积不超过 50 毫升的三轮摩托车不征收消费税。根据《财政部 国家税务总局关于调整消费税政策的通知》(财税〔2014〕93 号),自 2014 年 12 月 1 日起,取消气缸容量 250 毫升(不含)以下的小排量摩托车消费税。

(八)小汽车

汽车是指由动力驱动,具有 4 个或 4 个以上车轮的非轨道承载的车辆。本税目征收范围包括乘用车和中轻型商用车两个税目。

1. 乘用车

乘用车是指含驾驶员座位在内最多不超过 9 个座位(含)的,在设计和技术特性上用于载运乘客和货物的各类车辆。用排气量小于 1.5 升(含)的乘用车底盘(车架)改装、改制的车辆属于乘用车征收范围。

2. 中轻型商用客车

中轻型商用客车是指含驾驶员座位在内的座位数在 10 至 23 座(含 23 座)的,在设计和技术特性上用于载运乘客和货物的各类车辆。用排气量大于 1.5 升的乘用车底盘(车架)或用中轻型商用客车底盘(车架)改装、改制的车辆属于中轻型商用客车征收范围。车身长度大于 7 米(含),并且座位在 10 至 23 座(含)以下的商用客车,不属于中轻型商用客车,不征收消费税。

含驾驶员人数(额定载客)为区间值的(如 8 至 10 人;17 至 26 人)小汽车,按其区间值下限人数确定征收范围。电动汽车不属于本税目征收范围。沙滩车、雪地车、卡丁车、高尔夫车不属于消费税征收范围,不征收消费税。

3. 超豪华小汽车

超豪华小汽车税目的征收范围为每辆零售价格 130 万元(不含增值税)及以上的乘用车和中轻型商用客车,即乘用车和中轻型商用客车子税目中的超豪华小汽车。

(九)高尔夫球及球具

高尔夫球及球具是指从事高尔夫球运动所需的各种专用装备,包括高尔夫球、高尔夫球杆及高尔夫球包(袋)等。本税目征收范围包括高尔夫球、高尔夫球杆、高尔夫球包(袋)。高尔夫球杆的杆头、杆身和握把属于本税目的征收范围。

(十)高档手表

高档手表是指销售价格(不含增值税)每只在 10 000 元(含)以上的各类手表。本税目征收范围包括符合以上标准的各类手表。

7

（十一）游艇

游艇是指长度大于 8 米小于 90 米,船体由玻璃钢、钢、铝合金、塑料等多种材料制作,可以在水上移动的浮载体。按照动力划分,游艇分为无动力艇、帆艇和机动艇。本税目征收范围包括艇身长度大于 8 米(含)小于 90 米(含),内置发动机,可以在水上移动,一般为私人或团体购置,主要用于水上运动和休闲娱乐等非营利活动的各类机动艇。

（十二）木制一次性筷子

木制一次性筷子,又称卫生筷子,是指以木材为原料经过锯段、浸泡、旋切、刨切、烘干、筛选、打磨、倒角、包装等环节加工而成的各类一次性使用的筷子。本税目征收范围包括各种规格的木制一次性筷子。

（十三）实木地板

实木地板是指以木材为原料,经锯割、干燥、刨光、截断、开榫、涂漆等工序加工而成的块状或条状的地面装饰材料。实木地板按生产工艺不同,可分为独板(块)实木地板、实木指接地板、实木复合地板三类;按表面处理状态不同,可分为未涂饰地板(白坯板、素板)和漆饰地板两类。本税目征收范围包括各类规格的实木地板、实木指接地板、实木复合地板及用于装饰墙壁、天棚的侧端面为榫、槽的实木装饰板。

（十四）电池

电池是一种将化学能、光能等直接转换为电能的装置,一般由电极、电解质、容器、极端,通常还有隔离层组成的基本功能单元,以及用一个或多个基本功能单元装配成的电池组。其范围包括原电池、蓄电池、燃料电池、太阳能电池和其他电池。

1. 原电池

原电池又称一次电池,是按不可以充电设计的电池。按照电极所含的活性物质分类,原电池包括锌原电池、锂原电池和其他原电池。原电池又可分为无汞原电池和含汞原电池。

2. 蓄电池

蓄电池又称二次电池,是按可充电、重复使用设计的电池,包括酸性蓄电池、碱性或其他非酸性蓄电池、氧化还原液流蓄电池和其他蓄电池。

3. 燃料电池

燃料电池是指通过一个电化学过程,将连续供应的反应物和氧化剂的化学能直接转换为电能的电化学发电装置。

4. 太阳能电池

太阳能电池,是将太阳光能转换成电能的装置,包括晶体硅太阳能电池、薄膜太阳能电池、化合物半导体太阳能电池等,但不包括用于太阳能发电储能用的蓄电池。

5. 其他电池

其他电池是指除原电池、蓄电池、燃料电池、太阳能电池以外的电池。

自 2015 年 2 月 1 日起,对电池①征收消费税,但对无汞原电池、金属氰化物镍蓄电池(又称氢镍蓄电池或镍氢蓄电池)、锂原电池、锂离子蓄电池、太阳能电池、燃料电池、全钒液流电池免征消费税。

（十五）涂料

涂料是指涂于物体表面能形成具有保护、装饰或特殊性能的固态涂膜的一类液体或固体

---

① 2015 年 12 月 31 日前,对铅蓄电池缓征消费税,自 2016 年 1 月 1 日起征收消费税。

材料之总称。自 2015 年 2 月 1 日起对涂料征收消费税,但对施工状态下挥发性有机物(VOC)含量低于 420 克/升的涂料,免征消费税。

第三节　消费税的税率和计税依据

一、消费税的税率

消费税暂行条例根据不同应税消费品的具体情况分别规定了比例税率和定额税率两种税率形式,还对某些兼营不同应税消费品的税率适用作出具体规定。

(一)比例税率

比例税率主要适用于那些价格差异较大、计量单位难以规范的应税消费品,包括烟、除黄酒和啤酒以外的其他应税酒、化妆品、鞭炮焰火、贵重首饰及珠宝玉石、摩托车和小汽车等。

(二)定额税率

定额税率适用于计量单位规范的液体应税消费品,包括成品油税目的 7 个子税目和酒类产品中的黄酒和啤酒 2 个子税目。

(三)复合税率

卷烟和白酒采用定额和比例相结合的复合税率。卷烟、白酒的适用税率如表 7-2 所示。

表 7-2　　　　　　　　　　　　　　　卷烟、白酒的适用税率

讲解视频

消费税的税率

应税消费品	定额税率	比例税率
卷　烟	每标准箱 150 元	36%:乙类卷烟 56%:甲类卷烟
白　酒	0.5 元/500 克(或 500 毫升)	20%

(四)兼营不同税率消费品的税率确定

纳税人生产销售两种税率以上的应税消费品(兼营),应当分别核算不同税率应税消费品的销售额、销售数量;未分别核算销售额、销售数量或者将不同税率的应税消费品组成成套消费品销售的,从高适用税率。

消费税税目税率表如表 7-3 所示。

表 7-3　　　　　　　　　　　　　　　消费税税目税率表

税　　　目			税　　　率
一、烟			
1.卷烟	生产和进口	(1)甲类卷烟 (2)乙类卷烟	56%加 0.003 元/支 36%加 0.003 元/支
	商业批发	不分卷烟类型	11%加 0.005 元/支
2.雪茄烟			36%
3.烟丝			30%
二、酒			
1.白酒(粮食白酒、薯类白酒)			20%加 0.5 元/500 克(或 500 毫升)
2.黄酒			240 元/吨

7

税　　目		税　率
3.啤酒	（1）甲类啤酒	250元/吨
	（2）乙类啤酒	220元/吨
	（3）娱乐业和饮食业自制啤酒	250元/吨
4.其他酒		10%
三、高档化妆品		15%
四、贵重首饰及珠宝玉石		
1.金银首饰、铂金首饰和钻石及钻石饰品		5%
2.其他珠宝首饰和珠宝玉石		10%
五、鞭炮、焰火		15%
六、成品油		
1.汽油		1.52元/升
2.柴油		1.20元/升
3.航空煤油		1.20元/升
4.石脑油		1.52元/升
5.溶剂油		1.52元/升
6.润滑油		1.52元/升
7.燃料油		1.20元/升
七、摩托车		
1.气缸容量为250毫升的		3%
2.气缸容量在250毫升以上的		10%
八、小汽车		
1.乘用车	（1）气缸容量在1.0升及以下的	1%
	（2）气缸容量在1.0升以上至1.5升	3%
	（3）气缸容量在1.5升以上至2.0升	5%
	（4）气缸容量在2.0升以上至2.5升	9%
	（5）气缸容量在2.5升以上至3.0升	12%
	（6）气缸容量在3.0升以上至4.0升	25%
	（7）气缸容量在4.0升以上	40%
2.中轻型商用客车		5%
3.超豪华小汽车		生产或进口环节适用税率＋零售环节10%
九、高尔夫球及球具		10%
十、高档手表		20%
十一、游艇		10%
十二、木制一次性筷子		5%
十三、实木地板		5%
十四、铅蓄电池		4%
十五、涂料		4%

二、消费税的计税依据

由于消费税采用比例税率、定额税率和复合税率三种不同情况,因此,消费税的计税依据主要是销售额和计税数量,在某些特殊情形下会采用组成计税价格作为计税依据。

(一)销售额

销售额,是指纳税人销售应税消费品时计算应纳消费税的计税依据。无论是生产销售、批发销售和零售,销售额的含义是相同的。

1. 销售额的内涵和外延

(1)应税销售额的法定含义。作为消费税计税依据的销售额,是指纳税人销售应税消费品而向购买方收取的全部价款和价外收费,但不包括应向购买方收取的增值税税款。如果纳税人应税消费品的销售额未扣除增值税税款或者因不得开具增值税专用发票而发生价款和增值税税款合并收取的,在计算消费税时,应当换算为不含增值税税款的销售额。

其换算公式为:

$$应税消费品的销售额 = 含增值税的销售额 \div (1 + 增值税税率或征收率)$$

征收消费税的产品同时又必须缴纳增值税,两者的计税依据都是同一口径的销售额,但含义有所不同:对增值税而言,应税销售额为不含税的销售额,即不含增值税的销售额;对消费税而言,应税销售额为含消费税但不含增值税的销售额。因为消费税作为一种价内税,其计税依据是含(消费税)的,而增值税作为一种价外税,其计税依据是不含税(增值税)的。例如,当烟丝厂销售一批烟丝时,如果取得的增值税专用发票注明的销售收入为 100 万元,那么计算消费税时,应税销售额也是 100 万元。这笔 100 万元的销售额中不含增值税,却包括了消费税。如果烟丝的消费税税率为 30%,那么,100 万元的销售额中就包括 30 万元的消费税。实际上,只有 70 万元才是既不含增值税、也不含消费税的"不含税销售额"。

含税销售额和不含税销售额在消费税和增值税中的不同含义及运用例解,如表 7-4 所示。

表 7-4　　　　含税销售额与不含税销售额在消费税和增值税中的不同含义及运用例解　　(单位:万元)

对比项目	发票金额不含增值税	发票金额含增值税
消费税	$100 \times 30\% = 30$	$100 \div (1 + 13\%) \times 30\% = 26.55$
增值税(销项税额)	$100 \times 13\% = 13$	$100 \div (1 + 13\%) \times 13\% = 11.50$
含两税销售额	113	100
含消费税但不含增值税的销售额	$100(=113-13)$	$88.50(=100-11.50)$
不含两税销售额	$70(=100-30)$	$61.95(=88.50-26.55)$

(2)关于价外收费。价外收费,是指价外向购买方收取的手续费、补贴、基金、集资费、返还利润、奖励费、违约金、滞纳金、延期付款利息、赔偿金、代收款项、代垫款项、包装费、包装物租金、储备费、优质费、运输装卸费以及其他各种性质的价外收费。但下列项目不包括在内:

第一,同时符合以下条件的代垫运输费用,不作为价外收费:承运部门的运输费用发票开具给购买方的;纳税人将该项发票转交给购买方的。

第二,同时符合以下条件代为收取的政府性基金或者行政事业性收费:由国务院或者财政部批准设立的政府性基金,由国务院或者省级人民政府及其财政、价格主管部门批准设

7

立的行政事业性收费;收取时开具省级以上财政部门印制的财政票据;所收款项全额上缴财政。

白酒生产企业向商业销售单位收取的"品牌使用费"是随应税白酒的销售而向购买方收取的价外收费,应视为含增值税收入并入白酒的销售额中缴纳消费税。

2. 应税销售额的特殊规定

(1)包装物及其押金的消费税处理。根据包装物是否随同产品销售和是否收取押金的三种不同情况,相应规定如下:

第一,对连同所包装的应税消费品一起销售的包装物,无论是否单独计价,也不论在会计上如何核算,均应并入应税消费品的销售额中征收消费税。

第二,对只收取押金而不随同产品作价销售的包装物,其所收取的押金不应并入应税消费品中征税,但对逾期未收回的包装物不再退还的和收取 1 年以上的押金的,应并入应税消费品的销售额,按照应税消费品的适用税率征税。

第三,对既作价随同应税消费品销售又另外收取押金的,凡纳税人在规定的期限内不予退还的,均应并入应税消费品的销售额,按照应税消费品的适用税率征收消费税。

但对销售除啤酒、黄酒外的其他酒类产品而收取的包装物押金,无论是否返还以及会计上如何核算,均应并入当期销售额征税。

(2)外币的折算。纳税人销售的应税消费品,以外汇结算销售额的,可以选择结算当天或者当月 1 日的国家外汇牌价(原则上为中间价)折合为人民币计算应纳税额。

(3)自设非独立核算门市部销售收入。纳税人通过非独立核算门市部销售的自产应税消费品,应按照门市部对外销售额征收消费税。

【例题 7-1】 某化妆品厂为增值税一般纳税人,下设一非独立核算的门市部,2022 年 8 月该厂将生产的一批高档化妆品交门市部,计价 600 万元。门市部将其零售,取得应特指含增值税 772 万元。高档化妆品的消费税税率为 15%。

要求:计算该项业务应缴纳的消费税税额。

解析:

因为该项业务应缴纳的消费税应按门市部对外销售取得的收入计算,所以:

应纳消费税 $= 772 \div (1 + 13\%) \times 15\% = 102.48$(万元)。

增值税销项税额 $= 772 \div (1 + 13\%) \times 13\% = 88.81$(万元)。

---

(4)对外非货币交易应税消费品的销售额。纳税人将自产的应税消费品用于对外交换、对外投资、对外偿债等非货币交易的,应视同销售征收增值税和消费税。在计算消费税时,应当以纳税人同类应税消费品的最高售价作为计税依据。但纳税人将自产的应税消费品用于生产非应税消费品、在建工程、职工福利、馈赠等其他方面的,应按纳税人当月或最近时期同类应税消费者的加权平均价格计算,而不是按最高售价计税。

(5)应税消费品的计税价格的核定权限。消费税暂行条例赋予税务机关一定的计税价格的核定权限,具体规定如下:

第一,卷烟和小汽车的计税价格由国家税务总局核定,送财政部备案。

第二,其他应税消费品的计税价格由省、自治区和直辖市税务局核定。

（二）计税数量

计税数量是指纳税人生产销售、委托加工和进口应税消费品按定额税率计算应纳消费税的数量。

1. 计税数量的具体规定

（1）生产销售应税消费品的，计税数量为应税消费品的销售量。

（2）自产自用应税消费品的，计税数量为应税消费品的移送使用量。

（3）委托加工应税消费品的，计税数量为纳税人收回应税消费品的数量。

（4）进口应税消费品的，计税数量为海关核定的应税消费品的进口数量。

2. 计量单位的换算标准

《消费税暂行条例》规定，黄酒、啤酒以吨为计量单位；成品油以升为计量单位。实际上，纳税人在生产经营过程中会灵活使用升和吨两个计量单位，为了方便和准确计算税额，应按表7-5规定的标准换算计量单位。

表7-5　　　　　　　　　　　　　　　吨和升的换算表

序号	税　目	换算标准
1	黄　酒	1吨＝962升
2	啤　酒	1吨＝988升
3	汽　油	1吨＝1 388升
4	柴　油	1吨＝1 176升
5	航空煤油	1吨＝1 246升
6	石脑油	1吨＝1 385升
7	溶剂油	1吨＝1 282升
8	润滑油	1吨＝1 126升
9	燃料油	1吨＝1 015升

（三）组成计税价格

组成计税价格，是按照税收法律法规规定专门用来计算应纳税额的计税依据，在生产（加工）领域通常由成本（加工费）、利润和税金共同组成，在进口贸易领域则通常由进口货物的成交价格、进口关税和其他相关税金共同组成。构成计税依据的税金，是按照税法规定包含在价格中的税金，不包括在价格中的增值税不属于组成计税价格的内容。

1. 生产应税消费品的组成计税价格

（1）对于自产自销或者自产自用并实行从价定率计税办法的应税消费品，当缺乏按照税法规定可以参考的计税价格时，应该采用以下公式所确定的组成计税价格，作为计算应纳消费税的依据：

$$\frac{组成计}{税价格} = \frac{成本＋利润}{1－消费税比例税率} = \frac{成本×（1＋成本利润率）}{1－消费税比例税率}$$

（2）对于自产自销或者自产自用并实行复合计税办法的应税消费品，当缺乏按照税法规定可以参考的计税价格时，应该采用以下公式所确定的组成计税价格，作为计算应纳消费税的

7

依据：

$$组成计税价格 = \frac{成本+利润+自产自用数量\times消费税定额税率}{1-消费税比例税率} = \frac{成本\times\left(1+成本利润率\right)+自产自用数量\times消费税定额税率}{1-消费税比例税率}$$

2. 委托加工应税消费品的组成计税价格

（1）对于委托加工并实行从价征定率计税办法的应税消费品，当受托方缺乏按照税法规定可以参考的计税价格时，就应该采用以下公式所确定的组成计税价格，作为计算应纳消费税的依据：

$$组成计税价格 = （材料成本+加工费）\div（1-消费税比例税率）$$

（2）对于委托加工并实行复合计税办法的应税消费品，当受托方缺乏按照税法规定可以参考的计税价格时，就应该采用以下公式所确定的组成计税价格，作为计算应纳消费税的依据：

$$组成计税价格 = \frac{材料成本+加工费+委托加工数量\times消费税定额税率}{1-消费税比例税率}$$

3. 进口应税消费品的组成计税价格

（1）对于进口并实行从价定率计税办法的应税消费品，应按以下公式所确定的组成计税价格，作为计算应纳消费税的依据：

$$组成计税价格 = （关税完税价格+关税）\div（1-消费税比例税率）$$

（2）对于进口并实行复合计税办法的应税消费品，应按以下公式所确定的组成计税价格，作为计算应纳消费税的依据：

$$组成计税价格 = \frac{关税完税价格+关税+进口数量\times消费税定额税率}{1-消费税比例税率}$$

消费税的计税依据（组成计税价格）如表 7-6 所示。

表 7-6　　　　　　　　　　　消费税的计税依据（组成计税价格）

项　目	从价计征	复合计征
自产自销	P=（成本+利润）÷（1-消费税比例税率）=[成本×（1+成本利润率）]÷（1-消费税比例税率）	P=（成本+利润+自产自销数量×消费税定额税率）÷（1-消费税比例税率）=[成本×（1+成本利润率）+自产自销数量×消费税定额税率]÷（1-消费税比例税率）
自产自用	同上	P=（成本+利润+自产自用数量×消费税定额税率）÷（1-消费税比例税率）=[成本×（1+成本利润率）+自产自用数量×消费税定额税率]÷（1-消费税比例税率）
委托加工	P=（材料成本+加工费）÷（1-消费税比例税率）	P=（材料成本+加工费+委托加工数量×消费税定额税率）÷（1-消费税比例税率）
进　口	P=（关税完税价格+关税）÷（1-消费税比例税率）	P=（关税完税价格+关税+进口数量×消费税定额税率）÷（1-消费税比例税率）

注：P 表示组成计税价格。

第四节　消费税的税额计算

一、自产自销业务应纳消费税的计算

纳税人生产并销售自产应税消费品的行为,应缴纳消费税和增值税。对于从量征税的消费品,其税额计算非常简单,只需要确定其销售量和适用税率,然后两者相乘即可。但对于从价征税的消费品,消费税的计算就比较复杂。

(一) 自产自销业务的两种情形

首先要区分自产自销业务的两种情形,区分的标准是生产投入物是否已经包含消费税。

1. 生产投入物不含消费税

自产自销业务的一种情形是纳税人自产自销的消费品所使用的原材料等生产投入物不含消费税,如烟丝是应纳消费税的产品,但其原材料主要是烟叶,而烟叶是不征消费税的,因此,烟丝厂销售自产的烟丝时,只需要确定烟丝的销售额就可以了。

2. 生产投入物包含消费税

另一种自产自销业务就是纳税人生产应税消费品的生产投入物本身就已经征过消费税了。例如,卷烟也是一种应纳消费税的产品,但是卷烟的生产投入物主要是烟丝,而烟丝已经在烟丝厂缴纳过消费税了,也就是说,卷烟的销售额中已经包括了烟丝的已纳消费税。对于前一种情形,只需要确定应税消费品的销售额和适用税率,就可以算出其应纳税额;但是对于后一种情形,除了像前一种情形那样要确定销售额以外,还需要扣除生产投入物中所包含的消费税,以解决重叠征税的矛盾。

(二) 生产投入物已纳消费税的扣除

对于用含税的生产投入物的应税消费品(如卷烟),在计算其应纳消费税时,必须将生产投入物中包含的消费税扣除。为此,必须明确扣除的范围和方法。

1. 生产投入物已纳消费税扣除的范围

按照我国现行税法的规定,并不是生产投入物中所有已经包含的消费税都能够扣除,而是有限定范围的。可以扣除生产投入物已纳消费税的应税消费品有以下9种:

(1) 用外购或委托加工收回的已税烟丝生产的卷烟。

(2) 用外购或委托加工收回的已税珠宝玉石生产的贵重首饰及珠宝玉石。

(3) 用外购或委托加工收回的已税高档化妆品生产的高档化妆品。

(4) 用外购或委托加工收回的已税鞭炮焰火生产的鞭炮焰火。

(5) 用外购或委托加工收回的已税汽油、柴油、石脑油、燃料油、润滑油连续生产应税成品油。

(6) 用外购或委托加工收回的已税摩托车生产的摩托车。

(7) 以外购或委托加工收回的已税杆头、杆身和握把为原料生产的高尔夫球杆。

(8) 以外购或委托加工收回的已税木制一次性筷子为原料生产的木制一次性筷子。

(9) 以外购或委托加工收回的已税实木地板为原料生产的实木地板。

由于可以扣除已纳消费税的生产投入物,必须是外购(国内采购或进口)或委托加工收回的,不能是其他方式取得的。因此,对于通过接受投资、赠与、抵债等方式取得的生产投入物,其所含的消费税也是不能扣除的。

外购或委托加工收回消费品已纳消费税额的扣除范围如表7-7所示。

表 7-7   外购或委托加工收回消费品已纳消费税额的扣除范围

税目（应税消费品）	扣除（已税投入物）
卷烟	烟丝
贵重首饰及珠宝玉石	珠宝玉石
高档化妆品	高档化妆品
鞭炮焰火	鞭炮焰火
成品油	汽油、柴油、石脑油、燃料油、润滑油
摩托车	摩托车
高尔夫球杆	杆头、杆身和握把
木制一次性筷子	木制一次性筷子
实木地板	实木地板

2. 生产投入物已纳消费税扣除的方法

《消费税暂行条例实施细则》规定，对生产投入物已纳的消费税，应按生产领用量扣除，所采用的方法称为领用扣税法；增值税法规定，按购进量扣除投入物所含税收，即采用购进扣税法；而资源税法则规定按耗用量扣除投入物已纳税收，即采用耗用扣税法。由于消费税法认定的已税消费品的取得方式是外购和委托加工收回两种方式，因此，已纳消费税税款的扣除应分别处理。

（1）外购方式取得的已税消费品，应按以下公式计算准予扣除的消费税：

$$\begin{array}{c}\text{当期准予扣除的外购应税}\\\text{消费品已纳消费税税款}\end{array}=\begin{array}{c}\text{当期准予扣除的外购}\\\text{应税消费品买价}\end{array}\times\begin{array}{c}\text{外购应税}\\\text{消费品适用税率}\end{array}$$

其中，当期准予扣除的外购应税消费品买价，就是当期领用的外购的已税投入物的买价，用公式表示为：

$$\begin{array}{c}\text{当期准予扣除的外购}\\\text{应税消费品买价}\end{array}=\begin{array}{c}\text{期初库存的外购}\\\text{应税消费品买价}\end{array}+\begin{array}{c}\text{当期购进的外购}\\\text{应税消费品买价}\end{array}-\begin{array}{c}\text{期末库存的外购}\\\text{应税消费品买价}\end{array}$$

外购已税消费品的买价，是指购货发票上注明的销售额（不含增值税）。由于 2015 年财政部多次调整成品油消费税税率，纳税人外购应税成品油连续生产应税成品油，应根据其取得的外购应税油品增值税专用发票开具时间来确定具体扣除金额，即如果增值税专用发票开具时间为调整前，则按照调整前的成品油消费税税率计算扣除消费税；如果增值税专用发票开具时间为调整后，则按照调整后的成品油消费税税率计算扣除消费税。

【例题 7-2】 某化妆品生产企业 2022 年 3 月初库存外购应税高档化妆品 A 金额 50 万元，当月购入应税高档化妆品 A 300 万元（不含增值税），月末库存应税高档化妆品 A 金额 60 万元，其余用于生产应税高档化妆品 B。当月销售高档化妆品 B 取得的销售收入为 600 万元（不含增值税），高档化妆品消费税税率为 15%。

要求：计算该化妆品厂当月应纳消费税税额。

解析：

当月可以扣除的外购高档化妆品 A 买价 = 50 + 300 - 60 = 290（万元）

当月允许扣除的外购高档化妆品 A 已纳消费税税额 = 290 × 15% = 43.5（万元）

当月应纳消费税税额 = 600 × 15% - 43.5 = 46.5（万元）

（2）委托加工收回的已税消费品应按以下公式计算准予扣除的消费税：

$$
\begin{matrix}
当期准予扣除的委托 \\ 加工应税消费品 \\ 已纳消费税税款
\end{matrix}
=
\begin{matrix}
期初库存的委托 \\ 加工应税消费品 \\ 已纳消费税税款
\end{matrix}
+
\begin{matrix}
当期收回的委托 \\ 加工应税消费品 \\ 已纳消费税税款
\end{matrix}
-
\begin{matrix}
期末库存的委托 \\ 加工应税消费品 \\ 已纳消费税税款
\end{matrix}
$$

（3）超豪华小汽车消费税应纳税额的计算。

《财政部 国家税务总局关于对超豪华小汽车加征消费税有关事项的通知》（财税〔2016〕129 号）区分零售环节和生产环节，规定了超豪华小汽车消费税应纳税额的计算公式：

$$应纳税额 = 零售环节销售额（不含增值税，下同）\times 零售环节税率$$

国内汽车生产企业直接销售给消费者的超豪华小汽车，消费税税率按照生产环节税率和零售环节税率加总计算。其消费税应纳税额计算公式如下：

$$应纳税额 = 销售额 \times （生产环节税率 + 零售环节税率）$$

根据《财政部 国家税务总局关于调整金银首饰消费税纳税环节有关问题的通知》〔（1993）财税字第 95 号〕规定，自 1995 年 1 月 1 日起，金银首饰消费税由生产销售环节征收改为零售环节征收。纳税人用委托加工收回的已税珠宝、玉石生产的改在零售环节征收消费税的金银首饰，在计税时一律不得扣除委托加工收回的珠宝、玉石的已纳消费税税款。

二、自产自用业务应纳消费税的计算

（一）自产自用业务的税务处理

纳税人生产的应税消费品，除直接对外销售外，还可以作其他安排，主要有三种情形，涉及不同的税务事宜：

1. 自产消费品用于连续生产其他应税消费品

纳税人自产的应税消费品，如用于连续生产其他应税消费品的，既不纳消费税，也不纳增值税，以消除重复征税。

2. 自产消费品用于连续生产非应税消费品

纳税人自产的应税消费品，如用于连续生产非应税消费品（不征收消费税的产品）的，则应纳消费税，但不纳增值税。

3. 自产消费品用于其他方面

纳税人自产的应税消费品，如不是用于连续生产，而是用于本企业在建工程、管理部门、非生产机构、提供劳务，以及用于馈赠、赞助、集资、广告、样品、职工福利、职工奖励等其他方面的，则应视同销售，于其移送使用时，缴纳增值税和消费税。

从税收法律的角度看，对于消费税来说，只要纳税人生产的应税消费品不是连续生产其他应税消费品，就必定要视同销售缴纳消费税。对于增值税来说，只要纳税人生产的应税消费品不是连续生产其他产品（不一定必须是征收消费税的产品），就必定要视同销售征收增值税。通俗地说，自产自用的产品不征收消费税必须满足两条：一是必须是用于连续生产；二是连续生产的产品必须是应纳消费税的产品。对于增值税来说，只要看是否用于连续生产这一个条件就可以判断是否属于视同销售征税了。

自产自用应税消费品的税务处理如表 7-8 所示。

7

表 7-8 自产自用应税消费品的税务处理

自产自用的情形		增值税	消费税
用于连续生产其他应税消费品		不 征	不 征
用于连续生产非应税消费品		不 征	征 收
用于其他方面	内部使用	征或不征	按平均价征收
	外部使用(对外投资、对外交换、对外偿债)	征 收	按最高价征收
	其他外部使用(对外捐赠、对外分配)	征 收	按平均价征收

(二)自产自用应税消费品的税额计算

自产自用应税消费品既可能要缴纳消费税,也可能缴纳增值税。由于自产自用业务没有销售额,因此,税额计算的关键是确定其计税依据。具体要区分有参考价格和没有参考价格两种情况。

1.有同类消费品参考价格的情形

纳税人如果有同类消费品的销售价格的,应按照纳税人生产的同类消费品的当月或最近时期的加权平均销售价格或者最高价格计算消费税或增值税。

纳税人如果没有同类消费品的销售价格的,应按照其他纳税人生产的同类消费品当月或最近时期的加权平均销售价格计算消费税或增值税。

2.无同类消费品参考价格的情形

如果没有同类消费品的销售价格的,应按照组成计税价格计算增值税和消费税。

(1)实行从价定率办法计算纳税的组成计税价格计算公式:

$$组成计税价格 = \frac{成本 + 利润}{1 - 消费税税率} = \frac{生产成本 \times (1 + 成本利润率)}{1 - 消费税税率}$$

$$应纳消费税 = 组成计税价格 \times 消费税税率$$

$$应纳增值税 = 组成计税价格 \times 增值税税率$$

(2)实行复合计税办法计算纳税的组成计税价格计算公式:

$$组成计税价格 = (成本 + 利润 + 自产自用数量 \times 定额税率) \div (1 - 比例税率)$$

$$应纳消费税 = 组成计税价格 \times 消费税税率 + 自产自用数量 \times 定额税率$$

$$应纳增值税 = 组成计税价格 \times 增值税税率或征收率$$

自产自用业务消费税的税额计算公式如表 7-9 所示。

表 7-9 自产自用业务消费税的税额计算公式

	从价计税	复合计税
有同类参考价	消费税=销售额×消费税比例税率	消费税=销售额×消费税比例税率+销售量×消费税定额税率
	增值税=销售额×增值税税率	增值税=销售额×增值税税率
无同类参考价	消费税=组成计税价格×消费税比例税率	消费税=组成计税价格×消费税比例税率+自产自用数量×消费税定额税率
	组成计税价格=(成本+利润)÷(1-消费税比例税率)=[生产成本×(1+成本利润率)]÷(1-消费税比例税率)	组成计税价格=(成本+利润+自产自用数量×消费税定额税率)÷(1-消费税比例税率)
	增值税=组成计税价格×增值税税率	增值税=组成计税价格×增值税税率

三、委托加工业务消费税的计算

（一）委托加工的法定条件

税法上所谓的委托加工业务必须同时符合两个条件：一是原材料必须由委托方提供；二是受托方只能收取加工费或代垫部分辅助材料。

税法规定的实质，就是受托方不得插手原材料的提供，否则就有自产自销的嫌疑，而自产自销与委托加工是两种不同的业务，有不同的税收待遇，因此不能随意混淆。

（二）委托加工业务消费税处理的基本规定

1. 符合条件的委托加工业务

对于符合税法规定条件的委托加工的应税消费品，无论委托方还是受托方均应承担相应的涉税义务，具体来说，由委托方承担纳税义务，受托方承担代收代缴义务。但纳税人委托个体工商户加工应税消费品的，一律由委托方收回后在委托方所在地缴纳消费税。

2. 不符合条件的委托加工业务

对于不符合税法规定条件的委托加工的应税消费品，应由受托方按自制应税消费品计算消费税，委托方不承担消费税纳税义务。

（三）受托方的税务事宜

1. 受托方履行代收代缴消费税义务

受托方负有计算并代收代缴消费税的义务，关键是确定应税产品的销售价格，主要应区分两种情况分别处理：

第一，如果委托加工的应税消费品，受托方有同类应税消费品的销售价格的，受托方计算代扣代缴的消费税税款时，应按当月销售的同类消费品的销售价格计税；如果当月同类消费品各期销售价格高低不同的，应按销售数量加权平均计税。

第二，如果委托加工的应税消费品，受托方无同类应税消费品的销售价格的，受托方计算代扣代缴的消费税税款时，应按组成计税价格计税。

组成计税价格和应纳消费税税额的计算公式为：

$$组成计税价格 ＝ （材料成本 ＋ 加工费）÷ （1 － 消费税税率）$$
$$应纳消费税税额 ＝ 组成计税价格 × 委托加工应税消费税税率$$

根据《消费税暂行条例实施细则》的规定，"材料成本"是指委托方所提供加工材料的实际成本。委托加工应税消费品的纳税人，必须在委托加工合同上如实注明（或者以其他方式提供）材料成本，凡未提供材料成本的，受托方主管税务机关有权核定其材料成本。"加工费"是指受托方加工应税消费品向委托方所收取的全部费用（包括代垫辅助材料的实际成本）。需要说明的是，由于组成计税价格不包括增值税，因此，在运用这个公式时，必须保证材料成本和加工费均不包括增值税。

2. 受托方未代收代缴消费税义务

受托方如果没有按规定代收代缴消费税的，应由税务机构依照《税收征收管理法》按其未代收代缴税额的 50% 以上 3 倍以下处罚，不补税。

（四）委托方的税务事宜

1. 收回前的税务事宜

（1）外购委托加工材料。当委托方外购用于委托加工的原料和主要材料时，要向供货方支付增值税。如果能够取得增值税专用发票，就可以将此项增值税予以抵扣。

7

（2）发出委托加工材料。纳税人发出委托加工材料时,如果由运输单位负责运送,也会涉及增值税的进项税额抵扣事宜。

（3）支付加工费。委托方支付加工费时,如能取得受托方开具的增值税专用发票,也可以抵扣增值税进项税额。

2. 收回后的税务事宜

（1）用于连续生产最终应税消费品的,无需缴纳增值税和消费税,并且当生产的最终消费品销售时可以扣除所用的已税消费品所包含的消费税。

（2）用于连续生产非应税消费品的,也无需缴纳增值税和消费税。

（3）直接出售或其他方面的,原则上不再征收消费税,但可能应视同销售,缴纳增值税。根据《财政部 国家税务总局关于〈中华人民共和国消费税暂行条例实施细则〉有关条款解释的通知》(财法〔2012〕8 号)的规定,委托方将收回的应税消费品,以不高于受托方的计税价格出售的,为直接出售,不再缴纳消费税;委托方以高于受托方的计税价格出售的,不属于直接出售,需按照规定申报缴纳消费税,在计税时准予扣除受托方已代收代缴的消费税。

3. 受托方未代收代缴消费税的处理

对于受托方未按规定代收代缴消费税税款的,虽然受托方未代收代缴消费税,但不能免除委托方的纳税义务,因此,必须由委托方补缴。如果委托加工收回的应税消费品已经直接销售的,应按销售额计税;如果尚未销售或不能直接销售的(如用于连续生产应税消费品等),则应按组成计税价格计算纳税。补征消费税的组成计税价格为:

$$组成计税价格 = (材料成本 + 加工费) \div (1 - 消费税比例税率)$$

委托方的税务事宜如表 7-10 所示。

表 7-10 委托方的税务事宜

阶 段	涉税事项		税务处理
收回前	外购委托加工材料		增值税进项税额(支付材料费)
	发出委托加工材料		增值税进项税额(支付运费)
	支付加工费		增值税进项税额(支付加工费)
收回后	用于连续生产最终应税消费品		不征收增值税和消费税,扣除已纳消费税
	用于连续生产非应税消费品		不征收增值税和消费税,不扣已纳消费税
	用于直接出售	高于受托方的价格	征收增值税和消费税,扣除已纳消费税
		不高于受托方价格	征收增值税,但不征收消费税
	用于其他方面		征收增值税,但不征收消费税,不扣已纳消费税
	受托方未履行代收代缴义务	直接出售	按销售额补税
		未直接出售	按组成计税价格 = (材料成本 + 加工费) ÷ (1 - 消费税比例税率)补税

【例题 7-3】 2022 年 8 月,A 卷烟厂委托 B 卷烟厂加工烟丝,委托加工合同注明的烟叶成本为 40 万元(不含增值税),取得的增值税专用发票注明支付加工费 50 万元;烟丝收回后,将其中的 50% 按成本价加价 10% 对外销售;余下的 50% 用于连续加工成卷烟 500 箱出售,每箱

售价 2 500 元。卷烟税率 56% 和每箱 150 元,烟丝税率 30%。

要求:计算 A、B 卷烟厂各应纳的增值税和消费税。

解析:

B 卷烟厂的应纳消费税和增值税:

(1) 应代收代缴烟丝的消费税 =(40＋50)÷(1－30%)×30% = 38.57(万元);

(2) 提供加工服务应纳增值税销项税额 = 50×13% = 6.5(万元)。

A 卷烟厂的应纳消费税和增值税:

(1) 销售卷烟应纳消费税 =(500×0.25×56%＋500×0.015)－38.57÷2 =(70＋0.75)－19.29 = 51.46(万元);由于烟丝按成本价销售,因此不需要缴纳消费税。

(2) 销售烟丝应纳增值税销项税额 =(40＋50＋38.57)×50%×13% = 8.36(万元);

(3) 销售烟丝和卷烟应纳增值税 = 8.36＋0.25×500×13%－6.5 = 18.11(万元)。

四、特殊应税消费品应纳消费税的计算

除上述自产自销、自产自用、委托加工业务以外,还有几种特殊应税消费品应纳消费税的计算需要特别说明。

(一) 生产(进口)、批发环节电子烟应纳消费税的计算

在中华人民共和国境内生产(进口)、批发电子烟的单位和个人为消费税纳税人。电子烟生产环节纳税人,是指取得烟草专卖生产企业许可证,并取得或经许可使用他人电子烟产品注册商标(以下称持有商标)的企业。通过代加工方式生产电子烟的,由持有商标的企业缴纳消费税。电子烟批发环节纳税人,是指取得烟草专卖批发企业许可证并经营电子烟批发业务的企业。电子烟进口环节纳税人,是指进口电子烟的单位和个人。

电子烟实行从价定率的办法计算纳税。生产(进口)环节的税率为 36%,批发环节的税率为 11%。

纳税人生产、批发电子烟的,按照生产、批发电子烟的销售额计算纳税。电子烟生产环节纳税人采用代销方式销售电子烟的,按照经销商(代理商)销售给电子烟批发企业的销售额计算纳税。纳税人进口电子烟的,按照组成计税价格计算纳税。

电子烟生产环节纳税人从事电子烟代加工业务的,应当分开核算持有商标电子烟的销售额和代加工电子烟的销售额;未分开核算的,一并缴纳消费税。

纳税人出口电子烟,适用出口退(免)税政策。将电子烟增列至边民互市进口商品不予免税清单并照章征税。除上述规定外,个人携带或者寄递进境电子烟的消费税征收,按照国务院有关规定执行。

(二) 批发环节卷烟应纳消费税的计算

根据《财政部 国家税务总局关于调整烟产品消费税政策的通知》(财税〔2009〕84 号),自 2009 年 5 月 1 日起,在卷烟批发环节加征一道从价消费税。相关具体规定如下:

(1) 纳税义务人:在中华人民共和国境内从事卷烟批发业务的单位和个人。

(2) 征收范围:纳税人批发销售的所有牌号规格的卷烟。

(3) 计税依据:纳税人批发卷烟的销售额(不含增值税)。

(4) 纳税人应将卷烟销售额与其他商品销售额分开核算,未分开核算的,一并征收消费税。

(5) 适用税率:5%。《财政部 国家税务总局关于调整卷烟消费税的通知》(财税〔2015〕60

7

号)规定,自 2015 年 5 月 10 日起,将卷烟批发环节从价税税率由 5％提高至 11％,并按 0.005元/支加征从量税。

（6）纳税人销售给纳税人以外的单位和个人的卷烟于销售时纳税。纳税人之间销售的卷烟不缴纳消费税。

（7）纳税义务发生时间:纳税人收讫销售款或者取得索取销售款凭据的当天。

（8）纳税地点:卷烟批发企业的机构所在地,总机构与分支机构不在同一地区的,由总机构申报纳税。

（9）卷烟消费税在生产和批发两个环节征收后,批发企业在计算纳税时不得扣除已含的生产环节的消费税税款。

（10）《财政部 国家税务总局关于调整卷烟消费税的通知》(财税〔2015〕60 号)规定,纳税人兼营卷烟批发和零售业务的,应当分别核算批发和零售环节的销售额、销售数量;未分别核算批发和零售环节销售额、销售数量的,按照全部销售额、销售数量计征批发环节消费税。

（三）零售环节超豪华小汽车应纳消费税的计算

根据《财政部 国家税务总局关于对超豪华小汽车加征消费税有关事项的通知》(财税〔2016〕129 号),自 2016 年 12 月 1 日起,对超豪华小汽车加征消费税。

（1）"小汽车"税目下增设"超豪华小汽车"子税目。征收范围为每辆零售价格 130 万元(不含增值税)及以上的乘用车和中轻型商用客车,即乘用车和中轻型商用客车子税目中的超豪华小汽车。

（2）将超豪华小汽车销售给消费者的单位和个人为超豪华小汽车零售环节纳税人。

（3）对超豪华小汽车,在生产(进口)环节按现行税率征收消费税基础上,在零售环节加征消费税,税率为 10％。

（4）超豪华小汽车零售环节消费税应纳税额计算公式:

$$应纳税额 = 零售环节销售额(不含增值税) \times 零售环节税率$$

国内汽车生产企业直接销售给消费者的超豪华小汽车,消费税税率按照生产环节税率和零售环节税率加总计算。消费税应纳税额计算公式:

$$应纳税额 = 销售额 \times (生产环节税率 + 零售环节税率)$$

五、进口业务消费税的计算

进口应税消费品应缴纳的消费税,应区分从量征税、从价征税和复合征税三种情形,采用不同的计算公式。

（一）从量征税的消费品

对于实行从量定额征税的应税消费品,应按应税消费品的进口数量和规定的定额税率计算应纳消费税税额。同时,还应按进口时支付的金额为计税依据确定组成计税价格计算应纳增值税。进口应税消费品所支付的金额包括以到岸价为基础由海关审定的关税完税价格、关税和应纳消费税税额三部分,不包括支付的增值税,即以不含增值税的支付金额为计税依据。因此,进口应税消费品征收增值税的组成计税价格的计算公式为:

$$应纳消费税 = 应税消费品进口数量 \times 消费税定额税率$$
$$应纳增值税 = 组成计税价格 \times 增值税税率$$
$$= (关税完税价格 + 关税 + 消费税) \times 增值税税率$$

进口从量定额征税的应税消费品,必须先计算出应纳消费税后,才能按上述公式计算应纳的增值税。

【例题 7-4】 某进口商 2022 年 7 月进口某外国品牌啤酒 500 吨,假设每吨到岸价格为 3 000 元,啤酒的关税税率为 15%,啤酒的消费税税额为 240 元/吨,若同月将 250 吨啤酒直接销售给国内某超市,开具增值税专用发票,取得收入 200 万元。

要求:计算该进口商应纳消费税和增值税。

解析:

(1) 进口啤酒的关税完税价格 $= 500 \times 3\,000 = 1\,500\,000$(元)$= 150$(万元)

(2) 进口啤酒应纳关税 $= 150 \times 15\% = 22.5$(万元)

(3) 进口啤酒应纳消费税 $= 500 \times 240 = 120\,000$(元)$= 12$(万元)

(4) 进口啤酒应纳增值税 $= (150 + 22.5 + 12) \times 13\% = 184.5 \times 13\% = 23.985$(万元)

(5) 销售啤酒应纳增值税 $= 200 \times 13\% - 23.985 = 2.015$(万元)

(二) 从价征税的消费品

对于实行从价定率征税的进口应税消费品,其计算增值税和消费税的依据是相同的,均为进口时所支付的不含增值税税额的金额,即组成计税价格。进口应税消费品的计税价格由海关核定。

由于从价征税的消费品计算增值税和消费税的依据相同,因此,不存在两种税在计算时的先后问题。

从价征税的组成计税价格为:

$$组成计税价格 = (关税完税价格 + 关税) \div (1 - 消费税比例税率)$$

进口消费品应纳消费税和增值税的计算公式为:

$$应纳消费税 = 组成计税价格 \times 消费税比例税率$$

$$应纳增值税 = 组成计税价格 \times 增值税税率$$
$$= (关税完税价格 + 关税 + 消费税) \times 增值税税率$$

【例题 7-5】 某化妆品生产企业为增值税一般纳税人,2022 年 10 月上旬从国外进口一批散装化妆品,支付给国外的货价 120 万元、相关税金 10 万元、卖方佣金 2 万元、运抵我国海关前的运杂费和保险费 18 万元;进口设备一套,支付给国外的货价 35 万元、运抵我国海关前的运杂费和保险费 5 万元。本月企业将进口的散装化妆品的 80% 生产加工为高档成套化妆品 7 800 件,对外批发销售 6 000 件,取得不含税销售额 290 万元;向消费者零售 800 件,取得含税销售额 49.72 万元(散装化妆品的进口关税税率 10%、高档化妆品消费税税率 15%;设备的进口关税税率 5%)。

要求:(1)计算该企业在进口环节应纳的消费税、增值税;

(2)计算该企业国内生产销售环节应纳的增值税、消费税。

解析:

(1) 进口环节应纳各税如下:

进口散装化妆品完税价格 $= 120 + 10 + 2 + 18 = 150$(万元)

进口散装化妆品应缴纳关税 $=150 \times 10\% = 15$(万元)

进口散装化妆品组成计税价格 $=(150+15) \div (1-15\%) = 194.12$(万元)

进口散装化妆品应缴纳消费税 $=194.12 \times 15\% = 29.12$(万元)

进口散装化妆品应缴增值税 $=194.12 \times 13\% = 25.24$(万元)

      或者 $=(150+15+29.12) \times 13\% = 25.24$(万元)

进口设备应缴纳关税 $=(35+5) \times 5\% = 40 \times 5\% = 2$(万元)

进口设备应缴纳增值税 $=(40+2) \times 13\% = 5.46$(万元)

（2）国内生产销售环节应纳各税如下：

销售高档成套化妆品应缴纳增值税 $=[290+49.72 \div (1+13\%)] \times 13\% - (25.24+5.46)$

$$= 334 \times 13\% - 30.7 = 43.42 - 30.7 = 12.72(万元)$$

因当月可抵扣的散装化妆品消费税额 $=29.12 \times 80\% = 23.30$(万元)，因此，生产销售高档成套化妆品应缴纳的消费税 $=334 \times 15\% - 23.30 = 26.80$(万元)。

（三）复合征税的消费品

应纳消费税税额 ＝ 从价消费税额 ＋ 从量消费税额

              ＝ 组成计税价格 × 消费税比例税率 ＋ 应税消费品数量 × 消费税定额税率

$$= \frac{关税完税价格 + 关税}{1 - 消费税比例税率} \times \begin{matrix}消费税\\比例税率\end{matrix} + \begin{matrix}应税消费品\\进口数量\end{matrix} \times \begin{matrix}消费税\\定额税率\end{matrix}$$

进口业务消费税和增值税的计算公式如表 7-11 所示。

表 7-11   进口业务消费税和增值税的计算公式

计征方式	消费税	增值税
从量计征	定额消费税 ＝ 进口数量 × 消费税定额税率	（关税完税价 ＋ 关税 ＋ 消费税）× 增值税税率
从价计征	（关税完税价格 ＋ 关税）÷（1 － 消费税比例税率）× 消费税比例税率	（关税完税价格 ＋ 关税 ＋ 消费税）× 增值税税率
复合计征	[（关税完税价格 ＋ 关税）÷（1 － 消费税比例税率）] × 消费税比例税率 ＋ 进口数量 × 消费税定额税率	（关税完税价格 ＋ 关税 ＋ 消费税）× 增值税税率

六、出口业务的消费税处理

出口销售应税消费品的经营者，既有生产企业，也有专门从事出口销售业务的外贸企业。其所涉及的消费品在出口销售时，可能会适用免税、退税或者征税等不同的消费税政策。

（一）出口免、退、征税的范围

1. 出口免税的范围

《消费税暂行条例》规定，对纳税人出口应税消费品，免征消费税；国务院另有规定的除外。出口免税，就是出口经营者出口应税消费品无需缴纳消费税。此项政策适用于应税消费品的生产企业，而无论该企业是否具有出口经营权。因为生产应税消费品免除了消费税，出口的消费品就不含消费税了，也就不存在退税的问题了。

当然，如果该应税消费品的投入物已包含消费税，那么即使在生产环节免税，出口消费品中也还是包含有消费税的，只不过税法并没有认可其可以退税而已。

2. 出口退税的范围

出口退税,就是把出口消费品中已包含的消费税退还给出口商。此项政策适用于经营应税消费品出口的外贸企业,无论其自营出口还是受托代理出口,都可以获得退税。

因为外贸企业从生产企业购进应税消费品所支付的款项中已包含消费税了,因此,把此消费税退还给外贸企业后,该出口消费品就能以不含税的价格进入国际市场。

外贸企业只有受其他外贸企业委托代理出口应税消费品,才可以办理退税;如外贸企业受其他非外贸企业(非生产性的商贸企业)委托代理出口的应税消费品,就不得退税。

(二) 消费税的出口退税率

消费税的出口退税率就是出口消费品的征税率或单位税额。

出口消费品所含的消费税可以全额退还,这与增值税出口退税有所不同,因为增值税的退税率在某些情形下会低于其征税率,导致增值税并非全额退税了。

当企业出口不同税率的应税消费品时,应分别核算和申报出口退税。

如果企业未分清适用税率的,一律从低适用退税率计算应退消费税。

(三) 出口退税额的计算

外贸企业出口应税消费品应退消费税的计算,要区分从价征税和从量征税两种情况。同时,外贸企业还可以退还出口货物中所含的增值税。

1. 从价征税消费品退税额的计算

外贸公司在出口从价征税的消费品后,可以根据该出口消费品从生产企业购进时支付的不含增值税的金额(即不含增值税的工厂销售额)和出口退税率计算应退消费税和增值税。

$$应退消费税 = 出口消费品的收购金额 \times 消费税退税率$$
$$应退增值税 = 出口消费品的收购金额 \times 增值税退税率$$

2. 从量征税消费品退税额的计算

外贸公司在出口从量征税的消费品后,应根据报关出口的数量与购进数量核对后,计算应退消费税和增值税。

$$应退消费税 = 出口消费品的数量 \times 单位税额$$
$$应退增值税 = 出口消费品的数量 \times 增值税退税率$$

(四) 出口应税消费品退、免税后的管理

针对出口货物退关或国外退货的情况所进行的税务管理,应区分以下两种情况:

第一,出口的应税消费品办理退税后,发生退关,或者国外退货进口时予以免税的,报关出口者必须及时向其机构所在地或者居住地主管税务机关申报补缴已退的消费税税款。

第二,纳税人直接出口的应税消费品办理免税后,发生退关或者国外退货,进口时已予以免税的,经机构所在地或者居住地主管税务机关批准,可暂不办理补税,待其转为国内销售时,再申报补缴消费税。

7

【例题 7-6】 某外贸企业 2022 年 5 月收购一批化妆品出口,取得的增值税专用发票上分别注明化妆品外购金额 200 万元,增值税税额 32 万元。化妆品的国内运输、保险等费用为 10 万元,出口离岸价格为 250 万元。化妆品出口后因故发生退货而转为内销,取得含税销售收入 270 万元。化妆品的消费税税率为 15%,增值税退税率假定为 11%。

要求：

（1）计算外贸企业可获得的出口消费税退税额和增值税退税额；

（2）假设化妆品退货进口时予以免税，确定外贸公司应补缴的消费税；

（3）假设出口化妆品的不是外贸企业而是化妆品生产企业，确定其国外退货应补缴的消费税。

解析：

（1）外贸企业可获得的出口消费税退税额＝200×15％＝30（万元）

（2）外贸企业可获得的出口增值税退税额＝200×11％＝22（万元）

（3）外贸企业应补缴出口时退的消费税＝200×15％＝30（万元）

（4）生产企业出口免消费税，出口退货转为内销后，应按照其销售额补征消费税＝270÷（1＋13％）×15％＝35.84（万元）

第五节 消费税的征收管理

一、消费税的纳税时限

（一）消费税的纳税义务发生时间

消费税纳税义务的发生时间，应根据货款的结算方式或者行为发生时间而定。

1.生产销售行为的纳税义务发生时间

生产销售应税消费品消费税的纳税义务发生时间与增值税相似，都是按不同的生产经营方式和货款的不同结算方式进行相应的处理。

（1）纳税人采取托收承付和委托银行收款方式销售应税消费品的，其纳税义务发生时间为发出应税消费品并办妥托收手续的当天。

（2）纳税人采取赊销和分期收款方式赊销应税消费品的，其纳税义务发生时间为书面合同规定的收款日期的当天；书面合同没有约定收款日期或者无书面合同的，为发出应税消费品的当天。

（3）纳税人采取预收货款方式销售应税消费品的，其纳税义务发生时间为发出应税消费品的当天。

（4）纳税人采取其他结算方式销售应税消费品的，其纳税义务发生时间为收讫销售款或者取得索取销售款凭据的当天。

2.其他应税行为的纳税义务发生时间

（1）纳税人自产自用的应税消费品，其纳税义务发生时间为移送使用的当天。

（2）纳税人委托加工的应税消费品，其纳税义务发生时间为纳税人提货的当天。

（3）纳税人进口的应税消费品，其纳税义务发生时间为报关进口的当天。

消费税的纳税义务发生时间如表7-12所示。

表 7-12   消费税的纳税义务发生时间

应税行为		纳税义务发生时间
自产自销	托收承付和委托银行收款	发货并办妥托收手续的当天
	赊销和分期收款	书面合同约定日或者发货日
	预收货款	发货日
	其他结算	收款日者或取得索取销售款凭证日当天

应税行为	纳税义务发生时间
自产自用	移送使用的当天
委托加工	纳税人提货的当天
进　口	报关进口的当天
零　售	收款日或者取得索取销售款凭证日当天

（二）消费税的纳税期限

根据纳税人、代收代缴义务人应纳税额或应代收代缴税额的大小，由主管税务机关分别核定。税法规定的纳税期限分别为 1 日、3 日、5 日、10 日、15 日、1 个月或者 1 个季度。纳税人不能按固定期限纳税的，可以按次纳税。

（三）消费税的纳税申报期

纳税人以 1 个月为一期纳税的，自期满之日起 15 日内申报纳税；以其他期限为一期纳税的，应在纳税期满之日起 5 日内预缴税款，于次月 1 日起 15 日内申报纳税并结清上月应纳税款。

进口应税消费品的纳税人，应于报关进口后 15 日内申报纳税。

二、消费税的纳税地点

纳税人销售的应税消费品，以及自产自用的应税消费品，除国家另有规定外，应当向纳税人机构所在地或者居住地的主管税务机关申报纳税。

委托加工的应税消费品，由受托方向其机构所在地或者居住地的主管税务机关解缴消费税税款。但对于纳税人委托个人加工的应税消费品，由委托方向其机构所在地或者居住地主管税务机关申报纳税。

纳税人到外县（市）销售或者委托外县（市）代销自产应税消费品的，于应税消费品销售后，向机构所在地或者居住地主管税务机关申报纳税。

纳税人的总机构与分支机构不在同一县（市）的，应当分别向各自机构所在地的主管税务机关申报纳税；经财政部、国家税务总局或者其授权的财政、税务机关批准，可以由总机构汇总向总机构所在地的主管税务机关申报纳税。

进口的应税消费品，由进口人或者其代理人向报关地海关申报纳税。

练 习 题

一、选择题（含单项选择题和多项选择题，请用手机扫描下方二维码作答）

二、计算题

1. 某烟草批发企业为增值税一般纳税人,购入卷烟500箱,支付不含税金额500万元,2015年6月将购进的卷烟200箱销售给位于B地的烟草批发商,取得不含税销售收入250万元;其余的销售给位于本地的零售单位,取得不含税销售收入400万元。(1标准箱=50 000支)请计算该烟草批发企业应缴纳的消费税。

2. 某外贸公司2021年5月进口卷烟100箱,每箱关税的完税价格20 000元人民币;从境内报关地运到单位,发生运费1.7万元,保险费用等杂费2.5万元,假定关税税率为15%,请计算该公司应缴纳的消费税。

三、简答题

1. 消费税大多在生产环节征收是否合理?

2. 对啤酒、黄酒、涂料征收消费税的理由是否充分?

3. 基于不同征收目的消费税收入是否应该用于与其征收目的相符合的公共支出项目?

4. 将卷烟消费税用于"三公消费""社会保障"和"控烟"三种支出项目,哪一种更好?

5. 是否应该赋予地方政府征收特别消费税的权力?

6. 消费税作为中央税是否合理?

第八章　资源税制度

思维导图

资源税制度

学习目标

序号	知识点	学习目标	学习难度
1	资源税的制度演变	一般了解	☆☆☆
2	资源税的征税范围	重点掌握	☆☆
3	资源税的纳税人	重点掌握	☆☆
4	资源税的税率	一般掌握	☆☆☆
5	资源税的税额计算	重点掌握	☆☆
6	资源税的税收优惠	一般掌握	☆☆☆

第一节　资源税概述

一、资源税的概念

资源税是对在我国领域及管辖海域从事应税矿产品开采和生产盐的单位和个人,就其应税产品销售额或销售数量而征收的一种税。

现行资源税的法律规范,是 2019 年 8 月 26 日第十三届全国人民代表大会常务委员会第十二次会议通过的《中华人民共和国资源税法》。

资源税以矿产资源的开采销售量或金额为计税依据。在我国官方的税收分类中,资源税是和货物与劳务税、所得税、财产税并列的一类税收,这种分类在逻辑上不具有一致性。资源税在本质上属于消费税。理由有三:第一,资源税的征税对象是货物,虽然它是自然界未经加工的产物,但与农产品和工业品一样本质上都是货物,因而资源税属于货物税,而货物税就是消费税。事实上,资源产品作为一般货物需要缴纳增值税。资源税是在征收普遍性的增值税的基础上再征收的一种特别货物税,如同消费税是在增值税基础上征收的特别货物税一样。因此,资源税实际上是一种特别货物税,换言之,就是一种特别消费税。第二,有人说资源税是调节资源级差收入的,因此具有所得税的性质。资源税调节级差收入是从征税目的上说的,而且主要是体现在税率上。决定一个税制性质的,不是税率是否有调节作用,而是税基是否属于消费、所得或财产。显然,资源税的征税对象并不是收益或所得,所以不属于所得税。第三,有人说资源税是对财产的征税,因此具有财产税的性质。财产税是对拥有的财产存量征税,而资源税是对交易的资源流量征税,因此也不属于财产税。总之,资源税不是和货物与劳务税、所

讲解视频

资源税

8

得税和财产税并列的一类税,而是货物劳务消费税的一个子类,是一种特别货物税,在性质上属于特别消费税。

二、资源税的制度演变

(一) 第一代资源税:资源税制建立(1984—1993 年)

资源税是 20 世纪 80 年代实施"利改税"时于 1984 年开征的税种。1984 年 9 月 18 日,国务院根据第六届全国人大常委会第七次会议的决定,发布了《中华人民共和国资源税条例(草案)》,并于当年 10 月 1 日起实施。1984 年 9 月 28 日,财政部发布《资源税若干问题的规定》,明确资源税的征税范围限于原油、天然气、煤炭三种。

1986 年 1 月 1 日起,财政部决定对资源税的税率由按应税产品销售利润率累进征收的超率累进税率,改为按实际产量(销量)从量征收的定额税率。

自 1950 年起,盐税基本上作为一个独立税种存在。1973 年将盐税并入工商税,1984 年又分离出来,与资源税并列,1994 年并入资源税。

(二) 第二代资源税:资源税扩围(1994—2009 年)

1993 年 11 月 26 日,国务院第十二次常务会议通过了《中华人民共和国资源税暂行条例》,自 1994 年 1 月 1 日起施行。资源税的征收范围从原来的原油、天然气、煤炭三种扩大到包含其他非金属矿原矿、黑色金属矿原矿、有色金属矿原矿和盐等类。

(三) 第三代资源税:资源税深化改革(2010—2019 年)

2010 年 6 月 1 日起,按照《新疆原油 天然气资源税改革若干问题的规定》,原油、天然气资源税在新疆实行从价计征,税率均为 5%,迈出了我国资源税由从量计征向从价计征的改革步伐。2010 年 12 月 1 日起,该项政策在西部 12 个省区市推开。2011 年 11 月 1 日起,按照《国务院关于修改〈中华人民共和国资源税暂行条例〉的决定》,对原油、天然气按照销售额的 5% 至 10% 实行从价计征,同时对从量征收的税率幅度进行个别调整。

2014 年 10 月 9 日,《财政部 国家税务总局关于调整原油 天然气资源税有关政策的通知》(财税〔2014〕73 号)文件规定,将原油、天然气的资源税适用税率由 5% 提高至 6%。

为促进资源节约集约利用和环境保护,推动转变经济发展方式,规范资源税费制度,经国务院批准,自 2014 年 12 月 1 日起,在全国范围内实施煤炭资源税从价计征改革,同时清理相关收费基金。《财政部 国家税务总局关于实施煤炭资源税改革的通知》(财税〔2014〕72 号)规定,煤炭资源税实行从价定率计征。经国务院批准,自 2015 年 5 月 1 日起实施稀土、钨、钼资源税清费立税、从价计征改革。2016 年 5 月 9 日,《财政部 国家税务总局关于全面推进资源税改革的通知》(财税〔2016〕53 号),要求通过全面实施清费立税、从价计征改革,理顺资源税费关系,建立规范公平、调控合理、征管高效的资源税制度,有效发挥其组织收入、调控经济、促进资源节约集约利用和生态环境保护的作用。此次资源税从价计征改革及水资源税改革试点,自 2016 年 7 月 1 日起实施。已实施从价计征的原油、天然气、煤炭、稀土、钨、钼等 6 个资源品目资源税政策暂不调整,仍按原办法执行。

(四) 第四代资源税:资源税立法改革(2019 年以后)

2019 年 8 月 26 日,十三届全国人大常委会第十二次会议通过了《中华人民共和国资源税法》(以下简称《资源税法》),决定自 2020 年 9 月 1 日起施行。

2020 年 6 月 28 日,《财政部 税务总局关于资源税有关问题执行口径的公告》(财政部 税务总局公告 2020 年第 34 号),明确了资源税实施中的相关重要执行问题。

2020 年 8 月 28 日,《国家税务总局关于资源税征收管理若干问题的公告》(国家税务总局公告 2020 年第 14 号)明确了资源税征管有关规定,修订了资源税纳税申报表,为纳税人和基层税务人员提供了更加明确的政策依据与操作指引。

三、资源税的征税目的

开征资源税主要是为了达到以下目的:一是体现资源有偿使用,保护生态环境,促进资源的合理开发利用;二是通过资源税影响企业的利润,调节资源开采中的级差收入,创造公平的竞争环境;三是配合其他税种,发挥税收杠杆的整体功能;四是增加财政收入,尤其是增加资源开采地或生产地的财政收入。

四、资源税的收入归属

资源税属于共享税,海洋石油资源税收入归中央政府,其余归地方政府。水资源税仍按水资源费中央与地方 1∶9 的分成比例不变。河北省在缴纳南水北调工程基金期间,水资源税收入全部留给该省。

2020 年,全国税收收入 154 312.29 亿元,其中资源税收入 1 754.76 亿元,占全国税收收入的比重为 1.14%。

2021 年,全国税收收入 172 735.67 亿元,其中资源税收入 2 288.16 亿元,同比增长 30.40%,占全国税收收入的比重为 1.32%。

2022 年,全国税收收入 166 614 亿元,其中资源税收入 3 389 亿元,同比增长 48.12%,占全国税收收入的比重为 2.03%。

【拓展阅读】 国有资源财政收入形式须各归其位①

我国矿产资源的国有属性与分布地的分散性,决定了国家和地方都可以从国有资源的开采中获得收益。国有资源有关的财政收入,按其归属划分为中央固定收入、地方固定收入和中央与地方共享收入。按照我国现行国有资源财政收入相关制度,中央固定收入有石油特别收益金和归中央所有的行政性收费(基金);地方固定收入有归地方所有的全国性收费(基金)和地方性收费(基金);中央与地方共享收入有资源税、矿产资源补偿费、探矿权采矿权使用费、探矿权采矿权价款以及其他根据矿山资源登记管理层级不同确定归属的行政性收费(基金)等。我国国有资源开采领域存在租、利、费、基金和税等多种财政收入形式,但相互之间功能定位不合理、所有者权益和公共管理者权益边界不明、中央和地方的利益分配关系不清、国有资源所有者权益未得到充分保障和财政管理混乱等问题。国有资源财政收入制度要按照各归其位和联动改革相一致、有偿使用和生态保护相结合以及收入形式和支出项目相匹配的原则,实施统一的有偿使用制度,厘清租、利、费、基金和税的边界,合理确定中央和地方对国有资源收益的分配关系,强化财政预算管理。

第二节 资源税的纳税人和税基

一、资源税的纳税人

资源税的纳税人,是指在中华人民共和国领域和中华人民共和国管辖的其他海域开发应税资源的单位和个人。上述单位是指企业、行政单位、事业单位、军事单位、社会团体及其他单位。上述个人是指个体工商户和其他个人。

中外合作开采陆上、海上石油资源的企业依法缴纳资源税。2011 年 11 月 1 日前已依法订立中外合作开采陆上、海上石油资源合同的,在该合同有效期内,继续依照国家有关规定缴纳矿区使用费,不缴纳资源税;合同期满后,依法缴纳资源税。

---

① 朱为群,缕长艳.当前国有资源财政之弊端及其改革.税务研究,2014 年第 2 期.

二、资源税的税基

资源税的税基,是在我国领域及管辖海域开采的应税资源,具体包括能源矿产、金属矿产、非金属矿产、水汽矿产和盐五大类。

能源矿产包括原油;天然气、页岩气、天然气水合物;煤;煤成(层)气;铀、钍;地热。金属矿产包括黑色金属矿产(铁、锰、钒、铬)和有色金属矿产两类税目。非金属矿产包括矿物类、岩石类和宝石类三大类税目。水汽矿产包括二氧化碳气、硫化氢气、氦气、氡气,以及矿泉水两个税目。盐包括钠盐、钾盐、镁盐、锂盐;天然卤水和海盐三个税目。

第三节　资源税的税收负担

一、资源税的税率

资源税实行比例税率和定额税率两种税率形式。

《资源税税目税率表》中规定实行幅度税率的,其具体适用税率由省、自治区、直辖市人民政府统筹考虑该应税资源的品位、开采条件以及对生态环境的影响等情况,在《资源税税目税率表》规定的税率幅度内提出,报同级人民代表大会常务委员会决定,并报全国人民代表大会常务委员会和国务院备案。

《资源税税目税率表》中规定征税对象为原矿或者选矿的,应当分别确定具体适用税率。

资源税税目税率表如表 8-1 所示。

表 8-1　　　　　　　　　　　　　　资源税税目税率表

税　　　目			征税对象	税　率
能源矿产	原油		原矿	6%
	天然气、页岩气、天然气水合物		原矿	6%
	煤		原矿或者选矿	2%~10%
	煤成(层)气		原矿	1%~2%
	铀、钍		原矿	4%
	油页岩、油砂、天然沥青、石煤		原矿或者选矿	1%~4%
	地热		原矿	1%~20% 或者每立方米 1~30 元
金属矿产	黑色金属	铁、锰、铬、钒、钛	原矿或者选矿	1%~9%
	有色金属	铜、铅、锌、锡、镍、锑、镁、钴、铋、汞	原矿或者选矿	2%~10%
		铝土矿	原矿或者选矿	2%~9%
		钨	选矿	6.5%
		钼	选矿	8%
		金、银	原矿或者选矿	2%~6%
		铂、钯、钌、锇、铱、铑	原矿或者选矿	5%~10%
		轻稀土	选矿	7%~12%
		中重稀土	选矿	20%
		铍、锂、锆、锶、铷、铯、铌、钽、锗、镓、铟、铊、铪、铼、镉、硒、碲	原矿或者选矿	2%~10%

税　目			征税对象	税　率
非金属矿产	矿物类	高岭土	原矿或者选矿	1%～6%
		石灰岩	原矿或者选矿	1%～6%或者每吨（或者每立方米）1～10元
		磷	原矿或者选矿	3%～8%
		石墨	原矿或者选矿	3%～12%
		萤石、硫铁矿、自然硫	原矿或者选矿	1%～8%
		天然石英砂、脉石英、粉石英、水晶、工业用金刚石、冰洲石、蓝晶石、硅线石（矽线石）、长石、滑石、刚玉、菱镁矿、颜料矿物、天然碱、芒硝、钠硝石、明矾石、砷、硼、碘、溴、膨润土、硅藻土、陶瓷土、耐火黏土、铁矾土、凹凸棒石黏土、海泡石黏土、伊利石黏土、累托石黏土	原矿或者选矿	1%～12%
		叶蜡石、硅灰石、透辉石、珍珠岩、云母、沸石、重晶石、毒重石、方解石、蛭石、透闪石、工业用电气石、白垩、石棉、蓝石棉、红柱石、石榴子石、石膏	原矿或者选矿	2%～12%
		其他黏土（铸型用黏土、砖瓦用黏土、陶粒用黏土、水泥配料用黏土、水泥配料用红土、水泥配料用黄土、水泥配料用泥岩、保温材料用黏土）	原矿或者选矿	1%～5%或者每吨（或者每立方米）0.1～5元
	岩石类	大理岩、花岗岩、白云岩、石英岩、砂岩、辉绿岩、安山岩、闪长岩、板岩、玄武岩、片麻岩、角闪岩、页岩、浮石、凝灰岩、黑曜岩、霞石正长岩、蛇纹岩、麦饭石、泥灰岩、含钾岩石、含钾砂页岩、天然油石、橄榄岩、松脂岩、粗面岩、辉长岩、辉石岩、正长岩、火山灰、火山渣、泥炭	原矿或者选矿	1%～10%
		砂石	原矿或者选矿	1%～5%或者每吨（或者每立方米）0.1～5元
	宝玉石类	宝石、玉石、宝石级金刚石、玛瑙、黄玉、碧玺	原矿或者选矿	4%～20%
水气矿产		二氧化碳气、硫化氢气、氦气、氡气	原矿	2%～5%
		矿泉水	原矿	1%～20%或者每立方米1～30元
盐		钠盐、钾盐、镁盐、锂盐	选矿	3%～15%
		天然卤水	原矿	3%～15%或者每吨（或者每立方米）1～10元
		海盐		2%～5%

8

二、资源税的税收优惠

(一) 资源税法规定的免税项目

根据《资源税法》的规定,有下列情形之一的,免征资源税:①开采原油以及在油田范围内运输原油过程中用于加热的原油、天然气。②煤炭开采企业因安全生产需要抽采的煤成(层)气。

(二) 资源税法规定的减税项目

根据《资源税法》的规定,有下列情形之一的,减征资源税:①从低丰度油气田开采的原油、天然气,减征 20% 的资源税;②高含硫天然气、三次采油和从深水油气田开采的原油、天然气,减征 30% 的资源税;③稠油、高凝油减征 40% 的资源税;④从衰竭期矿山开采的矿产品,减征 30% 的资源税。

上述规定中涉及的用语含义如下:①低丰度油气田,包括陆上低丰度油田、陆上低丰度气田、海上低丰度油田、海上低丰度气田。陆上低丰度油田是指每平方千米原油可开采储量丰度低于 25 万立方米的油田;陆上低丰度气田是指每平方千米天然气可开采储量丰度低于 2 亿 5千万立方米的气田;海上低丰度油田是指每平方千米原油可开采储量丰度低于 60 万立方米的油田;海上低丰度气田是指每平方千米天然气可开采储量丰度低于 6 亿立方米的气田。②高含硫天然气,是指硫化氢含量在每立方米 30 克以上的天然气。③三次采油,是指二次采油后继续以聚合物驱、复合驱、泡沫驱、气水交替驱、二氧化碳驱、微生物驱等方式进行采油。④深水油气田,是指水深超过 300 米的油气田。⑤稠油,是指地层原油黏度大于或等于每秒 50 毫帕或原油密度大于或等于每立方厘米 0.92 克的原油。⑥高凝油,是指凝固点高于 40 摄氏度的原油。⑦衰竭期矿山,是指设计开采年限超过 15 年,且剩余可开采储量下降到原设计可开采储量的 20% 以下或者剩余开采年限不超过 5 年的矿山。衰竭期矿山以开采企业下属的单个矿山为单位确定。

(三) 资源税法规定的授权免税、减税项目

有下列情形之一的,省、自治区、直辖市可以决定免征或者减征资源税:①纳税人开采或者生产应税产品过程中,因意外事故或者自然灾害等原因遭受重大损失。②纳税人开采共伴生矿、低品位矿、尾矿。

上述免征或者减征资源税的具体办法,由省、自治区、直辖市人民政府提出,报同级人民代表大会常务委员会决定,并报全国人民代表大会常务委员会和国务院备案。

(四) 国务院及其财税主管部门规定的减税、免税项目

为贯彻落实《资源税法》,2020 年 6 月 28 日,《财政部 税务总局关于继续执行的资源税优惠政策的公告》(财政部 税务总局公告 2020 年第 32 号),明确了税法施行后继续执行的资源税优惠政策如下:

(1) 对青藏铁路公司及其所属单位运营期间自采自用的砂、石等材料免征资源税。具体操作按《财政部 国家税务总局关于青藏铁路公司运营期间有关税收等政策问题的通知》(财税〔2007〕11 号)第三条规定执行。

(2) 自 2018 年 4 月 1 日至 2023 年 12 月 31 日,对页岩气资源税(按 6% 的规定税率)减征30%。具体操作按《财政部 国家税务总局关于对页岩气减征资源税的通知》(财税〔2018〕26号)和《财政部 税务总局关于延长部分税收优惠政策执行期限的公告》(财政部 税务总局公告2021 年第 6 号)的有关规定执行。

(3) 自 2019 年 1 月 1 日至 2024 年 12 月 31 日,对增值税小规模纳税人可以在 50% 的税

额幅度内减征资源税。具体操作按《财政部 税务总局关于实施小微企业普惠性税收减免政策的通知》(财税〔2019〕13号)和《财政部 税务总局关于进一步实施小微企业"六税两费"减免政策的公告》(财政部 税务总局公告2022年第10号)的有关规定执行。

（4）自2014年12月1日至2027年12月31日,对充填开采置换出来的煤炭,资源税减征50%。具体操作按照《财政部 税务总局关于延续对充填开采置换出来的煤炭减征资源税优惠政策的公告》(财政部 税务总局公告2023年第36号)的有关规定执行。

（五）减税、免税项目的执行

纳税人的免税、减税项目,应当单独核算销售额或者销售数量;未单独核算或者不能准确提供销售额或者销售数量的,不予免税或者减税。

纳税人开采或者生产同一应税产品,其中既有享受减免税政策的,又有不享受减免税政策的,按照免税、减税项目的产量占比等方法分别核算确定免税、减税项目的销售额或者销售数量。

纳税人开采或者生产同一应税产品同时符合两项或者两项以上减征资源税优惠政策的,除另有规定外,只能选择其中一项执行。

纳税人享受资源税优惠政策,实行"自行判别、申报享受、有关资料留存备查"的办理方式,另有规定的除外。纳税人对资源税优惠事项留存材料的真实性和合法性承担法律责任。

第四节 资源税的税额计算

一、资源税的计算方式

资源税主要采用从价定率和从量定额两种计税方法。《资源税税目税率表》中规定可以选择实行从价计征或者从量计征的,具体计征方式由省、自治区、直辖市人民政府提出,报同级人民代表大会常务委员会决定,并报全国人民代表大会常务委员会和国务院备案。

采用从价定率计税办法的,按照应税产品的销售额乘以适用的比例税率计算。其计算公式为:

$$资源税应纳税额 = 销售额 \times 比例税率$$

采用从量定额计税办法的,应按照应税产品的课税数量和规定的单位税额计算。其计算公式为:

$$资源税应纳税额 = 课税数量 \times 单位税额$$

应税产品的销售数量,包括纳税人开采或者生产应税产品的实际销售数量和自用于应当缴纳资源税情形的应税产品数量。

二、资源税应税产品的销售额

根据《财政部 税务总局关于资源税有关问题执行口径的公告》(财政部 税务总局公告2020年第34号),资源税应税产品(以下简称应税产品)的销售额,按照纳税人销售应税产品向购买方收取的全部价款确定,不包括增值税税款。

计入销售额中的相关运杂费用,凡取得增值税发票或者其他合法有效凭证的,准予从销售额中扣除。相关运杂费用是指应税产品从坑口或者洗选(加工)地到车站、码头或者购买方指定地点的运输费用、建设基金以及随运销产生的装卸、仓储、港杂费用。

8

纳税人申报的应税产品销售额明显偏低且无正当理由的,或者有自用应税产品行为而无销售额的,主管税务机关可以按下列方法和顺序确定其应税产品销售额:①按纳税人最近时期同类产品的平均销售价格确定。②按其他纳税人最近时期同类产品的平均销售价格确定。③按后续加工非应税产品销售价格,减去后续加工环节的成本利润后确定。④按应税产品组成计税价格确定。⑤按其他合理方法确定。组成计税价格的计算公式为:

$$组成计税价格 = 成本 \times (1 + 成本利润率) \div (1 - 资源税税率)$$

公式中的成本利润率由省、自治区、直辖市税务机关确定。

纳税人以人民币以外的货币结算销售额的,应当折合成人民币计算。其销售额的人民币折合率可以选择销售额发生的当天或者当月1日的人民币汇率中间价。纳税人应在事先确定采用何种折合率计算方法,确定后1年内不得变更。

【例题8-1】 某油田2022年12月生产原油25万吨,当月销售20万吨,取得不含税收入80万元。加热、修井用油1.6万吨,将2万吨原油赠送给协作单位;开采天然气70万立方米,当月销售60万立方米,取得不含税收入120万元,待售10万立方米。另销售页岩气0.6万立方米,当月取得不含税收入150万元。该油田原油、天然气、页岩气资源税税率均为6%。

要求:计算该油田2022年12月应纳资源税税额。

解析:

开采原油过程中用于加热、修井的原油,免税;将原油赠送给协作单位应按视同销售征收资源税。自2018年4月1日至2023年12月31日,对页岩气资源税(按6%的规定税率)减征30%。

应纳资源税 = (80 + 2 × 80 ÷ 20) × 6% + 120 × 6% + 150 × 6% × (1 - 30%) = 18.78(万元)。

三、资源税计算的特殊规定

(一) 混合销售或混合加工应税产品的销售

纳税人外购应税产品与自采应税产品混合销售或者混合加工为应税产品销售的,在计算应税产品销售额或者销售数量时,准予扣减外购应税产品的购进金额或者购进数量;当期不足扣减的,可结转下期扣减。纳税人应当准确核算外购应税产品的购进金额或者购进数量,未准确核算的,一并计算缴纳资源税。

纳税人核算并扣减当期外购应税产品购进金额、购进数量,应当依据外购应税产品的增值税发票、海关进口增值税专用缴款书或者其他合法有效凭据。

纳税人以外购原矿与自采原矿混合为原矿销售,或者以外购选矿产品与自产选矿产品混合为选矿产品销售的,在计算应税产品销售额或者销售数量时,直接扣减外购原矿或者外购选矿产品的购进金额或者购进数量。

纳税人以外购原矿与自采原矿混合洗选加工为选矿产品销售的,在计算应税产品销售额或者销售数量时,按照下列方法进行扣减:

$$\begin{array}{l}准予扣减的外购应税 \\ 产品购进金额(数量)\end{array} = \begin{array}{l}外购原矿购进 \\ 金额(数量)\end{array} \times \left(\begin{array}{l}本地区原矿 \\ 适用税率\end{array} \div \begin{array}{l}本地区选矿 \\ 产品适用税率\end{array}\right)$$

不能按照上述方法计算扣减的,按照主管税务机关确定的其他合理方法进行扣减。

（二）自采原矿的直接销售

纳税人以自采原矿（经过采矿过程采出后未进行选矿或者加工的矿石）直接销售，或者自用于应当缴纳资源税情形的，按照原矿计征资源税。

（三）选矿产品销售或自用

纳税人以自采原矿洗选加工为选矿产品（通过破碎、切割、洗选、筛分、磨矿、分级、提纯、脱水、干燥等过程形成的产品，包括富集的精矿和研磨成粉、粒级成型、切割成型的原矿加工品）销售，或者将选矿产品自用于应当缴纳资源税情形的，按照选矿产品计征资源税，在原矿移送环节不缴纳资源税。对于无法区分原生岩石矿种的粒级成形砂石颗粒，按照砂石税目征收资源税。

【例题 8-2】 某煤炭企业 2022 年 9 月开采原煤 600 吨，当月向某供热公司销售原煤 300 吨，取得含税销售额 113 万元；当月将外购 10 万元（不含税）原煤与自采 20 万元（不含税）原煤混合洗选加工为选煤销售，选煤不含税销售额为 45 万元。当地原煤税率为 6%，选煤税率为 5%。

要求：计算该煤炭企业 2022 年 9 月应纳资源税税额。

解析：

在计算应税产品销售额时，准予扣减的外购应税产品购进金额＝外购原煤购进金额×（本地区原煤适用税率÷本地区选煤适用税率）＝10×（6%÷5%）＝12（万元）。

应纳资源税＝113÷（1+13%）×6%＋（45-12）×5%＝7.65（万元）。

第五节 资源税的征收管理

一、资源税的纳税时限

（一）纳税义务发生时间

纳税人销售应税产品，纳税义务发生时间为收讫销售款或者取得索取销售款凭据的当日；自用应税产品的，纳税义务发生时间为移送应税产品的当日。

（二）纳税间隔期

资源税按月或者按季申报缴纳；不能按固定期限计算缴纳的，可以按次申报缴纳。

（三）纳税申报期

纳税人按月或者按季申报缴纳的，应当自月度或者季度终了之日起 15 日内，向税务机关办理纳税申报并缴纳税款；按次申报缴纳的，应当自纳税义务发生之日起 15 日内，向税务机关办理纳税申报并缴纳税款。

二、资源税的纳税地点

纳税人应当在矿产品的开采地或者海盐的生产地缴纳资源税。

海上开采的原油和天然气资源税由海洋石油税务管理机构征收管理。

如果纳税人在本省、自治区、直辖市范围内开采或者生产应税产品，其纳税地点需要调整的，由所在地省、自治区、直辖市税务机关决定。

8

练习题

一、选择题(含单项选择题和多项选择题,请用手机扫描下方二维码作答)

二、计算题

1. 某石化企业为增值税一般纳税人,2022年10月开采原油5 010吨,对外销售2 000吨,取得不含税价款600万元,将开采的原油3 000吨用于连续加工生产汽油1 950吨,另将10吨原油用于开采过程中加热使用,原油资源税税率为6%。

要求:计算该企业当月应缴纳的资源税税额。

2. 某生产企业2022年9月购入铜原矿并取得增值税专用发票,发票注明的不含税购进金额为350万元;当月将外购铜原矿和自采铜原矿混合洗选加工为铜选矿进行销售,取得不含税销售额1 200万元。已知当地铜原矿税率为7%,铜选矿税率为5%。

要求:计算该生产企业2022年9月应纳资源税税额。

三、简答题

1. 为什么资源税在性质上属于消费税?

2. 为什么资源税的收入要划归地方政府?

3. 如何理解资源税由从量计征改为从价计征的合理性?

第九章 土地增值税制度

学 习 目 标

序号	知识点	学习目标	学习难度
1	土地增值税的征税目的	了解	☆
2	土地增值税的纳税人	重点掌握	☆☆
3	土地增值税的征税范围、税率、税收优惠	重点掌握	☆☆
4	不同主体转让不同类型房地产时的可扣除项目	一般掌握	☆☆☆
5	土地增值税应纳税额的计算	重点掌握	☆☆☆
6	土地增值税的清算条件和计算	了解	☆☆☆

第一节 土地增值税概述

一、土地增值税的概念

土地增值税是在有偿转让土地所有权或使用权时,对转移土地的价值增加部分所征收的一种税收。在我国,由于土地资源归国家与集体所有,土地增值税只是对有偿转让国有土地使用权及地上建筑物和其他附着物产权并取得增值收入的单位和个人所征的税收。

我国的土地增值税是一种非常特殊的税收,它是对土地及其地上建筑物或构筑物转让时,就其转让收入减除按规定计算的扣除项目金额后的余额为计税依据,并采用超率累进税率计算征收的一种税收。从土地增值税的征收目的看,它属于一种政策调控税收。从土地增值税的征税对象看,由于土地是财产的一种重要形式,有人说它属于财产税。但是,由于土地增值税的计税依据并不是土地的存量价值,而是交易流量减除扣除项目后的余额,是一种流量,因此不属于财产税。

有人说,土地增值税的计税依据是转让收入扣除了取得土地使用权支付的价款、房地产开发成本、房地产开发费用和转让时缴纳的税费,以及有特别的加计扣除,属于所得的性质,因此在本质上属于所得税。由于土地使用权转让行为还需要缴纳企业所得税或者个人所得税,因此土地增值税可以理解为是一种超额利润税。这个说法是有一定道理的。

还有一种观点认为,土地增值税属于特别消费税。理由是,第一,土地增值税虽然是由转让方缴纳,但是它仍然包含在房地产交易的价格中,最终转嫁给了消费者,因此本质上属于消费税。第二,在征收企业所得税时,土地增值税作为价内税被视为如同消费税那样的房地产转让税金,允许纳入企业所得税的扣除项目在计算企业所得税时扣除,因此在本质上属于消费税。后面两种观点各有道理,难分伯仲。因此,实务界有人说土地增值税是一个"四不像"的税收。本书认同土地增值税属于特别消费税的观点。

二、土地增值税的制度演变

19世纪末20世纪初,德国最早创立了土地增值税。英国和日本也分别在1910年和1923年开征土地增值税。在中国,1930年中华民国政府曾在其颁布的《土地法》中详细规定了土地增值税制度。中华人民共和国成立后,曾于20世纪80年代后期尝试土地制度的改革。1990年5月,国务院发布了《中华人民共和国城镇国有土地使用权的出让和转让暂行条例》,为土地使用权成为生产要素进入市场提供了法律保障。

我国现行土地增值税的法规依据,主要是国务院于1993年12月13日颁布的《中华人民共和国土地增值税暂行条例》(以下简称《土地增值税暂行条例》)和1995年1月27日由财政部发布的《中华人民共和国土地增值税暂行条例实施细则》(以下简称《土地增值税暂行条例实施细则》)。《土地增值税暂行条例》于1994年1月1日起施行,《土地增值税暂行条例实施细则》从1995年1月27日起施行,对1994年1月1日至1995年1月27日期间的土地增值税参照《土地增值税暂行条例实施细则》的规定计算征收。

2006年12月28日,《国家税务总局关于房地产开发企业土地增值税清算管理有关问题的通知》(国税发〔2006〕187号),决定从2007年2月1日起开始清算房地产开发企业的土地增值税。之后,国家税务总局又两次下发文件,规范土地增值税清算工作。这两个文件分别是:2009年5月12日《国家税务总局关于印发〈土地增值税清算管理规程〉的通知》(国税发〔2009〕91号)和2010年5月19日《国家税务总局关于土地增值税清算有关问题的通知》(国税函〔2010〕220号)。2016年11月10日,《国家税务总局关于营改增后土地增值税若干征管规定的公告》(国家税务总局公告2016年第70号)明确了"营改增"后土地增值税应税收入确认问题和与转让房地产有关的税金扣除问题等。2018年5月16日,《财政部 税务总局关于继续实施企业改制重组有关土地增值税政策的通知》(财税〔2018〕57号)规定了与房地产开发企业无关的企业改制重组的土地增值税优惠政策。

2019年7月16日,财政部、国家税务总局发布《中华人民共和国土地增值税法(征求意见稿)》。其将出让、转让集体土地使用权、地上的建筑物及其附着物等集体房地产纳入征税范围,同时将取消目前对集体房地产征收的土地增值收益调节金。

三、土地增值税的征税目的

开征土地增值税,是国家运用税收手段规范房地产市场秩序,合理调节土地增值收益分配,维护国家权益,促进房地产市场健康发展的重要举措,其征税的主要目的体现在以下两个方面。

(一)抑制房地产投机行为

改革开放前,我国土地使用一直采取行政划拨的方式,土地实行无偿、无限期使用,不允许土地买卖,不仅没有土地交易行为,更不存在土地交易市场。实践证明,这种土地制度不利于提高土地资源的使用效益。1987年,我国对土地使用制度进行改革,建立了房地产有偿使用、允许转让土地使用权的政策和制度,房地产业发展很快,房地产市场初具规模。这对于合理配置土地资源,提高土地使用效益,增加政府财政收入,改善人民生活居住条件和投资环境,带动相关产业发展,起到了积极的作用。

但实行土地使用权有偿转让以来,由于有关土地管理的各项制度滞后,配套措施不完善以及行政管理上的偏差,在房地产业发展过程中出现了一些问题,如土地使用权转让计划性不强,出让金价格偏低,国有土地收益大量流失;房地产开发过热,投机之风盛行,房地产价格上涨过猛,房地产开发企业增值过快;盲目设立开发区,开发利用率低,国家土地资源浪费严重等。这些问题冲击和危害了国民经济的健康、协调发展,也造成了社会分配不公。

开征土地增值税的一个重要目的就是利用税收杠杆,对房地产业的开发、经营和房地产市场进行适当调控,以保护房地产业和房地产市场的健康发展,控制房地产的投机行为,促进土地资源的合理利用,调节部分单位和个人通过房地产交易取得的过高收入。

（二）保障政府财政收入

土地的收益,主要来源于土地的增值。土地的增值主要来自自然增值和投资增值两个方面:一方面,土地资源是有限的,随着生产和生活建设用地的扩大,土地资源相对发生紧缺,导致土地价格上升,这是土地增值的主要因素。另一方面,投入资金开发建造,把生地变成熟地,建成各种生产、生活、商业设施,改善了生产和生活条件而形成土地增值。通过征收土地增值税,可以保证国家在土地的自然增值和投资增值收益分配过程中获得一定比例的收益;同时,房地产开发者投资开发房地产,也能保证其获得合理收益,以促进房地产业的正常发展。

然而,有些地方出于招商引资或短期政绩的考虑,盲目进行土地开发,竞相压低国有土地批租价格,致使政府土地增值收益流失严重,极大地损害了地方政府的财政利益。通过对土地增值收益征税,可以在一定程度上堵塞漏洞,减少土地资源及增值性收益的流失。

另外,我国目前涉及房地产交易市场的税收主要有企业所得税、个人所得税、契税等。这些税种对转让房地产收益只具有一般的调节作用,而对房地产转让增值所获得的过高收入起不到特殊的调节作用。因此,对土地增值收益征税,可以为增加财政收入开辟新的财源。第三产业作为我国今后在很长一段时间内重点发展的产业,是一块有待开发的新税源。在第三产业中,房地产是高附加值产业,开征土地增值税有利于增加政府财政收入。

四、土地增值税的收入归属

根据我国目前分税制财税体制的规定,土地增值税属于地方税,收入全部归地方政府。

2020年,全国税收收入154 312.29亿元,其中土地增值税收入6 468.51亿元,占全国税收收入的比重为4.19%。

2021年,全国税收收入172 735.67亿元,其中土地增值税收入6 896.02亿元,同比增长6.61%,占全国税收收入的比重为3.99%。

2022年,全国税收收入166 614亿元,其中土地增值税收入6 349亿元,同比下降7.93%,占全国税收收入的比重为3.81%。

第二节　土地增值税的纳税人和征税对象

一、土地增值税的纳税人

根据《土地增值税暂行条例》的规定,土地增值税的纳税人是转让国有土地使用权、地上的建筑物及其附着物并取得收入的单位和个人。

按照《土地增值税暂行条例实施细则》的规定,"国有土地"是指按国家法律规定属于国家所有的土地。"地上的建筑物"是指建于土地上的一切建筑物,包括地上、地下的各种附属设施。"附着物"是指附着于土地上的不能移动或一经移动即遭破坏的物品。"收入"包括转让房地产的全部价款及有关的经济收益,包括货币收入、实物收入和其他收入。"单位"包括各类企业单位(含外商投资企业和外国企业)、事业单位、国家机关和社会团体及其他组织。"个人"包括个体经营者和外籍个人。

在《土地增值税暂行条例》中,国有土地使用权、地上的建筑物及其附着物,也简称为房地产。按照规定,转让房地产并取得收入,是指以出售或者其他方式有偿转让房地产的行为,但不包括以继承、赠与方式无偿转让房地产的行为。对于房地产开发企业将开发产品用于职工福利、奖励、对外投资、分配给股东或投资人、抵偿债务、换取其他单位和个人的非货币性资产等,发生所有权转移时应视同销售房地产,缴纳土地增值税。

二、土地增值税的征税对象

(一) 征税对象范围的一般规定

属于土地增值税征收范围的房地产,必须同时符合以下三个条件:

1. 所转让的必须是国有土地使用权及其地上建筑物和附着物

国有土地,是指依照国家法律规定属于国家所有的土地。根据《中华人民共和国宪法》和《中华人民共和国土地管理法》的规定,城市的土地属于国家,农村和城市郊区的土地除由法律规定属于国家所有的以外,属于集体所有。按照法律规定,集体土地不能自行转让。对于违法转让集体土地的行为,应由有关部门补办土地征用或出让手续,变为国家所有后,再纳入土地增值税的征税范围。

2. 所涉及的必须是应税房地产的使用权或所有权转让行为

只有当国有土地使用权及其地上建筑物和附着物发生使用权或所有权转让时,才可能纳入土地增值税的征税范围。

(1) 国有土地使用权出让不属于土地增值税的征收范围。按照《土地增值税暂行条例》的解释,"国有土地使用权出让",是指国家以土地所有者的身份将土地使用权在一定年限内让与土地使用者,并由土地使用者向国家支付土地使用权出让金的行为。国有土地使用权的出让,属于土地一级交易市场,不属于土地增值税的征税范围。

(2) 出售房地产的行为,属于土地增值税的征收范围。以出售方式转让国有土地使用权、地上建筑物和附着物的行为(出售房地产的行为),主要包括三种具体情形:一是出售国有土地使用权的行为,是指土地使用者通过受让国有土地使用权后,再转让土地使用权的行为,属于二级交易市场;二是取得国有土地使用权并进行开发、建造后出售房屋的情形;三是出售已经建成并投入使用的存量房地产的行为。第一种行为,俗称地产开发行为;第二种行为,俗称房地产开发行为;第三种行为实际上就是旧房或建筑物的出售行为。以上三种情形,都属于土地增值税的征收范围。

(3) 出租房地产的行为,不属于土地增值税的征收范围。房地产的出租,是指房产的产权所有人,或者依照法律规定取得土地使用权的土地使用人,将房产、土地使用权租赁给承租人使用,由承租人向出租人支付租金的行为。虽然房地产的出租人取得了收入,但由于没有发生房产产权、土地使用权的转让,因此不属于土地增值税的征税范围。

3. 转让应税房地产的行为必须是有偿的

土地增值税的征收范围不包括房地产的权属虽转让但未取得收入的行为。如房地产的继承,尽管房地产的权属发生了变更,但转让产权权属者并未取得收入,因此不征收土地增值税。房地产的继承,是指房产的原产权所有人或依照法律规定取得土地使用权的土地使用人死亡以后,由其继承人依法承受死者房产产权和土地使用权的民事法律行为。房地产的赠与,是指房产所有人或土地使用权所有人将自己所拥有的房地产无偿交给其他人的民事法律行为。这里的"赠与"仅指以下两种情形:①房产所有人或土地所有权所有人将房屋产权、土地使用权赠与直系亲属或承担直接赡养义务人的;②房产所有人或土地使用权所有人通过中国境内非营利的社会团体、国家机关将房屋产权、土地使用权赠与教育、民政和其他社会福利、公益事业的。由于房地产的继承、赠与,虽然发生了产权权属的变更,但权属所有人并没有取得任何收益,因此,不属于土地增值税的征收范围。

【例题 9-1】 某县政府(A)根据有关规定将一块国有土地出让给某企业(B),收取土地出让金 1 000 万元,B 企业取得有关土地使用权证书后,在土地上建造一栋房屋并转让给某个人(C),取得价款 100 万元,两年后 C 将该房屋赠与给孙子,B 又将 1/3 土地出租给某企业(D)5 年,年租金为 50 万元。另外,B 从某村委会(E)取得该村 30 亩地的使用权,支付费用 500 万元。

要求:根据上述事项界定土地增值税的纳税人。

解析:

本例中,县政府 A 是土地出让人,虽然其转移了土地使用权并取得收入,但属于国有土地出让,故不征收土地增值税。B 转让房屋给 C 并取得的收入,应界定为土地增值税纳税人,但 B 将 1/3 土地出租给 D 企业并取得收入的行为是出租行为,不征收土地增值税;C 将房地产送给孙子的行为虽然转移了相关产权但未取得收入,因此不是土地增值税的纳税人;E 将农村集体土地转移给 B 使用,也不属于土地增值税纳税人。

(二) 征税对象范围的若干具体规定

1. 房地产的抵押行为

房地产的抵押,是指房产的产权所有人,或者依照法律规定取得土地使用权的土地使用人,将房产、土地使用权质押给债权人作为清偿债务担保的法律行为。在房地产的抵押期间,由于房产的产权所有人,或者依照法律规定取得土地使用权的土地使用人,仍对房地产行使占有、使用、收益等权利,没有发生产权权属的转移,因此不属于土地增值税的征收范围。但是,当抵押期满后,以房地产抵债而发生房地产权属转让的,应纳入土地增值税的征收范围。

2. 房地产的交换行为

房地产的交换,是指一方以房地产与另一方的房地产进行交换的行为。由于房地产的交换既发生了房产产权、土地使用权的转移,交换双方又取得了实物形态的收入,因此属于土地增值税的征收范围。但是,对于个人之间互换自有居住用房地产的,经当地税务机关核实,可以免征土地增值税。

3. 企业因被兼并而转让房地产的行为

在企业兼并中,对被兼并企业将房地产转让到兼并企业中的,暂免征收土地增值税。

4. 房地产的代建房行为和资产重估行为

房地产的代建房,是指地产公司代客户进行房地产的开发,开发完成后向客户收取代建收入的行为。虽然房地产开发公司取得了收入,但由于没有发生房地产权属的转让,因此不属于土地增值税的征收范围。

国有企业在清产核资时对房地产进行重新评估而升值的,由于既没有发生房地产产权权属的转让,也没有取得收入,因此不属于土地增值税的征收范围。

5. 企业改制重组行为

非公司制企业整体改制为有限责任公司或者股份有限公司,有限责任公司(股份有限公

9

司)整体改制为股份有限公司(有限责任公司),对改制前的企业将国有土地使用权、地上的建筑物及其附着物(以下称房地产)转移、变更到改制后的企业,暂不征土地增值税。整体改制是指不改变原企业的投资主体①,并承继原企业权利、义务的行为。

两个或两个以上企业合并为一个企业,且原企业投资主体存续②的,对原企业将房地产转移、变更到合并后的企业,暂不征土地增值税。

企业分设为两个或两个以上与原企业投资主体相同的企业,对原企业将房地产转移、变更到分立后的企业,暂不征土地增值税。

单位、个人在改制重组时以房地产作价入股进行投资,对其将房地产转移、变更到被投资的企业,暂不征土地增值税。

上述有关改制重组的土地增值税政策,不适用于房地产转移任意一方为房地产开发企业的情形。

土地增值税的征税范围如表 9-1 所示。

表 9-1　　　　　　　　　　　　　　土地增值税的征税范围

序号	房地产相关行为	征税与否	备　注
1	抵押房地产	否(抵押期内)	抵押期满后转让的,征税
2	交换房地产	是	个人间互换生活用房核实免税
3	兼并转让房地产	否	
4	代建房行为	否	
5	资产评估增值	否	
6	企业合并转让房地产	否	保持原投资主体不变
7	企业分立转让房地产	否	保持原投资主体不变
8	股权变更转让房地产	否	

第三节　土地增值税的税收负担

一、土地增值税的税率

土地增值税以增值率为累进依据,实行四级超率累进税率。所谓增值率,就是增值额占扣除项目金额的比例。

土地增值税税率表如表 9-2 所示。

表 9-2　　　　　　　　　　　　　　土地增值税税率表

级　次	增值额占扣除项目金额的比例	税　率	速算扣除系数
1	未超过 50% 的部分	30%	0
2	超过 50% 至 100% 的部分	40%	5%
3	超过 100% 至 200% 的部分	50%	15%
4	超过 200% 的部分	60%	35%

---

① 不改变原企业投资主体,是指企业改制重组前后出资人不发生变动,出资人的出资比例可以发生变动。
② 投资主体存续,是指原企业出资人必须存在于改制重组后的企业,出资人的出资比例可以发生变动。

二、土地增值税的税收优惠

(一)普通标准住宅的免税优惠

纳税人建造普通标准住宅出售,增值额未超过扣除项目金额20%的,免缴土地增值税。

所谓"普通标准住宅",是指按所在地一般民用住宅标准建造的居住用住宅。高级公寓、别墅、度假村等不属于普通标准住宅。普通标准住宅与其他住宅的具体划分界限由各省、自治区、直辖市政府规定。《国务院办公厅转发建设部等部门关于做好稳定住房价格工作意见的通知》(国办发〔2005〕26号)规定,普通标准住宅应同时满足以下条件:①住宅小区建筑容积率在1.0以上;②单套建筑面积在120平方米以下;③实际成交价格低于同级别土地上住房平均交易价格1.2倍以下。各省、自治区、直辖市要根据实际情况,制定本地区享受优惠政策普通住房的具体标准。允许单套建筑面积和价格标准适当浮动,但向上浮动的比例不得超过上述标准的20%。

纳税人建造普通标准住宅出售,增值额占扣除项目金额20%以上的,应就其全部增值额按规定计税。对于纳税人既建造普通标准住宅又进行其他房地产开发的,应分别核算其增值额。不分别核算增值额或不能准确核算增值额的,其建造的普通标准住宅不得享受此项免税优惠。

(二)因国家征用、收回而转让房地产的免税优惠

因国家建设依法征用、收回的房地产,免征土地增值税。所谓"因国家建设需要依法征用、收回的房地产",是指因城市实施规划、国家建设的需要而被政府批准征用的房产或收回的土地使用权。因城市实施规划和国家建设的需要而搬迁,并由纳税人自行转让原房地产的,税务机关可比照有关规定对其免征土地增值税。

根据《财政部 国家税务总局关于土地增值税若干问题的通知》(财税〔2006〕21号),因"城市实施规划"而搬迁,是指因旧城改造或因企业污染、扰民(指产生过量废气、废水、废渣和噪音,使城市居民生活受到一定危害),而由政府或政府有关主管部门根据已审批通过的城市规划确定进行搬迁的情况;因"国家建设的需要"而搬迁,是指因实施国务院、省级政府、国务院有关部委批准的建设项目而进行搬迁的情况。

(三)个人转让(销售)房地产的减免优惠

《土地增值税暂行条例实施细则》规定,个人因工作调动或改善居住条件而转让原自用住房的,经向税务机关申报审核,凡居住满5年或5年以上的,税务机关可对其免征土地增值税;居住满3年未满5年的,减半征收土地增值税;居住未满3年的,按规定计征土地增值税。根据《财政部 国家税务总局关于调整房地产交易环节税收政策的通知》(财税〔2008〕137号)的规定,自2008年11月1日起,对个人销售住房暂免征收土地增值税。

(四)转让旧房作为政策性住房房源的免税优惠

所谓的政策性住房,包括公共租赁住房、改造安置住房和经济适用住房等政策予以支持的住房。

根据《财政部 税务总局关于公共租赁住房税收优惠政策的公告》(财政部 税务总局公告2019年第61号)、《财政部 国家税务总局关于棚户区改造有关税收政策的通知》(财税〔2013〕101号)和《财政部 国家税务总局关于廉租住房经济适用住房和住房租赁有关税收政策的通知》(财税〔2008〕24号)规定,对企事业单位、社会团体以及其他组织转让旧房作为公共租赁住房房源或改造安置住房房源或经济适用住房房源,且增值额未超过扣除项目金额20%的,免征土地增值税。

9

（五）拆迁转让房地产的免税优惠

《土地增值税暂行条例实施细则》规定，因城市实施规划、国家建设需要而搬迁，由纳税人自行转让原房地产的，免征土地增值税。

（六）个人互换住房的免税优惠

根据《财政部 国家税务总局关于土地增值税一些具体问题规定的通知》（财税字〔1995〕48号）的规定，对个人之间互换自有居住用房地产的，经当地税务机关核实，可以免征土地增值税。

（七）合作建房后自用的税收优惠

根据《财政部 国家税务总局关于土地增值税一些具体问题规定的通知》（财税字〔1995〕48号）的规定，对于一方出地，一方出资金，双方合作建房，建成后按比例分房自用的，暂免征收土地增值税；建成后转让的，应征收土地增值税。

土地增值税的减免优惠如表9-3所示。

表9-3   土地增值税的减免优惠

序号	减免税对象	减免优惠	备　　注
1	销售建造的普通标准住宅	免　税	增值额未超过扣除项目金额20%
2	因公转让房地产	免　税	国家建设征用、收回、搬迁而转让（转让旧房作为政策性住房房源）
3	合作建房自用	免　税	合作建房转让，征税
4	个人转让（销售）房地产	免税或减税	居住满5年免税，满3年不满5年减半，不满3年征税（2008年11月1日后暂免征税）
5	个人互换住房	免　税	经税务机关核定

第四节　土地增值税的税额计算

土地增值税的计算一般有以下几个步骤：

（1）确定转让房地产所取得的收入。

（2）确定可以扣除项目的金额。

（3）计算增值额和增值率。

（4）计算应纳税额。

在具体计算时，要区分四种不同情况：一是专门从事房地产开发后转让新建房地产，二是非房地产企业转让新建房地产，三是转让旧房和房地产，四是转让未经开发土地。四种情形的区别在于在计算增值额时准予扣除的项目不同，参见表9-5土地增值税扣除项目汇总表。

一、房地产开发企业转让新建房应纳土地增值税的计算

（一）确定房地产转让收入

纳税人转让房地产取得的应税收入，应包括转让房地产的全部价款以及有关的经济收益，具体包括货币收入、实物收入和其他收入。货币收入，是指纳税人转让房地产而取得的现金、银行存款、支票、银行本票、汇票等各种信用票据和国库券，以及金融债券、企业债券、股票等有价证券。实物收入，是指纳税人转让房地产而取得的各种实物形态的收入，如钢材、水泥等建筑材料，或者房屋、土地等不动产。对实物收入，应进行资产评估，以确定其价值。其他收入，

是指纳税人转让房地产而取得的无形资产收入或具有财产价值的权利,如专利权、商标权、著作权、专有技术使用权等,对其价值也需要进行专门的评估。不动产销售实行"营改增"后,其取得的销售收入不包括收取的增值税税额。

纳税人有下列行为之一者,应按照房地产评估价格计算征收土地增值税:

(1) 隐瞒、虚报房地产成交价格的行为。这是指纳税人不报或有意低报转让土地使用权、地上建筑物及其附着物价款的行为。对于此项行为,应由评估机构参照同类房地产的市场交易机构进行评估。税务机关根据评估价格确定转让房地产的收入。

(2) 提供扣除项目金额不实的行为。这是指纳税人在纳税申报时不据实提供扣除项目金额的行为。对于此项行为,应由评估机构按照房屋重置成本价乘以成新度折扣率计算的房屋成本价和取得土地使用权时的基准地价进行评估。税务机关根据评估价格确定扣除项目金额。

(3) 转让房地产的成交价格低于房地产评估价格,又无正当理由的行为。这是指纳税人转让的房地产的实际成交价格低于房地产评估价格评定的交易价格、纳税人又不能提供凭据或无正当理由的行为。对于此项行为,由税务机关参照房地产评估价格确定转让房地产的收入。

所谓房地产评估价格,是指由政府批准设立的房地产评估机构根据相同地段、同类房地产进行综合评定的价格。评估价格须经当地税务机关确认。

应按照房地产评估价格计算征收土地增值税的情形如表 9-4 所示。

表 9-4 应按照房地产评估价格计算征收土地增值税的情形

序号	相关行为	具体界定	评估处理	税务处理
1	隐瞒、虚报房地产成交价格的行为	不报或有意低报转让土地使用权、地上建筑物及其附着物价款	按同类房地产市场价评估	按评估价格确定转让房地产收入
2	提供扣除项目金额不实的行为	在纳税申报时不据实提供扣除项目金额	按房屋重置成本价乘以成新度折扣率计算的房屋成本价和取得土地使用权时的基准地价评估	按评估价格确定扣除项目金额
3	转让价格偏低的行为	转让房地产的成交价格低于房地产评估价格,又无正当理由的	按同类房地产市场价评估	按房地产评估价格确定转让房地产的收入

(二) 确定准予扣除项目的金额

对于房地产开发企业来说,在计算增值额时准予扣除的项目包括以下五项:

1. 取得土地使用权所支付的金额

该扣除项目具体包括两项内容:一是纳税人为取得土地使用权所支付的地价款。如果是以协议、招标、拍卖等出让方式取得土地使用权的,地价款为纳税人所支付的土地出让金;如果是以行政划拨方式取得土地使用权的,地价款为按照国家有关规定补交的土地出让金;如果是以转让方式取得土地使用权的,地价款为向原土地使用权人实际支付的地价款。二是纳税人在取得土地使用权时按国家统一规定缴纳的登记、过户手续费等有关费用。

2. 房地产开发成本

房地产开发成本,是指纳税人从事房地产开发项目实际发生的成本,具体包括土地的征用及拆迁补偿费、前期工程费、建筑安装工程费、基础设施费、公共配套设施费、开发间接费用等。

其中,土地的征用及拆迁补偿费,具体包括土地征用费、耕地占用税、劳动力安置费及有关

9

地上、地下附着物拆迁补偿的净支出、安置动迁用房支出等。前期工程费,具体包括规划、设计、项目可行性研究和水文、地质、勘探、测绘、"三通一平"等支出。建筑安置工程费,是指以出包方式支付给承包单位的建筑安置工程费、以自营方式发生的建筑安置工程费。基础设施费,具体包括开发小区内的道路、供水、供电、供气、排污、排洪、通信、照明、环卫、绿化等工程发生的支出。公共配套设施费,具体包括不能有偿转让的开发小区内公共配套设施发生的支出。开发间接费用,是指直接组织、管理开发项目发生的费用,具体包括工资、职工福利费、折旧费、修理费、办公费、水电费、劳动保护费、周转房摊销等。

3. 房地产开发费用

房地产开发费用,是指与房地产开发项目的有关销售费用、管理费用和财务费用。根据财务会计制度的规定,房地产开发费用属于期间费用,直接计入当期损益。在计算增值额时,对财务费用中利息支出的两种不同情况分别予以扣除。

当财务费用中的利息支出能够按转让房地产项目计算分摊,并能够提供金融机构证明的,该利息支出可以据实扣除,但不得超过按商业银行同类同期贷款利率计算的金额;其他房地产开发费用(包括销售费用、管理费用和除利息支出以外的其他财务费用),按上述第1项"取得土地使用权所支付的金额"和第2项"房地产开发成本"之和的5%以内计算扣除。

当财务费用中的利息支出不能按转让房地产项目计算分摊,或者虽能计算分摊但不能提供金融机构证明的,全部房地产开发费用的扣除不得超过上述前两项之和的10%。上述计算扣除的具体比例由各省、自治区、直辖市人民政府规定。

此外,财政部、国家税务总局还对扣除项目金额中利息支出的计算问题作了两点专门规定:一是利息的上浮幅度按国家的有关规定执行,超过上浮幅度的部分不允许扣除;二是对于超过贷款期限的利息部分和加罚的利息不允许扣除。

4. 房地产转让税金及附加

对于房地产开发企业来说,允许作为扣除项目的房地产转让税金及附加,是指在转让房地产时缴纳的城市维护建设税和教育费附加。房地产开发企业缴纳的印花税,因已列入管理费用予以扣除,因此不再允许扣除。

5. 加计扣除金额

房地产开发企业,在按上述规定取得扣除项目后,还可以按上述"取得土地使用权所支付的金额"和"房地产开发成本"之和,加计扣除20%。

(三) 计算土地增值额和增值率

计算土地增值税的土地增值额和增值率的计算公式如下:

$$增值额 = 转让房地产取得的收入 - 准予扣除项目金额$$
$$增值率(增值额占扣除项目金额的比例) = 增值额 \div 扣除项目金额$$

计算增值率的目的,是要确定适用税率及其速算扣除系数。

(四) 计算土地增值税应纳税额

土地增值税应纳税额,要根据增值率的不同来计算,计算公式如下:

(1) 当增值率 ≤ 50% 时,应纳税额 = 增值额 × 30%。

(2) 当 50% < 增值率 ≤ 100% 时,应纳税额 = 增值额 × 40% - 扣除项目金额 × 5%。

(3) 当 100% < 增值率 ≤ 200% 时,应纳税额 = 增值额 × 50% - 扣除项目金额 × 15%。

(4) 当增值率 > 200% 时,应纳税额 = 增值额 × 60% - 扣除项目金额 × 35%。

【例题 9-2】 A市某房地产公司出售一栋写字楼,不含税收入总额为 10 000 万元,开发该写字楼的有关支出如下:支付地价款和各种费用 1 000 万元;房地产开发成本 3 000 万元;财务费用中列明的利息支出为 505 万元,该项支出可按转让项目计算分摊并提供金融机构提供的相关证明,但其中包括 50 万元罚息;转让环节缴纳的相关税费为 550 万元;该公司所在地政府规定的其他房地产开发费用计算扣除比例为 5%。

要求:计算该公司应纳的土地增值税。

解析:

(1) 允许扣除的项目金额 = (1 000 + 3 000) × (1 + 5% + 20%) + (505 − 50) + 550
$$= 6\ 005(万元)$$

(2) 增值额 = 10 000 − 6 005 = 3 995(万元)

(3) 增值率 = 3 995 ÷ 6 005 = 66.53%

(4) 应纳税额 = 3 995 × 40% − 6 005 × 5% = 1 297.75(万元)

二、非房地产开发企业转让新建房应纳土地增值税的计算

非房地产开发企业转让新建房应纳土地增值税的计算步骤,与房地产开发企业相同,所不同的主要表现在扣除项目中不包括房地产开发企业可扣除项目中的加计扣除。其可扣除项目具体包括:

(1) 取得土地使用权所支付的金额。

(2) 房地产开发成本。

(3) 房地产开发费用。

(4) 房地产转让税金及附加。

【例题 9-3】 位于某市区的宏泰公司不是房地产开发企业,2022 年 8 月出售一栋自建办公楼,取得销售收入 6 000 万元(不含增值税),当期缴纳增值税 200 万元。宏泰公司为取得办公楼用地支付的土地出让金是 600 万元,建造办公楼的房地产开发成本是 900 万元,分摊到建造办公楼的利息费用是 30 万元,利率不超过商业银行同类同期贷款利率水平,并能够提供金融机构贷款证明。

要求:计算宏泰公司销售该办公楼土地增值税的应纳税额。

解析:

(1) 扣除项目 = 600 + 900 + [30 + (600 + 900) × 5%] + [200 × (7% + 3% + 2%)]
$$= 1\ 500 + 105 + 24 = 1\ 629(万元)$$

(2) 增值额 = 6 000 − 1 629 = 4 371(万元)

(3) 增值率 = 4 371 ÷ 1 629 = 268.32%

(4) 应纳税额 = 4 371 × 60% − 1 629 × 35% = 2 622.6 − 570.15 = 2 052.45(万元)

三、转让旧房及建筑物应纳土地增值税的计算

纳税人转让旧房及建筑物应纳土地增值税的计算步骤,与房地产开发企业相同,所不同之处的主要表现在扣除项目上。

9

纳税人转让旧房及建筑物计算土地增值税时,准予扣除的项目包括以下三项:

(一)地价款和相关费用

地价款和相关费用是指纳税人取得土地使用权所支付的地价款和按国家统一规定缴纳的登记、过户手续费等有关费用。对于取得土地使用权时未支付地价款或不能提供已支付地价款凭据的,在计征土地增值税时,不予扣除。

(二)转让税金及附加

转让旧房及建筑物时缴纳的税金及附加,具体包括缴纳的城市维护建设税、印花税和教育费附加。

(三)旧房及建筑物的评估值

旧房及建筑物的评估值,是指在转让已使用的房屋及建筑物时,由政府批准设立的房地产评估机构判定的重置成本价乘以成新度折扣率后的价格。评估价格须经当地税务机关确认。所谓旧房及建筑物重置成本价,是指按转让时的建材价格及人工费用计算,建造同样面积、同样层次、同样结构、同样建设标准的新房及建筑物所需花费的成本费用。所谓成新度折扣率,是指按旧房及建筑物的新旧程度作一定比例的折扣。纳税人因计算纳税需要对房地产进行评估所产生的评估费,可以作为计算土地增值税的扣除金额,但是因纳税人隐瞒虚报房地产成交价格等按照该评估价格产生的评估费不允许扣除。

《财政部 国家税务总局关于土地增值税若干问题的通知》(财税〔2006〕21号)规定,纳税人转让旧房及建筑物,凡不能取得评估价格,但能提供购房发票的,经当地税务部门确认,对于地价款和相关费用、旧房及建筑物两个扣除项目的金额,可按发票所载金额并从购买年度起至转让年度止每年加计5%计算。对纳税人购房时缴纳的契税,凡能提供契税完税凭证的,准予作为"与转让房地产有关的税金"予以扣除,但不作为加计5%的基数。对于转让旧房及建筑物,既没有评估价格,又不能提供购房发票的,地方税务机关可以根据《税收征收管理法》第三十五条的规定,实行核定征收。《国家税务总局关于土地增值税清算有关问题的通知》(国税函〔2010〕220号)进一步明确,在计算扣除项目时,"每年"按购房发票所载日期起至售房发票开具之日止,每满12个月计1年;超过1年,未满12个月但超过6个月的,可以视同为1年。

四、转让未经开发土地应纳土地增值税的计算

各类企业若仅转让未经开发的土地,其收入确认和应纳土地增值税的计算与转让房产相同,但其可扣除项目只包括取得土地使用权所支付的金额和转让环节缴纳的税金。

土地增值税扣除项目汇总表如表9-5所示。

表9-5 土地增值税扣除项目汇总表

可扣除项目	房地产企业转让新建房	非房地产企业转让新建房	各类企业转让存量房	各类企业转让未经开发土地
取得土地使用权支付的金额	√	√	√	√
房地产开发成本	√	√	—	—
房地产开发费用	√	√	—	—
转让环节税金及附加	√	√	√	√
旧房及建筑物评估价格	—	—	√	—
加计扣除项目	√	×	×	×

第五节　土地增值税的征收管理

一、土地增值税的预征

根据《土地增值税暂行条例实施细则》的规定,纳税人在项目全部竣工结算前转让房地产取得的收入,由于涉及成本确定或其他原因,而无法据以计算土地增值税的,可以预征土地增值税,待该项目全部竣工、办理结算后再进行清算,多退少补。具体办法由各省、自治区、直辖市税务局根据当地情况制定。除保障性住房外,东部地区省份预征率不得低于2%,中部地区和东北地区省份预征率不得低于1.5%,西部地区省份预征率不得低于1%。

二、土地增值税的纳税申报

根据《土地增值税暂行条例实施细则》的规定,土地增值税的纳税人应在自转让房地产合同签订之日起7日内向税务机关办理纳税申报,并向税务机关提交房屋及建筑物产权、土地使用权证书,土地使用权转让合同、房屋买卖合同、房地产评估报告及其他与转让房地产有关的资料。纳税人未按税法规定缴纳土地增值税的,土地管理部门、房地产管理部门不得办理有关的权属变更手续。

纳税人因经常发生房地产转让而难以在每次转让后申报的,经税务机关审核同意后,可以定期进行纳税申报,具体期限由税务机关根据情况确定。定期申报方式确定后,一年之内不得更改。

对于纳税人预售房地产所取得的收入,凡当地税务机关规定预征土地增值税的,纳税人应当到主管税务机关办理纳税申报,并按规定比例预缴,待办理决算后,多退少补;凡当地税务机关规定不预征土地增值税的,也应在取得收入时先到税务机关登记或备案。

税务机关核定的纳税期限,应在纳税人签订房地产转让合同之后,办理房地产权属转让(即过户及登记)手续之前。

对于转让的房地产是一次性交割、付清价款的,税务机关可在其办理了纳税申报后根据其应纳税额的大小及有关部门办理过户、登记手续的期限,规定其在办理过户登记手续前缴纳全部的土地增值税。

对于以分期收款方式转让房地产的,可根据合同规定的收款日期来确定具体的纳税期限。

三、土地增值税的纳税地点

土地增值税的纳税地点,为被转让房地产所在地的主管税务机关。房地产所在地,是指房地产的坐落地。纳税人转让的房地产坐落在两个或两个以上地区的,应按照房地产所在地分别申报纳税。

在实际工作中,纳税地点的确定有两种情况:

(1)纳税人属于法人的,当转让的房地产坐落地与其机构所在地或经营所在地一致时,则在办理税务登记的原管辖税务机关申报纳税;当转让的房地产与其机构所在地或经营所在地不一致时,则应在房地产坐落地所管辖的税务机关申报纳税。

(2)如果纳税人属于自然人的,当转让的房地产坐落地与其居住地一致时,在住所所在地税务机关申报纳税;当转让的房地产坐落地与其居住地不一致时,应在办理过户手续所在地税务机关申报纳税。

9

四、土地增值税的清算管理

《国家税务总局关于房地产开发企业土地增值税清算管理有关问题的通知》（国税发〔2006〕187号）规定，各省税务机关可按以下规定对房地产开发企业土地增值税进行清算，并结合当地实际情况制定具体清算管理办法。2009年5月12日，《国家税务总局关于印发〈土地增值税清算管理规程〉的通知》（国税发〔2009〕91号），进一步明确房地产开发企业土地增值税清算的相关问题。

（一）土地增值税的清算单位

土地增值税以国家有关部门审批的房地产开发项目为单位进行清算，对于分期开发的项目，以分期项目为单位清算。

开发项目中同时包含普通住宅和非普通住宅的，应分别计算增值额。

（二）土地增值税的清算条件

1. 纳税人应该清算的情形

符合下列情形之一的，纳税人应进行土地增值税的清算：

（1）房地产开发项目全部竣工、完成销售的。

（2）整体转让未竣工决算房地产开发项目的。

（3）直接转让土地使用权的。

2. 税务机关可以要求纳税人清算的情形

符合下列情形之一的，主管税务机关可要求纳税人进行土地增值税的清算：

（1）已竣工验收的房地产开发项目，已转让的房地产建筑面积占整个项目可售面积的比例在85％以上，或该面积虽未超过85％，但剩余的可售建筑面积已经出租或者自住的。

（2）取得销售（预售）许可证满3年仍未销售完毕的。

（3）纳税人申请注销税务登记但未办理土地增值税清算手续的。

（4）省级税务机关规定的其他情况。

（三）视同销售收入的确定和自用房地产的税务处理

1. 视同销售收入的确定

房地产开发企业将开发产品用于职工福利、奖励、对外投资、分配给股东或投资人、抵偿债务、换取其他单位和个人的非货币性资产等，发生所有权转移时应视同销售房地产，其收入按下列方法和顺序确认：

（1）按本企业在同一地区、同一年度销售的同类房地产的平均价格确定。

（2）由主管税务机关参照当地当年、同类房地产的市场价格或评估价值确定。

2. 自用房地产的税务处理

房地产开发企业将开发的部分房地产转为企业自用或用于出租等商业用途时，如果产权未发生转移，则不征收土地增值税，在税款清算时不列收入，不扣除相应的成本和费用。

（四）土地增值税的扣除项目

1. 土地增值税扣除项目的一般规定

房地产开发企业办理土地增值税清算时计算与清算项目有关的扣除项目金额，应根据《土地增值税暂行条例》第六条及《土地增值税暂行条例实施细则》第七条的规定执行。除另有规定外，扣除取得土地使用权所支付的金额、房地产开发成本、费用及与转让房地产有关税金，须提供合法有效凭证；不能提供合法有效凭证的，不予扣除。

2. 对扣除项目相关定额标准的核定

房地产开发企业办理土地增值税清算所附送的前期工程费、建筑安装工程费、基础设施费、开发间接费用的凭证或资料不符合清算要求或不实的,地方税务机关可参照当地建设工程造价管理部门公布的建安造价定额资料,结合房屋结构、用途、区位等因素,核定上述 4 项开发成本的单位面积金额标准,并据以计算扣除。具体核定方法由省税务机关确定。

3. 相关公共设施成本费用的确定

房地产开发企业开发建造的与清算项目配套的居委会和派出所用房、会所、停车场(库)、物业管理场所、变电站、热力站、水厂、文体场馆、学校、幼儿园、托儿所、医院、邮电通信等公共设施,按以下原则处理:

(1) 建成后产权属于全体业主所有的,其成本、费用可以扣除。

(2) 建成后无偿移交给政府、公用事业单位用于非营利性社会公共事业的,其成本、费用可以扣除。

(3) 建成后有偿转让的,应计算收入,并准予扣除成本、费用。

4. 装修费用和预提费用的处理

房地产开发企业销售已装修的房屋,其装修费用可以计入房地产开发成本。房地产开发企业的预提费用,除另有规定外,不得扣除。

5. 多个房地产项目的成本费用分摊

属于多个房地产项目共同的成本费用,应按清算项目可售建筑面积占多个项目可售总建筑面积的比例或其他合理的方法,计算确定清算项目的扣除金额。

(五) 土地增值税清算应报送的资料

按规定应该实行清算的纳税人,须在满足清算条件之日起 90 日内到主管税务机关办理清算手续;按规定由税务机关要求实行清算的纳税人,须在主管税务机关限定的期限内办理清算手续。

纳税人办理土地增值税清算应报送以下资料:

(1) 房地产开发企业清算土地增值税书面申请、土地增值税纳税申报表。

(2) 项目竣工决算报表、取得土地使用权所支付的地价款凭证、国有土地使用权出让合同、银行贷款利息结算通知单、项目工程合同结算单、商品房购销合同统计表等与转让房地产的收入、成本和费用有关的证明资料。

(3) 主管税务机关要求报送的其他与土地增值税清算有关的证明资料。

纳税人委托税务中介机构审核鉴证的清算项目,还应报送中介机构出具的《土地增值税清算税款鉴证报告》。

(六) 土地增值税清算项目的审核鉴证

税务中介机构受托对清算项目审核鉴证时,应按税务机关规定的格式对审核鉴证情况出具鉴证报告。对符合要求的鉴证报告,税务机关可以采信。

(七) 土地增值税的核定征收

房地产开发企业有下列情形之一的,税务机关可以参照与其开发规模和收入水平相近的当地企业的土地增值税税负情况,按不低于预征率的征收率核定征收土地增值税:

(1) 依照法律、行政法规的规定应当设置但未设置账簿的。

(2) 擅自销毁账簿或者拒不提供纳税资料的。

（3）虽设置账簿，但账目混乱或者成本资料、收入凭证、费用凭证残缺不全，难以确定转让收入或扣除项目金额的。

（4）符合土地增值税清算条件，未按照规定的期限办理清算手续，经税务机关责令限期清算，逾期仍不清算的。

（5）申报的计税依据明显偏低，又无正当理由的。

（八）转让未清算房地产

拓展阅读

关于土地增值税的讨论

在土地增值税清算时未转让的房地产，清算后销售或有偿转让的，纳税人应按规定进行土地增值税的纳税申报，扣除项目金额按以下公式计算：

$$扣除项目金额＝单位建筑面积成本费用×销售或转让面积$$

其中：

$$单位建筑面积成本费用＝清算时的扣除项目总金额÷清算的总建筑面积$$

（九）土地增值税清算后应补缴的土地增值税加收滞纳金问题

《国家税务总局关于土地增值税清算有关问题的通知》（国税函〔2010〕220号）规定，纳税人按规定预缴土地增值税后清算补缴的土地增值税，在主管税务机关规定的期限内补缴的，不加收滞纳金。

练 习 题

一、选择题（含单项选择题和多项选择题，请用手机扫描下方二维码作答）

二、计算题

1. 某药厂2022年7月转让其位于市区的一栋办公楼，取得不含增值税销售收入24 000万元，2010年建造该办公楼时，为取得土地使用权支付金额6 000万元，发生建造成本8 000万元。转让时经政府批准的房地产评估机构评估后，确定该办公楼的重置成本价为16 000万元，成新度折扣率为60%，允许扣除的有关税金及附加1 356万元。

要求：

（1）计算土地增值税时该企业办公楼的评估价格。

（2）计算土地增值税时允许扣除项目金额的合计数。

（3）计算转让办公楼应缴纳的土地增值税额。

2. 某房地产开发公司是增值税一般纳税人，2022年5月，拟对其开发的位于市区的写字楼项目进行土地增值税清算。该项目资料如下：

（1）2016年1月以8 000万元竞得国有土地一宗，并按规定缴纳契税。

(2) 2016年3月开始动工建设,发生房地产开发成本15 000万元,其中包括装修费用4 000万元。

(3) 发生利息支出3 000万元,但不能提供金融机构贷款证明。

(4) 2022年3月,该项目全部销售完毕,共计取得含税销售收入42 000万元。

(5) 该项目已预缴土地增值税450万元。

(其他相关资料:契税税率为5%,利息支出不能提供金融机构贷款证明,当地省政府规定的房地产开发费用的扣除比例为10%,计算土地增值税允许扣除的有关税金及附加共计240万元,该公司对项目选择简易计税方法计算增值税。)

要求:

(1) 说明该项目应进行土地增值税清算的原因。

(2) 计算土地增值税时允许扣除的取得土地使用权支付的金额。

(3) 计算土地增值税时允许扣除的开发费用。

(4) 计算土地增值税时允许扣除项目金额的合计数。

(5) 计算该房地产开发项目应补缴的土地增值税额。

三、简答题

1. 如何区分土地使用权出让和土地使用权转让?

2. 为什么征收土地增值税必须同时满足三个条件?

3. 土地增值税与增值税、企业所得税是否重复征收?

4. 你认为是否应该取消土地增值税?

5. 为什么要对土地增值税进行清算?

9

第十章　城市维护建设税制度及附加费制度

学习目标

序号	知识点	学习目标	学习难度
1	城市维护建设税的特点	重点掌握	☆☆☆
2	城市维护建设税的制度演变	了解	☆
3	城市维护建设税的税率	重点掌握	☆☆☆
4	城市维护建设税的计税依据	重点掌握	☆☆☆
5	城市维护建设税的优惠	一般掌握	☆☆
6	城市维护建设税的征收管理	了解	☆☆

第一节　城市维护建设税概述

一、城市维护建设税的概念和特点

城市建设维护税是对缴纳增值税、消费税(以下简称"主税")的单位和个人就其缴纳的"主税"税额为计税依据而征收的一种税。[①]

与其他税种相比较,城市维护建设税具有以下特点:

(1) 没有独立的税基。作为一种"税上加税"的附加税,依附于"主税"的征、减、免、退、罚和管,没有自身独立的征税对象;

(2) 采用地区差别税率。即根据城市化程度和规模的差异,设计地区差别税率;

(3) 征收范围较广。缴纳"主税"中任何一种的纳税人都要缴纳,即:除减免税等特殊情况外,任何从事生产经营活动的单位和个人都要缴纳。

(4) 本质上属于一般消费税。由于城市维护建设税的计税依据是增值税和消费税的实际缴纳税额,因此在本质上也属于消费税,且考虑到其征收范围的普遍性,它同时也是一种一般消费税。

[①] 自 2016 年 5 月 1 日全面实施"营改增"后,营业税被取消了。虽然教育费附加和地方教育附加规范所涉及营业税的内容并未修改,但为了与实际情况保持一致,本书删除了有关营业税的内容。

二、城市维护建设税的制度演变

1979 年以前，我国用于城市维护建设的资金由当时的工商税附加、城市公用事业附加和国拨城市维护费组成，1979 年开始在部分大中城市试行从上年工商利润中提取 5% 用于城市维护和建设。1985 年 2 月 8 日，国务院正式发布《中华人民共和国城市维护建设税暂行条例》，并于同年 1 月 1 日起在全国范围内实施。2010 年，《国务院关于统一内外资企业和个人城市维护建设税和教育费附加制度的通知》（国发〔2010〕35 号）规定，自 2010 年 12 月 1 日起，对外资企业恢复征收城市维护建设税和教育费附加，实现了城市维护建设税制和教育费附加制度的内外统一。

2011 年 1 月 8 日，国务院对《中华人民共和国城市维护建设税暂行条例》（以下简称《城市维护建设税暂行条例》）进行修改，将该条例第二条、第三条、第五条中的"产品税"修改为"消费税"。

2018 年 9 月 7 日，十三届全国人大常委会公布立法规划（共 116 件），《中华人民共和国城市维护建设税法》属于条件比较成熟、任期内拟提请审议的法律草案的第一类项目。

2018 年 10 月 19 日，财政部、国家税务总局公布了《中华人民共和国城市维护建设税法（征求意见稿）》（以下简称《城市维护建设税法（征求意见稿）》），公开向社会征求意见。

2019 年 11 月 20 日，国务院常务会议通过了《维护建设税法（草案）》，并决定将草案提请全国人大常委会审议。草案中保持现行城市维护建设税暂行条例的税制框架和税负水平不变。

2019 年 12 月 23 日，十三届全国人大常委会第十五次会议审议了《城市维护建设税法（草案）》。

2020 年 8 月 11 日，十三届全国人大常委会第二十一次会议表决通过了《中华人民共和国城市维护建设税法》（以下简称《城市维护建设税法》），决定在 2021 年 9 月 1 日起施行。

三、城市维护建设税的征税目的

在 1984 年以前，国家用于城市维护建设的资金筹集办法不仅覆盖面窄、资金数额少，而且极不稳定。开征城市维护建设税，以商品劳务税的税额为计税依据，与"主税"同时征收，不仅扩大了征收范围，还可以保证税收随"主税"增长而增长，使城市维护建设有一个稳定可靠的资金来源。同时，开征城市维护建设税限制了对企业的乱摊派。根据《城市维护建设税暂行条例》的规定，开征城市维护建设税后，任何地区和部门，都不得再向纳税人摊派资金或物资。开征城市维护建设税，将单位和个人对城市建设这项公共事业应承担的义务和地方政府城市维护建设的资金来源，用法律形式确定下来，可以限制地方以城建资金不足向企业随意摊派。

2021 年 9 月 1 日实施城市维护建设税法以后，不再限制其支出用途，其收入和支出纳入地方政府的一般公共预算管理。

四、城市维护建设税的收入归属

城市维护建设税是一个主要的地方税种。除铁道部门、各银行总行、总保险总公司集中缴纳的部分归中央政府外，其余部分归地方政府。

2020 年，全国税收收入 154 310 亿元，其中城市维护建设收入 4 608 亿元，同比减少 0.44%，占全国税收收入的比重为 2.99%。

2021 年，全国税收收入 172 731 亿元，其中城市维护建设收入 5 217 亿元，同比增长 1.32%，占全国税收收入的比重为 3.02%。

10

2022 年,全国税收收入 166 614 亿元,其中城市维护建设收入 5 075 亿元,同比下降 0.27%,占全国税收收入的比重为 3.05%。

第二节　城市维护建设税的制度要素

一、城市维护建设税的纳税人

城市维护建设税的纳税义务人,是指负有缴纳"主税"义务的单位和个人,即凡缴纳消费税、增值税的单位和个人,都是城市维护建设税的纳税义务人,包括国有企业、集体企业、私营企业、股份制企业、其他企业和行政单位、事业单位、军事单位、社会团体、其他单位,以及个体工商户及其他个人;也包括外商投资企业、外国企业和外籍人员。

《城市维护建设税法》规定,在中华人民共和国境内缴纳增值税和消费税的单位和个人,为城市维护建设税的纳税人。

二、城市维护建设税的征税范围和计税依据

（一）征税范围

城市维护建设税的征收范围比较广泛,包括城市、县城、镇以及其他地区。

对进口货物或者境外单位和个人向境内销售劳务、服务、无形资产缴纳的增值税、消费税税额,不征收城市维护建设税。

（二）城市维护建设税的计税依据

《城市维护建设税法》规定,城市维护建设税的计税依据为纳税人实际缴纳的增值税、消费税税额。城市维护建设税的计税依据应当按照规定扣除期末留抵退税退还的增值税税额。

城市维护建设税计税依据的具体确定办法,由国务院依据城市维护建设税法和有关税收法律、行政法规规定,报全国人民代表大会常务委员会备案。

三、城市维护建设税的税收负担

（一）税率

城市维护建设税实行分区域的差别比例税率,即按照纳税人所在地的不同,税率分为三个档次:

（1）纳税人所在地在市区的,税率为 7%。

（2）纳税人所在地在县城、镇的,税率为 5%。

（3）纳税人所在地不在市区、县城或镇的,税率为 1%。

《城市维护建设税法》所称纳税人所在地,是指纳税人住所地或者与纳税人生产经营活动相关的其他地点,具体地点由省、自治区、直辖市确定。

（二）税收优惠

城市维护建设税以"主税"的实缴税额为计税依据征收,并与"主税"同时申报缴纳,减免"主税"也就相应地减免了城市维护建设税。因此,城市维护建设税原则上不单独规定减免税。但是,《城市维护建设税法》规定,根据国民经济和社会发展的需要,国务院对重大公共基础设施建设、特殊产业和群体以及重大突发事件应对等情形可以规定减征或者免征城市维护建设税,报全国人民代表大会常务委员会备案。

此外,海关对进口产品代征增值税、消费税的,不征收城市维护建设税和教育费附加。出口产品退还增值税、消费税的,不退还已纳的城市维护建设税和教育费附加;生产企业出口货

物实行免、抵、退税办法的,经国家税务总局正式审核批准的当期免抵的增值税税额,应纳入城市维护建设税和教育费附加的计征范围,按规定税率征税;对"主税"实行"先征后返""先征后退""即征即退"的,不退(返)还城市维护建设税和教育费附加。

四、城市维护建设税的税额计算和征收管理

(一)税额计算

城市维护建设税的计税依据是纳税人实际缴纳的增值税、消费税税额,不包括纳税人违反"主税"有关规定而加收的滞纳金和罚款。

城市维护建设税的应纳税额按以下公式计算:

$$城市维护建设税的应纳税额 = (实缴增值税 + 实缴消费税) \times 适用税率$$

(二)征收管理

城市维护建设税由税务机关依照《城市维护建设税法》和《税收征收管理法》的规定征收管理。城市维护建设税的征收、管理、纳税环节、奖罚等事项,比照消费税、增值税的有关规定办理。城市维护建设税的申报和缴纳,与增值税、消费税的申报和缴纳同时进行。

城市维护建设税的纳税义务发生时间与增值税、消费税的纳税义务发生时间一致,分别与增值税、消费税同时缴纳。

城市维护建设税的扣缴义务人为负有增值税、消费税扣缴义务的单位和个人,在扣缴增值税、消费税的同时扣缴城市维护建设税。

城市维护建设税按月或者按季计征。不能按固定期限计征的,可以按次计征。实行按月或者按季计征的,纳税人应当于月度或者季度终了之日起 15 日内申报并缴纳税款。实行按次计征的,纳税人应当于纳税义务发生之日起 15 日内申报并缴纳税款。扣缴义务人解缴税款的期限,依照纳税人的纳税期间规定执行。

城市维护建设税纳税地点为实际缴纳增值税、消费税的地点。扣缴义务人应当向其机构所在地或者居住地的主管税务机关申报缴纳其扣缴的税款。

第三节　教育费附加

一、教育费附加的相关概念

教育费附加是对缴纳增值税、消费税的单位和个人征收的一种附加费。教育费附加名义上是一种专项收费,但实质上具有"税"的性质。

(一)法规依据和政策演变

1985 年,《中共中央关于教育体制改革的决定》,指出国家增拨教育经费的同时,开辟多种渠道筹措经费。为此,国务院于 1986 年 4 月 28 日颁布《征收教育费附加的暂行规定》,同年7 月 1 日起实施。1990 年和 2005 年,国务院对《征收教育费附加的暂行规定》先后进行了两次修订,2011 年完成第三次修订。从 2010 年 12 月 1 日起统一内外资企业和个人城市维护建设税和教育费附加制度,教育费附加统一按增值税、消费税实际缴纳税额的 3% 征收。

(二)征收目的和收入归属

教育费附加是国家为扶持教育事业发展,扩大教育经费的资金来源,专项计征用于教育的政府性基金,由地方教育部门统筹安排使用。教育费附加以消费税、增值税税额为计税依据,这不仅使教育经费有了稳定的资金来源,而且可以随着社会经济的增长而不断增长,这对于我

国教育事业的不断发展有重要现实意义。

此外，根据教育法的规定，还开征了"地方教育附加"，专项用于地方教育事业发展，由地方教育部门统筹安排使用。地方征收的教育费附加，主要留归当地安排使用，由教育部门提出分配方案，经同级财政部门同意后，用于改善中小学教学设施和办学条件，不得用于职工福利和发放奖金。

铁路总公司、人民银行、专业银行和保险总公司等单位集中缴纳的教育费附加，由国家教育部按年度提出分配方案，商得财政同意后，用于基础教育的薄弱环节。

二、教育费附加的缴费人和征收范围

凡缴纳增值税、消费税的单位和个人，均为教育费附加的缴费义务人。自 2010 年 12 月 1 日起，对外商投资企业、外国企业及外籍个人开始征收教育费附加。

教育费附加以其实际缴纳的增值税、消费税税额为计税依据，分别与增值税、消费税同时缴纳，因此征收范围与增值税、消费税相同。

三、教育费附加的征收率和费额计算

教育费附加的征收率为增值税、消费税实缴税额的 3%。

教育费附加按以下公式计算：

$$应纳教育费附加 =（实缴增值税 + 实缴消费税）\times 3\%$$

【例题 10-1】 某市区一企业 2022 年 6 月缴纳进口关税 65 万元，进口环节增值税 15 万元，进口环节消费税 26.47 万元；本月实际缴纳增值税 36 万元，消费税 85 万元。在税务检查过程中，税务机关发现，该企业所属宾馆上月隐瞒饮食服务收入 50 万元，本月被查补相关税金。本月收到上月报关出口自产货物应退增值税 35 万元。

要求：计算该企业 6 月份应纳的城市维护建设税与教育费附加。

解析：

该企业 6 月份应纳城市维护建设税税额与教育费附加 =（36 + 85 + 50×6%）×（3% + 7%）= 12.4（万元）。

四、教育费附加的征收管理

教育费附加由税务机关负责征收，其缴纳环节和地点，原则上与增值税、消费税一样，其减免和一些特殊规定基本与城市维护建设税相同。

第四节　地方教育附加和其他地方附加费

一、地方教育附加

地方教育附加是指各省、自治区、直辖市根据国家有关规定，为增加地方教育的资金投入，促进本各省、自治区、直辖市教育事业发展，开征的一项地方政府性基金，主要用于各地方的教育经费的投入补充。

地方教育附加不是全国统一开征的费种，其开征依据是《中华人民共和国教育法》的规定：省、自治区、直辖市政府根据国务院的有关规定，可以决定开征用于教育的地方附加费，专款专用。从 1995 年开始,陆续有省、自治区、直辖市开征地方教育附加。2011 年 7 月 1 日,国务院发布《关于进一步加大财政教育投入的意见》,要求全面开征地方教育附加,统一按增值税、消费税实际缴纳税额的 2% 征收,与增值税、消费税同时计算征收。

地方教育附加按以下公式计算:

$$应纳地方教育附加 = (实缴增值税 + 实缴消费税) \times 2\%$$

二、其他地方附加费

除地方教育费附加外,我国的个别地方政府还征收其他地方附加。如河道管理费,是地方政府为了加大河道整治力度,提高本地防汛能力和生态环境质量,而向企业征收的一种附加费用。比如,《上海市河道工程修建维护管理费征收使用管理办法》(2017 年)规定:在本市行政区域范围内申报缴纳增值税、消费税的单位和个人(以下统称缴费人),应在依税款申报缴纳增值税、消费税的同时,一并申报缴纳河道工程修建维护管理费(以下简称河道管理费)。河道管理费按照缴费人实际缴纳增值税、消费税税额的 1% 征收。河道管理费由本市税务部门负责征收,收入全额缴入市级国库。河道管理费征收和缴库时,使用税务部门统一印制的税收票证。河道管理费是河道治理的专项资金,必须用于河道修建维护和管理支出。河道管理费可作为缴费者的生产经营费用计入成本,税前扣除。

练 习 题

一、选择题(含单项选择题和多项选择题,请用手机扫描下方二维码作答)

二、计算题

位于市区的某企业 2020 年 3 月份缴纳增值税、消费税和关税共计 562 万元。其中关税 102 万元,进口环节缴纳的增值税和消费税共计 260 万元。要求计算该企业 3 月份应缴纳的城市维护建设税。

三、简答题

1. 城市维护建设税的征收目的是否具有正当性?

2. 在征收了教育费附加后,为什么还要征收地方教育费附加?

3. 是否应该将教育费附加和地方教育费附加合并统一征收教育税?

10

第十一章　印花税制度

学习目标

序号	知识点	学习目标	学习难度
1	印花税的概念和特点	理解	☆
2	印花税的纳税人	重点掌握	☆
3	印花税的征税对象和征税范围	重点掌握	☆☆☆
4	印花税的税率和税收优惠	一般掌握	☆☆☆
5	印花税的税额计算	重点掌握	☆☆
6	印花税的征收管理	了解	☆☆

第一节　印花税概述

一、印花税的概念和特点

印花税是对在境内书立应税凭证、进行证券交易所征收的一种税。因最初纳税人采用在应税凭证上粘贴印花税票作为完税标志而得名。

与其他税种相比较，印花税具有显著特点：

（1）征税范围广泛。印花税的征税对象包括经济活动和经济交往中书立的各类应税凭证，凡书立和领受这些凭证的单位和个人都要缴纳印花税，征税范围极其广泛。

（2）税率低、税负轻。印花税的税率比其他税种要低得多，税负较轻，具有广集资金、积少成多的财政效应。

（3）通常由纳税人自行完成纳税义务。纳税人可以通过自行计算申报、购买并粘贴印花税票并在印花税票和凭证的骑缝处自行盖戳注销或划销的方法完成纳税义务，俗称"三自"纳税。这也与其他税种的缴纳方法存在较大区别。

印花税是一种由多个税目构成的税制，其计税依据不同，相应地具有不同的性质。其中：一类是以合同交易额或者转让金额为计税依据，这一类税目的印花税属于消费税性质；一类是以营业账簿所记载的金额（实收资本和资本公积之和）为计税依据的，这一类税目的印花税属于财产税性质。因此，印花税兼有消费税和财产税的双重性质。从实际的收入占比来看，印花税的消费税成分远远大于其财产税成分，因此印花税大体上可以归入消费税的类别。

二、印花税的制度演变

印花税是世界各国普遍开征的一个税种,历史悠久,最早始于1624年的荷兰。辛亥革命后,北洋政府于1912年10月公布《印花税法》,并于1913年正式实施,这是中国征收印花税的肇始。1927年,国民党政府公布了印花税条例。中华人民共和国成立后,中央人民政府于1950年12月公布《印花税暂行条例》,并于1951年1月公布《印花税暂行条例施行细则》,规定印花税为全国统一开征的14个税种之一。1958年简化税制改革,将印花税并入工商统一税,不再单独征收。

1988年8月,国务院发布《印花税暂行条例》,同年9月颁布《印花税暂行条例施行细则》,并于同年10月1日,重新在全国统一开征印花税,实施至今。

2018年11月1日,财政部、国家税务总局就所起草的《中华人民共和国印花税法(征求意见稿)》(以下简称《印花税法(征求意见稿)》)向社会公开征求意见,这标志着我国印花税立法进程迈出重要一步。

2021年6月10日,十三届全国人大常委会第二十九次会议通过《中华人民共和国印花税法》,自2022年7月1日起施行。自此,我国印花税完成立法进程。

为配合印花税法的实施,国家税务总局发布了系列相关税收制度,包括:《财政部 税务总局关于印花税若干事项政策执行口径的公告》(财政部 税务总局公告2022年第22号)、《财政部 税务总局关于印花税法实施后有关优惠政策衔接问题的公告》(财政部 税务总局公告2022年第23号)、《国家税务总局关于实施〈中华人民共和国印花税法〉等有关事项的公告》(国家税务总局公告2022年第14号)等。

💡- **【拓展阅读】** 印花税的起源和发展

印花税(stamp duty)是一个很古老的税种,被资产阶级经济学家誉为税负轻微、税源畅旺、手续简便、成本低廉的"良税"。英国的哥尔柏(Kolebe)说过:"税收这种技术,就是拔最多的鹅毛,听最少的鹅叫"。印花税具有税源广、税率低的特点,纳税人易于接受,正是典型具有"听最少鹅叫"特点的税种。

从税史学理论上讲,任何一种税种的"出台",都离不开当时政治与经济的需要,印花税的产生也是如此。公元1624年,荷兰政府发生经济危机,财政困难。统治者摩里斯(Maurs)打算增税解困,但又怕招致民怨沸腾。于是就采用公开招标办法,以重赏来寻求新税设计方案,谋求敛财之妙策。印花税,就是从千万个应征者设计的方案中精选出来的"杰作"。由于在凭证上用滚筒推出"印花"戳记以示完税,因此被称印花税。此税一出,欧美各国竞相效法。丹麦、法国、部分北美地区国家、奥地利、英国等先后开征了印花税。印花税并很快成为世界上普遍采用的一个税种,在国际上盛行。

资料来源:吴家俊.印花税起源趣谈.涉外税务.1998(9).

三、印花税的征税目的

(一)广集财政收入

印花税的征税范围极其广泛,其主要征税目的是筹集财政收入,具有广集资金、积少成多的财政效应。

(二)促进我国经济法治化建设

对各类应税合同和产权转移书据的记载金额征收印花税,是完备经济凭证法律手续的重要方面,有助于促进经济交易中的各方依法办事。

11

（三）培养公民的依法纳税观念

印花税实行纳税人申报缴纳、税务机关检查的征纳方法，可促进纳税人养成自觉纳税的习惯。

（四）加强对其他税种的监督管理

各类凭证是单位或个人经济活动的反映，税务机关通过对应税凭证的印花税征管，进行印花税和其他税种的交叉稽核，可以掌握经济活动的真实情况，有利于加强对其他税种的监督管理。

四、印花税的收入归属

印花税为地方税种，由税务部门负责征管，其收入实行中央和地方政府共享。长期以来，除证券交易印花税额曾经实行中央和地方共享外（从 2002 年起中央 97%、地方 3%），其他印花税收入均为地方财政收入。《国务院关于调整证券交易印花税中央与地方分享比例通知》（国发明电〔2015〕3 号）规定，从 2016 年 1 月 1 日起，证券交易印花税全部调整为中央收入。

2020 年，全国税收收入 154 310 亿元，其中印花税收入 3 087 亿元，同比增长 25.4%，占全国税收收入的比重为 2%。印花税中，证券交易印花税收入 1 774 亿元，同比增长 44.3%，占全部印花税收入的比重为 57.47%，占全国税收收入的比重为 1.15%。

2021 年，全国税收收入 172 731 亿元，其中印花税收入 4 076 亿元，同比增长 32%，占全国税收收入的比重为 2.4%。印花税中，证券交易印花税收入 2 478 亿元，同比增长 39.7%，占全国税收收入的比重为 1.44%。

2022 年，全国税收收入 166 614 亿元，印花税收入 4 390 亿元，同比增长 7.7%，占全国税收收入的比重为 2.63%。

第二节　印花税的纳税人和税基

一、印花税的纳税人和扣缴义务人

（一）纳税人的一般规定

在中华人民共和国境内书立应税凭证、进行证券交易的单位和个人，以及在中华人民共和国境外书立在境内使用的应税凭证的单位和个人，为印花税的纳税人。

应税凭证，是指《印花税税目税率表》列明的合同、产权转移书据和营业账簿。书立应税凭证的纳税人，是指对应税凭证有直接权利义务关系的单位和个人。

证券交易，是指转让在依法设立的证券交易所、国务院批准的其他全国性证券交易场所交易的股票和以股票为基础的存托凭证。

印花税的纳税人具体包括：

（1）立合同人。书立各类经济合同的，以合同的各方当事人为纳税人。

（2）立据人。订立各种财产转移书据的，以立据人为纳税人。

（3）立账簿人。建立营业账簿的，以立账簿人为纳税人。

（4）证券交易的出让方。证券交易印花税对证券交易的出让方征收，不对受让方征收。

（二）纳税人的特殊规定

（1）采用委托贷款方式书立的借款合同，纳税人为受托人和借款人，不包括委托人。

（2）按买卖合同或者产权转移书据税目缴纳印花税的拍卖成交确认书，纳税人为拍卖标的的产权人和买受人,不包括拍卖人。

（三）扣缴义务人

印花税的纳税人为境外单位或者个人,在境内有代理人的,以其境内代理人为扣缴义务人;在境内没有代理人的,由纳税人自行申报缴纳印花税。证券登记结算机构为证券交易印花税的扣缴义务人。

二、印花税的征税对象和征税范围

（一）印花税的征税对象

印花税以经济活动中书立的合同、产权转移书据、营业账簿、证券交易所交易的股票和以股票为基础的存托凭证为征税对象。印花税法设置了四类税目17个子税目,具体包括:

1. 合同

《印花税税目税率表》（表11-1）列举了11类应税的书面经济合同,包括借款合同、融资租赁合同、买卖合同、承揽合同、建筑工程合同、运输合同、技术合同、租赁合同、保管合同、仓储合同和财产保险合同。

其中,借款合同是指银行业金融机构、经国务院银行业监督管理机构（国家金融监督管理总局）批准设立的其他金融机构与借款人（不包括同业拆借）之间的借款合同。买卖合同,是指动产买卖合同（不包括个人书立的动产买卖合同）。技术合同,不包括专利权、专有技术使用权转让书据。财产保险合同,不包括再保险合同。

2. 产权转移书据

产权转移书据是指在产权的买卖（出售）、继承、赠与、互换、分割等产权主体变更过程中,由产权出让人与受让人之间所订立的民事法律文书。

《印花税税目税率表》（表11-1）列举了四类应税的产权转移书据:①土地使用权出让书据;②土地使用权、房屋等建筑物和构筑物所有权转让书据（不包括土地承包经营权和土地经营权转移）;③股权转让书据（不包括应缴纳证券交易印花税的）;④商标专用权、著作权、专利权、专有技术使用权转让书据。

3. 营业账簿

营业账簿,即财务会计账簿,是企业按照财务会计制度要求设置的,反映生产经营活动的账册。印花税仅对"实收资本（股本）"和"资本公积"账户的记载金额征税。其他类型的营业账簿不属于印花税的征税对象。

4. 证券交易

在证券交易所交易的股票和以股票为基础的存托凭证,是印花税的征税对象。

表 11-1 《印花税的税目税率表》

税 目		税 率
书面合同	借款合同	借款金额的万分之零点五
	融资租赁合同	租金的万分之零点五
	买卖合同	价款的万分之三
	承揽合同	报酬的万分之三
	建设工程合同	价款的万分之三
	运输合同	运输费用的万分之三

11

税　目		税　率
书面合同	技术合同	价款、报酬或者使用费的万分之三
	租赁合同	租金的千分之一
	保管合同	保管费的千分之一
	仓储合同	仓储费的千分之一
	财产保险合同	保险费的千分之一
产权转移书据	土地使用权出让书据	价款的万分之五
	土地使用权、房屋等建筑物和构筑物所有权转让书据（不包括土地承包经营权和土地经营权转移）	价款的万分之五
	股权转让书据（不包括应缴纳证券交易印花税的）	价款的万分之五
	商标专用权、著作权、专利权、专有技术使用权转让书据	价款的万分之三
营业账簿		实收资本（股本）、资本公积合计金额的万分之二点五
证券交易		成交金额的千分之一

（二）征税范围的特殊规定

1. 境外书立境内使用的应税凭证范围

境外书立在境内使用的应税凭证，应当按规定缴纳印花税。包括以下几种情形：

（1）应税凭证的标的为不动产的，该不动产在境内。

（2）应税凭证的标的为股权的，该股权为中国居民企业的股权。例如：中国 A 公司将其境内子公司的股权向美国 B 公司转让，签订股权转让合同，需要在中国境内按规定缴纳印花税。

（3）应税凭证的标的为动产或者商标专用权、著作权、专利权、专有技术使用权的，其销售方或者购买方在境内，但不包括境外单位或者个人向境内单位或者个人销售完全在境外使用的动产或者商标专用权、著作权、专利权、专有技术使用权。例如，德国乙公司将其专利权向中国甲公司转让，如果甲公司在境内使用，双方签订专利权转让合同需要在中国境内按规定缴纳印花税；如果甲公司在德国境内使用，双方签订专利权转让合同，不需要在中国境内缴纳印花税。

（4）应税凭证的标的为服务的，其提供方或者接受方在境内，但不包括境外单位或者个人向境内单位或者个人提供完全在境外发生的服务。例如，中国 A 公司给美国 B 公司提供技术咨询服务，双方签订的技术咨询服务合同需要在中国境内按规定缴纳印花税。美国 B 公司在美国为中国 A 公司提供仓储服务，即使服务接受方在境内，双方签订的仓储服务合同也不需要在中国境内缴纳印花税。

2. 买卖合同的特殊征税范围

（1）企业之间书立的确定买卖关系、明确买卖双方权利义务的订单、要货单等单据，且未另外书立买卖合同的，应当按规定缴纳印花税。

（2）发电厂与电网之间、电网与电网之间书立的购售电合同，应当按买卖合同税目缴纳印花税。电网与用户之间签订的供用电合同不属于印花税列举征税的凭证，不征收印花税。

3. 不属于印花税征税范围的凭证

（1）人民法院的生效法律文书，仲裁机构的仲裁文书，监察机关的监察文书。

（2）县级以上人民政府及其所属部门按照行政管理权限征收、收回或者补偿安置房地产书立的合同、协议或者行政类文书。

（3）总公司与分公司、分公司与分公司之间书立的作为执行计划使用的凭证。

第三节 印花税的税收负担

一、印花税的税率

印花税的税率设计，遵循税负从轻、共同负担的原则。与其他税种相比较，印花税的税率要低得多，税负较轻。《印花税税目税率表》设置了四类税目 17 个子税目，分别适用 0.05‰、0.25‰、0.3‰、0.5‰ 和 1‰ 五档差别比例税率，具体如表 11-2 所示。

表 11-2 印花税的五档差别比例税率

序号	税率	税　目
1	0.05‰	合同（借款合同、融资租赁合同）
2	0.25‰	营业账簿
3	0.3‰	合同（买卖合同、承揽合同、建设工程合同、运输合同、技术合同）
		产权转移书据（商标专用权、著作权、专利权、专有技术使用权转让）
4	0.5‰	产权转移书据（土地使用权出让；土地使用权、房屋等建筑物和构筑物所有权转让；股权转让）
5	1‰	合同（租赁合同、保管合同、仓储合同、财产保险合同）
		证券交易

二、印花税的税收优惠

（一）《印花税法》规定的税收优惠

《印花税法》规定，下列凭证免征印花税：

（1）应税凭证的副本或者抄本；

（2）依照法律规定应当予以免税的外国驻华使馆、领事馆和国际组织驻华代表机构为获得馆舍书立的应税凭证；

（3）中国人民解放军、中国人民武装警察部队书立的应税凭证；

（4）农民、家庭农场、农民专业合作社、农村集体经济组织、村民委员会购买农业生产资料或者销售农产品书立的买卖合同和农业保险合同；

（5）无息或者贴息借款合同、国际金融组织向中国提供优惠贷款书立的借款合同；

（6）财产所有权人将财产赠与政府、学校、社会福利机构、慈善组织书立的产权转移书据；

（7）非营利性医疗卫生机构采购药品或者卫生材料书立的买卖合同；

（8）个人与电子商务经营者订立的电子订单。

此外，根据国民经济和社会发展的需要，国务院对居民住房需求保障、企业改制重组、破产、支持小型微型企业发展等情形可以规定减征或者免征印花税，报全国人民代表大会常务委

11

员会备案。

（二）财政部、国家税务总局确定的税收优惠

依据《财政部 税务总局关于印花税法实施后有关优惠政策衔接问题的公告》（财政部 税务总局公告 2022 年第 23 号）的规定，印花税法实施后，以下方面的印花税优惠政策继续执行。对应税凭证适用印花税减免优惠的，书立该应税凭证的纳税人均可享受印花税减免政策，明确特定纳税人适用印花税减免优惠的除外。

1. 合同类凭证的税收优惠

（1）对个人出租、承租住房签订的租赁合同，免征印花税。

（2）铁路、公路、航运、水路承运快件行李、包裹开具的托运单据，暂免贴花。

（3）农林作物、牧业畜类保险合同暂不贴花。

（4）各类发行单位之间，以及发行单位与订阅单位或个人之间书立的征订凭证，暂免征印花税。

（5）军事物资运输、抢险救灾物资运输的特殊货运凭证，免征印花税。

（6）铁道部门层层下达的基建计划，所属企业内部签订的有关铁路生产经营设施基建、更新改造、大修、维修的协议或责任书，企业内部的物资调拨单，不属于应税合同，不纳税。

（7）中石油、中石化两大集团之间、两大集团内部各子公司之间、分公司与子公司之间互供石油和石油制品所使用的"成品油配置计划表"（或其他名称的表、证、单、书），暂不征收印花税。

（8）在融资性售后回租业务中，对承租人、出租人因出售租赁资产及购回租赁资产所签订的合同，不征收印花税。

（9）企业改制前签订但尚未履行完的各类应税合同，改制后需要变更执行主体的，对仅改变执行主体、其余条款未作变动且改制前已贴花的，不再贴花。

（10）自 2018 年 1 月 1 日至 2023 年 12 月 31 日，对金融机构与小型企业、微型企业签订的借款合同免征印花税。

（11）自 2019 年 1 月 1 日至 2023 年 12 月 31 日，对与高校学生签订的高校学生公寓租赁合同，免征印花税。

2. 产权转移书据类凭证的税收优惠

（1）对个人销售或购买住房暂免征收印花税。

（2）企业因改制签订的产权转移书据免予贴花。

（3）对经济适用住房经营管理单位与经济适用住房相关的印花税以及经济适用住房购买人涉及的印花税，予以免征。

（4）对公租房经营管理单位免征建设、管理公租房涉及的印花税；对公租房经营管理单位购买住房作为公租房，免征印花税；对公租房租赁双方免征签订租赁协议涉及的印花税。

（5）铁路内部无偿调拨固定资产的调拨单据，不属于产权转移书据，不贴花。

（6）对被撤销金融机构接收债权、清偿债务过程中签订的产权转移书据，免征印花税。

（7）因农村集体经济组织以及代行集体经济组织职能的村民委员会、村民小组进行清产核资收回集体资产而签订的产权转移书据，免征印花税。

（8）社保基金会、社保基金投资管理人管理的社保基金转让非上市公司股权，免征社保基金会、社保基金投资管理人应缴纳的印花税。

（9）农村饮水安全工程运营管理单位为建设饮水工程取得土地使用权而签订的产权转移书据，以及与施工单位签订的建设工程承包合同，免征印花税。

3. 账簿类凭证的税收优惠

（1）以合并或分立方式成立的新企业，以及实行公司制改造的企业在改制过程中成立的新企业，其新启用的资金账簿记载的资金，凡原已贴花的部分可不再贴花，未贴花的部分和以后新增加的资金按规定贴花。

（2）外国银行分行改制为外商独资银行（或其分行）后，其在外国银行分行已经贴花的资金账簿、应税合同，在改制后的外商独资银行（或其分行）不再重新贴花。

（3）对青藏铁路公司及其所属单位营业账簿免征印花税；对青藏铁路公司签订的货物运输合同免征印花税。

（4）中国信达等4家金融资产管理公司成立时设立的资金账簿，免征印花税。对资产公司收购、承接和处置不良资产，免征购销合同和产权转移书据应缴纳的印花税。

（5）证券投资者保护基金公司新设立的资金账簿，免征印花税。对保护基金公司与中国人民银行签订的再贷款合同、与证券公司行政清算机构签订的借款合同，免征印花税。对保护基金公司接收被处置证券公司财产签订的产权转移书据，免征印花税。对保护基金公司以保护基金自有财产和接收的受偿资产与保险公司签订的财产保险合同，免征印花税。

4. 证券交易的税收优惠

（1）对社保理事会委托社保基金投资管理人运用社保基金买卖证券应缴纳的印花税实行先征后返。对社保基金持有的证券，在社保基金证券账户之间的划拨过户，不属于印花税的征税范围，不征收印花税。

（2）对经国务院和省级人民政府决定或批准进行的国有（含国有控股）企业改组改制而发生的上市公司国有股权无偿转让行为，暂不征收证券（股票）交易印花税。

（3）股权分置改革过程中因非流通股股东向流通股股东支付对价而发生的股权转让，暂免征收印花税。

（4）在信贷资产证券化过程中，发起机构、受托机构与资金保管机构、证券登记托管机构以及其他为证券化交易提供服务的机构签订的其他应税合同，暂免征收发起机构、受托机构应缴纳的印花税。受托机构发售信贷资产支持证券以及投资者买卖信贷资产支持证券暂免征收印花税。发起机构、受托机构因开展信贷资产证券化业务而专门设立的资金账簿暂免征收印花税。

（5）对香港市场投资者通过沪股通和深股通参与股票担保卖空涉及的股票借入、归还，暂免征收证券（股票）交易印花税。

（6）根据《财政部 税务总局关于减半征收证券交易印花税的公告》（财政部 税务总局公告2023年第39号），为活跃资本市场、提振投资者信心，自2023年8月28日起，证券交易印花税实施减半征收。

此外，2022年1月1日至2024年12月31日，由省、自治区、直辖市人民政府根据本地区实际情况，以及宏观调控需要确定，对增值税小规模纳税人、小型微利企业和个体工商户可以在50％的税额幅度内减征印花税（不含证券交易印花税）。

纳税人享受印花税优惠办理方式，实行"自行判别、申报享受、有关资料留存备查"。纳税人应当对印花税优惠事项留存备查资料的真实性、完整性和合法性承担法律责任。

11

第四节　印花税的税额计算

一、印花税税额计算的一般规定

印花税应纳税额的一般计算公式为：

$$印花税的应纳税额＝计税依据×适用税率$$

各类税目的计税依据如下：

（1）应税合同的计税依据，为合同所列的金额，不包括列明的增值税税款；

（2）应税产权转移书据的计税依据，为产权转移书据所列的金额，不包括列明的增值税税款；

（3）应税营业账簿的计税依据，为账簿记载的实收资本（股本）、资本公积合计金额；

（4）证券交易的计税依据，为成交金额。

应税凭证金额为人民币以外的货币的，应当按照凭证书立当日的人民币汇率中间价折合人民币确定计税依据。

【例题 11-1】　某企业 2022 年 8 月开业，领受房产证、工商营业执照、土地使用证各一件；与其他企业订立转移专有技术使用权书据，所载金额 80 万元；订立产品购销合同，所载金额 150 万元；与银行订立借款合同，所载金额 40 万元；企业设立营业账簿 20 本，"实收资本"科目载有资金 600 万元；2022 年 12 月该企业"实收资本"科目所载资金增加为 800 万元。

要求：上述合同和书据所载金额均不含列明的增值税税款，计算该企业 2022 年应缴纳的印花税。

解析：

（1）领受房产证、工商营业执照、土地使用证不缴纳印花税。

（2）转移专有技术使用权书据应缴纳印花税＝800 000×0.3‰＝240（元）

（3）产品买卖合同应缴纳印花税＝1500 000×0.3‰＝450（元）

（4）借款合同应缴纳印花税＝400 000×0.05‰＝20（元）

（5）营业账簿应缴纳印花税＝8 000 000×0.25‰＝2 000（元）

（6）企业 2022 年合计应缴纳的印花税＝240＋450＋20＋2 000＝2 710（元）

二、印花税税额计算的特殊规定

1. 合同和产权转移书据

（1）同一应税凭证由两方以上当事人书立的，按照各自涉及的金额分别计算应纳税额。同一应税合同、应税产权转移书据中涉及两方以上纳税人，且未列明纳税人各自涉及金额的，以纳税人平均分摊的应税凭证所列金额（不包括列明的增值税税款）确定计税依据。

（2）同一应税凭证载有两个以上税目事项并分别列明金额的，按照各自适用的税目税率分别计算应纳税额；未分别列明金额的，从高适用税率。

（3）应税合同、产权转移书据未列明金额的，印花税的计税依据按照实际结算的金额确定。计税依据仍不能确定的，按照书立合同、产权转移书据时的市场价格确定；依法应当执行政府定价或者政府指导价的,按照国家有关规定确定。

(4)应税合同、应税产权转移书据所列的金额与实际结算金额不一致,不变更应税凭证所列金额的,以所列金额为计税依据;变更应税凭证所列金额的,以变更后的所列金额为计税依据。

(5)纳税人因应税凭证列明的增值税税款计算错误导致应税凭证的计税依据减少或者增加的,纳税人应当按规定调整应税凭证列明的增值税税款,重新确定应税凭证计税依据。

(6)境内的货物多式联运,采用在起运地统一结算全程运费的,以全程运费作为运输合同的计税依据,由起运地运费结算双方缴纳印花税;采用分程结算运费的,以分程的运费作为计税依据,分别由办理运费结算的各方缴纳印花税。

2.产权转移书据

纳税人转让股权的印花税计税依据,按照产权转移书据所列的金额(不包括列明的认缴后尚未实际出资权益部分)确定。

3.营业账簿

已缴纳印花税的营业账簿,以后年度记载的实收资本(股本)、资本公积合计金额比已缴纳印花税的实收资本(股本)、资本公积合计金额增加的,按照增加部分计算应纳税额。

4.证券交易

证券交易无转让价格的,按照办理过户登记手续时该证券前一个交易日收盘价计算确定计税依据;无收盘价的,按照证券面值计算确定计税依据。

【例题 11-2】 某 EPC 总承包合同由甲、乙、丙三方签订,甲企业为业主,乙企业为建筑业企业,丙企业为设计企业。该合同总额 4 亿元(不含增值税,且增值税税款单独列明),其中工程费用 3 亿元,设计费用 1 亿元。合同明确约定,甲企业与乙企业、丙企业分别结算,即甲企业向乙企业支付工程款项 3 亿元,向丙企业支付设计款项 1 亿元,乙企业和丙企业分别向甲企业开具相应发票。

要求:计算该合同各方当事人应缴纳的印花税。

解析:

(1)甲企业印花税的计税依据为 4 亿元,应缴纳印花税 $= 40\,000 \times 0.3‰ = 12$(万元)

(2)乙企业印花税的计税依据为 3 亿元,应缴纳印花税 $= 30\,000 \times 0.3‰ = 9$(万元)

(3)丙企业印花税的计税依据为 1 亿元,应缴纳印花税 $= 10\,000 \times 0.3‰ = 3$(万元)

第五节 印花税的征收管理

一、印花税的纳税申报方法

(一)印花税的纳税方法

印花税可以采用粘贴印花税票或者由税务机关依法开具其他完税凭证的方式缴纳。印花税票是缴纳印花税的完税凭证,由国务院税务主管部门监制。印花税票粘贴在应税凭证上的,由纳税人在每枚税票的骑缝处盖戳注销或者画销。

(二)印花税的综合申报

根据《国家税务总局关于简并税费申报有关事项的公告》(国家税务总局公告 2021 年

第 9 号),自 2021 年 6 月 1 日起,全国纳税人申报财产和行为税(含城镇土地使用税、房产税、车船税、印花税、耕地占用税、资源税、土地增值税、契税、环境保护税、烟叶税)时,进行合并申报。印花税纳税人应当根据书立应税合同、产权转移书据和营业账簿的情况,进行财产行为税综合申报。合同数量较多且属于同一税目的,可以合并汇总填写《印花税税源明细表》。

例如,甲企业按季申报缴纳印花税,2022 年第三季度书立买卖合同 5 份、建筑工程合同 1 份和产权转移书据 1 份,合同所列价款(不包括列明的增值税税款)分别共计 100 万元、1 000 万元和 500 万元。则该纳税人应在书立应税合同、产权转移书据时,填写《印花税税源明细表》,在 2022 年 10 月纳税申报期,进行财产行为税综合申报。

纳税人甲 2022 年 10 月纳税申报期应缴纳印花税 $= 1\,000\,000 \times 0.3‰ + 10\,000\,000 \times 0.3‰ + 5\,000\,000 \times 0.5‰ = 5\,800$(元)。

（三）印花税的实际结算申报

经济活动中,纳税人书立合同、产权转移书据未列明金额,需要后续实际结算时才能确定金额的情况较为常见,纳税人应于书立应税合同、产权转移书据的首个纳税申报期申报应税合同、产权转移书据书立情况,在实际结算后下一个纳税申报期,以实际结算金额计算申报缴纳印花税。

【例题 11-3】 丙企业按季申报缴纳印花税,2022 年 8 月 25 日书立钢材买卖合同 1 份,合同列明了买卖钢材数量,并约定在实际交付钢材时,以交付当日市场报价确定成交价据以结算,2022 年 10 月 12 日按合同结算买卖钢材价款 100 万元,2023 年 3 月 7 日按合同结算买卖钢材价款 300 万元。以上金额均不含增值税。丙企业应如何申报缴纳钢材买卖合同的印花税?

解析:

该纳税人应在书立应税合同以及实际结算时,填写《印花税税源明细表》,分别在 2022 年 10 月、2023 年 1 月、2023 年 4 月纳税申报期,进行财产行为税综合申报,具体如下:

2022 年 10 月纳税申报期应缴纳印花税 $= 0 \times 0.3‰ = 0$(元)

2023 年 1 月纳税申报期应缴纳印花税 $= 1\,000\,000 \times 0.3‰ = 300$(元)

2023 年 4 月纳税申报期应缴纳印花税 $= 3\,000\,000 \times 0.3‰ = 900$(元)

二、印花税的纳税期限

（一）纳税义务发生时间

印花税的纳税义务发生时间为纳税人书立应税凭证或者完成证券交易的当日。证券交易印花税扣缴义务发生时间为证券交易完成的当日。

（二）纳税间隔期和纳税申报期

印花税按季、按年或者按次计征。应税合同、产权转移书据印花税可以按季或者按次申报缴纳,应税营业账簿印花税可以按年或者按次申报缴纳,具体纳税期限由各省、自治区、直辖市、计划单列市税务局结合征管实际确定。实行按季、按年计征的,纳税人应当自季度、年度终了之日起 15 日内申报缴纳税款;实行按次计征的,纳税人应当自纳税义务发生之日起 15 日内申报缴纳税款。

证券交易印花税按周解缴。证券交易印花税扣缴义务人应当自每周终了之日起5日内申报解缴税款以及银行结算的利息。

考虑便利境外单位和个人缴纳印花税,境外单位或者个人的应税凭证印花税可以按季、按年或者按次申报缴纳,具体纳税期限由各省、自治区、直辖市、计划单列市税务局结合征管实际确定。

三、印花税的申报纳税地点

(1)纳税人为单位的,应当向其机构所在地的主管税务机关申报缴纳印花税;纳税人为个人的,应当向应税凭证书立地或者纳税人居住地的主管税务机关申报缴纳印花税。

(2)不动产产权发生转移的,纳税人应当向不动产所在地的主管税务机关申报缴纳印花税。

(3)证券登记结算机构为证券交易印花税的扣缴义务人,应当向其机构所在地的主管税务机关申报解缴税款以及银行结算的利息。

(4)纳税人为境外单位或者个人,以其境内代理人为扣缴义务人。境内代理人应当按规定扣缴印花税,向境内代理人机构所在地(居住地)主管税务机关申报解缴税款。在境内没有代理人的,纳税人应当自行申报缴纳印花税。为便利纳税人,根据应税凭证标的物不同,境外单位或者个人可以向资产交付地、境内服务提供方或者接受方所在地(居住地)、书立应税凭证境内书立人所在地(居住地)主管税务机关申报缴纳;涉及不动产产权转移的,应当向不动产所在地主管税务机关申报缴纳。

四、印花税的补税与退税

(1)已缴纳印花税的应税合同、应税产权转移书据,变更后所列金额增加的,纳税人应当就增加部分的金额补缴印花税;变更后所列金额减少的,纳税人可以就减少部分的金额向税务机关申请退还或者抵缴印花税。

(2)已缴纳印花税的应税凭证增值税税款计算错误的,纳税人应按规定调整增值税税款,重新确定应税凭证计税依据。调整后计税依据增加的,纳税人应当就增加部分的金额补缴印花税;调整后计税依据减少的,纳税人可以就减少部分的金额向税务机关申请退还或者抵缴印花税。

拓展阅读

证券交易印花税的历史

(3)未履行的应税合同、产权转移书据,已缴纳的印花税不予退还及抵缴税款。

(4)纳税人多贴的印花税票,不予退税及抵缴税款。

练 习 题

一、选择题(含单项选择题和多项选择题,请用手机扫描下方二维码作答)

二、计算题

1. 某房地产开发企业 2022 年开发普通住宅,与当地中国农业银行签订借款合同一份,合同注明借款金额 2 000 万元;以借款和自有资金共计 2 300 万元购买土地使用权,合同注明土地使用权 70 年,已取得有关证件;至 2020 年底对外销售 60 000 平方米,取得收入 19 200 万元,全部签订售房合同。2022 年该企业增加注册资本 2 000 万元,全部缴付到位。企业原注册且实缴资本为 3 000 万元,资本公积为 1 500 万元。

要求:计算该企业上述业务 2022 年度应申报缴纳的印花税。

2. 2022 年 7 月 5 日,C 企业与某物业企业签订建筑安装合同,合同总金额 3 000 万元(不含增值税)。2022 年 12 月 5 日,C 企业与物业企业达成协议,签订补充合同,将原合同金额调整为 2 800 万元。

要求:计算该企业上述业务应申报缴纳的印花税和申请退还或抵缴的印花税。

三、简答题

1. 印花税是一种纯粹的消费税吗?

2. 印花税是否具有征收正当性?

3. 应如何对印花税作出相应的改革和完善?

第十二章 关税制度

思维导图

关税制度

学 习 目 标

序号	知识点	学习目标	学习难度
1	关税概念及征税目的	一般掌握	☆☆
2	关税的基本法律规范、制度演变	了解	☆
3	关税的纳税义务人和征税对象、税率设置及适用	重点掌握	☆☆
4	关税的减免优惠	一般了解	☆
5	一般进口货物、特殊进口货物、出口货物完税价格的确定	重点掌握	☆☆☆
6	进出口货物的原产地确定、关税计算	重点掌握	☆☆☆
7	进境物品进口税的纳税义务人、征税对象及税率	一般掌握	☆☆
8	进出口货物的申报期限与关税的缴纳期限	一般掌握	☆☆
9	关税的强制执行、退还与追补征	一般掌握	☆☆

第一节 关 税 概 述

一、关税的概念

关税是指一国（地区）海关对进出关境的货物或者物品就其价值或者数量按照规定的税率计算征收的一种税。关境，又称海关境域或者关税领域，是国家（地区）海关法令全面实施的领域。通常情况下，一国关境与国境是一致的，包括国家主权范围内全部领陆、领空和领海。但是错综复杂的国际贸易关系和一些特殊原因，有时会使关境与国境不一致。例如，《关税及贸易总协定》（GATT）规定，单独关境地区可以成为其成员。这里的单独关境地区是指虽不是一个独立主权国家，但有自己单独的税则和单独的贸易管理规章的区域。中华人民共和国关境是指适用《中华人民共和国海关法》的内地行政管辖区域，不包括中国香港、中国澳门和中国台湾3个单独关境地区（又称单独关税区。我国台湾地区在世界贸易组织中的名称为"台湾、澎湖、金门、马祖单独关税区"）。从国外情况看，几个国家结成关税同盟，如欧盟，组成一个共同的关境并实施统一的关税法律和对外关税规则，彼此间的货物进出各自的国境不征收关税，只对来自或运往非关税同盟国家或地区的货物征收关税。在这种情况下，一个包含多个国家的关境自然就大于其中每个国家的国境了。

12

讲解视频

关税

关税的征税对象是进出口的货物,其计税依据是进出口货物交易金额或数量,因此属于货物税,本质上属于消费税。从关税的征税范围看,它具有很大的普遍性,但并不涉及劳务、无形资产或不动产,因此与增值税这样的一般消费税相比仍然比较狭窄,但是与资源税、消费税、车辆购置税等相比,其范围又宽广很多。因此,关税是介于一般消费税和特别消费税之间的一种税收。是否视为一般消费税,取决于人们的研究需要或目的而定。

二、关税的征收目的

国家征收关税的目的主要有两个:一个是取得财政收入,另一个是保护本国产业的发展。不同国家或者同一国家在不同时期对于关税的目的可能有所侧重,当侧重于保障国家财政收入时,就具有较强的"财政关税"的特点;当偏向于保护本国产业发展时,就带有明显的"保护关税"的特征。

在关税产生以后一段很长的历史时期内,其征收目的主要是增加国家的财政收入,原因在于在交通孔道、关卡、桥梁等处对往来客商征收关税,既方便又可靠。随着资本主义自由竞争市场的不断发展,各国政府为了保护本国产业的发展,纷纷利用关税作为保护手段,从而出现了保护关税。但关税仍然是国家财政收入的一个主要来源。17 世纪末,欧洲各国的关税收入大多占其财政收入的 80% 以上。美国成立之初,关税是其最主要的财源,1902 年关税收入仍占政府税收总额较高的比重。

目前,发达国家的财政收入以直接税为主,财政关税已很少使用。但一些发展中国家由于国内经济不发达,直接税源有限,关税在国家收入中仍占较大比重。

三、关税的法规规范

我国现行关税的基本法律规范,由海关法、进出口关税条例、进出口关税税则等组成。

(一) 海关法

《中华人民共和国海关法》(以下简称《海关法》)于 1987 年 1 月 22 日由六届全国人大常委会第十九次会议通过,自 1987 年 7 月 1 日起施行,并先后于 2000 年 7 月 8 日、2013 年 6 月 29 日、2013 年 12 月 28 日、2016 年 11 月 7 日、2017 年 11 月 4 日和 2021 年 4 月 29 日进行过六次修订。《海关法》共九章 102 条,其中第五章"关税"从第五十三条到第六十五条共 13 条是关税制度的法律依据。在上述六次《海关法》的修订中,第一次修订涉及关税制度的重大调整,其他几次修订对关税制度的调整和影响很小。

(二) 进出口关税条例和进出口税则

《中华人民共和国进出口关税条例》(以下简称《关税条例》),是国务院根据《海关法》有关关税的规定而制定的行政法规。现行《关税条例》在 2003 年 10 月 29 日由国务院第二十六次常务会议通过,自 2004 年 1 月 1 日起实施,并先后于 2011 年 1 月 8 日、2013 年 12 月 7 日、2016 年 2 月 6 日和 2017 年 3 月 1 日经过四次修改。《关税条例》全文共六章 67 条,除总则和附则外,内容涉及进出口货物关税税率的设置和适用、进出口货物完税价格的确定、进出口货物关税的征收和进境物品进口税的征收。

进出口税则,是一国(地区)通过一定的立法程序制定和公布实施的进出口货物关税税率表。它是海关凭以征收关税的法律依据,也是一个国家(地区)关税政策的具体体现。根据《关税条例》规定,《中华人民共和国进出口税则》(以下简称《进出口税则》)是《关税条例》的组成部分,因此具有行政法规的同等效力。进出口税则的主要内容包括税则号列、商品名称和税率三部分。

四、关税的制度演变

（一）1949—1984 年关税制度的建立和调整

1949 年中华人民共和国成立以后，实行的是保护关税政策。本着"独立自主、自力更生"的基本国策，1950 年，中央人民政府第十七次政务会议通过了《关于关税政策和海关工作的决定》，提出了新的关税政策，即"海关税则必需保护国家生产，必需保护国内生产品与外国商品的竞争"，同时决定"必须制定中华人民共和国输出输入货物的新海关税则"。1951 年 4 月 18 日中央人民政府公布了《中华人民共和国暂行海关法》。1951 年 5 月 4 日，政务院第八十三次会议通过了《中华人民共和国海关进出口税则》，同年 5 月 16 日正式实施。在关税税则实施的同时，政务院还通过了《中华人民共和国海关进出口税则暂行实施条例》。该条例对关税税率的适用原则、税则归类规则、关税完税价格和税收征管作了明确规定。第一部海关税则制定后直至 1985 年全面修改关税税则前，我国对关税税率共进行了 23 次调整，其中在改革开放前完成的 18 次都属于小范围、小幅度的局部调整，而改革开放后的关税调整充分体现了促进扩大对外经济技术交流的目标，不仅调整范围扩大，而且税率也有所下降。

（二）1985—1991 年的关税制度改革

经过三十多年的实践，第一部海关税则已经不适应新的情况，需要进行全面修订。1985 年 3 月 7 日，国务院发布《关税条例》和《进出口税则》。1985 年关税制度改革的主要内容有两个方面：一是采用了当时国际上通用的《海关合作理事会商品分类目录》，使得进出口商品的归类更加科学而且与国际接轨；二是根据新的关税税率制定原则，大幅度调整了进口关税税率，重点解决税率水平偏高和税率结构不合理两大问题。从 1985 年至 1991 年年底，该税则先后进行了 19 次小规模修订。1986 年海关总署先后发布了《海关审定进出口货物完税价格的办法》和《海关征税管理办法》。

1987 年 1 月 22 日，六届全国人大常委会第十九次会议通过《海关法》，其中第五章为"关税"。1987 年 9 月 12 日，国务院根据海关法重新修订并发布《关税条例》。1987 年 11 月海关总署公布实施了《中华人民共和国海关审定进出口货物完税价格办法》（以下简称《完税价格办法》），并于 1989 年 1 月修订了该办法。

（三）1992—2001 年的关税制度调整

随着我国外贸体制改革的进行和深入发展，我国从 1992 年 1 月 1 日起大幅度自主降低关税税率。同年，我国海关又将商品分类目录从《海关合作理事会商品分类目录》转换到《商品名称及编码协调制度》目录。为了使关税条例与新的商品归类国际公约相协调，1992 年 3 月 18 日，国务院发布了修订的《关税条例》。自 1992 年至 2001 年我国加入世界贸易组织（WTO）之前，先后 8 次较大规模自主降低关税税率，使我国关税水平由 1992 年底的 43.2% 降低至 2001 年初的 15.3%。1992 年 9 月 1 日起实施了海关总署修订的《完税价格办法》。国务院关税税则委员会第六次会议审议通过的《中华人民共和国海关关于入境旅客行李物品和个人邮递物品征收进口税办法》《入境旅客行李物品和个人邮递物品征收进口税税率表》和海关总署依据上述税率表制定了《入境旅客行李物品和个人邮递物品进口税税则归类表》，自 1994 年 7 月 1 日起实施。

（四）21 世纪的关税制度改革

2000 年 7 月 8 日，九届全国人大常委会第十六次会议通过了《全国人民代表大会常务委员会关于修改〈中华人民共和国海关法〉的决定》，新修订的《海关法》自 2001 年 1 月 1 日起施行。2001 年 12 月 11 日我国正式加入 WTO，此后关税方面的行政法规和规章作了较大范围

12

的调整和修改。修订的《完税价格办法》于 2002 年 1 月 1 日起实施。2003 年 11 月 23 日,国务院修订发布了《关税条例》,自 2004 年 1 月 1 日实施。2004 年 9 月 3 日,国务院公布了《中华人民共和国进出口货物原产地条例》,自 2005 年 1 月 1 日起施行。海关总署于 2004 年 12 月 15 日审议通过《中华人民共和国海关进出口货物征税管理办法》,自 2005 年 3 月 1 日起施行。

拓展阅读

跨境电子商务零售进口商品税收政策

加入 WTO 之后,我国积极履行入世承诺的关税减让义务,对进出口税则税目和关税税率作了多次调整,至 2010 年我国入世承诺的关税减让义务已全部履行完毕。进口关税总水平已由 2001 年的 15.3% 降低至 2021 年的 7.4%。涉及关税征管的海关规章也经过数次修订,不断完善。

五、关税的收入归属

关税作为一个国家重要的政策工具,历来都是由中央政府所掌握。虽然关税由国家设置在各地的海关具体负责征收,但关税收入全部纳入中央国家金库,属于中央政府的固定收入。

2020 年,全国税收收入 154 312.29 亿元,其中关税收入 2 564.25 亿元,占全国税收收入的比重为 1.66%。

2021 年,全国税收收入 172 735.67 亿元,其中关税收入 2 806.14 亿元,同比增长 9.4%,占全国税收收入的比重为 1.62%。

2022 年,全国税收收入 166 614 亿元,其中关税收入 2 860 亿元,同比增长 0.19%,占全国税收收入的比重为 1.72%。

第二节　关税的纳税人和税基

一、关税的纳税人

关税的纳税人有两种:一种是贸易性进出口货物的纳税人;另一种是非贸易性进出境物品的纳税人。

(一)贸易性进出口货物的纳税人

贸易性进出口货物的纳税人,是进口货物的收货人、出口货物的发货人。进出口货物收发货人,包括依法直接进口或者出口货物的中华人民共和国关境内的法人、其他组织或者个人。

(二)非贸易性进出境物品的纳税人

非贸易性进出境物品的纳税人,是指进出境物品的所有人,包括该物品的所有人和推定为所有人的人。一般情况下:①对于携带进境的物品,推定其携带人为所有人。②对分离运输的行李,推定相应的进出境旅客为所有人。③对以邮递方式进境的物品,推定其收件人为所有人。④对以邮递或其他运输方式出境的物品,推定其寄件人或托运人为所有人。

二、关税的税基

关税的税基是由征税对象及其征税范围所决定的。关税的征税对象是进出我国关境的贸易性货物和非贸易性物品。关税的征收范围是通过关税税则的分类来具体化的。关税税则是由国家通过正式的立法程序制定公布实施的对进出口应税货物加以系统分类的一览表。关税税则明确了关税的具体征收范围。中华人民共和国成立以来,我国分别于 1951 年、1985 年、1992 年先后实施了三个以不同分类目录为基础的进出口税则,进出口货物都采用同一税则分类目录。

第三节 关税的税收负担

一、关税的税率

关税的税率是由关税税则规定的,有进口关税税率和出口关税税率两种。

(一)进口关税税率

1. 税率设置与适用

自 2002 年 1 月 1 日起,我国进口税则设有最惠国税率、协定税率、特惠税率、普通税率等税率。这些税率具体适用哪些国家或地区原产的进口货物,规定如下:

(1)最惠国税率适用原产于与我国共同适用最惠国待遇条款的 WTO 成员的进口货物,或原产于与我国签订有相互给予最惠国待遇条款的双边贸易协定的国家或地区进口的货物,以及原产于我国境内的进口货物。

(2)协定税率适用原产于我国参加的含有关税优惠条款的区域性贸易协定有关缔约方的进口货物。根据我国与有关国家或地区签署的贸易或关税优惠协定,目前对原产于东盟成员、亚太贸易协定其他成员(孟加拉国、印度、老挝、韩国、斯里兰卡、蒙古国),区域全面经济伙伴关系协定(RCEP)其他成员(东盟成员、日本、韩国、澳大利亚、新西兰、巴基斯坦、新加坡、新西兰、智利、哥斯达黎加、秘鲁、冰岛、瑞士、韩国、澳大利亚、格鲁吉亚、毛里求斯、柬埔寨),以及我国台湾地区、香港特别行政区、澳门特别行政区的商品实施协定税率。

(3)特惠税率适用原产于与我国签订有特殊优惠关税协定的国家或地区的进口货物。目前对原产于孟加拉国、埃塞俄比亚等 40 多个最不发达国家的商品实施特惠税率。

(4)普通税率适用于原产于上述国家或地区以外的其他国家或地区的进口货物,以及原产地不明的进口货物。

2. 税率计征办法

我国对进口货物基本上实行从价税,从 1997 年 7 月 1 日起,我国对部分产品分别实行从量税、复合税、选择税和滑准税。

(1)从量税是以进口货物的重量、长度、容积等计量单位计征的关税。从量税的特点是不受应税货物进口价格的影响,税额计算简便,通关手续快捷,并能抑制质次价廉货物或故意低瞒价格货物的进口。目前我国对进口的原油、部分鸡产品、啤酒、胶卷分别以重量、容量、面积计征从量税。

(2)复合税是对某种进口货物同时使用从价和从量计征的关税。如现行进口税则中"广播级磁带录像机"的普通税率为:当每台完税价格不高于 2 000 美元时,执行 130% 的单一从价税;当每台完税价格高于 2 000 美元时,每台征收 20 600 元的从量税,再加上 6% 的从价税。目前我国对部分录像机、放映机、摄像机、数码照相机和摄录一体机实行复合税。

(3)选择税是对同一种商品同时列出从价、从量或复合等多种标准,根据一定的政策目标(从高计征或从低计征)选择其中一种标准计征的关税。例如,我国对天然胶乳的最惠国暂定税率为"10% 或 900 元/吨,两者从低"。

(4)滑准税是一种关税税率随进口货物价格由高到低而由低至高设置计征的关税。其主要特点是可保持滑准税货物的国内市场价格的相对稳定,尽可能减少国际市场价格波动的影响。目前,我国对配额外进口的一定数量棉花,使用滑准税形式的暂定关税。

12

3. 暂定税率与关税配额税率

国家出于特殊的需要,对进口货物在一定期限内可以实行暂定税率。适用最惠国税率的进口货物有暂定税率的,适用暂定税率;适用协定税率、特惠税率的进口货物有暂定税率的,应当从低适用税率;适用关税配额税率的进口货物有暂定税率的,适用暂定税率;适用普通税率的进口货物,不适用暂定税率。2019年,我国对700多个税目的进口货物实行暂定税率。

关税配额管理的进口货物,设有关税配额税率。按照国家规定实行关税配额管理的进口货物,关税配额内的,适用较低的关税配额税率;关税配额外的,根据货物的原产地适用较高的最惠国税率、协定税率、特惠税率、普通税率或者暂定税率。目前我国对小麦、玉米、稻谷和大米、糖、羊毛、毛条、棉花、部分化肥等商品实施关税配额管理,设有关税配额税率。

(二) 出口关税税率

国家仅对少数资源性产品,高成本、高污染、高能耗产品征收出口关税。

目前我国对100多个税目的出口货物计征出口关税,主要是鳗鱼苗、部分有色金属矿砂及其精矿、生锑、磷、氟钽酸钾、苯、山羊板皮、部分铁合金、钢铁废碎料、铜和铝原料及其制品、镍、锌、锑等产品。

国家出于需要,对部分出口货物在一定期限内可以实行暂定税率。与进口暂定税率一样,出口暂定税率优先适用于出口税则中规定的出口税率。2019年我国对70多个税目的出口货物设置了暂定税率。

二、特别关税

征收特别关税的货物,适用国别、税率、期限和征收办法,由国务院关税税则委员会决定,海关总署负责实施。

(一) 报复性关税

任何国家或者地区对其进口的原产于我国的货物征收歧视性关税或者给予其他歧视性待遇的,我国对原产于该国家或者地区的进口货物可以征收报复性关税。征收报复性关税的货物、适用国别、税率、期限和征收办法,由国务院关税税则委员会决定并公布。

(二) 反倾销税与反补贴税

根据《中华人民共和国反倾销条例》和《中华人民共和国反补贴条例》的规定,进口产品经初裁确定倾销或者补贴成立,并由此对国内产业造成损害的,可以采取临时反倾销或反补贴措施,实施期限为自公告规定实施之日起,不超过4个月。采取临时反倾销措施在特殊情形下,可以延长至9个月。

经终裁确定倾销或者补贴成立,并由此对国内产业造成损害的,可以征收反倾销税和反补贴税,征收期限一般不超过5年,但经复审确定终止征收反倾销税或反补贴税,有可能导致倾销或补贴以及损害的继续或再度发生的,征收期限可以适当延长。

反倾销税和反补贴税的纳税人为倾销或补贴产品的进口经营者。

采取以上措施征税的,由商务部提出建议,国务院关税税则委员会根据商务部的建议作出决定,由商务部予以公告。采取临时反倾销措施或临时反补贴措施时,要求提供现金保证金、保函或者其他形式的担保,由商务部作出决定并予以公告。海关自公告规定实施之日起执行。

(三) 保障性关税

根据《中华人民共和国保障措施条例》的规定,有明确证据表明进口产品数量增加,在不采取临时保障措施将对国内产业造成难以补救的损害的紧急情况下,可以作出初裁决定,并采取临时保障措施,但只能采取提高关税的形式。

终裁决定确定进口产品数量增加,并由此对国内产业造成损害的,可以采取提高关税、数量限制等保障措施,针对正在进口的产品实施,不区分产品来源国家或地区。其中采取提高关税形式的,由商务部提出建议,国务院关税税则委员会根据建议作出决定,由商务部予以公告。海关自公告规定实施之日起执行。保障措施的实施期限一般不超过 4 年,对于符合条件的,实施期限可以适当延长。但是,一项保障措施的实施期限及其延长期限,最长不超过 10 年。

三、关税的减免优惠

关税减免分为法定减免税、特定减免税和临时减免税。根据《海关法》的规定,除法定减免税外,其他减免税均由国务院决定。减征关税在我国加入世界贸易组织之前以税则规定税率为基准,在我国加入世界贸易组织之后以最惠国税率为基准。

(一)法定减免税

法定减免税是《海关法》和《关税条例》明确列出的减税或免税。符合税法规定可予减免税的进出口货物,纳税义务人无须提出申请,海关可按规定直接予以减免税。海关对法定减免税货物一般不进行后续管理。

1. 法定免税的货物和物品

(1)关税税额在人民币 50 元以下的一票货物。

(2)无商业价值的广告品和货样。

(3)外国政府、国际组织无偿赠送的物资。

(4)进出境运输工具装载的途中必需的燃料、物料和饮食用品。

(5)在海关放行前遭受损失的货物。

(6)规定数额以内的物品。

(7)法律规定减征、免征关税的其他货物、物品。

(8)我国缔结或者参加的国际条约规定减征、免征关税的货物、物品。

在海关放行前遭受损坏的货物,可以根据海关认定的受损程度减征关税。

2. 暂免关税的货物

暂时进境或者暂时出境的下列货物,在进境或者出境时纳税义务人向海关缴纳相当于应纳税款的保证金或者提供其他担保的,可以暂不缴纳关税,并应当自进境或者出境之日起 6 个月内复运出境或者复运进境;需要延长复运出境或者复运进境期限的,纳税义务人应当根据海关总署的规定向海关办理延期手续:

(1)在展览会、交易会、会议及类似活动中展示或者使用的货物。

(2)文化、体育交流活动中使用的表演、比赛用品。

(3)进行新闻报道或者摄制电影、电视节目使用的仪器、设备及用品。

(4)开展科研、教学、医疗活动使用的仪器、设备及用品。

(5)在上述第(1)项至第(4)项所列活动中使用的交通工具及特种车辆。

(6)货样。

(7)供安装、调试、检测设备时使用的仪器、工具。

(8)盛装货物的容器。

(9)其他用于非商业目的的货物。

3. 不征收关税的货物

(1)因品质或者规格原因,出口货物自出口之日起 1 年内原状复运进境的,不征收进口关税。

（2）因品质或者规格原因，进口货物自进口之日起1年内原状复运出境的，不征收出口关税。

（3）因残损、短少、品质不良或者规格不符原因，由进出口货物的发货人、承运人或者保险公司免费补偿或者更换的相同货物，进出口时不征收关税。

但是，被免费更换的原进口货物不退运出境或者原出口货物不退运进境的，海关应当对原进出口货物重新按照规定征收关税。

（二）特定减免税

特定减免税也称政策性减免税。特定减免税货物一般有地区、企业和用途的限制，需要经过海关审核确认或进行减免税货物税款担保审核，并进行后续管理，进行减免税统计。

1. 科学研究、科技开发和教学用品

经国务院批准，财政部、海关总署、国家税务总局制定了支持科技创新进口税收政策，对科学研究机构、技术开发机构、学校等单位进口国内不能生产或者性能不能满足需要的科学研究、科技开发和教学用品，免征进口关税和进口环节增值税、消费税；对出版物进口单位为科研院所、学校进口用于科研、教学的图书、资料等，免征进口环节增值税。

2. 残疾人专用品

经国务院批准，由海关总署发布的《残疾人专用品免征进口税收暂行规定》要求，对规定的残疾人个人专用品，免征进口关税和进口环节增值税、消费税；对康复、福利机构、假肢厂和荣誉军人康复医院等有关单位进口国内不能生产的、规定明确的残疾人专用品，免征进口关税和进口环节的增值税、消费税。

3. 慈善捐赠物资

财政部、国家税务总局、海关总署发布的《慈善捐赠物资免征进口税收的暂行办法》规定，对境外自然人、法人或者其他组织等境外捐赠人，无偿向受赠人捐赠的直接用于非营利的慈善救助等社会慈善和福利事业的物资，免征进口关税和进口环节增值税。

4. 救灾捐赠进口物资

根据财政部、国务院关税税则委员会、国家税务总局、海关总署制定的《关于救灾捐赠物资免征进口税收的暂行办法》的规定，对外国民间团体、企业、友好人士和华侨，以及我国香港、澳门居民和台湾同胞无偿向我国境内由新华社对外发布和民政部公布的受灾地区捐赠的直接用于救灾的物资，在合理数量范围内，免征进口关税和进口环节增值税、消费税。

5. 保税区、出口加工区等海关特殊监管区域进口物资

根据规定，保税区、出口加工区、保税物流园区、保税港区、综合保税区跨境工业区等海关特殊监管区域进口的区内生产性基础设施项目所需的机器和设备及基建物资，免征关税和进口环节税；区内企业进口企业自用的生产、管理设备和自用合理数量的办公用品及其所需的维修零配件，生产用燃料，建设生产厂房和仓储设备所需的物资、设备，免征关税和进口环节税；行政管理机构自用合理数量的管理设备和办公用品及其所需的维修零配件，免征关税和进口环节税。

6. 边境贸易进口物资

根据规定，边境地区边民在我国陆路边境20公里以内，经政府批准的开放点或指定的集市上，通过互市贸易进口的生活用品（列入边民互市进口商品不予免税清单的除外），每人每日价值在人民币8 000元以下的，免征进口关税和进口环节税。超过人民币8 000元的，对超出部分按照规定征收进口关税和进口环节税。但是，以边境小额贸易方式进口的商品，进口关税

和进口环节税照章征收。

此外,符合规定条件的内外资投资项目进口的自用设备、符合条件的国内企业为生产国家支持发展的重大技术装备和产品进口的关键零部件原材料、在我国海洋和陆上特定区域进行石油和天然气勘探开发作业的项目进口直接用于勘探开发作业的设备、仪器、零附件、专用工具等特定行业或用途的进口货物,也可享受进口关税的减免政策。

(三) 临时减免税

临时减免税是指以上法定和特定减免税以外的其他减免税,即由国务院根据《海关法》对某个单位、某类货物、某个项目或某批进出口货物的特殊情况,给予特别照顾,一案一批,专文下达的减免税。一般有单位、品种、期限、金额或数量等限制,不能比照执行。

入世后,国家严格控制减免税,一般不办理个案临时性减免税,对特定减免税也在逐步规范、清理,对不符合国际惯例的税收优惠政策将逐步废止。

第四节 关税的税额计算

无论是进口关税还是出口关税,都要按照规定的完税价格计算关税。《海关法》规定,进出口货物的完税价格,由海关以该货物的成交价格为基础审查确定。成交价格不能确定时,完税价格由海关依法估定。我国海关依据《完税价格办法》审定进出口货物的完税价格,此价格为不含关税和进出口环节国内税收的价格。

一、进口货物关税税额的计算

进口货物关税税额的计算,首先,要确定该进口货物的完税价格;其次,要根据进口货物的原产地和税则号列确定其适用的税率;最后,计算应纳税额。

(一) 一般进口货物的完税价格

进口货物的完税价格包括货物的货价、货物运抵中华人民共和国境内输入地点起卸前的运输及其相关费用、保险费。一般进口货物的定税价格相当于货物的到岸价(cost insurance and freight,简称为 CIF)。与之相对应的是货物的离岸价格,也称船上交易价(free on board,简称为 FOB)。

一般进口的货物,根据海关是否能够审查确定成交价格为依据分别采取不同的完税价格的确定办法。如果海关能够审查确定进口货物成交价格的,则应当采用该进口货物的成交价格法;如果海关不能审查确定进口货物成交价格的,则应当采用其他方法估定完税价格。

1. 成交价格法

根据《海关法》,进口货物的完税价格包括:货物的货价,货物运抵我国境内输入地点起卸前的运输及其相关费用、保险费。进口货物的成交价格,是指卖方向我国境内销售该货物时买方为进口该货物向卖方实付、应付的,并按照有关规定调整后的价款总额,包括直接支付的价款和间接支付的价款。"实付或应付价格",是指买方为购买进口货物直接或间接支付的价款总额,即作为卖方销售进口货物的条件,由买方向卖方或为履行卖方义务向第三方已经支付或将要支付的全部款项。

(1) 成交价格的条件。海关在征收关税时能够接受的进口货物成交价格必须符合以下要求:①买方对进口货物的处置或使用不受限制,但国内法律、行政法规规定的限制和对货物转售地域的限制,以及对货物价格无实质影响的限制除外;②货物的价格不得受到使该货物成交价格无法确定的条件或因素的影响;③卖方不得直接或间接获得因买方转售、处置或使用进口

12

货物而产生的任何收益,除非能够按照《关税条例》《完税价格办法》有关规定作出调整;④买卖双方之间没有特殊关系,如果有特殊关系,应当符合《完税价格办法》的有关规定,未对成交价格产生影响。

(2)成交价格的调整。进口货物的成交价格必须是按有关规定对相关费用进行调整后的价格。这些相关费用应根据下列两种不同情况作出调整。

第一种情形是,如下列费用或者价值未包括在进口货物的实付或者应付价格中,应当计入完税价格。①由买方负担的除购货佣金以外的佣金和经纪费。"购货佣金"指买方为购买进口货物向自己的采购代理人支付的劳务费用。"经纪费"指买方为购买进口货物向代表买卖双方利益的经纪人支付的劳务费用。②由买方负担的包装材料和包装劳务费用。③由买方负担的与该进口货物视为一体的容器费用。④可按适当比例分摊的,与货物的生产和向我国境内销售有关,由买方直接或间接免费提供,或以低于成本的方式提供给卖方或有关方的货物或服务的价值。⑤与该货物有关并作为卖方向我国境内销售该货物的一项条件,应当由买方直接或间接支付的特许权使用费。⑥卖方直接或间接从买方对该货物进口后转售、处置或使用所得中获得的收益。上述费用或价值,应由进口货物的收货人向海关提供客观量化的数据资料,否则,完税价格由海关按《完税价格办法》规定的其他方法进行估定。

第二种情形是,如下列税收、费用在进口货物的价款中单独列明,能与该货物实付或者应付价格区分,则不得计入完税价格:①厂房、机械或者设备等货物进口后发生的建设、安装、装配、维修或者技术援助费用,但是保修费用除外;②进口货物运抵中华人民共和国境内输入地点起卸后发生的运输及其相关费用、保险费;③进口关税、进口环节海关代征税及其他国内税;④为在境内复制进口货物而支付的费用;⑤境内外技术培训及境外考察费用。另外,对于买方为购买进口货物而融资所产生的、有书面融资协议的、纳税义务人可以证明有关利率不高于在融资当时当地此类交易通常应当具有的利率水平,且没有融资安排的相同或者类似进口货物的价格与进口货物的实付、应付价格非常接近的、单独列明的利息费用,也不计入完税价格。

【例题 12-1】 某企业从境外某公司引进钢结构产品自动生产线,货物离岸价(FOB)1 600万元。该生产线运抵我国输入地点起卸前的运费和保险费120万元,境内运输费用12万元。另支付由买方负担的经纪费10万元,买方负担的包装材料和包装劳务费20万元,与生产线有关的境外开发设计费用50万元,生产线进口后的现场培训指导费用200万元。取得相关部门开具的完税凭证及国内运输部门开具的合规运输发票。该货物适用关税最惠国税率15%。

要求:计算该企业进口生产线应缴纳的关税和增值税。

解析:

进口环节关税完税价格 = 1 600 + 120 + 10 + 20 + 50 = 1 800(万元)。

进口环节应缴纳关税 = 1 800 × 15% = 270(万元)。

应缴纳增值税 = (1 800 + 270) × 13% = 269.1(万元)。

---

(3)特殊关系的确认及处理。一般来说,买卖双方如有特殊关系,可能会对货物的成交价格产生影响,因此应根据具体情况分别处理。有下列情形之一的,应当认定买卖双方有特殊关系:①买卖双方为同一家族成员;②买卖双方互为商业上的高级职员或董事;③一方直接或间

接地受另一方控制;④买卖双方都直接或间接地受第三方控制;⑤买卖双方共同直接或间接地控制第三方;⑥一方直接或间接地拥有、控制或持有对方5%或以上公开发行的有表决权的股票或股份;⑦一方是另一方的雇员、高级职员或董事;⑧买卖双方是同一合伙的成员。此外,当买卖双方在经营上相互有联系,一方是另一方的独家代理、独家经销或独家受让人时,如果同时有上述特殊关系情形之一的,也应当视为存在特殊关系。但是,如果买卖双方之间虽有特殊关系,但纳税义务人能证明其成交价格与同时或者大约同时发生的下列任何一款价格相近的,应当视为特殊关系未对进口货物的成交价格产生影响,则该成交价格海关应当接受:①向境内无特殊关系的买方出售的相同或类似进口货物的成交价格;②按照使用倒扣价格方法所确定的相同或类似进口货物的完税价格;③按照使用计算价格方法所确定的相同或类似进口货物的完税价格。此外,海关经对与货物销售有关的情况进行审查,认为符合一般商业惯例的,也可以确定特殊关系未对进口货物的成交价格产生影响,接受该货物的成交价格。

2. 进口货物其他估价方法

进口货物的价格不符合成交价格条件或者成交价格不能确定的,海关应当依次以相同货物成交价格方法、类似货物成交价格方法、倒扣价格方法、计算价格方法及其他合理方法确定进口货物的完税价格。如果进口货物的收货人提出申请,并向海关提供有关资料后,可以颠倒倒扣价格方法和计算价格方法的适用次序。

(1) 相同或类似货物成交价格法。即以与被估的进口货物同时或大约同时(在海关接受申报进口之日的前后各45天以内)进口的相同或类似货物的成交价格为基础,估定完税价格。上述"相同货物"是指与进口货物在同一国家或地区生产的,在物理性质、质量和信誉等所有方面都相同的货物,但表面的微小差异允许存在;"类似货物",是指与进口货物在同一国家或地区生产的,虽然不是在所有方面都相同,但却具有相似的特征、相似的组成材料、同样的功能,并且在商业中可以互换的货物。以该方法估定完税价格时:①应当首先使用同一生产商生产的相同或类似货物的成交价格,只有在没有这一成交价格的情况下,才可以使用同一生产国或地区其他生产商生产的相同或类似货物的成交价格;②应使用与该货物相同商业水平且进口数量基本一致的相同或类似货物的成交价格,但对因运输距离和运输方式不同,在成本和其他费用方面产生的差异应当进行调整;③如果有多个相同或类似货物的成交价格,应当以最低的成交价格为基础,估定进口货物的完税价格;④在没有上述的相同或类似货物的成交价格的情况下,可以使用不同商业水平或不同进口数量的相同或类似货物的成交价格,但对因商业水平、进口数量、运输距离和运输方式不同,在价格、成本和其他费用方面产生的差异应当作出调整。

(2) 倒扣价格法。即以被估的进口货物、相同或类似进口货物在境内销售的价格为基础,扣除境内发生的有关费用估定完税价格。按该价格销售的货物应当同时符合5个条件:①在被估货物进口时或大约同时销售;②按照进口时的状态销售;③在境内第一环节销售;④合计的货物销售总量最大;⑤向境内无特殊关系方的销售。

以该方法估定完税价格时,应当扣除下列各项税收、费用:①该货物的同等级或同种类货物在境内第一销售环节销售时的利润和一般费用及通常支付的佣金;②货物运抵境内输入地点起卸后的运输及其相关费用、保险费;③进口关税、进口环节税和其他与进口或销售上述货物有关的国内税。此外,如果被估的进口货物、相同或者类似货物没有按照进口时的状态在境内销售,应纳税义务人要求,可以在符合其他条件的情形下,使用经进一步加工后的货物的销售价格确定完税价格,但是应当同时扣除加工增值额。

(3) 计算价格法。即以发生在生产国(地区)的生产成本为基础估定完税价格方法。它以

12

下列各项费用的总和计算出的价格作为完税价格：①生产该货物所使用的料件成本和加工费用；②向中华人民共和国境内销售同等级或者同种类货物通常的利润和一般费用（包括直接费用和间接费用）；③该货物运抵境内输入地点起卸前的运输及其相关费用、保险费。

（4）其他合理方法。使用其他合理方法时，应当根据《完税价格办法》规定的"客观、公平、统一"的估价原则，以客观量化的数据资料为基础估定完税价格。但在采用合理方法确定进口货物的完税价格时，不得使用以下价格：①境内生产的货物在境内的销售价格；②可供选择的价格中较高的价格；③货物在出口地市场的销售价格；④以计算价格方法规定之外的价值或者费用计算的相同或者类似货物的价格；⑤出口到第三国或者地区的货物的销售价格；⑥最低限价或者武断、虚构的价格。

（二）特殊进口货物的完税价格

1. 内销的保税货物

内销保税货物，包括因故转为内销需要征税的加工贸易货物、海关特殊监管区域内货物、保税监管场所内货物和因其他原因需要按照内销征税办理的保税货物。

2013年12月25日，海关总署发布了《中华人民共和国海关审定内销保税货物完税价格办法》，该办法自2014年2月1日起施行，是专门针对内销保税货物制定的审价办法。

内销保税货物的完税价格，由海关以该货物的成交价格为基础审查确定。对于内销保税货物的完税价格不能依据该货物的成交价格为基础确定的，海关依次以下列价格估定该货物的完税价格：①与该货物同时或者大约同时向我国境内销售的相同货物的成交价格；②与该货物同时或者大约同时向我国境内销售的类似货物的成交价格；③与该货物进口的同时或者大约同时，将该进口货物、相同或者类似进口货物在第一级销售环节销售给无特殊关系买方最大销售总量的单位价格，但应当扣除以下项目：同等级或者同种类货物在我国境内第一级销售环节销售时通常的利润和一般费用以及通常支付的佣金，进口货物运抵境内输入地点起卸后的运输及其相关费用、保险费，进口关税及国内税收；④按照下列各项总和计算的价格：生产该货物所使用的料件成本和加工费用，向我国境内销售同等级或者同种类货物通常的利润和一般费用，该货物运抵境内输入地点起卸前的运输及其相关费用、保险费；⑤以合理方法估定的价格，纳税义务人向海关提供有关资料后，可以提出申请，颠倒上述第③项和第④项的适用次序。

2. 运往境外修理的货物

运往境外修理的机械器具、运输工具或其他货物，出境时已向海关报明，并在海关规定期限内复运进境的，应当以海关审定的境外修理费和料件费为基础审查确定完税价格。如果超过海关规定期限复运进境，则按一般进口货物确定其完税价格。

【例题12-2】 某企业将以前年度进口的设备运往境外修理，设备进口时成交价格58万元，发生境外运费和保险费共计6万元；在海关规定的期限内复运进境，进境时同类设备价格65万元；发生境外修理费8万元，料件费9万元，进境时发生了境外运输费和保险费共计3万元。该货物适用进口关税最惠国税率20%。

要求：计算运往境外修理的设备报关进口时应纳的关税和增值税。

解析：

应纳关税 = (8 + 9) × 20% = 3.4（万元）。

应纳增值税 = (8 + 9) × (1 + 20%) × 13% = 2.652（万元）。

---

3. 运往境外加工的货物

运往境外加工的货物,出境时已向海关报明,并在海关规定期限内复运进境的,应当以境外加工费和料件费以及该货物复运进境的运输及其相关费用、保险费为基础审查确定完税价格。如果超过海关规定期限复运进境,则按一般进口货物确定其完税价格。

【例题12-3】 某企业将价值50万元的材料运往境外加工,运出时发生境外运费和保险费共计5万元;在海关规定的期限内将完成加工的成品复运进境,进境时同类成品的成交价格为100万元;发生境外加工费10万元,在境外采购了部分辅料用于加工,发生料件费9万元,成品运回时发生境外运输费和保险费共计8万元。该货物适用进口关税最惠国税率20%。

要求:计算运往境外加工复进境的成品报关进口时应纳的关税和增值税。

解析:

应纳关税＝(10＋9＋8)×20%＝5.4(万元)。

应纳增值税＝(10＋9＋8)×(1＋20%)×13%＝4.212(万元)。

4. 暂时进境货物

经海关批准的暂时进境货物,应当缴纳税款的,由海关按照一般进口货物估价的规定审查确定完税价格。经海关批准留购的暂时进境货物,以海关审查确定的留购价格作为完税价格。

5. 租赁方式进口货物

租赁方式进口的货物,按照下列方法审查确定完税价格:①以租金方式对外支付的租赁货物,在租赁期间以海关审查确定的租金作为完税价格,利息应当予以计入;②留购的租赁货物以海关审查确定的留购价格作为完税价格;③纳税义务人申请一次性缴纳税款的,可以选择申请按照一般进口货物中除成交价格方法以外的其他估价方法确定完税价格,或者按照海关审查确定的租金总额作为完税价格。

6. 予以补税的减免税货物

减免税货物因转让、提前解除监管以及减免税申请人发生主体变更、依法终止情形或者其他原因需要补征税款的,补税的完税价格以货物原进口时的完税价格为基础,按照减免税货物已进口时间与监管年限的比例进行折旧,其计算公式如下:

$$补税的完税价格 = \frac{减免税货物}{原进口时的完税价格} \times \left[1 - \frac{减免税货物已进口时间(月)}{监管年限 \times 12} \right]$$

对于减免税进口货物的监管年限,我国规定,船舶、飞机为8年;机动车辆为6年;其他货物为3年。监管年限自货物进口放行之日起计算。

根据我国规定,在海关监管年限内,减免税申请人需要将减免税货物移作他用的,应当事先向主管海关提出申请。经主管海关审核同意,减免税申请人可以按照海关批准的使用单位、用途、地区将减免税货物移作他用。这里所称的移作他用包括以下情形:①将减免税货物交给减免税申请人以外的其他单位使用;②未按照原定用途使用减免税货物;③未按照原定地区使用减免税货物。

减免税申请人将减免税货物移作他用,需要补缴税款的,补税的完税价格以货物原进口时的完税价格为基础,按照需要补缴税款的时间与监管年限的比例进行折旧,其计算公式如下:

12

$$补税的完税价格 = \frac{减免税货物}{原进口时的完税价格} \times \frac{需要补缴税款的时间（日）}{监管年限 \times 365}$$

【例题12-4】 某高新技术企业免税进口一台设备，海关审定的进口完税价格为人民币60万元，海关监管期3年，该企业进口放行之后使用了12个月，经海关同意转售给其他不能享受减免税政策的企业。该设备适用的关税最惠国税率为20%。

要求：计算该企业上述业务应纳关税。

解析：

$$应纳关税 = 60 \times \left(1 - \frac{12}{3 \times 12}\right) \times 20\% = 8（万元）。$$

7. 进口特定的介质

对于进口载有专供数据处理设备用软件的介质（如磁带、磁盘、光盘等记录媒体），如果符合下列情形之一，则应以介质本身的价格或成本为基础确定完税价格：①介质本身的价值或者成本与所载软件的价值是分列的；②介质本身的价值或者成本与所载软件的价值虽未分列，但是纳税义务人能够提供介质本身的价值或者成本的证明文件，或者能提供所载软件价值的证明文件。

然而，有些介质，如含有美术、摄影、声音、图像、影视、游戏、电子出版物的介质，则不按上述规定确定完税价格，而应将其包括的信息费用连同介质本身的价值计入完税价格。

8. 其他无成交价格的进口货物

对于以易货贸易、寄售、捐赠、赠送等方法进口的货物，由于不存在成交价格，因此应在海关与纳税义务人进行价格磋商后，依次采用成交价格估价法之外的其他估价方法审查确定完税价格。

（三）完税价格中的运输及相关费用、保险费

进口货物的完税价格不仅包括货物的货价，还应当包括货物运抵我国境内输入地点起卸前的运输及其相关费用、保险费。与进口货物运输有关的费用，包括装卸费、港口或机场使用费、理舱平舱费、中转费、过驳费、燃油附加费等。

1. 进口货物的运费

进口货物的运输及相关费用，应当按照买方实际支付或应当支付的费用计算。如果进口货物的运输及相关费用无法确定，海关应当按照该货物进口同期的正常运输成本审查确定。但是对于运输工具作为进口货物，利用自身动力进境的，海关在审查确定完税价格时，不再另行计入运输及相关费用。

2. 进口货物的保险费

进口货物的保险费，也应当按照实际支付的费用计算。如果进口货物的保险费无法确定或者未实际发生，海关按照"货价加运费"两者总额的3‰计算保险费。其计算公式为：

$$保险费 = （货价 + 运费）\times 3‰$$

3. 邮运进口货物的运费、保险费

对于邮运进口的货物，应当以邮费作为运输及其相关费用、保险费。

（四）进口货物的关税税率

进口货物的完税价格确定以后，还必须确定该货物适用的税率，才能计算应纳关税税额。

要确定进口货物使用的关税税率，首先要确定进口货物在税则中的商品编码，然后要确定该货物的原产地，最后才能确定其适用的税率。

1. 税率的运用

进出口货物，应当依照税则规定的归类原则归入合适的税号，并按照适用的税率征税。

我国《关税条例》规定，进出口货物，应当适用海关接受该货物申报进口或者出口之日实施的税率。对于下列特殊情形，分别按以下规定确定适用税率：

（1）对于进口货物到达前，经海关核准先行申报的，应当适用装载该货物的运输工具申报进境之日实施的税率。

（2）对于进口转关运输货物，应当适用指运地海关接受该货物申报进口之日实施的税率；货物运抵指运地前，经海关核准先行申报的，应当适用装载该货物的运输工具抵达指运地之日实施的税率。出口转关运输货物，应当适用启运地海关接受该货物申报出口之日实施的税率。

（3）对于实行集中申报的进出口货物，经海关批准，应当适用每次货物进出口时海关接受该货物申报之日实施的税率。

（4）对于因超过规定期限未申报而由海关依法变卖的进口货物，其税款计征应当适用装载该货物的运输工具申报进境之日实施的税率。

（5）对于因纳税义务人违反规定需要追征税款的进出口货物，应当适用违反规定的行为发生之日实施的税率；行为发生之日不能确定的，适用海关发现该行为之日实施的税率。

（6）对于已申报进境并且放行的保税货物、减免税货物、租赁货物或者已申报进出境并且放行的暂时进出境货物，有下列情形之一需缴纳税款的，应当适用海关接受纳税义务人再次填写报关单申报办理纳税及有关手续之日实施的税率：①保税货物经批准不复运出境的；②保税仓储货物转入国内市场销售的；③减免税货物经批准转让或者移作他用的；④可以暂不缴纳税款的暂时进出境货物，经批准不复运出境或者进境的；⑤租赁进口货物，分期缴纳税款的。

补征或者退还进出口货物税款时，应当按照上述的规定确定适用的税率。

2. 货物原产地的确定

国际贸易中，货物的原产地是指货物生产、制造的国家或地区，即货物的"国籍"，通常又称为原产国。确定货物原产地是一国实施差别关税待遇、有效实施非关税措施以及进行贸易统计的需要。确定货物的原产地需要一定的标准和方法，而以法律法规形式出现的、为确定货物原产地而制定的标准、方法，就是原产地规则。根据原产地规则适用目的和范围的不同，可分为优惠原产地规则和非优惠原产地规则。

优惠原产地规则是出于实施某些国别优惠措施（如实施协定税率、特惠税率），通常以多边、双边协定的形式制定的原产地确定规则。非优惠原产地规则，是一国根据实施其海关税则和其他非优惠贸易措施的需要而制定的原产地规则。它适用于包括实施最惠国待遇、反倾销和反补贴、保障措施、原产地标记管理、国别数量限制、关税配额等非优惠性贸易措施，以及进行政府采购、贸易统计等活动，对进出口货物原产地的确定。

《中华人民共和国进出口货物原产地条例》有关条款及海关总署发布同时施行的《关于非优惠原产地规则中实质性改变标准的规定》对我国非优惠性贸易措施项下进出口货物原产地的确定标准作出了明确规定。确定货物原产地的基本原则是：完全在一个国家（地区）获得的货物，以该国（地区）为原产地；两个以上国家（地区）参与生产的货物，以最后完成实质性改变

12

的国家(地区)为原产地,即采用完全获得标准和实质性改变标准确定进出口货物的原产地。

(1) 完全获得标准。如果货物完全在一个国家(地区)获得,则以该国(地区)作为货物的原产地。"完全在一个国家(地区)获得的货物"具体包括以下几种情形:

① 在该国(地区)出生并饲养的活的动物。

② 在该国(地区)野外捕捉、捕捞、搜集的动物。

③ 从该国(地区)的活的动物获得的未经加工的物品。

④ 在该国(地区)收获的植物和植物产品。

⑤ 在该国(地区)采掘的矿物。

⑥ 在该国(地区)获得的除上述第①项至第⑤项范围之外的其他天然生成的物品。

⑦ 在该国(地区)生产过程中产生的只能弃置或者回收用作材料的废碎料。

⑧ 在该国(地区)收集的不能修复或者修理的物品,或者从该物品中回收的零件或者材料。

⑨ 由合法悬挂该国旗帜的船舶从其领海以外海域获得的海洋捕捞物和其他物品。

⑩ 在合法悬挂该国旗帜的加工船上加工上述第⑨项所列物品获得的产品。

⑪ 从该国领海以外享有专有开采权的海床或者海床底土获得的物品。

⑫ 在该国(地区)完全从上述所列物品中生产的产品。

(2) 实质性改变标准。如果货物涉及两个以上国家(地区)参与生产,则以最后完成实质性改变的国家(地区)作为该货物的原产地。对于实质性改变的确定标准,应以税则归类改变为基本标准;对于税则归类改变不能反映实质性改变的,则以从价百分比、制造或者加工工序等为补充标准。

"税则归类改变"标准,是指在某一国家(地区)对非该国(地区)原产材料进行制造、加工后,所得货物在《中华人民共和国进出口税则》中的四位数级税目归类发生了变化。

"制造、加工工序"标准,是指在某一国家(地区)进行的赋予制造、加工后所得货物基本特征的主要工序。

"从价百分比"标准,是指在某一国家(地区)对非该国(地区)原产材料进行制造、加工后的增值部分超过了所得货物价值的30%。用如下公式表示:

$$\frac{\text{工厂交货价} - \text{非该国(地区)原产材料价值}}{\text{工厂交货价}} \times 100\% \geqslant 30\%$$

其中,"工厂交货价"是指支付给制造厂生产的成品的价格。"非该国(地区)原产材料价值"是指直接用于制造或装配最终产品而进口原料、零部件的价值(含原产地不明的原料、零配件),以其进口"成本、保险费加运费"价格(CIF)计算。

以制造、加工工序和从价百分比为标准判定实质性改变的货物,在《适用制造或者加工工序及从价百分比标准的货物清单》中具体列明,并按列明的标准判定是否发生实质性改变。凡未列入《适用制造或者加工工序及从价百分比标准的货物清单》货物的实质性改变,应当适用税则归类改变标准。

由于优惠原产地规则是用于认定进出口商品有无资格享受特别优惠待遇的,因此,其认定标准比非优惠原产地规则更严格,享受优惠的商品种类也有严格限制,而且必须满足直接运输的要求。进口国为了防止此类优惠措施被滥用或规避,一般都要求出口国指定专门机构负责签发优惠原产地证书,并按优惠原产地规则的规定签发出口国的原产地证书。

（五）进口货物的税额计算

进口货物的完税价格和税率确定以后,就可以按以下公式计算进口货物的关税税额了。

从价关税的计算公式:

$$进口货物应纳关税＝进口货物完税价格×关税税率$$

从量关税的计算公式:

$$进口货物应纳关税＝进口货物数量×单位关税税额$$

复合关税的计算公式:

$$进口货物应纳关税＝进口货物完税价格×关税税率＋进口货物数量×单位关税税额$$

【例题 12-5】 某外贸公司从境外进口原产于美国的小轿车 30 辆,每辆小轿车境外人民币离岸价(FOB 价格)15 万元,运抵我国口岸起卸前发生的运输费用、保险费用无法确定,经海关查实其正常运输成本占货价的比例为 2%。该小轿车关税普通税率为 230%,最惠国税率为 15%,增值税税率为 13%、消费税税率为 9%。

要求:计算小轿车在进口环节应缴纳的关税、消费税和增值税。

解析:

该批小轿车货价＝$15×30＝450$(万元)。

境外正常运输成本＝$450×2\%＝9$(万元)。

保险费＝$(450＋9)×3‰＝1.38$(万元)。

该批小轿车完税价格＝$450＋9＋1.38＝460.38$(万元)。

货物原产于美国,可适用最惠国税率 15%。

应纳关税税额＝$(450＋9＋1.38)×15\%＝69.06$(万元)。

应纳消费税税额＝$(460.38＋69.06)÷(1－9\%)×9\%＝581.8×9\%＝52.36$(万元)。

应纳增值税税额＝$(460.38＋69.06＋52.36)×13\%＝75.63$(万元)。

【例题 12-6】 某贸易公司从中国香港购进日本产的彩色胶片 50 400 卷(0.057 75 平方米/卷),成交价格 CIF(成本＋保险费＋运费)广州 20 万元。经查税则,该货物关税最惠国税率为 18 元/平方米,普通税率为 433 元/平方米。

要求:计算该批货物的进口关税和增值税税额。

解析:

进口货物完税价格＝20(万元)。

货物原产地为日本,WTO 成员适用最惠国税率 18 元/平方米。

进口关税税额＝$50\ 400×0.057\ 75×18＝52\ 390.8$(元)。

进口环节增值税税额＝$(200\ 000＋52\ 390.8)×13\%＝32\ 810.8$(元)。

二、出口货物关税税额的计算

(一) 出口货物完税价格的确定

1. 以成交价格为基础的完税价格

出口货物的完税价格,由海关以该货物的成交价格以及该货物运至我国境内输出地点装载前的运输及其相关费用、保险费为基础审查确定。出口货物的成交价格,是指该货物出口销售时,卖方为出口该货物应当向买方直接收取和间接收取的价款总额。但是,下列税收、费用不计入出口货物的完税价格:①出口关税;②在货物价款中单独列明的货物运至我国境内输出地点装载后的运输及其相关费用、保险费。

2. 出口货物的其他估价方法

出口货物的成交价格不能确定时,海关经了解有关情况,并与纳税义务人进行价格磋商后,依次使用下列方法估定完税价格:

(1) 同时或大约同时向同一国家或地区出口的相同货物的成交价格。

(2) 同时或大约同时向同一国家或地区出口的类似货物的成交价格。

(3) 根据境内生产相同或类似货物的成本、利润和一般费用、境内发生的运输及其相关费用、保险费计算所得的价格。

(4) 按照合理方法估定的价格。

(二) 出口货物关税税额的确定

出口货物不存在像进口货物那样需要根据原产地来判断适用税率的问题,因此,完税价格确定以后,就可以直接计算应纳税额。需要注意的是,适用出口税率的出口货物有暂定税率的,应当适用暂定税率。

出口货物关税计算公式:

$$出口货物应纳关税 = 出口货物完税价格 \times 出口关税税率$$

其中:

$$出口货物完税价格 = FOB 价格 - 出口关税税额$$

即:

$$出口货物完税价格 = \frac{FOB 价格}{1 + 出口关税税率}$$

【例题 12-7】 云南某公司出口一批锡矿砂至韩国,该货物由云南公司委托国内某运输企业自云南昆明运至广东湛江,云南公司为此支付了国内运费、保险费和其他有关费用合计 9 万元人民币。货物运抵湛江后改由国际运输船舶运输,并向湛江海关申报出口。申报的出口价格为 CIF 釜山 10 万美元,其中湛江至釜山的运输费 1 万美元,保险费 0.5 万美元。查税则,该货物出口税率为 50%,暂定税率为 20%。经审核,该批货物适用的计征汇率为 1 美元=6.5 元人民币。

要求:计算该批货物的完税价格及应纳关税税额。

解析:

出口货物 FOB 价格 = (10-1-0.5)×6.5 = 55.25(万元),该货物优先适用暂定税率 20%。

出口货物完税价格 = $\frac{55.25}{1 + 20\%}$ = 46.04(万元)。

应纳出口关税税额 = 46.04×20% = 9.21(万元)。

第五节　进境物品进口税和关税的征缴

一、进境物品进口税

进境物品进口税,即行李和邮递物品进口税,习惯上简称行邮税,是海关对入境旅客行李物品和个人邮递物品征收的进口税。由于其中包含了在进口环节征收的增值税、消费税,因而也是对个人非贸易性入境物品征收的进口关税和进口环节增值税和消费税的总称。

目前我国关于进境物品进口税的征收有如下规定:对于海关总署规定数额以内的个人自用进境物品,免征进口税;对于超过海关总署规定数额,但仍在合理数量以内的个人自用进境物品,由进境物品的纳税义务人在进境物品放行前按照规定缴纳进口税;对于超过合理、自用数量的进境物品,应当按照进口货物依法办理相关手续;国务院关税税则委员会规定按货物征税的进境物品,按照进口货物的规定征收关税以及代征税。

（一）进境物品进口税的纳税人

进境物品的纳税义务人,是指携带物品进境的入境人员、进境邮递物品的收件人,以及以其他方式进口物品的收件人。

（二）进境物品进口税的课税对象

进境物品进口税的课税对象包括入境旅客、运输工具服务人员携带的应税行李物品、个人邮递物品、馈赠物品以及以其他方式入境的个人物品,简称进境物品。对准许应税进境旅客行李物品、个人邮递物品以及其他个人自用物品,均应依据《中华人民共和国进境物品进口税税率表》(以下简称《进境物品进口税税率表》)征收进境物品进口税。

上述所称的应税个人自用物品,不包括汽车、摩托车及其配件、附件。对进口应税个人自用汽车、摩托车及其配件、附件,以及超过海关规定自用合理数量部分的应税物品应按货物进口程序办理报关验放手续。

（三）进境物品进口税的税率

海关按照《进境物品进口税税率表》及海关总署制定的《中华人民共和国进境物品归类表》《中华人民共和国进境物品完税价格表》对进境物品进行归类、确定完税价格和确定适用税率。进境物品适用海关填发税款缴款书之日实施的税率和完税价格。

《关税条例》明确规定,《进境物品进口税税率表》中的税目、税则号列和税率,由国务院制定,它是我国《关税条例》的组成部分。同时规定,由国务院关税税则委员会负责《进境物品进口税税率表》的税目、税则号列和税率的调整和解释,报国务院批准后执行。

进境物品进口税的税率经过多次修改,目前实施的是 2019 年 4 月 9 日起生效的进境物品进口税税率表,该表列有 13%、20% 和 50% 三个税级,具体如表 12-1 所示。

表 12-1　　　　　　　　　　　　　　　　进境物品进口税税率表

税号	物　品　名　称	税率
1	书报、刊物、教育用影视资料;计算机、视频摄录一体机、数字照相机等信息技术产品;食品、饮料;金银;家具;玩具,游戏品、节日或其他娱乐用品;药品*	13%
2	运动用品(不含高尔夫球及球具)、钓鱼用品;纺织品及其制成品;电视摄像机及其他电器用具;自行车;税目 1、3 中未包含的其他商品	20%
3**	烟、酒;贵重首饰及珠宝玉石;高尔夫球及球具;高档手表;高档化妆品	50%

* 对国家规定减按 3% 征收进口环节增值税的进口药品,按照货物税率征税。
** 税目 3 所列商品的具体范围与消费税征收范围一致。

进境物品进口税采用从价计征,完税价格由海关按照海关总署制定的《中华人民共和国进境物品完税价格表》确定。完税价格乘以进境物品进口税税率,即为应纳的进口税税额。

12

二、关税的缴纳

（一）关税的缴纳时限

1. 申报期限

进口货物自运输工具申报进境之日起14日内，出口货物在货物运抵海关监管区后装货的24小时以前，应由进出口货物的纳税义务人向海关申报，海关根据税则归类和完税价格计算应缴纳的关税和进口环节代征税，并填发税款缴款书。

2. 纳税期限

纳税义务人应当自海关填发税款缴款书之日起15日内，向指定银行缴纳税款。如缴纳期限的最后一日是星期六、星期日等休息日或法定节假日，则缴纳期限顺延至星期六、星期日等休息日或法定节假日过后的第一个工作日。对于国务院临时调整休息日与工作日的，海关应当按照调整后的情况计算缴纳期限。根据海关总署公告2022年第61号（关于明确进出口货物税款缴纳期限的公告），海关制发税款缴纳通知并通过"单一窗口"和"互联网＋海关"平台推送至纳税义务人。纳税义务人应当自海关税款缴纳通知制发之日起15日内依法缴纳税款；采用汇总征税模式的，纳税义务人应当自海关税款缴纳通知制发之日起15日内或次月第5个工作日结束前依法缴纳税款。未在上述期限内缴纳税款的，海关自缴款期限届满之日起至缴清税款之日止，按日加收滞纳税款万分之五的滞纳金。纳税义务人自行打印的版式化《海关专用缴款书》，其"填发日期"为海关税款缴纳通知制发之日。

3. 延期纳税

纳税义务人因不可抗力或者在国家税收政策调整的情形下，不能按期缴纳税款的，经依法提供税款担保后，可以延期缴纳税款，但最长不得超过6个月。

（二）关税的强制执行

进出口货物的纳税义务人，没有在纳税期限内缴纳税款，构成逾期缴纳的，由海关征收滞纳金。纳税义务人、担保人超过3个月仍未缴纳的，经直属海关关长或者其授权的隶属海关关长批准，海关可以采取下列强制措施：

（1）书面通知其开户银行或者其他金融机构从其存款中扣缴税款。

（2）将应税货物依法变卖，以变卖所得抵缴税款。

（3）扣留并依法变卖其价值相当于应纳税款的货物或者其他财产，以变卖所得抵缴税款。

海关采取强制措施时，对前述所列纳税义务人、担保人未缴纳的滞纳金同时强制执行。

（三）关税的退还和追补

1. 关税的退还

根据《海关法》规定，海关多征的税款，海关发现后应当立即退还。纳税义务人自缴纳税款之日起1年内，可以要求海关退还。

对于海关发现多征税款的，海关应当立即通知纳税义务人办理退税手续。纳税义务人应当自收到海关通知之日起3个月内办理有关退税手续。

纳税义务人在1年内可以申请退还关税的情形包括以下几种：

（1）纳税义务人发现多缴纳税款的，自缴纳税款之日起1年内，可以向海关申请退还多缴的税款并加算银行同期活期存款利息。

（2）已缴纳税款的进口货物，因品质或者规格原因原状退货复运出境的，纳税义务人自缴纳税款之日起1年内，可以向海关申请退税。

（3）已缴纳出口关税的出口货物，因品质或者规格原因原状退货复运进境，并已重新缴纳因出口而退还的国内环节有关税收的，纳税义务人自缴纳税款之日起1年内，可以向海关申请退税。

（4）已缴纳出口关税的货物，因故未装运出口申报退关的，纳税义务人自缴纳税款之日起1年内，可以向海关申请退税。

（5）散装进出口货物发生短装并已征税放行的，如果该货物的发货人、承运人或者保险公司已对短装部分退还或者赔偿相应货款，纳税义务人自缴纳税款之日起1年内，可以向海关申请退还进口或者出口短装部分的相应税款。

（6）进出口货物因残损、品质不良、规格不符原因，或者发生前述规定以外的货物短少的情形，由进出口货物的发货人、承运人或者保险公司赔偿相应货款的，纳税义务人自缴纳税款之日起1年内，可以向海关申请退还赔偿货款部分的相应税款。

海关应当自受理退税申请之日起30日内查实并通知纳税义务人办理退税手续或者不予退税的决定。纳税义务人应当自收到海关准予退税的通知之日起3个月内办理有关退税手续。

2. 关税补征和追征

因纳税人违反海关规定造成短征关税需要补税的情形，称为追征；非因纳税人违反海关规定造成短征关税需要补税的情形，称为补征。根据《海关法》规定，进出境货物和物品放行后，海关发现少征或者漏征税款，应当自缴纳税款或者货物、物品放行之日起1年内，向纳税义务人补征。因纳税义务人违反规定而造成的少征或者漏征，海关在3年以内可以追征。海关除依法追征税款外，还应当按日加收少征或者漏征税款万分之五的滞纳金。

海关补征或者追征税款，应当制发《海关补征税款告知书》。纳税义务人应当自收到《海关补征税款告知书》之日起15日内到海关办理补缴税款的手续。纳税义务人未在规定期限内办理补税手续的，海关应当在规定期限届满之日填发税款缴款书。

三、关税的纳税争议

纳税义务人与海关发生纳税争议时，可以向海关申请复议，但同时应当在纳税期限内按海关核定的税额缴纳税款，逾期构成滞纳的，海关可以依法采取征收滞纳金和其他强制执行措施。纳税人对复议决定仍不服的，可以依法向人民法院提起诉讼。

（一）纳税争议的内容

纳税争议的内容包括对海关确定纳税义务人、确定完税价格、商品归类、确定原产地、适用税率或者汇率、减征或者免征税款、补税、退税、征收滞纳金、确定计征方式以及确定纳税地点等征税行为是否合法或适当，是否侵害了纳税义务人的合法权益，而对海关征收税款的行为表示异议。

（二）纳税争议的申诉程序

出现纳税争议时，纳税义务人应当按照海关作出的相关行政决定依法缴纳税款，并可依照规定，自知道该具体行政行为之日起60日内向上一级海关申请复议。

海关行政复议机关收到行政复议申请后，应当在5日内进行审查，作出予以受理或不予受理的决定，并且送达申请人。

海关行政复议机关应当自受理申请之日起60日内作出行政复议决定。在特殊情况下，经海关行政复议机关负责人批准，可以延长30日。

纳税义务人对复议决定仍然不服的，可以自收到复议决定书之日起15日内，依法向人民法院提起诉讼。

12

练 习 题

一、选择题(含单项选择题和多项选择题,请用手机扫描下方二维码作答)

二、计算题

1. 某公司出口一批铬铁至韩国,以 CFR 釜山 100 000 美元的价格成交。已知该货物从上海至韩国釜山的运费为 15 000 美元,保险费为 10 000 美元。查税则,该货物出口税率为40%,暂定出口税率为 15%。已知该批货物适用的计征汇率为 1 美元=6.5 元人民币。

要求:计算该批出口货物的完税价格及应纳关税税额(说明:韩国是 WTO 成员)。

2. 某汽车贸易公司进口一批原产于德国的汽油发动机,以 FOB 汉堡 550 000 欧元的价格成交。货物从德国汉堡运抵上海的运费为 50 000 欧元,保险费为 20 000 欧元。此外,进口方还另外支付了:货物包装费用 10 000 欧元,该包装与发动机一并归类;购货佣金 15 000欧元;作为销售条件的商标使用费 70 000 欧元;境外考察费用 25 000 欧元。经查《中华人民共和国进出口税则》,该货物的关税普通税率为 35%,最惠国税率为 18%,暂定税率为 9%。已知该批货物适用的计征汇率为 1 欧元=7.8 元人民币。

要求:计算该批进口货物的完税价格和应纳关税额(说明:德国是 WTO 成员)。

三、简答题

1. 请结合中美贸易摩擦,谈谈进口关税的征税目的。

2. 关税制度为什么要把贸易性进出口货物和非贸易进出口物品分开?

3. 为什么出口货物要征收关税?

4. 跨境电子商务贸易对关税的政策和管理有什么影响?

第十三章　车辆购置税制度

思维导图

车辆购置税
制度

学 习 目 标

序号	知识点	学习目标	学习难度
1	车辆购置税的概念和特点	理解	☆
2	车辆购置税的纳税人和征税对象	一般掌握	☆
3	车辆购置税的税率和税收优惠	重点掌握	☆☆☆
4	车辆购置税的税额计算	重点掌握	☆☆
5	车辆购置税的征收管理	了解	☆☆

第一节　车辆购置税概述

一、车辆购置税的概念和特点

车辆购置税(简称车购税),是对在境内购置应税车辆的单位和个人征收的一种税。与其他税种相比较,车辆购置税具有以下特点:

(1)征收范围单一,就其性质而言,属于特别消费税的范畴。

(2)征收环节单一,仅在车辆的购置消费环节实行一次性课征。

(3)征税具有特定目的,税款取之于应税车辆,用之于交通建设。

(4)价外征收,税负不转嫁。车辆购置税的计税依据不含车辆购置税税额,税额附加在价格之外。购置车辆消费的单位和个人既是纳税人又是负税人,税负不转嫁。

我国的车辆购置税是以购置应税车辆的单位和个人为纳税人,以车辆的购置金额或者评估价值为计税依据的一种税收。虽然车辆也是财产的一种类型,但是车辆购置税的计税依据是流量而不是存量,因此它不属于财产税。显然,由于车辆购置税是对支付金额征税,也不属于所得税。事实上,车辆的交易还需要由销售者缴纳普遍征收的增值税。因此,车辆购置税是在征收了增值税基础上的一种特别货物税,本质上属于特别消费税。值得说明的是,进口车辆需要分别缴纳关税、增值税、消费税和车辆购置税,存在比较明显的重复征税现象。这是我国进口汽车价格偏高的重要原因。

讲解视频

车辆购置税

二、车辆购置税的制度演变

我国车辆购置税是 2001 年新开征的税种,是在原交通部门收取的车辆购置附加费的基础上,通过"费改税"方式改革而来的。2000 年 10 月 22 日,国务院颁布《中华人民共和国车辆购

13

置税暂行条例》,并于 2001 年 1 月 1 日起实施。财政部、国家税务总局并未制定车辆购置税条例的实施细则。

2005 年 11 月 18 日,《车辆购置税征收管理办法》(国家税务总局令第 15 号)(以下简称《办法》)发布,自 2006 年 1 月 1 日起实施。2011 年年底,国家税务总局对《办法》进行了第一次修订,2014 年进行了第二次修订。2015 年年底《国家税务总局关于修改〈车辆购置税征收管理办法〉的决定》(国家税务总局令第 38 号)发布,其对《办法》进行了第三次修订。修订后的《办法》自 2016 年 2 月 1 日起施行。

2018 年 12 月 29 日,第十三届全国人民代表大会常务委员会第七次会议通过《中华人民共和国车辆购置税法》(以下简称《车购税法》),自 2019 年 7 月 1 日起施行。2000 年 10 月 22 日国务院公布的《中华人民共和国车辆购置税暂行条例》同时废止。

2019 年 4 月至 6 月间,为配合落实《车购税法》,财政部、税务总局、交通运输部、公安部、工业和信息化部等部门密集发布了包括《关于车辆购置税有关具体政策的公告》在内的系列公告,对车辆购置税的具体政策和征收管理进行了明确规定。

三、车辆购置税的征税目的

车辆购置税的征税目的可概括为三个方面。

(一)理顺税费关系

车辆购置实行"费改税",不但能规范政府行为,遏制乱收费,同时对正确处理税费关系、深化和完善财税体制改革也有重要意义。

(二)依法稳定筹集交通基础设施建设和维护资金

车辆购置税在消费环节征税,只要纳税人发生购置应税车辆的行为,需要按统一比例税率纳税,税收收入具有相对的稳定性,能够为交通基础设施建设和维护提供资金保障。

(三)促进车辆环保升级

在消费环节对应税车辆的消费者征收,能对过高的消费支出进行调节,更好地体现兼顾公平的原则和纳税能力原则,同时也能够通过税收优惠政策的设计,体现鼓励节能环保消费的政策导向。

四、车辆购置税的收入归属

车辆购置税是中央税,作为中央收入上缴中央财政。资金具有专门用途,由中央财政根据国家交通建设投资计划,统筹安排,主要用于国道、省道干线公路等建设。在原车辆购置费稽征机构未移交前,车辆购置税暂由交通部门负责代征,2003 年以后由税务机关统一征收。

2020 年,全国税收收入 154 310 亿元,其中车辆购置税收入 3 531 亿元,同比增长 0.09%,占全国税收收入的比重为 2.29%。

2021 年,全国税收 172 731 亿元,其中车辆购置税收入 3 520 亿元,同比下降 0.3%,占全国税收收入的比重为 2%。

2022 年,全国税收收入 166 614 亿元,其中车辆购置税收入 2 398 亿元,同比下降 31.88%,占全国税收收入的比重为 1.44%。

第二节 车辆购置税的纳税人和税基

一、车辆购置税的纳税人

车辆购置税的纳税人是指在中华人民共和国境内购置汽车、有轨电车、汽车挂车、排气量超过 150 毫升的摩托车(以下统称应税车辆)的单位和个人。所谓"购置",是指以购买、进口、自产、受赠、获奖或者其他方式取得并自用应税车辆的行为。

已经办理免税、减税手续的车辆因转让、改变用途等原因不再属于免税、减税范围的,纳税人按以下规定执行:发生转让行为的,受让人为车辆购置税纳税人;未发生转让行为的,车辆所有人为车辆购置税纳税人。

二、车辆购置税的税基

车辆购置税的征税对象为应税车辆,具体包括汽车、有轨电车、汽车挂车、排气量超过 150 毫升的摩托车。地铁、轻轨等城市轨道交通车辆,装载机、平地机、挖掘机、推土机等轮式专用机械车,以及起重机(吊车)、叉车、电动摩托车,不属于应税车辆。

车辆购置税实行一次征收制度。纳税人购置的已征车辆购置税的车辆,不再征收车辆购置税。每辆车如发生过户、改型的,也不再征税,直到车辆报废为止。

第三节 车辆购置税的税收负担

一、车辆购置税的税率

车辆购置税实行统一比例税率,税率为 10%。

二、车辆购置税的减免税优惠

拓展阅读

小排量乘用车的车辆购置税优惠历程

车辆购置税的减免优惠包括法定减免和其他减免。

(一)《车购税法》规定的减免税车辆

按照《车购税法》的规定,下列车辆免征车辆购置税:

(1)依照法律规定应当予以免税的外国驻华使馆、领事馆和国际组织驻华机构及其有关人员自用的车辆;

(2)中国人民解放军和中国人民武装警察部队列入装备订货计划的车辆;

(3)悬挂应急救援专用号牌的国家综合性消防救援车辆;

(4)设有固定装置的非运输专用作业车辆;

(5)城市公交企业购置的公共汽电车辆。"城市公交企业"是指由县级以上(含县级)人民政府交通运输主管部门认定的,依法取得城市公交经营资格,为公众提供公交出行服务,并纳入《城市公共交通管理部门与城市公交企业名录》的企业;"公共汽电车辆"是指按规定的线路、站点票价营运,用于公共交通服务,为运输乘客设计和制造的车辆,包括公共汽车、无轨电车和有轨电车。

此外,根据国民经济和社会发展的需要,国务院可以规定减征或者其他免征车辆购置税的情形,报全国人民代表大会常务委员会备案。

(二)国务院财税部门规定的减免税车辆

根据《财政部 税务总局关于继续执行的车辆购置税优惠政策的公告》(财政部 税务总局公告 2019 年第 75 号)的规定,《车购税法》施行后继续执行的优惠政策包括以下 7 项:

(1)回国服务的在外留学人员用现汇购买 1 辆个人自用国产小汽车和长期来华定居专家进口 1 辆自用小汽车免征车辆购置税。具体操作按照《财政部 国家税务总局关于防汛专用等车辆免征车辆购置税的通知》(财税〔2001〕39 号)有关规定执行。

(2)防汛部门和森林消防部门用于指挥、检查、调度、报汛(警)、联络的由指定厂家生产的

13

设有固定装置的指定型号的车辆免征车辆购置税。具体操作按照《财政部 国家税务总局关于防汛专用等车辆免征车辆购置税的通知》（财税〔2001〕39号）有关规定执行。

（3）自2018年1月1日至2023年12月31日，购置新能源汽车免征车辆购置税。具体操作按照《财政部 税务总局 工业和信息化部 科技部关于免征新能源汽车车辆购置税的公告》（财政部公告2017年第172号）及后续文件有关规定执行。

（4）自2018年7月1日至2023年6月30日，对购置挂车减半征收车辆购置税。具体操作按照《财政部 税务总局 工业和信息化部关于对挂车减征车辆购置税的公告》（财政部 税务总局 工业和信息化部公告2018年第69号）及后续文件有关规定执行。

（5）中国妇女发展基金会"母亲健康快车"项目的流动医疗车，免征车辆购置税。

（6）原公安现役部队和原武警黄金、森林、水电部队改制后换发地方机动车牌证的车辆（公安消防、武警森林部队执行灭火救援任务的车辆除外），免征车辆购置税。

（7）对购置日期在2022年6月1日至2022年12月31日期间内且单车价格（不含增值税）不超过30万元的2.0升及以下排量乘用车，减半征收车辆购置税。具体操作按照《财政部 税务总局关于减征部分乘用车车辆购置税的公告》（财政部 税务总局公告2022年第20号）有关规定执行。

（8）对购置日期在2024年1月1日至2025年12月31日期间的新能源汽车免征车辆购置税，其中，每辆新能源乘用车免税额不超过3万元；对购置日期在2026年1月1日至2027年12月31日期间的新能源汽车减半征收车辆购置税，其中，每辆新能源乘用车减税额不超过1.5万元。具体操作按照《财政部 税务总局 工业和信息化部关于延续和优化新能源汽车车辆购置税减免政策的公告》（财政部 税务总局 工业和信息化部公告2023年第10号）有关规定执行。

第四节　车辆购置税的税额计算

一、一般情况下的税额计算

（一）税额计算公式

车辆购置税根据纳税人购置应税车辆的计税价格实行从价计征。其税额计算公式为：

$$应纳税额＝应税车辆的计税价格×税率$$

（二）计税价格

由于应税车辆购置的来源不同，计税价格的构成也不一样。

（1）纳税人购买自用车辆的计税价格，为纳税人实际支付给销售者的全部价款，依据纳税人购买应税车辆时相关凭证载明的价格确定，不包括增值税税款。因此，当纳税人购买的应税车辆发生价款与增值税税款合并收取的，在确定计税依据时，应将其换算为不含增值税的销售价格。其换算公式为：

$$应税车辆的计税价格＝含增值税的销售价格÷（1＋增值税税率或征收率）$$

【例题13-1】　李某于2023年8月，从上海大众4S店购买一辆桑塔纳轿车供自己使用，支付含增值税车价款106 000元，另支付购买工具件和零配件价款2 787元。支付的各款项均由大众 4S 店一并开具机动车销售统一发票。

要求：计算李某应缴纳的车辆购置税税额。

解析：

李某购买自用车辆的车购税计税价格＝(106 000＋2 787)÷(1＋13%)＝96 271.68(元)

李某应纳车购税税额＝96 271.68×10%＝9 627.17(元)

（2）纳税人进口自用的应税车辆的计税价格，为关税完税价格加上关税和消费税。纳税人进口自用应税车辆，是指纳税人直接从境外进口或者委托代理进口自用的应税车辆，不包括在境内购买的进口车辆。其计税价格计算公式为：

进口自用车辆的计税价格＝关税完税价格＋关税＋消费税

【例题 13-2】 某汽车贸易公司 2023 年 8 月进口 11 辆小轿车，海关审定的关税完税价格为 25 万元/辆，当月销售 8 辆，取得含税销售收入 240 万元；2 辆企业自用，1 辆用于抵偿债务。合同约定的含税价格为 30 万元。

要求：计算该公司应纳车辆购置税。（小轿车关税税率 28%，消费税税率为 9%）

解析：

每辆进口小轿车应纳关税＝250 000×28%＝70 000(元)

每辆进口小轿车应纳消费税＝(250 000＋70 000)÷(1－9%)×9%＝31 648.35(元)

该公司进口自用车辆的车购税计税价格＝(250 000＋70 000＋31 648.35)×2＝703 296.7(元)

该公司应纳车购税税额＝703 296.7×10%＝70 329.67(元)

（3）纳税人自产自用应税车辆的计税价格，按照纳税人生产的同类应税车辆（即车辆配置序列号相同的车辆）的销售价格确定，不包括增值税税款。没有同类应税车辆销售价格的，按照组成计税价格确定。组成计税价格计算公式如下：

组成计税价格＝成本×(1＋成本利润率)

属于应征消费税的应税车辆，其组成计税价格中应加计消费税税额。公式中的成本利润率，由各省、自治区、直辖市和计划单列市税务局确定。

（4）纳税人以受赠、获奖或者其他方式取得自用应税车辆的计税价格，按照购置应税车辆时相关凭证载明的价格确定，不包括增值税税款。

二、特殊情况下的税额计算

（一）核定应纳税额的情况

纳税人申报的应税车辆计税价格明显偏低，又无正当理由的，由税务机关依照《税收征收管理法》的规定核定其应纳税额。

（二）以外汇结算应税车辆价款的情况

纳税人以外汇结算应税车辆价款的，按照申报纳税之日的人民币汇率中间价折合成人民币计算缴纳税款。

（三）减免税车辆恢复征税的情况

免税、减税车辆因转让、改变用途等原因不再属于免税、减税范围的，纳税人应当在办理车

13

辆转移登记或者变更登记前缴纳车辆购置税。计税价格以免税、减税车辆初次办理纳税申报时确定的计税价格为基准,每满一年扣减 10%,但应纳税额不得为负数。应纳税额计算公式如下:

$$应纳税额 = \frac{初次办理纳税申报时}{确定的计税价格} \times (1 - 使用年限 \times 10\%) \times 10\% - 已纳税额$$

使用年限的计算方法是,自纳税人初次办理纳税申报之日起,至不再属于免税、减税范围的情形发生之日止。使用年限取整计算,不满 1 年的不计算在内。

第五节　车辆购置税的征收管理

一、车辆购置税的归属和征收

车辆购置税属于中央税。纳税人购置应税车辆,应当向车辆登记地的主管税务机关申报缴纳车辆购置税;购置不需要办理车辆登记的应税车辆的,应当向纳税人所在地的主管税务机关申报缴纳车辆购置税。

税务机关和公安、商务、海关、工业与信息化等部门应当建立应税车辆信息共享和工作配合机制,及时交换应税车辆和纳税信息资料。

二、车辆购置税的纳税环节

车辆购置税实行"一车一申报"、单一环节课征,只在应税车辆退出流通进入消费领域的特定环节征收。对于需要办理车辆登记的应税车辆,车辆购置税具有源泉控制的特点。纳税人应当在向公安机关交通管理部门办理车辆注册登记前,缴纳车辆购置税。

公安机关交通管理部门办理车辆注册登记,应当根据税务机关提供的应税车辆完税或者免税电子信息对纳税人申请登记的车辆信息进行核对,核对无误后依法办理车辆注册登记。

三、车辆购置税的纳税地点

《车购税法》规定,纳税人购置应税车辆,应当向车辆登记地的主管税务机关申报缴纳车辆购置税;购置不需要办理车辆登记的应税车辆,应当向纳税人所在地主管税务机关申报纳税。

根据《国家税务总局关于车辆购置税征收管理有关事项的公告》(国家税务总局公告 2019年第 26 号)的规定,购置应税车辆的纳税人应当到下列地点申报纳税:①需要办理车辆登记的,向车辆登记地的主管税务机关申报纳税。②不需要办理车辆登记的,单位纳税人向其机构所在地的主管税务机关申报纳税,个人纳税人向其户籍所在地或者经常居住地的主管税务机关申报纳税。

四、车辆购置税的纳税义务发生时间和纳税期限

车辆购置税的纳税义务发生时间,为纳税人购置应税车辆的当日,以纳税人购置应税车辆所取得的车辆相关凭证上注明的时间为准。具体按照下列情形确定:

(1)购买自用应税车辆的为购买之日,即车辆相关价格凭证的开具日期。

(2)进口自用应税车辆的为进口之日,即《海关进口增值税专用缴款书》或者其他有效凭证的开具日期。

(3)自产、受赠、获奖或者以其他方式取得并自用应税车辆的为取得之日,即合同、法律文书或者其他有效凭证的生效或者开具日期。

（4）已经办理免税、减税手续的车辆因转让、改变用途等原因不再属于免税、减税范围的，纳税义务发生时间为车辆转让或者用途改变等情形发生之日。

纳税人应当自纳税义务发生之日起 60 日内申报缴纳车辆购置税。

五、车辆购置税的退税管理

纳税人将已征车辆购置税的车辆退回车辆生产企业或者销售企业的，可以向主管税务机关申请退还车辆购置税。退税额以已缴税款为基准，自缴纳税款之日至申请退税之日，每满一年扣减 10%，应退税额不得为负数。应退税额计算公式如下：

$$应退税额 ＝ 已纳税额 \times (1 － 使用年限 \times 10\%)$$

使用年限的计算方法是，自纳税人缴纳税款之日起，至申请退税之日止。

练 习 题

一、选择题（含单项选择题和多项选择题，请用手机扫描下方二维码作答）

二、计算题

1. 某经营进口汽车的汽车销售公司直接从韩国进口一辆自用的小轿车，经报关地口岸海关对有关报关资料审查确定，关税完税价格为 284 000 元，海关征收关税 26 800 元，并按增值税、消费税有关规定分别缴纳进口增值税 44 400 元、消费税 30 738.46 元。

要求：计算该公司上述业务应申报缴纳的车辆购置税。

2. 甲企业从某拍卖公司通过拍卖取得一辆未上牌照的新商务车并自用，购置商务车时相关凭证载明的不含增值税价格为 100 000 元；接受某工业企业用于抵偿 50 000 元货款的旧轿车一辆（已使用 5 年）。

要求：计算该公司上述业务应申报缴纳的车辆购置税。

三、简答题

1. 车辆购置税有哪些征税目的？

2. 车辆购置税有哪些法定税收优惠？

3. 车辆购置税的计税价格中为何包含关税和消费税，但不包含增值税？

13

第十四章　契税制度

学习目标

序号	知识点	学习目标	学习难度
1	契税制度演变、征收目的、退税管理	了解	☆
2	契税纳税人、土地房屋权属转移	一般掌握	☆☆
3	契税税率、减免优惠、应纳税额的计算	重点掌握	☆☆☆

第一节　契税概述

一、契税的概念

契税是在土地、房屋权属转移时向权属承受人征收的一种税。土地、房屋权属,是指土地使用权、房屋所有权。契税是财产转移税,由财产承受人一次性缴纳。契税由土地、房屋权属的承受人作为纳税义务人一次性缴纳。契税目前的法律依据是2020年8月11日十三届全国人大常委会第二十一次会议通过《中华人民共和国契税法》,以及国务院财税部门规章。

契税是对取得房产所有权或土地使用权所支付的金额征收的一种税,可以理解为是不动产交易税。由于征税对象是房地产,因此很容易认为其属于财产税。其实,如果从契税的计税依据看,它就是不动产的交易金额,是一种流量而不是存量,不符合财产税是存量税的特性。不动产的交易,与其他交易一样都会被征收普遍性的增值税。契税虽然是由购买方缴纳,但实际上是在征收增值税的基础上额外征收的一种特别交易税,因而如同资源税、消费税、车辆购置税那样,在性质上属于特别消费税。

二、契税的制度演变

契税是一个古老的税种,据说最早起源于东晋时期的"估税"。中华人民共和国成立后,政务院于1950年发布《契税暂行条例》,规定对土地、房屋的买卖、典当、赠与和交换征收契税。当时开征契税的一个很重要的目的是保障土地、房屋所有人的合法权益。1954年财政部经政务院批准,对《契税暂行条例》的个别条款进行了修改,规定对公有制单位承受土地、房屋权属转移免征契税。社会主义改造完成以后,土地禁止买卖和转让,使得契税征收范围大大缩小,收入额很小。到"文化大革命"后期,全国契税征收工作基本处于停顿状态。

改革开放以来,我国相继制定了房地产相关的法律法规,房地产交易市场得到快速发展,出现了原《契税暂行条例》中的一些条款和规定与实际情况不相适应的状况:一是原条例规定对土地所有权转移征收契税,与《宪法》规定不得买卖土地的条款相抵触;二是契税只对一部分个人以及外商投资企业等征税,对公有制单位免税,不符合税收公平的原则。为此,国务院根据社会经济和房地产市场的发展变化,对原《契税暂行条例》作了较大的修改,于1997年7月7日发布了《中华人民共和国契税暂行条例》,从当年10月1日起实施。

2019年3月2日,国务院发布第709号令发布了修订的《中华人民共和国契税暂行条例》。2019年12月28日,十三届全国人大常务委员会第十五次会议对《中华人民共和国契税法(草案)》进行了审议。该草案在中国人大网向社会公开征求意见。

2020年8月11日,十三届全国人大常务委员会第二十一次会议表决通过了《中华人民共和国契税法》(以下简称《契税法》),决定自2021年9月1日起施行。

三、契税的征收目的

征收契税,除了有保护产权的理由之外,也有证明交易合法性的作用。更重要的是,由于不动产具有明显的外部标志和较高的价值,对其征税能在一定程度上满足财政的需要,因此成为比较理想的征税对象。

四、契税的收入归属

契税属于地方税,其收入全部归地方政府。

2020年,全国税收收入154 310亿元,其中契税7 061亿元,同比增长13.65%,占全国税收收入的比重为4.58%。

2021年,全国税收收入172 730.47亿元,其中契税7 428亿元,同比增长5.2%,占全国税收收入的比重为4.30%。

2022年,全国税收收入166 614亿元,其中契税5 794亿元,同比下降21.99%,占全国税收收入的比重为3.48%。

第二节　契税的纳税人

一、一般规定

《契税法》规定,在中华人民共和国境内转移土地、房屋权属,承受的单位和个人为契税的纳税人,应当依照本法规定缴纳契税。

土地、房屋权属,是指土地使用权、房屋所有权。承受,是指以受让、购买、受赠、互换等方式取得土地、房屋权属的行为。单位是指企业单位、事业单位、国家机关、军事单位和社会团体以及其他组织。个人是指个体经营者及其他个人。

二、特别规定

(一)互换土地、房屋权属的纳税人

土地使用权互换、房屋互换,交换价格不相等的,由多交付货币、实物、无形资产或者其他经济利益的一方缴纳税款。交换价格相等的,免征契税。

(二)作价投资(入股)、偿还债务等方式转移土地、房屋权属的纳税人

土地、房屋权属以下列方式转移的,契税纳税人分别为:①以土地、房屋权属作价投资(入股)的,由被投资者(土地、房屋权属的承受者)为契税的纳税人;②以土地、房屋权属偿还债务的,由承受土地、房屋权属的单位和个人为契税纳税人;③以划转、获奖方式承受土地、房屋权属的单位和个人为契税的纳税人。

14

第三节 契税的税基

一、一般规定

《契税法》规定,契税的税基是转移土地、房屋权属的行为,主要包括以下方面。

(一) 土地权属的转移

1. 土地使用权出让

土地使用权出让,是指土地使用者向国家交付土地使用权出让费用,国家将国有土地使用权在一定年限内让予土地使用者的行为。

2. 土地使用权转让

土地使用权转让,是指土地使用者以出售、赠与、互换等方式将土地使用权转移给其他单位和个人的行为。土地使用权转让不包括土地承包经营权和土地经营权的转移。土地租赁行为不属于契税征收范围。

(二) 房屋权属的转移

1. 房屋买卖

房屋买卖,是指房屋所有者将其房屋出售,由承受者交付货币、实物、无形资产或者其他经济利益的行为。房屋使用权的转移行为不属于契税征收范围。

2. 房屋赠与

房屋赠与,是指房屋所有者将其房屋无偿转让给受赠者的行为。

3. 房屋互换

房屋互换,是指房屋所有者之间相互交换房屋的行为。

另外,《契税法》规定,以作价投资(入股)、偿还债务、划转、奖励等方式转移土地、房屋权属的,应当依照本法规定征收契税。

二、特别规定

(一) 特定情形的土地、房屋权属转移

《财政部 税务总局关于贯彻实施契税法若干事项执行口径的公告》(财政部 税务总局公告 2021 年第 23 号)规定,下列情形发生土地、房屋权属转移的,承受方应当依法缴纳契税:①因共有不动产份额变化的;②因共有人增加或者减少的;③因人民法院、仲裁委员会的生效法律文书或者监察机关出具的监察文书等因素,发生土地、房屋权属转移的。

(二) 不征收契税的特殊情况

1. 房地产权属更名变动

《国家税务总局关于股权变动导致企业法人房地产权属更名登记不征契税的批复》(国税函〔2002〕771 号)规定,由于股权变动引起企业法人名称变更,并因此进行相应土地、房屋权属人名称变更登记的过程中,土地、房屋权属不发生转移,不征收契税。

2. 增资扩股

《财政部 国家税务总局关于企业以售后回租方式进行融资等有关契税政策的通知》(财税〔2012〕82 号)规定,单位、个人以房屋、土地以外的资产增资,相应扩大其在被投资公司的股权持有比例,无论被投资公司是否变更工商登记,其房屋、土地权属不发生转移,不征收契税。

第四节 契税的税收负担

一、契税的税率

《契税法》规定,契税税率为3%至5%。契税的具体适用税率,由省、自治区、直辖市人民政府在《契税法》规定的税率幅度内提出,报同级人民代表大会常务委员会决定,并报全国人民代表大会常务委员会和国务院备案。省、自治区、直辖市可以依照前述规定的程序对不同主体、不同地区、不同类型的住房的权属转移确定差别税率。

表14-1是全国各省(自治区、直辖市)选择实施的税率情况。

表14-1 全国各省(自治区、直辖市)契税税率表

地　　　区	应税项目	税率
湖南省	所　　有	4%
河北省、辽宁省	普通住房	3%
	其他项目	4%
河南省	住　　房	3%
	其他项目	4%
除以上4个省外,其他27个省、自治区、直辖市	所　　有	3%

二、契税的减免优惠

(一)《契税法》规定的减免税

1. 非营利单位承受权属的非经营性房地产

国家机关、事业单位、社会团体、军事单位承受土地、房屋权属用于办公、教学、医疗、科研、军事设施;非营利性的学校、医疗机构、社会福利机构承受土地、房屋权属用于办公、教学、医疗、科研、养老、救助;免征契税。

根据《财政部 税务总局关于贯彻实施契税法若干事项执行口径的公告》(财政部 税务总局公告2021年第23号)的规定,享受契税免税优惠的非营利性的学校、医疗机构、社会福利机构,限于三类单位中依法登记为事业单位、社会团体、基金会、社会服务机构等的非营利法人和非营利组织。其中:①学校的具体范围为经县级以上人民政府或者其教育行政部门批准成立的大学、中学、小学、幼儿园,实施学历教育的职业教育学校、特殊教育学校、专门学校,以及经省级人民政府或者其人力资源社会保障行政部门批准成立的技工院校。②医疗机构的具体范围为经县级以上人民政府卫生健康行政部门批准或者备案设立的医疗机构。③社会福利机构的具体范围为依法登记的养老服务机构、残疾人服务机构、儿童福利机构、救助管理机构、未成年人救助保护机构。

《财政部 国家税务总局关于贯彻实施契税法若干事项执行口径的公告》(财政部 税务总局公告2021年第23号)进一步明确:①用于办公的,限于办公室(楼)以及其他直接用于办公的土地、房屋;②用于教学的,限于教室(教学楼)以及其他直接用于教学的土地、房屋;③用于医疗的,限于门诊部以及其他直接用于医疗的土地、房屋;④用于科研的,限于科学试验的场所以及其他直接用于科研的土地、房屋;⑤用于军事设施的,限于直接用于《中华人民共和国军事

14

设施保护法》规定的军事设施的土地、房屋;⑥用于养老的,限于直接用于为老年人提供养护、康复、托管等服务的土地、房屋;⑦用于救助的,限于直接为残疾人、未成年人、生活无着的流浪乞讨人员提供养护、康复、托管等服务的土地、房屋。

2．承受农用荒地等权属

承受荒山、荒地、荒滩土地使用权用于农、林、牧、渔业生产的,免征契税。

3．承受婚姻、继承关系中的房屋、土地权属

婚姻关系存续期间夫妻之间变更土地、房屋权属;法定继承人通过继承承受土地、房屋权属,免征契税。

4．外交用土地、房屋

依照法律规定应当予以免税的外国驻华使馆、领事馆和国际组织驻华代表机构承受土地、房屋权属,免征契税。

5．住房保障、企业改组等情形

根据国民经济和社会发展的需要,国务院对居民住房需求保障、企业改制重组、灾后重建等情形可以规定免征或者减征契税,报全国人民代表大会常务委员会备案。

纳税人改变有关土地、房屋的用途,或者有其他不再属于以上规定的免征、减征契税情形的,应当缴纳已经免征、减征的税款。

(二) 省、自治区、直辖市可以决定对下列情形免征或者减征契税

《契税法》规定,下列情形免征或者减征契税由省、自治区、直辖市决定。免征或者减征契税的具体办法,由省、自治区、直辖市人民政府提出,报同级人民代表大会常务委员会决定,并报全国人民代表大会常务委员会和国务院备案:

(1) 因土地、房屋被县级以上人民政府征收、征用,重新承受土地、房屋权属。

(2) 因不可抗力灭失住房,重新承受住房权属。

(三) 财政部、国家税务总局等规定的其他减征、免征契税的项目

1．经济适用房

根据《财政部 国家税务总局关于廉租住房经济适用住房和住房租赁有关税收政策的通知》(财税〔2008〕24号)的规定,经济适用住房经营管理单位回购经济适用住房继续作为经济适用住房房源的,免征契税。对个人购买经济适用住房,在法定税率基础上减半征收契税。

2．售后回租等涉及变更房屋、土地权属

根据《财政部 国家税务总局关于企业以售后回租方式进行融资等有关契税政策的通知》(财税〔2012〕82号)的规定:①对金融租赁公司开展售后回租业务,承受承租人房屋、土地权属的,照章征税。对售后回租合同期满,承租人回购原房屋、土地权属的,免征契税。②个体工商户的经营者将其个人名下的房屋、土地权属转移至个体工商户名下,或个体工商户将其名下的房屋、土地权属转回原经营者个人名下,免征契税。③合伙企业的合伙人将其名下的房屋、土地权属转移至合伙企业名下,或合伙企业将其名下的房屋、土地权属转回原合伙人名下,免征契税。

3．棚户区改造相关住房

根据《财政部 国家税务总局关于棚户区改造有关税收政策的通知》(财税〔2013〕101号)的规定:①对经营管理单位回购已分配的改造安置住房继续作为改造安置房源的,免征契税;②个人首次购买90平方米以下改造安置住房,按1%的税率计征契税;③购买超过90平方米,但符合普通住房标准的改造安置住房,按法定税率减半计征契税;④个人因房屋被征收而

取得货币补偿并用于购买改造安置住房,或因房屋被征收而进行房屋产权调换并取得改造安置住房,按有关规定减免契税。

4. 农村集体产权制度改革中涉及的相关土地、房屋

根据《财政部 税务总局关于支持农村集体产权制度改革有关税收政策的通知》(财税〔2017〕55号)的规定,自2017年1月1日起,对进行股份合作制改革后的农村集体经济组织承受原集体经济组织的土地、房屋权属,免征契税;对农村集体经济组织以及代行集体经济组织职能的村民委员会、村民小组进行清产核资收回集体资产而承受土地、房屋权属,免征契税。对农村集体土地所有权、宅基地和集体建设用地使用权及地上房屋确权登记,不征收契税。

5. 企业、事业单位改制重组涉及的土地、房屋

《财政部 税务总局关于继续支持企业 事业单位改制重组有关契税政策的通知》(财税〔2018〕17号)规定了以下情况的契税政策:

(1) 企业改制。企业按照《中华人民共和国公司法》有关规定整体改制,包括非公司制企业改制为有限责任公司或股份有限公司,有限责任公司变更为股份有限公司,股份有限公司变更为有限责任公司,原企业投资主体存续并在改制(变更)后的公司中所持股权(股份)比例超过75%,且改制(变更)后公司承继原企业权利、义务的,对改制(变更)后公司承受原企业土地、房屋权属,免征契税。

(2) 事业单位改制。事业单位按照国家有关规定改制为企业,原投资主体存续并在改制后企业中出资(股权、股份)比例超过50%的,对改制后企业承受原事业单位土地、房屋权属,免征契税。

(3) 公司合并。两个或两个以上的公司,依照法律规定、合同约定,合并为一个公司,且原投资主体存续的,对合并后公司承受原合并各方土地、房屋权属,免征契税。

(4) 公司分立。公司依照法律规定、合同约定分立为两个或两个以上与原公司投资主体相同的公司,对分立后公司承受原公司土地、房屋权属,免征契税。

(5) 企业破产。企业依照有关法律法规规定实施破产,债权人(包括破产企业职工)承受破产企业抵偿债务的土地、房屋权属,免征契税;对非债权人承受破产企业土地、房屋权属,凡按照《中华人民共和国劳动法》等国家有关法律法规政策妥善安置原企业全部职工规定,与原企业全部职工签订服务年限不少于3年的劳动用工合同的,对其承受所购企业土地、房屋权属,免征契税;与原企业超过30%的职工签订服务年限不少于3年的劳动用工合同的,减半征收契税。

(6) 资产划转。对承受县级以上人民政府或国有资产管理部门按规定进行行政性调整、划转国有土地、房屋权属的单位,免征契税。同一投资主体内部所属企业之间土地、房屋权属的划转,包括母公司与其全资子公司之间,同一公司所属全资子公司之间,同一自然人与其设立的个人独资企业、一人有限公司之间土地、房屋权属的划转,免征契税。母公司以土地、房屋权属向其全资子公司增资,视同划转,免征契税。

(7) 债权转股权。经国务院批准实施债权转股权的企业,对债权转股权后新设立的公司承受原企业的土地、房屋权属,免征契税。

(8) 划拨用地出让或作价出资。以出让方式或国家作价出资(入股)方式承受原改制重组企业、事业单位划拨用地的,不属上述规定的免税范围,对承受方应按规定征收契税。

(9) 公司股权(股份)转让。在股权(股份)转让中,单位、个人承受公司股权(股份),公司土地、房屋权属不发生转移,不征收契税。

14

上述企业、公司是指依照我国有关法律法规设立并在中国境内注册的企业、公司;投资主体存续,是指原企业、事业单位的出资人必须存在于改制重组后的企业,出资人的出资比例可以发生变动;投资主体相同,是指公司分立前后出资人不发生变动,出资人的出资比例可以发生变动。政策自 2021 年 1 月 1 日起至 2023 年 12 月 31 日执行。自执行之日起,企业、事业单位在改制重组过程中,符合本公告规定但已缴纳契税的,可申请退税;涉及的契税尚未处理且符合本公告规定的,可按本公告执行。

6. 易地扶贫搬迁的安置土地及住房

根据《财政部 国家税务总局关于易地扶贫搬迁税收优惠政策的通知》(财税〔2018〕135 号)的规定:①对易地扶贫搬迁贫困人口按规定取得的安置住房,免征契税;②对易地扶贫搬迁项目实施主体(以下简称项目实施主体)取得用于建设安置住房的土地,免征契税;③在商品住房等开发项目中配套建设安置住房的,按安置住房建筑面积占总建筑面积的比例,计算应予免征的安置住房用地相关的契税;④对项目实施主体购买商品住房或者回购保障性住房作为安置住房房源的,免征契税。

7. 个人购买的住房

根据《财政部 国家税务总局 住房城乡建设部关于调整房地产交易环节契税 营业税优惠政策的通知》(财税〔2016〕23 号)的规定:

(1) 对个人购买家庭唯一住房(家庭成员范围包括购房人、配偶以及未成年子女,下同),面积为 90 平方米及以下的,减按 1% 的税率征收契税;面积为 90 平方米以上的,减按 1.5% 的税率征收契税。

(2) 对个人购买家庭第二套改善性住房,面积为 90 平方米及以下的,减按 1% 的税率征收契税;面积为 90 平方米以上的,减按 2% 的税率征收契税。家庭第二套改善性住房是指已拥有一套住房的家庭,购买的家庭第二套住房。

北京市、上海市、广州市、深圳市暂不实施上述第(2)项契税优惠政策。即该四个地区个人购买家庭第二套住房,按当地契税税率缴纳契税。

8. 公租房经营管理单位购买住房作为公租房

根据《财政部 税务总局关于公共租赁住房税收优惠政策的公告》(财政部 税务总局公告 2019 年第 61 号)的规定,对公租房经营管理单位购买住房作为公租房,免征契税。

9. 提供社区养老、托育、家政服务的房屋、土地

根据《财政部 税务总局 发展改革委 民政部 商务部 卫生健康委关于养老、托育、家政等社区家庭服务业税费优惠政策的公告》(财政部 税务总局 发展改革委 民政部 商务部 卫生健康委公告 2019 年第 76 号)的规定,自 2019 年 6 月 1 日至 2025 年 12 月 31 日,承受房屋、土地用于提供社区养老、托育、家政服务的,免征契税。

10. 夫妻因离婚发生土地、房屋权属变更

根据《财政部 税务总局关于契税法实施后有关优惠政策衔接问题的公告》(财政部 税务总局公告 2021 年第 29 号)的规定,夫妻因离婚分割共同财产发生土地、房屋权属变更的免征契税。

11. 城镇职工按规定第一次购买的公有住房

根据《财政部 税务总局关于契税法实施后有关优惠政策衔接问题的公告》(财政部 税务总局公告 2021 年第 29 号)的规定,公有制单位为解决职工住房而采取集资建房方式建成的普通住房或由单位购买的普通商品住房,经县级以上地方人民政府房改部门批准、按照国家房改政策出售给本单位职工的,如属职工首次购买住房,比照公有住房免征契税。

已购公有住房经补缴土地出让价款成为完全产权住房的,免征契税。

12. 外商独资银行承受原外国银行分行的房屋权属

根据《财政部 税务总局关于契税法实施后有关优惠政策衔接问题的公告》(财政部 税务总局公告 2021 年第 29 号)的规定,外国银行分行按照《中华人民共和国外资银行管理条例》等相关规定改制为外商独资银行(或其分行),改制后的外商独资银行(或其分行)承受原外国银行分行的房屋权属的,免征契税。

第五节　契税的税额计算

一、契税的税额计算公式

契税应纳税额的计算公式为:

$$契税应纳税额＝计税依据×税率$$

契税应纳税额以人民币计算。转移土地、房屋权属以外汇结算的,按照纳税义务发生之日中国人民银行公布的人民币市场汇率中间价折合成人民币计算。

二、契税的计税依据

(一)一般情形

1. 以成交价为计税依据

土地使用权出让、出售,房屋买卖,为土地、房屋权属转移合同确定的成交价格,包括应交付的货币以及实物、其他经济利益对应的价款。

根据《国家税务总局关于免征土地出让金出让国有土地使用权征收契税的批复》(国税函〔2005〕436 号),对于承受国有土地使用权所应支付的土地出让金,应计征契税;不得因减免土地出让金而减免契税。

【例题 14-1】　某大型国有企业 2019 年受让国有土地使用权,国家给予其照顾,减按应支付土地出让金的 70％缴纳出让金,减免后该企业实际缴纳 140 万元,当地规定的契税税率为 3％。要求:计算该企业应缴纳的契税。

解析:

由于企业因减免土地出让金而不当减免了契税,因此,需要按应缴纳的出让金计算正确契税税额。该企业应缴纳的契税＝140÷70％×3％＝6(万元)。

土地使用权及所附建筑物、构筑物等(包括在建的房屋、其他建筑物、构筑物和其他附着物)转让的,计税依据为承受方应交付的总价款。

土地使用权出让的,计税依据包括土地出让金、土地补偿费、安置补助费、地上附着物和青苗补偿费、征收补偿费、城市基础设施配套费、实物配建房屋等应交付的货币以及实物、其他经济利益对应的价款。

房屋附属设施(包括停车位、机动车库、非机动车库、顶层阁楼、储藏室及其他房屋附属设施)与房屋为同一不动产单元的,计税依据为承受方应交付的总价款,并适用与房屋相同的税率;房屋附属设施与房屋为不同不动产单元的,计税依据为转移合同确定的成交价格。

14

承受已装修房屋的,应将包括装修费用在内的费用计入承受方应交付的总价款。

以作价投资(入股)、偿还债务等应交付经济利益的方式转移土地、房屋权属的,参照土地使用权出让、出售或房屋买卖确定契税适用税率、计税依据等。

2.以核定价为计税依据

(1)土地使用权赠与、房屋赠与以及其他没有价格的转移土地、房屋权属行为,为税务机关参照土地使用权出售、房屋买卖的市场价格依法核定的价格。税务机关依法核定计税价格,应参照市场价格,采用房地产价格评估等方法合理确定。

(2)以划转、奖励等没有价格的方式转移土地、房屋权属的,参照土地使用权或房屋赠与确定契税适用税率、计税依据等。

(3)纳税人申报的成交价格、互换价格差额明显偏低且无正当理由的,由税务机关依照《税收征收管理法》的规定核定。

3.以互换差额为计税依据

土地使用权互换、房屋互换,互换价格相等的,互换双方计税依据为零;互换价格不相等的,以其差额为计税依据,由支付差额的一方缴纳契税。

【例题 14-2】 某公司 2019 年发生两笔互换房产业务,并已办理了相关手续。用市价 200 万元的一套自有房屋换入市价 500 万元的房产,支付差额 300 万元;用市价 400 万元的一套房产换进市价 200 万元的房产,取得差价 200 万元。已知当地政府规定的契税税率为 3%。

要求:计算该公司应缴纳契税。(以上价格中均不含增值税)

解析:

第一笔业务的契税由该公司按交换差价计算缴纳,应纳契税税额 =(500 - 200)× 3% = 9(万元)。第二笔换房业务的契税由对方缴纳。

4.契税的计税依据不含增值税

《国家税务总局关于契税纳税服务与征收管理若干事项的公告》(国家税务总局公告 2021 年第 25 号)规定,契税计税依据不包括增值税的具体情形为:①土地使用权出售、房屋买卖,承受方计征契税的成交价格不含增值税;实际取得增值税发票的,成交价格以发票上注明的不含税价格确定。②土地使用权互换、房屋互换,契税计税依据为不含增值税价格的差额。③税务机关核定的契税计税价格为不含增值税价格。需要注意,土地、房屋权属转让方免征增值税的,承受方计征契税的成交价格不扣减增值税额。

(二)特殊情形

对于原划拨取得土地使用权的计税依据确定。根据《财政部 税务总局关于贯彻实施契税法若干事项执行口径的公告》(财政部 税务总局公告 2021 年第 23 号)规定:

(1)以划拨方式取得的土地使用权,经批准改为出让方式重新取得该土地使用权的,应由该土地使用权人以补缴的土地出让价款为计税依据缴纳契税。

(2)先以划拨方式取得土地使用权,后经批准转让房地产,划拨土地性质改为出让的,承受方应分别以补缴的土地出让价款和房地产权属转移合同确定的成交价格为计税依据缴纳契税。

(3)先以划拨方式取得土地使用权,后经批准转让房地产,划拨土地性质未发生改变的,承受方应以房地产权属转移合同确定的成交价格为计税依据缴纳契税。

第六节 契税的征收管理

一、契税的纳税义务发生时间

《契税法》规定，契税的纳税义务发生时间，为纳税人签订土地、房屋权属转移合同的当日，或者纳税人取得其他具有土地、房屋权属转移合同性质凭证的当日。

具有土地、房屋权属转移合同性质的凭证包括契约、协议、合约、单据、确认书以及其他凭证。

《财政部 税务总局关于贯彻实施契税法若干事项执行口径的公告》（财政部 税务总局公告 2021 年第 23 号）规定三种情形的纳税义务发生时间：①因人民法院、仲裁委员会的生效法律文书或者监察机关出具的监察文书等发生土地、房屋权属转移的，纳税义务发生时间为法律文书等生效当日。②因改变土地、房屋用途等情形应当缴纳已经减征、免征契税的，纳税义务发生时间为改变有关土地、房屋用途等情形的当日。③因改变土地性质、容积率等土地使用条件需补缴土地出让价款，应当缴纳契税的，纳税义务发生时间为改变土地使用条件当日。

二、契税的纳税期限

《契税法》规定，纳税人应当在依法办理土地、房屋权属登记手续前申报缴纳契税。

纳税人发生上述《财政部 税务总局关于贯彻实施契税法若干事项执行口径的公告》（财政部 税务总局公告 2021 年第 23 号）规定三种情形，按规定不再需要办理土地、房屋权属登记的，纳税人应自纳税义务发生之日起 90 日内申报缴纳契税。

三、契税的纳税手续

《契税法》规定，纳税人办理纳税事宜后，税务机关应当开具契税完税凭证。纳税人办理土地、房屋权属登记，不动产登记机构应当查验契税完税、减免税凭证或者有关信息。未按照规定缴纳契税的，不动产登记机构不予办理土地、房屋权属登记。

纳税人符合减征或者免征契税规定的，应当按照规定进行申报。

契税申报以不动产单元为基本单位。根据《不动产登记暂行条例》及其实施细则的规定，不动产单元是权属界线封闭且具有独立使用价值的空间，且不动产单元具有唯一编码。为进一步提升契税纳税申报的规范性，便于纳税人理解和办理，并与不动产登记有关规定统一衔接，《国家税务总局关于契税纳税服务和征收管理若干事项的公告》（国家税务总局公告 2021 年第 25 号）明确了纳税人申报契税的基本单位为不动产单元。

四、契税的征收机关

《契税法》规定，契税由土地、房屋所在地的税务机关依照本法和《税收征收管理法》的规定征收管理。税务机关应当与相关部门建立契税涉税信息共享和工作配合机制。自然资源、住房城乡建设、民政、公安等相关部门应当及时向税务机关提供与转移土地、房屋权属有关的信息，协助税务机关加强契税征收管理。

税务机关及其工作人员对税收征收管理过程中知悉的纳税人的个人信息，应当依法予以保密，不得泄露或者非法向他人提供。

五、契税的退税管理

《契税法》规定，在依法办理土地、房屋权属登记前，权属转移合同、权属转移合同性质凭证不生效、无效、被撤销或者被解除的，纳税人可以向税务机关申请退还已缴纳的税款，税务机关

14

应当依法办理。

根据《财政部 税务总局关于贯彻实施契税法若干事项执行口径的公告》（财政部 税务总局公告 2021 年第 23 号）规定，纳税人缴纳契税后发生下列情形，可依照有关法律法规申请退税：①因人民法院判决或者仲裁委员会裁决导致土地、房屋权属转移行为无效、被撤销或者被解除，且土地、房屋权属变更至原权利人的；②在出让土地使用权交付时，因容积率调整或实际交付面积小于合同约定面积需退还土地出让价款的；③在新建商品房交付时，因实际交付面积小于合同约定面积需返还房价款的。

练 习 题

一、选择题（含单项选择题和多项选择题，请用手机扫描下方二维码作答）

二、计算题

1. A 公司是增值税一般纳税人，销售其自建的办公楼，并适用一般计税方法，2019 年 3 月，A 公司向 B 公司销售办公楼，含税价为 110 万元；2021 年 9 月，A 公司又向 B 公司销售办公楼，开具专用发票，注明的增值税额为 18 万元、不含税价格为 200 万元。

要求：计算 2019 年 B 公司应申报缴纳契税额（当地确定的契税税率为 3%）。

2. 2020 年 3 月，张先生在武汉市 A 区购置一套面积 120 平方米，价值 500 万元的房产作为家庭唯一生活用房。为子女上学方便，张先生 2021 年在该市 B 区购置一套价值 800 万元，面积 80 平方米的学区房。（住房价格均不含增值税）

要求：计算张先生购买两套住房共应缴纳契税额。

三、简答题

1. 简述个人购买住房的契税规定。

2. 征收契税，除了满足财政的需要外，还有其他正当目的吗？

3. 契税的征收职能是否可以转移到房地产交易机构？

第十五章   烟叶税制度

学习目标

序号	知识点	学习目标	学习难度
1	烟叶税的概念和特点	理解	☆
2	烟叶税的纳税人和征税对象	一般掌握	☆☆
3	烟叶税的税率和计税依据	重点掌握	☆☆☆
4	烟叶税的税额计算	重点掌握	☆☆
5	烟叶税的征收管理	了解	☆

第一节   烟叶税概述

一、烟叶税的概念和特点

烟叶税是对在我国境内收购烟叶的单位就其实际支付的收购金额征收的一种税。我国的烟叶税从原"烟叶特产农业税"演变而来,是 2006 年农业税取消后保留下来的唯一由税目新设的税种。

与其他税种相比较,烟叶税具有以下特点:①烟叶税具有原农业税特点,以烟叶收购单位为纳税人;②就其性质而言,属于特别消费税;③烟叶税是价内税;④烟叶税实行单一环节征税,在烟叶收购环节征税;⑤烟叶税是地方税。

我国的烟叶税是以收购烟叶的单位为纳税人,以烟叶为征税对象,以烟叶的收购金额为计税依据。由于烟叶税的计税依据是烟叶的交易金额,是对交易流量的征税,不属于财产税。烟叶税是对购买方的支付金额征税,因此也不是所得税。烟叶作为农产品,虽然在交易的过程中免征增值税,但烟叶税与车辆购置税和契税等一样,在本质上都属于特别消费税。

二、烟叶税的制度演变

烟叶税的税制演变大致经历了五个阶段:

(1) 1994 年以前。我国的农业税征收范围不包括烟叶,对烟叶曾先后征收工商统一税(40%)和产品税(38%)。

15

(2) 1994—2003年。1994年税制改革取消了原产品税和工商统一税,将原农林特产农业税与原产品税和工商统一税中的农林牧水产品税目合并,统一征收农业特产农业税,并于同年1月30日发布《国务院关于对农业特产收入征收农业税的规定》(国务院令第143号),规定对烟叶在收购环节征收农业特产农业税,税率为31%。1999年,烟叶特产农业税的税率下调为20%。

(3) 2004—2005年。伴随农村税费改革的推进,2004年6月,财政部、国家税务总局下发《关于取消除烟叶外的农业特产农业税有关问题的通知》,规定从2004年起,除对烟叶暂保留征收农业特产农业税外,取消对其他农业特产品征收的农业特产农业税。2005年12月29日,十届全国人大常务委员会第十九次会议决定自2006年1月1日起废止《农业税条例》。至此,对烟叶征收农业税失去了法律依据。

(4) 2006—2017年。2006年4月28日,国务院公布《中华人民共和国烟叶税暂行条例》(国务院令第464号),并自公布之日起施行。2006年5月18日,《财政部 国家税务总局印发〈关于烟叶税若干具体问题的规定〉的通知》(财税〔2006〕64号),对烟叶税暂行条例的有关内容做出了解释和具体规定。

(5) 2018年至今。2017年12月27日,十二届全国人大常委会第三十一次会议通过《中华人民共和国烟叶税法》,自2018年7月1日起施行。这标志着我国落实税收法定原则实现重大突破。

三、烟叶税的征收目的

(一)保护烟草产业

烟叶税是与地方产业结构紧密相关的特色税种。我国的烟叶产区主要集中在经济结构和财源较单一的西部和边远地区,其中云南、贵州、四川三省烟叶税收入合计占全国烟叶税收入60%以上。对烟叶征税有利于保护地方政府发展特色经济的积极性,促进经济发展,引导烟叶种植和烟草行业健康发展。

(二)增加烟草种植地政府财政收入

烟草制品的市场需求弹性较小,征管成本低,是增加地方政府财政收入的有效方式,有助于稳定地方财政收入、缓解地方财政压力,对于保障基层政府正常运转和公共事业投入有重要意义。

(三)配合增值税制度的实施

2016年之后,独立的烟叶税由农业税转为商品税,烟叶收购中开具的发票成为增值税进项抵扣的依据,有助于确保增值税抵扣链条的完整性。

四、烟叶税的收入归属

烟叶税为地方税,收入一般归属县、乡两级政府,是烟叶产地县、乡两级财政收入的重要来源。

2020年,全国税收收入154 319亿元,其中烟叶税收入108.67亿元,占全部税收收入的比重为0.07%。

2021年,全国税收收入172 731亿元,其中车船税、船舶吨税、烟叶税等其他各项税收收入合计1 236亿元,同比增长7.1%,占全国税收收入的比重为0.72%。

2022年,全国税收收入166 614亿元,其中车船税、船舶吨税、烟叶税等其他各项税收收入合计1 309亿元,同比增长5.9%,占全国税收收入的比重为0.79%。

第二节 烟叶税的制度要素

一、烟叶税的纳税人和征税对象

在中华人民共和国境内,依照《中华人民共和国烟草专卖法》的规定收购烟叶的单位为烟叶税的纳税人。

烟叶税的征税对象是烟叶,具体指烤烟叶和晾晒烟叶。

二、烟叶税的计税依据和税率

烟叶税的计税依据是纳税人收购烟叶实际支付的价款总额,包括纳税人支付给烟叶生产销售单位和个人的烟叶收购价款及价外补贴。

烟草行业在我国属于专卖专营行业。在烟叶收购过程中,价款的构成和标准等均依据国家相关规定执行。因此,烟叶收购的价格统一,但烟叶收购单位按照国家有关规定以现金形式直接补贴烟农的生产投入补贴(以下简称价外补贴)在各地有差异。按照简化手续、方便征收的原则,《财政部 税务总局关于明确烟叶税计税依据的通知》(财税〔2018〕75 号)规定,对价外补贴统一按烟叶收购价款的 10% 计入收购金额征税计算。

烟叶税实行统一比例税率,税率为 20%。

三、烟叶税的税额计算

烟叶税的应纳税额按照纳税人收购烟叶实际支付的价款总额和规定的税率计算。税额的计算公式如下:

$$收购烟叶实际支付的价款总额 = 烟叶收购价款 + 价外补贴 = 烟叶收购价款 \times (1 + 10\%)$$

$$烟叶税应纳税额 = 实际支付的价款总额 \times 烟叶税税率(20\%)$$

【例 15-1】 某卷烟厂 2022 年 12 月收购烟叶生产卷烟,收购发票上注明价款 50 万元,并向烟叶生产者支付了价外补贴。

要求:计算该卷烟厂 2 月份应缴纳的烟叶税。

解析:

该卷烟厂 2 月份应缴纳的烟叶税 $= 50 \times (1 + 10\%) \times 20\% = 11$(万元)

根据《增值税暂行条例实施细则》第十七条的规定,买价包括纳税人购进农产品在农产品收购发票或者销售发票上注明的价款和按规定缴纳的烟叶税。《财政部 国家税务总局关于收购烟叶支付的价外补贴进项税额抵扣问题的通知》(财税〔2011〕21 号)规定,烟叶收购单位收购烟叶时按照国家有关规定以现金形式直接补贴烟农的价外补贴,属于农产品买价。烟叶收购单位应将价外补贴与烟叶收购价格在同一张农产品收购发票或者销售发票上分别注明,否则价外补贴不得计算增值税进项税额进行抵扣。据此:

烟叶收购单位可抵扣的进项税额 = (实际支付的价款总款 + 烟叶税税额) × 扣除率

需要说明的是,随着国家相继实施增值税税率的简并,扣除率也在发生变化。

根据《财政部 税务总局 海关总署关于深化增值税改革有关政策的公告》(财政部 税务总

15

局 海关总署公告 2019 年第 39 号)规定:自 2019 年 4 月 1 日起,纳税人购进用于生产或者委托加工 13% 税率货物的农产品,按照 10% 的扣除率计算进项税额。因此,烟叶收购单位 2019 年 4 月 1 日以后收购的烟叶,按 10% 的扣除率计算进项税额。

【例 15-2】 A 公司系从事卷烟批发、烟叶收购与销售的烟草商业企业,是增值税一般纳税人。2019 年 10 月,A 从烟农收购烤烟叶一批,开具了收购发票。收购发票分别注明收购价款 10 000 万元和价外补贴 1 000 万元。

要求:计算 A 公司收购该批烟叶应缴纳的烟叶税税额和可以抵扣的增值税进项税额。

解析:

A 公司收购烤烟叶应缴烟叶税 $= (10\,000 + 10\,000 \times 10\%) \times 20\% = 2\,200$(万元)

A 公司按照收购发票计算的进项税额 $= (10\,000 + 1\,000 + 2\,200) \times 10\% = 1\,320$(万元)

四、烟叶税的征收管理

纳税人应当向烟叶收购地的主管税务机关申报缴纳烟叶税。

烟叶税的纳税义务发生时间是指纳税人收购烟叶的当日,是指纳税人向烟叶销售者付讫收购烟叶款项或者开具收购烟叶凭据的当天。

烟叶税按月计征。纳税人应当自纳税义务发生月终了之日起 15 日内申报并缴纳税款。

练 习 题

一、选择题(含单项选择题和多项选择题,请用手机扫描下方二维码作答)

二、计算题

A 公司系从事卷烟批发、烟叶收购与销售的烟草商业企业,是增值税一般纳税人。2022 年 10 月,A 公司从烟农处收购烤烟叶一批,开具了收购发票。收购发票分别注明收购价款 10 000 万元和价外补贴 1 000 万元。

要求:计算 A 公司收购该批烟叶应缴纳的烟叶税税额和可以抵扣的增值税进项税额。

三、简答题

1. 征收烟叶税有什么特殊意义?

2. 烟叶税和卷烟消费税是什么关系?

3. 如何确定烟叶税的计税依据?

第十六章 环境保护税制度

学 习 目 标

序号	知识点	学习目标	学习难度
1	环境保护税的立法背景	了解	☆
2	环境保护税的纳税人和征税对象	重点掌握	☆☆☆
3	环境保护税的计税依据	重点掌握	☆☆☆
4	环境保护税的减免规定	一般掌握	☆☆☆
5	环境保护税应纳税额的计算	重点掌握	☆☆☆
6	环境保护税的征收管理	了解	☆☆

第一节 环境保护税概述

一、环境保护税的起源

环境保护税,简称环境税(environmental taxation),也称为生态税(ecological taxation)、绿色税(green tax),是 20 世纪末国际税收学界兴起的概念,至今没有一个被广泛接受的统一定义。它是试图把环境污染和生态破坏所造成的社会成本内化到生产成本和市场价格中去,再通过市场机制来分配环境资源的一种经济手段。部分发达国家征收的环境税主要有二氧化硫税(简称硫税)、二氧化碳税(简称碳税)、水污染税、噪声税、固体废物税和垃圾税等。

宽泛地说,环境保护税有直接环境保护税和间接环境保护税两大类。前者是指对直接的污染物征税,如碳税、硫税、污水处理费、垃圾税等。后者是指对一些可能产生污染的产品征税,如煤炭、石油、能源以及汽车。我国的环境保护税属于对直接的污染物征收的税收。

我国的环境保护税以大气污染、水污染物、固体废物和噪声为征税对象,以上述应税污染物的排放量折合的污染当量数为计税依据。这些污染物都是人类生产和生活所产生的,是人类对自然环境的消费。它们不会构成国民经济的价值产出,也不具有财富存储的形式,因此既不是所得,也不是财产,只能是消费。环境污染物的消费属性,应该从人与自然的相互关系中去认识。污染物来源于人类的生产和消费,是对自然环境的破坏性消费。因此,环境保护税属于特别消费税的一种类型。

16

二、我国环境保护税的立法进程

我国的环境保护税是由排污收费制度改造而来。我国自20世纪70年代末建立了排污收费制度。2003年1月2日，国务院发布《排污费征收使用管理条例》，进一步完善了排污收费制度，这是现行环境保护税制度设计的基础。排污费制度经过30余年的发展，对我国环境保护、减少污染物排放以及弥补环境治理成本起到了积极作用，但也存在着执法刚性不足、排污费欠缴严重以及地方政府和部门干预过多等问题。

2007年开始，财政部、国家税务总局和环境保护部对环境税进行研究，对我国开征环境保护税的必要性和可行性进行了论证，提出了环境保护税收制度设计方案及配套改革措施，确定了湖北、湖南、江西、甘肃4个环境税试点地区。

2010年制定的"十二五"规划提出，要选择防治任务繁重、技术标准成熟的税目开征环境保护税，逐步扩大征收范围。

2011年10月21日，国务院发布《关于加强环境保护重点工作的意见》，明确提出实施有利于环境保护的经济政策，积极推进环境税费改革，研究开征环境保护税；加强主要污染物总量减排具体措施，大力发展环保产业，把环境保护列入各级财政年度预算并逐步增加投入和其他财税优惠措施。

2013年，财政部、国家税务总局、环境保护部向国务院报送了环境保护税立法的请示，国务院法制办根据征求意见对送审稿进行了修改。同年，党的十八届三中全会决定提出要推动环境保护费改税。

2014年的政府工作报告提出，要做好环境保护税立法相关工作。

2015年6月，国务院法制办公布《环境保护税法（征求意见稿）》。

2016年12月25日，十二届全国人大常委会第二十五次会议通过了《中华人民共和国环境保护税法》（以下简称《环境保护税法》）。

2017年6月26日，财政部、国家税务总局、环境保护部联合发布《中华人民共和国环境保护税法实施条例（征求意见稿）》，向社会公开征求意见。

2017年12月30日，《中华人民共和国环境保护税法实施条例》（以下简称《环境保护税法实施条例》）公布，自2018年1月1日起与《环境保护税法》同步实施。

三、环境保护税的征收目的

2018年1月1日起正式实施的《环境保护税法》取代了施行近40年的排污收费制度。这是我国首部专门推进生态文明建设、体现"绿色税制"的单行税法，由"费改税"，实现了排污费制度向环境保护税制度的转变。

制定《环境保护税法》、推进环境保护费改税，有利于从根本上解决现行排污费制度存在的执法刚性不足、行政干预较多、强制性和规范性较为欠缺等问题，有利于促进形成治污减排的内在约束机制；有利于推进生态文明建设、加快转变经济发展方式。

《环境保护税法》第一条明确规定了环境保护税的征收目的，是"保护和改善环境，减少污染物排放，推进生态文明建设"。

四、环境保护税的收入归属

环境保护税属于地方税，收入归地方政府所有。2018—2022年全国环境保护税收入如表16-1所示。

年份	环境保护税收入	全国税收收入	环境保护税收入同比增量/%
2018	205.6	156 401	
2019	213.2	157 992	3.70
2020	199.9	136 780	−6.24
2021	203	172 731	1.55
2022	211	166 614	3.94

第二节　环境保护税的纳税人和征税对象

一、环境保护税的纳税人

《环境保护税法》第二条规定,在中华人民共和国领域和中华人民共和国管辖的其他海域,直接向环境排放应税污染物的企业事业单位和其他生产经营者为环境保护税的纳税人。不具有生产经营行为的行政机关和自然人排放污染物不征收环境保护税。

（一）领域以及其他海域的界定

中华人民共和国领域是指我国行使国家主权的空间,包括领陆、领水、领空。中华人民共和国管辖的其他海域是指我国法律规定的领海毗连区和领海以外 200 海里的专属海洋经济区。

（二）不属于直接排放的情形

有下列情形之一的,不属于直接向环境排放污染物,不缴纳相应污染物的环境保护税:

（1）企业事业单位和其他生产经营者向依法设立的污水集中处理、生活垃圾集中处理场所排放应税污染物的;但依法设立的城乡污水、生活垃圾集中处理场所超过国家和地方规定的排放标准向环境排放应税污染物的,应当缴纳环境保护税。《环境保护税法实施条例》解释了城乡污水集中处理场所的含义——为社会公众提供生活污水处理服务的场所,不包括为工业园区、开发区等工业聚集区域内的企业事业单位和其他生产经营者提供污水处理服务的场所,以及企业事业单位和其他生产经营者自建自用的污水处理场所。

（2）企业事业单位和其他生产经营者在符合国家和地方环境保护标准的设施、场所储存或者处置固体废物的。企业事业单位和其他生产经营者储存或者处置固体废物不符合国家和地方环境保护标准的,应当缴纳环境保护税。

（3）《环境保护税法实施条例》第四条规定,依法对畜禽养殖废弃物进行综合利用和无害化处理的,不属于直接向环境排放污染物,不缴纳环境保护税。

除上述规定外,其他排放应税污染物的行为应纳入征税范围,依法征收环境保护税。

（三）关于畜禽养殖场

关于畜禽养殖场是否应当缴纳环境保护税的问题,《环境保护税法实施条例》规定应区分两种情形,对于达到省级人民政府确定的规模标准并且有污染物排放口的畜禽养殖场,应当依法缴纳环境保护税;但对于依法对畜禽养殖废弃物进行综合利用和无害化处理的,不属于直接向环境排放污染物,不缴纳环境保护税。

（四）海洋工程纳税人

在中华人民共和国内水、领海、毗连区、专属经济区、大陆架以及管辖的其他海域从事海洋石油、天然气勘探开发生产等作业活动,并向海洋排放应税污染物的企业事业单位和其他生产

16

经营者,为海洋工程环保税的纳税人。

海洋工程除海洋石油、天然气勘探开发之外,目前暂不包括海上堤坝工程、海底隧道工程等。这些工程对环境污染损害程度不大,而且目前生态环境主管部门未对其污染物排放量进行监测管理,暂不具备开征条件。

二、环境保护税的征税对象

环境保护税的征税对象为应税污染物,是《环境保护税法》所附《环境保护税税目税额表》《应税污染物和当量值表》规定的大气污染物、水污染物、固体废物和噪声。

(一) 大气污染物

大气污染物按其产生的原因,主要可以分为两类,即天然污染物和人为污染物。引起公害的往往是人为污染物,它们主要来源于燃料燃烧和大规模的工矿企业。大气污染物按其物质形态,主要分为气溶胶态污染物和气态污染物。

气溶胶态污染物根据颗粒污染物物理性质的不同,可分为粉尘(dust)、烟(fume)、飞灰(fly ash)、黑烟(smoke)、雾(fog)和总悬浮颗粒物(TSP)。气态污染物主要为含硫化合物、碳的氧化物、含氮化合物、碳氢化合物、卤素化合物。

我国《环境保护税法》所附《应税污染物和当量值表》列出了一氧化碳、二氧化硫、二硫化碳和一般性粉尘等 44 种大气污染物。

(二) 水体污染物

水体污染物是指造成水体水质、水中生物群落以及水体底泥质量恶化的各种有害物质(或能量)。水体污染物包括耗氧污染物、植物营养物、有毒污染物、石油类污染物、放射性污染物、酸碱盐污染和病原体污染物等。

《环境保护税法》附表二"应税污染物和当量值表"按照污染的危害程度将水污染物分为第一类水污染物和第二类水污染物。第一类水污染物包括以重金属为主对环境影响特别严重的总汞、总镉等 10 种污染物,第二类水污染物等包括 51 种。

(三) 固体废物

固体废物是指在生产、生活和其他活动中产生的丧失原有利用价值或者虽未丧失利用价值但被抛弃或者放弃的固态、半固态和置于容器中的气态的物品、物质,以及法律、行政法规规定纳入固体废物管理的物品、物质。

应税固体废物主要包括三类:一是工业固体废物,包括煤矸石、尾矿、冶炼渣、粉煤灰、炉渣;二是危险废物,是指列入国家危险废物名录[①]或者根据国家规定的危险废物鉴别标准和鉴别方法认定的具有危险特性的固体废物;三是其他固体废物,具体范围由省、自治区、直辖市人民政府统筹考虑本地区环境承载能力、污染物排放现状和经济社会生态发展目标要求,在《环境保护税法》所附的《环境保护税税目税额表》规定的税额幅度内提出,报同级人民代表大会常务委员会决定,并报全国人民代表大会常务委员会和国务院备案。

(四) 噪声

噪声是指发声体做无规则振动时发出的声音。声音由物体的振动产生,以波的形式在一定的介质(如固体、液体、气体)中进行传播。从生理学观点来看,凡是干扰人们休息、学习和工作以及对人所要听的声音产生干扰的声音,即不需要的声音,统称为噪声。

---

① 参见《国家危险废物名录(2021 年版)》(生态环境部、国家发展和改革委员会、公安部、交通运输部、国家卫生健康委员会令第 15 号),2020 年 11 月 25 日公布,自 2021 年 1 月 1 日起施行。

噪声主要有以下四类：

（1）交通噪声，包括机动车辆、船舶、地铁、火车、飞机等的噪声。

（2）工业噪声，是指工厂从事工业生产的各种设备产生的噪声。

（3）建筑噪声，主要来源于建筑机械发出的噪声。

（4）社会噪声，包括人们的社会活动和家用电器、音响设备等发出的噪声。

我国环境保护税法规定的征税对象只限于工业噪声，对于交通噪声、建筑噪声和社会噪声不征收环境保护税。

第三节　环境保护税的计税依据

一、环境保护税计税依据的一般规定

（一）环境保护税法及其实施条例的规定

环境保护税的计税依据是应税污染物的排放量。具体而言，应税大气污染物和应税水污染物按照污染物排放量折合的污染当量数为计税依据。应税固体废物按照固体废物的排放量确定。应税噪声按照超过国家规定标准的分贝数确定。

应税大气污染物、水污染物、固体废物的排放量和噪声的分贝数，按照下列方法和顺序计算：

（1）纳税人安装使用符合国家规定和监测规范的污染物自动监测设备的，按照污染物自动监测数据计算。

（2）纳税人未安装使用污染物自动监测设备的，按照监测机构出具的符合国家有关规定和监测规范的监测数据计算；属于《环境保护税法》第十条第二项规定情形的纳税人，自行对污染物进行监测所获取的监测数据，符合国家有关规定和监测规范的，视同《环境保护税法》第十条第二项规定的监测机构出具的监测数据。

（3）因排放污染物种类多等原因不具备监测条件的，按照国务院生态环境主管部门规定的排污系数、物料衡算方法计算。

（4）不能按照上述方法计算的，按照省、自治区、直辖市人民政府生态环境主管部门规定的抽样测算的方法核定计算。

（二）纳税人委托检测机构提供的计税依据的确定方法

《财政部 税务总局 生态环境部关于环境保护税有关问题的通知》（财税〔2018〕23号）对纳税人委托监测机构对应税大气污染物和水污染物排放量进行监测时的监测数据的确定做出如下规定：

（1）应税大气污染物当月同一个排放口排放的同一种污染物有多个监测数据的，按照监测数据的平均值计算应税污染物的排放量。

（2）应税水污染物当月同一个排放口排放的同一种污染物有多个监测数据的，按照监测数据以流量为权的加权平均值计算应税污染物的排放量。

（3）在生态环境主管部门规定的监测时限内当月无监测数据的，可以跨月沿用最近一次的监测数据计算应税污染物排放量，但不得跨季度沿用监测数量。

（4）纳入排污许可管理行业的纳税人，其应税污染物排放量的监测计算方法按照排污许可管理要求执行。

16

（三）不具备监测条件的排污单位应税污染物排放量计算方法

《生态环境部 财政部 税务总局关于发布计算环境保护税应税污染物排放量的排污系数和物料衡算方法的公告》（生态环境部 财政部 税务总局公告 2021 年第 16 号）对因排放污染物种类多等原因不具备监测条件的排污单位应税污染物排放量计算方法规定如下：

（1）属于排污许可管理的排污单位，适用生态环境部发布的排污许可证申请与核发技术规范中规定的排（产）污系数、物料衡算方法计算应税污染物排放量；排污许可证申请与核发技术规范未规定相关排（产）污系数的，适用生态环境部发布的排放源统计调查制度规定的排（产）污系数方法计算应税污染物排放量。

（2）不属于排污许可管理的排污单位，适用生态环境部发布的排放源统计调查制度规定的排（产）污系数方法计算应税污染物排放量。

二、应税大气污染物、水污染物的污染当量数的确定

（一）一般规定

应税大气污染物、水污染物的污染当量数，以该污染物的排放量除以该污染物的污染当量值计算。每种应税大气污染物、水污染物的具体污染当量值，依《环境保护税法》所附《应税污染物和当量值表》执行。从两个以上排放口排放应税污染物的，对每一排放口排放的应税污染物分别计算征收环境保护税；纳税人持有排污许可证的，其污染物排放口按照排污许可证载明的污染物排放口确定。

每一排放口或者没有排放口的应税大气污染物，按照污染当量数从大到小排序，对前三项污染物征收环境保护税。

每一排放口的应税水污染物，按照环境保护税法所附《应税污染物和当量值表》，区分第一类水污染物和其他类水污染物，按照污染当量数从大到小排序，对第一类水污染物按照前五项征收环境保护税，对其他类水污染物按照前三项征收环境保护税。

关于应税水污染物污染当量数的计算问题，《财政部 税务总局 生态环境部关于环境保护税有关问题的通知》（财税〔2018〕23 号）明确规定：

（1）应税水污染物的污染当量数，以该污染物的排放量除以该污染物的污染当量值计算。其中，色度的污染当量数，以污水排放量乘以色度超标倍数再除以适用的污染当量值计算。

（2）畜禽养殖业水污染物的污染当量数，以该畜禽养殖场的月均存栏量除以适用的污染当量值计算。畜禽养殖场的月均存栏量按照月初存栏量和月末存栏量的平均数计算。

（二）特别规定

省、自治区、直辖市人民政府根据本地区污染物减排的特殊需要，可以增加同一排放口征收环境保护税的应税污染物项目数，报同级人民代表大会常务委员会决定，并报全国人民代表大会常务委员会和国务院备案。

纳税人有下列情形之一的，以其当期应税大气污染物、水污染物的产生量作为污染物的排放量：

（1）未依法安装使用污染物自动监测设备或者未将污染物自动监测设备与生态环境主管部门的监控设备联网。

（2）损毁或者擅自移动、改变污染物自动监测设备。

（3）篡改、伪造污染物监测数据。

（4）通过暗管、渗井、渗坑、灌注或者稀释排放以及不正常运行防治污染设施等方式违法排放应税污染物。

（5）进行虚假纳税申报。

三、应税固体废物的计税依据

应税固体废物的计税依据，按照固体废物的排放量确定。固体废物的排放量为当期应税固体废物的产生量减去当期应税固体废物的储存量、处置量、综合利用量的余额。

固体废物的储存量、处置量，是指在符合国家和地方环境保护标准的设施、场所储存或者处置的固体废物数量；固体废物的综合利用量，是指按照国务院发展改革、工业和信息化主管部门关于资源综合利用要求以及国家和地方环境保护标准进行综合利用的固体废物数量。

纳税人非法倾倒应税固体废物或者进行虚假纳税申报的，以其当期应税固体废物的产生量作为固体废物的排放量。

关于应税固体废物排放量计算问题，《财政部 税务总局 生态环境部关于环境保护税有关问题的通知》（财税〔2018〕23 号）明确规定：

（1）应税固体废物的排放量为当期应税固体废物的产生量减去当期应税固体废物储存量、处置量、综合利用量的余额。

（2）纳税人应当准确计量应税固体废物的储存量、处置量和综合利用量，未准确计量的，不得从其应税固体废物的产生量中减去。

（3）纳税人依法将应税固体废物转移至其他单位和个人进行储存、处置或者综合利用的，固体废物的转移量相应计入其当期应税固体废物的储存量、处置量或者综合利用量；纳税人接收的应税固体废物转移量，不计入其当期应税固体废物的产生量。

（4）纳税人对应税固体废物进行综合利用的，应当符合工业和信息化部制定的工业固体废物综合利用评价管理规范。

第四节 环境保护税的减免和税额计算

一、环境保护税的免税政策

《环境保护税法》规定，下列情形，暂予免征环境保护税：

（1）农业生产（不包括规模化养殖）排放应税污染物的。

（2）机动车、铁路机车、非道路移动机械、船舶和航空器等流动污染源排放应税污染物的。

（3）依法设立的城乡污水集中处理、生活垃圾集中处理场所排放相应税污染物，不超过国家和地方规定的排放标准的。

（4）纳税人综合利用的固体废物，符合国家和地方环境保护标准的。

（5）国务院批准免税的其他情形。

上述第（5）项免税规定，报国务院报全国人民代表大会常务委员会备案。

二、环境保护税的减税政策

根据《环境保护税法》第十三条的规定，纳税人排放应税大气污染物或者水污染物的浓度值低于国家和地方规定的污染物排放标准 30％的，减按 75％征收环境保护税；浓度值低于国家和地方规定的污染物排放标准 50％的，减按 50％征收环境保护税。

（一）浓度值的确定

《环境保护税法实施条例》第十条规定，所称应税大气污染物或者水污染物的浓度值，是指纳税人安装使用的污染物自动监测设备当月自动监测的应税大气污染物浓度值的小时平均值再平均所得数值或者应税水污染物浓度值的日平均值再平均所得数值,或者监测机构当月监测的应税大气污染物、水污染物浓度值的平均值。例如,经监测某厂某月(30 天)水污染物 A 的浓度值日均值分别为 101 mg/L、102 mg/L、103 mg/L……130 mg/L,每天递增 1 个单位,则其当月应税水污染物的浓度值=(101+102+103+…+130)÷30=115.5(mg/L)。

浓度值分为实测值和折算值。这里的浓度值是按折算浓度计算的。对于大气污染物、水污染物的申报纳税,需要将实测浓度转化为折算浓度。计算公式为:折算浓度=实测浓度×折算系数(过氧系数)。

实测值是指在实际监测中监测到的污染物浓度,用于计算环境保护税污染物排放量。折算值,是指实测值在一定温度、压力、含氧量等标准状态下经过折算后得到的污染物浓度。大气污染物以折算值作为判断是否享受减征环境保护税的标准;水污染物浓度值不存在折算,以实测值作为判断是否享受减征环境保护税的标准。

(二)减征适用范围的判断

(1)适用减征的应税污染物为大气污染物、水污染物。

(2)具备有效监测设备或监测数据。一是采用符合国家规定和监测规范的污染物自动监测设备的;二是由监测机构出具的符合国家有关规定和监测规范的监测数据的;三是自行对污染物进行监测所获取的监测数据符合国家有关规定和监测规范的。采用上述监测方法的纳税人才有资格享受环境保护税减征优惠,以物料衡算、排污系数以及核定计算应税排放量的,不能享受减征优惠。

(3)减征不得超标原则。享受减征环境保护税的,除月浓度值达到减征条件外,自动监测数据中每一次大气污染物的小时平均值或者水污染物的日平均值,以及每次机构监测数据的浓度值,均不得超过国家和地方规定的污染物排放标准。

(4)纳税人任何一个排放口排放应税大气污染物、水污染物的浓度值,以及没有排放口排放应税大气污染物的浓度值,超过国家和地方规定的污染物排放标准的,依法不予减征环境保护税。

三、环境保护税应纳税额的计算方法

环保税应纳税额应按以下方法计算:

(1)应税大气污染物的应纳税额为污染当量数乘以具体适用税额。

(2)应税水污染物的应纳税额为污染当量数乘以具体适用税额。

(3)应税固体废物的应纳税额为固体废物排放量乘以具体适用税额。

(4)应税噪声的应纳税额为超过国家规定标准的分贝数对应的具体适用税额。

应税大气污染物和水污染物的具体适用税额的确定和调整,由省、自治区、直辖市人民政府统筹考虑本地区环境承载能力、污染物排放现状和经济社会生态发展目标要求,在《环境保护税法》所附《环境保护税税目税额表》规定的税额幅度内提出,报同级人民代表大会常务委员会决定,并报全国人民代表大会常务委员会和国务院备案。

关于应税噪声应纳税额的计算问题,《财政部 税务总局 生态环境部关于环境保护税有关问题的通知》(财税〔2018〕23 号)明确规定:

(1)应税噪声的应纳税额为超过国家规定标准分贝数对应的具体适用税额。

(2)噪声超标分贝数不是整数值的,按四舍五入取整。

(3)一个单位的同一监测点当月有多个监测数据超标的,以最高一次超标声级计算应纳

税额。

(4)声源 1 个月内累计昼间超标不足 15 昼或者累计夜间超标不足 15 夜的,分别减半计算应纳税额。

四、环境保护税应纳税额的计算实例[①]

(一)应税大气污染物环保税的税额计算实例

【例题 16-1】 2022 年 5 月,某企业有一个排放口,向大气直接排放二氧化硫 20 千克、一氧化碳 50 千克、氯气 10 千克和一般性粉尘 100 千克。假设该企业所在地的大气污染物适用税额为 1.2 元/污染当量。

要求:计算该企业 5 月排放大气污染物应缴纳的环境保护税。

解析:

(1)计算应税大气污染物的污染当量数并确定前三项应税污染物。

应税大气污染物的污染当量数=该污染物的排放量/该污染物的污染当量值。根据《环境保护税法》附表二《应税污染物和当量值表》,二氧化硫、一氧化碳、氯气和一般性粉尘的污染当量值分别为 0.95 千克、16.7 千克、0.34 千克、4 千克。二氧化硫的污染当量数 = 20/0.95 = 21.05 千克,一氧化碳的污染当量数 = 50/16.7 = 2.99 千克,氯气的污染当量数 = 10/0.34 = 29.41 千克,一般性粉尘的污染当量数 = 100/4 = 25 千克,按照污染当量数从大到小排序,对氯气(29.41)、一般性粉尘(25)和二氧化硫(21.05)前三项污染物征收环境保护税。

(2)计算大气污染物的环保税应纳税额。

由于应税大气污染物的应纳税额为污染当量数乘以具体适用税额,因此:

应纳环境保护税税额 = 氯气应纳税额 + 一般性粉尘应纳税额 + 二氧化硫应纳税额 = 29.41 × 1.2 + 25 × 1.2 + 21.05 × 1.2 = 35.29 + 30 + 25.26 = 90.55(元)。

(二)应税水污染物的环保税税额计算实例

【例题 16-2】 2022 年 6 月,上海市某企业向水体直接排放第一类水污染物总汞、总镉、总铬、六价铬、总铅、总铍各 1 千克,排放其他类水污染物悬浮物(SS)、化学需氧量(CODcr)、氨氮各 20 千克,pH 值检测出是 6、污水排放量 400 吨。上海市水污染物适用税额标准为化学需氧量 5 元/污染当量、氨氮 4.8 元/污染当量、第一类水污染物 1.4 元/污染当量、其他类水污染物 1.4 元/污染当量。第一类水污染物总汞、总镉、总铬、六价铬、总铅、总铍的污染当量值分别为:0.000 5、0.005、0.04、0.02、0.02、0.025(单位:千克);第二类水污染物悬浮物(SS)、化学需氧量(CODcr)、氨氮的污染当量值分别为 4、1、0.8(单位:千克);pH 值 5～6 的污染当量值为 5 吨污水。

要求:计算该企业当月排放污水应缴纳的环保税税额。

解析:

(1)计算第一类水污染物的应纳税额。

---

① 本章实例根据上海市税务局网站(http://shanghai.chinatax.gov.cn/xwdt/ztzl/zcgll/hbszl/zcjd/201802/t436311.html)"四类应税污染物的环境保护税计算方法示例"改编而成。

16

首先,计算污染当量数并确定前五项作为应税污染物。

总汞的污染当量数＝1÷0.000 5＝2 000,总镉的污染当量数＝1÷0.005＝200,总铬的污染当量数＝1÷0.04＝25,六价铬的污染当量数＝1÷0.02＝50,总铅的污染当量数＝1÷0.025＝40,总铍的污染当量数＝1÷0.01＝100,对第一类水污染物污染当量值大小排序,确定总汞(2 000)、总镉(200)、总铍(100)、六价铬(50)和总铅(40)前五项为应税污染物。

其次,计算第一类水污染物的环保税应纳税额。

第一类水污染物的环保税应纳税额＝2 000×1.4＋200×1.4＋100×1.4＋50×1.4＋40×1.4＝2 800＋280＋140＋70＋56＝3 346(元)。

(2) 计算其他类水污染物的应纳税额。

首先,计算其他类水污染的污染当量数并确定前三项作为应税污染物。悬浮物(SS)的污染当量数＝20÷4＝5,化学需氧(CODcr)的污染当量数＝20÷1＝20,氨氮的污染当量数＝20÷0.8＝25,pH 值的污染当量数＝400÷5＝80,确定 pH 值(80)、氨氮(25)、化学需氧量(CODcr)(20)为应税污染物。

其次,计算其他类水污染物应纳税额。

其他水污染物的环保税应纳税额＝80×1.4＋25×4.8＋20×5＝112＋120＋100
$$＝332(元)。$$

(3) 计算水污染物的应纳税额。

该企业当月的水污染物环境保护税应纳税额＝3 346＋332＝3 678(元)。

(三) 应税固体废物环境保护税税额计算实例

【例题 16-3】 2022 年 6 月,某煤炭企业产生煤矸石 500 吨,其中,在符合国家和地方环境保护标准的场所处置 100 吨,综合利用煤矸石 100 吨(符合国家和地方环境保护标准)。

要求:计算该企业当月煤矸石应缴纳的环境保护税。

解析:

该煤炭企业在符合国家和地方环境保护标准的场所处置的煤矸石,不缴纳相应污染物的环境保护税。综合利用的煤矸石,符合国家和地方环境保护标准的,免征环境保护税。煤矸石适用的环保税税额为 5 元/吨。

煤矸石应缴环境保护税税额＝固体废物排放量×定额税率＝[产生量－储存量和处置量－综合利用量(免征)]×定额税率

该企业当月产生煤矸石应纳环境保护税税额＝(500－100－100)×5＝1 500(元)。

(四) 应税噪声的环境保护税税额计算实例

【例题 16-4】 2022 年 6 月,某企业同时在 A、B 两处进行施工,A 处施工点边界白天有三次噪声超标,分别为超标 1~3 分贝、超标 4~6 分贝、超标 7~9 分贝,夜间有一处噪声超标为超标 1~3 分贝。B 处施工点沿边界长度 200 米有两处噪声超标,分别为超标 1~3 分贝、超标 4~6 分贝,声源超标 10 天。工业噪声超标 1~3 分贝适用税额为 350 元/月,超标 4~6 分贝适用税额为 700 元/月,超标 7~9 分贝适用税额为 1 400 元/月。

要求:计算该企业当月噪声污染应缴纳的环境保护税税额。

解析:

(1) A 施工点边界白天有多处噪声超标,根据最高一次超标声级,即超标 7～9 分贝,计算应纳税额;白天、夜间均超标的环境噪声,应分别计算应纳税额,累加计征。因此,A 施工点应纳环境保护税税额 = 1 400(白昼) + 350(夜间) = 1 750(元)。

(2) B 施工点沿边界长度超过 200 米有两处噪声超标,按两处计算应纳税额;声源 1 个月内超标不足 15 天的,减半计算应纳税额。

B 施工点应纳环境保护税税额 = (350 + 700)/2 = 525(元)。

(3) 该企业有 A、B 两处施工作业场所,应分别计算,合并计征。

该企业当月应纳环境保护税税额 = 1 750 + 525 = 2 275(元)。

(五)环境保护税减免税计算实例

【例题 16-5】 某火力发电厂是环境保护税纳税人,该厂仅有一个废气排放口,使用符合规范的在线监测仪器监测二氧化硫。监测数据显示,2022 年 2 月,该排放口共排放大气污染物 1 000 万 m³,其中应税污染物浓度分别为二氧化硫 120 mg/m³(当月监测最高浓度为 140 mg/m³);氮氧化物 40 mg/m³(由监测机构监测)。参照《火电厂大气污染物排放标准》(GB 13223-2011),确定二氧化硫排放浓度限值为 200 mg/m³,氮氧化物排放浓度限值为 100 mg/m³。已知该厂所在省的大气污染物环境保护税税率为 1.2 元/污染当量。

要求:分析该发电厂能否享受环境保护税减征优惠政策,并计算减征额。

解析:

(1) 污染当量数的计算与排序。

污染当量数 = 大气污染物排放量 × 污染物排放因子浓度值 ÷ 污染物排放因子当量值。经查《环境保护税法》附表二中"五、大气污染物污染当量值"得知,二氧化硫与氮氧化物的污染当量值均为 0.95 千克。

二氧化硫的污染当量数 = 10 000 000 × 120 ÷ 1 000 000 ÷ 0.95 = 1 263.16。

氮氧化物的污染当量数 = 10 000 000 × 40 ÷ 1 000 000 ÷ 0.95 = 421.05。

根据《环境保护税法》第九条"每一排放口或者没有排放口的应税大气污染物,按照污染当量数从大到小排序,对前三项污染物征收环境保护税"的规定,由于本例中不存在其他应税大气污染物,所以二氧化硫与氮氧化物自然在"前三项",均在征税范围内。

(2) 确定是否享受减征优惠,并计算减征额。

排放二氧化硫的浓度值低于标准排放限额的比例 = (200 − 120) ÷ 200 = 40%,大于 30%、小于 50%,可减按 75% 征收环境保护税。

减征额 = 1 263.16 × 1.2 × (1 − 75%) = 378.95(元)。

排放氮氧化物浓度值低于标准排放限额的比例为 (100 − 40) ÷ 100 = 60%,大于 50%,可减按 50% 征收环境保护税。

减征额 = 421.05 × 1.2 × (1 − 50%) = 252.63(元)。

16

第五节　环境保护税的征收管理

一、环境保护税的纳税时间和地点

（一）纳税义务发生时间

《环境保护税法》第十六条规定，环境保护税纳税义务发生时间为纳税人排放应税污染物的当日。

（二）纳税期限

环境保护税按月计算，按季申报缴纳。不能按固定期限计算缴纳的，可以按次申报缴纳。

（三）纳税申报时间

《环境保护税法》第十八条规定，纳税人按季申报缴纳的，应当自季度终了之日起15日内，向税务机关办理纳税申报并缴纳税款。纳税人按次申报缴纳的，应当自纳税义务发生之日起15日内，向税务机关办理纳税申报并缴纳税款。纳税人申报缴纳环境保护税时，应当向税务机关报送所排放应税污染物的种类、数量，大气污染物、水污染物的浓度值，以及税务机关根据实际需要要求纳税人报送的其他纳税资料。

（四）征收地点

纳税人应当向应税污染物排放地的税务机关申报缴纳环境保护税。应税污染物排放地是指：

（1）应税大气污染物、水污染物排放口所在地；

（2）应税固体废物产生地；

（3）应税噪声产生地。

纳税人向应税污染物排放地的税务机关申报缴纳环境保护税，如果纳税人排放应税污染物的地点与其主管税务机关不一致，可能带来税收管辖权的争议。因此，纳税人跨区域排放应税污染物，税务机关对税收征收管辖有争议的，由争议各方按照有利于征收管理的原则协商解决；不能协商一致的，报请共同的上级税务机关决定。

《海洋工程环境保护税申报征收办法》第六条规定，海洋工程环境保护税由纳税人所属海洋石油税务（收）管理分局负责征收。纳税人同属两个海洋石油税务（收）管理分局管理的，由国家税务总局确定征收机关。

二、环境保护税的征管模式及职责分工

《环境保护税法》设定了各方责任，明确了"税务征管、企业申报、环保监测、信息共享、协作共治"的征管模式。

环境保护税由税务机关依照《税收征收管理法》和《环境保护税法》的有关规定征收管理。税务机关依法履行环境保护税纳税申报受理、涉税信息比对、组织税款入库等职责。

生态环境主管部门依照本法和有关环境保护法律法规的规定负责对污染物的监测管理。生态环境主管部门依法负责应税污染物监测管理，制定和完善污染物监测规范。

县级以上地方人民政府应当建立税务机关、生态环境主管部门和其他相关单位分工协作工作机制，加强环境保护税征收管理，保障税款及时足额入库。县级以上地方人民政府应当加强对环境保护税征收管理工作的领导，及时协调、解决环境保护税征收管理工作中的重大问题。

三、环境保护税的涉税信息共享机制

生态环境主管部门和税务机关应当建立涉税信息共享平台和工作配合机制。国务院税

务、生态环境主管部门应当制定涉税信息共享平台技术标准以及数据采集、存储、传输、查询和使用规范。税务机关、生态环境主管部门应当无偿为纳税人提供与缴纳环境保护税有关的辅导、培训和咨询服务。

（一）生态环境主管部门的义务和职责

生态环境主管部门应当将排污单位的排污许可、污染物排放数据、环境违法和受行政处罚情况等环境保护相关信息，定期交送税务机关。

生态环境主管部门应当通过涉税信息共享平台向税务机关交送在环境保护监督管理中获取的下列信息：

（1）排污单位的名称、统一社会信用代码以及污染物排放口、排放污染物种类等基本信息。

（2）排污单位的污染物排放数据（包括污染物排放量以及大气污染物、水污染物的浓度值等数据）。

（3）排污单位环境违法和受行政处罚情况。

（4）对税务机关提请复核的纳税人的纳税申报数据资料异常或者纳税人未按照规定期限办理纳税申报的复核意见。

（5）与税务机关商定交送的其他信息。

生态环境主管部门发现纳税人申报的应税污染物排放信息或者适用的排污系数、物料衡算方法有误的，应当通知税务机关处理。

生态环境主管部门应配合税务机关依法实施环境保护税的税务检查。

（二）税务机关的义务和职责

税务机关应当将纳税人的纳税申报、税款入库、减免税额、欠缴税款以及风险疑点等环境保护税涉税信息定期交送生态环境主管部门。税务机关还应当通过涉税信息共享平台向生态环境主管部门交送下列环境保护税涉税信息：

（1）纳税人基本信息。

（2）纳税申报信息。

（3）税款入库、减免税额、欠缴税款以及风险疑点等信息。

（4）纳税人涉税违法和受行政处罚情况。

（5）纳税人的纳税申报数据资料异常或者纳税人未按照规定期限办理纳税申报的信息。

（6）与生态环境主管部门商定交送的其他信息。

税务机关应当依据生态环境主管部门交送的排污单位信息进行纳税人识别。

在生态环境主管部门交送的排污单位信息中没有对应信息的纳税人，由税务机关在纳税人首次办理环境保护税纳税申报时进行纳税人识别，并将相关信息交送生态环境主管部门。

四、环境保护税涉税信息比对与复核管理

（一）涉税信息比对处理

《环境保护税法》规定，税务机关应当将纳税人的纳税申报数据资料与生态环境主管部门交送的相关数据资料进行比对。

《环境保护税法实施条例》规定，纳税人申报的污染物排放数据与生态环境主管部门交送的相关数据不一致的，按照生态环境主管部门交送的数据确定应税污染物的计税依据。

污染物排放数据最终以生态环境主管部门确定的信息为准。

（二）复核管理

税务机关发现纳税人的纳税申报数据资料异常或者纳税人未按照规定期限办理纳税申报

16

的,可以提请生态环境主管部门进行复核,生态环境主管部门应当自收到税务机关的数据资料之日起15日内,向税务机关出具复核意见。税务机关应当按照生态环境主管部门复核的数据资料调整纳税人的应纳税额。纳税人申报的污染物排放数据与生态环境主管部门交送的相关数据不一致的,按照生态环境主管部门交送的数据确定应税污染物的计税依据。

《环境保护税法》规定,纳税人的纳税申报数据资料异常,包括但不限于下列情形:

(1) 纳税人当期申报的应税污染物排放量与上一年同期相比明显偏低,且无正当理由。

(2) 纳税人单位产品污染物排放量与同类型纳税人相比明显偏低,且无正当理由。

纳税人应当按照税收征收管理的有关规定,妥善保管应税污染物监测和管理的有关资料。

练 习 题

一、选择题(含单项选择题和多项选择题,请用手机扫描下方二维码作答)

二、计算题

1. 某石油炼制企业通过自动监测设备监测水污染物的排放,2023年1月污水排量为70 000吨,化学需氧量(CODcr)排放浓度为150 mg/L,生化需氧量(BODs)排放浓度为80 mg/L,悬浮物(SS)排放浓度为60 mg/L,石油类的排放浓度为25 mg/L,污水排入四类水域。

要求:计算该厂1月份应缴纳的环境保护税。(该厂所在省的水污染物税率为5.6元/污染当量)

2. 乙火力发电厂是环境保护税纳税人,该厂仅有1个废气排放口,已安装使用符合国家规定和监测规范的污染物自动监测设备。检测数据显示,2023年2月份,该排放口共排放大气污染物1 000万立方米,其中含应税污染物浓度分别为:二氧化硫350 mg/m³;汞及其化合物0.1 mg/m³;一般性粉尘20 mg/m³;氮氧化物140 mg/m³。

要求:计算该火力发电厂2月份应缴纳的环境保护税额。(该厂所在省的大气污染物税额4元/污染当量)

三、简答题

1. 为什么说环境保护税属于特别消费税?

2. 环境保护税在多大程度上能保护环境?

3. 环境保护税是否应该专款专用于环境治理?

第三篇

所得课税制度

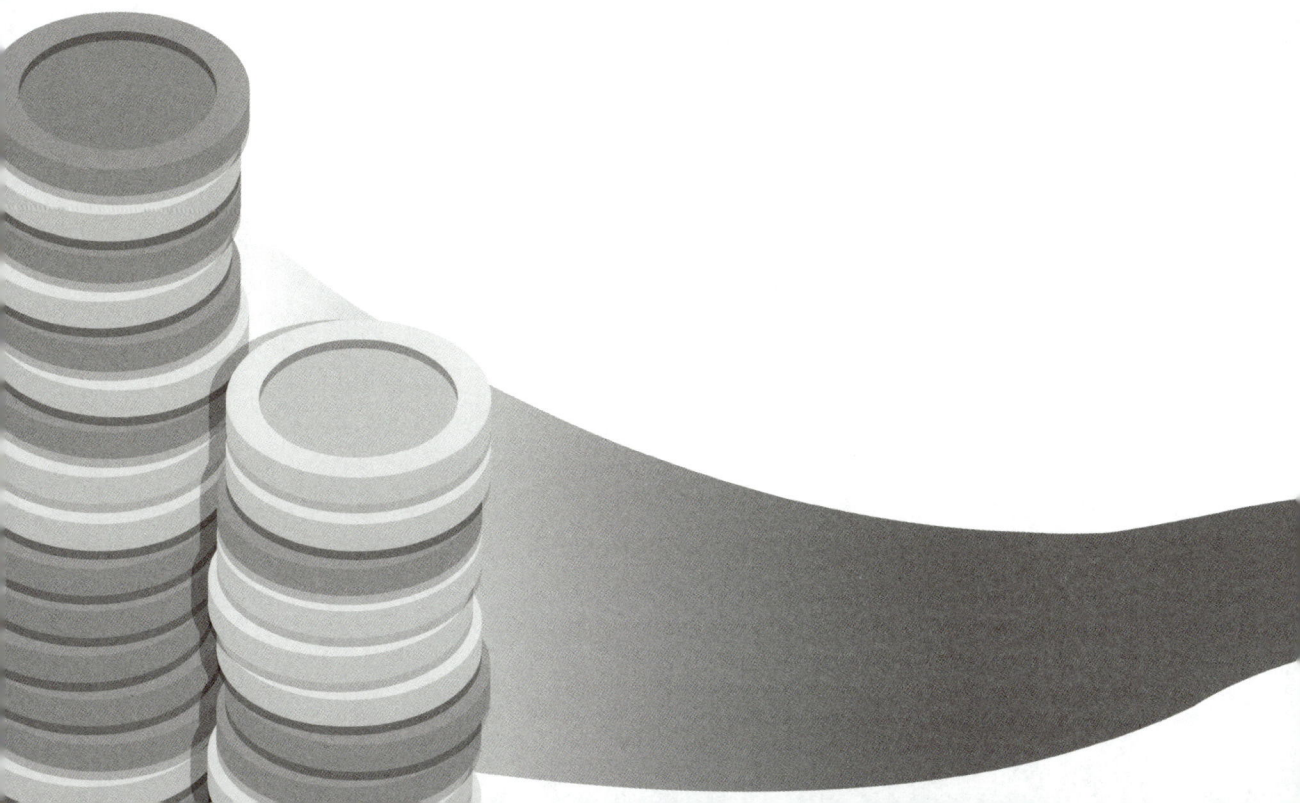

第十七章 企业所得税制度

思维导图

企业所得税
制度

学习目标

序号	知识点	学习目标	学习难度
1	我国企业所得税制度的历史演变	了解	☆
2	企业所得税居民纳税人和非居民纳税人及其征税范围	重点掌握	☆☆☆
3	企业所得税应纳税所得额的基本规定	重点掌握	☆☆☆
4	企业所得税的特殊计税收入、税前扣除	重点掌握	☆☆☆
5	资产的企业所得税处理	一般掌握	☆☆
6	企业所得税的基本税率和优惠税率、税基优惠和税额优惠、税额计算	重点掌握	☆☆☆
7	企业所得税境外所得已纳税额的抵免计算	一般掌握	☆☆☆
8	企业所得税的特别纳税调整、其他征管规定	一般掌握	☆☆

第一节 企业所得税概述

一、企业所得税的概念

企业所得税,是对我国境内的企业和其他取得收入的组织所取得的生产经营所得和其他所得征收的一种税。

现行企业所得税的基本法律规范,由 2007 年 3 月 16 日十届全国人大第五次会议通过的《中华人民共和国企业所得税法》和 2007 年 11 月 28 日国务院第一百九十七次常务会议通过的《中华人民共和国企业所得税法实施条例》,以及国务院、财政部和税务部门发布的相关规定所组成。

讲解视频

企业所得税
概述

17

二、企业所得税的制度演变

我国企业所得税制度的演变,自中华人民共和国成立至今大致经历了如下四个阶段:

(一)第一阶段(1949—1979 年)

1949 年,在首届全国税务会议上通过了统一全国税收政策的基本方案,其中包括统一企业所得税和个人所得税征税的办法。1950 年政务院发布了《全国税政实施要则》,规定全国设置工商业税(所得税部分)、存款利息所得税和薪给报酬所得税,其中,工商业税(所得税部分)

的征税对象是私营企业、集体企业和个体工商户的应税所得。国营企业实行利润上交制度，不缴纳所得税。

1958 年和 1973 年我国进行了两次以简化税制为核心的税制改革，提高了各项税收收入占财政收入的比重，但国营企业上缴的利润仍是国家财政收入的主要来源之一。

（二）第二阶段（1980—1990 年）

改革开放以后，为适应引进国外资金、技术和人才，开展对外经济技术合作等形势的需要，企业所得税制改革工作逐步推开。1980 年 9 月，第五届全国人民代表大会第三次会议通过了《中华人民共和国中外合资经营企业所得税法》。1981 年 12 月，第五届全国人民代表大会第四次会议通过了《中华人民共和国外国企业所得税法》。

1980 年至 1984 年，国营企业"利改税"改革由试点推广至全国。1984 年 9 月，国务院发布了《中华人民共和国国营企业所得税条例（草案）》和《国营企业调节税征收办法》。1985 年 4 月，国务院发布了《中华人民共和国集体企业所得税暂行条例》。1988 年 6 月，国务院发布了《中华人民共和国私营企业所得税暂行条例》。

这一阶段的企业所得税制改革，重新确定了国家与企业的分配关系，使我国的企业所得税制建设进入健康发展的新阶段。

（三）第三阶段（1991—2007 年）

按照"统一税法、简化税制、公平税负、促进竞争"的原则，自 20 世纪 90 年代以来，我国企业所得税制先后完成了外资企业所得税的统一、内资企业所得税的统一和内外资企业所得税的统一。

1991 年 4 月，第七届全国人民代表大会将中外合资企业与外国企业适用的企业所得税制合并，制定了《中华人民共和国外商投资企业和外国企业所得税法》，并于 7 月 1 日开始实行。

1993 年 11 月，国务院第十二次常务会议决定将国营企业、集体企业、事业单位和私营企业适用的企业所得税制度合并为《中华人民共和国企业所得税暂行条例》，并于 1994 年 1 月 1 日开始实行。

（四）第四阶段（2008 年至今）

2007 年 3 月，十届全国人大五次会议通过了《中华人民共和国企业所得税法》，并于 2008 年 1 月 1 日开始实行。至此，内、外资企业所得制度得以统一，我国企业所得税制度的法治化、科学化和规范化也得到进一步提升。

2017 年 2 月，十二届全国人大常委会第二十六次会议通过了《关于修改〈中华人民共和国企业所得税法〉的决定》，对《中华人民共和国企业所得税法》进行第一次修正。将第九条修改为"企业发生的公益性捐赠支出，在年度利润总额 12％以内的部分，准予在计算应纳税所得额时扣除；超过年度利润总额 12％的部分，准予结转以后三年内在计算应纳税所得额时扣除"。

2018 年 12 月，十三届全国人大常委会第七次会议通过了《关于修改〈中华人民共和国电力法〉等四部法律的决定》，对《中华人民共和国企业所得税法》进行第二次修正。将"经税务机关审核批准"修改为"符合国务院税务主管部门规定条件的"。

2019 年 4 月 23 日，国务院令第 714 号修改通过了《中华人民共和国企业所得税法实施条例》，对公益性捐赠的有关条款进行了修改，如将第五十一条修改为"企业所得税法第九条所称公益性捐赠，是指企业通过公益性社会组织或者县级以上人民政府及其部门，用于符合法律规定的慈善活动、公益事业的捐赠。"

企业所得税制度的演变如表 17-1 所示。

表 17-1　　　　　　　　　　　　企业所得税制度的演变

税　　　　种	制定机关	开征年份	取消年份
中外合资经营企业所得税	全国人大	1980	1991
外国企业所得税	全国人大	1982	1991
国营企业所得税	国务院	1984	1993
国营企业调节税	国务院	1984	1993
国营企业奖金税	国务院	1984	1993
国营企业工资调节税	国务院	1985	1993
集体企业所得税	国务院	1985	1993
集体企业奖金税	国务院	1985	1993
事业单位奖金税	国务院	1985	1993
私营企业所得税	国务院	1988	1993
外商投资企业和外国企业所得税	全国人大	1991	2007
企业所得税	国务院	1994	2007
企业所得税	全国人大	2008	

三、企业所得税的征税目的

（一）筹集财政收入

从理论上说,企业所得税的税基比较宽广,无论何种类型或性质的企业都要缴纳企业所得税,无论何种类型和性质的所得都被纳入企业所得税的征税范围。事实上,除了少量的企业所得由法律规定免税外,企业所得税的征收范围涉及所有行业,属于普遍征收的一般税收。这是企业所得税能够为政府提供丰厚收入的主要原因。此外,企业所得又是随着经济的发展而不断增加的,因此企业所得税的税基具有不断丰厚的潜力。只要经济发展,税基就能不断拓宽,从而能为政府提供源源不断的财政收入。

（二）保护或促进产业发展

虽然企业所得税是一种普遍征收的一般税收,但是政府可以依据其产业政策目标对需要照顾扶持和鼓励发展的特殊产业给予减税支持,从而实现保护或促进特殊产业的政策意图。例如,农业是关系国计民生的基础产业,需要给予持续的政策保护。企业所得税法规定的从事粮食等农业生产而取得的所得予以免税,就能很好地起到保护农业的政策作用。再如,为了促进高新技术产业的发展,企业所得税法可以对符合条件的高新技术企业取得的所得采取制定较低的优惠税率、给予其特别的税收扣除甚至给予退税优惠等措施给予激励。

（三）兼顾企业和国家的权益

由于企业所得税的投资者既有国内的,也有国外的;而且企业的所得既有来源于国内的,也有来源于国外的。这就使企业所得税的征收从一国内部之间的利益关系延伸到国与国之间的利益关系。企业所得税对于不同类型的纳税人取得的来源于境内的所得和来源于境外的所得如何确定征收的规则,既涉及企业投资者正当权益的保护,也涉及国家权益的维护。例如,对于企业来源于境外的所得征收企业所得税,一方面意味着国家税收主权的体现,另一方面需要对其已经在境外按其他国家或地区的法律缴纳的企业所得税予以扣除,以消除国际重复征

17

税,从而保护企业的正当权益。

四、企业所得税的收入归属

企业所得税属于共享税。除了中国铁路总公司、各银行总行及海洋石油企业缴纳的企业所得税归中央,其余部分中央与地方按 6：4 的比例划分。企业所得税是我国继增值税之后收入位列第二的税种。

2020 年,全国税收收入 154 312 亿元,其中企业所得税收入 36 425.81 亿元,占全国税收收入的比重为 23.61%。

2021 年,全国税收收入 172 735 亿元,其中企业所得税收入 42 042.38 亿元,同比增长 15.42%,占全国税收收入的比重为 24.34%。

2022 年,全国税收收入 166 614 亿元,其中企业所得税收入 43 690 亿元,同比增长 3.91%,占全国税收收入的比重为 26.22%。

第二节　企业所得税的纳税人

一、企业的内涵和分类

(一) 企业的内涵

《企业所得税法》规定需要缴纳企业所得税的企业,是指在中国境内的符合法律规定的企业和其他取得收入的组织。需要特别说明的是,并非所有的企业都要缴纳企业所得税。按照企业所得税法的规定,依照中国法律、行政法规成立的个人独资企业、合伙企业,不是企业所得税的纳税人。

(二) 企业的分类

根据《企业所得税法》,企业分为居民企业和非居民企业。

1. 居民企业

居民企业,是指依法在中国境内成立或者依照外国(地区)法律成立但实际管理机构在中国境内的企业。

(1) 所谓依法在中国境内成立的企业,包括依照中国法律、行政法规在中国境内成立的企业、事业单位、社会团体以及其他取得收入的组织。

(2) 所谓实际管理机构,是指对企业的生产经营、人员、账务、财产等实施实质性全面管理和控制的机构。

(3) 总机构在中国境内的企业,属于居民企业。

2. 非居民企业

非居民企业,是指依照外国(地区)法律成立且实际管理机构不在中国境内,但在中国境内设立机构、场所的,或者在中国境内未设立机构、场所,但有来源于中国境内所得的企业。所谓依照外国(地区)法律成立的企业,包括依照外国(地区)法律成立的企业和其他取得收入的组织。

在香港特别行政区、澳门特别行政区和我国台湾地区成立的企业,视同非居民企业。

所谓机构、场所,是指在中国境内从事生产经营活动的机构、场所,包括:①管理机构、营业机构、办事机构;②工厂、农场、开采自然资源的场所;③提供劳务的场所;④从事建筑、安装、装配、修理、勘探等工程作业的场所;⑤其他从事生产经营活动的机构、场所。

非居民企业委托营业代理人在中国境内从事生产经营活动的,包括委托单位或者个人经常代其签订合同,或者储存、交付货物等,该营业代理人视为非居民企业在中国境内设立的机构、场所。

非居民企业有两种:一种非居民企业是指在中国境内设立机构、场所的非居民企业;另一种非居民企业是指在中国境内未设立机构、场所,而有来源于中国境内所得的非居民企业。

二、不同企业的纳税义务

(一)居民企业的纳税义务

居民企业应当就其来源于中国境内、境外的所得缴纳企业所得税。

1.所得的范围

居民企业取得的所得,是指企业从事投资、生产、经营或其他活动而取得的各种来源的所得,包括销售货物所得、提供劳务所得、转让财产所得、股息红利等权益性投资所得、利息所得、租金所得、特许权使用费所得、接受捐赠所得和其他所得。

2.所得来源地的确定原则

来源于中国境内、境外的所得,按照以下原则确定:

(1)销售货物所得,按照交易活动发生地确定。

(2)提供劳务所得,按照劳务发生地确定。

(3)转让财产所得,不动产转让所得按照不动产所在地确定;动产转让所得按照转让动产的企业或者机构、场所所在地确定;权益性投资资产转让所得按照被投资企业所在地确定。权益性投资是指为获取其他企业的权益或净资产所进行的投资,包括对其他企业的普通股股票投资、为获取其他企业股权的联营投资。

企业所得税应税所得来源地的认定如表17-2所示。

表17-2 企业所得税应税所得来源地的认定

序号	应税所得类型		来源地判定
1	销售货物所得		交易活动发生地
2	提供劳务所得		劳务发生地
3	转让财产所得	不动产转让所得	不动产所在地
4		动产转让所得	转让方所在地
5		权益性投资资产转让所得	被投资企业所在地
6	权益性投资所得		所得分配方所在地
7	利息所得、租金所得、特许权使用费所得		所得负担、支付方所在地
8	其他所得		国务院财政、税务主管部门确定

(4)股息、红利等权益性投资所得,按照分配所得的企业所在地确定。

(5)利息所得、租金所得、特许权使用费所得,按照负担、支付所得的企业或者机构、场所所在地确定,或者按照负担、支付所得的个人的住所地确定。

(二)非居民企业的纳税义务

非居民企业应就其来源于中国境内的所得承担纳税义务。鉴于非居民企业取得的来源于中国境内所得的计算方法和适用税率不同,需要承担不同的纳税义务,我们将非居民企业的所得分为 A、B 两类:

1. A 类非居民企业所得

A 类非居民企业所得是指在中国境内设立机构、场所的非居民企业,其所设机构、场所取得的来源于中国境内的所得,以及发生在中国境外但与其所设机构、场所有实际联系的所得。所谓实际联系,是指非居民企业在中国境内设立的机构、场所拥有据以取得所得的股权、债权,以及拥有、管理、控制据以取得所得的财产等。A 类非居民企业所得,适用 25% 的法定税率。

2. B 类非居民企业所得

B 类非居民企业所得是指在中国境内未设立机构、场所的非居民企业,或者虽设立机构、场所但取得的所得与其所设机构、场所没有实际联系的,来源于中国境内的所得。B 类非居民企业所得适用 20% 的法定税率,但享受优惠税率。

企业所得税的纳税人及其纳税范围如表 17-3 所示。

表 17-3   企业所得税的纳税人及其纳税范围

纳税人类型	判定标准	纳税人范围	征税范围
居民企业	中国法人企业 外国法人企业(实际管理机构在中国境内)	国有、集体、私营、联营、股份制等企业;外商投资企业和外国企业;有生产经营所得和其他所得的其他组织;不包括个人独资企业和合伙企业(适用于个人所得税)	中国境内所得 中国境外所得
非居民企业	外国法人企业(实际管理机构不在中国境内,但有来源于中国境内所得)	在中国境内设立机构、场所	中国境内所得,中国境外所得(与其所设立的机构场所有实际联系)
		在中国境内未设立机构、场所	中国境内所得

第三节   企业所得税的应纳税所得额

一、应纳税所得额的基本规定

(一) 应纳税所得额的内涵

企业所得税应纳税所得额,是指企业每一纳税年度的收入总额,减除不征税收入、免税收入、各项扣除以及允许弥补的以前年度亏损后的余额。

不征税收入,是指不属于企业所得税征税对象的收入,包括事业单位社会团体等从政府获得的财政拨款、依法收取并纳入财政管理的行政事业性收费、政府性基金而取得的收入和有指定用途并纳入监管的其他财政性资金。

免税收入,是指企业从事依法规定可以豁免税收的投资、生产、经营或其他活动而取得的收入。虽然不征税收入和免税收入在实际上都是不纳税的,但免税收入在本质上属于营业收入,因此,与本质上不属于营业收入的不征税收入具有完全不同的性质。

所谓亏损,是指企业依照企业所得税法及其实施条例的规定将每一纳税年度的收入总额减除不征税收入、免税收入和各项扣除后小于零的数额。

(二) 应纳税所得额的计算原则

企业应纳税所得额的计算应遵循权责发生制原则,凡属于当期的收入和费用,不论款项是否收付,均作为当期的收入和费用;不属于当期的收入和费用,即使款项已经在当期收付,也不作为当期的收入和费用。国务院财政、税务主管部门另有规定的除外。

讲解视频

企业所得税的应纳税所得额

（三）与财务会计处理办法冲突的处理

在计算应纳税所得额时，企业财务、会计处理办法与税收法律、行政法规的规定不一致的，应当依照税收法律、行政法规的规定计算。

二、收入总额

（一）收入总额的概念和形式

收入总额，是指企业以货币形式和非货币形式从各种来源取得的收入。

（1）企业取得收入的货币形式，包括现金、存款、应收账款、应收票据、准备持有至到期的债券投资以及债务的豁免等。

（2）企业取得收入的非货币形式，包括固定资产、生物资产、无形资产、股权投资、存货、不准备持有至到期的债券投资、劳务以及有关权益等。企业以非货币形式取得的收入，应当按照公允价值确定收入额。公允价值是指按照市场价格确定的价值。

（二）收入总额的来源范围

企业所得税法实施条例对组成收入总额的各项收入的范围做出了具体规定。

1. 销售货物和提供劳务收入

（1）销售货物收入，是指企业销售商品、产品、原材料、包装物、低值易耗品以及其他存货取得的收入。

（2）提供劳务收入，是指企业从事建筑安装、修理修配、交通运输、仓储租赁、金融保险、邮电通信、咨询经纪、文化体育、科学研究、技术服务、教育培训、餐饮住宿、中介代理、卫生保健、社区服务、旅游、娱乐、加工以及其他劳务服务活动取得的收入。

2. 转让财产收入和权益性投资收益

（1）转让财产收入，是指企业转让固定资产、生物资产、无形资产、股权、债权等财产取得的收入。根据《国家税务总局关于贯彻落实企业所得税法若干税收问题的通知》（国税函〔2010〕79号），企业转让股权收入，应于转让协议生效且完成股权变更手续时，确认收入的实现。转让股权收入扣除为取得该股权所发生的成本后，为股权转让所得。企业在计算股权转让所得时，不得扣除被投资企业未分配利润等股东留存收益中按该项股权所可能分配的金额。

（2）股息、红利等权益性投资收益，是指企业因权益性投资从被投资方取得的收入。股息、红利等权益性投资收益，除国务院财政、税务主管部门另有规定外，按照被投资方作出利润分配决定的日期确认收入的实现。

3. 利息收入和租金收入

（1）利息收入，是指企业将资金提供给他人使用但不构成权益性投资，或者因他人占用本企业资金取得的收入，包括存款利息、贷款利息、债券利息、欠款利息等收入。利息收入，按照合同约定的债务人应付利息的日期确认收入的实现。

（2）租金收入，是指企业提供固定资产、包装物或者其他有形资产的使用权取得的收入。租金收入，按照合同约定的承租人应付租金的日期确认收入的实现。

《国家税务总局关于贯彻落实企业所得税法若干税收问题的通知》（国税函〔2010〕79号）规定，如果交易合同或协议中规定租赁期限跨年度，且租金提前一次性支付的，根据收入与费用配比原则，出租人可对上述已确认的收入，在租赁期内，分期均匀计入相关年度收入。出租方如为在我国境内设有机构场所且采取据实申报缴纳企业所得税的非居民企业，也按此规定执行。

17

4. 特许权使用费收入、接受捐赠收入和其他收入

(1) 特许权使用费收入,是指企业提供专利权、非专利技术、商标权、著作权以及其他特许权的使用权取得的收入。特许权使用费收入,按照合同约定的特许权使用人应付特许权使用费的日期确认收入的实现。

(2) 接受捐赠收入,是指企业接受的来自其他企业、组织或者个人无偿给予的货币性资产、非货币性资产。接受捐赠收入,按照实际收到捐赠资产的日期确认收入的实现。

(3) 其他收入,是指企业取得的除上述企业所得税法第六条第(一)项至第(八)项规定的收入外的其他收入,包括企业资产溢余收入、逾期未退包装物押金收入、确实无法偿付的应付款项、已作坏账损失处理后又收回的应收款项、债务重组收入、补贴收入、违约金收入、汇兑收益等。

《国家税务总局关于贯彻落实企业所得税法若干税收问题的通知》(国税函〔2010〕79号)规定,企业发生债务重组,应在债务重组合同或协议生效时确认收入的实现。

根据2010年10月27日《国家税务总局关于企业取得财产转让等所得企业所得税处理问题的公告》(国家税务总局公告2010年第19号),企业取得财产(包括各类资产、股权、债权等)转让收入、债务重组收入、接受捐赠收入、无法偿付的应付款收入等,不论是以货币形式、还是以非货币形式体现,除另有规定外,均应一次性计入确认收入的年度,计算缴纳企业所得税。

三、不征税收入

(一) 财政拨款

财政拨款,是指各级人民政府对纳入预算管理的事业单位、社会团体等组织拨付的财政资金,但国务院和国务院财政、税务主管部门另有规定的除外。

《财政部 国家税务总局关于财政性资金 行政事业性收费 政府性基金有关企业所得税政策问题的通知》(财税〔2008〕151号)规定:

(1) 企业取得的各类财政性资金,除属于国家投资和资金使用后要求归还本金的以外,均应计入企业当年收入总额。

(2) 对企业取得的由国务院财政、税务主管部门规定专项用途并经国务院批准的财政性资金,准予作为不征税收入,在计算应纳税所得额时从收入总额中减除。

(3) 纳入预算管理的事业单位、社会团体等组织按照核定的预算和经费报领关系收到的由财政部门或上级单位拨入的财政补助收入,准予作为不征税收入,在计算应纳税所得额时从收入总额中减除,但国务院和国务院财政、税务主管部门另有规定的除外。

(4) 所谓财政性资金,是指企业取得的来源于政府及其有关部门的财政补助、补贴、贷款贴息,以及其他各类财政专项资金,包括直接减免的增值税和"即征即退""先征后退""先征后返"的各种税收,但不包括企业按规定取得的出口退税款。所谓国家投资,是指国家以投资者身份投入企业、并按有关规定相应增加企业实收资本(股本)的直接投资。

(二) 行政事业性收费、政府性基金

行政事业性收费,是指依照法律法规等有关规定,按照国务院规定程序批准,在实施社会公共管理,以及在向公民、法人或者其他组织提供特定公共服务过程中,向特定对象收取并纳入财政管理的费用。政府性基金是指企业依照法律、行政法规等有关规定代政府收取的具有专项用途的财政资金。

财税〔2008〕151号文件规定:

（1）企业按照规定缴纳的、由国务院或财政部批准设立的政府性基金以及由国务院和省、自治区、直辖市人民政府及其财政、价格主管部门批准设立的行政事业性收费，准予在计算应纳税所得额时扣除。

（2）企业缴纳的不符合上述审批管理权限设立的基金、收费，不得在计算应纳税所得额时扣除。企业收取的各种基金、收费，应计入企业当年收入总额。

（3）对企业依照法律、法规及国务院有关规定收取并上缴财政的政府性基金和行政事业性收费，准予作为不征税收入，于上缴财政的当年在计算应纳税所得额时从收入总额中减除；未上缴财政的部分，不得从收入总额中减除。

（三）国务院规定的其他不征税收入

国务院规定的其他不征税收入，是指企业取得的由国务院财政、税务主管部门规定专项用途并经国务院批准的财政性资金。

四、特殊计税收入

（一）分期收入

《企业所得税法实施条例》规定，企业的下列生产经营业务可以分期确认收入的实现：

企业以分期收款方式销售货物的，按照合同约定的收款日期确认收入的实现；企业受托加工制造大型机械设备、船舶、飞机，以及从事建筑、安装、装配工程业务或者提供其他劳务等，持续时间超过 12 个月的，按照纳税年度内完工进度或者完成的工作量确认收入的实现。

（二）产品分成收入

《企业所得税法实施条例》规定，采取产品分成方式取得收入的，按照企业分得产品的日期确认收入的实现，其收入额按照产品的公允价值确定。

（三）视同销售收入

《企业所得税法实施条例》规定，企业发生非货币性资产交换，以及将货物、财产、劳务用于捐赠、偿债、赞助、集资、广告、样品、职工福利或者利润分配等用途的，应当视同销售货物、转让财产或者提供劳务，但国务院财政、税务主管部门另有规定的除外。

《国家税务总局关于企业处置资产所得税处理问题的通知》（国税函〔2008〕828 号）和《国家税务总局关于企业所得税有关问题的公告》（国家税务总局公告 2016 年第 80 号）规定，企业将资产移送他人并用于市场推广或销售、交际应酬、职工奖励或福利、股息分配、对外捐赠和其他改变资产所有权属用途的情形，因资产所有权属已发生改变而不属于内部处置资产，除另有规定外，应按照被移送资产的公允价值确定销售收入。

（四）已损失财产收回收入

《企业所得税法实施条例》规定，企业已经作为损失处理的资产，在以后纳税年度又全部收回或者部分收回时，应当计入当期收入。

五、税前扣除项目

（一）税前扣除的一般规定

《企业所得税法》规定，准予在计算应纳税所得额时扣除的项目是指企业实际发生的与取得收入有关的、合理的支出，包括成本、费用、税金、损失和其他支出。

所谓有关的支出，是指与取得收入直接相关的支出。所谓合理的支出，是指符合生产经营活动常规，应当计入当期损益或者有关资产成本的必要和正常的支出。

17

2. 税前扣除项目的基本内容

成本，是指企业在生产经营活动中发生的销售成本、销货成本、业务支出以及其他耗费。

费用，是指企业在生产经营活动中发生的销售费用、管理费用和财务费用，已经计入成本的有关费用除外。

税金，是指企业发生的除企业所得税和允许抵扣的增值税以外的各项税金及其附加。

损失，是指企业在生产经营活动中发生的固定资产和存货的盘亏、毁损、报废损失，转让财产损失，呆账损失，坏账损失，自然灾害等不可抗力因素造成的损失以及其他损失。

其他支出，是指除成本、费用、税金、损失外，企业在生产经营活动中发生的与生产经营活动有关的、合理的支出。

3. 税前扣除项目的原则

企业所得税的税前扣除应该遵循以下原则：

（1）企业发生的支出应当区分收益性支出和资本性支出。收益性支出在发生当期直接扣除；资本性支出应当分期扣除或者计入有关资产成本，不得在发生当期直接扣除。

（2）企业的不征税收入用于支出所形成的费用或以形成的财产计算的折旧、摊销，不得在计算应纳税所得额时扣除。

（3）除企业所得税法实施条例另有规定外，企业实际发生的成本、费用、税金、损失和其他支出，不得重复扣除。

（二）税前扣除项目的特殊规定

1. 工资薪金支出

《企业所得税法实施条例》规定，企业发生的合理的工资薪金支出，准予扣除。所谓工资薪金，是指企业每一纳税年度支付给在本企业任职或者受雇的员工的所有现金形式或者非现金形式的劳动报酬，包括基本工资、奖金、津贴、补贴、年终加薪、加班工资，以及与员工任职或者受雇有关的其他支出。

《国家税务总局关于企业工资薪金及职工福利费扣除问题的通知》（国税函〔2009〕3 号）明确规定，合理工资薪金，是指企业按照股东大会、董事会、薪酬委员会或相关管理机构制订的工资薪金制度规定实际发放给员工的工资薪金。

企业的工资薪金总额，是指企业按照规定实际发放的工资薪金总和，不包括企业的职工福利费、职工教育经费、工会经费以及养老保险费、医疗保险费、失业保险费、工伤保险费、生育保险费等社会保险费和住房公积金。属于国有性质的企业，其工资薪金不得超过政府有关部门给予的限定数额；超过部分，不得计入企业工资薪金总额，也不得在计算企业应纳税所得额时扣除。

《国家税务总局关于企业工资薪金和职工福利费等支出税前扣除问题的公告》（国家税务总局公告 2015 年第 34 号）规定，企业接受外部劳务派遣用工所实际发生的费用，应分两种情况在税前扣除：按照协议（合同）约定直接支付给劳务派遣公司的费用，应作为劳务费支出；直接支付给员工个人的费用，应作为工资薪金支出和职工福利费支出。其中属于工资薪金支出的费用，准予计入企业工资薪金总额的基数，作为计算其他各项相关费用扣除的依据。

2. 职工福利费、工会会费和职工教育经费支出

《企业所得税法条例》规定：

（1）企业发生的职工福利费支出，不超过工资薪金总额 14% 的部分，准予扣除。

（2）企业拨缴的工会经费，不超过工资薪金总额 2% 的部分，准予扣除。

（3）除国务院财政、税务主管部门另有规定外，企业发生的职工教育经费支出，不超过工资薪金总额 2.5% 的部分，准予扣除；超过部分，准予在以后纳税年度结转扣除。

《财政部 税务总局关于企业职工教育经费税前扣除政策的通知》（财税〔2018〕51 号）规定，自 2018 年 1 月 1 日起，企业发生的职工教育经费支出，不超过工资薪金总额 8% 的部分，准予在计算应纳税所得额时扣除；超过部分，准予在以后纳税年度结转扣除。

《国家税务总局关于企业工资薪金和职工福利费扣除问题的通知》（国税函〔2009〕3 号）规定，企业的职工福利费，包括以下内容：

（1）尚未实行分离办社会职能的企业，其内设福利部门所发生的设备、设施和人员费用，包括职工食堂、职工浴室、理发室、医务所、托儿所、疗养院等集体福利部门的设备、设施及维修保养费用和福利部门工作人员的工资薪金、社会保险费、住房公积金、劳务费等。

（2）为职工卫生保健、生活、住房、交通等所发放的各项补贴和非货币性福利，包括企业向职工发放的因公外地就医费用、未实行医疗统筹企业职工医疗费用、职工供养直系亲属医疗补贴、供暖费补贴、职工防暑降温费、职工困难补贴、救济费、职工食堂经费补贴、职工交通补贴等。

（3）按照其他规定发生的其他职工福利费，包括丧葬补助费、抚恤费、安家费、探亲假路费等。

《国家税务总局关于企业工资薪金和职工福利费等支出税前扣除问题的公告》（国家税务总局公告 2015 年第 34 号）规定，列入企业员工工资薪金制度、固定与工资薪金一起发放的福利性补贴，可作为企业发生的工资薪金支出，按合理工资薪金规定在税前扣除。不同时符合上述条件的福利性补贴，应作为职工福利费，按规定计算限额税前扣除。

3. 强制性社会保障缴款

《企业所得税法条例》规定，企业依照国务院有关主管部门或者省级政府规定的范围和标准为职工缴纳的基本养老保险费、基本医疗保险费、失业保险费、工伤保险费、生育保险费等基本社会保险费和住房公积金，准予扣除。

4. 补充养老保险、补充医疗保险

《企业所得税法条例》规定，企业为投资者或者职工支付的补充养老保险费、补充医疗保险费，在国务院财政、税务主管部门规定的范围和标准内，准予扣除。

《财政部 国家税务总局关于补充养老保险费 补充医疗保险费有关企业所得税政策问题的通知》（财税〔2009〕27 号）规定，自 2008 年 1 月 1 日起，企业根据国家有关政策规定，为在本企业任职或者受雇的全体员工支付的补充养老保险费、补充医疗保险费，分别在不超过职工工资总额 5% 标准内的部分，在计算应纳税所得额时准予扣除；超过的部分，不予扣除。

5. 保险企业支付的手续费和佣金支出

关于手续费和佣金支出的税前扣除问题，《财政部 税务总局关于保险企业手续费及佣金支出税前扣除政策的公告》（财政部 税务总局公告 2019 年第 72 号）规定如下：

（1）保险企业发生与经营活动有关的手续费及佣金支出，不超过当年全部保费收入扣除退保金后余额的 18%（含本数）的部分，在计算应纳税所得额时准予扣除；超过部分，允许结转以后年度扣除。

（2）企业应与具有合法经营资格中介服务企业或个人签订代办协议或合同，并按国家有关规定支付手续费及佣金。除委托个人代理外，企业以现金等非转账方式支付的手续费及佣

17

金不得在税前扣除。企业为发行权益性证券支付给有关证券承销机构的手续费及佣金不得在税前扣除。

（3）企业不得将手续费及佣金支出计入回扣、业务提成、返利、进场费等费用。企业已计入固定资产、无形资产等相关资产的手续费及佣金支出，应当通过折旧、摊销等方式分期扣除，不得在发生当期直接扣除。

（4）企业支付的手续费及佣金，不得直接冲减服务协议或合同金额，并如实入账。

（5）企业应当如实向当地主管税务机关提供当年手续费及佣金计算分配表和其他相关资料，并依法取得合法真实凭证。

6. 财产保险费

《企业所得税法实施条例》规定，企业参加财产保险，按照规定缴纳的保险费，准予扣除。

7. 个人商业保险费

《企业所得税法实施条例》规定，除企业依照国家有关规定为特殊工种职工支付的人身安全保险费和国务院财政、税务主管部门规定可以扣除的其他商业保险费外，企业为投资者或者职工支付的商业保险费，不得扣除。

《国家税务总局关于企业所得税有关问题的通知》（国家税务总局公告2016年第80号）规定，企业职工因公出差乘坐交通工具发生的人身意外保险费支出，准予企业在计算应纳税所得额时扣除。

8. 劳动保护支出

《企业所得税法实施条例》规定，企业发生的合理的劳动保护支出，准予扣除。

9. 环保专项资金

《企业所得税法实施条例》规定，企业依照法律、行政法规有关规定提取的用于环境保护、生态恢复等方面的专项资金，准予扣除。上述专项资金提取后改变用途的，不得扣除。

10. 业务招待费支出

《企业所得税法条例》规定，企业发生的与生产经营活动有关的业务招待费支出，按照发生额的60%扣除，但最高不得超过当年销售（营业）收入的5‰。当年销售（营业）收入包括主营业务收入和其他业务收入，也包括视同销售收入，但不包括营业外收入和投资收益。

关于从事股权投资业务的企业的计算业务招待费扣除限额的营业收入的范围问题，《国家税务总局关于贯彻落实企业所得税法若干税收问题的通知》（国税函〔2010〕79号）规定，对从事股权投资业务的企业（包括集团公司总部、创业投资企业等），其从被投资企业所分配的股息、红利以及股权转让收入，可以按规定的比例计算业务招待费扣除限额。

【例题17-1】 某企业2023年度取得主营业务收入2 100万元，其他业务收入300万元，投资收益200万元，营业外收入15万元，假定企业该年度实际发生的业务招待费分别为17万元和25万元。

要求：分别计算可以在税前扣除和不得扣除的业务招待费金额。

解析：

（1）如该年度该企业共列支业务招待费17万元：由于业务招待费实际发生额的60%＝17×60%＝10.2（万元），业务招待费扣除限额＝（2 100＋300）×5‰＝12（万元），因此，业务招待费允许税前扣除10.2万元，业务招待费不得税前扣除6.8万元（17－10.2）。

（2）如该企业当年列支的业务招待费为 25 万元：由于业务招待费实际发生额的 60% ＝ 25×60% ＝15（万元），业务招待费扣除限额＝（2 100＋300）×5‰＝12（万元），因此，业务招待费允许扣除 12 万元，不得税前扣除的业务招待费为 13 万元（25－12）。

11. 广告费和业务宣传费支出

《企业所得税法实施条例》规定，企业发生的符合条件的广告费和业务宣传费支出，除国务院财政、税务主管部门另有规定外，不超过当年销售（营业）收入 15% 的部分，准予扣除；超过部分，准予在以后纳税年度结转扣除。

12. 借款费用

《企业所得税法实施条例》规定，企业在生产经营活动中发生的合理的不需要资本化的借款费用，准予税前扣除。企业为购置、建造固定资产、无形资产和经过 12 个月以上的建造才能达到预定可销售状态的存货发生借款的，在有关资产购置、建造期间发生的合理的借款费用，应当作为资本性支出计入有关资产的成本，并依照条例的规定扣除。

13. 利息支出

《企业所得税法实施条例》规定，企业在生产经营活动中发生的下列利息支出，准予扣除：

（1）非金融企业向金融企业借款的利息支出、金融企业的各项存款利息支出和同业拆借利息支出、企业经批准发行债券的利息支出。

（2）非金融企业向非金融企业借款的利息支出，不超过按照金融企业同期同类贷款利率计算的数额的部分。

14. 固定资产租赁费

《企业所得税法实施条例》规定，企业根据生产经营活动的需要以经营租赁方式租入固定资产发生的租赁费支出，按照租赁期限均匀扣除；以融资租赁方式租入固定资产发生的租赁费支出，按照规定构成融资租入固定资产价值的部分，应当提取折旧费用，分期扣除。

【例题 17-2】 某企业 2023 年 9 月 1 日发生经营性租入固定资产业务，租赁期 10 个月，租赁费 10 万元，企业当年实际列支租赁费 10 万元。

要求：计算该企业 2023 年租入固定资产业务税前允许扣除额。

解析：

2023 年税前允许扣除额＝10÷10×4（月）＝4（万元），剩下的 6 万元于 2024 年扣除。

15. 在中国境内设立机构、场所的非居民企业支付给总机构的管理费

《企业所得税法实施条例》规定，非居民企业在中国境内设立的机构、场所，就其中国境外总机构发生的与该机构、场所生产经营有关的费用，能够提供总机构出具的费用汇集范围、定额、分配依据和方法等证明文件，并合理分摊的，准予扣除。

16. 公益性捐赠支出

《企业所得税法实施条例》规定，企业发生的公益性捐赠支出，在年度利润总额 12% 以内的部分，准予在计算应纳税所得额时扣除；2017 年 2 月 24 日，十二届全国人大常委会第二十六次会议决定对《企业所得税法》第九条作出修改《全国人民代表大会常务委员会关于修改〈中华人民共和国企业所得税法〉的决定》，自决定公布日起，企业发生的公益性捐赠支出，在年度

17

利润总额12%以内的部分,准予在计算应纳税所得额时扣除;超过年度利润总额12%的部分,准予结转以后3年内在计算应纳税所得额时扣除。年度利润总额,是指企业依照国家统一会计制度的规定计算的年度会计利润。

所谓公益性捐赠,是指企业通过公益性社会团体或者县级以上人民政府及其部门,用于我国《公益事业捐赠法》规定的公益事业的捐赠。

所谓公益性社会团体,是指同时符合下列条件的基金会、慈善组织等社会团体:①依法登记,具有法人资格;②以发展公益事业为宗旨,且不以营利为目的;③全部资产及其增值为该法人所有;④收益和营运结余主要用于符合该法人设立目的的事业;⑤终止后的剩余财产不归属任何个人或者营利组织;⑥不经营与其设立目的无关的业务;⑦有健全的财务会计制度;⑧捐赠者不以任何形式参与社会团体财产的分配;⑨国务院财政、税务主管部门会同国务院民政部门等登记管理部门规定的其他条件。

17. 汇兑损失

《企业所得税法实施条例》规定,企业在货币交易中,以及纳税年度终了时将人民币以外的货币性资产、负债按照期末即期人民币汇率中间价折算为人民币时产生的汇兑损失,除已经计入有关资产成本以及与向所有者进行利润分配相关的部分外,准予扣除。

18. 亏损

《企业所得税法实施条例》规定,企业在汇总计算缴纳企业所得税时,其境外营业机构的亏损不得抵减境内营业机构的盈利。企业纳税年度发生的亏损,准予向以后年度结转,用以后年度的所得弥补,但结转年限最长不得超过5年。

《财政部 税务总局关于延长高新技术企业和科技型中小企业亏损结转年限的通知》(财税〔2018〕76号)规定,自2018年1月1日起,当年具备高新技术企业或科技型中小企业资格的企业,其具备资格年度之前5个年度发生的尚未弥补完的亏损,准予结转以后年度弥补,最长结转年限由5年延长至10年。

《财政部 税务总局 发展改革委 工业和信息化部关于促进集成电路产业和软件产业高质量发展企业所得税政策的公告》(财政部 税务总局 发展改革委 工业和信息化部公告2020年第45号)规定,国家鼓励的线宽小于130纳米(含)的集成电路生产企业,属于国家鼓励的集成电路生产企业清单年度之前5个纳税年度发生的尚未弥补完的亏损,准予向以后年度结转,总结转年限最长不得超过10年;该公告自2020年1月1日开始执行。

企业所得税税前扣除项目一览表如表17-4所示。

表17-4 企业所得税税前扣除项目一览表

扣除项目	扣除方法			
	据实扣除	限额扣除		
		扣除依据	比例	结转
工资薪金支出(非国有企业)	√		×	×
工资薪金支出(国有企业)	×	政府规定的限额		×
职工福利费	×	工资薪金总额	14%	×
职工教育经费	×	工资薪金总额	8%	无限期
工会经费	×	工资薪金总额	2%	×

扣除项目		扣除方法			
		据实扣除	限额扣除		
			扣除依据	比例	结转
补充养老保险、补充医疗保险		×	工资薪金总额	5%	×
公益性捐赠支出		×	年度会计利润	12%	3 年
业务招待费支出		×	销售（营业）收入	5‰	×
广告费及业务宣传费			销售（营业）收入	15%	无限期
强制社会保险缴款		×	规定范围	规定比例	×
手续费和佣金支出	保险企业	×	全部保费收入－退保金	18%	无限期
	其他企业	×	服务协议或合同收入额	5%	×
财产保险和运输保险费用		√			×
劳动保护支出		√	规定范围		×
环保专项基金		√	规定范围		×
汇兑损失		√			×
亏损		√			5 年
借款费用		√	不需资本化的借款费用		×
管理费		√	在我国设立机构、场所的非居民企业支付给总机构		×
租赁费	经营性租入固定资产	×	按租赁期限均匀扣除		×
	融资性租入固定资产	×	提取折旧费分期扣除		×
利息支出	非金融企业向金融企业借款的利息支出	√			×
	金融企业支付的存款利息和同业拆借利息支出	√			×
	批准发行债券利息支出	√			×
	非金融企业间借款及内部职工或个人借款利息	×	借款金额	同类利率	×
税费支出	资源税	√			×
	消费税	√			×
	土地增值税	√			×
	城建税	√			×
	教育费附加	√			×

【例题 17-3】 某企业 2017—2023 年应纳税所得额情况如表 17-5 所示，要求根据企业所得税法及相关规定，计算各年度的应纳税所得额。

表 17-5 某企业 2017—2023 年应纳税所得额情况

项　　目	2017 年	2018 年	2019 年	2020 年	2021 年	2022 年	2023 年
应纳税所得额	−165	−56	30	30	40	60	60

解析:

由于 2017 年的 165 万元亏损额可以在 2018 年至 2022 年共 5 年内弥补,尚有未弥补的亏损 5 万元;2018 年的 56 万元亏损额可在 2019 年至 2023 年全部弥补;因此,2017 至 2022 年度的应纳税所得额均为零,2023 年应纳税所得额为 4 万元。

(三)不得税前扣除的项目

在计算应纳税所得额时,下列支出不得扣除:①向投资者支付的股息、红利等权益性投资收益款项;②企业所得税税款;③税收滞纳金;④罚金、罚款和被没收财物的损失;⑤《企业所得税法》第九条规定以外的捐赠支出;⑥赞助支出,是指企业发生的与生产经营活动无关的各种非广告性质支出;⑦未经核定的准备金支出,是指不符合国务院财政、税务主管部门规定的各项资产减值准备、风险准备等准备金支出;⑧企业之间支付的管理费、企业内营业机构之间支付的租金和特许权使用费,以及非银行企业内营业机构之间支付的利息;⑨与取得收入无关的其他支出。

六、资产的税务处理

(一)一般规定

企业的各项资产,包括固定资产、生物资产、无形资产、长期待摊费用、投资资产、存货等,以历史成本为计税基础。历史成本,是指企业取得该项资产时实际发生的支出。

企业持有各项资产期间资产增值或者减值,除国务院财政、税务主管部门规定可以确认损益外,不得调整该资产的计税基础。

从事开采石油、天然气等矿产资源的企业,在开始商业性生产前发生的费用和有关固定资产的折耗、折旧方法,由国务院财政、税务主管部门另行规定。

(二)固定资产的税务处理

在计算应纳税所得额时,企业按照规定计算的固定资产折旧,准予扣除。

1. 固定资产及其计税基础的确认

固定资产,是指企业为生产产品、提供劳务、出租或者经营管理而持有的、使用时间超过 12 个月的非货币性资产,包括房屋、建筑物、机器、机械、运输工具以及其他与生产经营活动有关的设备、器具、工具等。

固定资产根据其取得的不同方式,分别按照以下方法确定计税基础:

(1)外购的固定资产,以购买价款和支付的相关税费以及直接归属于使该资产达到预定用途发生的其他支出为计税基础。

(2)自行建造的固定资产,以竣工结算前发生的支出为计税基础。

(3)融资租入的固定资产,以租赁合同约定的付款总额和承租人在签订租赁合同过程中发生的相关费用为计税基础;租赁合同未约定付款总额的,以该资产的公允价值和承租人在签订租赁合同过程中发生的相关费用为计税基础。

(4)盘盈的固定资产,以同类固定资产的重置完全价值为计税基础。

(5)通过捐赠、投资、非货币性资产交换、债务重组等方式取得的固定资产,以该资产的公允价值和支付的相关税费为计税基础。

（6）改建的固定资产，除已足额提取折旧固定资产和租入的固定资产外，以改建过程中发生的改建支出增加计税基础。

2. 固定资产折旧额的确认

固定资产按照直线法计算的折旧，准予扣除。企业应当自固定资产投入使用月份的次月起计算折旧；停止使用的固定资产，应当自停止使用月份的次月起停止计算折旧。

企业应当根据固定资产的性质和使用情况，合理确定固定资产的预计净残值。固定资产的预计净残值一经确定，不得变更。

3. 最低折旧年限

除国务院财政、税务主管部门另有规定外，固定资产计算折旧的最低年限如下：①房屋、建筑物，为 20 年；②飞机、火车、轮船、机器、机械和其他生产设备，为 10 年；③与生产经营活动有关的器具、工具、家具等，为 5 年；④飞机、火车、轮船以外的运输工具，为 4 年；⑤电子设备，为 3 年。

4. 不得计算扣除折旧的固定资产

下列固定资产不得计算折旧扣除：①房屋、建筑物以外未投入使用的固定资产；②以经营租赁方式租入的固定资产；③以融资租赁方式租出的固定资产；④已足额提取折旧仍继续使用的固定资产；⑤与经营活动无关的固定资产；⑥单独估价作为固定资产入账的土地；⑦其他不得计算折旧扣除的固定资产。

（三）生产性生物资产的税务处理

1. 生产性生物资产折旧的计税基础

生产性生物资产按照以下方法确定计税基础：

（1）外购的生产性生物资产，以购买价款和支付的相关税费为计税基础。生产性生物资产是指企业为生产农产品、提供劳务或者出租等而持有的生物资产，包括经济林、薪炭林、产畜和役畜等。

（2）通过捐赠、投资、非货币性资产交换、债务重组等方式取得的生产性生物资产，以该资产的公允价值和支付的相关税费为计税基础。

2. 生产性生物资产的折旧

生产性生物资产按照直线法计算的折旧，准予扣除。企业应当自生产性生物资产投入使用月份的次月起计算折旧；停止使用的生产性生物资产，应当自停止使用月份的次月起停止计算折旧。

企业应当根据生产性生物资产的性质和使用情况，合理确定生产性生物资产的预计净残值。生产性生物资产的预计净残值一经确定，不得变更。

3. 生产性生物资产计算折旧的最低年限

生产性生物资产计算折旧的最低年限规定如下：①林木类生产性生物资产，为 10 年；②畜类生产性生物资产，为 3 年。

17

【例题 17-4】 某公司外购一片生产性林木，购置价格和相关税费合计为 1 000 万元，该生物资产于 2023 年 3 月 10 日投入使用。该资产预计使用 10 年，预计残值为 100 万元。

要求：计算该公司 2023 年应当就该生物资产提取的折旧。

解析:

该公司生产性林木应从 2023 年 4 月份开始提取折旧。

2023 年该生物资产提取的折旧＝$(1\,000-100)\div 10\div 12\times 9＝67.5$(万元)。

(四) 无形资产的税务处理

在计算无形资产的应纳税所得额时,企业按照规定计算的无形资产摊销费用,准予扣除。

无形资产是指企业为生产产品、提供劳务、出租或者经营管理而持有的、没有实物形态的非货币性长期资产,包括专利权、商标权、著作权、土地使用权、非专利技术、商誉等。

1. 无形资产摊销的计税基础

无形资产按照以下方法确定计税基础:

(1) 外购的无形资产,以购买价款和支付的相关税费以及直接归属于使该资产达到预定用途发生的其他支出为计税基础。

(2) 自行开发的无形资产,以开发过程中该资产符合资本化条件后至达到预定用途前发生的支出为计税基础。

(3) 通过捐赠、投资、非货币性资产交换、债务重组等方式取得的无形资产,以该资产的公允价值和支付的相关税费为计税基础。

2. 无形资产的摊销方法和年限

无形资产按照直线法计算的摊销费用,准予扣除。无形资产的摊销年限不得低于 10 年。作为投资或者受让的无形资产,有关法律规定或者合同约定了使用年限的,可以按照规定或者约定的使用年限分期摊销。外购商誉的支出,在企业整体转让或者清算时,准予扣除。

3. 不得摊销扣除的无形资产

下列无形资产不得计算摊销费用扣除:①自行开发的支出已在计算应纳税所得额时扣除的无形资产;②自创商誉;③与经营活动无关的无形资产;④其他不得计算摊销费用扣除的无形资产。

(五) 其他资产或费用的税务处理

1. 长期待摊费用

企业发生的下列支出作为长期待摊费用按照规定摊销的,准予在计算应纳税所得额时扣除:

(1) 固定资产的改建支出。固定资产的改建支出,是指改变房屋或者建筑物结构、延长使用年限等发生的支出。已足额提取折旧的固定资产的改建支出,按照固定资产预计尚可使用年限分期摊销;租入固定资产的改建支出,按照合同约定的剩余租赁期限分期摊销;改建的固定资产延长使用年限的,除已足额提取折旧的固定资产和租入的固定资产外,应当适当延长折旧年限。

(2) 固定资产的大修理支出。固定资产的大修理支出,是指同时符合下列条件的支出:①修理支出达到取得固定资产时计税基础的 50% 以上;②修理后固定资产的使用年限延长 2 年以上。

固定资产的大修理支出,按照固定资产尚可使用年限分期摊销。

(3) 其他应当作为长期待摊费用的支出。其他应当作为长期待摊费用的支出,自支出发生月份的次月起,分期摊销,摊销年限不得低于 3 年。

【例题 17-5】 某企业当年发生修理费支出 110 万元,用于修理原价为 200 万元尚可继续使用 5 年的设备,该项费用已全部从当年收入中扣除。如当年的税前会计利润为 58 万元。

要求:调整当年应纳税所得额。

解析:

因为当年发生的 110 万元修理费已经超过固定资产原价的 50%,而且修理后可继续使用的年限超过 2 年,所以该项修理费应该视为大修理支出,按尚可使用年限 5 年摊销,因此,应调增当年应纳税所得额 = 110 - 110÷5 = 88(万元)。

2. 对外投资资产的税务处理

对外投资资产税务处理规定如下:

(1) 企业对外投资期间,投资资产的成本在计算应纳税所得额时不得扣除。投资资产是指企业对外进行权益性投资和债权性投资形成的资产。

(2) 企业在转让或者处置投资资产时,投资资产的成本,准予扣除。投资资产按照以下方法确定成本:①通过支付现金方式取得的投资资产,以购买价款为成本;②通过支付现金以外的方式取得的投资资产,以该资产的公允价值和支付的相关税费为成本。

3. 存货的税务处理

存货的税务处理规定如下:

(1) 企业使用或者销售存货,按照规定计算的存货成本,准予在计算应纳税所得额时扣除。存货是指企业持有以备出售的产品或者商品、处在生产过程中的在产品、在生产或者提供劳务过程中耗用的材料和物料等。

(2) 存货按照以下方法确定成本:①通过支付现金方式取得的存货,以购买价款和支付的相关税费为成本;②通过支付现金以外的方式取得的存货,以该存货的公允价值和支付的相关税费为成本;③生产性生物资产收获的农产品,以产出或者采收过程中发生的材料费、人工费和分摊的间接费用等必要支出为成本。

(3) 企业使用或者销售的存货的成本计算方法,可以在先进先出法、加权平均法、个别计价法中选用一种。计价方法一经选用,不得随意变更。

4. 资产转让和重组的税务处理

资产转让和重组的税务处理规定如下:

(1) 企业转让资产,该项资产的净值,准予在计算应纳税所得额时扣除。财产净值是指有关资产、财产的计税基础减除已经按照规定计提的折旧、折耗、摊销、准备金等后的余额。

(2) 除国务院财政、税务主管部门另有规定外,企业在重组过程中,应当在交易发生时确认有关资产的转让所得或者损失,相关资产应当按照交易价格重新确定计税基础。

第四节 企业所得税的税收负担

一、基本税率

企业所得税的基本税率有 25% 和 20% 两档。

(一) 25%

《企业所得税法》规定,居民企业来源于中国境内和境外的所得,非居民企业在中国境内设

讲解视频

企业所得税
的税收负担

17

立的机构、场所来源于中国境内的所得以及发生在中国境外但与所设机构、场所有实际联系的所得(A类非居民企业所得),适用税率为25%。

（二）20%

《企业所得税法》规定,非居民企业在中国境内未设立机构、场所的,或者虽设立机构、场所但取得的所得与其所设机构、场所没有实际联系的,其来源于中国境内的所得(B类非居民企业所得),适用税率为20%,但按《企业所得税法实施条例》的规定享受税收优惠,因此实际税率为10%。

二、优惠税率

企业所得税的优惠税率有20%、15%和10%三档。

（一）20%

《企业所得税法》规定,符合条件的小型微利企业,减按20%的税率征收企业所得税。

《企业所得税法实施条例》第九十二条规定,可以享受企业所得税税收优惠的小型微利企业是指从事国家非限制和禁止行业,并符合下列条件的企业:①工业企业,年度应纳税所得额不超过30万元,从业人不超过100人,资产总额不超过3 000万元;②其他企业,年度应纳税所得额不超过30万元,从业人数不超过80人,资产总额不超过1 000万元。

根据《国家税务总局关于小型微利企业所得税预缴问题的通知》(国税函〔2008〕251号)的规定,上面提到的"从业人数"按企业全年平均从业人数计算,即企业上年平均从业人员人数 $=\sum$(各月从业人员人数)/12;"资产总额"按企业年初和年末的资产总额平均计算。

《财政部 国家税务总局关于小型微利企业所得税优惠政策的通知》(财税〔2015〕34号),自2015年1月1日至2017年12月31日,对年应纳税所得额低于20万元(含20万元)的小型微利企业,其所得减按50%计入应纳税所得额,按20%的税率缴纳企业所得税。从业人数,包括与企业建立劳动关系的职工人数和企业接受的劳务派遣用工人数。从业人数和资产总额指标,应按企业全年的季度平均值确定。

季度平均值=(季初值+季末值)÷2;全年季度平均值=全年各季度平均值之和÷4

纳税人年度中间开业或者终止经营活动的,以其实际经营期作为一个纳税年度确定上述相关指标。

《财政部 税务总局关于扩大小型微利企业所得税优惠政策范围的通知》(财税〔2017〕43号)规定,自2017年1月1日至2019年12月31日,将小型微利企业的年应纳税所得额上限由30万元提高至50万元,对年应纳税所得额低于50万元(含50万元)的小型微利企业,其所得减按50%计入应纳税所得额,按20%的税率缴纳企业所得税。

2018年7月11日发布的《财政部 税务总局关于进一步扩大小型微利企业所得税优惠政策范围的通知》(财税〔2018〕77号)规定,自2018年1月1日至2020年12月31日,将小型微利企业的年应纳税所得额上限由50万元提高至100万元,对年应纳税所得额低于100万元(含100万元)的小型微利企业,其所得减按50%计入应纳税所得额,按20%的税率缴纳企业所得税。

《国家税务总局关于实施小型微利企业普惠性所得税减免政策有关问题的公告》(国家税务总局公告2019年第2号)规定,自2019年1月1日至2021年12月31日,对小型微利企业年应纳税所得额不超过100万元的部分,减按25%计入应纳税所得额,按20%的税率缴纳企业所得税;对年应纳税所得额超过100万元但不超过300万元的部分,减按50%计入应纳税所得额,按 20％的税率缴纳企业所得税。按该公告规定,小型微利企业是指从事国家非限制和禁止行业,且同时符合年度应纳税所得额不超过 300 万元、从业人数不超过 300 人、资产总额不超过 5 000 万元等三个条件的企业。

《财政部 税务总局关于实施小微企业和个体工商户所得税优惠政策的公告》(财政部 税务总局公告 2021 年第 12 号)规定,自 2021 年 1 月 1 日至 2022 年 12 月 31 日,对小型微利企业年应纳税所得额不超过 100 万元的部分,在《财政部 税务总局关于实施小微企业普惠性税收减免政策的通知》(财税〔2019〕13 号)第二条规定的优惠政策基础上,再减半征收企业所得税。

《财政部 税务总局关于进一步实施小微企业所得税优惠政策的公告》(财政部 税务总局公告 2022 年第 13 号)规定,自 2022 年 1 月 1 日至 2024 年 12 月 31 日,对小型微利企业年应纳税所得额超过 100 万元但不超过 300 万元的部分,减按 25％计入应纳税所得额,按 20％的税率缴纳企业所得税。该公告对小型微利企业的界定与国家税务总局公告 2019 年第 2 号一致。

《财政部 税务总局关于小微企业和个体工商户所得税优惠政策的公告》(财政部 税务总局公告 2023 年第 6 号)规定,自 2023 年 1 月 1 日至 2024 年 12 月 31 日,①对小型微利企业年应纳税所得额不超过 100 万元的部分,减按 25％计入应纳税所得额,按 20％的税率缴纳企业所得税。②对个体工商户年应纳税所得额不超过 100 万元的部分,在现行优惠政策基础上,减半征收个人所得税。

《财政部 税务总局关于进一步支持小微企业和个体工商户发展有关税费政策的公告》(财政部 税务总局公告 2023 年第 12 号)规定,自 2023 年 1 月 1 日至 2027 年 12 月 31 日,对个体工商户年应纳税所得额不超过 200 万元的部分,减半征收个人所得税。

《企业所得税法》规定,国家需要重点扶持的高新技术企业,减按 15％的税率征收企业所得税。

1.《企业所得税法实施条例》对高新技术企业的认定标准

《企业所得税法实施条例》明确指出,国家需要重点扶持的高新技术企业,是指拥有核心自主知识产权并同时符合下列条件的企业:①产品(服务)属于《国家重点支持的高新技术领域》规定的范围;②研究开发费用占销售收入的比例不低于规定比例;③高新技术产品(服务)收入占企业总收入的比例不低于规定比例;④科技人员占企业职工总数的比例不低于规定比例;⑤高新技术企业认定管理办法规定的其他条件。

《国家重点支持的高新技术领域》和高新技术企业认定管理办法由国务院科技、财政、税务主管部门商国务院有关部门制订,报国务院批准后公布施行。

2.《高新技术企业认定管理办法》对高新技术企业的认定

《科技部 财政部 国家税务总局关于修订印发〈高新技术企业认定管理办法〉的通知》(国科发火〔2016〕32 号)规定,高新技术企业是指在《国家重点支持的高新技术领域》内,持续进行研究开发与技术成果转化,形成企业核心自主知识产权,并以此为基础开展经营活动,在中国境内(不包括港、澳、台地区)注册的居民企业。

认定为高新技术企业须同时满足以下 8 项条件:

(1) 企业申请认定时须注册成立 1 年以上。

(2) 企业通过自主研发、受让、受赠、并购等方式,获得对其主要产品(服务)在技术上发挥核心支持作用的知识产权的所有权。

（3）对企业主要产品（服务）发挥核心支持作用的技术属于《国家重点支持的高新技术领域》规定的范围。

（4）企业从事研发和相关技术创新活动的科技人员占企业当年职工总数的比例不低于10％。

（5）企业近三个会计年度（实际经营期不满3年的，按实际经营时间计算，下同）的研究开发费用总额占同期销售收入总额的比例符合如下要求：①最近一年销售收入小于5 000万元（含）的企业，比例不低于5％；②最近一年销售收入在5 000万元至2亿元（含）的企业，比例不低于4％；③最近一年销售收入在2亿元以上的企业，比例不低于3％。其中，企业在中国境内发生的研究开发费用总额占全部研究开发费用总额的比例不低于60％。

（6）近一年高新技术产品（服务）收入占企业同期总收入的比例不低于60％。

（7）企业创新能力评价应达到相应要求。

（8）企业申请认定前一年内未发生重大安全、重大质量事故或严重环境违法行为。

为进一步推动服务贸易创新发展、优化外贸结构，2018年5月19日，《财政部 税务总局 商务部 科学技术部 国家发展改革委关于将服务贸易创新发展试点地区技术先进型服务企业所得税政策推广至全国实施的通知》（财税〔2018〕44号）发布。该通知规定，自2018年1月1日起，对经认定的技术先进型服务企业（服务贸易类），减按15％的税率征收企业所得税。

（三）10％

《企业所得税法实施条例》规定，非居民企业在中国境内未设立机构、场所的，或者虽设立机构、场所但取得的所得与其所设机构、场所没有实际联系的，应就其来源于中国境内的所得（B类非居民企业所得），减按10％的税率征收企业所得税。

三、税基优惠

（一）免税收入

1. 国债利息收入

《企业所得税法》规定，企业取得的国债利息收入，免征企业所得税。《企业所得税法实施条例》规定，国债利息收入是指企业因持有国务院财政部门发行的国债而取得的利息收入。

2. 权益性投资收益

《企业所得税法》规定，符合条件的居民企业之间的股息、红利等权益性投资收益，免征企业所得税。《企业所得税法实施条例》规定，所称符合条件的居民企业之间的股息、红利等权益性投资收益，包括居民企业直接投资于其他居民企业取得的股息、红利等权益性投资收益；在中国境内设立机构、场所的非居民企业从居民企业取得与该机构、场所有实际联系的股息、红利等权益性投资收益。但是，股息、红利等权益性投资收益，不包括连续持有居民企业公开发行并上市流通的股票不足12个月取得的投资收益。

3. 符合条件的非营利组织的收入

《企业所得税法》规定，符合条件的非营利组织的收入，免征企业所得税。《企业所得税法实施条例》规定，符合条件的非营利组织是指同时符合下列条件的组织：①依法履行非营利组织登记手续；②从事公益性或者非营利性活动；③取得的收入除用于与该组织有关的、合理的支出外，全部用于登记核定或者章程规定的公益性或者非营利性事业；④财产及其孳息不用于分配；⑤按照登记核定或者章程规定，该组织注销后的剩余财产用于公益性或者非营利性目的，或者由登记管理机关转赠给与该组织性质、宗旨相同的组织，并向社会公告；⑥投入人对投入该组织的财产不保留或者享有任何财产权利;⑦工作人员工资福利开支控制在规定的比例内,不变相分配该组织的财产。

非营利组织的认定管理办法由国务院财政、税务主管部门会同国务院有关部门制定。所谓符合条件的非营利组织的收入,不包括非营利组织从事营利性活动取得的收入,但国务院财政、税务主管部门另有规定的除外。

（二）减计收入

企业综合利用资源,生产符合国家产业政策规定的产品所取得的收入,可以在计算应纳税所得额时减计收入。减计收入,是指企业以《资源综合利用企业所得税优惠目录》规定的资源作为主要原材料,生产国家非限制和禁止并符合国家和行业相关标准的产品取得的收入,减按90%计入收入总额。上述原材料占生产产品材料的比例不得低于《资源综合利用企业所得税优惠目录》规定的标准。

（三）免征、减征所得

1. 农林牧渔项目所得

企业从事下列项目的所得,免征企业所得税:①蔬菜、谷物、薯类、油料、豆类、棉花、麻类、糖料、水果、坚果的种植;②农作物新品种的选育;③中药材的种植;④林木的培育和种植;⑤牲畜、家禽的饲养;⑥林产品的采集;⑦灌溉、农产品初加工、兽医、农技推广、农机作业和维修等农、林、牧、渔服务业项目;⑧远洋捕捞。

2. 非居民企业的特殊所得

非居民企业取得的下列所得可以免征企业所得税:①外国政府向中国政府提供贷款取得的利息所得;②国际金融组织向中国政府和居民企业提供优惠贷款取得的利息所得;③经国务院批准的其他所得。

3. 技术转让所得

《企业所得税法》规定,符合条件的技术转让所得可以免征、减征企业所得税。《企业所得税法实施条例》规定,所谓符合条件的技术转让所得免征、减征企业所得税,是指一个纳税年度内居民企业技术转让所得不超过500万元的部分,免征企业所得税;超过500万元的部分,减半征收企业所得税。

根据《国家税务总局关于技术转让所得减免企业所得税有关问题的通知》(国税函〔2009〕212号)的规定,享受减免企业所得税优惠的技术转让应符合以下条件:①享受优惠的技术转让主体是企业所得税法规定的居民企业;②技术转让属于财政部、国家税务总局规定的范围;③境内技术转让经省级以上科技部门认定;④向境外转让技术经省级以上商务部门认定;⑤国务院税务主管部门规定的其他条件。

符合条件的技术转让所得应按以下方法计算:

$$技术转让所得＝技术转让收入－技术转让成本－相关税费$$

技术转让收入,是指当事人履行技术转让合同后获得的价款,不包括销售或转让设备、仪器、零部件、原材料等非技术性收入。不属于与技术转让项目密不可分的技术咨询、技术服务、技术培训等收入,不得计入技术转让收入。技术转让成本,是指转让的无形资产的净值,即该无形资产的计税基础减除在资产使用期间按照规定计算的摊销扣除额后的余额。相关税费,是指技术转让过程中实际发生的有关税费,包括除企业所得税和允许抵扣的增值税以外的各项税金及其附加、合同签订费用、律师费等相关费用及其他支出。

17

享受技术转让所得减免企业所得税优惠的企业,应单独计算技术转让所得,并合理分摊企业的期间费用;没有单独计算的,不得享受技术转让所得企业所得税优惠。

《国家税务总局关于技术转让所得减免企业所得税有关问题的公告》(国家税务总局 2013 年第 62 号公告)进一步明确规定,可以计入技术转让收入的技术咨询、技术服务、技术培训收入,是指转让方为使受让方掌握所转让的技术投入使用、实现产业化而提供的必要的技术咨询、技术服务、技术培训所产生的收入,并应同时符合以下条件:①在技术转让合同中约定的与该技术转让相关的技术咨询、技术服务、技术培训;②技术咨询、技术服务、技术培训收入与该技术转让项目收入一并收取价款。

(四)加计扣除

(1)鼓励技术创新的"三新"研发费用。企业为开发新技术、新产品、新工艺发生的研究开发费用,未形成无形资产计入当期损益的,在按照规定据实扣除的基础上,按照研究开发费用的 75% 加计扣除;形成无形资产的,按照无形资产成本的 175% 摊销。

《财政部 税务总局 科技部关于提高研究开发费用税前加计扣除比例的通知》(财税〔2018〕99 号)规定,企业开展研发活动中实际发生的研发费用,未形成无形资产计入当期损益的,在按规定据实扣除的基础上,在 2018 年 1 月 1 日至 2020 年 12 月 31 日期间,再按照实际发生额的 75% 在税前加计扣除;形成无形资产的,在上述期间按照无形资产成本的 175% 在税前摊销。《财政部 税务总局关于延长部分税收优惠政策执行期限的公告》(财政部 税务总局公告 2021 年第 6 号)规定,财税〔2018〕99 号文件规定的税收优惠政策,执行期限延长至 2023 年 12 月 31 日。

《财政部 税务总局关于进一步完善研发费用税前加计扣除政策的公告》(财政部 税务总局公告 2021 年第 13 号)规定,制造业企业开展研发活动中实际发生的研发费用,未形成无形资产计入当期损益的,在按规定据实扣除的基础上,自 2021 年 1 月 1 日起,再按照实际发生额的 100% 在税前加计扣除;形成无形资产的,自 2021 年 1 月 1 日起,按照无形资产成本的 200% 在税前摊销。

《财政部 税务总局 科技部关于进一步提高科技型中小企业研发费用税前加计扣除比例的公告》(财政部 税务总局 科技部公告 2022 年第 16 号)规定,科技型中小企业开展研发活动中实际发生的研发费用,未形成无形资产计入当期损益的,在按规定据实扣除的基础上,自 2022 年 1 月 1 日起,再按照实际发生额的 100% 在税前加计扣除;形成无形资产的,自 2022 年 1 月 1 日起,按照无形资产成本的 200% 在税前摊销。

《关于进一步完善研发费用税前加计扣除政策的公告》(财政部 税务总局公告 2023 年第 7 号)规定,企业开展研发活动中实际发生的研发费用,未形成无形资产计入当期损益的,在按规定据实扣除的基础上,自 2023 年 1 月 1 日起,再按照实际发生额的 100% 在税前加计扣除;形成无形资产的,自 2023 年 1 月 1 日起,按照无形资产成本的 200% 在税前摊销。

【例题 17-6】 某企业 2023 年发生并已在计算会计利润时扣除技术研发费用 100 万元,请分别以下情况确定该企业当年度应调整的应纳税所得额:

(1)该项研发支出未形成无形资产。

(2)该项研发支出已形成专利权,保护期为 5 年。

(3)该项研发支出已形成专利权,保护期为 10 年。

解析：

（1）如未形成无形资产，则当年可以扣除175万元，即可以调减应纳税所得额75万元。

（2）如已形成专利权（保护期5年），则应调增应纳税所得额 $= (100 \div 5 - 100 \times 175\% \div 10) = 2.5$（万元）。

（3）如已形成专利权（保护期10年），则应调减应纳税所得额 $= (100 \times 175\% \div 10 - 100 \div 10) = 7.5$（万元）。

（2）鼓励安置就业的工资费用。企业安置残疾人员的，在按照支付给残疾职工工资据实扣除的基础上，按照支付给残疾职工工资的100%加计扣除。残疾人员的范围适用我国《残疾人保障法》的有关规定。

（3）鼓励创业投资的特别扣除。创业投资企业从事国家需要重点扶持和鼓励的创业投资，可以按投资额的一定比例抵扣应纳税所得额。所谓抵扣应纳税所得额，是指创业投资企业采取股权投资方式投资于未上市的中小高新技术企业2年以上的，可以按照其投资额的70%在股权持有满2年的当年抵扣该创业投资企业的应纳税所得额；当年不足抵扣的，可以在以后纳税年度结转抵扣。自2017年7月1日起，将享受这一优惠政策的投资主体由公司制和合伙制创投企业的法人合伙人扩大到个人投资者。

（4）鼓励技术进步的加速折旧。企业的固定资产由于技术进步等原因，确需加速折旧的，可以缩短折旧年限或者采取加速折旧的方法。这里所谓可以采取缩短折旧年限或者采取加速折旧的方法的固定资产，包括：①由于技术进步，产品更新换代较快的固定资产；②常年处于强震动、高腐蚀状态的固定资产。采取缩短折旧年限方法的，最低折旧年限不得低于企业所得税法实施条例规定最低折旧年限的60%；采取加速折旧方法的，可以采取双倍余额递减法或者年数总和法。

四、税额优惠

（一）公共基础设施项目

国家重点扶持的公共基础设施项目的投资经营所得，自项目取得第一笔生产经营收入所属纳税年度起，第一年至第三年免征企业所得税，第四年至第六年减半征收企业所得税。

国家重点扶持的公共基础设施项目，是指《公共基础设施项目企业所得税优惠目录》规定的港口码头、机场、铁路、公路、城市公共交通、电力、水利等项目。企业承包经营、承包建设和内部自建自用本规定的项目，不得享受本条规定的企业所得税优惠。

（二）环保节能节水项目

企业从事的符合税法规定条件的环境保护、节能节水项目的所得，自项目取得第一笔生产经营收入所属纳税年度起，第一年至第三年免征企业所得税，第四年至第六年减半征收企业所得税。

符合条件的环境保护、节能节水项目，包括公共污水处理、公共垃圾处理、沼气综合开发利用、节能减排技术改造、海水淡化等。项目的具体条件和范围由国务院财政、税务主管部门商国务院有关部门制订，报国务院批准后公布施行。

享受定期减免税优惠的项目在减免税期限内转让的，受让方自受让之日起，可以在剩余期限内享受规定的减免税优惠；减免税期限届满后转让的，受让方不得就该项目重复享受减免税优惠。

17

（三）专用设备投资项目

企业购置用于环境保护、节能节水、安全生产等专用设备的投资额，可以按一定比例实行税额抵免。所谓税额抵免，是指企业购置并实际使用《环境保护专用设备企业所得税优惠目录》《节能节水专用设备企业所得税优惠目录》和《安全生产专用设备企业所得税优惠目录》规定的环境保护、节能节水、安全生产等专用设备的，该专用设备的投资额的 10％可以从企业当年的应纳税额中抵免；当年不足抵免的，可以在以后 5 个纳税年度结转抵免。

《关于执行环境保护专用设备企业所得税优惠目录 节能节水专用设备企业所得税优惠目录和安全生产专用设备企业所得税优惠目录有关问题的通知》（财税〔2008〕48 号）第二条规定，专用设备投资额，是指购买专用设备发票价税合计价格，但不包括按有关规定退还的增值税税款以及设备运输、安装和调试等费用。

享受前款规定的企业所得税优惠的企业，应当实际购置并自身实际投入使用前款规定的专用设备；企业购置的上述专用设备在 5 年内转让、出租的，应当停止享受企业所得税优惠，并补缴已经抵免的企业所得税税款。

（四）集成电路产业和软件产业

为促进集成电路产业和软件产业高质量发展，国家出台了关于集成电路产业和软件产业的相关所得税优惠政策。《财政部 税务总局 发展改革委 工业和信息化部关于促进集成电路产业和软件产业高质量发展企业所得税政策的公告》（财政部 税务总局 发展改革委 工业和信息化部公告 2020 年第 45 号）规定，自 2020 年 1 月 1 日起：

（1）国家鼓励的集成电路生产企业或项目。①国家鼓励的集成电路线宽小于 28 纳米（含），且经营期在 15 年以上的集成电路生产企业或项目，第一年至第十年免征企业所得税；国家鼓励的集成电路线宽小于 65 纳米（含），且经营期在 15 年以上的集成电路生产企业或项目，第一年至第五年免征企业所得税，第六年至第十年按照 25％的法定税率减半征收企业所得税。②国家鼓励的集成电路线宽小于 130 纳米（含），且经营期在 10 年以上的集成电路生产企业或项目，第一年至第二年免征企业所得税，第三年至第五年按照 25％的法定税率减半征收企业所得税。③对于按照集成电路生产企业享受税收优惠政策的，优惠期自获利年度起计算；对于按照集成电路生产项目享受税收优惠政策的，优惠期自项目取得第一笔生产经营收入所属纳税年度起计算，集成电路生产项目需单独进行会计核算、计算所得，并合理分摊期间费用。④国家鼓励的集成电路生产企业或项目清单由国家发展改革委、工业和信息化部会同财政部、税务总局等相关部门制定。

（2）国家鼓励的集成电路设计、装备、材料、封装、测试企业和软件企业，自获利年度起，第一年至第二年免征企业所得税，第三年至第五年按照 25％的法定税率减半征收企业所得税。国家鼓励的集成电路设计、装备、材料、封装、测试企业和软件企业条件，由工业和信息化部会同国家发展改革委、财政部、税务总局等相关部门制定。

（3）国家鼓励的重点集成电路设计企业和软件企业，自获利年度起，第一年至第五年免征企业所得税，接续年度减按 10％的税率征收企业所得税。国家鼓励的重点集成电路设计和软件企业清单由国家发展改革委、工业和信息化部会同财政部、税务总局等相关部门制定。

五、特别优惠

（一）民族自治地方优惠

民族自治地方的自治机关对本民族自治地方的企业应缴纳的企业所得税中属于地方分享

的部分,可以决定减征或者免征。自治州、自治县决定减征或者免征的,须报省、自治区、直辖市人民政府批准。这里的民族自治地方,是指依照我国《民族区域自治法》的规定,实行民族区域自治的自治区、自治州、自治县。对民族自治地方内国家限制和禁止行业的企业,不得减征或者免征企业所得税。

（二）临时性专项税收优惠

根据国民经济和社会发展的需要,或者由于突发事件等原因对企业经营活动产生重大影响的,国务院可以制定企业所得税专项优惠政策,报全国人民代表大会常务委员会备案。

企业同时从事适用不同企业所得税待遇的项目的,其优惠项目应当单独计算所得,并合理分摊企业的期间费用;没有单独计算的,不得享受企业所得税优惠。

企业所得税的法定优惠如表 17-6 所示。

表 17-6 企业所得税的法定优惠

优惠类型	优惠对象		优惠内容
税率优惠	国家重点扶持的高新技术企业、技术先进型服务企业		15%
	小型微利企业(年应纳税所得额不超过 30 万元)		20%
	B 类非居民企业所得		10%
税基优惠	国债利息收入		免税
	居民企业之间股息红利等权益性投资收益		免税
	符合条件的非营利组织的收入		免税
	综合利用资源生产国家产业政策规定产品取得的收入		减计 10%
	技术转让所得	不超过 500 万元的部分	免税
		超过 500 万元的部分	减半征税
	三新研发费用	未形成无形资产的部分	加计 50% 扣除
		形成无形资产的部分	按 150% 摊销 10 年
税率优惠	残疾职工工资		加计 100% 扣除
	符合条件的固定资产		加速折旧
	未上市的中小高新技术企业满 2 年以上的股权投资		按投资额的 70% 扣除(可结转)
税额优惠	农、林、牧、渔业项目的所得		免税或减税
	国家重点扶持的公共基础设施项目投资经营所得		3 免 3 减半
	符合条件的环境保护、节能节水项目所得		3 免 3 减半
	环保、节能节水、安全生产等专用设备		投资额的 10% 抵免税额 6 年
特别优惠	地方属于民族自治地方分享的企业所得税部分		减税或免税
	根据国民经济和社会发展的需要,或者由于突发事件等原因对企业经营活动产生重大影响的		临时性专项优惠

17

第五节　企业所得税的税额计算

一、税额计算的一般公式

企业的应纳税所得额乘以适用税率,减除依照税法关于税收优惠的规定减免和抵免的税额后的余额,为应纳税额,其计算公式为:

$$应纳税额＝应纳税所得额×适用税率－减免税额－抵免税额$$

公式中的减免税额和抵免税额,是指依照《企业所得税法》和国务院的税收优惠规定减征、免征和抵免的应纳税额。

【例题 17-7】　某企业为居民企业,2023 年发生经营业务如下:

(1) 取得产品销售收入 4 000 万元。

(2) 发生产品销售成本 2 600 万元。

(3) 发生销售费用 770 万元(其中:广告费 650 万元);管理费用 480 万元(其中:业务招待费 25 万元,未形成无形资产的新产品研发费用 60 万元);财务费用 60 万元。

(4) 销售税金 160 万元(含增值税 120 万元)。

(5) 营业外收入 80 万元,营业外支出 50 万元(含通过公益性社会团体向贫困山区捐款 30 万元,支付税收滞纳金 6 万元)。

(6) 计入成本、费用中的实发工资总额 200 万元,拨缴职工工会经费 5 万元,发生职工福利费 31 万元,发生职工教育经费 7 万元。

要求:计算该企业 2023 年度实际应缴纳的企业所得税。

解析:

(1) 会计利润总额 ＝ 4 000 ＋ 80 － 2 600 － 770 － 480 － 60 － 40 － 50 ＝ 80(万元)。

(2) 广告费和业务宣传费调增所得额 ＝ 650 － 4 000 × 15% ＝ 650 － 600 ＝ 50(万元)。

(3) 业务招待费调增所得额 ＝ 25 － 25 × 60% ＝ 25 － 15 ＝ 10(万元)。

　　4 000 × 5‰ ＝ 20 万元 > 25 × 60% ＝ 15(万元)。

(4) 新产品研发费用应调减所得额 ＝ 60 × 75% ＝ 45(万元)。

(5) 捐赠支出应调增所得额 ＝ 30 － 80 × 12% ＝ 20.4(万元),超过年度利润总额 12% 的 20.4 万元,准予结转以后三年内在计算应纳税所得额时扣除。

(6) 工会经费应调增所得额 ＝ 5 － 200 × 2% ＝ 1(万元)。

(7) 职工福利费应调增所得额 ＝ 31 － 200 × 14% ＝ 3(万元)。

(8) 职工教育经费扣除限额为 200 × 8% ＝ 16(万元),7 万元 < 16 万元,可以据实扣除。

(9) 应纳税所得额 ＝ 80 ＋ 50 ＋ 10 － 45 ＋ 20.4 ＋ 6 ＋ 1 ＋ 3 ＝ 125.4(万元)。

(10) 2023 年应缴企业所得税 ＝ 125.4 × 25% ＝ 31.35(万元)。

【例题 17-8】　某工业企业为居民企业,假定 2023 年发生如下经营业务:

(1) 全年取得产品销售收入 5 600 万元,发生产品销售成本 4 000 万元。

(2) 其他业务收入 800 万元,其他业务成本 660 万元。

(3) 取得购买国债的利息收入 40 万元。

(4) 缴纳非增值税销售税金及附加 300 万元;发生的管理费用 760 万元(其中未形成无形

资产的新技术的研究开发费用 60 万元、业务招待费用 70 万元);发生财务费用 200 万元,发生销售费用 150 万元(其中业务宣传费用 100 万元)。

(5) 取得直接投资其他居民企业的权益性收益 50 万元。

(6) 取得营业外收入 100 万元,发生营业外支出 250 万元(其中含公益捐赠 38 万元)。

要求:计算该企业 2023 年应缴纳的企业所得税。

解析:

(1) 利润总额 $= 5\,600 + 800 + 40 + 50 + 100 - 4\,000 - 660 - 300 - 760 - 200 - 150 - 250 = 270$(万元)。

(2) 国债利息收入免征企业所得税,应调减所得额 40 万元。

(3) 技术开发费调减应纳税所得额 $= 60 \times 75\% = 45$(万元)。

(4) 业务招待费的 $60\% = 70 \times 60\% = 42$(万元),扣除限额 $= (5\,600 + 800) \times 5‰ = 32$(万元)。

税前扣除限额应为 32 万元,应调增应纳税所得额 $= 70 - 32 = 38$(万元)。

(5) 取得直接投资于其他居民企业的权益权收益属于免税收入,应调减应纳税所得额 50 万元。

(6) 业务宣传费用实际 110 万元 $<$ 扣除限额 $= (5\,600 + 800) \times 15\% = 960$,不作纳税调整。

(7) 实际捐赠额 38 万元超过扣除限额 $= 270 \times 12\% = 32.4$(万元),应调增应纳税所得额 $= 38 - 32.4 = 5.6$(万元)。

(8) 应纳税所得额 $= 270 - 40 - 50 + 38 - 45 + 5.6 = 178.6$(万元)。

(9) 该企业 2023 年应缴纳企业所得税 $= 178.6 \times 25\% = 44.65$(万元)。

二、境外所得已纳税额抵免额的计算

居民企业来源于中国境外的应税所得,非居民企业在中国境内设立机构、场所,取得发生在中国境外但与该机构、场所有实际联系的应税所得,已在境外缴纳的所得税税额,可以从其当期应纳税额中抵免,抵免限额为该项所得依照企业所得税法规定计算的应纳税额;超过抵免限额的部分,可以在以后 5 个年度内,用每年度抵免限额抵免当年应抵税额后的余额进行抵补。

上述已在境外缴纳的所得税税额,是指企业来源于中国境外的所得依照中国境外税收法律以及相关规定应当缴纳并已经实际缴纳的企业所得税性质的税款。

上述抵免限额,是指企业来源于中国境外的所得,依照《企业所得税法》和《企业所得税法实施条例》的规定计算的应纳税额。除国务院财政、税务主管部门另有规定外,该抵免限额应当分国(地区)不分项计算。计算公式为:

$$\text{抵免限额} = \text{中国境内、境外所得依照企业所得税法和实施条例的规定计算的应纳税总额} \times \text{来源于某国(地区)的应纳税所得额} \div \text{中国境内、境外应纳税所得总额}$$

所谓 5 个年度,是指从企业取得的来源于中国境外的所得,已经在中国境外缴纳的企业所得税性质的税额超过抵免限额的当年的次年起连续 5 个纳税年度。

居民企业从其直接或者间接控制的外国企业分得的来源于中国境外的股息、红利等权益性投资收益,外国企业在境外实际缴纳的所得税税额中属于该项所得负担的部分,可以作为该

17

居民企业的可抵免境外所得税税额,在税法的抵免限额内抵免。这里的直接控制,是指居民企业直接持有外国企业20%以上股份。间接控制,是指居民企业以间接持股方式持有外国企业20%以上股份,具体认定办法由国务院财政、税务主管部门另行制定。

企业依照企业所得税法规定抵免企业所得税税额时,应当提供中国境外税务机关出具的税款所属年度的有关纳税凭证。

【例题17-9】 某企业2023年度境内应纳税所得额为300万元,适用25%的企业所得税税率。另外,该企业分别在A、B两国设有分支机构(我国与A、B两国已经缔结避免双重征税协定),在A国分支机构的应纳税所得额为50万元,A国税率为20%;在B国的分支机构的应纳税所得额为30万元,B国税率为30%。假设该企业在A、B两国所得按我国税法计算的应纳税所得额和按A、B两国税法计算的应纳税所得额一致,两个分支机构在A、B两国分别缴纳了10万元和9万元的企业所得税。

要求:计算该企业汇总时在我国应缴纳的企业所得税税额。

解析:

(1)按我国税法计算的境内、境外所得的应纳税额=(300+50+30)×25%=95(万元)。

(2)A国扣除限额=95×[50÷(300+50+30)]=12.5(万元),由于在A国缴纳的所得税为10万元,低于扣除限额12.5万元,可全额扣除。

(3)B国扣除限额=95×[30÷(300+50+30)]=7.5(万元),由于在B国缴纳的所得税为9万元,高于扣除限额7.5万元,其超过扣除限额的部分1.5万元当年不能扣除。

(4)汇总时在我国应缴纳的所得税=95-10-7.5=77.5(万元)。

三、B类非居民企业所得的税额计算

《企业所得税法》规定,在中国境内未设立机构、场所的非居民企业,或者虽设立机构、场所但取得的所得与其所设机构、场所没有实际联系的,来源于中国境内的所得(B类非居民企业取得),按照下列方法计算其应纳税所得额:

(1)股息、红利等权益性投资收益和利息、租金、特许权使用费所得,以收入全额为应纳税所得额。这里的收入全额,是指非居民企业向支付人收取的全部价款和价外费用。

(2)转让财产所得,以收入全额减除财产净值后的余额为应纳税所得额。

(3)其他所得,参照前两项规定的方法计算应纳税所得额。

第六节 企业所得税的征收管理

一、特别纳税调整

(一)概念、原则和方法

企业与其关联方之间的业务往来,不符合独立交易原则而减少企业或者其关联方应纳税收入或者所得额的,税务机关有权按照合理方法调整。

1. 关联方

关联方是指与企业有下列关联关系之一的企业、其他组织或者个人:

(1)在资金、经营、购销等方面存在直接或者间接的控制关系。

（2）直接或者间接地同为第三者控制。

（3）在利益上具有相关联的其他关系。

2. 独立交易原则

独立交易原则，是指没有关联关系的交易各方，按照公平成交价格和营业常规进行业务往来遵循的原则。

3. 合理方法

（1）可比非受控价格法，是指按照没有关联关系的交易各方进行相同或者类似业务往来的价格进行定价的方法。

（2）再销售价格法，是指按照从关联方购进商品再销售给没有关联关系的交易方的价格，减除相同或者类似业务的销售毛利进行定价的方法。

（3）成本加成法，是指按照成本加合理的费用和利润进行定价的方法。

（4）交易净利润法，是指按照没有关联关系的交易各方进行相同或者类似业务往来取得的净利润水平确定利润的方法。

（5）利润分割法，是指将企业与其关联方的合并利润或者亏损在各方之间采用合理标准进行分配的方法。

（6）其他符合独立交易原则的方法。

（二）关联企业共同成本的分摊

企业与其关联方共同开发、受让无形资产，或者共同提供、接受劳务发生的成本，在计算应纳税所得额时应当按照独立交易原则进行分摊。

企业可以依照《企业所得税法》的规定，按照独立交易原则与其关联方分摊共同发生的成本，达成成本分摊协议。

企业与其关联方分摊成本时，应当遵照成本与预期收益相配比的原则，并在税务机关规定的期限内，按照税务机关的要求报送有关资料。

企业与其关联方分摊成本时违反前面这条规定的，其自行分摊的成本不得在计算应纳税所得额时扣除。

（三）关联企业的预约定价安排

企业可以向税务机关提出与其关联方之间业务往来的定价原则和计算方法，税务机关与企业协商、确认后，达成预约定价安排。所谓预约定价安排，是指企业就其未来年度关联交易的定价原则和计算方法，向税务机关提出申请，与税务机关按照独立交易原则协商、确认后达成的协议。

（四）关联企业业务往来资料的报送

企业向税务机关报送年度企业所得税纳税申报表时，应当就其与关联方之间的业务往来，附送年度关联业务往来报告表。相关资料包括：

（1）与关联业务往来有关的价格、费用的制定标准、计算方法和说明等同期资料。

（2）关联业务往来所涉及的财产、财产使用权、劳务等的再销售（转让）价格或者最终销售（转让）价格的相关资料。

（3）与关联业务调查有关的其他企业应当提供的与被调查企业可比的产品价格、定价方式以及利润水平等资料。

（4）其他与关联业务往来有关的资料。

税务机关在进行关联业务调查时，企业及其关联方，以及与关联业务调查有关的其他企

17

业,应当按照规定提供相关资料。所谓与关联业务调查有关的其他企业,是指与被调查企业在生产经营内容和方式上相类似的企业。

企业应当在税务机关规定的期限内提供与关联业务往来有关的价格、费用的制定标准、计算方法和说明等资料。

关联方以及与关联业务调查有关的其他企业应当在税务机关与其约定的期限内提供相关资料。

（五）关联企业应纳税所得额的核定

企业实施其他不具有合理商业目的的安排而减少其应纳税收入或者所得额的,税务机关有权按照合理方法调整。所称不具有合理商业目的,是指以减少、免除或者推迟缴纳税款为主要目的。

企业不提供与其关联方之间业务往来资料,或者提供虚假、不完整资料,未能真实反映其关联业务往来情况的,税务机关有权依法核定其应纳税所得额。

税务机关依照企业所得税法的规定核定企业的应纳税所得额时,可以采用下列方法:①参照同类或者类似企业的利润率水平核定。②按照企业成本加合理的费用和利润的方法核定。③按照关联企业集团整体利润的合理比例核定。④按照其他合理方法核定。

企业对税务机关按照前款规定的方法核定的应纳税所得额有异议的,应当提供相关证据,经税务机关认定后,调整核定的应纳税所得额。

（六）低税地企业未分配利润的收入确认

由居民企业,或者由居民企业和中国居民控制的设立在实际税负明显低于企业所得税法规定税率水平的国家(地区)的企业,并非由于合理的经营需要而对利润不作分配或者减少分配的,上述利润中应归属于该居民企业的部分,应当计入该居民企业的当期收入。"中国居民",是指根据《个人所得税法》的规定,就其从中国境内、境外取得的所得在中国缴纳个人所得税的个人。所谓的"控制",包括:①居民企业或者中国居民直接或者间接单一持有外国企业10%以上有表决权股份,且由其共同持有该外国企业50%以上股份;②居民企业,或者居民企业和中国居民持股比例没有达到第①项规定的标准,但在股份、资金、经营、购销等方面对该外国企业构成实质控制。"实际税负明显低于企业所得税法规定税率水平",是指低于企业所得税法第四条第一款规定税率25%的50%,即12.5%。

（七）资本弱化的税务处理

资本弱化是指企业出于避税的目的而在资本结构中倾向于增加借贷款(债权性筹资)的权重而导致企业股权资本(权益性筹资)相应弱化的行为。其原因在于,企业因债权性筹资而支付的利息可以在税前扣除,但企业因权益性筹资而支付的股息不仅不能在税前扣除而且还要被征收个人所得税。资本弱化不仅导致税基侵蚀,也由于股本相对薄弱而不利于企业的长期稳定发展。

为了应对这种资本弱化的行为,各国税法都有相应的资本弱化条款。我国《企业所得税法》规定,企业从其关联方接受的债权性投资与权益性投资的比例超过国务院财政、税务主管部门规定标准而发生的利息支出,不得在计算应纳税所得额时扣除。

《企业所得税法实施条例》对债权性投资和权益性投资的内涵和外延做出了规定。债权性投资是指企业直接或者间接从关联方获得的需要偿还本金和支付利息或者需要以其他具有支付利息性质的方式予以补偿的融资。

企业间接从关联方获得的债权性投资,包括:

（1）关联方通过无关联第三方提供的债权性投资。

（2）无关联第三方提供的、由关联方担保且负有连带责任的债权性投资。

（3）其他间接从关联方获得的具有负债实质的债权性投资。

关于企业关联方利息支出的税前扣除标准问题，《财政部 国家税务总局关于企业关联方利息支出税前扣除标准有关税收政策问题的通知》（财税〔2008〕121号）规定如下：

（1）在计算应纳税所得额时，企业实际支付给关联方的利息支出，不超过以下规定比例和税法及其实施条例有关规定计算的部分，准予扣除，超过的部分不得在发生当期和以后年度扣除。企业实际支付给关联方的利息支出，除符合本通知第二条规定外，其接受关联方债权性投资与其权益性投资比例为：金融企业，为5∶1；其他企业，为2∶1。

（2）企业如果能够按照税法及其实施条例的有关规定提供相关资料，并证明相关交易活动符合独立交易原则的；或者该企业的实际税负不高于境内关联方的，其实际支付给境内关联方的利息支出，在计算应纳税所得额时准予扣除。

（3）企业同时从事金融业务和非金融业务，其实际支付给关联方的利息支出，应按照合理方法分开计算；没有按照合理方法分开计算的，一律按本通知第一条有关其他企业的比例，计算准予税前扣除的利息支出。

（八）特别纳税调整的追溯

1. 特别纳税调整补征税款加收的利息

税务机关依照企业所得税法规定作出特殊纳税调整，需要补征税款的，应当补征税款，并按照国务院规定加收利息。"利息"，应当按照税款所属纳税年度中国人民银行公布的与补税期间同期的人民币贷款基准利率加5个百分点计算。企业依照企业所得税法和实施条例的规定提供有关资料的，可以只按该人民币贷款基准利率计算利息。按规定加收的该项利息，不得在计算应纳税所得额时扣除。

税务机关根据税收法律、行政法规的规定，对企业作出特别纳税调整的，应对补征的税款，自税款所属纳税年度的次年6月1日起至补缴税款之日止的期间，按日加收利息。

2. 关联业务往来的追溯期

企业与其关联方之间的业务往来，不符合独立交易原则，或者企业实施其他不具有合理商业目的安排的，税务机关有权在该业务发生的纳税年度起10年内，进行纳税调整。

二、源泉扣缴

（一）对A类非居民企业所得应纳税额的源泉扣缴

对非居民企业在中国境内取得工程作业和劳务所得应缴纳的所得税，税务机关可以指定工程价款或者劳务费的支付人为扣缴义务人。企业所得税法可以指定扣缴义务人的情形，包括：

（1）预计工程作业或者提供劳务期限不足一个纳税年度，且有证据表明不履行纳税义务的。

（2）没有办理税务登记或者临时税务登记，且未委托中国境内的代理人履行纳税义务的。

（3）未按照规定期限办理企业所得税纳税申报或者预缴申报的。

前款规定的扣缴义务人，由县级以上税务机关指定，并同时告知扣缴义务人所扣税款的计算依据、计算方法、扣缴期限和扣缴方式。

（二）对B类非居民企业所得应纳税额的源泉扣缴

对B类非居民企业取得的所得应征收的所得税，实行源泉扣缴，以支付人为扣缴义务

17

人。税款由扣缴义务人在每次支付或者到期应支付时,从支付或者到期应支付的款项中扣缴。

所谓的支付人,是指依照有关法律规定或者合同约定对非居民企业直接负有支付相关款项义务的单位或者个人。支付包括现金支付、汇拨支付、转账支付和权益兑价支付等货币支付和非货币支付。到期应支付的款项,是指支付人按照权责发生制原则应当计入相关成本、费用的应付款项。

(三)扣缴义务的履行

扣缴义务人每次代扣的税款,应当自代扣之日起7日内缴入国库,并向所在地的税务机关报送扣缴企业所得税报告表。扣缴义务人未依法扣缴或者无法履行扣缴义务的,由纳税人在所得发生地缴纳。纳税人未依法缴纳的,税务机关可以从该纳税人在中国境内其他收入项目的支付人应付的款项中,追缴该纳税人的应纳税款。"所得发生地"是指依照《企业所得税法实施条例》第七条规定的原则确定的所得发生地。在中国境内存在多处所得发生地的,由纳税人选择其中之一申报缴纳企业所得税。"该纳税人在中国境内其他收入",是指该纳税人在中国境内取得的其他各种来源的收入。

税务机关在追缴该纳税人应纳税款时,应当将追缴理由、追缴数额、缴纳期限和缴纳方式等告知该纳税人。

三、纳税年度

企业所得税按纳税年度计算。纳税年度自公历1月1日起至12月31日止。

企业在一个纳税年度中间开业,或者终止经营活动,使该纳税年度的实际经营期不足12个月的,应当以其实际经营期为一个纳税年度。

企业依法清算时,应当以清算期间作为一个纳税年度。

四、税额预缴

(一)预缴方法

企业所得税分月或者分季预缴,由税务机关具体核定。企业根据企业所得税法规定分月或者分季预缴企业所得税时,应当按照月度或者季度的实际利润额预缴;按照月度或者季度的实际利润额预缴有困难的,可以按照上一纳税年度应纳税所得额的月度或者季度平均额预缴,或者按照经税务机关认可的其他方法预缴。预缴方法一经确定,该纳税年度内不得随意变更。

(二)外币折算

企业所得以人民币以外的货币计算的,预缴企业所得税时,应当按照月度或者季度最后一日的人民币汇率中间价,折合成人民币计算应纳税所得额。年度终了汇算清缴时,对已经按照月度或者季度预缴税款的,不再重新折合计算,只就该纳税年度内未缴纳企业所得税的部分,按照纳税年度最后一日的人民币汇率中间价,折合成人民币计算应纳税所得额。经税务机关检查确认,企业少计或者多计前款规定的所得的,应当按照检查确认补税或者退税时的上一个月最后一日的人民币汇率中间价,将少计或者多计的所得折合成人民币计算应纳税所得额,再计算应补缴或者应退的税款。

(三)预缴申报时间

企业应当自月份或者季度终了之日起15日内,向税务机关报送预缴企业所得税纳税申报表,预缴税款。企业应当自年度终了之日起 5 个月内,向税务机关报送年度企业所得税纳税申报表,并汇算清缴,结清应缴应退税款。

(四)申报材料

企业在报送企业所得税纳税申报表时,应当按照规定附送财务会计报告和其他有关资料。企业在纳税年度内无论盈利或者亏损,都应当依照企业所得税法规定的期限,向税务机关报送预缴企业所得税纳税申报表、年度企业所得税纳税申报表、财务会计报告和税务机关规定应当报送的其他有关资料。

五、汇算清缴

企业在年度中间终止经营活动的,应当自实际经营终止之日起 60 日内,向税务机关办理当期企业所得税汇算清缴。

企业应当在办理注销登记前,就其清算所得向税务机关申报并依法缴纳企业所得税。清算所得,是指企业的全部资产可变现价值或者交易价格减除资产净值、清算费用以及相关税费等后的余额。

投资方企业从被清算企业分得的剩余资产,其中相当于从被清算企业累计未分配利润和累计盈余公积中应当分得的部分,应当确认为股息所得;剩余资产减除上述股息所得后的余额,超过或者低于投资成本的部分,应当确认为投资资产转让所得或者损失。

六、纳税地点

(一)居民纳税企业的纳税地点

除税收法律、行政法规另有规定外,居民企业以企业登记注册地为纳税地点;但登记注册地在境外的,以实际管理机构所在地为纳税地点。企业登记注册地,是指企业依照国家有关规定登记注册的住所地。

居民企业在中国境内设立不具有法人资格的营业机构的,应当汇总计算并缴纳企业所得税。企业汇总计算并缴纳企业所得税时,应当统一核算应纳税所得额,具体办法由国务院财政、税务主管部门另行制定。

(二)非居民企业的纳税地点

(1)A 类非居民企业所得,以机构、场所所在地为纳税地点。非居民企业在中国境内设立两个或者两个以上机构、场所的,经税务机关审核批准,可以选择由其主要机构、场所汇总缴纳企业所得税。

所谓主要机构、场所,应当同时符合下列条件:①对其他各机构、场所的生产经营活动负有监督管理责任;②设有完整的账簿、凭证,能够准确反映各机构、场所的收入、成本、费用和盈亏情况。所谓经税务机关审核批准,是指经各机构、场所所在地税务机关的共同上级税务机关审核批准。

非居民企业经批准汇总缴纳企业所得税后,需要增设、合并、迁移、关闭机构、场所或者停止机构、场所业务的,应事先由负责汇总申报缴纳企业所得税的主要机构、场所向其所在地税务机关报告;需要变更汇总缴纳企业所得税的主要机构、场所的,依照前款规定办理。

(2)B 类非居民企业所得,以扣缴义务人所在地为纳税地点。

(3)除国务院另有规定外,企业之间不得合并缴纳企业所得税。

17

练 习 题

一、选择题(含单项选择题和多项选择题,请用手机扫描下方二维码作答)

二、计算题

1. 2023 年 12 月,甲饮料厂给职工发放自制果汁和当月外购的取暖器作为福利,其中果汁的成本为 20 万元,公允价值为 25 万元(不含税,下同);取暖器的公允价值为 10 万元。

要求:计算该厂发放上述福利时应确认的销售收入额。

2. 某服装企业采用买一赠一的方式销售本企业商品,规定以每套 1 500 元(不含增值税,下同)购买 A 西服的客户可获赠一条 B 领带,A 西服正常出厂价格 1 500 元/套,B 领带正常出厂价格 200 元/条,当期该服装企业销售西服领带组合,取得收入 150 000 元。

要求:计算 A 西服销售收入额。

3. 某高新技术企业 2023 年度取得技术转让收入 900 万元,技术转让成本 200 万元,除该项所得外,该企业其他应税所得 1 000 万元,假设该企业无以前年度亏损及投资抵扣优惠。

要求:计算该企业 2023 年应缴纳企业所得税额。

4. 某电器制造企业(居民企业)2023 年发生下列业务:

(1) 销售产品取得收入 2 000 万元(不含税,下同)。

(2) 12 月接受捐赠材料,一批取得捐赠方开具的增值税专用发票上注明价款 10 万元,增值税税额 1.3 万元。

(3) 报废生产线残值收入 60 万元。

(4) 收取当年让渡专利使用权的专利实施许可费,取得特许权使用费收入 30 万元。

(5) 取得国债利息收入 2 万元。

(6) 全年销售成本 1 000 万元税金及附加 100 万元。

(7) 全年销售费用 500 万元(含广告费 400 万元),全年管理费用 200 万元(含业务招待费 80 万元),全年财务费用 50 万元。

(8) 全年营业外支出 40 万元(含向目标脱贫地区捐赠 12 万元,通过市政府部门对灾区捐款 15 万元,直接对私立小学捐款 8 万元,违反政府规定被市场监管部门罚款 2 万元)。

要求:

(1) 计算该企业的会计利润总额。

(2) 计算该企业对国债利息收入的纳税调整额。

(3) 计算该企业对广告费的纳税调整额。

（4）计算该企业对业务招待费的纳税调整额。

（5）计算该企业对营业外支出的纳税调整额。

（6）计算该企业应纳税所得额和应纳企业所得税额。

5. 2019 年境外 A 公司出资 8 500 万元在我国境内成立 B 公司。A 公司、B 公司部分业务如下：

（1）截至 2021 年 12 月 31 日，B 公司账面累计未分配利润 400 万元。2022 年 1 月 20 日，B 公司股东会做出利润分配决定，向 A 公司分配股利 260 万元。

（2）2022 年 2 月 10 日 A 公司决议将 B 公司应分回股利用于在我国境内投资设立一家有限责任公司 C，同日相关款项直接从 B 公司转入 C 公司账户。

（3）2022 年 4 月 15 日，B 公司向 A 公司支付商标使用费 830 万元。

（其他相关资料：C 公司所从事的业务为非禁止外商投资的项目和领域，不考虑税收协定因素）

要求：

（1）回答 A 公司分得利润是否征收预提所得税？简要说明理由。

（2）如果 A 公司可以享受暂不征收预提所得税的话，计算其享受的金额。

（3）计算 B 公司业务（3）应代扣代缴的税额。

（4）说明 B 公司解缴代扣企业所得税的期限。

三、简答题

1. 为什么企业所得税要区分居民纳税人和非居民纳税人？

2. 我国企业所得税制度是否存在纳税人的身份歧视？

3. 我国企业所得税制度的未来改革方向是什么？

17

第十八章　个人所得税制度

思维导图

个人所得税
制度

学 习 目 标

序号	知识点	学习目标	学习难度
1	个人所得税的纳税人和征税范围	掌握	☆
2	居民个人综合所得的税额计算	掌握	☆☆☆
3	非居民个人综合所得的税额计算	掌握	☆☆
4	个人"五项所得"的税额计算	掌握	☆☆
5	个人所得税的特殊计税规则	了解	☆
6	个人所得税的征收管理	了解	☆

第一节　个人所得税概述

一、个人所得税的制度演变

个人所得税是对个人一定期间内取得的各项应纳税所得按照相应税率计算征收的一种税。

目前,我国个人所得税的法规依据主要是 2018 年 8 月 31 日十三届全国人大常委会第五次会议修正的《中华人民共和国个人所得税法》(以下简称《个人所得税法》),以及 2018 年 12 月 18 日国务院令第 707 号修订的《中华人民共和国个人所得税法实施条例》(以下简称《个人所得税法实施条例》)。

1980 年 9 月 10 日,全国人民代表大会审议通过了我国第一部《个人所得税法》。但该税法主要是针对来华工作的外籍人员设计的。立法的原因主要是党的十一届三中全会以后,外籍人员到中国工作、提供劳务并取得各种收入的情况日益增多,因此,我国按照国际惯例建立了个人所得税法制。

1986 年,国务院分别发布的《城乡个体工商户所得税暂行条例》和《个人收入调节税暂行条例》与《个人所得税法》一起形成我国个人所得课税制三足鼎立的局面。在当时的经济条件下,对促进经济的发展和调节个人收入等方面起到了积极的作用。

我国个人所得税法共经历了七次修正。

(一)第一次修正

1993 年 10 月 31 日,八届全国人大常委会第四次会议通过了《关于修改〈中华人民共和国个人所得税法〉的决定》,将原来的个人所得税、个人收入调节税和城乡个体工商业户所得税 3

个个人所得课税的法律法规进行修改和合并。《个人所得税法》与1994年发布的《个人所得税法实施条例》共同正式建立了我国现行的个人所得税制度。

（二）第二次修正

1999年8月30日，九届全国人大常委会第十一次会议通过了《关于修改〈中华人民共和国个人所得税法〉的决定》，删除了对储蓄存款利息的免税规定，重新征收储蓄存款利息个人所得税。

（三）第三次修正

2005年10月27日，十届全国人大常委会第十八次会议通过了《关于修改〈中华人民共和国个人所得税法〉的决定》工资薪金费用扣除额由800元提高为1600元。

（四）第四次修正

2007年6月29日，十届全国人大常委会第二十八次会议通过了《关于修改〈中华人民共和国个人所得税法〉的决定》，明确对储蓄存款利息所得开征、减征、停征个人所得税及其具体办法，由国务院规定（国务院分别于2007年7月和2008年10月减征和免征储蓄存款利息个人所得税）。

（五）第五次修正

2007年12月29日，十届全国人大常委会第三十一次会议《关于修改〈中华人民共和国个人所得税法〉的决定》，工资薪金所得税的费用扣除额由1600元提高到2000元。

（六）第六次修正

2011年6月30日，十一届全国人大常委会第二十一次会议《关于修改〈中华人民共和国个人所得税法〉的决定》，工资薪金所得的费用扣除由2000元提高到3500元，并取消了15%和40%两档税率，将税率第一级调降至3%，税率结构由9级减至7级。个体工商户生产经营所得和承包承租经营所得的费用扣除也相应进行了调整。修改后的个人所得税法于2011年9月1日起实施。

（七）第七次修正

2018年8月31日，十三届全国人大常委会第五次会议《关于修改〈中华人民共和国个人所得税法〉的决定》，对个人所得税法进行了较大改动。主要包括：

（1）修改居民个人和非居民个人标准。将居民个人的居住时间判断标准由在中国境内居住是否满1年改为183天。

（2）合并和撤销税目。将原"个体工商户的生产、经营所得"和"对企事业单位的承包经营、承租经营所得"合并为经营所得，撤销原"经国务院财政部门确定征税的其他所得"。

（3）改变征收方式。将征收方式由分类征收改为分类与综合相结合的征收方式，将工资、薪金所得、劳务报酬所得、稿酬所得、特许权使用费所得合为综合所得，居民个人的综合所得由原来的按月或按次分别计算，改为按纳税年度合并计算个人所得税。

（4）调整税基扣除方式。将居民个人综合所得的费用扣除设定为标准扣除（由每月3500元改为每年60000元），并设置专项扣除、专项附加扣除和依法确定的其他扣除。

（5）调整税率结构。对于综合所得，在原工资、薪金所得税率表的基础上进行了调整，扩大较低税率档次的级距，相应缩小中高档的级距，高税率的级距保持不变。

（6）增加反避税条款。针对个人不按独立交易原则转让财产、在境外避税地避税、实施不合理商业安排获取不当税收利益等避税行为，赋予税务机关按合理方法进行纳税调整的权力。

18

二、个人所得税的征税目的

（一）调节收入分配

个人所得税能够直接调整人们的收入水平，因此，成为政府调节收入分配差距的重要手段之一。个人所得税调节收入分配主要通过两种方式：一是通过设定免征额，使低收入的人不纳税或只需缴纳较少的税；二是通过设定累进税率，使高收入者缴纳更多的税。

（二）筹集财政收入

个人所得税以居民收入为纳税对象，税源广泛，在很多西方国家成为了政府筹集财政收入的主要手段，我国税制以间接税为主，个人所得税并不是政府主要的收入来源，但依然可以起到筹集财政收入的作用。

（三）维护国家利益

为保障国家税收管辖权，维护国家主权，应对在我国取得收入的外国公民以及在境外取得收入的我国公民征税，以维护国家经济利益。

三、个人所得税的收入归属

2002年前，除了储蓄存款利息所得税外，其他个人所得税为地方税。2002年以后，个人所得税属于中央与地方共享税，除储蓄存款利息所得的个人所得税归中央外，其余部分由中央与地方按60%与40%的比例分享。

2020年，全国税收收入154 312亿元，其中个人所得税收入11 568亿元，同比增长11.35%，占全国税收收入的比重为7.5%。

2021年，全国税收收入172 736亿元，其中个人所得税收入13 992亿元，同比增长20.95%，占全国税收收入的比重为8.1%。

2022年，全国税收收入166 614亿元，其中个人所得税收入14 923亿元，同比增长6.65%，占全国税收收入的比重为8.96%。

第二节　个人所得税的纳税人和税基

一、个人所得税的纳税人及其分类

（一）纳税人确定的原则

讲解视频

个人所得税的纳税人和税基

我国在征收个人所得税时，按照属人主义原则和属地主义原则，同时行使居民管辖权和地域管辖权。属人主义原则和属地主义原则都是确定税收管辖权的基本原则。前者是指对属于一国的居民或公民，无论其所得来源于何处，均应对其征税；后者是指对在本国地域范围内取得的所得，无论何人，都应对其征税。

按照纳税人在中国境内是否有住所或者在中国境内实际居住时间的长短，我国《个人所得税法》将其纳税人划分为居民个人和非居民个人两种。居民个人从中国境内和境外取得的所得，都需要依照税法缴纳个人所得税；非居民个人从中国境内取得的所得，依照税法规定缴纳个人所得税。

（二）居民个人

税法采用住所标准和居住时间标准来具体判定中国居民纳税人身份：在中国境内有住所，或者无住所而一个纳税年度内在中国境内居住累计满183天的个人，为中国居民个人。

1. 住所标准

住所通常是指个人长期居住或具有长期居住意愿的场所,按其居住意愿的不同特征可分为永久性住所和习惯性住所。从法律上说,户籍所在地通常就是永久性居住地。而习惯性居住地可以是永久性居住地,也可以是因其他原因而经常居住的场所。我国税法按照习惯性居住地标准来判定纳税人的居民身份。

《个人所得税法》所称在中国境内有住所,是指因户籍、家庭、经济利益关系而在中国境内习惯性居住。住所标准是一项法律意义上的判断标准,因此,习惯性住所不一定是实际的居住场所。

2. 居住时间标准

所谓居住时间标准是对不符合住所标准的个人以一个纳税年度内在中国境内居住的天数为判定居民个人的标准。也就是说,居住时间标准适用于无住所的个人。在中国境内有住所的个人,已经满足了住所标准,就必定是中国居民个人了。而对于在中国境内无住所的个人,如果满足居住时间标准,就应被认定为中国居民个人,否则就是非居民个人。

我国《个人所得税法》规定,在中国境内无住所的个人,在一个纳税年度内在中国境内居住累计满 183 天的,为中国居民个人。

无住所个人一个纳税年度内在中国境内累计居住天数,按照个人在中国境内累计停留的天数计算。在中国境内停留的当天满 24 小时的,计入中国境内居住天数,在中国境内停留的当天不足 24 小时的,不计入中国境内居住天数。

（三）非居民个人

在中国境内无住所又不居住,或者无住所而一个纳税年度内在中国境内居住累计不满 183 天的个人,为非居民个人。非居民个人有以下两种情形:

1. 无住所又不居住的个人

这些人是指其户籍、家庭不在中国境内,同时也未在中国境内实际居住,但有来源于中国境内所得的个人。这些个人就是某一纳税年度实际居住在国外的外国人。他们之所以会成为中国个人所得税的纳税人,是因为他们从中国境内取得了个人所得。

2. 无住所,在中国境内居住累计不满 183 天的个人

上述个人是指其户籍、家庭不在中国境内,在中国境内居住,但居住累计不满 183 天的个人。

【例题 18-1】 乔治先生于 2023 年 1 月 1 日被其所在的英国公司派到中国工作。2023 年乔治先生回国休假一次,共 50 天;去其他国家出差 3 次,共 25 天,则乔治先生在 2023 年是否属于我国居民个人?

解析:

乔治先生属于我国居民个人。因为他 2023 年在我国居住时间＝365－50－25＝290(天),累计超过 183 天。

【例题 18-2】 日本某研究所的田中先生受邀来华对某中国汽车企业进行临时技术指导,2023 年 1 月 6 日入境,1 月 16 日离境,则其 1 月份在中国停留天数为多少?

解析:

进出境当天停留时间不超过 24 小时,不计入在中国境内停留天数。田中先生 1 月在中国实际停留天数＝16－6－1＝9(天)。

18

二、个人所得税的征税对象

自 2019 年 1 月 1 日开始,我国个人所得税采用了分类与综合相结合的征收方式。我国《个人所得税法》列举了 9 项应纳税所得项目:①工资、薪金所得;②劳务报酬所得;③稿酬所得;④特许权使用费所得;⑤经营所得;⑥利息、股息、红利所得;⑦财产租赁所得;⑧财产转让所得;⑨偶然所得。

对于居民个人而言,第①至第④项所得的加总为综合所得,第⑤项至第⑨为非综合所得。由于第①至第④项所得对于非居民个人并不实行加总,因此综合所得的概念只适用于居民个人。但是,有关工资薪金所得、劳务报酬所得、稿酬所得和特许权使用费所得的定义和税基确定规则,对于居民个人和非居民个人是相同的。

(一) 综合所得(四项所得)

1. 工资、薪金所得

从概念上说,工资薪金是指个人从任职或受雇单位取得的全部劳动报酬。工资、薪金在性质上属于非独立劳动所得。在个人所得税法制中,一般并不将工资和薪金加以区别,它们适用相同的征税规定。根据我国《个人所得税法》的规定,应纳税的工资、薪金所得,是指个人因任职或者受雇而取得的工资、薪金、奖金、年终加薪、劳动分红、津贴、补贴以及与任职或者受雇有关的其他所得。

税法规定的应纳税的工资、薪金,并不是指支付单位工资单上所列的金额。当然,在工资单上所列的金额,也并非应全部计入应纳税所得额,有些项目按照税法规定可以免税。

奖金是指所有具有工资性质的奖金,免税奖金的范围在税法中另有规定。年终加薪和劳动分红不分种类和取得情况,一律按工资薪金所得纳税。津贴、补贴中,除了按照国务院规定发给的政府特殊津贴和国务院规定免纳个人所得税的补贴、津贴之外,其他各种补贴、津贴均应计入工资、薪金所得项目征税。

下列不属于工资、薪金性质的补贴、津贴或者不属于纳税人本人工资、薪金所得项目的收入,不征税:①独生子女补贴。②执行公务员工资制度未纳入基本工资总额的补贴、津贴差额和家属成员的副食品补贴。③托儿补助费。④差旅费津贴、误餐补助。其中,误餐补助,是指按财政部门规定,个人因公在城区、郊区工作,不能在工作单位或返回就餐,确实需要在外就餐的,根据实际误餐顿数,按规定的标准领取的误餐费。一些单位以误餐补助名义发给职工的补贴、津贴,应当并入当月工资、薪金所得,计征个人所得税。

根据住房制度改革政策的有关规定,国家机关、企事业单位及其他组织在住房制度改革期间,按照所在地县级以上人民政府规定的房改成本价格向职工出售公有住房,职工因支付的房改成本价格低于房屋建造成本价格或市场价格而取得的差价收益,免征个人所得税。除上述情形外,单位按低于购置或建造成本价格出售住房给职工,职工因此而少支出的差价部分,属于个人所得税应税所得,应按照"工资、薪金所得"项目缴纳个人所得税。

单位为职工个人购买商业性补充养老保险等,在办理投保手续时应作为个人所得税的"工资、薪金所得"项目,按税法规定缴纳个人所得税;因各种原因退保,个人未取得实际收入的,已缴纳的个人所得税应予以退回。

2. 劳务报酬所得

劳务报酬所得在本质上属于独立劳动所得。《个人所得税法》规定的劳务报酬所得,是指个人从事设计、装潢、安装、制图、化验、测试、医疗、法律、会计、咨询、讲学、新闻、广播、翻译、审稿、书画、雕刻、影视、录音、录像、演出、表演、广告、展览、技术服务、介绍服务、经纪服务、代办服务以及其他劳务取得的所得。

3. 稿酬所得

稿酬所得在本质上属于独立劳动所得。《个人所得税法》规定的稿酬所得,是指个人因其作品以图书、报刊形式出版、发表而取得的所得。

稿酬所得属于劳务报酬所得的一种形式,在1980年颁布的个人所得税法中就作为劳务报酬所得,但在1987年开征的个人收入调节税中被单列一类,实行有别于其他劳务报酬所得的征税办法。1994年的税制改革仍然对稿酬所得单列一类,以便实行税收优惠政策。

4. 特许权使用费所得

特许权使用费所得,是指个人提供专利权、商标权、著作权、非专利技术以及其他特许权的使用权取得的所得;提供著作权的使用权取得的所得,不包括稿酬所得。我国税法规定的特许权使用费所得实际上包括特许权的转让所得(所有权转让)和特许权的提供(使用权让渡)所得两种不同性质的所得。

这里所说的特许权主要包括以下4个方面:

(1)专利权,指发明创造人或其权利受让人对特定的发明创造在一定期限内依法享有的独占实施权,是知识产权的一种。

(2)商标权,指商标主管机关依法授予商标所有人对其注册商标受国家法律保护的专有权。

(3)著作权,也称版权,是指作者及其他权利人对文学、艺术和科学作品享有的人身权和财产权的总称。提供著作权的使用权取得的所得,不包括稿酬所得。

(4)非专利技术,又称专有技术,指不为外界所知、在生产经营活动中已采用了的、不享有法律保护的、可以带来经济效益的各种技术和诀窍。

个人提供或转让专利权、商标权、著作权、非专利技术以及其他特许权所取得的所得,都属于特许权使用费所得的征税范围。

(二)非综合所得(五项所得)

非综合所得,是指纳税人取得的除工资薪金所得、劳务报酬所得、稿酬所得和特许权使用费所得之外的其他应税所得,包括经营所得,利息、股息、红利所得,财产租赁所得,财产转让所得和偶然所得共五项所得。

1. 经营所得

经营所得,是指个人从事生产经营活动取得的所得,本质上兼有劳动所得和资本所得的双重属性。《个人所得税法》规定应纳税的经营所得包括:①个体工商户从事生产、经营活动取得的所得,个人独资企业投资人、合伙企业的个人合伙人来源于境内注册的个人独资企业、合伙企业生产、经营的所得;②个人依法从事办学、医疗、咨询以及其他有偿服务活动取得的所得;③个人对企业、事业单位承包经营、承租经营以及转包、转租取得的所得;④个人从事其他生产、经营活动取得的所得。

2. 利息、股息、红利所得

利息、股息、红利所得在本质上属于资本的持有所得。《个人所得税法》规定的利息、股息、红利所得是指个人拥有债权、股权而取得的利息、股息、红利所得。

利息,是指个人拥有债权而取得利息,包括存款、贷款利息和债券利息。

股息、红利,是指公司、企业根据每股金额按照一定的比例发放的息金和利润。

个体工商户与企业联营而分得的利润,按"利息、股息、红利所得"项目征收个人所得税。

18

3. 财产租赁所得

财产租赁所得在本质上也属于资本的持有所得。《个人所得税法》规定的财产租赁所得是指个人出租建筑物、土地使用权、机器设备、车船以及其他财产取得的所得。个人取得的财产转租收入，属于财产租赁所得的征税范围。应纳税的财产租赁所得不包括分期收取的不属于租金的财产价款。

对于财产转租收入的纳税人，应以产权凭证为依据；对无产权凭证的，由主管税务机关根据实际情况确定；对产权所有人死亡，在未办理产权继承手续期间，如该财产出租而有租金收入的，以领取租金的个人为纳税义务人。

4. 财产转让所得

财产转让所得，是指转移个人所拥有的财产所有权而取得的收入，本质上属于资本的转让所得。

《个人所得税法》规定的财产转让所得是指个人转让有价证券、股权、建筑物、土地使用权、车船以及其他财产取得的所得，不包括特许权的转让所得。

5. 偶然所得

偶然所得，是指个人得奖、中奖、中彩以及其他偶然性质的所得。得奖是指个人参加各种有奖竞赛活动取得名次得到的奖金。中奖、中彩是指参加各种有奖活动，如有奖销售、有奖储蓄或者购买彩票，经过规定程序，抽中、摇中号码而取得的奖金。

三、特殊事项个人所得的性质确认

（一）股票期权所得性质的确认

自 2005 年 7 月 1 日起，对股票期权所得征收个人所得税。员工接受雇主（含上市公司和非上市公司）授予的股票期权，凡该股票期权指定的股票为上市公司（含境内、外上市公司）股票的，均应按以下规定进行税务处理：

（1）员工接受实施股票期权计划企业授予的股票期权时，除另有规定外，一般不作为应税所得征税。

（2）员工行权时，其从企业取得股票的实际购买价（施权价）低于购买日公平市场价（指该股票当日的收盘价，下同）的差额，是因员工在企业的表现和业绩情况而取得的与任职、受雇有关的所得，应按"工资、薪金所得"适用的规定计算缴纳个人所得税。

对因特殊情况，员工在行权日之前将股票期权转让的，以股票期权的转让净收入作为"工资、薪金所得"征收个人所得税。

（3）员工将行权后的股票再转让时获得的高于购买日公平市场价的差额，是因个人在证券二级市场上转让股票等有价证券而获得的所得，应按照"财产转让所得"适用的征免规定计算缴纳个人所得税。

（4）员工因拥有股权而参与企业税后利润分配取得的所得，应按照"利息、股息、红利所得"适用的规定计算缴纳个人所得税。

（二）出租车驾驶员从事出租车运营取得的所得性质的确认

（1）出租汽车经营单位对出租车驾驶员采取单车承包或承租方式运营，出租车驾驶员从事客货运营取得的收入，按"工资、薪金所得"项目征税。

（2）从事个体出租车运营的出租车驾驶员取得的收入，按"经营所得"项目缴纳个人所得税。

（3）出租车属个人所有，但挂靠出租汽车经营单位或企事业单位，驾驶员向挂靠单位缴纳管理费的，或出租汽车经营单位将出租车所有权转移给驾驶员的，出租车驾驶员从事客货运营取得的收入，比照"经营所得"项目征税。

（三）个人拍卖所得性质的确认

根据《国家税务总局关于加强和规范个人取得拍卖收入征收个人所得税有关问题的通知》（国税发〔2007〕38 号）的规定，对于个人通过拍卖市场拍卖各种财产（包括字画、瓷器、玉器、珠宝、邮品、钱币、古籍、古董等物品）的所得，自 2007 年 5 月 1 日起，个人拍卖收入的所得税按以下规则处理：

（1）作者将自己的文字作品手稿原件或复印件拍卖取得的所得，应按照"特许权使用费"所得项目缴纳个人所得税。

（2）个人拍卖除文字作品原稿及复印件外的其他财产，应以其转让收入额减除财产原值和合理费用后的余额为应纳税所得额，按照"财产转让所得"项目缴纳个人所得税。

（四）承包承租经营所得的性质确认

承包、承租经营者个人对企事业单位的经营成果不拥有所有权，仅按合同或协议的规定取得所得的，承包、承租经营者个人取得的所得，应按"工资、薪金所得"项目征税。

承包、承租经营者个人按合同或协议只向发包、出租企事业单位缴纳规定的承包、承租费用，经营成果归承包、承租经营者个人所有的，承包、承租经营者个人所取得的所得应按对"经营所得"项目征税。

（五）个人独资和合伙企业所得的性质确认

个人独资企业和合伙企业每一纳税年度的收入总额减除成本费用以及损失后的余额，作为投资者个人的生产经营所得，按"经营所得"项目征税。

个人独资企业、合伙企业的个人投资者以企业资金为本人、家庭成员及其相关人员支付与企业生产经营无关的消费性支出及购买汽车、住房等财产性支出，视为企业对个人投资者的利润分配，并入投资者个人的生产经营所得，按"经营所得"项目计征个人所得税。除个人独资企业、合伙企业以外的其他企业的个人投资者，以企业资金为本人、家庭成员及其相关人员支付与企业生产经营无关的消费性支出及购买汽车、住房等财产性支出，视为企业对个人投资者的红利分配，依照"利息、股息、红利所得"项目计征个人所得税。

四、个人所得税的征收范围

对中国居民个人就其来源于中国境内和境外的所得征税；对非居民个人仅就其来源于中国境内所得征税。除此之外，特殊居民个人来源于境外且由境外单位或者个人支付的所得，经向主管税务机关备案，免予缴纳个人所得税；特殊非居民个人来源于中国境内的所得，由境外雇主支付并且不由该雇主在中国境内的机构、场所负担的部分，免予缴纳个人所得税。

（一）居民个人的征税范围

1. 普通居民个人

普通居民个人有两种：①在中国境内有住所的个人；②在中国境内无住所但在中国境内居住累计满 183 天的年度连续满 6 年的个人。在中国境内居住累计满 183 天的任一年度中有一次离境超过 30 天的，其在中国境内居住累计满 183 天的年度的连续年限重新起算。

上述普通居民个人应就其该纳税年度内来自中国境内、境外的全部所得，无论是在境内支付还是在境外支付，向中国政府缴纳个人所得税。

18

2. 特殊居民个人

特殊居民个人,是指在中国境内无住所,当年在中国境内居住累计满 183 天,但此前六年的任一年在中国境内累计居住天数不满 183 天或者单次离境超过 30 天的纳税人。上述规定中的"满六年"及"此前六年",年限从 2019 年 1 月 1 日起计算,2019 年之前的年限不再纳入计算范围。按照此规定,2025 年 1 月 1 日以前,所有在中国境内无住所的居民个人,都属于特殊居民个人。

上述特殊居民个人在纳税年度内来源于中国境外且由境外单位或者个人支付的所得,免予缴纳个人所得税,应就其该纳税年度内来源于中国境内的所得和来源于中国境外且由境内单位或个人支付的所得,向中国政府缴纳个人所得税。

【例题 18-3】 妲姬亚是一位荷兰籍科学家,自 2021 年起一直在上海某科研机构工作。2023 年,其在中国境内提供科技服务取得报酬 30 000 元,其中通过设在美国的中国银行分支机构支付 20 000 元,其余 10 000 元存入其在中国境内的金融机构。当年回荷兰国探亲 28 天,期间在某跨国公司讲学取得报酬 50 000 元,全部由该公司通过当地银行支付。

要求:分析其 2023 年的哪些收入应在中国缴纳个人所得税。

解析:

妲姬亚属于荷兰籍个人,即在中国境内无住所的个人,但在中国境内居住满 3 年,不满 5 年,应属于特殊居民纳税人。因此,其来源于境外的所得由境外支付的部分,不予纳税。其在国外探亲期间取得的讲课报酬 50 000 元,属于来源于中国境外的所得,且全部在境外支付,因此可以免纳个人所得税。但是,其他各项所得,仍应向我国政府缴纳个人所得税。

(二)非居民个人的征税范围

1. 普通非居民个人的征税范围

普通非居民个人,是指在中国境内无住所且在一个纳税年度内在中国境内累计居住超过 90 天但不满 183 天的个人。

对于上述个人,仅就其来自中国境内的所得纳税,即对其来源于中国境内的所得,不论支付地点是否在中国境内,均应依法缴纳个人所得税。但对于非居民个人来源于境外的所得,不论支付地点是否在中国境内,均不缴纳个人所得税。

2. 特殊非居民个人的征免税范围

所谓特殊非居民个人,是指在中国境内无住所,但是在一个纳税年度内在中国境内连续或者累计居住不超过 90 天的个人。

特殊非居民个人来源于中国境内的工资薪金所得,由境外雇主支付,并且不由该雇主在中国境内的机构、场所负担的部分,可免予缴纳个人所得税,应仅就其实际在中国境内工作期间由中国境内的企业或个人支付或者由中国境内机构负担的所得申报纳税。这里免征的是特殊非居民个人的境外雇主支付的来源于境内的工资薪金所得的个人所得税,不包括其来源于境内的其他应税所得项目的个人所得税。居民个人和非居民个人的纳税义务(不适用有国际税收协定的情形)如表 18-1 所示。

表 18-1　　　　　　　居民个人和非居民个人的纳税义务(不适用有国际税收协定的情形)

居民身份		境内居住时间	境内所得		境外所得	
			境内支付	境外支付	境内支付	境外支付
居民个人	普通	累计满 183 天的年度连续满 6 年	√	√	√	√
	特殊	累计 183 天以上,但不超过 6 年	√	√	√	免税
非居民个人	普通	90 天～183 天	√	√	×	×
	特殊	0～90 天	√	工资薪金所得免税	×	×

(三) 境内所得的认定

根据《个人所得税法实施条例》的规定,除国务院财政、税务主管部门另有规定外,下列所得,不论支付地点是否在中国境内,均为来源于中国境内的所得:

(1) 因任职、受雇、履约等在中国境内提供劳务取得的所得。

(2) 将财产出租给承租人在中国境内使用而取得的所得。

(3) 许可各种特许权在中国境内使用而取得的所得。

(4) 转让中国境内的不动产等财产或者在中国境内转让其他财产取得的所得。

(5) 从中国境内企业事业单位、其他组织以及居民个人取得的利息、股息、红利所得。

(6) 对于担任境内居民企业的董事、监事及高层管理职务的个人(以下统称高管人员),无论是否在境内履行职务,取得由境内居民企业支付或者负担的董事费、监事费、工资薪金或者其他类似报酬(以下统称高管人员报酬,包含数月奖金和股权激励),属于来源于境内的所得。此处所称高层管理职务包括企业正、副(总)经理、各职能总师、总监及其他类似公司管理层的职务。

境内所得的认定标准汇总表如表 18-2 所示。

表 18-2　　　　　　　　　　　　　　　境内所得的认定标准汇总表

所得项目	境内所得的认定
工资薪金所得	归属于中国境内工作期间的所得
劳务报酬所得	实际提供劳务的地点在中国境内
稿酬所得	由境内企业、事业单位、其他组织支付或者负担的稿酬所得
特许权使用费所得	特许权的使用地在中国境内
经营所得	生产经营活动的实现地在中国境内
财产租赁所得	租赁财产的使用地在中国境内
财产转让所得	不动产:所在地在中国境内;动产:转让地在中国境内
利息股息红利所得	支付地在中国境内
偶然所得	竞赛的组织地、彩票的发行地在中国境内

18

(四) 境外所得的认定

下列所得,为来源于中国境外的所得:

(1) 因任职、受雇、履约等在中国境外提供劳务取得的所得。

(2) 中国境外企业以及其他组织支付且负担的稿酬所得。

（3）许可各种特许权在中国境外使用而取得的所得。

（4）在中国境外从事生产、经营活动而取得的与生产、经营活动相关的所得。

（5）从中国境外企业、其他组织以及非居民个人取得的利息、股息、红利所得。

（6）将财产出租给承租人在中国境外使用而取得的所得。

（7）转让中国境外的不动产、转让对中国境外企业以及其他组织投资形成的股票、股权以及其他权益性资产（以下称权益性资产）或者在中国境外转让其他财产取得的所得。但转让对中国境外企业以及其他组织投资形成的权益性资产，该权益性资产被转让前三年（连续 36 个公历月份）内的任一时间，被投资企业或其他组织的资产公允价值 50% 以上直接或间接来自位于中国境内的不动产的，取得的所得为来源于中国境内的所得。

（8）中国境外企业、其他组织以及非居民个人支付且负担的偶然所得。

（9）财政部、税务总局另有规定的，按照相关规定执行。

【例题 18-4】 乔治是一名英国学者，受雇于英国高校 A，2023 年每月取得工资薪金折合人民币 30 000 元，2023 年 7 月 1 日来到上海高校 B 讲学，同年 7 月 31 日返回，取得高校 B 支付劳务报酬人民币 20 000 元。乔治的夫人安娜女士是一位英国作家，同时为中国企业 C 的独立董事，2023 年每月取得 C 企业支付的董事费 10 000 元。2023 年 7 月 1 日安娜随同乔治来到上海，同年 7 月 31 日返回，期间收到英国出版社 D 支付的书籍稿酬 30 000 元。2023 年 12 月，收到中国出版社 E 支付的小说中文译本的版权费用 30 000 元。除 7 月外，乔治和安娜 2023 年并未进入中国境内。

要求：分析乔治和安娜 2023 年取得的哪些收入应在中国缴纳个人所得税。

解析：

乔治和安娜都是英国国籍，一般情况下属于在中国境内无住所的个人，当年在中国居住累计未满 90 天，属于特殊非居民个人。因此，其来源于境外的所得，不予征税，来源于境内的所得由境外支付的部分，予以免税。

高校 A 支付给乔治的工资薪金，7 月份以外的部分，属于来源于境外的所得，不征税；7 月份的工资薪金，属于来源于境内的所得由境外支付的部分，免税；高校 B 支付的 7 月份的劳务报酬，属于来源于境内的所得由境内支付的部分，需要在中国缴纳个人所得税。

安娜收到 C 企业支付的董事费，不管是否在中国境内居住，都属于来源中国境内的收入，需要在中国缴纳个人所得税；7 月份收到的稿酬，由于由境外企业支付，属于来源于境外的所得，不征税；12 月份收到的版权费，属于来源于中国境内的所得，并由境内支付，需要在中国缴纳个人所得税。

五、个人所得税的减免税项目

（一）免税所得

免税所得项目包括：

1. 免税的奖金所得

（1）省级政府、国务院部委和中国人民解放军军以上单位，以及外国组织、国际组织颁发的科学、教育、技术、文化、卫生、体育、环境保护等方面的奖金。

（2）个人举报、协查各种违法、犯罪行为而获得的奖金。

（3）乡、镇（含乡、镇）以上人民政府或经县（含县）以上人民政府主管部门批准成立的有机构、有章程的见义勇为基金或者类似性质组织，奖励见义勇为者的奖金或者奖品。

2. 免税的利息所得

（1）个人持有财政部发行的债券而取得的利息所得。

（2）个人持有经国务院批准发行的金融债券而取得的利息所得。

（3）储蓄存款利息所得。

（4）个人取得的 2012 年及以后年度发行的地方债券利息所得。

3. 免税的津贴所得

（1）按照国家统一规定发给的补贴、津贴，即按照国务院规定发给的政府特殊津贴和国务院规定免纳个人所得税的补贴、津贴。

（2）发给"两院"资深院士的年度津贴，即发给中国科学院资深院士和中国工程院资深院士每人每年 1 万元的资深院士津贴。

4. 免税的补助救济所得

（1）按国家有关规定，从企业、事业单位、国家机关、社会团体提留的福利费或者工会经费中支付给予个人的生活补助费。

（2）国家民政部门支付给个人的生活困难补助费。

5. 免税的补偿性所得

（1）保险赔款。

（2）退伍、转业军人取得的转业费、复员费。

（3）按照国家统一规定发给干部、职工的安家费、退职费、退休工资、离休工资、离休生活补助费。

（4）享受政府特殊津贴的高级专家，在延长离休、退休期间所取得的工资、薪金所得。

6. 免税的财产转让所得

（1）个人转让自用达 5 年以上且是唯一的家庭生活用房取得的所得。

（2）个人上海证券交易所、深圳证券交易所和北京证券交易所转让从上市公司公开发行和转让市场取得的上市公司股票所得。

（3）个人转让新三板挂牌公司非原始股取得的所得。

7. 免税的社会保障性所得

（1）企业和个人按照省级以上人民政府规定的比例提取并缴付的住房公积金、医疗保险金、基本养老保险金、失业保险金。

（2）个人领取原提存的住房公积金、医疗保险金、基本养老保险金。

8. 免税的外籍个人所得

（1）外籍个人从外商投资企业取得的股息、红利所得。在《国务院批转发展改革委等部门关于深化收入分配制度改革若干意见的通知》（国发〔2013〕6 号）文件中，国务院曾建议取消此项税收优惠，但迄今为止，财政部、国家税务总局并未根据此文件精神发布废止此优惠的规定，因而，此政策在地方层面可能存在执行差异。

（2）外籍专家取得的工资、薪金所得。外籍专家是指根据世界银行专项贷款协议由世界银行直接派往我国工作的外国专家，联合国组织直接派往我国工作的外国专家，为联合国援助项目来华工作的专家等；根据两国政府文化交流项目或大专院校国际交流项目来华工作 2 年以内，其工资、薪金所得由该国负担的文教专家；通过民间科研协定来华工作，其工资、薪金所

18

得由该国政府机构负担的专家。

（3）外国外交人员的所得。按照我国《领事特权与豁免条例》规定应予免税的各国驻华使馆、领事馆的外交代表、领事官员和其他人员的所得,免税。

9.免税的其他所得

（1）个人办理代扣代缴税款手续按规定取得的扣缴手续费。

（2）中国政府参加的国际公约、签订的协议中规定免税的所得。

（3）经国务院财政部门批准免税的所得。

（二）减税所得

减税所得项目包括:

（1）纳税人取得的稿酬所得,在按规定的适用税率计税时,可按应纳税额减征 30%,即只征收应纳税额的 70%。

（2）残疾、孤老人员和烈属的所得,经批准可减税。

（3）个人因严重自然灾害造成重大损失的,经批准可减税。

（4）个人出租住房,其财产租赁所得,减按 10% 的税率征收个人所得税。

（5）其他经国务院财政部门批准减税的所得。

第三节　个人"四项所得"的税额计算

本节所谓的个人"四项所得",是指个人取得工资、薪金所得,劳务报酬所得,稿酬所得和特许权使用费所得。由于前三项所得在性质上属于劳动所得,而特许权使用费则兼有劳动所得和资本所得的双重属性,所以不能用劳动所得来概括这四项所得。此外,虽然居民个人对这四项所得实行综合征收,但非居民个人仍然采用分项课征方式,因此也不宜用综合所得来概括这四项所得。因此,为了保持逻辑的一致性,本书把 9 项个人应税所得分为"四项所得"和"五项所得"。但是,为了与法律表述保持一致,对居民个人的"四项所得"仍采用"综合所得"的表述。

一、居民个人综合所得的应纳税所得额

居民个人的综合所得,以每一纳税年度的收入额减除费用或支出后的余额,为应纳税所得额。居民个人的综合所得,费用扣除包括四部分:基本费用扣除、专项费用扣除、专项费用或支出附加扣除和依法确定的其他扣除。

（一）收入额的计算

个人所得的形式,包括现金、实物、有价证券和其他形式的经济利益。

所得为实物的,应当按照取得的凭证上所注明的价格计算应纳税所得额,无凭证的实物或者凭证上所注明的价格明显偏低的,参照市场价格核定应纳税所得额;所得为有价证券的,根据票面价格和市场价格核定应纳税所得额;所得为其他形式的经济利益的,参照市场价格核定应纳税所得额。

综合所得的收入额为工资薪金所得收入额、劳务报酬收入额、稿酬所得收入额和特许权使用费所得的收入额之和。其中,劳务报酬所得、稿酬所得、特许权使用费所得以收入减除 20% 的费用后的余额为收入额。稿酬所得的收入额,减按 70% 计算,实际为稿酬收入的 56%。

（二）基本费用扣除

基本费用扣除为每年 60 000 元。

（三）专项费用扣除

专项费用扣除包括居民个人按照国家规定的范围和标准缴纳的基本养老保险、基本医疗保险、失业保险等社会保险费和住房公积金等"三险一金"。

（四）专项费用或支出附加扣除

专项费用附加扣除包括子女教育、继续教育、大病医疗、住房贷款利息、住房租金、赡养老人和3岁以下婴幼儿照护等费用或支出扣除。专项附加扣除的具体扣除标准如下：

1. 子女教育支出扣除标准

纳税人的子女接受全日制学历教育的相关支出，按照每个子女每月1 000元的标准定额扣除。父母可以选择由其中一方按扣除标准的100%扣除，也可以选择由双方分别按扣除标准的50%扣除，具体扣除方式在一个纳税年度内不能变更。

所称父母，是指生父母、继父母、养父母。所称子女，是指婚生子女、非婚生子女、继子女、养子女。父母之外的其他人担任未成年人的监护人的，比照《个人所得税专项附加扣除暂行办法》规定执行。

学历教育包括义务教育（小学、初中教育）、高中阶段教育（普通高中、中等职业、技工教育）、高等教育（大学专科、大学本科、硕士研究生、博士研究生教育）。年满3岁至小学入学前处于学前教育阶段的子女按此条规定执行。

纳税人子女在中国境外接受教育的，纳税人应当留存境外学校录取通知书、留学签证等相关教育的证明资料备查。

2. 继续教育支出扣除标准

纳税人在中国境内接受学历（学位）继续教育的支出，在学历（学位）教育期间按照每月400元定额扣除。同一学历（学位）继续教育的扣除期限不能超过48个月。纳税人接受技能人员职业资格继续教育、专业技术人员职业资格继续教育的支出，在取得相关证书的当年，按照3 600元定额扣除。

个人接受本科及以下学历（学位）继续教育，符合规定扣除条件的，可以选择由其父母扣除，也可以选择由本人扣除。

纳税人接受技能人员职业资格继续教育、专业技术人员职业资格继续教育的，应当留存相关证书等资料备查。

3. 大病医疗支出扣除标准

在一个纳税年度内，纳税人发生的与基本医保相关的医药费用支出，扣除医保报销后个人负担（指医保目录范围内的自付部分）累计超过15 000元的部分，由纳税人办理年度汇算清缴时，在不超过80 000元的限额内据实扣除。纳税人及其配偶、未成年子女发生的医药费用支出，可以按照上述规定分别计算扣除额。

纳税人发生的医药费用支出可以选择由本人或者配偶扣除；未成年子女发生的医药费用支出可以选择由其父母一方扣除。

纳税人应当留存医药服务收费及医保报销相关票据原件（或者复印件）等资料备查。医疗保障部门应当向患者提供在医疗保障信息系统记录的本人年度医药费用信息查询服务。

4. 住房贷款利息支出扣除标准

纳税人本人或者配偶单独或者共同使用商业银行或者住房公积金个人住房贷款为本人或者其配偶购买中国境内住房，发生的首套住房贷款利息支出，在实际发生贷款利息的年度，按照每月1 000元的标准定额扣除，扣除期限最长不超过240个月。纳税人只能享受一次首套

18

住房贷款的利息扣除。

经夫妻双方约定,可以选择由其中一方扣除,具体扣除方式在一个纳税年度内不能变更。夫妻双方婚前分别购买住房发生的首套住房贷款,其贷款利息支出,婚后可以选择其中一套购买的住房,由购买方按扣除标准的100%扣除,也可以由夫妻双方对各自购买的住房分别按扣除标准的50%扣除,具体扣除方式在一个纳税年度内不能变更。

纳税人应当留存住房贷款合同、贷款还款支出凭证备查。

5. 住房租金支出扣除标准

纳税人在主要工作城市没有自有住房而发生的住房租金支出,可以按照以下标准定额扣除:①直辖市、省会(首府)城市、计划单列市以及国务院确定的其他城市,扣除标准为每月1 500元;②除①项所列城市以外,市辖区户籍人口超过100万的城市,扣除标准为每月1 100元;市辖区户籍人口不超过100万的城市,扣除标准为每月800元。

纳税人的配偶在纳税人的主要工作城市有自有住房的,视同纳税人在主要工作城市有自有住房。夫妻双方主要工作城市相同的,只能由一方扣除住房租金支出。纳税人及其配偶在一个纳税年度内不能同时分别享受住房贷款利息和住房租金专项附加扣除。

住房租金支出由签订租赁住房合同的承租人扣除。纳税人应当留存住房租赁合同、协议等有关资料备查。

6. 赡养老人支出扣除标准

《国务院关于提高个人所得税有关专项附加扣除标准的通知》(国发〔2023〕13号)规定,自2023年1月1日起,赡养老人专项附加扣除标准,由每月2 000元提高到3 000元。其中,独生子女按照每月3 000元的标准定额扣除;非独生子女与兄弟姐妹分摊每月3 000元的扣除额度,每人分摊的额度不能超过每月1 500元。

赡养支出可以由赡养人均摊或者约定分摊,也可以由被赡养人指定分摊。约定或者指定分摊的须签订书面分摊协议,指定分摊优先于约定分摊。具体分摊方式和额度在一个纳税年度内不能变更。

被赡养人是指年满60岁的父母,以及子女均已去世的年满60岁的祖父母、外祖父母。

7. 婴幼儿照护支出扣除标准

根据《国务院关于设立3岁以下婴幼儿照护个人所得税专项附加扣除的通知》(国发〔2022〕8号)规定,自2022年1月1日起,纳税人照护3岁以下婴幼儿子女的相关支出,按照每个婴幼儿每月1 000元的标准定额扣除。《国务院关于提高个人所得税有关专项附加扣除标准的通知》(国发〔2023〕13号)规定,自2023年1月1日起,3岁以下婴幼儿照护专项附加扣除标准,由每个婴幼儿每月1 000元提高到2 000元。父母可以选择由其中一方按扣除标准的100%扣除,也可以选择由双方分别按扣除标准的50%扣除,具体扣除方式在一个纳税年度内不能变更。

(五)依法确定的其他扣除

1. 企业年金、职业年金缴付支出

自2019年1月1日起,对于个人依照《企业年金办法》《机关事业单位职业年金办法》缴付的企业年金、职业年金,可以在综合所得计缴个人所得税时,在收入额中可以全额扣除。

2. 商业健康险产品支出

根据《财政部 税务总局 保监会关于将商业健康保险个人所得税试点政策推广到全国范

围实施的通知》(财税〔2017〕39 号)的规定,自 2017 年 1 月 1 日起,取得工资薪金所得、连续性劳务报酬所得的个人,以及取得个体工商户的生产经营所得、对企事业单位的承包承租经营所得的个体工商户业主、个人独资企业投资者、合伙企业个人合伙人和承包承租经营者,对其购买符合规定的商业健康保险产品支出,可在个人所得税前扣除。对个人购买符合规定的商业健康保险产品的支出,允许在当年(月)计算应纳税所得额时予以税前扣除,扣除限额为 2 400 元/年(200 元/月)。单位统一为员工购买符合规定的商业健康保险产品的支出,应分别计入员工个人工资薪金,视同个人购买,按上述限额予以扣除。

3. 税收递延型商业养老保险产品支出

对个人购买符合规定的商业健康保险产品的支出,允许在当年(月)计算应纳税所得额时予以税前扣除,扣除限额为 2 400 元/年(200 元/月)。单位统一为员工购买符合规定的商业健康保险产品的支出,应分别计入员工个人工资薪金,视同个人购买,按上述限额予以扣除。2 400 元/年(200 元/月)的限额扣除为个人所得税法规定减除费用标准之外的扣除。

4. 个人养老金缴费支出

自 2022 年 1 月 1 日起,对个人养老金实施递延纳税优惠政策。在缴费环节,个人向个人养老金资金账户的缴费,按照 12 000 元/年的限额标准,在综合所得或经营所得中据实扣除;在投资环节,计入个人养老金资金账户的投资收益暂不征收个人所得税;在领取环节,个人领取的个人养老金,不并入综合所得,单独按照 3%的税率计算缴纳个人所得税,其缴纳的税款计入“工资、薪金所得”项目。

二、居民个人综合所得的应纳税额计算

居民个人的综合所得按年计税,适用七级超额累进税率。

现行综合所得的适用税率表是在原“工资、薪金所得”的税率表的基础上修订而来,延续了原来的七级超额累进结构,但税率级次、级距和对应税率有所调整。个人所得税税率表(综合所得年税率表,适用于居民个人)如表 18-3 所示。

表 18-3　　　　　　个人所得税税率表(综合所得年税率表,适用于居民个人)

级数	全年应纳税所得额	税率/%	速算扣除数
1	不超过 36 000 元的部分	3	0
2	超过 36 000 元至 144 000 元的部分	10	2 520
3	超过 144 000 元至 300 000 元的部分	20	16 920
4	超过 300 000 元至 420 000 元的部分	25	31 920
5	超过 420 000 元至 660 000 元的部分	30	52 920
6	超过 660 000 元至 960 000 元的部分	35	85 920
7	超过 960 000 元的部分	45	181 920

18

非居民个人取得上述“四项所得”,需换算为月税率表计算税额,如表 18-5 所示。

居民个人的综合所得的年度税额计算公式为(公式中的适用税率和速算扣除数为表 18-3 中对应数值):

$$
\begin{aligned}
\text{综合所得应纳税额} = &\left[\text{年工资薪金所得} + \text{年劳务报酬收入额} + \text{年稿酬收入额} + \text{年特许权使用费收入额} - 60\,000\,\text{元} \right. \\
&\left. - \text{专项扣除} - \text{专项附加扣除} - \text{其他扣除} \right] \times \text{适用税率} - \text{速算扣除数}
\end{aligned}
$$

【例题 18-5】 李先生在上海工作,为独生子女,父亲超过 60 岁,名下无房产,每月租房支出 0.2 万元,无子女,2023 年无大病医疗支出。2023 年共取得税前工资 12 万元,劳务报酬 3 万元,特许权使用费 3 万元,稿酬 2 万元。全年缴纳"三险一金"共计 2 万元。

要求:计算李先生 2023 年应交个人所得税额。

解析:

李先生全年专项附加扣除＝(0.15＋0.3)×12＝5.4(万元)。

李先生应纳税所得额＝12＋3×(1−0.2)＋3×(1−0.2)＋2×(1−0.2)×(1−0.3)−6−2−5.4＝4.52(万元)。

李先生 2023 年应纳税额＝45 200×10%−2 520＝2 000(元)。

三、居民个人综合所得税的预扣预缴

2019 年《个人所得税法》实施后,居民个人取得综合所得,按年计算个人所得税;有扣缴义务人的,由扣缴义务人按月或者按次预扣预缴税款。这里的扣缴义务人是指支付所得的单位或者个人。

(一) 扣缴义务人向居民个人支付工资、薪金所得

扣缴义务人向居民个人支付工资、薪金所得时,应当按照累计预扣法计算预扣税款,并按月办理全员全额扣缴申报。具体计算公式如下:

$$\begin{aligned}\text{本期应预扣预缴税额}&=\left(\text{累计预扣预缴应纳税所得额}\times\text{预扣率}-\text{速算扣除数}\right)-\text{累计减免税额}-\text{累计已预扣预缴税额}\\\text{累计预扣预缴应纳税所得额}&=\text{累计收入}-\text{累计免税收入}-\text{累计减除费用}-\text{累计专项扣除}-\text{累计专项附加扣除}-\text{累计依法确定的其他扣除}\end{aligned}$$

其中:累计减除费用按照 5 000 元/月乘以纳税人当年截至本月在本单位的任职受雇月份数计算。

上述公式中,计算居民个人工资、薪金所得预扣预缴税额的预扣率、速算扣除数,按个人所得税税率(表 18-3)中的税率和速算扣除数计算。

(二) 扣缴义务人向居民个人支付劳务报酬所得、稿酬所得、特许权使用费所得

扣缴义务人向居民个人支付劳务报酬所得、稿酬所得、特许权使用费所得,按次或者按月预扣预缴个人所得税。具体预扣预缴方法如下:

劳务报酬所得、稿酬所得、特许权使用费所得以收入减除费用后的余额为收入额。其中,稿酬所得的收入额减按 70% 计算。

劳务报酬所得、稿酬所得、特许权使用费所得每次收入不超过 4 000 元的,减除费用按 800元计算;每次收入 4 000 元以上的,减除费用按 20% 计算。

劳务报酬所得、稿酬所得、特许权使用费所得,以每次收入额为预扣预缴应纳税所得额。劳务报酬所得适用 20% 至 40% 的超额累进预扣率(表 18-4),稿酬所得、特许权使用费所得适用 20% 的比例预扣率。

劳务报酬所得应预扣预缴税额＝预扣预缴应纳税所得额 × 预扣率 − 速算扣除数

稿酬所得、特许权使用费所得应预扣预缴税额＝预扣预缴应纳税所得额×**20%**

个人劳务报酬所得适用的预扣率表如表 18-4 所示。

表 18-4　　　　　　　　　　　　　　个人劳务报酬所得适用的预扣率表

级数	预扣预缴应纳税所得额	预扣率/%	速算扣除数
1	不超过 20 000 元的部分	20	0
2	超过 20 000 元至 50 000 元的部分	30	2 000
3	超过 50 000 元的部分	40	7 000

【例题 18-6】　王先生是中国居民个人,2019 年 1—12 月每月取得工资薪金收入 20 000 元,每月缴纳"三险一金"4 000 元,从 1 月开始享受子女教育和赡养老人专项附加扣除合计 3 000 元,假设无其他扣除。2019 年 6 月取得劳务报酬(税前)30 000 元,稿酬(税前)20 000 元。计算王先生 2019 年累计预扣预缴税款数额和全年应缴个人所得税税额。

解析:

(1) 王先生累计预扣税额为:

工资、薪金收入全年累计预扣预缴应纳税所得额 =(20 000 − 4 000 − 3 000 − 5 000)×12 = 96 000(元)。

工资、薪金收入全年累计预扣预缴税额 = 96 000 × 10% − 2 520 = 7 080(元)。

劳务报酬预扣预缴应纳税所得额 = 30 000 ×(1 − 20%)= 24 000(元)。

劳务报酬预扣预缴税额 = 24 000 × 30% − 2 000 = 5 200(元)。

稿酬所得预扣预缴应纳税所得额 = 20 000 ×(1 − 30%)×(1 − 20%)= 11 200(元)。

稿酬所得预扣预缴税额 = 11 200 × 20% = 2 240(元)。

全年累计预扣预缴税款 = 7 080 + 5 200 + 2 240 = 14 520(元)。

(2) 王先生全年应纳个人所得税额为:

全年综合所得的应纳税所得额 = 96 000 + 24 000 + 11 200 = 131 200(元)。

全年综合所得的应纳税额 = 131 200 × 10% − 2 520 = 10 600(元)。

年度汇算应补税额 = 10 600 − 14 520 = −3 920(元)(即应退 3 920 元)。

四、居民个人综合所得特殊计税规则

(一) 居民个人取得全年一次性奖金

居民个人取得全年一次性奖金,符合规定的,在 2027 年 12 月 31 日前,不并入当年综合所得,以全年一次性奖金收入除以 12 个月得到的数额,按照按月换算后的综合所得税率表(表 18-5),确定适用税率和速算扣除数,单独计算纳税。计算公式为:

$$应纳税额 = 全年一次性奖金收入 × 适用税率 − 速算扣除数$$

居民个人取得全年一次性奖金,也可以选择并入当年综合所得计算纳税。

自 2028 年 1 月 1 日起,居民个人取得全年一次性奖金,应并入当年综合所得计算缴纳个人所得税。

中央国有企业负责人取得年度绩效薪金延期兑现收入和任期奖励,符合规定的,在 2027 年 12 月 31 日前,参照全年一次性奖金的计税方式执行;2028 年 1 月 1 日之后的政策另行明确。

18

【例题 18-7】　李先生在上海工作,为独生子女,父亲超过 60 岁,名下无房产,每月租房支出 1 500 元,无子女,2023 年无大病医疗支出。2023 年共取得税前工资薪金 15 万元,年终奖 12 万元,采用单独计算纳税办法。全年缴纳"三险一金"共计 2 万元。

要求:计算李先生 2023 年应交个人所得税额。

解析:

李先生的全年专项附加扣除 = (1 500 + 3 000) × 12 = 54 000(元)。

李先生的工资薪金应纳个人所得税 = (150 000 − 60 000 − 20 000 − 54 000) × 0.03 = 480(元)。

由于 12 ÷ 12 = 1 万元/每月,年终奖适用税率为 10%。

李先生的年终奖应纳个人所得税 = 120 000 × 0.1 − 210 = 11 790(元)。

李先生 2023 年应交个人所得税 = 480 + 11 790 = 12 270(元)。

(二) 居民个人取得股票期权、股票增值权、限制性股票、股权奖励等股权激励

居民个人取得股票期权、股票增值权、限制性股票、股权奖励等股权激励(以下简称股权激励),符合相关条件的,在 2027 年 12 月 31 日前,不并入当年综合所得,全额单独适用综合所得年税率表(表 18-3)计算纳税。计算公式为:

$$应纳税额 = 股权激励收入 × 适用税率 − 速算扣除数$$

居民个人一个纳税年度内取得两次以上(含两次)股权激励的,应合并计算纳税。2028 年 1 月 1 日之后的股权激励政策另行规定。

(三) 保险营销员、证券经纪人佣金收入

保险营销员、证券经纪人取得的佣金收入,属于劳务报酬所得,以不含增值税的收入减除 20% 的费用后的余额为收入额,收入额减去展业成本以及附加税费后,并入当年综合所得,计算缴纳个人所得税。保险营销员、证券经纪人展业成本按照收入额的 25% 计算。

日常预扣预缴时,综合考虑新旧税制衔接,为最大程度减轻保险营销员、证券经纪人税收负担,依照税法规定,对其取得的佣金收入,按照累计预扣法计算预缴税款。具体计算时,以该纳税人截至当期在单位从业月份的累计收入减除累计减除费用、累计其他扣除后的余额,比照工资、薪金所得预扣率表计算当期应预扣预缴税额。专项扣除和专项附加扣除,在预扣预缴环节暂不扣除,待年度终了后汇算清缴申报时办理。

(四) 个人领取企业年金、职业年金

个人达到国家规定的退休年龄,领取的企业年金、职业年金,符合规定的,不并入综合所得,全额单独计算应纳税款。其中按月领取的,适用月度税率表计算纳税;按季领取的,平均分摊计入各月,按每月领取额适用月度税率表计算纳税;按年领取的,适用综合所得税率表计算纳税。

个人因出境定居而一次性领取的年金个人账户资金,或个人死亡后,其指定的受益人或法定继承人一次性领取的年金个人账户余额,适用综合所得年度税率表计算纳税。个人除上述特殊原因外一次性领取年金个人账户资金或余额的,适用综合所得月度税率表计算纳税。

(五) 解除劳动关系、提前退休、内部退养的一次性补偿、补贴收入

个人与用人单位解除劳动关系取得一次性补偿收入(包括用人单位发放的经济补偿金、生活补助费和其他补助费),在当地上年职工平均工资 3 倍数额以内的部分,免征个人所得税;超过 3 倍数额的部分,不并入当年综合所得,应单独适用综合所得税率表,计算纳税。

个人办理提前退休手续而取得的一次性补贴收入,应按照办理提前退休手续至法定离退休年龄之间实际年度数平均分摊,确定适用税率和速算扣除数,单独适用综合所得税率表,计算纳税。计算公式:

$$\text{应纳税额} = \left\{ \left[\left(\text{一次性补贴收入} \div \begin{array}{c}\text{办理提前退休手续}\\\text{至法定退休年龄}\\\text{的实际年度数}\end{array} \right) - \begin{array}{c}\text{费用}\\\text{扣除}\\\text{标准}\end{array} \right] \times \text{适用税率} - \text{速算扣除数} \right\} \times \begin{array}{c}\text{办理提前退休手续}\\\text{至法定退休年龄}\\\text{的实际年度数}\end{array}$$

个人办理内部退养手续而取得的一次性补贴收入,应按办理内部退养手续后至法定离退休年龄之间的所属月份进行平均,并与领取当月的"工资、薪金所得"合并后减除当月费用扣除标准,以余额为基数确定适用税率,再将当月工资、薪金加上取得的一次性收入,减去费用扣除标准、按适用税率计征个人所得税。

【例题 18-8】 王女士 2023 年 8 月在单位办理了提前退休手续,提前三年退休,获得一次性补贴共 30 万元,1—8 月获得工资、薪金收入 10 万元,股票期权 10 万元。王女士 1 至 8 月每月专项附加扣除 3 000 元。

要求:计算王女士 2023 年应纳税额。

解析:

王女士工资薪金收入的应纳税所得额 = 100 000 − 60 000 − 3 000 × 12 = 4 000(元)。

工资薪金收入的应纳税额 = 4 000 × 0.03 = 120(元)。

提前退休补贴的应纳税额 = [(300 000 ÷ 3 − 60 000) × 0.1 − 2 520] × 3 = 4 440(元)。

股票期权收入的应纳税额 = 100 000 × 0.1 − 2 520 = 7 480(元)。

王女士 2023 年应纳税额 = 120 + 4 440 + 7 480 = 12 040(元)。

(六)单位低价向职工售房

单位按低于购置或建造成本价格出售住房给职工,职工因此而少支出的差价部分,符合《财政部 国家税务总局关于单位低价向职工售房有关个人所得税问题的通知》(财税〔2007〕13号)第二条规定的,不并入当年综合所得,应以差价收入除以 12 个月得到的数额,按照月度税率表确定适用税率和速算扣除数,单独计算纳税。计算公式为:

$$\text{应纳税额} = \begin{array}{c}\text{职工实际支付的购房价款低于}\\\text{该房屋的购置或建造成本价格的差额}\end{array} \times \text{适用税率} - \text{速算扣除数}$$

(七)个人以免费旅游方式获得企业或单位给予的营销奖励

根据《财政部 国家税务总局关于企业以免费旅游方式提供对营销人员个人奖励有关个人所得税政策的通知》(财税〔2004〕11号),自 2004 年 1 月 20 日起,在货物营销活动中,企业和单位对营销业绩突出人员以培训班、研讨会、工作考察等名义组织旅游活动,通过免收差旅费、旅游费对个人实行的营销业绩奖励(包括实物、有价证券等),应根据所发生费用全额计入营销人员应税所得,依法征收个人所得税,并由提供上述费用的企业和单位代扣代缴。

其中,对企业雇员享受的此类奖励,应与当期的工资薪金合并,按照"工资、薪金所得"项目征收个人所得税;对其他人员享受的此类奖励,应作为当期的劳务收入,按照"劳务报酬所得"

18

项目征收个人所得税。

（八）个人养老金

自 2022 年 1 月 1 日起，对个人养老金实施递延纳税优惠政策。在缴费环节，个人向个人养老金资金账户的缴费，按照 12 000 元/年的限额标准，在综合所得或经营所得中据实扣除；在投资环节，计入个人养老金资金账户的投资收益暂不征收个人所得税；在领取环节，个人领取的个人养老金，不并入综合所得，单独按照 3% 的税率计算缴纳个人所得税，其缴纳的税款计入"工资、薪金所得"项目。

五、非居民个人"四项所得"的税额计算

非居民个人取得工资、薪金所得，劳务报酬所得，稿酬所得和特许权使用费所得，不适用综合计征方式，仍然采用分项课征方式，其税率分别使用表 18-5 所列的个人所得税税率。

表 18-5 个人所得税月税率表（适用于非居民个人）

级数	月应纳税所得额	税率/%	速算扣除数
1	不超过 3 600 元的部分	3	0
2	超过 3 600 元至 12 000 元的部分	10	210
3	超过 12 000 元至 25 000 元的部分	20	1 410
4	超过 25 000 元至 35 000 元的部分	25	2 660
5	超过 35 000 元至 550 000 元的部分	30	4 410
6	超过 550 000 元至 80 000 元的部分	35	7 160
7	超过 80 000 元的部分	45	15 160

（一）非居民个人的工资薪金所得

非居民个人工资薪金收入费用扣除标准为每月 5 000 元，不可享受专项费用扣除和专项费用附加扣除。非居民个人的工资、薪金所得按月计税，以每月收入额减除费用 5 000 元后的余额为应纳税所得额。

其月度税额计算公式为（公式中的适用税率和速算扣除数为表 18-5 中对应数值）：

$$\text{非居民个人工资薪金所得每月应纳税额} = (\text{每月工资薪金所得} - 5\,000\text{元}) \times \text{适用税率} - \text{速算扣除数}$$

（二）非居民个人的劳务报酬所得

非居民个人的劳务报酬所得按次计税，以每次劳务报酬收入减除 20% 的费用后的余额为应纳税所得额。其税额计算公式为（公式中的适用税率和速算扣除数为表 18-5 中对应数值）：

$$\text{非居民个人劳务报酬所得每次应纳税额} = \text{每次劳务报酬收入} \times (1 - 20\%) \times \text{适用税率} - \text{速算扣除数}$$

（三）非居民个人稿酬所得

非居民个人的稿酬所得按次计税，以每次稿酬收入减除 20% 的费用后的余额的 70% 为应纳税所得额。其税额计算公式为（适用税率和速算扣除数见表 18-5）：

$$\text{非居民个人稿酬所得每次应纳税额} = \text{每次稿酬收入} \times (1 - 20\%) \times 70\% \times \text{适用税率} - \text{速算扣除数}$$

（四）非居民个人的特许权使用费所得

非居民个人的特许权使用费所得按次计税,以每次特许权使用费收入减除20%的费用后的余额为应纳税所得额。其税额计算公式为(公式中的适用税率和速算扣除数为表18-5中对应数值):

$$\begin{matrix}\text{非居民个人特许权使用费}\\\text{所得每次应纳税额}\end{matrix} = \begin{matrix}\text{每次特许权}\\\text{使用费收入}\end{matrix} \times (1-20\%) \times \text{适用税率} - \text{速算扣除数}$$

（五）每次收入的确定

劳务报酬所得、稿酬所得、特许权使用费所得,属于一次性收入的,以取得该项收入为一次;属于同一项目连续性收入的,以一个月内取得的收入为一次。纳税人拥有多项特许权或者将一项特许权多次转让分别取得收入的,应分别作为一次征税;纳税人每次转让特许权取得的所得是分笔支付的,应将分笔支付的收入合并为一次征税。

【例题18-9】 玛丽小姐为美籍(无住所)员工,2023年5月14日来上海工作,10月3日离开回到美国,为独生子女。其父亲超过60岁,名下无房产,每月租房支出2千元,无子女,2023年无大病医疗支出。2023年8月,玛丽共取得境内企业支付税前工资薪金1万元,劳务报酬收入3万元,特许权使用费收入3万元,稿酬收入2万元。

要求:计算玛丽小姐2023年8月应交个人所得税额。

解析:

玛丽小姐2023年在我国境内居住时间超过90天,但不足183天,为普通非居民个人。2023年8月玛丽小姐并未离境,工资薪金所得为境内所得,需要全额纳税。非居民个人不能享受专项扣除和专项附加扣除。

玛丽小姐的工资薪金应纳税额 $= (10\,000 - 5\,000) \times 10\% - 210 = 290$(元)。

玛丽小姐的劳务报酬应纳税额 $= 30\,000 \times (1-20\%) \times 20\% - 1\,410 = 3\,390$(元)。

玛丽小姐的特许权使用费应纳税额 $= 30\,000 \times (1-20\%) \times 20\% - 1\,410 = 3\,390$(元)。

玛丽小姐的稿酬所得应纳税额 $= 20\,000 \times (1-20\%) \times 70\% \times 10\% - 210 = 910$(元)。

玛丽小姐2023年8月应交个人所得税 $= 290 + 3\,390 + 3\,390 + 910 = 7\,980$(元)。

六、无住所个人工资薪金所得收入额的特殊计算规则

无住所个人的工资薪金所得需要首先区分其来源于境内的所得和来源于境外的所得,然后计算在境内应纳税的工资薪金所得的收入额(以下称工资薪金收入额),需要兼顾其纳税人身份及其相应纳税义务的不同情况,采用不同的计算规则。

（一）无住所个人(非居民个人和无住所居民个人)境内所得的认定

1. 工资薪金所得的来源地

无住所个人取得归属于中国境内(以下称境内)工作期间的工资薪金所得为来源于境内的工资薪金所得。境内工作期间按照个人在境内工作天数计算,包括其在境内的实际工作日以及境内工作期间在境内、境外享受的公休假、个人休假、接受培训的天数。在境内、境外单位同时担任职务或者仅在境外单位任职的个人,在境内停留的当天不足24小时的,按照半天计算境内工作天数。

无住所个人在境内、境外单位同时担任职务或者仅在境外单位任职,且当期同时在境内、境外工作的,按照工资薪金所属境内、境外工作天数占当期公历天数的比例计算确定来源于境内、境外工资薪金所得的收入额。境外工作天数按照当期公历天数减去当期境内工作天数计算。

2. 数月奖金以及股权激励所得的来源地

无住所个人在境内履职或者执行职务时收到的数月奖金或者股权激励所得,归属于境外工作期间的部分,为来源于境外的工资薪金所得;无住所个人停止在境内履约或者执行职务离境后收到的数月奖金或者股权激励所得,对属于境内工作期间的部分,为来源于境内的工资薪金所得。具体计算方法为:数月奖金或者股权激励乘以数月奖金或者股权激励所属工作期间境内工作天数与所属工作期间公历天数之比。

无住所个人一个月内取得的境内外数月奖金或者股权激励包含归属于不同期间的多笔所得的,应当先分别计算不同归属期间来源于境内的所得,然后再加总计算当月来源于境内的数月奖金或者股权激励收入额。

所称数月奖金,是指一次取得归属于数月的奖金、年终加薪、分红等工资薪金所得,不包括每月固定发放的奖金及一次性发放的数月工资。此处所称股权激励,包括股票期权、股权期权、限制性股票、股票增值权、股权奖励以及其他因认购股票等有价证券而从雇主取得的折扣或者补贴。

3. 董事、监事及高层管理人员取得报酬所得的来源地

对于担任境内居民企业的董事、监事及高层管理职务的个人(以下统称高管人员),无论是否在境内履行职务,取得由境内居民企业支付或者负担的董事费、监事费、工资薪金或者其他类似报酬(以下统称高管人员报酬,包含数月奖金和股权激励),属于来源于境内的所得。此处所称高层管理职务包括企业正、副(总)经理、各职能总师、总监及其他类似公司管理层的职务。

(二) 非居民个人的工资薪金收入额

非居民个人取得工资薪金所得,除高管人员报酬以外,当月工资薪金收入额分别按照以下两种情形计算:

1. 非居民个人境内居住时间累计不超过90天的情形

在一个纳税年度内,在境内累计居住不超过90天的非居民个人,仅就归属于境内工作期间并由境内雇主支付或者负担的工资薪金所得计算缴纳个人所得税。当月工资薪金收入额的计算公式如下:

$$\text{当月工资薪金收入额} = \text{当月境内外工资薪金总额} \times \frac{\text{当月境内支付工资薪金数额}}{\text{当月境内外工资薪金总额}} \times \frac{\text{当月工资薪金所属工作期间境内工作天数}}{\text{当月工资薪金所属工作期间公历天数}} \quad \text{(公式一)}$$

此处所称境内雇主,包括雇佣员工的境内单位和个人以及境外单位或者个人在境内的机构、场所。凡境内雇主采取核定征收所得税或者无营业收入未征收所得税的,无住所个人为其工作取得工资薪金所得,不论是否在该境内雇主会计账簿中记载,均视为由该境内雇主支付或者负担。这里所称工资薪金所属工作期间的公历天数,是指无住所个人取得工资薪金所属工作期间按公历计算的天数。

公式中当月境内外工资薪金包含归属于不同期间的多笔工资薪金的,应当先分别计算不同归属期间工资薪金收入额,然后再加总计算当月工资薪金收入额。

【例题 18-10】 皮特先生是一位美籍工程师,受雇于美国企业 A,2023 年 4 月在中国境内工作 20 天,A 企业发放工资 1 万元,A 企业的中国境内子公司发放工资 2 万元。2023 年皮特累计在中国境内居住时间为 50 天。要求:计算皮特 2023 年 4 月国内工资薪金收入额。

解析:

皮特先生全年累计居住时间不超过 90 天,为特殊非居民个人,适用公式一。

皮特先生当月工资薪金收入额 = 30 000 × (2 ÷ 3) × (20 ÷ 30) = 13 333(元)。

2. 非居民个人境内居住时间累计超过 90 天不满 183 天的情形

在一个纳税年度内,在境内累计居住超过 90 天但不满 183 天的非居民个人,取得归属于境内工作期间的工资薪金所得,均应当计算缴纳个人所得税;其取得归属于境外工作期间的工资薪金所得,不征收个人所得税。当月工资薪金收入额的计算公式如下:

$$当月工资薪金收入额 = 当月境内外工资薪金总额 × \frac{当月工资薪金所属工作期间境内工作天数}{当月工资薪金所属工作期间公历天数} \quad (公式二)$$

【例题 18-11】 皮特先生是一位美籍工程师,受雇于美国企业 A,2023 年 4 月在中国工作 20 天,4 月份 A 企业发放工资 1 万元,A 企业的中国境内子公司发放工资 2 万元。2023 年皮特累计在中国境内居住时间为 120 天。请计算皮特 2023 年 4 月国内工资薪金收入额。

解析:

皮特先生全年在中国境内居住时间超过 90 天不满 183 天,为普通非居民个人,其当月工资薪金收入额的计算适用公式二。

皮特先生当月工资薪金收入额 = 3 × (20 ÷ 30) = 2(万元)。

3. 非居民个人为高管人员的情形

非居民个人为高管人员的,按照以下规定处理:

(1)高管人员在境内居住时间累计不超过 90 天的情形。在一个纳税年度内,在境内累计居住不超过 90 天的高管人员,其取得由境内雇主支付或者负担的工资薪金所得应当计算缴纳个人所得税;不是由境内雇主支付或者负担的工资薪金所得,不缴纳个人所得税。当月工资薪金收入额为当月境内支付或者负担的工资薪金收入额。当月工资薪金收入额按公式二计算。

【例题 18-12】 皮特先生是一位美籍工程师,受雇于美国企业 A。2023 年 3 月起被派往 A 企业的境内子公司担任高管,12 月份在中国境内工作 20 天,当月 A 企业发放工资 1 万元,A 企业的中国境内子公司发放工资 2 万元。2023 年皮特累计在中国境内居住时间为 50 天。要求:计算皮特 2023 年 12 月国内工资薪金收入额。

解析:

皮特属于高管,在境内居住时间不超过 90 天,12 月工资薪金总额为 2(万元)。

18

（2）高管人员在境内居住时间累计超过 90 天不满 183 天的情形。在一个纳税年度内，在境内居住累计超过 90 天但不满 183 天的高管人员，其取得的工资薪金所得，除归属于境外工作期间且不是由境内雇主支付或者负担的部分外，应当计算缴纳个人所得税。当月工资薪金收入额计算公式如下：

$$
当月工资薪金收入额 = 当月境内外工资薪金总额 \times \left[1 - \frac{当月境外支付工资薪金数额}{当月境内外工资薪金总额} \times \frac{当月工资薪金所属工作期间境外工作天数}{当月工资薪金所属工作期间公历天数} \right]
$$

（公式三）

【例题 18-13】　皮特先生是一位美籍工程师，受雇于美国企业 A。2023 年 3 月起被派往 A 企业的境内子公司担任高管，12 月份在中国境内工作 20 天，当月 A 企业发放工资 1 万元，A 企业的中国境内子公司发放工资 2 万元。2023 年皮特累计在中国境内居住时间为 120 天。

要求：计算皮特 2023 年 12 月国内工资薪金收入额。

解析：

皮特属于高管，2023 年在中国在境内居住时间超过 90 天不满 183 天，其当月工资薪金收入额的计算适用公式三。

皮特当月工资薪金收入额 $= 30\ 000 \times [1 - (1 \div 3) \times (10 \div 30)] \approx 26\ 667$（元）。

（三）无住所居民个人的工资薪金收入额

在一个纳税年度内，在境内累计居住满 183 天的无住所居民个人取得工资薪金所得，当月工资薪金收入额按照以下规定计算：

1. 无住所居民个人在境内居住累计满 183 天的年度连续不满 6 年的情形

在境内居住累计满 183 天的年度连续不满 6 年的无住所居民个人，其取得的全部工资薪金所得，除归属于境外工作期间且由境外单位或者个人支付的工资薪金所得部分外，均应计算缴纳个人所得税。工资薪金所得收入额的计算适用公式三。

【例题 18-14】　皮特先生是一位美籍工程师，受雇于美国企业 A，2022 年 2 月首次入境。2023 年 12 月在中国境内工作 20 天，4 月份 A 企业发放工资 1 万元，A 企业的中国境内子公司发放工资 2 万元。2023 年皮特累计在中国境内居住时间为 200 天。

要求：计算皮特 2023 年 4 月国内工资薪金收入额。

解析：

皮特 2023 年全年累计居住超过 183 天，为居民个人，其当月工资薪金收入额的计算适用公式三。

当月工资薪金总额 $= 30\ 000 \times [1 - (1 \div 3) \times (10 \div 30)] = 26\ 667$（元）。

2. 无住所居民个人在境内居住累计满 183 天的年度连续满 6 年的情形

在境内居住累计满 183 天的年度连续满 6 年后，其从境内、境外取得的全部工资薪金所得均应计算缴纳个人所得税。

【例题18-15】 皮特先生是一位美籍（无住所）工程师，受雇于美国企业A，2017年2月首次入境，其后长居中国，每年境内居住时间超过183天。2024年4月在中国境内工作20天，12月份A企业发放工资1万元，A企业的中国境内子公司发放工资2万元。

要求：计算皮特2024年12月国内工资薪金收入额。

解析：

自2019年1月1日起开始计算至2024年12月31日止，皮特在中国境内居住时间超过183连续满6年，属于普通居民个人，全部收入都应计算缴纳个人所得税，其当月工资薪金总额为3万元。

第四节　个人"五项所得"的税额计算

讲解视频

个人"五项所得"的税额计算

本节所谓的"五项所得"包括经营所得，股息、利息、红利所得，财产租赁所得，财产转让所得和偶然所得。这"五项所得"在确定应纳税所得额和适用税率等方面，不完全相同。

一、经营所得的税额计算

（一）经营所得应纳税额的一般确定方法

经营所得按年计算，以每一纳税年度的收入总额减除成本、费用以及损失后的余额为应纳税所得额。个人从事生产、经营活动，未提供完整、准确的纳税资料，不能正确计算应纳税所得额的，由主管税务机关核定应纳税所得额或者应纳税额。个人经营所得的应纳税额的确定，有查账征收和核定征收两种方式。

1. 查账征收方式

个人取得的经营所得，以每一纳税年度的收入总额减除成本、费用以及损失后的余额，为应纳税所得额。

收入总额，是指个人从事生产经营以及与生产经营有关的活动（以下简称生产经营）取得的货币形式和非货币形式的各项收入，包括销售货物收入、提供劳务收入、转让财产收入、利息收入、租金收入、接受捐赠收入和其他收入。此处所称其他收入，包括个体工商户资产溢余收入、逾期一年以上的未退包装物押金收入、确实无法偿付的应付款项、已作坏账损失处理后又收回的应收款项、债务重组收入、补贴收入、违约金收入、汇兑收益等。

经营所得的成本、费用，是指生产、经营活动中发生的各项直接支出和分配计入成本的间接费用以及销售费用、管理费用、财务费用；损失，是指生产、经营活动中发生的固定资产和存货的盘亏、毁损、报废损失，转让财产损失，坏账损失，自然灾害等不可抗力因素造成的损失以及其他损失。

取得经营所得的个人没有综合所得的，计算其每一纳税年度的应纳税所得额时，应当减除费用60 000元、专项扣除、专项附加扣除以及依法确定的其他扣除项目。专项附加扣除在办理汇算清缴时减除。经营所得的应纳税所得额的计算公式为：

$$
\begin{aligned}
\text{应纳税所得额} = &\ \text{该年度收入总额} - \text{成本、费用及损失} - 60\,000\text{元} \\
&- \text{专项扣除} - \text{专项附加扣除} - \text{依法确定的其他扣除项目}
\end{aligned}
$$

18

个人所得税税率表(经营所得适用)如表 18-6 所示。

表 18-6 个人所得税税率表(经营所得适用)

级数	全年应纳税所得额	税率/%	速算扣除数
1	不超过 30 000 元的部分	5	0
2	超过 30 000 元至 90 000 元的部分	10	1 500
3	超过 90 000 元至 300 000 元的部分	20	10 500
4	超过 300 000 元至 500 000 元的部分	30	40 500
5	超过 500 000 元的部分	35	65 500

经营所得应纳税额的计算公式为:

$$经营所得应纳税额 = 应纳税所得额 \times 适用税率 - 速算扣除数$$

【例题 18-16】 唐先生经营饭馆,适用查账征收个人所得税方式。2023 年收入总额为 40 万元,其中,成本费用共计 22 万元。唐先生夫妇没有其他类所得,有一个 10 岁的女儿正在上小学。2023 年唐先生缴纳社会保障支出 2 万元。唐先生为独生子,母亲超过 60 岁。唐先生 2014 年按揭购买首套房产,每月还贷 5 000 元。

要求:计算 2023 年唐先生的应纳个人所得税额。

解析:

唐先生的全年专项附加扣除额度为 $(3\ 000 + 2\ 000 + 1\ 000) \times 12 = 72\ 000$ (元)。

唐先生的经营所得应纳税额 $= (400\ 000 - 220\ 000 - 20\ 000 - 72\ 000 - 60\ 000) \times 5\% - 0 = 1\ 400$ (元)。

2. 核定征收方式

从事生产、经营活动,未提供完整、准确的纳税资料,不能正确计算应纳税所得额的,由主管税务机关核定应纳税所得额或者应纳税额。

核定征收方式包括定期定额征收、核定应税所得率、核定征收率(附征率)以及其他合理的征收方式。

定期定额征收亦称为"双定征收",是先由纳税人自报生产经营情况和应纳税款,再由税务机关对纳税人核定一定时期的税款征收率或征收额,实行增值税或营业税和所得税一并征收的一种征收方式。这种方式主要对一些营业额、所得额难以准确计算的小型纳税人适用。

实行核定应税所得率征收方式的,应纳税所得额的计算公式如下:

$$应纳税所得额 = 收入总额 \times 应税所得率$$
$$或 = 成本费用支出额 \div (1 - 应税所得率) \times 应税所得率$$

确定应纳税所得额后根据经营所得的税率表计算应纳税额。

应税所得率应按以下标准执行:工业、交通运输业、商业 5%～20%;建筑业、房地产开发业 7%～20%;饮食服务业 7%～25%;娱乐业 20%～40%;其他行业 10%～30%。企业经营多业的,无论其经营项目是否单独核算,均应根据其主营项目确定其适用的应税所得率。

实行核定征收率或附征率征收方式的,应纳税额的计算公式为:

$$经营所得应纳税额＝收入总额×征收率(附征率)$$

【例题 18-17】 唐先生一家经营一个饭馆,适用核定征收个人所得税方式。2023 年收入总额为 40 万元,税务局核定其应税所得率为 20％。

要求:计算唐先生 2023 年的应纳税额。

解析:

唐先生 2023 年应纳税额＝400 000×20％×10％－2 520＝5 480(元)

【例题 18-18】 唐先生一家经营一个饭馆,适用核定征收个人所得税方式。2023 年收入总额为 40 万元,税务局核定征收率为 3％。

要求:计算唐先生 2023 年的应纳税额。

解析:

唐先生 2023 年应纳税额＝400 000×3％＝12 000(元)。

(二) 个人独资企业和合伙企业生产经营所得的税额计算

个人独资企业和合伙企业不缴纳企业所得税,其投资者或合伙人按以下规定确定应纳税所得额:

(1) 个人独资企业的投资者以全部生产经营所得为应纳税所得额。

(2) 合伙企业投资者按合伙企业的全部生产经营所得和合伙协议约定的分配比例确定应纳税所得额;合伙协议中没有约定分配比例的,以全部生产经营所得和合伙人数量平均计算每个投资者的应纳税所得额。

(3) 个人独资企业、合伙企业的个人投资者以企业资金为本人、家庭成员及其相关人员支付与企业生产经营无关的消费性支出及购买汽车、住房等财产性支出,视为企业对个人投资者的利润分配,并入投资者个人的生产经营所得,依照"经营所得"项目计征个人所得税。

【例题 18-19】 唐先生为一个合伙企业的投资者,协议约定分配比例为 20％,2023 年该企业生产经营所得为 100 万元,此外该企业为唐先生女儿购买汽车一部,价值 20 万元。

要求:计算唐先生 2023 年应纳税额。

解析:

唐先生 2023 年应纳税额＝(1 000 000×0.2＋200 000)×30％－40 500＝79 500(元)。

二、利息、股息、红利所得的税额计算

(一) 一般规定

利息、股息、红利所得按次计税,适用税率为 20％,没有费用扣除。因此,每次收入就是每次应纳税所得额。其应纳税额的计算公式为:

$$利息、股息、红利所得应纳税额＝每次收入×20\%$$

(二) 特殊规定

1. 个人的股票形式取得股息、红利所得的确认

股份制企业在分配股息、红利时,以股票形式向股东个人支付应得的股息、红利(即派发红

18

利),应以派发红股的股票票面金额为收入额,按"利息、股息、红利"项目计征个人所得税。

2. 个人从境内上市公司取得股息、红利所得的征税问题

个人从公开发行和转让市场取得的上市公司股票,持股期限在 1 个月以内(含 1 个月)的,其股息、红利所得全额计入应纳税所得额;持股期限在 1 个月以上至 1 年(含 1 年)的,暂减按50%计入应纳税所得额;持股期限超过 1 年的,股息红利所得暂免征收个人所得税。

此处所称上市公司,是指在上海证券交易所、深圳证券交易所和北京交易所挂牌交易的上市公司;持股期限,是指个人从公开发行和转让市场取得上市公司股票之日至转让交割该股票之日前一日的持有时间。

上市公司派发股息红利时,对个人持股 1 年以内(含 1 年)的,上市公司暂不扣缴个人所得税;待个人转让股票时,证券登记结算公司根据其持股期限计算应纳税额,由证券公司等股份托管机构从个人资金账户中扣收并划付证券登记结算公司,证券登记结算公司应于次月 5 个工作日内划付上市公司,上市公司在收到税款当月的法定申报期内向主管税务机关申报缴纳。

对个人持有的上市公司限售股,解禁后取得的股息红利,按照前述规定计算纳税,持股时间自解禁日起计算;解禁前取得的股息红利继续暂减按 50%计入应纳税所得额。

3. 个人投资者从其投资的企业借款长期不还的处理

个人投资者从其投资企业(个人独资企业、合伙企业除外)借款,在该纳税年度终了后既不归还,又未用于企业生产经营的,其未归还的借款可视为企业对个人投资者的红利分配,依照"利息、股息、红利所得"项目计征个人所得税。

4. 储蓄存款利息所得

经国务院批准,自 2008 年 10 月 9 日起,对储蓄存款利息所得暂免征收个人所得税。

【例题 18-20】 李女士为某非上市公司 A 和某上市公司 B 的股东,已持有两只股票超过 1 年。2023 年 7 月取得 A 公司的分配红利 2 万元,B 公司分配股息红利 2 万元。

要求:计算 2023 年 7 月这两笔所得的应纳个人所得税。

解析:

A 公司分配红利的应纳税额 $= 20\,000 \times 20\% = 4\,000$(元)。

李女士持有 B 公司股票超过 1 年,免征个人所得税。

三、财产租赁所得的税额计算

(一)每次收入的确定

财产租赁所得,实行按次计税的方法,以一个月内取得的收入为一次。

(二)费用扣除的标准

财产租赁所得,每次收入不超过 4 000 元的,减除费用 800 元;每次收入 4 000 元以上的,减除 20%的费用后的余额为应纳税所得额。

在确定财产租赁的应纳税所得额时,纳税人在出租财产过程中缴纳的税金和教育费附加,可持完税(缴款)凭证,从其财产租赁收入中扣除。税金,指纳税人在出租财产过程中缴纳的税金涉及增值税、城市维护建设税、房产税和印花税。财产租赁所得应税收入不含增值税,可扣除的税费不包括本次租赁缴纳的增值税。

准予扣除的项目除了规定费用和有关税费以外,还准予扣除能够提供有效、准确凭证,证

明由纳税人负担的该出租财产实际开支的修缮费用。允许扣除的修缮费用,以每次 800 元为限。一次扣除不完的,准予在下一次继续扣除,直到扣完为止。

个人将承租房屋转租取得的租金收入,属于个人所得税应税所得,应按"财产租赁所得"项目计算缴纳个人所得税。取得转租收入的个人向房屋出租方支付的租金,凭房屋租赁合同和合法支付凭据允许在计算个人所得税时,从该项转租收入中扣除。转租房屋所得的税前扣除税费的扣除次序为:①财产租赁过程中缴纳的税费;②向出租方支付的租金;③由纳税人负担的租赁财产实际开支的修缮费用;④税法规定的费用扣除标准。

(三) 财产租赁所得的税率

财产租赁所得适用 20% 的比例税率,但对个人按市场价格出租的居民住房取得的所得,自 2001 年 1 月 1 日起,暂减按 10% 的税率征收个人所得税。

(四) 财产租赁所得的税额计算公式

若每次(月)租赁收入不超过 4 000 元,则:

$$\text{财产租赁所得应纳税额} = \left[(\text{每次(月)租赁收入} - 800) - \text{每次(月)实际缴纳的税费} \right] \times \text{适用税率}$$

若每次(月)租赁收入超过 4 000 元,则:

$$\text{财产租赁所得应纳税额} = \left[\text{每次(月)租赁收入} \times (1 - 20\%) - \text{每次(月)实际缴纳的税费} \right] \times \text{税率}$$

【例题 18-21】 李女士拥有一套房产和一辆小汽车对外出租,2023 年 7 月取得房屋出租所得 8 000 元,小汽车的出租所得 3 000 元,未缴纳其他相关税费。同时 2023 年支付小汽车的修理费用 1 000 元。

要求:计算这两笔所得的应纳税额。

解析:

房屋租赁所得的应纳税额 = 8 000 × (1 − 20%) × 10% = 640(元)。

小汽车的租赁所得应纳税额 = (3 000 − 800 − 800) × 20% = 280(元)。

四、财产转让所得的税额计算

(一) 一般规定

财产转让所得,实行按次计税的方法,适用 20% 的比例税率。财产转让所得以转让财产的收入额减除财产原值和合理费用后的余额,为应纳税所得额。其计算公式为:

$$\text{财产转让所得的应纳税所得额} = \text{转让财产的收入额} - \text{财产原值} - \text{合理费用}$$

此项财产原值对不同形态的财产而言有不同的含义,具体是指:

(1) 对于有价证券,财产原值是买入价以及买入时按规定缴纳的有关费用。

(2) 对于土地使用权,财产原值是取得土地使用权所支付的金额、开发土地的费用以及其他有关费用。

(3) 对于机器设备、车船,财产原值是购时价格、运输费、安装费以及其他有关费用。

(4) 对其他财产,参照以上方法确定。

纳税人未提供完整、准确的财产原值凭证,不能准确计算财产原值的,由主管税务机关核

18

定其财产原值。

财产转让所得计税时允许扣除的合理费用,是指卖出财产时按照规定支付的有关费用。

个人转让房屋的个人所得税应税收入不含增值税,其取得房屋时所支付价款中包含的增值税计入财产原值,计算转让所得时可扣除的税费不包括本次转让缴纳的增值税。

【例题 18-22】 李女士 2023 年 2 月购买有价证券,买入价 10 万元,并缴纳相关费用 2 000 元。2023 年 4 月卖出该证券,取得收入 15 万元,并缴纳相关费用 3 000 元。

要求:计算该笔所得的应纳税额。

解析:

李女士应纳税额＝(150 000－100 000－2 000－3 000)×20％＝9 000(元)。

(二)特殊规定

1. 转让债权的财产原值

《国家税务总局关于印发〈征收个人所得税若干问题的规定〉的通知》(国税发〔1994〕89号)规定,个人转让债权,采用"加权平均法"确定其应予减除的财产原值和合理费用,即以纳税人购进的同一种类债券买入价和买进过程中缴纳的税费总和,除以纳税人购进的该种类债券数量之和,乘以纳税人卖出的该种类债券数量,再加上卖出的该种类债券过程中缴纳的税费。用公式表示为:

$$\begin{matrix} \text{一次卖出某一种} \\ \text{类债券允许扣除的} \\ \text{买入价和费用} \end{matrix} = \begin{matrix} \text{纳税人购进的该种类} \\ \text{债券买入价和买进过程} \\ \text{中缴纳的税费总和} \end{matrix} \div \begin{matrix} \text{纳税人购进} \\ \text{的该种类债} \\ \text{券总数量} \end{matrix} \times \begin{matrix} \text{一次卖出的} \\ \text{该种类债券} \\ \text{的数量} \end{matrix} + \begin{matrix} \text{卖出该种类} \\ \text{债券过程中} \\ \text{缴纳的税费} \end{matrix}$$

2. 个人处置部分"打包"债权

《国家税务总局关于个人因购买和处置债权取得所得征收个人所得税问题的批复》(国税函〔2005〕655 号)规定,个人通过招标、竞拍或其他方式购置债权以后,通过相关司法或行政程序主张债权而取得的所得,应按照"财产转让所得"项目缴纳个人所得税。个人通过上述方式取得"打包"债权,只处置部分债权的,其应纳税所得额按以下方式确定:

(1)以每次处置部分债权的所得,作为一次财产转让所得征税。

(2)其应税收入按照个人取得的货币资产和非货币资产的评估价值或市场价值的合计数确定。

(3)所处置债权成本费用(即财产原值),按下列公式计算:

$$\begin{matrix} \text{当次处置} \\ \text{债权成本} \\ \text{费用} \end{matrix} = \begin{matrix} \text{个人购置} \\ \text{"打包"债权} \\ \text{实际支出} \end{matrix} \times \begin{matrix} \text{当次处置债权} \\ \text{账面价值(或拍卖} \\ \text{机构公布价值)} \end{matrix} \div \begin{matrix} \text{"打包"债权账面} \\ \text{价值(或拍卖} \\ \text{机构公布价值)} \end{matrix}$$

(4)个人购买和处置债权过程中发生的拍卖招标手续费、诉讼费、审计评估费以及缴纳的税金等合理税费,在计算个人所得税时允许扣除。

3. 公司股东个人转让股权所得

原全体股东通过签订股权转让协议,以转让公司全部资产方式将股权转让给新股东,协议约定时间以前的债权债务由原股东负责,协议约定时间以后的债权债务由新股东负责。

《国家税务总局关于股权转让收入征收个人所得税问题的批复》(国税函〔2007〕244号)规定,原股东取得股权转让所得,自2007年2月27日起,应按"财产转让所得"项目征收个人所得税,并区别以下两种情况分别确定应纳税所得额:

(1)对于原股东取得转让收入后,根据持股比例先清收债权、归还债务后再对每个股东进行分配的,应纳税所得额的计算公式为:

$$应纳税所得额 = \left(原股东股权转让总收入 - 原股东承担的债务总额 + 原股东所收回的债权总额 - 注册资本额 - 股权转让过程中的有关税费\right) \times 原股东持股比例$$

其中,原股东承担的债务不包括应付未付股东的利润(下同)。

(2)对于原股东取得转让收入后,根据持股比例对股权转让收入、债权债务进行分配的,应纳税所得额的计算公式为:

$$应纳税所得额 = 原股东分配取得股权转让收入 + 原股东清收公司债权收入 - 原股东承担公司债务支出 - 原股东向公司投资成本$$

4. 个人拍卖所得适用"财产转让所得"

(1)对个人财产拍卖所得征收个人所得税时,以该项财产最终拍卖成交价格为其转让收入额。

(2)个人财产拍卖所得适用"财产转让所得"项目计算应纳税所得额时,纳税人凭合法有效凭证,从其转让收入额中减除相应的财产原值、拍卖财产过程中缴纳的税金及有关合理费用。其中,财产原值是指售出方个人取得该拍卖品的价格(以合法有效凭证为准)。具体为:①通过商店、画廊等途径购买的,为购买该拍卖品时实际支付的价款;②通过拍卖行拍得的,为拍得该拍卖品实际支付的价款及缴纳的相关税费;③通过祖传收藏的,为其收藏该拍卖品而发生的费用;④通过赠送取得的,为其受赠该拍卖品时发生的相关税费;⑤通过其他形式取得的,参照以上原则确定财产原值。此外,拍卖财产过程中缴纳的税金,是指在拍卖财产时纳税人实际缴纳的相关税金及附加。有关合理费用,是指拍卖财产时纳税人按照规定实际支付的拍卖费(佣金)、鉴定费、评估费、图录费、证书费等费用。

(3)纳税人如不能提供合法、完整、准确的财产原值凭证,不能正确计算财产原值的,按转让收入额的3%征收率计算缴纳个人所得税;拍卖品为经文物部门认定是海外回流文物的,按转让收入额的2%征收率计算缴纳个人所得税。

五、偶然所得的税额计算

(一)一般规定

偶然所得按次计税,适用20%的比例税率,不扣除费用,因此,每次收入就是每次应纳税所得额。其应纳税额的计算公式为:

$$偶然所得应纳税额 = 每次收入 \times 20\%$$

(二)特殊规定

1. 个人取得企业支付不竞争款项所得的税务处理

根据《财政部 国家税务总局关于企业向个人支付不竞争款项征收个人所得税问题的批复》(财税〔2007〕102号)的规定,不竞争款项是指资产购买方企业与资产出售方企业自然人股东之间在资产购买交易中,通过签订保密和不竞争协议等方式,约定资产出售方企业自然人股东在交易完成后一定期限内,承诺不从事有市场竞争的相关业务,并负有相关技术资料的保密

18

义务,资产购买方企业则在约定期限内,按一定方式向资产出售方企业自然人股东所支付的款项。

鉴于资产购买方企业向个人支付的不竞争款项,属于个人因偶然因素取得的一次性所得,为此,资产出售方企业自然人股东取得的所得,应按照《个人所得税法》"偶然所得"项目计算缴纳个人所得税,税款由资产购买方企业在向资产出售方企业自然人股东支付不竞争款项时代扣代缴。

2. 个人取得有奖发票奖金所得

根据《财政部 国家税务总局关于个人取得有奖发票奖金征免个人所得税问题的通知》(财税〔2007〕34号)的规定,自2007年2月27日起,个人取得单张有奖发票奖金所得不超过800元(含800元)的,暂免征收个人所得税;个人取得单张有奖发票奖金所得超过800元的,应全额按照个人所得税法规定的"偶然所得"项目征收个人所得税。

3. 个人取得担保收入

个人为单位或他人提供担保获得收入,按照"偶然所得"项目计算缴纳个人所得税。

4. 个人取得房屋受赠收入

房屋产权所有人将房屋产权无偿赠与他人的,受赠人因无偿受赠房屋取得的受赠收入,按照"偶然所得"项目计算缴纳个人所得税。符合以下情形的,对当事双方不征收个人所得税:①房屋产权所有人将房屋产权无偿赠与配偶、父母、子女、祖父母、外祖父母、孙子女、外孙子女、兄弟姐妹;②房屋产权所有人将房屋产权无偿赠与对其承担直接抚养或者赡养义务的抚养人或者赡养人;③房屋产权所有人死亡,依法取得房屋产权的法定继承人、遗嘱继承人或者受遗赠人。

5. 个人取得礼品赠送所得

企业在业务宣传、广告等活动中,随机向本单位以外的个人赠送礼品(包括网络红包,下同),以及企业在年会、座谈会、庆典以及其他活动中向本单位以外的个人赠送礼品,个人取得的礼品收入,按照"偶然所得"项目计算缴纳个人所得税,但企业赠送的具有价格折扣或折让性质的消费券、代金券、抵用券、优惠券等礼品除外。

【例题18-23】 2023年9月1日学生A参加某企业举办的竞赛活动,取得奖金10 000元,之后在该企业实习,取得实习工资10 000元。2023年该学生无其他收入。

要求:计算这两笔收入的应纳税额。

解析:

奖金收入属于偶然所得,应纳税额=10 000×20%=2 000(元)。

实习工资属于劳务报酬,全年收入未超过6万元,应纳税额为0元(但在发放工资时需要代扣代缴个人所得税,年终汇算清缴时返还)。

第五节　个人所得税的特殊计税规则

一、个人境外所得已纳税额的抵免额计算

居民个人从中国境外取得的所得,可以从其应纳税额中抵免已在境外缴纳的个人所得税

税额,但抵免限额为该纳税人境外所得依照我国《个人所得税法》规定计算的应纳税额。

首先,居民个人从中国境内和境外取得的综合所得、经营所得,应当分别合并计算应纳税额;从中国境内和境外取得的其他所得,应当分别单独计算应纳税额。

其次,除国务院财政、税务主管部门另有规定外,来源于中国境外一个国家(地区)的综合所得抵免限额、经营所得抵免限额以及其他所得抵免限额之和,为来源于该国家(地区)所得的抵免限额。

再次,居民个人在中国境外一个国家(地区)实际已经缴纳的个人所得税税额,低于来源于该国家(地区)所得的抵免限额的,应当在中国缴纳差额部分的税款;超过来源于该国家(地区)所得的抵免限额的,其超过部分不得在本纳税年度的应纳税额中抵免,但是可以在以后纳税年度来源于该国家(地区)所得的抵免限额的余额中补扣。补扣期限最长不得超过 5 年。纳税人按规定申请扣除已在境外缴纳的个人所得税税额时,应当提供境外税务机关填发的完税凭证原件。

我国个人所得税境外所得已纳税额抵免实行"分国不分项"的抵免规则,但按照"分国分项"的方法计算某国(地区)的所得税收抵免的汇总限额。

相关计算公式如下:

1. 境外综合所得的税收抵免限额

$$\begin{matrix}中国境内外 \\ 综合所得 \\ 应纳税额\end{matrix} = \left(\begin{matrix}境内综 \\ 合所得 \\ 收入额\end{matrix} + \begin{matrix}全部境外 \\ 综合所得 \\ 收入额\end{matrix} - 60\,000\,元 - \begin{matrix}专项 \\ 费用\end{matrix} - \begin{matrix}专项 \\ 附加 \\ 费用\end{matrix} - \begin{matrix}依法确定 \\ 的其他扣 \\ 除项目\end{matrix}\right) \times \begin{matrix}综合所 \\ 得适用 \\ 税率\end{matrix} - \begin{matrix}速算 \\ 扣除 \\ 数\end{matrix}$$

$$\begin{matrix}来源于某国(地区)综合 \\ 所得的税收抵免限额\end{matrix} = \begin{matrix}中国境内外综合 \\ 所得应纳税额\end{matrix} \times \frac{来源于该国(地区)的综合所得收入额}{中国境内外综合所得收入额总额}$$

2. 境外经营所得的税收抵免限额

$$\begin{matrix}中国境内外 \\ 经营所得 \\ 应纳税额\end{matrix} = \left(\begin{matrix}境内经 \\ 营所得 \\ 收入额\end{matrix} + \begin{matrix}全部境外 \\ 经营所得 \\ 收入额\end{matrix} - 60\,000\,元 - \begin{matrix}专项 \\ 费用\end{matrix} - \begin{matrix}专项 \\ 附加 \\ 费用\end{matrix} - \begin{matrix}依法确定 \\ 的其他扣 \\ 除项目\end{matrix}\right) \times \begin{matrix}经营所 \\ 得适用 \\ 税率\end{matrix} - \begin{matrix}速算 \\ 扣除 \\ 数\end{matrix}$$

$$\begin{matrix}来源于某国(地区)经营 \\ 所得的抵免限额\end{matrix} = \begin{matrix}中国境内外经营 \\ 所得应纳税额\end{matrix} \times \frac{来源于该国(地区)的经营所得收入额}{中国境内外经营所得收入额总额}$$

3. 境外其他所得的税收抵免限额

某国(地区)其他所得的税收抵免限额即为该项收入按照我国《个人所得税法》计算的应纳税额。

4. 境外所得的汇总抵免限额

来源于某国(地区)的汇总抵免限额为以上三类所得抵免限额之和。

$$\begin{matrix}来源于某国家 \\ (地区)所得的 \\ 汇总抵免限额\end{matrix} = \begin{matrix}来源于该国 \\ (地区)的综合 \\ 所得抵免限额\end{matrix} + \begin{matrix}来源于该国 \\ (地区)的经营 \\ 所得抵免限额\end{matrix} + \begin{matrix}来源于该国 \\ (地区)的其他 \\ 所得抵免限额\end{matrix}$$

【例题 18-24】 中国居民个人王某 2023 纳税年度来自甲国的所得项目有:特许权使用费所得 50 000 元,已按该国税法缴纳个人所得税 5 000 元;劳务报酬所得 30 000 元,已按该国税法纳税 3 000 元;经营所得 40 000 元,已按该国税法缴纳个人所得税 4 000 元;同时来自乙国的特许权使用费所得 60 000 元,已按该国税法纳税 1 000 元;经营所得 30 000 元,已按该国税法缴纳个人所得税 2 000 元;股息红利收入 20 000 元,已按该国税法纳税 3 000 元;来自中国境内的工资、薪金收入 100 000 元。假定王某 2023 年的专项扣除、专项附加扣除和其他扣除一共为 30 000 元。

要求:计算该中国居民 2023 年度的应交个人所得税税额。

解析:

(1) 2023 纳税年度,王某的境内综合所得的收入额为 100 000 元。

来自甲国的综合所得收入额为 50 000 × (1 − 20%) + 30 000 × (1 − 20%) = 64 000(元)。

来自乙国的综合所得收入额为 60 000 × (1 − 20%) = 48 000(元)。

综合所得收入额总额 = 100 000 + 64 000 + 48 000 = 212 000(元)。

综合所得按照我国税法的应纳税额 = (212 000 − 60 000 − 30 000) × 10% − 2 520 = 9 680(元)。

来自甲国的综合所得的抵免限额 = 9 680 × (64 000/212 000) ≈ 2 922(元)。

来自乙国的综合所得的抵免限额 = 9 680 × (48 000/212 000) ≈ 2 192(元)。

(2) 经营性所得按照我国税法计算的应纳税额 = (40 000 + 30 000) × 0.1 − 1 500 = 5 500(元)。

来自甲国的经营所得的抵免限额 = 5 500 × (40 000/70 000) ≈ 3 143(元)。

来自乙国的经营所得的抵免限额 = 5 500 × (30 000/70 000) ≈ 2 357(元)。

(3) 来自乙国的股息红利收入的抵免限额 = 20 000 × 0.2 = 4 000(元)。

(4) 来自甲国的所得的汇总抵免限额 = 2 922 + 3 143 = 6 065(元)。

来源于乙国的所得的汇总抵免限额 = 2 192 + 2 357 + 4 000 = 8 549(元)。

(5) 在甲国已纳税额 = 5 000 + 3 000 + 4 000 = 12 000 > 6 065 元,因此当年可抵免 6 065 元,剩余 5 935 元可在下一年度甲国的抵免限额的余额中补扣。

在乙国已纳税额 = 1 000 + 2 000 + 3 000 = 6 000 < 8 549 因此,当年可抵免 6 000 元。

(6) 王某全年应纳个人所得税税额 = 9 680 + 5 500 + 4 000 − 6 065 − 6 000 = 7 115(元)。

二、个人慈善捐赠的扣除额计算

个人将其所得对教育、扶贫、济困等公益慈善事业进行捐赠,捐赠额未超过纳税人申报的应纳税所得额 30% 的部分,可以从其应纳税所得额中扣除;国务院规定对公益慈善事业捐赠实行全额税前扣除的,从其规定。

允许个人在税前扣除的对教育事业和其他公益事业的捐赠,其捐赠资金应属于其纳税申报期当期的应纳税所得;当期扣除不完的捐赠余额,不得转到其他应税所得项目以及以后纳税申报期的应纳税所得中继续扣除,也不允许将当期捐赠在属于以前纳税申报期的应纳税所得中追溯扣除。

【例题 18-25】 某知名人士取得一项股息红利收入 200 000 元,为表示其对家乡教育的支持,决定拿出 100 000 元通过县政府设立教学奖励基金。

要求:计算该笔收入应纳个人所得税。

解析:

(1) 该知名人士取得的股息红利收入没有扣除额,因此应纳税所得额为 200 000 元。

（2）慈善捐赠扣除限额＝200 000×30％＝60 000（元）。

（3）扣除税法规定的慈善捐赠限额后的应纳税所得额＝200 000－60 000＝140 000（元）。

（4）应纳个人所得税税额＝140 000×20％＝28 000（元）。

三、个人外币所得的折算

纳税人取得的各项所得的计算，应以人民币为单位。所得为非人民币的，应当按照填开完税凭证的上一月最后一日中国人民银行公布的外汇牌价，折合成人民币计算应纳税所得额。

在年度终了后汇算清缴时，对已经按月或者按次预缴税款的非人民币所得，不再重新折算；对应当补缴税款的所得部分，按照上一纳税年度最后一日中国人民银行公布的外汇牌价，折合人民币计算应纳税所得额。

第六节　个人所得税的征收管理

个人所得税以所得人为纳税义务人，以支付所得的单位或者个人为扣缴义务人。纳税人有中国公民身份号码的，以中国公民身份号码为纳税人识别号；纳税人没有中国公民身份号码的，由税务机关赋予其纳税人识别号。扣缴义务人扣缴税款时，纳税人应当向扣缴义务人提供纳税人识别号。我国现行个人所得税的征收采取扣缴申报和自行申报两种方式。

一、扣缴申报

扣缴申报包括预扣预缴和代扣代缴两种：扣缴义务人向居民个人支付工资、薪金所得，劳务报酬所得，稿酬所得，特许权使用费所得时，应当按次或者按月预扣预缴税款；扣缴义务人向非居民个人支付工资、薪金所得，劳务报酬所得，稿酬所得和特许权使用费所得时，以及向居民个人和非居民个人支付利息、股息、红利所得，财产租赁所得，财产转让所得或者偶然所得时，应当依法按次或者按月代扣代缴税款。

扣缴义务人应当依法办理全员全额扣缴申报。全员全额扣缴申报，是指扣缴义务人应当在代扣税款的次月15日内，向主管税务机关报送其支付所得的所有个人的有关信息、支付所得数额、扣除事项和数额、扣缴税款的具体数额和总额以及其他相关涉税信息资料。

实行个人所得税全员全额扣缴申报的应税所得包括：①工资、薪金所得；②劳务报酬所得；③稿酬所得；④特许权使用费所得；⑤利息、股息、红利所得；⑥财产租赁所得；⑦财产转让所得；⑧偶然所得。

扣缴义务人每月或者每次预扣、代扣的税款，应当在次月15日内缴入国库，并向税务机关报送《个人所得税扣缴申报表》。扣缴义务人首次向纳税人支付所得时，应当按照纳税人提供的纳税人识别号等基础信息，填写《个人所得税基础信息表（A表）》，并于次月扣缴申报时向税务机关报送。扣缴义务人对纳税人向其报告的相关基础信息变化情况，应当于次月扣缴申报时向税务机关报送。

非居民个人在一个纳税年度内税款扣缴方法保持不变，达到居民个人条件时，应当告知扣缴义务人基础信息变化情况，年度终了后按照居民个人有关规定办理汇算清缴。纳税人需要享受税收协定待遇的，应当在取得应税所得时主动向扣缴义务人提出，并提交相关信息、资料，扣缴义务人代扣代缴税款时按照享受税收协定待遇有关办法办理。

支付工资、薪金所得的扣缴义务人应当于年度终了后两个月内，向纳税人提供其个人所得

18

和已扣缴税款等信息。纳税人年度中间需要提供上述信息的,扣缴义务人应当提供。纳税人取得除工资、薪金所得以外的其他所得,扣缴义务人应当在扣缴税款后,及时向纳税人提供其个人所得和已扣缴税款等信息。

扣缴义务人应当按照纳税人提供的信息计算税款、办理扣缴申报,不得擅自更改纳税人提供的信息。扣缴义务人发现纳税人提供的信息与实际情况不符的,可以要求纳税人修改。纳税人拒绝修改的,扣缴义务人应当报告税务机关,税务机关应当及时处理。纳税人发现扣缴义务人提供或者扣缴申报的个人信息、支付所得、扣缴税款等信息与实际情况不符的,有权要求扣缴义务人修改。扣缴义务人拒绝修改的,纳税人应当报告税务机关,税务机关应及时处理。扣缴义务人对纳税人提供的《个人所得税专项附加扣除信息表》,应按照规定妥善保存备查。扣缴义务人应当依法对纳税人报送的专项附加扣除等相关涉税信息和资料保密。

扣缴义务人依法履行代扣代缴义务,纳税人不得拒绝。纳税人拒绝的,扣缴义务人应当及时报告税务机关。

对扣缴义务人按照规定扣缴的税款(不包括税务机关、司法机关等查补或者责令补扣的税款),按年付给 2% 的手续费。扣缴义务人领取的扣缴手续费可用于提升办税能力、奖励办税人员。扣缴义务人有未按照规定向税务机关报送资料和信息、未按照纳税人提供信息虚报虚扣专项附加扣除、应扣未扣税款、不缴或少缴已扣税款、借用或冒用他人身份等行为的,依照《税收征收管理法》等相关法律、行政法规处理。

二、自行申报

(一) 自行申报纳税的个人

纳税人有下列情形之一的,应当依法办理纳税申报:①取得综合所得需要办理汇算清缴;②取得应税所得没有扣缴义务人;③取得应税所得,扣缴义务人未扣缴税款;④取得境外所得;⑤因移居境外注销中国户籍;⑥非居民个人在中国境内从两处以上取得工资、薪金所得;⑦国务院规定的其他情形。

(二) 取得综合所得需要办理汇算清缴的纳税申报

取得综合所得需要办理汇算清缴的情形包括:

(1) 从两处以上取得综合所得,且综合所得年收入额减除专项扣除的余额超过 6 万元。

(2) 取得劳务报酬所得、稿酬所得、特许权使用费所得中一项或者多项所得,且综合所得年收入额减除专项扣除的余额超过 6 万元。

(3) 纳税年度内预缴税额低于应纳税额。

(4) 纳税人申请退税。

年度终了后,居民个人(以下称纳税人)需要汇总全年取得的工资薪金、劳务报酬、稿酬、特许权使用费等四项综合所得的收入额,减除费用 6 万元以及专项扣除、专项附加扣除、依法确定的其他扣除和符合条件的公益慈善事业捐赠后,适用综合所得个人所得税税率并减去速算扣除数,计算最终应纳税额,再减去全年已预缴税额,得出应退或应补税额,向税务机关申报并办理退税或补税。具体计算公式如下:

$$
\begin{aligned}
\text{应退或应补税额} = &\left[\left(\text{综合所得收入额} - 60\,000\,\text{元} - \text{"三险一金"等专项扣除} - \text{子女教育等专项附加扣除} - \text{依法确定的其他扣除} - \text{符合条件的公益慈善事业捐赠}\right) \times \text{适用税率} - \text{速算扣除数}\right] - \text{已预缴税额}
\end{aligned}
$$

纳税人在全年已依法预缴个人所得税且符合下列情形之一的,无需办理汇算:汇算需补税但综合所得收入全年不超过 12 万元的;汇算需补税金额不超过 400 元的;已预缴税额与汇算应纳税额一致的;符合汇算退税条件但不申请退税的。

年度汇算办理时间一般为 3 月 1 日至 6 月 30 日。在中国境内无住所的纳税人在 3 月 1 日前离境的,可以在离境前办理。纳税人可自主选择下列办理方式:①自行办理。②通过任职受雇单位(含按累计预扣法预扣预缴其劳务报酬所得个人所得税的单位)代为办理。③委托受托人(含涉税专业服务机构或其他单位及个人)办理,纳税人需与受托人签订授权书。

纳税人可优先通过手机个人所得税 APP、自然人电子税务局网站办理汇算,税务机关将为纳税人提供申报表项目预填服务;不方便通过上述方式办理的,也可以通过邮寄方式或到办税服务厅办理。

纳税人申请汇算退税,应当提供其在中国境内开设的符合条件的银行账户。税务机关按规定审核后,按照国库管理有关规定办理税款退库。

汇算需补税的纳税人,汇算期结束后未足额补缴税款的,税务机关将依法加收滞纳金,并在其个人所得税《纳税记录》中予以标注。

(三) 取得经营所得的纳税申报

个体工商户业主、个人独资企业投资者、合伙企业个人合伙人、承包承租经营者个人以及其他从事生产、经营活动的个人取得的经营所得,包括以下情形:①个体工商户从事生产、经营活动取得的所得,个人独资企业投资人、合伙企业的个人合伙人来源于境内注册的个人独资企业、合伙企业生产、经营的所得。②个人依法从事办学、医疗、咨询以及其他有偿服务活动取得的所得。③个人对企业、事业单位承包经营、承租经营以及转包、转租取得的所得。④个人从事其他生产、经营活动取得的所得。⑤纳税人取得经营所得,按年计算个人所得税,由纳税人在月度或季度终了后 15 日内,向经营管理所在地主管税务机关办理预缴纳税申报,并报送《个人所得税经营所得纳税申报表(A 表)》。在取得所得的次年 3 月 31 日前,向经营管理所在地主管税务机关办理汇算清缴,并报送《个人所得税经营所得纳税申报表(B 表)》;从两处以上取得经营所得的,选择向其中一处经营管理所在地主管税务机关办理年度汇总申报,并报送《个人所得税经营所得纳税申报表(C 表)》。

(四) 取得应税所得,扣缴义务人未扣缴税款的纳税申报

纳税人取得应税所得,扣缴义务人未扣缴税款的,应当区别以下情形办理纳税申报:

(1) 居民个人取得综合所得的,按照上述(二)办理。

(2) 非居民个人取得工资、薪金所得,劳务报酬所得,稿酬所得,特许权使用费所得的,应当在取得所得的次年 6 月 30 日前,向扣缴义务人所在地主管税务机关办理纳税申报,并报送《个人所得税自行纳税申报表(A 表)》。有两个以上扣缴义务人均未扣缴税款的,选择向其中一处扣缴义务人所在地主管税务机关办理纳税申报。非居民个人在次年 6 月 30 日前离境(临时离境除外)的,应当在离境前办理纳税申报。

(3) 纳税人取得利息、股息、红利所得,财产租赁所得,财产转让所得和偶然所得的,应当在取得所得的次年 6 月 30 日前,按相关规定向主管税务机关办理纳税申报,并报送《个人所得税自行纳税申报表(A 表)》。税务机关通知限期缴纳的,纳税人应当按照期限缴纳税款。

(五) 取得境外所得的纳税申报

(1) 居民个人从中国境外取得所得的,应当在取得所得的次年 3 月 1 日至 6 月 30 日内,向中国境内任职、受雇单位所在地主管税务机关办理纳税申报;在中国境内没有任职、受雇单

18

位的,向户籍所在地或中国境内经常居住地主管税务机关办理纳税申报;户籍所在地与中国境内经常居住地不一致的,选择其中一地主管税务机关办理纳税申报;在中国境内没有户籍的,向中国境内经常居住地主管税务机关办理纳税申报。居民个人取得境外所得的境外纳税年度与公历年度不一致的,取得境外所得的境外纳税年度最后一日所在的公历年度,为境外所得对应的我国纳税年度。

(2)居民个人申报境外所得税收抵免时,除另有规定外,应当提供境外征税主体出具的税款所属年度的完税证明、税收缴款书或者纳税记录等纳税凭证,未提供符合要求的纳税凭证,不予抵免。居民个人已申报境外所得、未进行税收抵免,在以后纳税年度取得纳税凭证并申报境外所得税收抵免的,可以追溯至该境外所得所属纳税年度进行抵免,但追溯年度不得超过5年。自取得该项境外所得的5个年度内,境外征税主体出具的税款所属纳税年度纳税凭证载明的实际缴纳税额发生变化的,按实际缴纳税额重新计算并办理补退税,不加收税收滞纳金,不退还利息。纳税人确实无法提供纳税凭证的,可同时凭境外所得纳税申报表(或者境外征税主体确认的缴税通知书)以及对应的银行缴款凭证办理境外所得抵免事宜。

(3)居民个人被境内企业、单位、其他组织(以下称派出单位)派往境外工作,取得的工资薪金所得或者劳务报酬所得,由派出单位或者其他境内单位支付或负担的,派出单位或者其他境内单位应按照个人所得税法及其实施条例的规定预扣预缴税款。居民个人被派出单位派往境外工作,取得的工资薪金所得或者劳务报酬所得,由境外单位支付或负担的,如果境外单位为境外任职、受雇的中方机构(以下称中方机构)的,可以由境外任职、受雇的中方机构预扣税款,并委托派出单位向主管税务机关申报纳税。中方机构未预扣税款的或者境外单位不是中方机构的,派出单位应当于次年2月28日前向其主管税务机关报送外派人员情况,包括:外派人员的姓名、身份证件类型及身份证件号码、职务、派往国家和地区、境外工作单位名称和地址、派遣期限、境内外收入及缴税情况等。中方机构包括中国境内企业、事业单位、其他经济组织以及国家机关所属的境外分支机构、子公司、使(领)馆、代表处等。

(4)纳税人和扣缴义务人未按公告规定申报缴纳、扣缴境外所得个人所得税以及报送资料的,按照《税收征收管理法》和《个人所得税法》及其实施条例等有关规定处理,并按规定纳入个人纳税信用管理。

(六)因移居境外注销中国户籍的纳税申报

纳税人因移居境外注销中国户籍的,应当在申请注销中国户籍前,向户籍所在地主管税务机关办理纳税申报,进行税款清算。

(1)纳税人在注销户籍年度取得综合所得的,应当在注销户籍前,办理当年综合所得的汇算清缴,并报送《个人所得税年度自行纳税申报表》。尚未办理上一年度综合所得汇算清缴的,应当在办理注销户籍纳税申报时一并办理。

(2)纳税人在注销户籍年度取得经营所得的,应当在注销户籍前,办理当年经营所得的汇算清缴,并报送《个人所得税经营所得纳税申报表(B表)》。从两处以上取得经营所得的,还应当一并报送《个人所得税经营所得纳税申报表(C表)》。尚未办理上一年度经营所得汇算清缴的,应当在办理注销户籍纳税申报时一并办理。

(3)纳税人在注销户籍当年取得利息、股息、红利所得,财产租赁所得,财产转让所得和偶然所得的,应当在注销户籍前,申报当年上述所得的完税情况,并报送《个人所得税自行纳税申报表(A表)》。

（4）纳税人有未缴或者少缴税款的,应当在注销户籍前,结清欠缴或未缴的税款。纳税人存在分期缴税且未缴纳完毕的,应当在注销户籍前,结清尚未缴纳的税款。

（5）纳税人办理注销户籍纳税申报时,需要办理专项附加扣除、依法确定的其他扣除的,应当向税务机关报送《个人所得税专项附加扣除信息表》《商业健康保险税前扣除情况明细表》《个人税收递延型商业养老保险税前扣除情况明细表》等。

（七）非居民个人在中国境内从两处以上取得工资、薪金所得的纳税申报

非居民个人在中国境内从两处以上取得工资、薪金所得的,应当在取得所得的次月 15 日内,向其中一处任职、受雇单位所在地主管税务机关办理纳税申报,并报送《个人所得税自行纳税申报表（A 表）》。

（八）纳税申报方式

纳税人可以采用远程办税端、邮寄等方式申报,也可以直接到主管税务机关申报。

（九）其他有关问题

纳税人办理自行纳税申报时,应当一并报送税务机关要求报送的其他有关资料。首次申报或者个人基础信息发生变化的,还应报送《个人所得税基础信息表（B 表）》。

纳税人办理纳税申报时需享受税收协定待遇的,按照享受税收协定待遇有关办法办理。

三、纳税调整

税法规定,有下列情形之一的,税务机关有权按照合理方法进行纳税调整:

（1）个人与其关联方之间的业务往来不符合独立交易原则而减少本人或者其关联方应纳税额,且无正当理由。

（2）居民个人控制的,或者居民个人和居民企业共同控制的设立在实际税负明显偏低的国家（地区）的企业,无合理经营需要,对应当归属于居民个人的利润不作分配或者减少分配。

（3）个人实施其他不具有合理商业目的的安排而获取不当税收利益。

（4）税务机关依照上述规定作出纳税调整需要补征税款的,应当补征税款,并依法加收利息。

四、无住所个人特殊征管规定

（一）无住所个人预计境内居住时间的确定

无住所个人在一个纳税年度内首次申报时,应当根据合同约定等情况预计一个纳税年度内境内居住天数以及在税收协定规定的期间内境内停留天数,按照预计情况计算缴纳税款。实际情况与预计情况不符的,分别按照以下规定处理:

（1）无住所个人预先判定为非居民个人,因延长居住天数达到居民个人条件的,一个纳税年度内税款扣缴方法保持不变,年度终了后按照居民个人有关规定办理汇算清缴,但该个人在当年离境且预计年度内不再入境的,可以选择在离境之前办理汇算清缴。

（2）无住所个人预先判定为居民个人,因缩短居住天数不能达到居民个人条件的,在不能达到居民个人条件之日起至年度终了 15 天内,应当向主管税务机关报告,按照非居民个人重新计算应纳税额,申报补缴税款,不加收税收滞纳金。需要退税的,按照规定办理。

（3）无住所个人预计一个纳税年度境内居住天数累计不超过 90 天,但实际累计居住天数超过 90 天的,或者对方税收居民个人预计在税收协定规定的期间内境内停留天数不超过 183 天,但实际停留天数超过 183 天的,待达到 90 天或者 183 天的月度终了后 15 天内,应当向主管税务机关报告,就以前月份工资、薪金所得重新计算应纳税款,并补缴税款,不加收税收滞纳金。

18

（二）无住所个人境内雇主报告境外关联方支付工资薪金所得的征管方式

无住所个人在境内任职、受雇取得来源于境内的工资薪金所得,凡境内雇主与境外单位或者个人存在关联关系,将本应由境内雇主支付的工资薪金所得,部分或者全部由境外关联方支付的,无住所个人可以自行申报缴纳税款,也可以委托境内雇主代为缴纳税款。无住所个人未委托境内雇主代为缴纳税款的,境内雇主应当在相关所得支付当月终了后15天内向主管税务机关报告相关信息,包括境内雇主与境外关联方对无住所个人的工作安排、境外支付情况以及无住所个人的联系方式等信息。

练 习 题

一、选择题(含单项选择题和多项选择题,请用手机扫描下方二维码作答)

二、计算题

1. 李某(中国籍)是上海一家企业A的员工,2022年取得该企业支付的工资15万元(缴纳五险一金后),另外取得年终奖5万元,同时李某是一家合伙企业B的合伙人,该企业2022年生产经营所得为40万元,共2名合伙人,协议未约定分配比例,另外李某2月出版一本小说,取得稿酬收入10万元,10月该小说被某影视公司购买版权,取得版权费20万元。李某在上海租房生活,是独生子女,父母超过60岁,无子女。

要求:计算李某全年应纳个人所得税税额。

2. A是一名日本籍科研人员,受雇于日本企业B,2022年8月1日起进入中国境内,受公司派遣至中国企业C,其后未离开中国境内,其全年收入包括:企业B发放12个月工资薪金所得每月3万元人民币;企业C发放的8—12月劳务报酬每月1万元人民币,A持有某项生产专利权,B企业在日本使用此专利,支付了2万元人民币,B企业在中国使用此专利,支付了2万元人民币。

要求:计算A在2022年向中国支付的个人所得税总额。

三、简答题

1. 个人所得税的横向公平与纵向公平,哪个更重要?

2. 为了提高个人所得税的公平性,是否应该限定其支出用途?

3. 个人所得税的费用扣除遵循什么原则?

4. 个人慈善捐赠支出的税前扣除为什么要加以限制?

5. 在个人所得税制中,为何要区分居民个人和非居民个人?

第四篇

财产课税制度

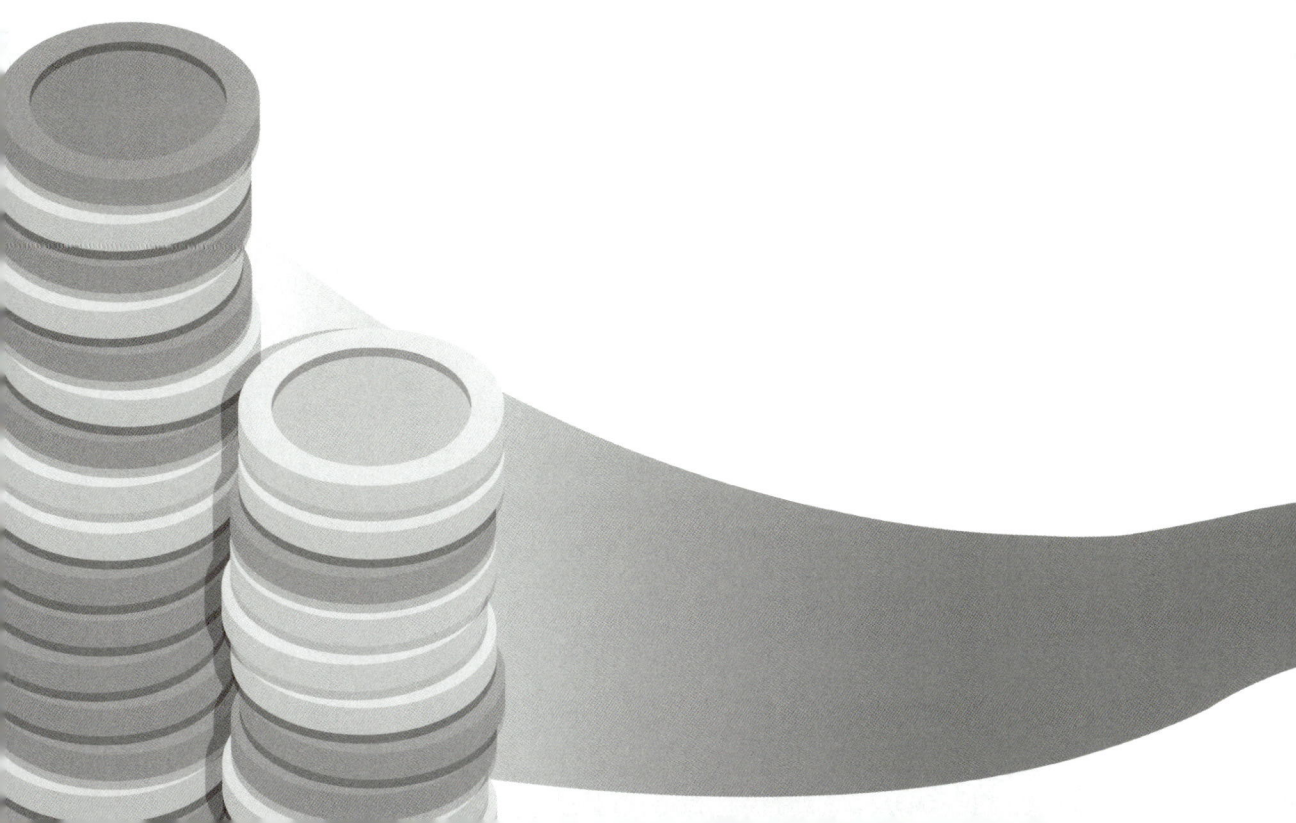

第十九章　耕地占用税制度

思维导图

耕地占用税
制度

学 习 目 标

序号	知识点	学习目标	学习难度
1	耕地占用税的制度演变	了解	☆
2	耕地占用税的纳税人	重点掌握	☆☆
3	耕地占用税的征税对象	重点掌握	☆☆☆
4	耕地占用税的减免优惠	一般掌握	☆☆☆
5	耕地占用税的税额计算	重点掌握	☆
6	耕地占用税的征收管理	了解	☆☆

第一节　耕地占用税概述

一、耕地占用税的概念和制度演变

耕地占用税,是对占用耕地建设建筑物、构筑物或者从事非农业建设的单位和个人依据实际占用耕地面积并按照规定税额标准一次性征收的一种税。

耕地占用税的征税对象是土地,其计税依据是土地的面积,可以理解为是对存量土地财产的一种一次性定额税收,因此性质上属于财产税。

耕地占用税开征于 1987 年。1987 年 4 月 1 日,国务院发布《中华人民共和国耕地占用税暂行条例》,自即日起施行。

2006 年初,为进一步通过税收手段调节土地占用、加大保护耕地的力度,中共中央 1 号文件明确提出了"提高耕地占用税税率"的要求。同年 8 月,《国务院关于加强土地调控有关问题的通知》(国发〔2006〕31 号)发布,并提出要提高耕地占用税征收标准,加强征管,严格控制减免税。2007 年,中共十七大报告中再次强调要严格保护耕地,并提出了建设资源节约型社会的要求。在此背景下,2007 年 12 月 1 日,国务院令第 511 号发布了经过修订的《中华人民共和国耕地占用税暂行条例》(以下简称《耕地占用税暂行条例》),自 2008 年 1 月 1 日起施行。2008 年 2 月 26 日,《中华人民共和国耕地占用税暂行条例实施细则》经财政部、国家税务总局审议通过并公布实施。

2018 年 12 月 29 日,十三届全国人大常委会第七次会议通过并发布了《中华人民共和国耕地占用税法》(以下简称《耕地占用税法》)。2019 年 8 月 29 日,财政部、国家税务总局、自然

19

资源部、农业农村部、生态环境部制定了《中华人民共和国耕地占用税法实施办法》(以下简称《耕地占用税法实施办法》),两者均自 2019 年 9 月 1 日起实施。

二、耕地占用税的征收目的

《耕地占用税法》第一条明确规定了耕地占用税的征收目的是合理利用土地资源,加强土地管理和保护耕地。

(一)征收耕地占用税有利于合理利用土地资源

我国土地资源的特点是总量多、人均少、地区分布不平衡,可开发后备资源少。我国土地总面积达到 960 多万平方公里,居世界第三位,占世界陆地总面积 1/15。但土地的后备资源十分有限。此外,我国有 14 亿多人口,人均土地面积不到世界平均数的 1/3。这种土地国情,需要特别注意合理利用土地资源,制定不同的土地政策。征收耕地占用税是我国土地政策体系的一个组成部分,同时也可以配合其他相关土地政策的配套落实,共同促进我国土地资源的合理使用。

(二)征收耕地占用税有利于加强土地管理

土地管理,是指国家及其职能机关对土地财产制度和土地资源的合理利用,所进行的法律行动和行政活动。作为国家法律和行政法规的组成部分,耕地占用税法及其行政法规的制定和实施有利于土地资源信息的采集、共享和合理使用,从而有利于促进土地管理的协同合作水平。

(三)征收耕地占用税有利于保护耕地

我国人多地少,是一个耕地资源相对匮乏的国家。改革开放以来的 40 多年间,我国经济以较高速度发展,建设项目快速上马,城镇规模迅速扩大,伴随而来的是耕地资源的大幅度减少和粮食生产的严峻危机。耕地资源大幅减少,对国家粮食安全造成重大威胁。而粮食安全的关键,就在于切实保护好宝贵的耕地资源。我国政府明确坚持实行最严格的耕地保护制度和最严格的节约用地制度。征收耕地占用是利用税收的经济杠杆作用来促使单位和个人尽量少占耕地、节约耕地的一项重要措施。当然,要确保耕地占用税对保护耕地的积极作用,就需要制定合理的税收政策和实施严格的管理制度。

三、耕地占用税的收入归属

耕地占用税属于地方税收,归地方政府使用。由于耕地占用税的征税目的在于限制非农业建设占用耕地,因此,耕地占用税收入按规定应用于建立发展农业的专项基金,主要用于开展宜耕土地开发和改良现有耕地之用。

2020 年,全国税收收入 154 310 亿元,其中耕地占用税收入 1 258 亿元,同比下降 0.95%,占全国税收收入的比重为 0.8%。

2021 年,全国税收收入 172 731 亿元,其中耕地占用税收入 1 065 亿元,同比下降 15.34%,占全国税收收入的比重为 0.6%。

2022 年,全国税收收入 166 614 亿元,其中耕地占用税收入 1 257 亿元,同比增长 18.03%,占全国税收收入的比重为 0.8%。

第二节 耕地占用税的纳税人和征税对象

一、耕地占用税的纳税人

《耕地占用税法》规定,占用耕地建设建筑物、构筑物或者从事非农业建设的单位或者个人,为耕地占用税的纳税人,应当依照《耕地占用税法》规定缴纳耕地占用税。但是,占用耕地建设农田水利设施的,不征耕地占用税。所谓单位,包括国有企业、集体企业、私营企业、股份制企业、外商投资企业、外国企业以及其他企业和事业单位、社会团体、国家机关、部队以及其他单位;所谓个人,包括个体工商户以及其他个人。2008年前,耕地占用税的纳税人不包括外商投资企业、外国企业和外籍个人;2008年以后,实现了耕地占用税制的内外统一。

《耕地占用税法实施办法》规定,经申请批准占用耕地的,纳税人为农用地转用审批文件中标明的建设用地人;农用地转用审批文件中未标明建设用地人的,纳税人为用地申请人;其中用地申请人为各级人民政府的,由同级土地储备中心、自然资源主管部门或政府委托的其他部门、单位履行耕地占用税申报纳税义务。未经批准占用耕地的,纳税人为实际用地人。

二、耕地占用税的征税对象

(一)耕地

《耕地占用税法》规定,耕地占用税的征税对象是指用于种植农作物的耕地。

(二)其他农用地

《耕地占用税法》规定,占用园地、林地、草地、农田水利用地、养殖水面、渔业水域滩涂以及其他农用地建设建筑物、构筑物或者从事非农业建设的,依照本法的规定缴纳耕地占用税。

《耕地占用税法实施办法》进一步明确了其他农用地的范围和含义:

(1)园地,包括果园、茶园、橡胶园、其他园地。其他园地包括种植桑树、可可、咖啡、油棕、胡椒、药材等其他多年生作物的园地。

(2)林地,包括乔木林地、竹林地、红树林地、森林沼泽、灌木林地、灌丛沼泽、其他林地,不包括城镇村庄范围内的绿化林木用地,铁路、公路征地范围内的林木用地,以及河流、沟渠的护堤林用地。其他林地包括疏林地、未成林地、迹地、苗圃等林地。

(3)草地,包括天然牧草地、沼泽草地、人工牧草地,以及用于农业生产并已由相关行政主管部门发放使用权证的草地。

(4)农田水利用地,包括农田排灌沟渠及相应附属设施用地。

(5)养殖水面,包括人工开挖或者天然形成的用于水产养殖的河流水面、湖泊水面、水库水面、坑塘水面及相应附属设施用地。

(6)渔业水域滩涂,包括专门用于种植或者养殖水生动植物的海水潮浸地带和滩地,以及用于种植芦苇并定期进行人工养护管理的苇田。

对占用《耕地占用税法》规定的上述其他农用地建设直接为农业生产服务的生产设施的,不征收耕地占用税。

所谓直接为农业生产服务的生产设施,是指直接为农业生产服务而建设的建筑物和构筑物。具体包括:①储存农用机具和种子、苗木、木材等农业产品的仓储设施;②培育、生产种子、种苗的设施;③畜禽养殖设施;④木材集材道、运材道;⑤农业科研、试验、示范基地;⑥野生动植物保护、护林、森林病虫害防治、森林防火、木材检疫的设施;⑦专为农业生产服务的灌溉排水、供水、供电、供热、供气、通信基础设施;⑧农业生产者从事农业生产必需的食宿和管理设施;⑨其他直接为农业生产服务的生产设施。

19

第三节　耕地占用税的税收负担

一、耕地占用税的税率

(一) 耕地占用税税率的确定规则

耕地占用税实行定额税率,以县、自治县、不设区的市、市辖区为单位,按人均耕地面积确定每平方米耕地的适用税额。国务院财政、税务主管部门根据人均耕地面积和经济发展情况确定各省、自治区、直辖市的平均税额。各地适用税额,由省、自治区、直辖市人民政府在表19-1中规定的税额幅度内,根据本地区情况核定。各省、自治区、直辖市政府核定的适用税额的平均水平,不得低于《耕地占用税法》规定的平均税额。

(二) 耕地占用税的税额标准

1. 税额标准的一般规定

《耕地占用税法》规定,耕地占用税的税额标准为:①人均耕地不超过1亩的地区(以县、自治县、不设区的市、市辖区为单位,下同),每平方米为10元至50元。②人均耕地超过1亩但不超过2亩的地区,每平方米为8元至40元。③人均耕地超过2亩但不超过3亩的地区,每平方米为6元至30元。④人均耕地超过3亩的地区,每平方米为5元至25元。

耕地占用税税率表,如表19-1所示。

表 19-1　　　　　　　　　　　　　　　　耕地占用税税率表

级次	地区(以县为单位)	税额/(元/平方米)
1	人均耕地不超过1亩	10~50
2	人均耕地超过1亩至2亩	8~40
3	人均耕地超过2亩至3亩	6~30
4	人均耕地超过3亩	5~25

2. 地区平均税额标准

各地区耕地占用税的适用税额,由省、自治区、直辖市人民政府根据人均耕地面积和经济发展等情况,在税法相关规定的税额幅度内提出,报同级人民代表大会常务委员会决定,并报全国人民代表大会常务委员会和国务院备案。

各省、自治区、直辖市耕地占用税适用税额的平均水平,不得低于《耕地占用税法》所附《各省、自治区、直辖市耕地占用税平均税额表》规定的平均税额。各省、自治区、直辖市耕地占用税平均税额表如表19-2所示。

表 19-2　　　　　　　　　　各省、自治区、直辖市耕地占用税平均税额表

地　　　区	地区平均税额/(元/平方米)
上　海	45
北　京	40
天　津	35
浙江、福建、江苏、广东	30
湖北、湖南、辽宁	25

地 区	地区平均税额/(元/平方米)
河北、山东、江西、安徽、河南、四川、重庆	22.5
广西、陕西、贵州、云南、海南	20
山西、黑龙江、吉林	17.7
甘肃、宁夏、内蒙古、青海、新疆、西藏	12.5

3. 税额标准的特殊规定

为了强化耕地占用税对耕地的保护功能,《耕地占用税法》规定了省级人民政府可以提高税率的两种特殊情形:

(1) 在人均耕地低于 0.5 亩的地区,省、自治区、直辖市可以根据当地经济发展情况,适当提高耕地占用税的适用税额,但提高的部分不得超过《耕地占用税法》第四条第二款确定的适用税额(即 8 元至 40 元的税额标准)的 50%。具体适用税额按照《耕地占用税法》第四条第二款规定的程序确定。

(2) 占用基本农田的,应当按照《耕地占用税法》第四条第二款(即 8 元至 40 元的税额标准)或者第五条确定的当地适用税额,加按 150% 征收。基本农田,是指依照《基本农田保护条例》划定的基本农田保护区范围内的耕地。

《耕地占用税暂行条例实施细则》规定,占用林地、牧草地、农田水利用地、养殖水面以及渔业水域滩涂等其他农用地建房或者从事非农业建设的,适用税额可以适当低于当地占用耕地的适用税额,具体适用税额按照各省、自治区、直辖市人民政府的规定执行。

二、耕地占用税的减免优惠

《耕地占用税法》规定了免征或者耕地占用税的具体情况,并且明确规定,根据国民经济和社会发展的需要,国务院可以规定免征或者减征耕地占用税的其他情形,报全国人民代表大会常务委员会备案。根据《耕地占用税法实施办法》的规定,纳税人符合《耕地占用税法》第七条规定情形,享受免征或者减征耕地占用税的,应当留存相关证明资料备查。在农用地转用环节,用地申请人能证明建设用地人符合《耕地占用税法》第七条第一款规定的免税情形的,免征用地申请人的耕地占用税;在供地环节,建设用地人使用耕地用途符合《耕地占用税法》第七条第一款规定的免税情形的,由用地申请人和建设用地人共同申请,按退税管理规定退还用地申请人已经缴纳的耕地占用税。

(一) 免征耕地占用税

《耕地占用税法》第七条第一款规定,对军事设施、学校、幼儿园、社会福利机构、医疗机构占用耕地,免征耕地占用税。《耕地占用税法》第七条第三款和第四款对少数特殊群体的新建自用住宅作出了免税规定。

1. 军事设施

《耕地占用税法实施办法》规定,免税的军事设施的具体范围是《中华人民共和国军事设施保护法》规定的军事设施。

2. 学校

《耕地占用税法实施办法》规定,免税的学校的具体范围包括县级以上人民政府教育行政部门批准成立的大学、中学、小学、学历性职业教育学校和特殊教育学校,以及经省级人民政府

19

或其人力资源社会保障行政部门批准成立的技工院校。学校内经营性场所和教职工住房占用耕地的,按照当地适用税额缴纳耕地占用税。

3. 幼儿园

《耕地占用税法实施办法》规定,免税的幼儿园的具体范围限于县级以上人民政府教育行政部门批准成立的幼儿园内专门用于幼儿保育、教育的场所。

4. 社会福利机构

《耕地占用税法实施办法》规定,免税的社会福利机构的具体范围限于依法登记的养老服务机构、残疾人服务机构、儿童福利机构、救助管理机构、未成年人救助保护机构内,专门为老年人、残疾人、未成年人、生活无着的流浪乞讨人员提供养护、康复、托管等服务的场所。

5. 医疗机构

《耕地占用税法实施办法》规定,免税的医疗机构的具体范围限于县级以上人民政府卫生健康行政部门批准设立的医疗机构内专门从事疾病诊断、治疗活动的场所及其配套设施。医疗机构内职工住房占用耕地的,按照当地适用税额缴纳耕地占用税。

6. 特殊群体

《耕地占用税法》对农民、烈军属、残疾军人等特殊群体给予免税优惠。

(1)农村居民经批准搬迁,新建自用住宅占用耕地不超过原宅基地面积的部分,免征耕地占用税。

(2)农村烈士遗属、因公牺牲军人遗属、残疾军人以及符合农村最低生活保障条件的农村居民,在规定用地标准以内新建自用住宅,免征耕地占用税。

(二)减征耕地占用税

1. 交通用地

《耕地占用税法》第七条第二款规定,铁路线路、公路线路、飞机场跑道、停机坪、港口、航道、水利工程占用耕地,减按每平方米2元的税额征收耕地占用税。

《耕地占用税实施办法》对上述减税的交通用地的具体范围规定如下:

(1)减税的铁路线路,具体范围限于铁路路基、桥梁、涵洞、隧道及其按照规定两侧留地。专用铁路和铁路专用线占用耕地的,按照当地适用税额缴纳耕地占用税。

(2)减税的公路线路,具体范围限于经批准建设的国道、省道、县道、乡道和属于农村公路的村道的主体工程以及两侧边沟或者截水沟。专用公路和城区内机动车道占用耕地的,按照当地适用税额缴纳耕地占用税。

(3)减税的飞机场跑道、停机坪,具体范围限于经批准建设的民用机场专门用于民用航空器起降、滑行、停放的场所。

(4)减税的港口,具体范围限于经批准建设的港口内供船舶进出、停靠以及旅客上下、货物装卸的场所。

(5)减税的航道,具体范围限于在江、河、湖泊、港湾等水域内供船舶安全航行的通道。

(6)减税的水利工程,具体范围限于经县级以上人民政府水行政主管部门批准建设的防洪、排涝、灌溉、引(供)水、滩涂治理、水土保持、水资源保护等各类工程及其配套和附属工程的建设物、构筑物占压地和经批准的管理范围用地。

2. 农村居民住宅用地

《耕地占用税法》第七条第二款规定,农村居民在规定用地标准以内占用耕地新建自用住宅,按照当地适用税额减半征收耕地占用税。

3. 减免税用地变更

《耕地占用税法》规定,依照该法第七条第一款、第二款规定免征或者减征耕地占用税后,纳税人改变原占地用途,不再属于免征或者减征耕地占用税情形的,应当按照当地适用税额补缴耕地占用税。

《耕地占用税法实施办法》规定,纳税人因改变占地用途而不再属于免税或减税情形的,应自改变用途之日起 30 日内申报补缴税款。补缴税款按改变用途的实际占用耕地面积和当地适用税额计算。

4. 其他农用地

《耕地占用税法》第十二条规定,占用园地、林地、草地、农田水利用地、养殖水面、渔业水域滩涂以及其他农用地建设建筑物、构筑物或者从事非农业建设的依照本法的规定缴纳耕地占用税。其适用税额可以适当低于本地区按照该法第四条第二款确定的适用税额(即 8 元至 40 元的税额标准),但降低的部分不得超过 50%。具体适用税额由省、自治区、直辖市人民政府提出,报同级人民代表大会常务委员会决定,并报全国人民代表大会常务委员会和国务院备案。占用农用地建设直接为农业生产服务的生产设施用地,不缴纳耕地占用税。

第四节　耕地占用税的税额计算和征收管理

一、耕地占用税的税额计算

《耕地占用税法》规定,耕地占用税以实际占用的耕地面积为计税依据,按照规定的适用税额一次性征收。《耕地占用税法实施办法》明确,实际占用的耕地面积,包括经批准占用的耕地面积和未经批准占用的耕地面积。耕地占用税的应纳税额为纳税人实际占用的耕地面积(平方米)乘以适用税额。

耕地占用税应纳税额的计算公式为:

$$应纳耕地占用税税额＝实际占用耕地面积 \times 适用税额$$

二、耕地占用税的征收管理

耕地占用税的征收管理,依照《耕地占用税法》《耕地占用税法实施办法》和《税收征收管理法》的规定执行。

(一)耕地占用税的征管机关和纳税地点

《耕地占用税法》规定,耕地占用税由耕地所在地的税务机关负责征收。

《耕地占用税法实施办法》规定,纳税人占用耕地,应当在耕地所在地申报纳税。

(二)耕地占用税的纳税义务发生时间和纳税期限

《耕地占用税法》规定,耕地占用税的纳税义务发生时间为纳税人收到自然资源主管部门办理占用耕地手续的书面通知的当日。

《耕地占用税法实施办法》对耕地占用税的纳税义务发生时间作出规定如下:

(1)未经批准占用耕地的,耕地占用税纳税义务发生时间为自然资源主管部门认定的纳税人实际占用耕地的当日。

(2)因挖损、采矿塌陷、压占、污染等损毁耕地的纳税义务发生时间为自然资源、农业农村等相关部门认定损毁耕地的当日。

19

《耕地占用税法》规定，纳税人应当自纳税义务发生之日起30日内申报缴纳耕地占用税。自然资源主管部门凭耕地占用税完税凭证或者免税凭证和其他有关文件发放建设用地批准书。

（三）临时占用耕地的纳税规定

《耕地占用税法》规定，纳税人因建设项目施工或者地质勘查临时占用耕地，应当依照本法的规定缴纳耕地占用税。纳税人在批准临时占用耕地期满之日起1年内依法复垦，恢复种植条件的，全额退还已经缴纳的耕地占用税。《耕地占用税法实施办法》规定，临时占用耕地是指纳税人因建设项目施工、地质勘查等需要，在一般不超过2年内临时使用耕地并且没有修建永久性建筑物的行为。

（四）损毁耕地的纳税规定

《耕地占用税法实施办法》规定，因挖损、采矿塌陷、压占、污染等损毁耕地属于《耕地占用税法》所称的非农业建设，应依照税法规定缴纳耕地占用税；自自然资源、农业农村等相关部门认定损毁耕地之日起3年内依法复垦或修复，恢复种植条件的，比照《耕地占用税法》第十一条规定办理退税。

（五）征管实施机制

为了有利于耕地占用税的征收管理，《耕地占用税法》规定了相关的涉税信息共享机制、工作配合机制和惩戒机制。

《耕地占用税法》规定，县级以上地方人民政府自然资源、农业农村、水利等相关部门应当定期向税务机关提供农用地转用、临时占地等信息，协助税务机关加强耕地占用税征收管理。根据《耕地占用税法实施办法》的规定，县级以上地方人民政府自然资源、农业农村、水利、生态环境等相关部门向税务机关提供的农用地转用、临时占地等信息，包括农用地转用信息、城市和村庄集镇按批次建设用地转而未供信息、经批准临时占地信息、改变原占地用途信息、未批先占农用地查处信息、土地损毁信息、土壤污染信息、土地复垦信息、草场使用和渔业养殖权证发放信息等。各省、自治区、直辖市人民政府应当建立健全本地区跨部门耕地占用税部门协作和信息交换工作机制。

《耕地占用税法》规定，税务机关发现纳税人的纳税申报数据资料异常或者纳税人未按照规定期限申报纳税的，可以提请相关部门进行复核，相关部门应当自收到税务机关复核申请之日起30日内向税务机关出具复核意见。根据《耕地占用税法实施办法》的规定，纳税人占地类型、占地面积和占地时间等纳税申报数据材料以自然资源等相关部门提供的相关材料为准；未提供相关材料或者材料信息不完整的，经主管税务机关提出申请，由自然资源等相关部门自收到申请之日起30日内出具认定意见。纳税人的纳税申报数据资料异常或者纳税人未按照规定期限申报纳税的，包括下列情形：①纳税人改变原占地用途，不再属于免征或者减征耕地占用税情形，未按照规定进行申报的；②纳税人已申请用地但尚未获得批准先行占地开工，未按照规定进行申报的；③纳税人实际占用耕地面积大于批准占用耕地面积，未按照规定进行申报的；④纳税人未履行报批程序擅自占用耕地，未按照规定进行申报的；⑤其他应提请相关部门复核的情形。

《耕地占用税法》规定，纳税人、税务机关及其工作人员违反本法规定的，依照《税收征收管理法》和有关法律法规的规定追究法律责任。

练 习 题

一、选择题(含单项选择题和多项选择题,请用手机扫描下方二维码作答)

二、计算题

1. 某地村民张某 2022 年占用 2 000 平方米基本农田建设商铺,另占用 300 平方米非基本农田新建自用住宅(在规定用地标准以内),该地区耕地占用税适用定额税率 20 元/平方米,要求计算张某当年应缴纳耕地占用税税额。

2. 农村居民王某,2022 年 10 月经批准占用耕地 2 000 平方米,其中 1 500 平方米用于种植大棚蔬菜,500 平方米用于新建自用住宅(符合当地规定标准,住宅自用)。假设耕地占用税为 20 元/平方米,要求计算王某当年应缴纳耕地占用税。

三、简答题

1. 如何衡量耕地占用税对耕地保护的实际贡献程度?

2. 应该如何进一步完善耕地占用税制度?

3. 耕地占用税的减免优惠是否具有合理性?

19

第二十章　城镇土地使用税制度

思维导图

城镇土地
使用税制度

学 习 目 标

序号	知识点	学习目标	学习难度
1	城镇土地使用税的制度演变	了解	☆☆
2	城镇土地使用税的纳税人	重点掌握	☆☆
3	城镇土地使用税的计税依据	重点掌握	☆☆
4	城镇土地使用税的税率	一般掌握	☆☆☆
5	城镇土地使用税的减免优惠	一般掌握	☆☆☆
6	城镇土地使用税的征收管理	了解	☆☆

第一节　城镇土地使用税概述

一、城镇土地使用税的概念及制度演变

城镇土地使用税,是对在城镇地区使用土地的单位和个人按其占用面积和规定税额标准计算征收并用于地方政府支出的一种税收。

城镇土地使用税的征税对象是土地,其计税依据是土地的面积,可以理解为是对存量土地财产的一种定额税收,因此性质上属于财产税。

现行的城镇土地使用税条例是由国务院于 1988 年 11 月 1 日正式实施的《中华人民共和国城镇土地使用税暂行条例》。该条例于 2006 年 12 月 31 日修订并重新颁布实施,主要有两大修改:一是扩大了纳税人的范围,将外商投资企业和外国企业、外籍个人纳入征税范围;二是大幅度提高了税额标准,土地使用税每平方米年税额标准调整如下:大城市 0.5 元至 10 元,调整为 1.5 元至 30 元;中等城市 0.4 元至 8 元,调整为 1.2 元至 24 元;小城市 0.3 元至 6 元,调整为 0.9 元至 18 元;县城、建制镇、工矿区 0.2 元至 4 元,调整为 0.6 元至 12 元。此后至今,土地使用税的税额标准保持不变。

2013 年 12 月 4 日,国务院第三十二次常务会议作出部分修改,将《中华人民共和国城镇土地使用税暂行条例》第七条中的"由省、自治区、直辖市税务机关审核后,报国家税务总局批准"修改为"由县以上地方税务机关批准"修改后的《城镇土地使用税暂行条例》于 2013 年 12 月 7 日起实施。

为了配合城镇土地使用税暂行条例的实施,国家税务总局发布了一系列相关税收法规规章,其中比较重要的有《国家税务总局关于印发〈关于土地使用税若干具体问题的解释和暂行规定〉的通知》(国税地字〔1988〕15 号)、《国家税务总局关于调整房产税和土地使用税具体征税范围解释规定的通知》(国税发〔1999〕44 号)、《国家税务总局关于房产税城镇土地使用税有关政策规定的通知》(国税发〔2003〕89 号),此外还有《财政部 国家税务总局关于房产税、城镇土地使用税有关政策的通知》(财税〔2006〕186 号)和《财政部 国家税务总局关于房产税城镇土地使用税有关问题的通知》(财税〔2008〕152 号)等。

2019 年 3 月 2 日,国务院发布的《国务院关于修改部分行政法规的决定》,将《中华人民共和国城镇土地使用税暂行条例》第七条中的"地方税务机关"修改为"税务机关"。

二、城镇土地使用税的征收目的

(一)合理利用城镇土地

随着我国城镇化的不断发展,城镇土地资源会逐步扩大。如何合理利用城镇土地,主要从规划入手,制定相关法律并依法进行严格管理。此外,税收制度和政策也可发挥积极作用。通过基于土地资源紧缺程度的差异制定不同的税收政策并形成制度,可以有助于合理利用城镇土地资源。

(二)调节土地级差收入

土地由于具有很强的自然属性,在地理位置、土壤条件和地表形态等方面都有很大差异,由此导致的土地级差收入,不能反映土地所有者或使用者的劳动生产率。对不同级差收入水平的土地设置高低不同的税率或税额,有助于调节土地的级差收入。

(三)提高土地使用效益

城镇土地具有很强的稀缺性。充分发挥土地资源服务于社会经济发展的积极作用,是各项政策和制度的主要目标之一。通过对公益性使用土地的免税,可以鼓励土地资源更好地提供公共服务水平。在法律法规规定的范围内通过制定高低不同的税额标准,可以体现国家和地方的产业政策导向。

(四)加强土地管理

税务机关在执行税收法律、制度和政策的过程中,通过收集、统计和分析土地相关信息,可以及时发现土地管理中存在的各种问题,并通过信息共享、部门协作等方式,与土地管理相关部门一起,提高土地管理的水平。

三、城镇土地使用税的收入归属

城镇土地使用税属于地方税收,收入全部归地方政府所有。

2020 年,全国税收收入 154 310 亿元,其中城镇土地使用税收入 2 058 亿元,同比降低 0.62%,占全国税收收入的比重为 1.3%。

2021 年,全国税收收入 172 731 亿元,其中城镇土地使用税收入 2 126 亿元,同比增长 3.30%,占全国税收收入的比重为 1.2%。

2022 年,全国税收收入 166 614 亿元,其中城镇土地使用税收入 2 226 亿元,同比增长 4.70%,占全国税收收入的比重为 1.3%。

20

第二节 城镇土地使用税的纳税人和税基

一、城镇土地使用税的纳税人

城镇土地使用税的纳税人,为在中国境内的城市、县城、建制镇、工矿区范围内使用土地的单位和个人。拥有土地使用权的单位和个人不在土地所在地的,由土地的实际使用人和代管人为纳税人;土地使用权共有的,共有各方均为纳税人,由共有各方按各自所实际使用的土地面积占总面积的比例分别计算;土地使用权未确定或权属纠纷未解决的,由其实际使用人为纳税人。

【例题 20-1】 某企业生产经营用地分布于 A、B、C 三个地域,A 的土地使用权属于甲企业,面积 10 000 平方米;B 的土地使用权属甲企业与乙企业共同拥有,面积 5 000 平方米,实际使用面积各半;C 面积 3 000 平方米,该企业一直使用但土地使用权未确定。假设 A、B、C 三个地方的城镇土地使用税的单位税额均为每平方米 5 元。

要求:计算企业全年应纳城镇土地使用税税额。

解析:

该企业全年应纳城镇土地使用税 = (10 000 + 5 000 ÷ 2 + 3 000)× 5 = 77 500(元)。

二、城镇土地使用税的税基

城镇土地使用税的征税对象是被使用的土地。

城镇土地使用税的征收范围,包括城市、县城、建制镇和工矿区内的国家所有和集体所有的土地。城市是指经国务院批准设立的市。城市的征收范围为市区、郊区和市辖县县城,不包括农村。县城是指未设立建制镇的县人民政府所在地。建制镇是指经省、自治区、直辖市人民政府批准设立的建制镇。建制镇的征收范围为镇政府所在地,不包括所辖的行政村。工矿区是指工商业比较发达、人口比较集中、符合国务院规定的建制镇标准,但尚未设立建制镇的大中型工矿企业所在地。工矿区须经省、自治区、直辖市人民政府批准。建立在城市、县城、建制镇和工矿区以外的工矿企业不需缴纳城镇土地使用税。

第三节 城镇土地使用税的税收负担

一、城镇土地使用税的税率

城镇土地使用税采用有幅度的定额差别税率,按大城市、中等城市、小城市和县城、建制镇、工矿区分别规定每平方米的年应纳税额。大、中、小城市,以公安部门登记在册的非农业正式户口人数为依据,按照国务院《城市规划条例》中规定的标准划分。

城镇土地使用税税率表,如表 20-1 所示。

表 20-1 城镇土地使用税税率表

级 别	人 口	每平方米税额/元	
		原条例	现条例
大城市	50 万以上	0.5～10	1.5～30
中等城市	20 万～50 万	0.4～8	1.2～24
小城市	20 万以下	0.3～6	0.9～18
县城、建制镇、工矿区	—	0.2～4	0.6～12

省、自治区、直辖市人民政府,可以在上述规定的税额幅度内,根据市政建设情况和经济繁荣程度,确定所辖地区的适用税额幅度。各地政府应当根据实际情况,将本地区的土地划分为若干等级,在省、自治区、直辖市人民政府确定的税额幅度内,制定适合本地区的具体税额标准。经济落后地区,城镇土地使用税的适用税额标准可适当降低,但降低额不得超过上述规定最低税额的30%;经济发达地区的适用税额标准可以适当提高,但须报财政部批准。

二、城镇土地使用税的减免优惠

（一）全国统一免税规定

下列土地可以免缴城镇土地使用税:

（1）国家机关、人民团体、军队自用的土地。上述土地是指这些单位本身的办公用地和公务用地。

（2）由国家财政部门拨付事业费的单位自用的土地。上述土地是指这些单位本身的业务用地,如学校的教学楼、办公楼、操场等体育设施、食堂等占用的土地。

（3）宗教寺庙、公园、名胜古迹自用的土地。宗教寺庙自用的土地是指举行宗教仪式等的用地和寺庙内的宗教人员生活用地。名胜古迹自用的土地是指供公共参观游览的用地及其管理单位的办公用地。以上单位的生产、经营用地和其他用地,不属于免税范围,应按规定缴纳城镇土地使用税。

（4）市政街道、广场、绿化地带等公共用地。

（5）直接用于农、林、牧、渔业的生产用地。上述土地是指直接从事养殖、饲养的专业用地,不包括农副产品加工场地和生活办公用地。

（6）经批准开山填海整治的土地和改造的废弃土地,从使用的月份起免缴城镇土地使用税5—10年。具体免税期限由各省、自治区、直辖市税务局在上述期限内自行确定。

（7）非营利性医疗机构、疾病控制机构和妇幼保健机构等卫生机构和非营利性科研机构自用的土地。

（8）国家拨付事业经费和企业办的各类学校、托儿所、幼儿园自用的土地。

（9）对免税单位无偿使用纳税单位的土地（如公安、海关等单位使用铁路、民航等单位的土地）,免征土地使用税;对纳税单位无偿使用免税单位的土地,纳税单位应照章缴纳土地使用税。纳税单位与免税单位共同使用共有使用权土地上的多层建筑,对纳税单位可按其占用的建筑面积占建筑总面积的比例计征土地使用税。

（10）在商品住房等开发项目中配套建造安置住房的,依据政府部门出具的相关材料、房屋征收（拆迁）补偿协议或棚户区改造合同（协议）,按改造安置住房建筑面积占总建筑面积的比例免征城镇土地使用税。

（11）由财政部另行规定免税的能源、交通、水利设施用地和其他用地。

（二）各地酌情减免规定

下列土地由省、自治区、直辖市税务局确定减免城镇土地使用税:①个人所有的居住房屋及院落用地;②房产管理部门在房租调整改革前经租的居民住房用地;③免税单位职工家属的宿舍用地;④民政部门举办的安置残疾人占一定比例的福利工厂用地。根据《财政部 国家税务总局关于安置残疾人就业单位城镇土地使用税等政策的通知》（财税〔2010〕121号）的规定,对在一个纳税年度内月平均实际安置残疾人就业人数占单位在职职工总数的比例高于25%（含25%）且实际安置残疾人人数高于10人（含10人）的单位,可减征或免征该年度城镇土地使用税。具体减免税比例及管理办法由省、自治区、直辖市财税主管部门确定;⑤集体和个人

20

举办的各类学校、医院、托儿所、幼儿园用地。除上述规定外,纳税人缴纳城镇土地使用税确有困难需要定期减免的,由省、自治区、直辖市税务局审核后,报国家税务总局批准。

第四节 城镇土地使用税的税额计算和征收管理

一、城镇土地使用税的税额计算

城镇土地使用税,以纳税人实际占用的土地面积为计税依据,按照规定的适用税额计算。

城镇土地使用税全年应纳税额＝实际占用土地面积×适用税额

纳税人实际占用的土地面积,按下列办法确定:①凡由省、自治区、直辖市人民政府确定的单位组织测定土地面积的,以测定的面积为准;②未组织测量,纳税人持有政府部门核发的土地使用证书的,以证书确认的土地面积为准;③未核发土地使用证书的,应由纳税人申报的土地面积据以征税,待核发土地使用证书以后再作调整;④对在城镇土地使用税征税范围内单独建造的地下建筑用地,根据财政部、国家税务总局财税〔2009〕128号文件规定,应征收城镇土地使用税。其中,已取得地下土地使用权证的,按土地使用权证确认的土地面积计算应征税款;未取得地下土地使用权证或地下土地使用权证上未标明土地面积的,按地下建筑垂直投影面积计算应征税款。对上述地下建筑用地,暂按应征税款的50％征收城镇土地使用税。

二、城镇土地使用税的征收管理

城镇土地使用税实行按年计算、分期缴纳的征税方法。城镇土地使用税的具体实施办法,由各省、自治区、直辖市人民政府制定并报财政部备案。

(一)纳税义务发生时间

1. 征用的土地

根据《城镇土地使用税暂行条例》规定,新征用的耕地,自批准之日起满1年开始缴纳城镇土地使用税;新征用的非耕地,自批准征用次月起缴纳城镇土地使用税。

2. 购置的房屋

根据《国家税务总局关于房产税城镇土地使用税有关政策规定的通知》(国税发〔2003〕89号),购置新建商品房,自房屋交付使用之次月起计征城镇土地使用税;购置存量房,自办理房屋权属转移、变更登记手续,房地产权属登记机关签发房屋权属证书之次月起计征城镇土地使用税。

3. 出租出借的房产或自用、出租、出借的商品房

根据《国家税务总局关于房产税城镇土地使用税有关政策规定的通知》(国税发〔2003〕89号),纳税人出租、出借房产,自交付出租、出借房产之次月起计征城镇土地使用税;房地产开发企业自用、出租、出借本企业建造的商品房,自房屋使用或交付之次月起计征城镇土地使用税。

4. 取得土地使用权

根据《财政部 国家税务总局关于房产税、城镇土地使用税有关政策的通知》(财税〔2006〕186号),以出让或转让方式有偿取得土地使用权的,应由受让方从合同约定交付土地时间的次月起缴纳城镇土地使用税;合同未约定交付土地时间的,由受让方从合同签订的次月起缴纳城镇土地使用税。

另外,根据《财政部 国家税务总局关于房产税城镇土地使用税有关问题的通知》(财税〔2008〕152号),自2009年1月1日起,纳税人因土地的权利发生变化而依法终止城镇土地使

用税纳税义务的,其应纳税款的计算应截止到土地权利发生变化的当月末。

（二）城镇土地使用税的纳税时限和纳税地点

城镇土地使用税的纳税期限,由省、自治区、直辖市人民政府确定。

城镇土地使用税应当向土地所在地的税务机关申报缴纳。纳税人使用的土地不属于同一省、自治区、直辖市管辖的,由纳税人分别向土地所在地的税务机关缴纳土地使用税;在同一省、自治区、直辖市管辖范围内的,纳税人跨地区使用的土地,其纳税地点由各省、自治区、直辖市税务局确定。

练 习 题

一、选择题(含单项选择题和多项选择题,请用手机扫描下方二维码作答)

二、计算题

某企业 2022 年度拥有位于市郊的一宗地块,其地上面积为 1 万平方米,单独建造的地下建筑面积为 4 千平方米(已取得地下土地使用权证)。该市规定的城镇土地使用税税率为 2 元/平方米。请计算该地块 2022 年应缴纳的城镇土地使用税税额。

三、简答题

1. 城镇土地使用税与耕地占用税有什么关系？是否可以整合？
2. 城镇土地使用税是否可以采用从价计征的方法？
3. 城镇土地使用税是否可以并入未来的房地产税？

20

第二十一章 房产税制度

思维导图

房产税制度

学习目标

序号	知识点	学习目标	学习难度
1	房产税征收目的、纳税义务发生时间	了解	☆
2	房产税收入归属、减免优惠、纳税地点	一般掌握	☆☆
3	房产税征税对象、房产原值确定、应纳税额的计算	重点掌握	☆☆☆

第一节 房产税概述

一、房产税的概念

房产税,是以房屋为征税对象,按照房屋的价值或租金收入,向其产权所有人征收的一种税收。房产税的征税依据是 1986 年国务院颁布的《中华人民共和国房产税暂行条例》。房地产税自 1986 年 10 月 1 日起开征。该条例的施行细则由省、自治区、直辖市政府制定,抄送财政部备案。

房产税属于财产税,似乎不应该成为问题。因为房产就是财产的一种类型,以房产为征税对象的税,当然就是财产税。这种看法是表面上的。如果我们进一步了解我国现行房产税的制度内容,就会发现这个说法是有争议的。我国现行房产税虽然征税对象是房产,但是其计税依据有两类:一类是以房屋出租租金收入为计税依据,此类税收在本质上属于不动产租赁服务的征税,是对流量的征税,在性质上属于消费税,而且是一种特别消费税,因为不动产租赁服务已经先被征收了增值税。另一类是以房产原值为计税依据,此类房产税属于对财产存量征收的税收,在性质上属于财产税。因此,我国的房产税事实上是兼有消费税和财产税的双重性质。未来的房地产税改革,将以房地产评估价值为计税依据,就是纯粹的财产税了。

二、房产税的制度演变

1950 年 1 月,政务院颁布《全国税政实施要则》,房产税就作为全国开征的税种之一。同年 8 月 8 日,政务院发布《城市房地产税暂行条例》,将房产税和地产税合并,统称为城市房地产税,限定在城市征收。1973 年,在简化税制的原则下,把试行工商税的企业缴纳的城市房地产税并入工商税,但保留城市房地产税这一税种,仅对居民个人和房产管理部门以及外侨的房屋继续征收。

1984 年进行工商税制全面改革,将城市房地产税分为城镇土地使用税和房产税,但暂缓开征。1986年9月15日,国务院颁布《房产税暂行条例》,从当年10月1日起施行。对外国侨民、外国企业和外商投资企业继续按《城市房地产税暂行条例》的规定征收城市房地产税。

根据国务院令第546号,废止《城市房地产税暂行条例》《长江干线航道养护费征收办法》《内河航道养护费征收和使用办法》,1951年8月8日政务院公布的《城市房地产税暂行条例》自2009年1月1日起废止。自2009年1月1日起,外商投资企业、外国企业和组织以及外籍个人,均应依照《中华人民共和国房产税暂行条例》(以下简称《房产税暂行条例》)缴纳房产税。

三、房产税的征收目的

(一)为地方政府筹集财政收入

房产价值的高低与地方政府提供的公共服务的水平具有一定程度的正相关关系。房产价值越大,纳税越多,符合"量益纳税"理论。此外,房产具有明确显著的外部标志和地域属性,比较适宜地方政府管理。中华人民共和国成立以来,房产税一直是地方政府的财政收入来源之一。因此,将房产税作为地方政府的财政收入,既有理论依据,也有现实和历史基础。当然,由于目前房产税的征收范围有限,其对地方财政的重要性还不显著。今后,随着房地产税制度的改革,通过国家立法,一种新型的房地产税有可能成为未来地方政府的重要收入来源。

(二)调节房产使用

课征房产税会增加房产的使用负担,使纳税人在进行相关投资及经营时作出谨慎选择,影响房产的供应及使用,达到一种调节作用。但必须考虑到,对建筑物课税,可能会抑制纳税人对土地的改良投资,因此,其课税负担应在合理水平。

(三)优化税制体系

现代国家的税制体系,大多是"多种税、多环节"的复合税制。随着市场经济的发展,社会财富的增加,在构建国家税制体系需要考虑所得、消费和财产三大税类的合理配置。房产税是财产税中的主要税种,其设置、改革和完善对优化税制体系有着重要作用。

四、房产税的收入归属

房产税属于地方税,收入全部归地方政府。

2019年,全国税收收入157 992亿元,其中房产税收入2 988亿元,同比增长3.50%,占全国税收收入的比重为1.89%。

2020年,全国税收收入154 310亿元,其中房产税收入2 842亿元,同比下降4.88%,房产税收入占全国税收收入的比重为1.84%。

2021年,全国税收收入172 730.47亿元,其中房产税收入3 278亿元,同比增长15.34%,房产税收入占全国税收收入的比重为1.9%。

2022年,全国税收收入166 614亿元,其中房产税收入3 590亿元,同比增长9.51%,房产税收入占全国税收收入的比重为2.15%。

第二节 房产税的纳税人和税基

一、房产税的纳税人

(一)一般规定

房产税由产权所有人缴纳。房产产权属于全民所有的,由经营管理的单位纳税。房产产权属于集体或个人所有的,由集体单位或个人纳税。

（二）特别规定

1. 承典人作为纳税人

产权出典的，由承典人纳税。所谓出典，是指产权所有人为取得资金，将房屋在一定期限内典当给他人使用的一种融资行为。由于在出典期间，出典人虽然保留房屋产权的回赎权，但承典人对房屋享有支配权，因此规定由实际支配人——承典人按房产余值纳税。

2. 代管人或使用人作为纳税人

对于产权所有人、承典人不在房产所在地的，或者产权未确定及租典纠纷未解决的，由房产代管人或者使用人纳税。

3. 居民住宅区内业主共有的经营性房产的纳税人

《财政部 国家税务总局关于房产税、城镇土地使用税有关政策的通知》（财税〔2006〕186号）规定，对居民住宅区内业主共有的经营性房产，由实际经营（包括自营和出租）的代管人或使用人缴纳房产税。其中自营的，依照房产原值减除10％至30％后的余值计征，没有房产原值或不能将业主共有房产与其他房产的原值准确划分开的，由房产所在地地方税务机关参照同类房产核定房产原值；房产出租的，依照租金收入计征。

4. 房产未取得产权证书期间的纳税人

《国家税务总局关于未取得房屋产权证书期间如何确定房产税纳税人的批复》（国税函〔2002〕284号）规定，凡以分期付款方式购买使用商品房，且购销双方均未取得房屋产权证书期间，应确定房屋的实际使用人为房产税的纳税义务人，缴纳房产税。

5. 出租房产免收租金期间房产税的纳税人

《财政部 国家税务总局关于安置残疾人就业单位城镇土地使用税等政策的通知》（财税〔2010〕121号）规定，对于出租房产免收租金期间房屋租赁行为，仍然应征收房产税，应当由产权人按照房产原值缴纳房产税。

6. 开发的商品房出售前的纳税人

鉴于房地产开发企业开发的商品房在出售前，对房地产开发企业而言是一种产品，因此，对房地产开发企业建造的商品房，在售出前，不征收房产税；但对售出前房地产开发企业已使用或出租、出借的商品房，应按规定缴纳房产税。

二、房产税的征税对象

房产税的征税对象是房产。这里的房产，是以房屋形态表现的财产，指有屋面和围护结构（有墙或两边有柱），能够遮风避雨，可供人们在其中生产、工作、学习、娱乐、居住或储藏物资的场所。

需要指出的是，独立于房屋之外的建筑物，如围墙、烟囱、水塔、变电塔、油池油柜、酒窖菜窖、酒精池、糖蜜池、室外游泳池、玻璃暖房、砖瓦石灰窑以及各种油气罐等，不属于房产。另外，加油站罩棚也不属于房产，不征收房产税。

三、房产税的征税范围

《房产税暂行条例》规定，房产税在城市、县城、建制镇和工矿区征收。

城市，是指经国务院批准设立的市，具体征税范围为市区、郊区和市辖县县城，不包括农村。

县城，是指未设立建制镇的县政府所在地。

建制镇，是指经省、自治区、直辖市政府批准设立的建制镇，征税范围为镇人民政府所在地,不包括所辖的行政村,具体由各省、自治区、直辖市税务局提出方案,经省、自治区、直辖市政府确定批准后执行,并报国家税务总局备案。

工矿区,是指工商业比较发达,人口比较集中,符合国务院规定的建制镇标准,但尚未设立镇建制的大中型工矿企业所在地,开征房产税的工矿区须经省、自治区、直辖市政府批准。

第三节　房产税的税收负担

一、房产税的税率

房产税采用比例税率并依照计税依据的不同分为两种:按照房产余值计算缴纳的,适用税率为 1.2%;依照房产租金收入计算缴纳的,适用税率为 12%。

《财政部 国家税务总局关于调整住房租赁市场税收政策的通知》(财税〔2000〕125 号)规定,自 2001 年 1 月 1 日起,对个人按市场价格出租的居民住房,暂减按 4% 的税率征收房产税。

《财政部 税务总局 住房城乡建设部关于完善住房租赁有关税收政策的公告》(财政部 税务总局 住房城乡建设部公告 2021 年第 24 号)规定,自 2021 年 10 月 1 日起,对企事业单位、社会团体以及其他组织向个人、专业化规模化住房租赁企业出租住房的,减按 4% 的税率征收房产税。企事业单位、社会团体以及其他组织向个人、专业化规模化住房租赁企业出租利用非居住存量土地和非居住存量房屋建设的保障性租赁住房,比照上述规定适用减按 4% 的税率征收房产税。

二、房产税的减免优惠

(一)《房产税暂行条例》规定免征房产税的房产

《财政部 税务总局关于房产税若干具体问题的解释和暂行规定》(财税地字〔1986〕8 号)对《房产税暂行条例》列举的免税规定做出了进一步解释。

1. 国家机关、人民团体、军队自用的房产

国家机关、人民团体、军队自用的房产,是指这些单位本身的办公用房和公务用房。其中,人民团体是指经国务院授权的政府部门批准设立或登记备案并由国家拨付行政事业费的各种社会团体。中国人民武装警察部队可比照对军队房产征免税的规定办理。

对行使国家行政管理职能的中国人民银行总行(含国家外汇管理局)所属分支机构自用的房产免征房产税。

2. 事业单位自用的房产

事业单位自用的房产,是指由国家财政部门拨付事业经费的单位本身的业务用房。实行差额预算管理的事业单位,虽然有一定的收入,但收入不够本身经费开支的部分,还要由国家财政部门拨付经费补助。因此,对实行差额预算管理的事业单位,也属于是由国家财政部门拨付事业经费的单位,对其本身自用的房产免征房产税。

3. 宗教寺庙、公园、名胜古迹自用的房产

宗教寺庙自用的房产,是指举行宗教仪式等的房屋和宗教人员使用的生活用房屋。公园、名胜古迹自用的房产,是指供公共参观游览的房屋及其管理单位的办公用房屋。公园、名胜古迹中附设的营业单位,如影剧院、饮食部、茶社、照相馆等所使用的房产及出租的房产,应征收房产税。

21

4. 个人所有非营业用的房产

个人所有非营业用的房产是指个人所有的居住用房,不分面积大小,均免征房产税。

(二)经财政部、国家税务总局批准免税的其他房产

1. 基建工地的临时性房产

《财政部 税务总局关于房产税若干具体问题的解释和暂行规定》(财税地字〔1986〕8号)规定,凡是在基建工地为基建工地服务的各种工棚、材料棚、休息棚和办公室、食堂、茶炉房、汽车房等临时性房屋,不论是由施工企业自行建造还是由基建单位出资建造交施工企业使用的,在施工期间,一律免征房产税。但是,如果在基建工程结束以后,施工企业将这种临时性房屋交还或者估价转让给基建单位的,应当从基建单位接收的次月起,依照规定征收房产税。需要注意的是,房地产企业的售楼处,属于为销售服务的临时性房屋,不属于基建工地的临时性房产,应当缴纳房产税。

2. 毁损和危险房屋

《财政部 税务总局关于房产税若干具体问题的解释和暂行规定》(财税地字〔1986〕8号)规定,经有关部门鉴定,对毁损不堪居住的房屋和危险房屋,在停止使用后,可免征房产税。

3. 大修停用期间的房屋

《国家税务总局关于房产税部分行政审批项目取消后加强后续管理工作的通知》(国税函〔2004〕839号)规定,纳税人因房屋大修导致连续停用半年以上的,在房屋大修期间免征房产税。

4. 医疗卫生机构自用的房产

《财政部 国家税务总局关于医疗卫生机构有关税收政策的通知》(财税〔2000〕42号)规定:

(1)对非营利性医疗机构自用的房产免征房产税。医疗机构具体包括:各级各类医院、门诊部(所)、社区卫生服务中心(站)、急救中心(站)、城乡卫生院、护理院(所)、疗养院、临床检验中心等。

(2)对疾病控制机构和妇幼保健机构等卫生机构自用的房产免征房产税。上述疾病控制、妇幼保健等卫生机构具体包括:各级政府及有关部门举办的卫生防疫站(疾病控制中心)、各种专科疾病防治站(所),各级政府举办的妇幼保健所(站)、母婴保健机构、儿童保健机构等,各级政府举办的血站(血液中心)。

(3)对营利性医疗机构自用的房产,自其取得执业登记之日起,3年内免征房产税,3年免税期满后恢复征税。

5. 学校、托儿所、幼儿园自用的房产

《财政部 国家税务总局关于教育税收政策的通知》(财税〔2004〕39号)规定,对国家拨付事业经费和企业办的各类学校、托儿所、幼儿园自用的房产,免征房产税。

6. 公共租赁住房

《财政部 国家税务总局关于促进公共租赁住房发展有关税收优惠政策的通知》(财税〔2014〕52号)规定,对公共租赁住房免征房产税。公共租赁住房经营管理单位应单独核算公共租赁住房租金收入,未单独核算的,不得享受免征房产税优惠政策。

7. 老年服务机构自用的房产

《财政部 国家税务总局关于对老年服务机构有关税收政策问题的通知》(财税〔2000〕97号)的规定,对政府部门和企事业单位、社会团体以及个人等社会力量投资兴办的福利性、非营利性的老年服务机构,暂免征收自用房产的房产税。这里所谓老年服务机构,是指专门为老年人提供生活照料、文化、护理、健身等多方面服务的福利性、非营利性的机构,主要包括老年社会福利院、敬老院(养老院)、老年服务中心、老年公寓(含老年护理院、康复中心、托老所)等。

8. 非营利性科研机构自用的房产

《财政部 国家税务总局关于非营利性科研机构税收政策的通知》(财税〔2001〕5号)规定,非营利性科研机构自用的房产免征房产税。非营利性科研机构要以推动科技进步为宗旨,不以营利为目的,主要从事应用基础研究或向社会提供公共服务。非营利性科研机构的认定标准,由科技部会同财政部、中编办、国家税务总局另行制定。

9. 被撤销金融机构自有的或从债务方接收的房产

《财政部 国家税务总局关于被撤销金融机构有关税收政策问题的通知》(财税〔2003〕141号)规定,对被撤销金融机构清算期间自有的或从债务方接收的房产,免征房产税。享受税收优惠政策的主体是指经中国人民银行依法决定撤销的金融机构及其分设于各地的分支机构,包括被依法撤销的商业银行、信托投资公司、财务公司、金融租赁公司、城市信用社和农村信用社。除另有规定者外,被撤销的金融机构所属、附属企业,不享受本通知规定的被撤销金融机构的税收优惠政策。

10. 养老、托育、家政服务的房产

《财政部 税务总局 发展改革委 民政部 商务部 卫生健康委关于养老、托育、家政等社区家庭服务业税费优惠政策的公告》(财政部 税务总局 发展改革委 民政部 商务部 卫生健康委公告2019年第76号)规定,为社区提供养老、托育、家政等服务的机构自有或其通过承租、无偿使用等方式取得并用于提供社区养老、托育、家政服务的房产、土地,免征房产税。

(三) 因困难而申请减免房产税

除上述规定免征的情况外,纳税人纳税确有困难的,可由省、自治区、直辖市政府确定,定期减征或者免征房产税。

需要注意的是,纳税单位与免税单位共同使用的房屋,按各自使用的部分,分别征收或免征房产税。

第四节　房产税的税额计算

一、房产税的计税依据

房产税的计税依据分为房产的余值或房产的租金收入两种形式。前者适用房产自用的情形,后者适用房产出租的情形。

(一) 房产余值

按照《房产税暂行条例》规定,房产余值为房产原值一次减除10%至30%后的价值。纳税人适用的具体减除比例由各省、自治区、直辖市政府规定。目前大部分省市的减除比例为30%。确定房产原值是计算房产余值的关键,需要注意以下要求:

1. 房产原值确定的一般规定

一般情况下,房产原值是指纳税人按照会计制度规定,在账簿"固定资产"科目中记载的房屋原价。没有房产原值作为依据的,由房产所在地税务机关参考同类房产核定。纳税人对原有房屋进行改建、扩建的,要相应增加房屋的原值。

自2009年1月1日起,对依照房产原值计税的房产,不论是否记载在会计账簿"固定资产"科目中,均应按照房屋原价计算缴纳房产税。房屋原价应根据国家有关会计制度规定进行核算。对纳税人未按国家会计制度规定核算并记载的,应按规定予以调整或重新评估。

21

2.关于房屋附属设备和配套设施是否计入房产原值的问题

《国家税务总局关于进一步明确房屋附属设备和配套设施计征房产税有关问题的通知》（国税发〔2005〕173号）规定：

（1）对于以房屋为载体，不可随意移动的附属设备和配套设施，如给排水、采暖、消防、中央空调、电气及智能化楼宇设备等，无论在会计上是否单独记账与核算，都应计入房产原值，计征房产税。

（2）对于更换房屋附属设备和配套设施的，在将其价值计入房产原值时，可扣减原来相应设备和设施的价值；对附属设备和配套设施中易损坏、需要经常更换的零配件，更新后不再计入房产原值。

3.房产原值应包括地价和土地开发成本

《财政部 国家税务总局关于安置残疾人就业单位城镇土地使用税等政策的通知》（财税〔2010〕121号）规定，对按照房产原值计税的房产，无论会计上如何核算，房产原值均应包含地价，包括为取得土地使用权支付的价款、开发土地发生的成本费用等。宗地容积率低于0.5的，按房产建筑面积的2倍计算土地面积并据此确定计入房产原值的地价。

4.无租使用、出典、融资租赁的房产

《财政部 国家税务总局关于房产税城镇土地使用税有关问题的通知》（财税〔2009〕128号）规定，无租使用其他单位房产的应税单位和个人，依照房产余值代缴纳房产税。

产权出典的房产，由承典人依照房产余值缴纳房产税。融资租赁的房产，由承租人自融资租赁合同约定开始日的次月起依照房产余值缴纳房产税。合同未约定开始日的，由承租人自合同签订的次月起依照房产余值缴纳房产税。

（二）房产租金收入

按照《房产税暂行条例》的规定，房产出租的，以房产租金收入为房产税的计税依据。房产的租金收入是房产产权所有人出租房产使用权所得的报酬，包括货币收入和实物收入。如果以劳务或其他形式为报酬抵付房租的，应根据当地同类房产的租金水平确定一个标准租金额计税。

《财政部 国家税务总局关于营改增后契税 房产税 土地增值税 个人所得税计税依据问题的通知》（财税〔2016〕43号）规定，房产出租的，计征房产税的租金收入不含增值税；免征增值税的，确定计税依据时，租金收入不扣减增值税税额。

对于将承租的房产转租他人而取得的租金收入不需要缴纳房产税。这是因为房产税是财产税，应以产权所有人为纳税义务人，所以，转租收入不需要缴纳房产税。

（三）其他计税事项

1.投资联营房产的计税方法

《国家税务总局关于安徽省若干房产税业务问题的批复》（国税函发〔1993〕368号）规定，对于投资联营的房产，应根据投资联营的具体情况，在计征房产税时予以区别对待。对于以房产投资联营，投资者参与投资利润分红，共担风险的情况，按房产原值作为计税依据计征房产税；对于以房产投资，收取固定收入，不承担联营风险的情况，实际上是以联营名义取得房产的租金，应根据《房产税暂行条例》的有关规定由出租方按租金收入计缴房产税。

2.自用或出租的地下建筑的计税方法

《财政部 国家税务总局关于具备房屋功能的地下建筑征收房产税的通知》（财税〔2005〕181号）规定，凡在房产税征收范围内的具备房屋功能的地下建筑，包括与地上房屋相连的地下建筑以及完全建在地面以下的建筑、地下人防设施等,均应当依照有关规定征收房产税。上述具备房屋功能的地下建筑是指有屋面和维护结构,能够遮风避雨,可供人们在其中生产、经营、工作、学习、娱乐、居住或储藏物资的场所。自用的地下建筑按以下方式计税:

(1)工业用途房产,以房屋原价的 50%至 60%作为应税房产原值;商业和其他用途房产,以房屋原价的 70%至 80%作为应税房产原值。房屋原价折算为应税房产原值的具体比例,由各省、自治区、直辖市和计划单列市财政和税务部门在上述幅度内自行确定。

(2)对于与地上房屋相连的地下建筑,如房屋的地下室、地下停车场、商场的地下部分等,应将地下部分与地上房屋视为一个整体按照地上房屋建筑的有关规定计算征收房产税。

(3)出租的地下建筑,按照出租地上房屋建筑的有关规定计算征收房产税。

二、房产税应纳税额的计算

房产税应纳税额有按房产余值和租金收入两种计税方法。房产余值是指应税房产的原值扣除各地允许减除规定比例(最高不超过 30%)后的余额。

(1)按房产余值征收的税额计算公式为:

$$应纳税额 = 应税房产余值 \times 1.2\% = 应税房产原值 \times (1-扣除比例) \times 1.2\%$$

(2)按租金收入征收的税额计算公式为:

$$应纳税额 = 应税房产租金收入 \times 12\% (或 4\%)$$

【例题 21-1】 某市甲公司拥有库房三栋,其中两栋用于自己经营物资的存放,一栋用于出租。两栋自用的库房原值为 1 000 万元,出租的库房年租金收入为 200 万元(不含增值税)。当地规定允许减除的比例为 30%。

要求:计算甲公司年应纳房产税税额。

解析:

(1)自用库房应纳房产税税额 = $1 000 \times (1-30\%) \times 1.2\% = 8.4$(万元)。

(2)出租库房应纳房产税税额 = $200 \times 12\% = 24$(万元)。

(3)甲公司共计应缴纳房产税税额 = $8.4 + 24 = 32.4$(万元)。

第五节 房产税的征收管理

一、房产税的纳税义务发生及截止时间

(一)纳税义务发生时间

房产税的纳税义务发生时间为:

(1)纳税人自建的房屋,自建成之次月起缴纳房产税。

(2)纳税人委托施工企业建设的房屋,从办理验收手续之次月起缴纳房产税。纳税人在办理验收手续前已使用或出租、出借的新建房屋,应按规定缴纳房产税。

(3)纳税人购置新建商品房,自房屋交付使用之次月起缴纳房产税。

(4)纳税人购置存量房,自办理房屋权属转移、变更登记手续,房地产权属登记机关签发房屋权属证书之次月起缴纳房产税。

21

（5）纳税人出租、出借房产，自交付出租、出借房产之次月起缴纳房产税。

（6）房地产开发企业自用、出租、出借本企业建造的商品房，自房屋使用或交付之次月起缴纳房产税。

（7）融资租赁的房产，由承租人自融资租赁合同约定开始日的次月起依照房产余值缴纳房产税。合同未约定开始日的，由承租人自合同签订的次月起依照房产余值缴纳房产税。

拓展阅读

沪渝两地的
房产税改革
试点

（二）纳税义务截止时间

自 2009 年 1 月 1 日起，纳税人因房产、土地的实物或权利状态发生变化而依法终止房产税、城镇土地使用税纳税义务的，其应纳税款的计算应截止到房产、土地的实物或权利状态发生变化的当月末。

二、房产税的纳税期限

房产税按年征收、分期缴纳。具体纳税期限由省、自治区、直辖市人民政府规定。

三、房产税的纳税地点

房产税由房产所在地的税务机关征收。房产不在一地的纳税人，应按房产的坐落地点，分别向房产所在地的税务机关缴纳房产税。

练 习 题

一、选择题（含单项选择题和多项选择题，请用手机扫描下方二维码作答）

二、计算题

1. A 公司为一般纳税人。2022 年 1 月，公司将购买的、位于某市市区的一栋住房出租给一家住房租赁企业 B 公司，年租金收入 10 万元（不含增值税）。B 公司已向某市住建部门备案，经营租赁住房建筑面积 4 万平方米，符合专业化规模化住房租赁企业的标准。

要求：计算住房租赁有关税收政策实施后 A 公司 2022 年应缴房产税税额。

2. 甲公司有一处自建仓库，现有两个方案：一是对外出租，签订仓库租赁合同，每年取得不含增值税租金 100 万元；二是自己开展仓储业务，为企业提供仓储服务，取得业务收入 120 万。该处仓库房产的原值为 1 000 万元，所在地的扣除比例是 30%。

要求：计算比较两个方案的该公司房产税税负情况。

三、简答题

1. 房产税的征收目的有哪些？

2. 现行法规对于自建、委托施工、购置新建商品房、出租房产的房产税纳税义务时间是如何规定的？

3. 我国房产税的主要改革方向是什么？

第二十二章 车船税制度

思维导图

车船税制度

学习目标

序号	知识点	学习目标	学习难度
1	车船税的征收目的	了解	☆
2	车船税的纳税人	重点掌握	☆☆
3	车船税的征税范围	重点掌握	☆☆
4	车船税的计税依据	重点掌握	☆☆
5	车船税的税额计算	重点掌握	☆☆
6	车船税的纳税义务发生时间	一般掌握	☆☆☆
7	车船税的减免优惠	一般掌握	☆☆☆

第一节 车船税概述

一、车船税的概念

车船税,是指以我国境内的车辆和船舶(以下简称车船)为征税对象,向拥有车船的单位和个人征收的一种税收。

车辆和船舶因其价值相对较高,又是生产和生活的重要物质资料,常常被视为重要的财产。虽然车船税的计税依据是车船的辆或吨位等实物量,但是由于其税额高低取决于这些实物量的大小,因此车船税仍然与财产的价值存在正相关关系,在性质上属于财产税。

一、车船税的制度演变

我国对车船征税由来已久。1951 年 9 月,原中央人民政府政务院就颁布了《车船使用牌照税暂行条例》,对拥有并且使用车船的单位和个人征收车船使用牌照税。1986 年 9 月 15日,国务院颁布了《中华人民共和国车船使用税暂行条例》。该条例适用于在我国境内拥有并且使用车船的单位和个人,但对外商投资企业和外国企业仍然按照《车船使用牌照税暂行条例》的规定征收车船使用牌照税。2006 年 12 月 27 日,国务院颁布了《中华人民共和国车船税暂行条例》,自 2007 年 1 月 1 日起开征车船税,原《车船使用牌照税暂行条例》和《中华人民共和国车船使用税暂行条例》相应废止。

现行车船税的法律法规包括 2011 年 2 月 25 日十一届全国人大常委会第十九次会议通过的《中华人民共和国车船税法》和 2011 年 11 月 23 日国务院第一百八十二次常务会议通过的

22

《中华人民共和国车船税法实施条例》(以下简称《车船税法实施条例》),自 2012 年 1 月 1 日起施行。

2019 年 3 月 2 日,根据中华人民共和国国务院令第 709 号对《中华人民共和国车船税法实施条例》进行修订,将第十一条、第十八条中的"地方税务机关"修改为"税务机关"。2019 年 4 月 23 日十三届全国人大常委会第十次会议决定对《中华人民共和国车船税法》第三条作出修正,增加一项免税规定,作为第四项,"(四)悬挂应急救援专用号牌的国家综合性消防救援车辆和国家综合性消防救援专用船舶"。

为了落实车船税法关于节能、新能源车船减免优惠规定,2012 年 3 月 6 日,《财政部 国家税务总局 工业和信息化部关于节约能源 使用新能源车船车船税政策的通知》(财税〔2012〕19 号)公布实施。2015 年 5 月 7 日,《财政部 国家税务总局 工业和信息化部关于节约能源 使用新能源车船车船税优惠政策的通知》(财税〔2015〕51 号)公布实施,财税〔2012〕19 号文件同时废止。2018 年 7 月 10 日,《财政部 国家税务总局 工业和信息化部 交通运输部关于节能 新能源车船享受车船税优惠政策的通知》(财税〔2018〕74 号)发布并于发布之日起实施,财税〔2015〕51 号文件同时废止。

为适应节能与新能源汽车产业发展和技术进步需要,2022 年 1 月 20 日,《中华人民共和国工业和信息化部 财政部 税务总局关于调整享受车船税优惠的节能新能源汽车产品技术要求的公告》(工业和信息化部公告 2022 年第 2 号)发布,对财税〔2018〕74 号文中节能乘用车、轻型商用车、重型商用车综合工况燃料消耗量限值标准和乘用车有关技术要求进行更新和调整。享受车船税优惠节约能源、新能源汽车产品的其他技术要求,继续按照财税〔2018〕74 号文有关规定执行。

三、车船税的征收目的

(一) 为地方政府筹集财政收入

筹集财政收入是税收最基本的目的和意义,由于车船税是地方税,因此,为地方政府筹集财政收入是开征车船税最基本的目的和意义。

(二) 调节收入分配

车船税作为财产税,在一定程度上起着调节居民收入分配的作用。通过征收有差别税率的车船税,可以在一定程度上体现调节收入分配的意图,从而促进社会公平与稳定。

(三) 促进节能减排

车船税以乘用车的排气量和船舶净吨位等作为计税依据,并对节约能源、使用新能源的车船给予减免优惠,在一定程度上能够促使纳税人加强对自己拥有的车船进行管理和核算,以合理使用车船,起到促进节能减排的作用。

四、车船税的收入归属

车船税属于地方税,收入全部归地方政府所有。

2020 年,全国税收收入 154 312.29 亿元,其中车船税收入 945.41 亿元,占全国税收收入的比重为 0.61%。

2021 年,全国税收收入 172 735.67 亿元,其中车船税收入 1 020.52 亿元,同比增长 7.94%,占全国税收收入的比重为 0.59%。

2022 年,全国税收收入 166 614 亿元,其中车船税、船舶吨税、烟叶税等其他各项税收收入合计 1 309 亿元,同比增长 5.9%,占全国税收收入的比重为 0.79%。

第二节　车船税的纳税人和征税范围

一、车船税的纳税人

车船税的纳税人为车船的所有人或者管理人。其中,所有人是指在我国境内拥有车船的单位和个人;管理人是指对车船虽不拥有所有权但具有管理使用权的单位和个人。

单位,是指行政机关、事业单位、社会团体以及各类企业。个人,是指我国境内的居民和外籍个人。

二、车船税的征税范围

《车船税法实施条例》规定,车船税的征税范围是依法应当在车船登记管理部门登记的机动车辆和船舶或者依法不需要在车船登记管理部门登记的在单位内部场所行驶或者作业的机动车辆和船舶。所谓车船管理部门,是指公安、交通运输、农业、渔业等依法具有车船管理职能的部门。其征税范围具体可分为车辆和船舶两大类。

(一) 车辆

依据《车船税税目税额表》的规定,应税车辆包括乘用车、商用车、挂车、其他车辆和摩托车五个税目。

1. 乘用车

乘用车,是指在设计和技术特性上主要用于载运乘客及随身行李,核定载客人数包括驾驶员在内不超过 9 人的汽车。

2. 商用车

商用车,是指除乘用车外在设计和技术特性上用于载运乘客、货物的汽车,划分为客车和货车。货车包括半挂牵引车、三轮汽车和低速载货汽车等。半挂牵引车,是指装备有特殊装置用于牵引半挂车的商用车。三轮汽车,是指最高设计车速不超过每小时 50 公里,具有三个车轮的货车。低速载货汽车,是指以柴油机为动力,最高设计车速不超过每小时 70 公里,具有四个车轮的货车。

3. 挂车

挂车,是指就其设计和技术特性需由汽车或者拖拉机牵引,才能正常使用的一种无动力的道路车辆。

4. 其他车辆

其他车辆包括专用作业车、轮式专用机械车,但不包括拖拉机。专用作业车,是指在其设计和技术特性上用于特殊工作的车辆。轮式专用机械车,是指有特殊结构和专门功能,装有橡胶车轮可以自行行驶,最高设计车速大于每小时 20 公里的轮式工程机械车。《国家税务总局关于车船税征管若干问题的公告》(国家税务总局公告 2013 年第 42 号)规定,对于在设计和技术特性上用于特殊工作,并装置有专用设备或器具的汽车,应认定为专用作业车,如汽车起重机、消防车、混凝土泵车、清障车、高空作业车、洒水车、扫路车等。以载运人员或货物为主要目的的专用汽车,如救护车,不属于专用作业车。

5. 摩托车

摩托车,是指无论采用何种驱动方式,最高设计车速大于每小时 50 公里,或者使用内燃机,其排量大于 50 毫升的两轮或者三轮车辆。

22

（二）船舶

船舶是指各类机动、非机动船舶以及其他水上移动装置，但是船舶上装备的救生艇筏和长度小于 5 米的艇筏除外。按照《车船税税目税额表》的规定，应税船舶包括机动船舶（包括拖船）、非机动驳船和游艇。

机动船舶是指用机器推进的船舶，拖船是指专门用于拖（推）动运输船舶的专业作业船舶；非机动驳船，是指在船舶登记管理部门登记为驳船的非机动船舶；游艇是指具备内置机械推进动力装置，长度在 90 米以下，主要用于游览观光、休闲娱乐、水上体育运动等活动，并应当具有船舶检验证书和适航证书的船舶。

根据《国家税务总局关于车船税征管若干问题的公告》（国家税务总局公告 2013 年第 42 号）规定，境内单位和个人租入外国籍船舶的，不征收车船税。境内单位和个人将船舶出租到境外的，应依法征收车船税。

第三节 车船税的税收负担

一、车船税的税率

（一）一般规定

车船税实行定额税率，计税单位根据税目不同分别有每辆、整备质量每吨、净吨位每吨和长度每米四种。其中，整备质量一般是指车辆的自重质量（空车质量），确切地说是指汽车按出厂技术条件装备完整（如备胎、工具、各种油液添满、燃油量不少于 90%）的质量。通常，车型级别越高，车的整备质量就越大，跑车除外。净吨位是指船舶的有效容积，即扣除不能用来载货或载客的处所后得到的船舶可营运容积。不能用来载货或载客的处所，包括船员的生活起居处所、船舶机械和装置处所、航行设备处所、安全设备处所和压载处所等。根据我国《内河船舶法定检验技术规则》和《船舶与海上设施法定检验规则》等规定，净吨位以丈量得到的各载货处所的总容积为基准，并考虑乘客定额以及船舶总吨位和船型尺度，用公式计算求得。车船税税目税额表如表 22-1 所示。

表 22-1 车船税税目税额表

税 目		计税单位	年基准税额/元	备 注
乘用车（按发动机气缸容量即排气量分档）	1.0 升（含）以下的 1.0 升以上至 1.6 升（含）的 1.6 升以上至 2.0 升（含）的 2.0 升以上至 2.5 升（含）的 2.5 升以上至 3.0 升（含）的 3.0 升以上至 4.0 升（含）的 4.0 升以上的	每 辆	60～360 300～540 360～660 660～1 200 1 200～2 400 2 400～3 600 3 600～5 400	核定载客人数 9 人（含）以下
商用车	客 车	每 辆	480～1 440	核定载客人数 9 人以上，含电车
	货 车	整备质量每吨	16～120	包括半挂牵引车、三轮汽车和低速载货汽车等
挂车		整备质量每吨	按照货车税额50%计算	

税　　目		计税单位	年基准税额/元	备　　注
其他车辆	专用作业车	整备质量每吨	16～120	不包括拖拉机
	轮式专用机械车		16～120	
摩托车		每　辆	36～180	
船舶	机动船舶	净吨位每吨	3～6	拖船、非机动驳船分别按机动船舶税额50％计算
	游　艇	艇身长度每米	600～2 000	

（二）具体规定

1. 车辆实行地区差别的税额标准

《车船税法实施条例》规定,车辆的具体适用税额由省、自治区、直辖市人民政府根据表22-1规定的税额幅度和国务院的规定确定,并报国务院备案。确定车辆的具体适用税额应当遵循的原则是:乘用车依排气量从小到大递增税额;客车按照核定载客人数20人以下和20人(含)以上两档划分,递增税额。

2. 船舶实行全国统一的分类税额标准

《车船税法实施条例》规定,对船舶实行全国统一的分类税额标准。

（1）机动船舶的具体适用税额规定。净吨位不超过200吨的,每吨3元;净吨位超过200吨但不超过2 000吨的,每吨4元;净吨位超过2 000吨但不超过10 000吨的,每吨5元;净吨位超过10 000吨的,每吨6元。拖船按照发动机功率每1千瓦折合净吨位0.67吨计算征收车船税。

（2）游艇的具体适用税额规定。艇身长度不超过10米的,每米600元;艇身长度超过10米但不超过18米的,每米900元;艇身长度超过18米但不超过30米的,每米1 300元;艇身长度超过30米的,每米2 000元;辅助动力帆艇,每米600元。

二、车船税的税收优惠

《车船税法》和《车船税法实施条例》对车船税的优惠政策作了明确的规定,具体包括:

（一）《车船税法》规定的税收优惠

1. 下列车船可以免征车船税

（1）捕捞、养殖渔船,是指在渔业船舶登记管理部门登记为捕捞船或者养殖船的船舶。

（2）军队、武装警察部队专用的车船,是指按照规定在军队、武装警察部队车船登记管理部门登记,并领取军队、武警牌照的车船。

（3）警用车船,是指公安机关、国家安全机关、监狱和人民法院、人民检察院领取警用牌照的车辆和执行警务的专用船舶。

（4）悬挂应急救援专用号牌的国家综合性消防救援车辆和国家综合性消防救援专用船舶;

（5）依照法律规定应当予以免税的外国驻华使领馆、国际组织驻华代表机构及其有关人员的车船。

2. 下列车船可以减征或者免征车船税

《车船税法》规定了以下可以减征或者免征车船税的范围和条件:

22

（1）节约能源、使用新能源的车船可以免征或者减半征收车船税。免征或者减半征收车船税的车船的范围,由国务院财政、税务主管部门商国务院有关部门制订,报国务院批准。《财政部 国家税务总局 工业和信息化部 交通运输部关于节能 新能源车船享受车船税优惠政策的通知》(财税〔2018〕74号)规定,对节能汽车减半征收车船税,节能汽车包括节能乘用车和节能商用车;对新能源车船免征车船税,免征车船税的新能源汽车是指纯电动商用车、插电式(含增程式)混合动力汽车、燃料电池商用车。纯电动乘用车和燃料电池乘用车不属于车船税征税范围,对其不征车船税。财税〔2018〕74号文件对节能、新能源车船享受车船税优惠政策适用的标准和要求也作了具体规定。

《中华人民共和国工业和信息化部 财政部 税务总局关于调整享受车船税优惠的节能新能源汽车产品技术要求的公告》(工业和信息化部公告2022年第2号)对有关标准和要求进行了调整。

（2）对受地震、洪涝等严重自然灾害影响纳税困难以及其他特殊原因确需减免税的车船,可以在一定期限内减征或者免征车船税。其具体减免期限和数额,由省、自治区、直辖市人民政府确定,报国务院备案。

（3）各省、自治区、直辖市人民政府根据当地实际情况,可以对公共交通车船,农村居民拥有并主要在农村地区使用的摩托车、三轮汽车和低速载货汽车定期减征或者免征车船税。

(二)《车船税法实施条例》规定的税收优惠

1. 免税5年的车船

按照规定缴纳船舶吨税的机动船舶,依法不需要在车船登记管理部门登记的机场、港口、铁路站场内部行驶或者作业的车船,自车船税法实施之日起5年内免征车船税。

2. 临时入境的车船

临时入境的外国车船和香港特别行政区、澳门特别行政区、台湾地区的车船,不征收车船税。

第四节　车船税的税额计算

一、车船税的计税依据

(一)一般规定

车船税的计税依据,按照车船的种类,分别采用了每辆、整备质量、净吨位以及艇身长度4种。

（1）乘用车、商用客车、摩托车的计税依据为辆。

（2）商用货车、挂车、其他车辆的计税依据为整备质量吨数。

（3）机动船舶的计税依据为净吨位。

（4）游艇的计税依据为艇身长度。

应税车船所涉及的排气量、整备质量、核定载客人数、净吨位、千瓦、艇身长度,以车船登记管理部门核发的车船登记证书或者行驶证所载数据为准。依法不需要办理登记的车船和依法应当登记而未办理登记或者不能提供车船登记证书、行驶证的车船,以车船出厂合格证明或者进口凭证标注的技术参数、数据为准;不能提供车船出厂合格证明或者进口凭证的,由主管税务机关参照国家相关标准核定,没有国家相关标准的,参照同类车船核定。

（二）特别规定

1. 新购置的车船

购置的新车船,购置当年的应纳税额自纳税义务发生的当月起按月计算。应纳税额为年应纳税额除以 12,再乘以应纳税月份数。

2. 一年内转让过户的车船

已缴纳车船税的车船在同一纳税年度内办理转让过户的,不另纳税,也不退税。

3. 客货两用车

《国家税务总局关于车船税征管若干问题的公告》规定,客货两用车依照货车的计税单位和年基准税额计征车船税。客货两用车,又称多用途货车,是指在设计和结构上主要用于载运货物,但在驾驶员座椅后带有固定或折叠式座椅,可运载 3 人以上乘客的货车。

4. 计税单位的特殊规定

《国家税务总局关于车船税征管若干问题的公告》对车船税计税单位的确定有如下特别规定:

（1）车船税法及其实施条例涉及的整备质量、净吨位、艇身长度等计税单位,有尾数的一律按照含尾数的计税单位据实计算车船税应纳税额。计算得出的应纳税额小数点后超过两位的可四舍五入保留两位小数。

（2）乘用车以车辆登记管理部门核发的机动车登记证书或者行驶证书所载的排气量毫升数确定税额区间。

二、车船税的计税方法

车船税实行从量定额计税方法,应纳税额的计算公式如下:

$$车辆应纳税额 = 应纳税车辆数量或者整备质量吨数 \times 适用税额$$

$$船舶应纳税额 = 应纳税船舶净吨位或艇身长度数 \times 适用税额$$

不足 1 年的车船税额,按月计算。计算公式为:

$$应纳车船税额 = 年应纳税额 \div 12 \times 应纳税月份数$$

【例题 22-1】 某运输公司 2023 年拥有机动车 18 辆,其中:客车 6 辆（年单位税额 1 000 元/辆）,小轿车 8 辆（年单位税额 400 元/辆）,整备质量 2 吨的货车 4 辆（年单位税额 100 元/吨）。要求:计算该运输公司 2023 年应缴纳的车船税税额。

解析:

应纳车船税税额 $= 6 \times 1\ 000 + 8 \times 400 + 4 \times 2 \times 100 = 10\ 000$（元）。

【例题 22-2】 某航运公司 2023 年拥有船舶 12 艘,其中,净吨位 1 000 吨的 2 艘,净吨位 6 000 吨的 4 艘,净吨位 12 000 吨的 2 艘,拖船 4 艘,每艘发动机功率 500 千瓦。此外,该公司还拥有游艇一艘,艇身长度为 8 米。

要求:计算该公司当年应缴纳的车船税税额。

解析:

应纳车船税税额 $= 2 \times 1\ 000 \times 4 + 4 \times 6\ 000 \times 5 + 2 \times 12\ 000 \times 6 + 4 \times 500 \times 0.67 \times 4 \times 50\% + 8 \times 600 = 279\ 480$（元）。

【例题 22-3】 某运输公司 2023 年 4 月购买了 2 辆小汽车（年单位税额 600 元/辆）,7 月购买了整备质量 2 吨的货车 1 辆（年单位税额 60 元/吨）。

22

要求:计算该公司 2023 年新购买汽车应缴纳的车船税税额。

解析:

应纳车船税税额 $= 2 \times 600 \times \dfrac{9}{12} + 2 \times 60 \times \dfrac{6}{12} = 960(元)$。

第五节 车船税的征收管理

一、车船税的纳税义务发生时间

车船税纳税义务发生时间为取得车船所有权或者管理权的当月,应当以购买车船的发票或者其他证明文件所载日期的当月为准。

已办理退税的被盗抢车船失而复得的,纳税人应当从公安机关出具相关证明的当月起计算缴纳车船税。

二、车船税的纳税期限

车船税按年申报,分月计算,一次性缴纳。具体申报纳税期限由省、自治区、直辖市政府规定。纳税年度自公历 1 月 1 日起至 12 月 31 日止。

三、车船税的纳税地点

车船税的纳税地点为车船的登记地或者车船税扣缴义务人所在地。依法不需要办理登记的车船,车船税的纳税地点为车船的所有人或者管理人所在地。

四、车船税的征收缴纳

(一) 扣缴管理

1. 机动车以办理交通事故责任强制保险的保险公司为扣缴义务人

从事机动车第三者责任强制保险业务的保险机构为机动车车船税的扣缴义务人,应当在收取保险费时依法代收车船税,并出具代收税款凭证。机动车车船税扣缴义务人在代收车船税时,应当在机动车交通事故责任强制保险的保险单以及保费发票上注明已收税款的信息,作为代收税款凭证。

2. 纳税人应履行依法提供完税凭证或者减免税证明的义务

已完税或者依法减免税的车辆,纳税人应当向扣缴义务人提供登记地的主管税务机关出具的完税凭证或者减免税证明。

3. 纳税人应视不同情况确定是否办理纳税申报

扣缴义务人已代收代缴车船税的,纳税人不再向车辆登记地的主管税务机关申报缴纳车船税。没有扣缴义务人的,纳税人应当向主管税务机关自行申报缴纳车船税。

4. 扣缴义务人应代收代缴税款和滞纳金

纳税人没有按照规定期限缴纳车船税的,扣缴义务人在代收代缴税款时,可以一并代收代缴欠缴税款的滞纳金。扣缴义务人应当及时解缴代收代缴的税款和滞纳金,并向主管税务机关申报。扣缴义务人向税务机关解缴税款和滞纳金时,应当同时报送明细的税款和滞纳金扣缴报告。扣缴义务人解缴税款和滞纳金的具体期限,由省、自治区、直辖市地方税务机关依照法律、行政法规的规定确定。

（二）退税管理

1. 被盗、报废、灭失的车船

在一个纳税年度内，已完税的车船被盗抢、报废、灭失的，纳税人可以凭有关管理机关出具的证明和完税凭证，向纳税所在地的主管税务机关申请退还自被盗抢、报废、灭失月份起至该纳税年度终了期间的税款。

2. 因质量问题发生退货的车船

《国家税务总局关于车船税若干征管问题的公告》（国家税务总局公告 2013 年第 42 号）规定，已经缴纳车船税的车船，因质量原因被退回生产企业或者经销商的，纳税人可以向纳税所在地的主管税务机关申请退还自退货月份起至该纳税年度终了期间的税款。退货月份以退货发票所载日期的当月为准。

3. 税务机关重复征税的车船

《国家税务总局关于车船税若干征管问题的公告》（国家税务总局公告 2013 年第 42 号）规定，纳税人在购买交通强制保险时，由扣缴义务人代收代缴车船税的，凭注明已收税款信息的交强险保险单，车辆登记地的主管税务机关不再征收该纳税年度的车船税。再次征收的，车辆登记地主管税务机关应予退还。

（三）协作管理

公安、交通运输、农业、渔业等车船登记管理部门、船舶检验机构和车船税扣缴义务人的行业主管部门应当在提供车船有关信息等方面，协助税务机关加强车船税的征收管理。车辆所有人或者管理人在申请办理车辆相关登记、定期检验手续时，应当向公安机关交通管理部门提交依法纳税或者免税证明。公安机关交通管理部门核查后办理相关手续。

练 习 题

一、选择题（含单项选择题和多项选择题，请用手机扫描下方二维码作答）

二、计算题

1. 某企业 2022 年拥有挂车 3 辆，每辆整备质量为 20 吨。已知货车整备质量每吨年税额为 60 元。

要求：计算该企业 2022 年应缴纳的车船税税额。

2. 某企业 2022 年 1 月 1 日购置同款小汽车 4 辆，共计已纳车船税 4 800 元。2022 年 6 月 20 日其中 1 辆小汽车因交通事故报废。

要求：计算该企业可向税务机关申请的车船税退税额。

22

3.某旅游企业 2022 年拥有的船舶情况如下:机动船舶 30 艘,每艘净吨位 1.3 吨;发动机功率为 4 千瓦的拖船 1 艘;非机动驳船 2 艘,每艘净吨位均为 3 000 吨。机动船舶年基准税额为:净吨位小于 200 吨的,每吨 3 元;净吨位超过 2 000 吨但不超过 10 000 吨的,每吨 5 元。

要求:计算该企业 2022 年应缴纳的车船税税额。

三、简答题

1.车船税能否发挥保护环境的作用?

2.为什么对公交车船不能实行更为彻底的免税优惠?

3.为什么对进口小汽车征收进口关税、增值税和消费税之后,还要征收车辆购置税和车船税?

第二十三章　船舶吨税制度

思维导图

船舶吨税制度

学 习 目 标

序号	知识点	学习目标	学习难度
1	船舶吨税概念及征税目的	理解	☆☆
2	船舶吨税的制度演变	了解	☆
3	船舶吨税的纳税义务人和征税对象	重点掌握	☆☆
4	船舶吨税的税率设置及适用	一般掌握	☆
5	船舶吨税的减免优惠	了解	☆
6	船舶吨税的计算	重点掌握	☆
7	船舶吨税纳税义务发生时间及纳税期限	一般掌握	☆☆
8	船舶吨税的征收缴纳	了解	☆

第一节　船舶吨税概述

一、船舶吨税的概念

船舶吨税,又称吨税,是指对从中华人民共和国境外港口进入境内港口的船舶按其净吨位大小、执照期限长短和相应税率计算征收的一种税收。

船舶吨税在性质上属于特别财产税。

二、船舶吨税的制度演变

中华人民共和国成立初期,船舶吨税被划入财政部、税务总局主管的车船使用牌照税范围,对于中国籍船舶,不论是国际航行还是国内航行,一律征收车船使用牌照税;对外籍及外商租用的中国籍船舶,则由海关征收船舶吨税。1952 年 9 月,海关总署发布施行了《中华人民共和国海关船舶吨税暂行办法》(简称《船舶吨税暂行办法》),一直到 1986 年 9 月为止,船舶吨税始终由海关负责征收和管理。从 1986 年 10 月开始,船舶吨税划归交通部管理,不缴入中央金库但仍由海关代征。凡征收了船舶吨税的船舶,不再缴纳车船使用牌照税。经国务院批准,分别于 1987 年、1991 年和 1994 年对船舶吨税的税率作了调整。2001 年起船舶吨税纳入中央预算收入,由海关负责征收和管理。

23

由于《船舶吨税暂行办法》的征税范围仅限于进入我国港口的外籍船舶、外商租用和中外合营企业使用的中国籍船舶，对其他从事国际海运的中国籍船舶不征收，使得中外籍船舶税负不平等；而且，《船舶吨税暂行办法》按船舶吨位设置的税目，吨位标准偏小、档次偏多，与国际海运船舶吨位已大为提高的实际情况差距较大；此外，有的规定如税收减免、税收征管等与海关法、车船税法等有关法律规定不协调。因此，为进一步提高我国航运服务水平，促进我国航运业健康发展，同时也是为了履行我国加入世界贸易组织承诺的需要，必须对船舶吨税制度进行改革。2011年11月23日国务院第一百八十二次常务会议通过了《中华人民共和国船舶吨税暂行条例》，自2012年1月1日起施行。1952年9月由海关总署发布的《船舶吨税暂行办法》同时废止。

2016年10月17日，财政部、国家税务总局发布《中华人民共和国船舶吨税法（征求意见稿）》。2017年12月7日，全国人大常委会法制工作委员会公布《中华人民共和国船舶吨税法（草案）》。2017年12月27日，十二届全国人大常委会第三十一次会议通过了《中华人民共和国船舶吨税法》（以下简称《船舶吨税法》），自2018年7月1日起实施，2011年12月5日国务院公布的《船舶吨税暂行条例》同时废止。2018年10月26日十三届全国人大常委会第六次会议修正了《船舶吨税法》。

三、船舶吨税的征收目的

开征船舶吨税是因为应税船舶进入中国港口行驶，使用了中国港口和助航设备，因此，该税具有受益税的性质，开征船舶吨税有助于为我国港口及海上助航设施建设筹集资金，同时也有利于规范往来我国港口的国际航行船舶的管理。

四、船舶吨税的收入归属

现行船舶吨税由海关负责征收，所得收入归中央政府所有。

2020年，全国税收收入154 310亿元，其中船舶吨税收入53.72亿元，占全国税收收入的比重为0.03％。

2021年，全国税收收入172 731亿元，其中船舶吨税收入55.73亿元，同比增长3.74％，占全国税收收入的比重为0.03％。

2022年，全国税收收入166 614亿元，其中车船税、船舶吨税、烟叶税等其他各项税收收入合计1 309亿元，同比增长5.9％，占全国税收收入的比重为0.79％。

第二节 船舶吨税的纳税人和征税范围

一、船舶吨税的纳税人

自中国境外港口进入中国境内港口的船舶（以下称应税船舶）负责人，为船舶吨税的纳税人。

二、船舶吨税的征税范围

船舶吨税的征税范围为"自中华人民共和国境外港口进入境内港口的船舶"。这一征税范围既包括进入我国港口的外籍船舶、外商租用和中外合营企业使用的中国籍船舶，也包括其他从事国际海运的中国籍船舶。

第三节 船舶吨税的税收负担

一、船舶吨税的税率

(一) 一般规定

1. 按执照期限分设普通税率和优惠税率

船舶吨税设置优惠税率和普通税率两类，每类税率标准按照船舶吨税执照期限划分。

吨税执照期限，是指按照公历年、日计算的期间。船舶吨税税目税率表如表23-1所示。

优惠税率，适用于中国籍的应税船舶以及与中国签订含有相互给予船舶税费最惠国待遇条款的条约或者协定的船籍国（地区）的应税船舶。普通税率，适用于其他应税船舶。

表 23-1　　　　　　　　　　　　　船舶吨税税目税率表

税目 （按船舶净吨位划分）	税率/（元/净吨）						备　注
	普通税率 （按执照期限划分）			优惠税率 （按执照期限划分）			
	1 年	90 日	30 日	1 年	90 日	30 日	
不超过 2 000 净吨	12.6	4.2	2.1	9.0	3.0	1.5	1. 拖船按照发动机功率每千瓦折合净吨位 0.67 吨 2. 无法提供净吨位证明文件的游艇，按照发动机功率每千瓦折合净吨位 0.05 吨 3. 拖船和非机动驳船分别按相同净吨位船舶税率的 50% 计征税款
超过 2 000 净吨，但不超过 10 000 净吨	24.0	8.0	4.0	17.4	5.8	2.9	
超过 10 000 净吨，但不超过 50 000 净吨	27.6	9.2	4.6	19.8	6.6	3.3	
超过 50 000 净吨	31.8	10.6	5.3	22.8	7.6	3.8	

2. 应税船舶负责人自行申领船舶吨税执照期限

船舶吨税执照期限分 1 年期、90 天期与 30 天期 3 种。应税船舶负责人在每次申报纳税时，可以选择申领一种期限的吨税执照。

3. 拖船和非机动驳船可以减半征税

拖船和非机动驳船都属于非机动船舶，分别按相同净吨位船舶税率 50% 计税。拖船，是指专门用于拖（推）动运输船舶的专业作业船舶。

驳船一般是指专门装运泥、砂、石、各种构件、材料和机械设备等的非机动工程船，无自航能力，需拖船或顶推船拖带的货船。其特点为设备简单、吃水浅、载货量大。驳船与拖船或顶推船组成的驳船船队，可航行于狭窄水道和浅水航道，并可根据货物运输要求而随时编组，适合内河各港口之间的货物运输。增设了推进装置的驳船，为机动驳船。

应纳吨税的拖船或非机动驳船，是指在船舶登记机关登记为拖船或驳船的非机动船舶。

(二) 特殊规定

1. 因修理、改造导致净吨位变化的税额标准

应税船舶在船舶吨税执照期限内，因修理、改造导致净吨位变化的，船舶吨税执照继续有效。应税船舶办理出入境手续时，应当提供船舶经过修理、改造的证明文件。

2. 因税目税率调整或者船籍改变的税额标准

应税船舶在船舶吨税执照期限内，因税目税率调整或者船籍改变而导致适用税率变化的，

23

船舶吨税执照继续有效。因船籍改变而导致适用税率变化的,应税船舶在办理出入境手续时,应当提供船籍改变的证明文件。

二、船舶吨税的减免优惠

《船舶吨税法》对船舶吨税的优惠政策作了明确的规定,具体包括吨税直接优惠和吨税执照期限延期优惠两种。

（一）吨税直接优惠

下列船舶免征船舶吨税:

(1) 应纳税额在人民币50元以下的船舶。

(2) 自境外以购买、受赠、继承等方式取得船舶所有权的初次进口到港的空载船舶。

(3) 船舶吨税执照期满后24小时内不上下客货的船舶。

(4) 非机动船舶(不包括非机动驳船)。

(5) 捕捞、养殖渔船,是指在中华人民共和国渔业船舶管理部门登记为捕捞船或者养殖船的船舶。

(6) 避难、防疫隔离、修理、改造、终止运营或者拆解,并不上下客货的船舶。

(7) 军队、武装警察部队专用或者征用的船舶。

(8) 警用船舶。

(9) 依照法律规定应当予以免税的外国驻华使领馆、国际组织驻华代表机构及其有关人员的船舶。

(10) 国务院规定的其他船舶,但需报全国人民代表大会常务委员会备案。

符合上述(5)~(10)项优惠的船舶,应当提供海事部门、渔业船舶管理部门等部门、机构出具的具有法律效力的证明文件或者使用关系证明文件,申明免税的依据和理由。

（二）吨税执照期限延期优惠

在船舶吨税执照期限内,应税船舶发生下列情形之一的,海关按照实际发生的天数批注延长船舶吨税执照期限:

(1) 避难、防疫隔离、修理、改造,并不上下客货。

(2) 军队、武装警察部队征用。

上述船舶的负责人应当提供海事部门、渔业船舶管理部门等部门、机构出具的具有法律效力的证明文件或者使用关系证明文件,申明延长船舶吨税执照期限的依据和理由。

第四节　船舶吨税的税额计算

一、船舶吨税的计税依据

船舶吨税按照船舶净吨位和船舶吨税执照期限征收。应税船舶负责人在每次申报纳税时,可以按照上述《船舶吨税税目税率表》选择申领一种期限的吨税执照。净吨位是指由船籍国(地区)政府签发或者授权签发的船舶吨位证明书上标明的净吨位。船舶吨税税款、滞纳金、罚款以人民币计算。

二、船舶吨税的计税方法

船舶吨税实行从量定额计税方法,其应纳税额按照船舶净吨位乘以适用税率计算,具体公式为:

$$应纳税额＝应税船舶净吨位×适用税率$$

【例题 23-1】 2022 年 8 月 20 日,某运输公司一艘货轮驶入我国某港口,该货轮船籍国为 A 国,净吨位为 20 000 吨,货轮负责人向我国海关申领 90 天期限的船舶吨税执照,在港停留期限为 90 天,A 国已与我国签订有相互给予船舶税费最惠国待遇条款。

要求:计算该船舶负责人应向我国海关缴纳的船舶吨税税额。

解析:

根据船舶吨税的相关规定,该货轮应享受优惠税率,每净吨位为 6.6 元。

应纳船舶吨税税额＝20 000×6.6＝132 000(元)。

第五节　船舶吨税的征收管理

一、船舶吨税的纳税义务发生时间

船舶吨税纳税义务发生时间为应税船舶进入港口的当日。应税船舶在船舶吨税执照期满后尚未离开港口的,应当申领新的船舶吨税执照,自上一次执照期满的次日起续缴船舶吨税。

二、船舶吨税的纳税期限

应税船舶负责人应当自海关填发吨税缴款凭证之日起 15 日内向指定银行缴清税款。未按期缴清税款的,自滞纳税款之日起至缴清税款之日止,按日加收滞纳税款 0.5‰的滞纳金(以人民币计算)。

三、船舶吨税的征收缴纳

(一)船舶吨税的纳税手续

船舶吨税由海关负责征收,海关征收吨税应当制发缴款凭证。应税船舶负责人缴纳吨税或者提供担保后,海关按照其申领的执照期限填发吨税执照。

应税船舶在进入港口办理入境手续时,应当向海关申报纳税领取吨税执照,或者交验吨税执照(或者申请核验吨税执照电子信息)。应税船舶在离开港口办理出境手续时,应当交验吨税执照。应税船舶负责人申领吨税执照时,应当向海关提供下列文件:①船舶国籍证书或者海事部门签发的船舶国籍证书收存证明;②船舶吨位证明。

应税船舶因不可抗力在未设立海关地点停泊的,船舶负责人应当立即向附近海关报告,并在不可抗力原因消除后,依照吨税法规定向海关申报纳税。

应税船舶到达港口前,经海关核准先行申报并办结出入境手续的,应税船舶负责人应当向海关提供与其依法履行吨税缴纳义务相适应的担保;应税船舶到达港口后,向海关申报纳税。下列财产、权利可以用于担保:①人民币、可自由兑换货币;②汇票、本票、支票、债券、存单;③银行、非银行金融机构的保函;④海关依法认可的其他财产、权利。

(二)吨税执照有效性的认定

应税船舶在吨税执照期限内,因修理、改造导致净吨位变化的,吨税执照继续有效。应税船舶办理出入境手续时,应当提供船舶经过修理、改造的证明文件。

应税船舶在吨税执照期限内,因税目税率调整或者船籍改变而导致适用税率变化的,吨税执照继续有效。

23

因船籍改变而导致适用税率变化的,应税船舶在办理出入境手续时,应当提供船籍改变的证明文件。

吨税执照在期满前毁损或者遗失的,应当向原发照海关书面申请核发吨税执照副本,不再补税。

(三) 船舶吨税的补退税管理

海关发现少征或者漏征税款的,应当自应税船舶应当缴纳税款之日起 1 年内,补征税款。但因应税船舶违反规定造成少征或者漏征税款的,海关可以自应当缴纳税款之日起 3 年内追征税款,并自应当缴纳税款之日起按日加征少征或者漏征税款 0.5‰的税款滞纳金。

海关发现多征税款的,应当在 24 小时内通知应税船舶办理退还手续,并加算银行同期活期存款利息。应税船舶发现多缴税款的,可以自缴纳税款之日起 3 年内以书面形式要求海关退还多缴的税款并加算银行同期活期存款利息;海关应当自受理退税申请之日起 30 日内查实并通知应税船舶办理退还手续。应税船舶应当自收到退税通知之日起 3 个月内办理有关退还手续。

(四) 船舶吨税的违规处罚

应税船舶有下列行为之一的,由海关责令限期改正,处 2 000 元以上 3 万元以下罚款;不缴或者少缴应纳税款的,处不缴或者少缴税款 50%以上 5 倍以下的罚款,但罚款不得低于 2 000 元:

(1) 未按照规定申报纳税、领取吨税执照的。

(2) 未按照规定交验吨税执照(或者申请核验吨税执照电子信息)以及提供其他证明文件的。

练 习 题

一、选择题(含单项选择题和多项选择题,请用手机扫描下方二维码作答)

二、计算题

一艘俄罗斯籍轮船进入我国境内某港口,纳税人自行选择 30 天期限执照缴纳吨税。该轮船船舶吨位证书中注明总吨位为 13 000 吨,注册净吨位为 9 000 吨。经查《船舶吨税税目税率表》,2 000～10 000 吨的机动船舶,30 天期限的优惠吨税为 2.9 元/吨,10 000～50 000 吨的机动船舶,30 天期限的优惠吨税为 3.30 元/吨。俄罗斯与我国签订了相互给予船舶税费最惠国待遇的协定。

要求:计算该船应缴纳的船舶吨税税额。

三、简答题

1. 船舶吨税和车船税是什么关系？

2. 船舶吨税与进口关税有什么差别？

3. 为什么对进出境船舶要征收吨税？

4. 为什么船舶吨税要设置普通税率和优惠税率？

23

参考文献

[1] 王诚尧.国家税收:第二次修订本[M].北京:中国财政经济出版社,1988.

[2] 许建国,李大明,庞凤喜.国家税收:修订本[M].北京:中国财政经济出版社,1994.

[3] 蒋洪,等.财政学教程[M].上海:上海三联书店,1996.

[4] 葛惟熹.中国税收理论与政策[M].上海:上海财经大学出版社,1999.

[5] 马斯格雷夫 R A,马斯格雷夫 P B.美国财政理论与实践[M].邓子基,邓力平,译.北京:中国财政经济出版社,1987.

[6] 博斯金.美国税制改革前沿[M].北京:经济科学出版社,1997.

[7] 国家税务总局科研所.国外税收研究[M].北京:中国财政经济出版社,1995.

[8] 马斯格雷夫.美国财政理论与实践[M].北京:中国财政经济出版社,1986.

[9] 穆勒.政治经济学原理及其在社会哲学上的若干运用:下卷[M].北京:商务印书馆,1991.

[10] 杨君昌.企业税制优化论[M].上海:上海人民出版社,1994.

[11] 刘小兵.中国税收实体法研究[M].上海:上海财经大学出版社,1999.

[12] 朱为群.消费课税的经济分析[M].上海:上海财经大学出版社,2001.

[13] 朱为群.中国税制教程[M].上海:上海财经大学出版社,2003.

[14] 朱为群.保证税收的公平和确定比什么都重要[N].中国财经报,2015-03-03.

[15] 朱为群,缑长艳.当前国有资源财政之弊端及其改革[J].税务研究,2014(2).

[16] 朱为群.税收分类背后的财政与经济涵意[N].中国财经报,2015-03-31.

[17] 朱为群.税收四个基本问题的思考[J].税务研究,2016(1).

[18] 吴健.新个人所得税实务与案例[M].北京:中国市场出版社,2019.

[19] 中国注册会计师协会.税法[M].北京:中国财政经济出版社,2023.

[20] 庞凤喜主编.税收原理与中国税制[M].北京:中国财政经济出版社,2023.

教师教学资源服务指南

关注微信公众号"**高教财经教学研究**",可浏览云书展了解最新经管教材信息、下载教学资源、申请教师样书、下载试卷、观看师资培训课程和直播录像等。

下载教学资源

电脑端进入公众号点击导航栏中的"教学服务",点击子菜单中的"资源下载",或浏览器输入网址链接http://101.35.126.6/,注册登录后可搜索相应资源并下载。

申请教师样书

点击导航栏中的"教学服务",点击子菜单中的"云书展",了解最新教材信息及申请样书。

下载试卷

高教财经教学研究公众号目前提供基础会计学、中级财务会计、财务管理、管理会计、审计学、税法、税收筹划、税务会计课程试卷下载。点击导航栏中的"教学服务",点击子菜单中的"免费试卷",下载试卷。

观看教师培训课程

高教财经教学研究公众号上线了名师谈"中级财务会计教学""高级财务会计教学""财务报表分析教学""管理会计教学""审计学教学",以及"智能投资在线课程""Python量化投资在线课程"等课程。点击导航栏中的"教师培训",点击子菜单中的"培训课程"即可观看教师培训课程和"名师谈教学与科研直播讲堂"的录像。

联系我们

联系电话:(021)56718921　　　高教社本科会计教师论坛QQ群:116280562